科学社会主义通论 （卷三）

宋士昌 ◎ 主编

中国社会科学出版社

目　录

第三卷　毛泽东社会主义思想、中国社会主义制度的确立与社会主义在多国胜利时期的世界社会主义运动

导论　毛泽东思想的形成、发展、历史地位及其伟大意义 ……… （1）

上篇　毛泽东社会主义思想基本问题

第一章　新民主主义革命 …………………………………………（27）
　　第一节　新民主主义革命的客观环境和历史前提 …………（27）
　　第二节　新民主主义革命的总路线 …………………………（34）
　　第三节　新民主主义革命的道路 ……………………………（46）
　　第四节　新民主主义革命的前途 ……………………………（51）

第二章　新民主主义社会 …………………………………………（56）
　　第一节　新民主主义社会的性质 ……………………………（56）
　　第二节　新民主主义的政治 …………………………………（61）
　　第三节　新民主主义的经济 …………………………………（66）
　　第四节　新民主主义的文化 …………………………………（72）

第三章　人民民主专政 ……………………………………………（79）
　　第一节　人民民主专政的历史必然性 ………………………（79）
　　第二节　人民民主专政的地位和性质 ………………………（85）
　　第三节　社会主义民主和专政的辩证统一 …………………（94）

第四章　社会主义改造 …………………………………………（100）
　　第一节　过渡时期总路线的提出及基本内容 ……………（100）

第二节　社会主义改造的理论和政策 …………………………（108）
　　第三节　社会主义改造的进程和历史意义 ……………………（123）
第五章　社会主义建设 ………………………………………………（130）
　　第一节　社会主义建设道路的探索 ……………………………（130）
　　第二节　社会主义建设时期的社会矛盾 ………………………（139）
　　第三节　社会主义建设中的十大关系 …………………………（142）
　　第四节　社会主义经济建设和发展模式 ………………………（145）
第六章　统一战线 ……………………………………………………（153）
　　第一节　统一战线在中国革命和建设中的地位 ………………（153）
　　第二节　统一战线与工农联盟 …………………………………（156）
　　第三节　统一战线与资产阶级 …………………………………（160）
　　第四节　统一战线与党的领导 …………………………………（167）
　　第五节　统一战线的实践与发展 ………………………………（171）
第七章　人民战争和人民军队 ………………………………………（177）
　　第一节　人民战争的理论 ………………………………………（177）
　　第二节　人民战争的战略战术 …………………………………（181）
　　第三节　人民军队的本质和使命 ………………………………（186）
　　第四节　人民军队建设的原则 …………………………………（189）
第八章　党的领导和党的建设 ………………………………………（194）
　　第一节　党的建设的伟大工程 …………………………………（194）
　　第二节　党的建设的理论创造 …………………………………（203）
　　第三节　党的建设的实践探索 …………………………………（214）
第九章　政策和策略思想 ……………………………………………（222）
　　第一节　政策和策略是党的生命 ………………………………（222）
　　第二节　制定政策和策略的依据与原则 ………………………（229）
　　第三节　实施政策和策略的基本方式与方法 …………………（234）
第十章　思想政治工作 ………………………………………………（239）
　　第一节　思想政治工作是一切工作的生命线 …………………（239）
　　第二节　思想政治工作的任务和内容 …………………………（246）
　　第三节　思想政治工作的原则和方法 …………………………（252）
第十一章　国际形势和国际战略 ……………………………………（260）

第一节	国际形势与时代主题	(260)
第二节	国际政治格局与"三个世界"理论	(268)
第三节	反对霸权主义，维护世界和平	(276)

中篇　中国的社会主义制度

第十二章　中国社会主义制度的确立 (283)
 第一节　只有社会主义才能救中国 (283)
 第二节　中国社会主义制度确立的标志 (291)
 第三节　中国社会主义制度的特点和生命力 (297)

第十三章　中国社会主义经济制度 (306)
 第一节　社会主义公有制 (306)
 第二节　社会主义按劳分配 (312)
 第三节　社会主义计划经济体制 (319)

第十四章　中国社会主义政治制度 (325)
 第一节　人民民主专政 (325)
 第二节　人民代表大会制度 (329)
 第三节　政治协商制度 (338)

第十五章　中国社会主义法律制度 (350)
 第一节　社会主义法律制度的建立 (350)
 第二节　社会主义法律制度的基本内容和特点 (358)
 第三节　社会主义法律制度的实施 (368)

第十六章　中国社会主义文化制度 (378)
 第一节　中国社会主义文化建设的指导思想 (378)
 第二节　中国社会主义文化建设的战略地位 (382)
 第三节　中国社会主义文化建设的根本任务 (386)
 第四节　中国社会主义教育方针 (389)
 第五节　中国社会主义文艺方针 (394)

第十七章　中国社会主义政党制度 (399)
 第一节　中国社会主义政党制度建立的历史前提和过程 (399)
 第二节　中国社会主义政党制度的基本内容 (406)
 第三节　中国社会主义政党制度的基本特征 (413)

第四节　中国社会主义政党制度的丰富和发展 …………… (419)

第十八章　中国社会主义民族、宗教政策 …………………… (427)
第一节　社会主义民族、宗教问题的重要性 ………………… (427)
第二节　社会主义民族政策的主要内容和特点 ……………… (433)
第三节　社会主义宗教政策的主要内容和特点 ……………… (444)

第十九章　中国社会主义的外交政策 ………………………… (448)
第一节　中国社会主义外交政策的重要性 …………………… (448)
第二节　中国社会主义外交政策的基本原则 ………………… (457)
第三节　中国社会主义外交政策的宗旨与目标 ……………… (464)

下篇　社会主义在多国胜利时期的世界社会主义运动

第二十章　东欧各国和古巴的社会主义 ……………………… (473)
第一节　东欧各国和古巴社会主义的产生和形成过程 ……… (473)
第二节　东欧各国社会主义的历史成就 ……………………… (483)
第三节　东欧各国社会主义改革的探索 ……………………… (487)
第四节　古巴社会主义的历史发展 …………………………… (497)

第二十一章　亚洲各国的社会主义 …………………………… (500)
第一节　亚洲各国社会主义的产生和形成过程 ……………… (500)
第二节　亚洲各国社会主义的发展道路 ……………………… (508)
第三节　中国与亚洲各国社会主义 …………………………… (516)

第二十二章　发达国家共产党的科学社会主义 ……………… (523)
第一节　发达国家共产党建设的历史道路 …………………… (523)
第二节　共产党的"欧洲共产主义"理论与实践 …………… (525)
第三节　葡共、希共、美共等老共产党的社会主义理论与
　　　　实践 ……………………………………………………… (534)
第四节　新共产党的社会主义理论与实践 …………………… (540)

第二十三章　发展中国家共产党的科学社会主义 …………… (543)
第一节　发展中国家共产党建设的历史概况 ………………… (543)
第二节　印度共产党、印尼共产党的社会主义理论与实践 …… (546)
第三节　委内瑞拉争取社会主义运动和智利共产党的理论与
　　　　实践 ……………………………………………………… (551)

第四节　南非共产党的社会主义理论与实践 …………………（555）
第二十四章　20世纪50—70年代世界民族解放运动及独立国家的
　　　　　　发展道路 ……………………………………………（558）
　　第一节　世界民族解放运动的概况、性质和特点 ……………（558）
　　第二节　独立国家的不同类型 …………………………………（567）
　　第三节　独立国家的发展道路 …………………………………（571）
主要参考文献 …………………………………………………………（580）
后记 ……………………………………………………………………（585）

第三卷

毛泽东社会主义思想、中国社会主义制度的确立与社会主义在多国胜利时期的世界社会主义运动

导论　毛泽东思想的形成、发展、历史地位及其伟大意义

俄国十月革命的胜利，实现了科学社会主义从理论到实践的跨越，开启了社会主义从一国胜利到多国实践的历史时期，开辟了科学社会主义发展的新纪元。十月革命一声炮响，给中国送来了马克思列宁主义，从此中国革命的面貌焕然一新。中国共产党人立足于中国国情，把马克思列宁主义基本原理结合于中国革命的具体实践，经过坚苦卓绝的探索，找到了一条具有中国特色的崭新革命道路。在这个中国历史上开天辟地的历史进程中，毛泽东思想的逐步形成和发展过程，就是马克思主义成功中国化的过程。毛泽东思想是马克思主义经过列宁主义的创造性丰富和发展之后的又一个创造性丰富和发展的高峰。毛泽东思想指导中国新民主主义革命走向胜利，使社会主义制度在半封建半殖民地的中国成为现实，并推动社会主义建设的理论和实践探索进入了一个新阶段，在马克思列宁主义的科学社会主义理论宝库中有着重要地位，对世界社会主义运动的发展产生了重要影响。

一　毛泽东思想的形成和发展

毛泽东思想能够在中国产生和发展起来不是偶然的。它是近代中国社会矛盾发展客观要求和20世纪中国人民革命运动的必然结果。毛泽东思想的形成和发展，是马克思列宁主义基本原理和中国具体实际相结合的历史性飞跃的产物。

（一）毛泽东思想形成的社会历史条件

毛泽东思想产生于20世纪二三十年代的中国，有着深刻的社会历史条件。这主要表现在：

其一，中国民族民主革命斗争迫切需要新的理论指导，为毛泽东思想的产生和形成提供了社会条件。中国是一个文明古国，有着悠久的历史。中华民族是一个勤劳勇敢智慧的民族，曾创造过灿烂辉煌的古代文化，为推动人类文明的发展作出了不可磨灭的贡献。但是，当欧洲一些国家在17世纪逐步摆脱封建束缚、开始确立资本主义生产方式，并从18世纪60年代开始了工业革命进程的时候，中国却在清王朝的统治下，在"康乾盛世"的炫目余晖中走向了衰败。在1840年的鸦片战争中，英国殖民主义者以坚船利炮打开中国的大门，随后帝国主义列强纷纷加入侵略和掠夺中国的行列，从此，中国由封建社会逐渐变为半殖民地半封建社会。随之，两大历史任务摆在了中国人民面前：求得民族独立和人民解放，实现国家富强和人民富裕。为了完成这两大历史任务，从鸦片战争到五四运动，历经太平天国农民革命运动、义和团运动以及资产阶级领导的戊戌维新、辛亥革命，在半个多世纪当中，中国人民的反抗和斗争从来没有停止过，但都以失败告终。虽然1911年的辛亥革命在资产阶级革命派领袖孙中山的领导下，终于推翻了封建君主专制制度，建立了中华民国，也最终没能改变中国半殖民地半封建的命运，没能改变中国人民陷于水深火热的悲惨境地。在这个漫长的探索和追求过程中，一大批仁人志士付出了艰辛的努力，鸦片战争时期的林则徐、魏源，戊戌变法时期的康有为、梁启超，太平天国时期的洪秀全、洪仁玕。直到辛亥革命时期的孙中山，都曾努力向先进于中国的西方寻求真理，希望通过资产阶级民主主义革命、用资本主义文明挽救中国，终究都行不通。正如毛泽东所说："在这个反抗运动中，在一个很长的时期内，即从一八四〇年的鸦片战争到一九一九年的五四运动的前夜，共计七十多年中，中国人没什么思想武器可以抗御帝国主义。旧的顽固的封建主义的思想武器打了败仗了，抵不住，宣告破产了。不得已，中国人被迫从帝国主义的老家即西方资产阶级革命时代的武器库中学来了进化论、天赋人权论和资产阶级共和国等项思想武器和政治方案，组织过政党，举行过革命，以为可以外御列强，内建民国。但是这些东西也和封建主义的思想武器一样，软弱得很，又是抵不住，败下阵来，宣告破产了。"[①] 一再的挫折和失败使中国人民明白，不管是中国封

[①] 《毛泽东选集》第4卷，人民出版社1991年版，第1513~1514页。

建主义的传统文化，还是西方资产阶级创立的所谓先进学说，都不能真正解决中国的问题；中国要实现民族解放、国家独立、人民幸福的奋斗目标，就必须去寻找能够抵御和打败帝国主义、封建主义的新的思想武器。俄国十月革命的胜利，给中国人送来了一种新的思想武器——马克思列宁主义；世界上第一个社会主义国家的建立，使中国的先进分子看到了新的方向。"走俄国人的路——这就是结论。"① 从此，中国人民革命的形势发生了根本性的改变。当运用马克思列宁主义解决中国的实际问题的时候，必定有一个使两者相互结合的过程，也必定会有一个适应中国社会历史条件和革命斗争需要的中国化的马克思主义产生出来。毛泽东思想应运而生。

其二，马克思列宁主义在中国的广泛传播，为毛泽东思想的产生和形成提供了思想理论条件。马克思列宁主义传入中国，催生了中国共产党。没有马克思列宁主义，也不会有毛泽东思想。新文化运动为马克思主义在中国的广泛传播作了思想上的准备。1915年9月，陈独秀等人倡导的新文化运动开始兴起。它以提倡民主，反对封建专制；提倡科学，反对迷信；提倡新道德，反对旧道德；提倡新文学，反对旧文学；提倡白话文，反对文言文为主要内容，成为一场影响巨大的思想解放运动。新文化运动尽管在内容上没有超出反帝反封建的资产阶级民主主义思想范畴，但它启发了人们的民主主义思想，激励人们探求强国富民的真理，也开启了世界上各种思想流派进入中国的闸门。俄国十月革命第一次把社会主义理论变成现实实践，在中国思想界引起巨大震动，马克思主义迅速被中国先进的知识分子所接受并传播开来。最早把马克思主义介绍给中国人民，并站在马克思主义的立场上予以大力宣传的是中国共产主义运动的先驱者李大钊。从1918年7月到1919年1月，李大钊连续发表《法俄革命之比较观》、《庶民的胜利》、《Bolshevism 的胜利》、《新纪元》等产生了重大影响的文章。1919年5月又发表了《我的马克思主义观》，比较系统地介绍了马克思主义的基本原理。1920年3月，李大钊发起成立了"马克思学说研究会"。这时，"五四运动的总司令"陈独秀也加入到积极宣传马克思主义的行列中。随之，在中国最早的一批具有初步共产主义觉悟的知识

---

① 《毛泽东选集》第4卷，人民出版社1991年版，第1471页。

分子中，出现了一个学习、研究、宣传马克思主义的热潮，并开始用马克思主义的观点和俄国革命的经验来考察中国革命的问题。同时与各种反马克思主义思潮进行了斗争，扩大了马克思主义的思想阵地，使之成为中国进步思想的主流，进而成为中国革命的指导思想。在五四运动爆发后一年多的时间里，以《新青年》、《湘江评论》、《觉悟》等为代表的一批刊物，对于马克思主义的传播也起了不同程度的推动作用。这一切，为以毛泽东为代表的中国共产党人运用马克思列宁主义的立场、观点和方法，分析、解决中国社会和中国革命中的一系列实际问题，并最终形成马克思列宁主义与中国具体实际相结合的毛泽东思想，奠定了思想理论基础。

其三，中国工人阶级队伍的壮大和发展，为毛泽东思想的产生和形成提供了阶级基础。19世纪末20世纪初，中国的民族工业有了初步发展，中国工人阶级队伍也开始形成。特别是在第一次世界大战期间，由于帝国主义国家忙于战争，暂时放松了对中国的政治控制和经济掠夺，中国民族经济和工业得以较快发展起来，中国工人阶级队伍随之迅速壮大。到1919年五四运动前夕，中国的现代产业工人已经达到200多万人。在全国总人口中，中国工人阶级虽然人数不多，但它与先进的生产方式相联系，是中国先进生产力的代表；又由于它深受帝国主义、封建主义和官僚资本主义的三重压迫，具有强烈的革命要求，因此成为了近代中国社会最进步、最革命的阶级。同时，因为中国工人阶级大多出身于破产农民，与农民有着天然的联系，便于结成巩固的工农联盟，从而团结形成强大的革命斗争力量。从诞生之日起，中国工人阶级就开始了反抗压迫者的斗争。辛亥革命后，中国工人运动进一步发展，斗争的内容也逐步从经济斗争转向政治斗争。在五四运动中，中国工人阶级第一次作为独立的政治力量登上了中国历史舞台，并开始成为中国革命的基本动力和领导阶级。一方面，中国工人运动的发展迫切需要用马克思列宁主义与中国革命实际相结合的科学思想的指导，另一方面，中国工人队伍的发展壮大也为马克思列宁主义在中国的传播和马克思主义的中国化准备了坚实的阶级基础。

其四，中国共产党人领导的人民革命斗争，为毛泽东思想的产生和形成提供了实践基础。实践是理论的源泉。毛泽东思想作为一种科学的理论体系，不是凭空产生出来的，而是来自中国共产党人领导的长期的人民革命斗争实践。1941年5月，毛泽东指出："中国共产党的二十年，就是马克思列宁主义的普遍真理和中国革命的具体实践日益结合的二十年。"一经实现了这种结合,"就使中国革命的面目为之一新"。① 这种结合需要一个过程,一个深刻认识中国状况和基本国情、完整正确认识理解马克思列宁主义的过程,一个实现二者完美结合的探索过程。中国是一个幅员辽阔、人口众多、情况复杂、经济文化十分落后的半殖民地半封建的大国,就进行革命的条件而言,既与马克思主义诞生地的西方有着巨大的差异,也与列宁主义诞生地的俄国不同。当中国共产党处于幼年时期,一方面对马克思列宁主义基本原理的把握不够,一方面对中国国情的特殊性了解不够,对于中国革命的内容、进程、方式等还没有完全搞清楚。1921年中共一大纲领只是明确宣告把"推翻资产阶级"、"废除资本主义私有制"、"采用无产阶级专政",作为自己的奋斗目标;1922年中共二大,则根据中国半殖民地半封建的国情,提出了中国革命应分为反帝反军阀的资产阶级民主革命、无产阶级的社会主义革命两步走;随之才有了1923年中共三大确定与中国国民党合作,联合进行反帝反军阀的国民革命。历经大革命的胜利与失败、土地革命战争的胜利与失败和再胜利以及抗日战争的胜利,再实行国共合作开展国民革命、举行起义武装反抗国民党、创建农村革命根据地、建立抗日民族统一战线等一系列领导革命的实践中,中国共产党人对马克思列宁主义理论和中国革命的实际逐步有了完整、统一的了解,才实现了马克思列宁主义基本原理与中国革命的具体实际的正确结合,制定出了符合中国国情的民主革命纲领,找到了具有中国特色的革命道路,也才最终创造和形成了指导中国革命走向胜利的理论——毛泽东思想。

(二)毛泽东思想的发展和成熟

毛泽东从投身革命就致力于把马克思主义基本原理与中国革命具体实际相结合,开始了对中国社会的认识和对中国革命道路的艰苦探索。毛泽东思想从萌芽,到形成,到成熟,是一个历史过程,有着一条清晰的发展脉络。

从中国共产党的创立到北伐战争时期,是毛泽东思想的萌芽阶段。在这个时期,中国共产党人开始把马克思主义理论与中国革命实际结合起

---

① 《毛泽东选集》第3卷,人民出版社1991年版,第795页、796页。

来，初步提出了新民主主义革命的思想。毛泽东在领导工人运动和农民运动过程中，特别是在大量进行农民运动和农村阶级关系调查研究的基础上，对中国革命的一系列基本问题进行了深入探索和思考。在《中国社会各阶级的分析》、《国民革命与农民运动》、《湖南农民运动考察报告》等著作中，毛泽东从理论与实践的结合上，肯定了农民运动的历史功勋，阐明了农民问题是中国革命的中心问题、农民是中国民主革命的主力军和无产阶级政党的领导对于农民运动的极端重要性，驳斥了国民党右派对农民运动的诬蔑，批评了中国共产党内在农民问题上的右倾错误；在分析中国社会各阶级的基础上，提出了党在民主革命中依靠谁、团结谁、打击谁的基本路线；对中国民主革命的前途作出了估量。这些著作表现了毛泽东对中国国情、中国社会的研究和对中国革命的基本问题——农民问题的科学认识，明确提出了关于中国新民主主义革命的一些基本思想，集中体现了马克思列宁主义与中国实际相结合的最初理论成果，从而为中国革命进入新的阶段作了理论上的准备，也成为了毛泽东思想萌芽的标志。

从大革命失败到遵义会议召开，是毛泽东思想的形成阶段。在这个时期，中国共产党在把马克思列宁主义与中国实际相结合的过程中，实践上、理论上的探索不断深入。1927年大革命失败后，中国共产党吸取教训，相继发动了南昌起义、秋收起义、广州起义等武装暴动，开始了武装反抗国民党、独立领导中国革命的历程。毛泽东领导了秋收起义，并根据形势的发展，摆脱"城市中心论"的所谓正统革命思路，从实际出发，果断作出了向敌人统治力量较弱的井冈山地区进军、建立革命根据地的重大战略决策。在根据地恢复和建立党的地方组织，建立和发展工农红军，开展游击战争，实行土地革命，建设工农民主政权。通过这一系列实践，实现了从北伐战争的失败到土地革命兴起的第一次历史性转变。由此，中国共产党的工作中心从城市转移到了农村。毛泽东一方面领导了创建第一个农村革命根据地的实践探索，一方面对中国革命的道路问题进行了理论探索，注重调查研究，坚持从实际出发，在系统总结中国共产党领导革命的历史和现实经验的基础上，相继写出了《中国的红色政权为什么能够存在？》、《井冈山的斗争》、《关于纠正党内的错误思想》、《星星之火，可以燎原》和《反对本本主义》等著名著作，科学分析了国际和国内的政治形势，系统回答了中国的红色政权为什么能够存在的问题，阐明了武装斗争、建立革命政权和土地革命三位一体的工农武装割据理论，创造性地提出了中国革命要以农村为中心，农村包围城市，武装夺取政权，这样一条具有中国特色的革命道路。中国共产党领导中国革命的实践探索的成功和理论探索的突破，标志着毛泽东思想的初步形成。

从土地革命战争后期到抗日战争时期，是毛泽东思想的成熟阶段。在这个时期，毛泽东在中国共产党领导集体中的核心地位确立起来，中共实现了从土地革命战争到抗日战争的转变，把中国革命推进到了新的发展阶段。以毛泽东为核心的中共中央领导集体的形成，实现了个人智慧和集体智慧的结合，成为毛泽东思想走向成熟的组织基础；经历了北伐战争的胜利和失败，土地革命战争的胜利、失败又取得新的胜利，成为毛泽东思想走向成熟的实践基础；抗日战争的兴起，使中国社会民族矛盾和阶级矛盾的尖锐性、复杂性充分暴露和展现出来，既向中国共产党提出了诸多需要迫切回答和解决的重大课题，也使中国共产党积累了新的实践经验，这也成为了推动毛泽东思想走向成熟的重要条件。再加上巩固的抗日根据地创造的较以往稳定和优越的物质条件，毛泽东得以集中精力进行创造性的研究工作，写出了大量著名篇章。一是以《中国革命和中国共产党》、《新民主主义论》、《论联合政府》等为代表，完整提出、系统阐述了新民主主义革命的理论；二是以《论反对日本帝国主义的策略》、《统一战线中的独立自主问题》、《目前抗日统一战线中的策略问题》、《论政策》等为代表，发展和完善了统一战线理论；三是以《抗日游击战争的战略问题》、《论持久战》、《战争和战略问题》等为代表，丰富了人民军队建设和人民战争的理论；四是以《〈共产党人〉发刊词》、《改造我们的学习》、《整顿党的作风》、《反对自由主义》等为代表，完善和发展了党的建设理论；五是以《矛盾论》、《实践论》等为代表，丰富和发展了马克思主义的世界观和方法论，阐明了中国共产党人正确的思想路线、领导方法和工作方法的哲学基础。另外，以《抗日时期的经济问题和财政问题》、《必须学会做经济工作》、《大量吸收知识分子》、《新民主主义论》、《在延安文艺座谈会上的讲话》等为代表，提出了新民主主义的经济和文化思想。这一切系统构成了毛泽东思想的完整理论体系，标志着毛泽东思想的成熟。

（三）毛泽东思想指导地位的确立

毛泽东思想是在中国共产党领导中国革命的实践中逐步形成、发展并走向成熟的。在毛泽东关于中国革命的理论经过不断总结经验日益系统和完善、指导中国革命实践的巨大作用日益发挥出来的过程中，中国共产党对毛泽东思想的认识也逐步提高、逐步深入。把毛泽东思想确立为指导思想，标志着中国共产党在理论上的成熟。

"毛泽东思想"概念的提出，是中国共产党人对毛泽东思想认识不断深化的结果。1938年10月，毛泽东在中共六届六中全会上提出了"使马克思主义在中国具体化"的任务。1939年10月，毛泽东在《〈共产党人〉发刊词》中提出了"马克思列宁主义的理论和中国革命的实践之统一"的思想原则。随着全党对主要由毛泽东提出的革命理论和路线的正确性的认识加深，中共其他领导人和一些理论工作者在讲话和文章中都不同程度地涉及了对这个理论、这条路线的评价问题。1941年3月，理论工作者张如心在文章中使用了"毛泽东同志的思想"的提法。1943年7月4日，刘少奇发表《清算党内的孟什维主义》，使用了"毛泽东同志的思想"、"毛泽东同志的思想体系"的提法。7月8日，王稼祥在《解放日报》发表《中国共产党与中国民族解放的道路》，第一次提出了"毛泽东思想"的概念，并指出毛泽东思想就是中国的马克思列宁主义，中国的布尔什维主义，中国的共产主义；认为毛泽东思想是马克思列宁主义与中国革命运动实际相结合的结果。此后，这个概念逐步为大家所接受。

在形成全党对毛泽东思想的共识的过程中，延安整风起到了重大的历史性作用。这次整风是一次中国共产党全党范围的普遍的马克思列宁主义教育运动，是用无产阶级思想克服党内存在的各种非无产阶级思想的思想革命运动，同时也是一场系统清算以王明为代表的"左"倾教条主义的思想解放运动。通过对一系列整风文件的学习，对两次失败、两次胜利的革命经验和教训的总结，以及对王明错误路线的批判，全党特别是党的高级领导干部在结合自身实际自我反省的基础上，进一步领会了以毛泽东为代表的中共正确路线，进一步确认毛泽东是把马克思列宁主义与中国具体实践相结合的典范。到1945年4月中共六届七中全会，经过长时期的酝酿和讨论，中国共产党在对把毛泽东思想作为党的指导思想问题上，认识达到了一致。全会作出的《关于若干历史问题的决议》表明，要争取中国革命的更大胜利,就必须以马克思列宁主义同中国革命实践相结合的毛泽东思想为指导。中共高级干部思想认识的统一,为全党的思想统一打下了基础,也为中共第七次全国代表大会作好了充分的思想准备。

在随后召开的中共七大会议上,修改通过的党章明确规定:"中国共产党,以马克思列宁主义的理论与中国革命的实践之统一的思想——毛泽东思想,作为自己一切工作的指针。"[①] 刘少奇在《关于修改党的章程的报告》中,深刻阐述了毛泽东思想产生的历史必然性:"百余年来,灾难深重的中华民族和中国人民,为了自己的解放而流血斗争,积有无数丰富的经验,这些实际斗争及其经验,不可避免地要形成自己的最伟大的理论……这种理论只能由中国无产阶级的代表人创造出来,而其中最杰出最伟大的代表人,便是毛泽东同志。"[②] 对毛泽东思想作出了科学的概括和全面的阐述,指出:"毛泽东思想,就是马克思列宁主义的理论与中国革命的实践之统一的思想,就是中国的共产主义,中国的马克思主义。""毛泽东思想,就是马克思主义在目前时代的殖民地、半殖民地、半封建国家民族民主革命中的继续发展,就是马克思主义民族化的优秀典型。"[③] 至此,毛泽东思想的中国共产党的指导思想地位确立起来,中共七大也以在党章中明确规定中国共产党以毛泽东思想为一切工作的指南而载入了史册。

二 毛泽东思想的科学体系

毛泽东思想作为马克思列宁主义与中国革命的具体实践相结合的科学理论,有着科学的内涵、丰富的内容和完整的理论体系。

(一) 毛泽东思想的科学内涵

在中共七大《关于修改党的章程的报告》首次对毛泽东思想的科学内涵作出界定之后,中共十一届六中全会《关于建国以来党的若干历史问题的决议》和十二大《党章》对毛泽东思想的科学内涵作出了最完整、最准确的概括。1981年6月,中共十一届六中全会《决议》指出:"毛泽

---

① 《中国共产党党章汇编》,人民出版社1979年版,第46页。
② 《刘少奇选集》(上),人民出版社1981年版,第332~333页。
③ 同上书,第333页。

东思想是马克思列宁主义在中国的运用和发展,是被实践证明了的关于中国革命的正确的理论原则和经验总结,是中国共产党集体智慧的结晶。"[1] 1982年9月,中共十二大对这个概括的第二句话作了补充,增加了"和建设"三字,成为"是被实践证明了的关于中国革命和建设的正确的理论原则和经验总结"。从而使其表述更加完备。

第一,毛泽东思想是马克思列宁主义在中国的运用和发展。这主要说明了毛泽东思想与马克思列宁主义之间的关系,既揭示了毛泽东思想的理论来源,又表明了毛泽东思想的独具特点。一方面,以毛泽东为代表的中国共产党人在领导中国革命和建设的历程中,始终把马克思列宁主义作为自己指导思想的理论基础,自觉地运用马克思列宁主义的立场、观点和方法分析解决中国革命和建设中的实际问题。毛泽东思想与马克思列宁主义在世界观、方法论以及根本宗旨和奋斗目标等方面都是一致的,是一脉相承的科学理论体系。另一方面,毛泽东思想是把马克思列宁主义基本原理运用于中国革命和建设实践的典范,是根据马克思列宁主义基本原理对中国革命和建设的独创性实践经验进行理论概括的结果,是在中国革命和建设实践基础上创造性地丰富和发展了的中国化的马克思主义。同时,毛泽东思想还把马克思列宁主义与中华民族的思想文化和表现形式结合起来,运用中华民族特有的思维和语言表达形式表现出来,成为了不但具有中国革命和建设的独特内容,而且具有中华民族独特表现形式的中国化的马克思主义。

第二,毛泽东思想是被实践证明了的关于中国革命和建设的正确的理论原则和经验总结。这主要说明了毛泽东思想与中国革命和建设的具体实践的关系,既确认了毛泽东思想是中国革命和建设的指导思想,又表明只有经过实践检验的科学真理才属于毛泽东思想。一方面,中国共产党人领导中国革命和建设的历史进程证明,什么时候坚持以毛泽东思想为指导,什么时候革命和建设事业就胜利,就发展;什么时候脱离了毛泽东思想的指导,什么时候革命和建设事业就失败,就倒退。只有在毛泽东思想的指导下,中国的革命和建设事业才能不断从胜利走向胜利。另一方面,毛泽东思想不是毛泽东全部思想和言论的总汇,而是为实践所证明的真理体

---

[1] 《三中全会以来重要文献选编》下,人民出版社1982年版,第826页。

系，那些在实践中证明是错误的思想理论观点，即使出自毛泽东本人的言论，也不能纳入毛泽东思想的科学体系之中。这就从根本上否定了"两个凡是"，还了毛泽东思想以科学的本来面目。由此，就把毛泽东思想与毛泽东晚年所犯错误区别开来。以无产阶级专政下继续革命的理论和"文化大革命"为代表的毛泽东晚年的错误理论与实践，不是毛泽东思想的组成部分。

第三，毛泽东思想是中国共产党集体智慧的结晶。这主要说明了在毛泽东思想形成、发展过程中，毛泽东个人作用和中国共产党中央领导集体以及全体党员之间的关系。毛泽东思想是在中国共产党领导的革命和建设实践基础上产生和发展起来的，是对其中经验教训进行科学总结和概括的结果。一方面，毛泽东作为中共第一代中央领导集体的核心，在领导中国革命和建设过程中的作用是不可替代的，在毛泽东思想的形成和发展中居于首要地位、起了决定性作用，这是毋庸置疑的。另一方面，中国革命和建设的历程，是中国共产党团结和带领人民共同奋斗的历程，因此，毛泽东思想中凝结着人民群众的集体智慧，也是毋庸置疑的。同时，中央领导集体中的其他成员也为毛泽东思想的形成和发展作出了重要贡献。毛泽东本人也从不把毛泽东思想看作是个人的产物，而把它看成是在党和人民的长期共同奋斗中形成的，是从人民群众那里学来的，代表了党和人民的思想。

（二）毛泽东思想的理论体系

对毛泽东思想的理论体系进行比较完整的概括和系统论述，在中国共产党的历史上主要有两次。第一次是1945年在中共七大《关于修改党的章程的报告》中，将毛泽东思想的体系归纳为9个方面，即：关于现代世界情况和中国国情的分析，关于新民主主义的理论与政策，关于解放农民的理论与政策，关于革命统一战线的理论与政策，关于革命战争的理论与政策，关于革命根据地的理论与政策，关于建设新民主主义共和国的理论与政策，关于建设党的理论与政策，关于文化的理论与政策。这9个方面涵盖了当时毛泽东思想理论体系的主要内容。第二次是在1981年中共十一届六中全会《关于建国以来党的若干历史问题的决议》中，将毛泽东思想丰富和发展马克思列宁主义的独创性理论概括为6个方面，即：关于新民主主义革命，关于社会主义革命和社会主义建设，关于革命军队的建设和军事战略，关于政策和策略，关于思想政治工作和文化工作，关于党的建设。这个对毛泽东思想的新概括，包含着新的历史经验和教训，是对中共七大关于毛泽东思想体系的认识的深化和发展。

一是关于新民主主义革命的理论。新民主主义革命理论，是以毛泽东为代表的中国共产党人指导中国新民主主义革命的经验总结。毛泽东从中国的历史发展和社会状况出发，深入研究了中国革命的特点和规律，发展了马克思列宁主义关于无产阶级在民主革命中的领导权的思想，创立了新民主主义革命的理论。其主要内容包括：（1）新民主主义革命的总路线。（2）新民主主义革命的纲领。（3）新民主主义革命的前途。（4）中国革命和世界革命的关系。（5）新民主主义革命的三大法宝。（6）新民主主义革命的道路。

二是关于社会主义革命和社会主义建设的理论。新民主主义革命胜利后，以毛泽东为代表的中国共产党人根据新民主主义革命所创造的向社会主义过渡的经济政治条件，从中国国情出发，形成了关于中国社会主义革命和社会主义建设的理论。其主要内容包括：（1）过渡时期总路线和社会主义改造的理论。（2）人民民主专政理论。（3）社会主义社会矛盾理论。（4）社会主义经济建设战略理论。

三是关于革命军队的建设和军事战略的理论。在长期的革命战争中，以毛泽东为代表的中国共产党人积累了丰富的军事斗争经验，形成了一整套军事理论。其主要内容包括：（1）新型人民军队建设理论。（2）人民战争思想。（3）人民战争的战略战术原则。

四是关于政策和策略的理论。以毛泽东为代表的中国共产党人深刻论证了党在领导中国革命和建设中的政策和策略问题。其主要内容包括：（1）政策和策略是党的生命。（2）战略上藐视敌人、战术上重视敌人。（3）对敌斗争的策略原则，即"利用矛盾、争取多数、反对少数、各个击破"。（4）争取一切可以争取的同盟者。（5）原则的坚定性和策略的灵活性相结合。（6）正确地制定和实行党的政策。

五是关于思想政治工作和文化工作的理论。以毛泽东为代表的中国共产党人高度重视思想政治工作，毛泽东深刻论证了文化与政治、经济之间的辩证关系，提出了具有长远意义的指导思想。其主要内容包括：（1）思想政治工作是一切工作的生命线。（2）发展新民主主义文化和社会主义文化的基本方针。(3) 知识分子在革命和建设中具有不可替代的重要作用。

六是关于党的建设的理论。以毛泽东为代表的中国共产党人始终重视党的建设，使中国共产党成为中国革命和建设事业的领导核心，在实践中形成了完整的党的建设理论。其主要内容包括：(1) 党的建设是中国革命胜利的重要法宝。(2) 党的建设同党的政治路线密切相联系。(3) 思想建设是党的建设的首要任务。(4) 坚持民主集中制，实行"任人唯贤"的干部路线。(5) "三大作风"是中国共产党区别于其他政党的显著标志。

（三）毛泽东思想的活的灵魂

《关于建国以来党的若干历史问题的决议》把贯穿于毛泽东思想理论体系之中的立场、观点和方法，精辟地称之为毛泽东思想的活的灵魂，并把它的极为丰富的内容概括为三个基本方面，即：实事求是，群众路线，独立自主。三者是一个有机统一的整体，成为了毛泽东思想的精髓。

第一，实事求是。"实事求是"是毛泽东对马克思列宁主义的世界观、方法论和中国共产党的辩证唯物主义思想路线的简明概括，是毛泽东思想的出发点和根本点，是毛泽东思想的活的灵魂中最基本的原则。1938年10月，毛泽东在中共六届六中全会的报告中第一次提出了"实事求是"的概念："共产党员应是实事求是的模范，又是具有远见卓识的模范。因为只有实事求是，才能完成确定的任务；只有远见卓识，才能不失前进的方向。"[①] 1941年5月，在《改造我们的学习》中，毛泽东对实事求是作出了科学、唯物和辩证的解释："'实事'就是客观存在着的一切事物，'是'就是客观事物的内部联系，即规律性，'求'就是我们去研究。我们要从国内外、省内外、县内外、区内外的实际情况出发，从其中引出其固有的而不是臆造的规律性，即找出周围事变的内部联系，作为我们行动的向导。"[②] 从根本上说，实事求是，就是把马克思列宁主义与中国实际相结合。在长期研究探索的基础上，经过延安整风和中共七大，实事求是成为中国共产党的马克思主义思想路线的最集中的中国化表述。中

---

① 《毛泽东选集》第2卷，人民出版社1991年版，第522~523页。
② 《毛泽东选集》第3卷，人民出版社1991年版，第801页。

国共产党实事求是的思想路线，主要包含着三方面的内容：（1）一切从实际出发。就是从不以人的意志为转移的客观实际出发，而不是从"本本"或者"原则"出发，作为制定党的路线、方针、政策的客观依据。这是实事求是的基本前提和基础。这就要求，要全面地看问题，完整了解客观事实的各个方面的情况，而不能孤立地看问题，以个别代替一般、以局部代替整体、以片面代替全面，只见树木不见森林；要用联系的发展的观点看问题，研究客观事物之间、客观事物内部各部分之间、事物与现象之间的相互联系，把握事物的本质及其发展规律；要从处于一定时间和空间的某一具体事物和现象出发，具体问题具体分析。同时还要求深入实际调查研究，尊重实践，破除教条，把一切从实际出发与不断解放思想结合起来。（2）理论联系实际。就是把马克思列宁主义的基本原理与中国革命和建设的具体实践相结合。这是做到实事求是的根本途径和方法。理论与实际相统一，是实事求是的本质要求。一方面，对马克思列宁主义的基本原理，要有全面、完整、准确的理解，把握其精神实质，掌握其立场、观点和方法；另一方面，对中国的具体实际也就是现实状况、基本国情，要有全面、深入、透彻的认识，把握其社会性质和发展阶段，掌握其矛盾、问题、内在规律和发展趋势，在这样的基础上实现理论与实际相联系，运用理论观察、分析实际问题，找到实际当中的内在联系，从而使问题得到合乎规律性、符合国情要求的解决。（3）在实践中检验和发展真理。就是坚持马克思列宁主义的实践观，坚持实践是检验真理的唯一标准。这是做到实事求是的重要条件，也是实事求是的根本归宿。实践的观点，是辩证唯物主义认识论之第一的和基本的观点。实践是认识的来源，是认识发展深化的动力，是认识的根本目的，也是检验认识是否正确的唯一标准。实践是发展的，马克思列宁主义的理论也随着实践的发展在不断发展中。应用理论以指导实践，又在实践中检验和发展理论，再以发展了的理论指导新的实践，这就是马克思列宁主义发展的路径。总之，实事求是是毛泽东思想活的灵魂的核心内容，体现了马克思主义唯物论、辩证法和认识论的有机统一，世界观和方法论的有机统一，是中国共产党的思想路线和一切工作都必须遵循的根本原则。

第二，群众路线。中国共产党的群众路线，就是一切为了群众，一切依靠群众，从群众中来，到群众中去。这是以毛泽东为主要代表的中国共产党人把历史唯物主义关于人民群众是历史创造者的基本原理运用于党的全部工作形成的根本工作路线和基本工作方法。这条群众路线有两个方面的基本内容：(1) 一切为了群众，一切依靠群众。这是中国共产党正确对待人民群众的根本立场和观点，是群众路线的根本出发点和基本立足点，是群众路线的核心内容。其基本含义包括：其一，一切为了人民群众，全心全意为人民服务，自觉为人民谋利益，一切从人民群众的利益出发而不是从个人或小集团的利益出发。这是无产阶级政党区别于其他任何政党的显著标志。其二，一切向人民负责、向党负责，把二者的一致性作为工作的出发点，不仅体现在主观动机上，而且体现在客观效果上。其三，一切依靠人民群众，相信人民群众能够自己解放自己，团结、教育、引导人民群众为实现自己的利益而奋斗，不是高高在上、发号施令、包办代替，而是依靠人民群众的力量争取胜利。其四，尊重人民群众的创造性，虚心向人民群众学习，把人民群众创造的知识和经验集中起来、总结提高、推广出去，使人民群众的无限创造力化为革命和建设的力量源泉。(2) 从群众中来，到群众中去。这是中国共产党的最基本的领导方法和工作方法。它正确揭示了党和人民群众的关系，指出了党正确实现领导的根本途径，深刻阐明了党的群众路线与马克思主义认识论的内在一致性，把唯物辩证法和马克思主义认识论具体化为科学的领导方法。"从群众中来"，就是经过深入的调查研究，弄清人民群众的愿望和需要，集中人民群众的智慧，以此为依据形成和制定正确的路线、方针和政策。其根本途径和唯一方法就是向社会调查，向人民群众调查，否则，"没有调查就没有发言权"。"到群众中去"，就是把已经形成的方针、政策、计划等拿到人民群众当中去做宣传、解释的工作，以求为人民群众所接受，化为人民群众的具体行动，并在人民群众的实践中加以检验和发展。只有为人民群众所接受的方针、政策、计划，才能导致人民群众的自觉行动，也才能达到为人民谋利益的根本目的；只有在人民群众的实践过程中，方针、政策、计划的正确性才能得到证明，不完善甚至错误的部分才能得到检验和纠正。"从群众中来，到群众中去"的过程，就是从感性认识上升到理性认识，又以理性认识指导具体实践的过程，也就是实践——认识——再实践——再认识的无限循环过程。在"从群众中来，到群众中去"的过程中，必须坚持经过实践检验是正确的方法，即民主和集中相统一的方法，一般和个别相结合的方法，中心工作和一般工作相结合的方法，领导和群众相结合的方法，等等。总之，群众路线是中国共产党的根本路线和根本作风。说它是党的根本路线，在于它既是党的根本政治路线，也是党的根本组织路线。因为它们都是根据群众路线的观点、用群众路线的方法制定出来，并运用于指导党的全部工作，又制定和执行了党在各方面的路线、方针、政策，从而保证了党的事业的顺利发展。说它是党的根本作风，在于它反映了党的作风的实质，而中国共产党理论联系实际、与人民群众密切联系和批评与自我批评的优良传统和作风，无一不体现了群众路线的基本精神。只有坚持群众路线，才能把党的优良作风树立起来、保持下去。

第三，独立自主。独立自主、自力更生，是坚持实事求是，一切从实际出发，依靠人民群众进行革命和建设的必然的结论。它是中国革命和建设必须坚持的一条基本的原则。独立自主的内涵包括三个方面的基本内容：（1）立足于中国实际，坚持走适合自己基本国情的革命和建设道路。马克思列宁主义是具有世界意义的理论，无产阶级革命是国际性的事业，但世界各国各自有着不同的基本国情，运用马克思列宁主义指导革命和建设，必须使之与本国实际相结合，从实际出发，找到适合国情、独具特色的革命和建设道路。离开独立自主，教条主义地对待马克思列宁主义理论，或者亦步亦趋，照搬照抄别国模式，无论革命还是建设都必定走向失败。（2）着眼于本国的力量，在依靠本国人民群众进行革命和建设的基础上，以自力更生为主，争取外援为辅。一个国家革命的发生、发展、胜利，主要取决于其自身的客观条件和革命政党、人民的奋斗。革命如此，建设亦如此。但同时，每一个国家的无产阶级革命，都是世界无产阶级革命的组成部分，国际无产阶级相互之间的援助，是革命成功的重要条件。在建设过程中，外部的援助也同样是十分必要的。既要坚持自力更生，主要靠自己的力量进行建设，也要主动学习、借鉴外国的建设经验，积极争取其人、才、物力的援助。（3）在国际交往中坚持独立自主，同时尊重别国人民独立自主的权利。适合本国基本国情和特点的革命和建设道路，只能由本国的无产阶级政党从本国实际出发，领导人民去寻找、探索和实现，而不能是本国之外的任何国家、组织或个人强加的。在坚持自身独立自主、不允许他人干涉内政的同时，也充分尊重、支持他国独立自主地选择自己革命和建设的道路。这是中国共产党处理国际、党际关系的一条重要原则。总之，独立自主是中国革命和建设过程中都必须坚持的基本原则，是中国革命和建设的基本立足点和根本保证。国际共产主义运动的经验也充分证明，只有在坚持独立自主、自力更生的基础上，把马克思主义普遍原理与本国革命和建设的具体实践相结合，才能取得革命和建设的成功。

三　毛泽东思想的历史地位及其伟大意义

毛泽东思想是马克思列宁主义基本原理与中国革命和建设的具体实际相结合的第一次历史性飞跃的伟大理论成果，是以毛泽东为主要代表的中国共产党人集体智慧的结晶，是中国人民的宝贵的精神财富，是中华民族的强大精神支柱。毛泽东晚年虽然犯了像"文化大革命"那样的严重错误，但正如邓小平所说，就毛泽东一生的功过来看，错误毕竟是第二位的。毛泽东是中国共产党和中华人民共和国的主要缔造者，其最伟大的历史功绩是把马克思列宁主义的普遍真理与中国的具体实际结合起来，开创了具有中国特色的革命道路，极大地丰富和发展了马克思列宁主义的理论宝库。

（一）正确认识毛泽东晚年的错误

毛泽东在晚年犯了严重错误，是一个客观事实。正确认识毛泽东晚年的错误，是科学地确立毛泽东思想历史地位的关键问题。1981年6月中共十一届六中全会《关于建国以来党的若干历史问题的决议》，对毛泽东晚年所犯的主要错误及其社会历史环境和复杂的主客观因素，进行了科学的分析，作出了明确的结论。

必须明确毛泽东晚年错误的性质。其一，毛泽东晚年所犯的错误，是在探索一条适合中国实际的社会主义建设道路过程中的失误。在中国这样一个半殖民地半封建的经济文化落后的国家建设社会主义，是人类社会历史上没有先例的崭新事业，是中国历史上前无古人的伟大创举。在探索中出现失误，遭受挫折，犯各种各样的错误，都是不可避免的。这既符合马克思主义的认识论，也符合人类社会发展的基本规律，不应苛求。其二，毛泽东晚年的错误是政治错误。在1956年完成社会主义改造、基本建立起社会主义制度之后，毛泽东就清醒地不失时机地提出，要以苏为鉴，寻找一条适合中国国情的社会主义建设道路，并带领全党开始了探索实践。

但是，由于客观历史条件的局限和主观认识与理论上的错误，导致在党内矛盾、国内矛盾和国际矛盾的一系列根本性问题的认识和判断上发生失误，从而作出了一些错误的决策，并因此造成严重后果。其三，毛泽东晚年的错误是一个伟大的无产阶级革命家的错误。毛泽东的错误是严重的，但在主观上始终认为自己的理论和实践是坚持了马克思主义的，是巩固无产阶级专政和社会主义制度所必需的。同时也要看到，即使在犯着最严重的错误的时刻，毛泽东也制止和纠正过一些具体的错误，作出过一些正确的战略性决策。特别是在对国际形势的判断和对外关系的处理上，毛泽东不仅在理论上有重大建树，在实践上也领导党和人民顶住霸权主义的压力，确定了中国对外关系的新格局。

必须把毛泽东晚年的错误同毛泽东思想严格区别开来。毛泽东思想是"被实践证明了的关于中国革命和建设的正确的理论原则和经验总结"，而那些被实践证明为错误的理论、观点和言论，不属于毛泽东思想的范畴。毛泽东晚年的错误在理论上集中的、具有代表性的表现，就是所谓"无产阶级专政下继续革命的理论"。在"文化大革命"中，这个"左"的错误理论曾经被说成是"马克思列宁主义的顶峰"、"在马克思主义发展史上，树立了第三个伟大的里程碑"。但是，事实是无情的，实践证明了这个理论的完全错误。它既没有政治基础，也没有经济基础，不可能指导革命和建设取得任何意义上的进步，而只会造成社会的混乱、破坏和倒退。因此，《关于建国以来党的若干历史问题的决议》指出，所谓"无产阶级专政下继续革命的理论"，"既不符合马克思列宁主义，也不符合中国实际"，"明显地脱离了作为马克思列宁主义普遍原理和中国革命具体实践相结合的毛泽东思想的轨道，必须把它们同毛泽东思想完全区别开来"。[①]

必须正确看待毛泽东晚年的错误与其一生功绩的关系。毛泽东的一生，是为中国革命奋斗的一生。虽然在晚年犯了严重的错误，但这既不能掩盖更不能否定毛泽东对中国革命和建设所作出的历史性贡献。毛泽东是中国共产党的创始人之一，是中国人民解放军和中华人民共和国的主要缔造者。在中国革命最为困难的时候，毛泽东最早找到了革命的正确道路，

---

① 《三中全会以来重要文献选编》下，人民出版社1982年版，第809页。

制定了正确的总战略，并逐步形成了一整套正确的理论和策略，终于使革命转危为安，转败为胜。毛泽东为中国共产党和中国人民解放军的创建和发展，为缔造中华人民共和国、开创社会主义建设事业，为中国人民的翻身解放和创造幸福生活，建立了不可磨灭的功勋，同时，也为世界被压迫民族的解放和人类进步事业作出了重大贡献。因此，就其一生来看，毛泽东在中国革命和建设事业中的功绩远远大于失误，功绩是第一位的，错误是第二位的。这个结论永远不会改变。

（二）充分肯定毛泽东思想的历史地位

毛泽东思想是一个博大精深的科学理论体系。无论从马克思主义发展史看，还是从中国革命和建设的历史看，毛泽东的贡献都是极其伟大的，由此也确立了其不可易移的历史地位。

第一，毛泽东思想是马克思列宁主义的重大发展。19世纪40年代诞生的马克思主义，是关于无产阶级革命的科学理论，是无产阶级政党的行动指南。因此，在短短几十年间就传遍全世界，成为无产阶级和劳动人民的科学指导思想。但是，马克思主义产生在当时生产力相对发达的欧洲资本主义社会的基础上，无产阶级革命的环境和条件具有自身的特点。在马克思的晚年虽然也曾致力于东方社会及其发展道路的理论思考，并提出了一些精辟见解，然而由于历史条件的局限，他不可能，也不能苛求他对在东方特殊的社会历史条件下进行无产阶级革命的问题给出答案。19世纪末20世纪初诞生的列宁主义指导俄国十月革命取得了胜利，成功地建立了世界上第一个社会主义国家，从而把马克思主义推向了新的发展阶段。但是，列宁也只能解决在俄国当时的条件下，把马克思主义的基本原理同俄国革命的实际相结合，找到革命胜利的道路的问题。虽然列宁也高度关注着帝国主义时代的被压迫民族问题，并提出了关于民族和殖民地问题的理论和纲领，但是，同样的，在具有不同国情的广大殖民地、半殖民地国家，被压迫民族究竟怎样进行无产阶级革命，他也不可能，也不能苛求他开出一个普遍适用的"药方"来。各国的革命道路如何选择，各国的革命如何进行，终究要由各国的无产阶级政党和人民自己去探索。在当时处于半殖民地半封建社会的中国，生产力发展水平不仅比欧洲低得多，也落后于俄国，而在历史传统、基本国情和思想文化背景方面，更是迥然不同。当俄国十月革命的胜利把马克思列宁主义送到中国，怎样把这个科学的理论运用于中国革命实践的问题,就历史地摆在了中国的无产阶级政党——中国共产党的面前。20世纪20年代后期和30年代前期,在国际共产主义运动和中国共产党内曾经盛行的把马克思列宁主义教条化、把共产国际决议和苏联经验神圣化的做法,几乎使中国革命陷于绝境。在失败和挫折的教训面前,以毛泽东为代表的中国共产党人顶住来自共产国际和中国共产党内部的压力,冲破教条主义和其他"左"倾错误思想的束缚,创造性地运用马克思列宁主义的基本原理考察中国的历史和社会状况,对中国共产党领导中国革命实践过程中一系列独创性经验作了理论概括,形成了适合中国具体情况的科学指导思想——毛泽东思想,并在毛泽东思想指导下,成功地开辟了一条独具中国特色的革命道路。马克思主义的发展史表明,马克思主义不是教条,而是世界无产阶级行动的指南;不是适用于一切时代和一切社会历史条件的僵死的结论和公式,而是随着时代的发展而发展、在不同的社会历史条件下具有不同表现形式的科学的无产阶级革命理论。毛泽东思想是创造性地把马克思列宁主义运用于中国革命实践的理论成果,是马克思列宁主义在中国的重大发展,是中国化的马克思主义。它不是在某一个或某几个方面,而是全面地丰富和发展了马克思列宁主义。

第二,毛泽东思想是中国革命和建设的科学指导思想。毛泽东思想科学理论体系的形成,标志着中国共产党人在运用马克思列宁主义基本原理认识中国革命的客观规律方面,已经实现了历史性的飞跃。中国革命和建设的实践反复证明,当坚持了以毛泽东思想为指导的时候,革命和建设事业就胜利,就发展;当脱离了毛泽东思想的指导的时候,革命和建设事业就失败,就后退。毛泽东思想是中国新民主主义革命胜利的强大思想武器。中国近代史上,在中国共产党之前的任何一个政党,都没有提出过关于中国革命的正确理论,中国人民挽救国家和民族危亡、实现国家独立和富强的斗争因此都以失败告终。只有中国共产党在中国革命的理论和实践的探索中都取得了成功,在毛泽东思想的指引下,团结和带领中国人民推翻了帝国主义、封建主义和官僚资本主义的统治,建立了新中国。毛泽东思想也是中国社会主义制度建立和社会主义建设事业发展的思想政治基础。以毛泽东为代表的中国共产党人,从理论和实践上解决了在中国这样一个半殖民地半封建的经济文化落后的东方大国建立社会主义制度的巨大难题。新中国成立后，中国共产党领导人民开始有步骤地实现从新民主主义向社会主义的转变。在毛泽东思想关于人民民主专政的理论指导下，中国建立了人民代表大会制度、中国共产党领导的多党合作和政治协商制度、民族区域自治制度，这成为社会主义中国的基本政治制度。在迅速恢复国民经济的基础上，开辟了一条具有中国特色的社会主义改造道路，用国家资本主义的形式和和平赎买政策改造了资本主义工商业，用逐步过渡的形式改造了个体农业和个体手工业。社会主义改造在中国的完成，标志着中国由新民主主义社会进入了社会主义的初级阶段。社会主义制度的全面确立，是中国历史上最伟大最深刻的革命变革，促进了工农业和整个国民经济的发展，为中国此后的一切进步和发展奠定了基础。这是毛泽东思想在新的历史条件下创造性发展的又一个重大成果。社会主义制度建立以后，以毛泽东为代表的中国共产党人又以苏联经验为鉴戒，开始探索中国自己的社会主义道路，提出了许多关于中国社会主义建设的重要观点，涉及经济、政治、文化、国防、外交等各个方面。尽管在这个探索过程中出现了曲折甚至发生了严重失误，但是，在中国共产党和毛泽东的领导下，中国仍然建立起了独立的比较完整的工业体系和国民经济体系，极大地改变了中国贫穷落后的面貌，使中国成为一个初步繁荣的社会主义国家。同时，中国共产党和中国人民在毛泽东思想的指引下，坚持和发扬独立自主、自力更生的精神，不断巩固和发展社会主义制度，在国际交往中树立了社会主义中国的新形象，维护了国家主权和民族尊严，在国际社会中发挥着日益重要的作用。

第三，毛泽东思想是建设中国特色社会主义的历史渊源和理论先导。毛泽东思想关于新民主主义革命的理论以及对社会主义革命和建设的理论探索，是马克思列宁主义与中国具体实际相结合的第一次历史性飞跃的理论成果的重要组成部分，也是这种结合的第二次历史性飞跃的历史渊源和理论先导；而毛泽东对适合中国国情的社会主义建设道路的实践探索，则成为以邓小平为代表的中国共产党人最终找到建设中国特色社会主义正确道路的重要借鉴。毛泽东思想对于建设中国特色社会主义理论与实践的现实指导意义，是不可抹杀的。作为马克思列宁主义基本原理与中国具体实际相结合第二次历史性飞跃的理论成果，邓小平理论与毛泽东思想的一脉相承的关系，也无可置疑。早在民主革命时期，毛泽东就根据中国社会半殖民地半封建的性质指出，中国革命应当分为新民主主义革命和社会主义革命两步来走。新民主主义革命的理论和实践为社会主义革命和建设提供了前提和基础，也在思想理论上、物质上作了必要的准备；新民主主义的经济、政治和文化纲领，更为建设中国特色社会主义提供了经验和借鉴。进入社会主义建设时期，在对中国社会主义建设道路探索的过程中，毛泽东提出了一系列思想观点和工作方针，像为使社会主义制度获得比较充分的物质基础，必须建立现代化的工业和农业体系的思想；为了建成社会主义，作为领导阶级的工人阶级必须建设自己的技术干部队伍的思想；正确处理人民内部矛盾，营造良好的政治局面，调动一切积极因素为社会主义建设服务的思想，等等。特别是毛泽东在《论十大关系》中提出的若干重要思想，在建设中国特色社会主义的过程中被广泛运用并有了新的发展——关于正确处理重工业同农业和轻工业的关系，实行工农业并举的思想，进一步发展成为"以农业为基础，工业为主导"的国民经济总方针；关于正确处理中央同地方的关系的思想、重视价值规律作用的思想，对社会主义经济建设产生了重要推动作用；关于中国共产党与各民主党派"长期共存，互相监督"的方针，成为中国共产党领导下的政治协商和多党合作制度的重要政治基础和社会主义民主政治建设的方向；关于"百花齐放、百家争鸣"的方针，成为社会主义文化建设长期的指导思想，等等。应当明确，因为客观条件和认识水平的局限，毛泽东对社会主义建设道路的探索，总体上没有突破传统的社会主义模式，对于"什么是社会主义、怎样建设社会主义"的问题也没有真正弄清楚，但这并不能否定他所提出的诸多精辟思想的历史和现实意义。

第四，毛泽东思想是中华民族团结振兴的精神支柱。中国百年近代史是中国人民争取民族独立和解放的斗争史，当这个进步的潮流与俄国十月革命胜利之后出现的世界社会主义运动交汇在一起，中国共产党就应运而生。因此，从中国共产党诞生之日起，就肩负着实现中华民族伟大历史复兴的崇高责任。中国共产党这个区别于中国任何其他政党的特点，体现在政党性质上，就是它既是中国工人阶级的先锋队，又是中国人民和中华民族的先锋队；体现在党员政治品格上，就是每一个中国共产党党员既是彻底的共产主义者，又是坚定的爱国主义者。毛泽东作为中国共产党人的主要代表者，既是一个伟大的马克思主义者、无产阶级革命家，又是近代以来中国伟大的爱国者和民族英雄。作为中国共产党集体智慧的结晶,毛泽东思想是中华民族精神的升华。正如刘少奇所说:毛泽东思想,一方面完全是马克思主义的,另一方面又完全是中国的,"是中国民族智慧的最高表现和理论上的最高概括";毛泽东思想把马克思列宁主义的普遍真理与中国革命的具体实际相结合,从而"把我国、民族的思想水平提到了从来未有的合理的高度"。[①] 而且,毛泽东是在中国的土地上、从人民群众中成长起来的领袖人物,其精神特质具有强大的凝聚力,其个人品格具有超凡的感染力,其思想理论具有非凡的号召力。这已经为历史所证明。毋庸置疑,毛泽东思想汲取了马克思列宁主义科学理论的真谛,又凝结了中国优秀传统文化的精华,代表着中国先进文化的发展方向,已经成为中华民族团结振兴的坚强精神支柱。毛泽东思想的巨大精神力量在中国人民追求民族独立和解放的斗争中发挥了具有决定意义的作用,在建设中国特色社会主义的历程中仍将继续发挥独特的不可替代的作用。

(三) 坚持和发展毛泽东思想

如同马克思列宁主义一样,毛泽东思想也是开放的体系、发展的理论。只有既坚持马克思列宁主义、毛泽东思想的基本原理,又使之在时代的发展、社会的进步中,在新的实践基础上获得不断发展,才能保持其旺盛的生命力。

坚持毛泽东思想,就是坚持经过了实践检验的毛泽东思想科学体系,特别是贯穿于毛泽东思想各个组成部分之中的立场、观点和方法,也就是坚持毛泽东思想的活的灵魂。相反,那种认为坚持毛泽东思想就是坚持毛泽东提出的所有观点和一切论断,甚至不承认毛泽东晚年所犯严重错误的所谓"坚持",决不是真正的坚持,而是教条主义地对待毛泽东思想的态度。而这,既是已经被国际共产主义运动的历史、中国革命和建设的历史反复证明的错误倾向,也正是毛泽东本人所坚决反对的。在当今时代坚持毛泽东思想的真正意义,在于从毛泽东思想的那些代表性著作中,学习毛泽东在特定的历史条件下,怎样运用马克思列宁主义观察和分析中国社会和中国革命中的重大问题,并从中国的具体实际出发得出新的结论、找到解决问题的独特途径和方法。因此,学习、

---

① 《刘少奇选集》(上),人民出版社 1981 年版,第 335 页、319 页。

掌握和运用毛泽东思想的立场、观点和方法来研究有中国特色社会主义建设实践中随时变化的新情况，解决不断出现的新问题，才是坚持毛泽东思想的真谛。

发展毛泽东思想，就是在坚持毛泽东思想科学体系的基础上，运用毛泽东思想的基本立场、观点和方法，立足于新的时代，创造性地研究新问题，分析新情况，作出新判断，得出新结论。正如不能要求马克思为解决他去世之后上百年、几百年所产生的新问题提供现成答案，不能要求列宁为解决他去世之后50年、100年所产生的问题提供现成答案一样，也不能要求毛泽东承担解决他去世之后中国和世界所产生的一系列新问题的责任。真正的马克思主义者，就要像马克思、恩格斯、列宁、毛泽东那样，根据所处时代的时代特征、基本国情和各方面的具体情况，运用马克思主义科学理论的基本原理，创造性地解决自己时代的实际问题。只有这样，马克思主义才能发展。这一点，也正是马克思主义区别于任何一个其他理论体系的最显著特征。中国共产党人对此有着极为清醒的认识，有着既坚定不移地坚持又在坚持中发展的自觉。这就是马克思列宁主义与中国实际相结合的第二次历史性飞跃的新成果——马克思列宁主义与中国具体实际和当今时代特征相结合、继承和发展了毛泽东思想、指导建设有中国特色社会主义新实践的邓小平理论的形成，这就是对马克思列宁主义、毛泽东思想和邓小平理论又有了新的丰富和发展的"三个代表"重要思想的提出。正因为如此，在人类社会跨入21世纪的时刻，中国的社会主义才以蓬勃的生命力为世界所瞩目，并为世界社会主义运动的重新振兴提供了具有充分说服力的借鉴。

毛泽东曾经以哲学家的思考作过一个充满辩证法的精辟论断："客观现实世界的变化运动永远没有完结，人们在实践中对于真理的认识也就永远没有完结。马克思列宁主义并没有结束真理，而是在实践中不断地开辟认识真理的道路。"[1] 这也同样适用于毛泽东思想。

---

[1] 《毛泽东选集》第1卷，人民出版社1991年版，第296页。

上 篇

毛泽东社会主义思想基本问题

第一章　新民主主义革命

中国的新民主主义革命，是一场伟大而深刻的政治、经济、文化和社会大革命。它的发生既是近代中国社会自身发展所提出的内在要求，也是中国人民历尽千辛万苦的探索而作出的自觉选择。毛泽东从中国特殊的国情出发，深刻研究中国革命的特点和规律，发展了马克思列宁主义关于无产阶级在民主革命中的领导权的思想，创立了无产阶级领导的，工农联盟为基础的，人民大众的，反对帝国主义、封建主义和官僚资本主义的新民主主义革命的理论，指导中国人民在争取民族独立和解放的斗争中赢得了历史性的伟大胜利。

第一节　新民主主义革命的客观环境和历史前提

毛泽东指出："认清中国社会的性质，就是说，认清中国的国情，乃是认清一切革命问题的基本根据。"[①] 只有认清了中国的特殊国情，才能辨明中国革命是什么样的革命，应当怎样革命。中国的革命为无产阶级所领导，但又不是直接进行无产阶级社会主义革命，而是走了从民主主义到达社会主义的道路。这是中国无产阶级革命运动的特殊性，是由特定的国内、国际条件造成的。用马克思主义的观点分析中国的国情，是毛泽东全部逻辑的起点，其目的是为制定中国革命的战略和中国共产党的路线获得可靠的根据。决定中国革命特点的国情主要有以下几个方面：

一　近代中国社会的半殖民地半封建的性质

19世纪中叶以前，中国长期是以封建经济为基础的君主专制国家。

---

① 《毛泽东选集》第2卷，人民出版社1991年版，第633页。

以1840年鸦片战争为发端，中国从中世纪进入近代后，就一直处于被帝国主义列强侵略、压迫的境地，几乎所有的帝国主义国家都参与了对中国的掠夺。近代中国，虽然在形式上保持着独立，实际上却为几个帝国主义国家共同宰割，成了一个半殖民地半封建社会。

　　认清国情，最根本的是认清中国的社会性质。1939年毛泽东在《中国革命和中国共产党》中指出："自从一八四〇年的鸦片战争以后，中国一步一步地变成了一个半殖民地半封建的社会。自从一九三一年九一八事变日本帝国主义武装侵略中国以后，中国又变成了一个殖民地、半殖民地和半封建的社会。"① 毛泽东在进一步分析中国社会发生的这种变化及其原因时指出："由此可以明白，帝国主义列强侵略中国，在一方面促使中国封建社会解体，促使中国发生了资本主义因素，把一个封建社会变成了一个半封建的社会；但是在另一方面，它们又残酷地统治了中国，把一个独立的中国变成了一个半殖民地和殖民地的中国。"② 总之，由于资本主义的侵入，一个独立的封建的中国变成了一个半殖民地半封建的中国。这样一个社会的形成受到内部与外部的、主观和客观的诸种因素的制约和影响，是一个错综复杂的演变过程，因而有它自己的许多特点。毛泽东概括地指出了这个社会的特点：（1）封建时代的自给自足的自然经济基础是被破坏了；但是，封建剥削制度的根基——地主阶级对于农民的剥削，不但依旧保持着，而且同买办资本和高利贷资本的剥削结合在一起，在中国的社会经济生活中，占着显然的优势。（2）民族资本主义有了某些发展，并在中国政治的、文化的生活中起了颇大的作用；但是，它没有成为中国社会经济的主要形式，它的力量是很软弱的，它的大部分同外国帝国主义和国内封建主义都有或多或少的联系。（3）皇帝和贵族的专制政权被推翻了，代之而起的先是地主阶级的军阀官僚的统治，接着是地主阶级和大资产阶级联盟的专政。在沦陷区，则是日本帝国主义及其傀儡的统治。（4）帝国主义不但操纵了中国的财政和经济命脉，并且操纵了中国的政治和军事力量。在沦陷区，则一切被日本帝国主义所独占。（5）由于中国是在许多帝国主义国家的统治或半统治之下，由于中国实际上处于长期

---

　　① 《毛泽东选集》第2卷，人民出版社1991年版，第626页。

　　② 同上书，第630页。

的不统一状态，又由于中国的土地广大，中国的经济、政治和文化的发展，表现出极端的不平衡。（6）由于帝国主义和封建主义的双重压迫，特别是日本帝国主义的大举进攻，中国的广大人民，尤其是农民，日益贫困化以至大批的破产，他们过着饥寒交迫和毫无政治权利的生活。中国人民的贫困和不自由的程度，是世界所少有的。

正因为中国是一个半殖民地半封建的社会，这样的社会性质就决定了中国社会的主要矛盾必然是帝国主义和中华民族的矛盾，封建主义和人民大众的矛盾。因此，毛泽东指出："帝国主义和中华民族的矛盾，封建主义和人民大众的矛盾，这些就是近代中国社会的主要的矛盾。"① 中国革命的对象不是别的，"就是帝国主义和封建主义。""因为，在现阶段的中国社会中，压迫和阻止中国社会向前发展的主要的东西，不是别的，正是它们二者。二者互相勾结以压迫中国人民，而以帝国主义的民族压迫为最大的压迫，因而帝国主义是中国人民的第一个和最凶恶的敌人。"② 当然还有别的矛盾，诸如资产阶级和无产阶级的矛盾、反动统治阶级内部的矛盾，等等。而帝国主义和中华民族的矛盾，乃是各种矛盾中的最主要的矛盾。伟大的近代和现代的中国革命，就是在这些基本矛盾的基础上发生和发展起来的。

二 中国政治经济发展的极大不平衡

在分析中国国情的过程中，毛泽东深刻地指出："中国是一个政治经济发展不平衡的半殖民地的大国，而又经过了一九二四年至一九二七年的革命。""这个特点，指出中国革命战争有发展和胜利的可能性。"③

由于中国是在许多帝国主义国家的统治或半统治之下，由于中国实际上处于长期的不统一状况，也由于中国的土地广大，中国的经济、政治的发展表现出极大的不平衡性。

经济发展不平衡是指近代中国既不是以资本主义生产方式为主体，又不是完全封建主义生产方式，而是以封建主义地方性农业经济为主体，兼

---

① 《毛泽东选集》第2卷，人民出版社1991年版，第631页。
② 同上书，第633页。
③ 《毛泽东选集》第1卷，人民出版社1991年版，第188页。

有微弱的资本主义生产方式和相当数量的个体经济，生产力水平极为低下，经济发展又很不平衡。在微弱的资本主义经济中，重要的工业部门几乎完全处在外国资本和本国官僚资本的控制下；中国民族资本主义没能成为中国的主要经济形式。从地域上看，工业、商业、金融等主要集中在沿海、沿江通商口岸，而内地、边远农村仍维持旧式生产。封建经济不仅存在，而且同买办资本和高利贷资本相结合，在社会经济生活中占统治地位。经济发展不平衡造成了农村可以相对地脱离城市，不依赖城市而存在。

政治不平衡是指中国的反动统治力量在全国不平衡、不统一。近代中国既不是独立的主权国家，也不是殖民地，而是许多帝国主义宰割的依附于帝国主义的半殖民地的国家。帝国主义在中国实行划分势力范围的分裂剥削政策，在帝国主义的支持和操纵下，各派新旧军阀之间的割据和冲突不断增加，造成了中国长期分裂、连年混战的局面。政治发展不平衡还表现在反动统治阶级在城市的统治力量强大，而在农村相对薄弱。

关于中国政治经济发展的不平衡，1936年12月，毛泽东在《中国革命战争的战略问题》中指出，这表现在："微弱的资本主义经济和严重的半封建经济同时存在，近代式的若干工商业都市和停滞着的广大农村同时存在，几百万产业工人和几万万旧制度统治下的农民和手工业工人同时存在，管理中央政府的大军阀和管理各省的小军阀同时存在，反动军队中有隶属蒋介石的所谓中央军和隶属各省军阀的所谓杂牌军这样两部分军队同时存在，若干的铁路航路汽车路和普遍的独轮车路、只能用脚走的路和用脚还不好走的路同时存在。"① 此外，"中国是一个半殖民地国家——帝国主义的不统一，影响到中国统治集团间的不统一。数国支配的半殖民地国家和一国支配的殖民地是有区别的。中国是一个大国——'东方不亮西方亮，黑了南方有北方'，不愁没有回旋的余地。"② 毛泽东这段对国情的精彩分析，充满着辩证法的精神，揭示了中国政治经济发展极不平衡的特点，以及在多个帝国主义间接统治下这种不平衡所带来的不统一的特点。正是这种不平衡、不统一，加上中国是一个大国，所以中国能够走出一条农村包

---

① 《毛泽东选集》第1卷，人民出版社1991年版，第188页。
② 同上书，第189页。

围城市的独特的革命道路，形成具有自己特点的中国革命战争的战略战术。

抗日战争时期，毛泽东在《中国革命和中国共产党》中，对中国经济、政治和文化发展表现出的极端不平衡性，又作了最集中的概括："由于中国经济发展的不平衡（不是统一的资本主义经济），由于中国土地的广大（革命势力有回旋的余地），由于中国的反革命营垒内部的不统一和充满着各种矛盾，由于中国革命主力军的农民的斗争是在无产阶级政党共产党的领导之下，这样，就使得在一方面，中国革命有在农村区域首先胜利的可能；而在另一方面，则又造成了革命的不平衡状态，给争取革命全部胜利的事业带来了长期性和艰巨性。"[①] 这种经济和社会发展的极端不平衡，成为近代中国国情的一个突出方面，在很大程度上规定着中国革命的方式方法，制约着中国革命的发展道路。

三 半殖民地半封建中国特殊的阶级结构

随着帝国主义的侵略，随着中国资本主义的产生和发展，中国社会的阶级关系发生了新的变化。除了原来的地主阶级、农民阶级、小资产阶级外，产生了中国历史上没有过的新的社会阶级，即中国资产阶级和无产阶级。中国民族资本主义发生和发展的过程，就是中国资产阶级和无产阶级发生和发展的过程。如果一部分的商人、地主和官僚是中国资产阶级的前身，那么，一部分的农民和手工业者就是中国无产阶级的前身了。中国的资产阶级和无产阶级，作为两个特殊的社会阶级来看，它们是中国历史上没有过的阶级，它们从封建社会脱胎而来，是两个互相关联又互相对立的阶级，这两个新阶级的出现，为近代中国革命的发生准备了新的阶级力量。

中国无产阶级的发生和发展主要的不是伴随中国民族资产阶级的发生和发展而来，而是伴随帝国主义在中国直接经营企业而来。中国无产阶级最早在19世纪中叶已出现在外国在华企业中，随后又出现在19世纪60年代清朝官僚所办的企业和70年代民族资本企业中。到1894年，中国近代产业工人约有10万人。辛亥革命后，特别是第一次世界大战期间，中

[①] 《毛泽东选集》第2卷，人民出版社1991年版，第635页。

国民族资本主义工业有了比较迅速的发展，使民族资产阶级及其知识分子队伍和中国工人阶级的队伍都得到迅速扩大，在中国形成了一个比辛亥革命时期更为壮大的革命阵营。五四运动前夕，中国的产业工人已发展到200万人，这是中国近代最先进、最革命的阶级。它即将作为一股觉悟了的独立的政治力量登上历史舞台，为新的大规模革命运动的爆发奠定了阶级基础。

近代中国革命就是在这些阶级的领导下开展起来的。毛泽东说：在西方帝国主义列强侵略中国的过程中，"西方资产阶级就在东方造成了两类人，一类是少数人，这就是为帝国主义服务的洋奴；一类是多数人，这就是反抗帝国主义的工人阶级、农民阶级、城市小资产阶级、民族资产阶级和从这些阶级出身的知识分子，所有这些，都是帝国主义替自己造成的掘墓人，革命就是从这些人发生的。不是什么西方思想的输入引起了'骚动和不安'，而是帝国主义的侵略引起了反抗"。[1]

毛泽东对半殖民地半封建社会的阶级结构进行了创造性的探索和深刻的分析。1925年12月，在《中国社会各阶级的分析》中，毛泽东用马克思主义的阶级分析方法，从各阶级所代表的生产关系和生产关系中的地位，全面地分析了各个阶级的状况，指出地主阶级和买办阶级"代表中国最落后的和最反动的生产关系，阻碍中国生产力的发展"；中产阶级，主要是指民族资产阶级"代表中国城乡资本主义的生产关系"；小资产阶级"所经营的，都是小生产的经济"；半无产阶级"所经营的都是更细小的小生产的经济"；无产阶级"其中很大一个数量是在外资产业的奴役下"，"是中国新的生产力的代表者"。[2] 并且，详细分析了各阶级中各个阶层的情况及其对革命的态度，从敌、我、友三个方面对它们作了划分，形成了一个关于中国社会阶级的完整的结构："一切勾结帝国主义的军阀、官僚、买办阶级、大地主阶级以及附属于他们的一部分反动知识界，是我们的敌人。工业无产阶级是我们革命的领导力量。一切半无产阶级、小资产阶级，是我们最接近的朋友。那动摇不定的中产阶级，其右翼可能是我们的敌人，其左翼可能是我们的朋友——但我们要时常提防他们，不

---

[1] 《毛泽东选集》第4卷，人民出版社1991年版，第1513页。

[2] 同上书，第1卷，人民出版社1991年版，第4~9页。

要让他们扰乱了我们的阵线。"①

半殖民地半封建中国特殊的阶级关系，决定了在革命领导者、动力等方面既不同于西方资本主义国家也不同于俄国。

四 俄国十月革命和五四爱国运动

1917年11月7日，俄国工农群众和士兵在以列宁为首的布尔什维克党领导下，举行武装起义，推翻了地主资产阶级的反动统治，建立了世界上第一个无产阶级专政的社会主义国家，社会主义从理想变成了现实。伟大的俄国十月社会主义革命震动了全世界，它开辟了无产阶级世界历史和无产阶级社会主义革命的新纪元。它对全世界无产阶级和一切被压迫民族都是巨大的鼓舞，特别是对辛亥革命失败后，困惑茫然、苦苦寻求新的出路的中国人民产生了强烈的反响和强大的吸引力。

十月社会主义革命对中国革命产生了划时代的影响，正如毛泽东所说："十月革命一声炮响，给我们送来了马克思列宁主义。十月革命帮助了全世界的也帮助了中国的先进分子，用无产阶级的宇宙观作为观察国家命运的工具，重新考虑自己的问题。走俄国人的路——这就是结论。"②十月革命以前，中国人学习的榜样是西方国家，效法的是资产阶级革命，结果失败了。十月革命把中国的先进分子从艰难的探索中带到豁然开朗的新天地。中国的先进知识分子开始研究俄国革命的主张，学习马克思列宁主义。中国的先进分子从俄国十月社会主义革命的胜利中看到决定人类命运的已不是资产阶级，而是无产阶级；已不是资本主义，而是社会主义。

在俄国十月社会主义革命的影响下，随着中国民族矛盾和阶级矛盾日益激化，中国爆发了声势浩大的五四爱国运动。五四运动是以中国在巴黎和会上外交失败为导火线而引发的。这次运动从北京迅速扩展到全国，迫使北洋政府罢免了曹汝霖、章宗祥和陆宗舆等卖国贼的职务，并拒绝在巴黎和约上签字。五四运动取得了重大胜利。在五四运动的后期，中国工人阶级以独立的姿态登上了社会政治舞台，成为运动的主力军。它所表现出的高度自觉的爱国主义精神、反对帝国主义与封建军阀的坚决性和彻底

---

① 《毛泽东选集》，第1卷，人民出版社1991年版，第9页。
② 《毛泽东选集》第4卷，人民出版社1991年版，第1471页。

性、特有的组织性和纪律性，说明中国工人阶级已经开始走上了领导中国革命的历史阶梯。"五四运动的杰出的历史意义，在于它带着为辛亥革命还不曾有的姿态，这就是彻底地不妥协地反帝国主义和彻底地不妥协地反封建主义。"① 五四运动促进了马克思主义在中国的广泛迅速传播，并推动了马克思主义与中国工人运动相结合，为中国共产党的成立在思想上和干部上作了准备。

五四运动中中国工人阶级显示出了巨大的力量，表明中国革命有了新的领导者；马克思主义在中国得到广泛传播，并为中国先进的知识分子所接受，说明中国社会已经有了新的力量和新的指导思想。毛泽东在《中国革命和中国共产党》中明确指出，中国新民主主义革命是从1919年五四运动开始的。因此，五四运动以后，中国革命由旧民主主义革命向新民主主义革命的转变成为历史的必然。

第二节 新民主主义革命的总路线

新民主主义革命总路线是中国共产党的新民主主义革命理论的集中体现。它是伴随着新民主主义革命的发展而逐步概括出来的。1939年12月，毛泽东在《中国革命和中国共产党》中，第一次提出了新民主主义革命总路线，就是在无产阶级领导之下的人民大众的反帝反封建的革命。解放战争时期，以蒋介石为代表的官僚资本主义成了革命的主要对象之一。毛泽东给这条总路线又加进了反官僚资本主义的内容。1948年4月，毛泽东《在晋绥干部会议上的讲话》中，把这条总路线精辟地概括为："无产阶级领导的，人民大众的，反对帝国主义、封建主义和官僚资本主义的革命"。② 这是对新民主主义革命总路线最完整的表述。它根据当时中国的半殖民地半封建的社会性质和社会主要矛盾，确定了新民主主义革命的性质、对象、领导力量、动力等一系列基本问题，是指导新民主主义革命取得胜利的理论武器。

---

① 《毛泽东选集》第2卷，人民出版社1991年版，第699页。
② 《毛泽东选集》第4卷，人民出版社1991年版，第1313页。

一 新民主主义革命的性质

中国革命的基本问题之一，就是革命的性质。毛泽东通过对中国国情的特殊性和由此而决定的中国革命基本问题的深入分析，指出五四运动以来中国革命的性质不是无产阶级社会主义的革命，而是资产阶级民主主义的革命。

进行什么性质的革命，不是人们按照自己的主观意志就可以任意确定的。毛泽东指出："决定革命性质的力量，是主要的敌人和主要的革命者两方面。"① 如前所述，中国革命的主要敌人是帝国主义和封建主义。因此，中国革命是反帝反封建的资产阶级民族民主革命。

以毛泽东为主要代表的中国共产党人在分析了国际国内的条件后指出："既然中国社会还是一个殖民地、半殖民地、半封建的社会，既然中国革命的敌人主要的还是帝国主义和封建势力，既然中国革命的任务是为了推翻这两个主要敌人的民族革命和民主革命，而推翻这两个敌人的革命，有时还有资产阶级参加，即使大资产阶级背叛革命而成了革命的敌人，革命的锋芒也不是向着一般的资本主义和资本主义的私有财产，而是向着帝国主义和封建主义，既然如此，所以，现阶段中国革命的性质，不是无产阶级社会主义的，而是资产阶级民主主义的。""但是，现时中国的资产阶级民主主义的革命，已不是旧式的一般的资产阶级民主主义的革命，这种革命已经过时了，而是新式的特殊的资产阶级民主主义的革命。……我们称这种革命为新民主主义的革命。"② 五四运动后中国革命的性质是新民主主义的革命，这是因为：

第一，新民主主义革命区别于旧民主主义革命的主要点在于，这时反帝反封建革命的领导权已经属于无产阶级及其政党，而不再属于资产阶级及其政党了。1919年爆发的五四运动，标志着中国新民主主义革命的开端。在五四运动以前，中国民主革命的领导者是资产阶级。那时，中国无产阶级尚处在自在阶段，还没有作为独立的政治力量登上历史舞台，只能作为资产阶级、小资产阶级的追随者参加民主革命，不可能掌握革命的领

---

① 《毛泽东选集》第4卷，人民出版社1991年版，第1288页。
② 《毛泽东选集》第2卷，人民出版社1991年版，第646~647页。

导权。而在五四运动中，中国无产阶级开始作为一个自觉的政治力量登上了历史舞台。随后，组建了中国共产党，提出了彻底的反帝反封建的民主革命纲领。这说明中国无产阶级及其政党——中国共产党，完全有资格有能力充当革命的领导者。因为中国民族资产阶级不能完成民主革命的基本任务，所以，革命的领导责任历史性地落在了无产阶级肩上。无产阶级领导权问题，是区分新旧民主主义革命的根本标志。无产阶级通过其政党对革命实行领导，是决定中国新民主主义革命性质的基本因素。

第二，新民主主义革命发生在十月革命以后，属于世界无产阶级革命的范畴。十月革命的胜利开辟了人类历史的新纪元，改变了整个世界历史的方向，划分了整个世界历史的时代。在此之前，是世界资产阶级民主主义革命的时代；在此之后，是世界无产阶级社会主义革命的时代。在这种时代，任何殖民地半殖民地的国家，如果发生了反对帝国主义，即反对国际资产阶级、反对国际资本主义的革命，它就不再属于旧的世界资产阶级民主主义革命的范畴，它就不再是旧的资产阶级和资本主义的世界革命的一部分，而是属于新的革命范畴，即无产阶级社会主义世界革命的一部分。中国的民主主义革命在1919年五四运动后，已经不是一般的民主主义革命，而是新民主主义革命，即无产阶级领导下的人民大众的反帝反封建的革命。

第三，新民主主义革命的指导思想是马克思主义。在五四运动前，中国的革命、改良或其他形式反侵略反封建的斗争的指导思想均是西方资产阶级民主思想。事实证明，西方资产阶级的民主主义不能指导中国人民的革命斗争获得胜利。五四运动促进了马克思主义在中国的广泛传播，推动具有共产主义思想的知识分子自觉地到人民群众中去宣传马克思主义，中国人民找到了新的指导思想，即马克思主义的科学社会主义。以马克思主义作为思想理论武器是新民主主义革命的一个重要特点。

总之，五四运动以后的中国革命，中国无产阶级成为决定国家命运的领导力量，中国革命成为无产阶级世界革命的一部分，革命的指导思想是马克思主义。这些就是新民主主义革命性质的全部内涵。

二 新民主主义革命的对象

毛泽东指出："谁是我们的敌人？谁是我们的朋友？这个问题是革命

的首要问题。中国过去一切革命斗争成效甚少，其基本原因就是因为不能团结真正的朋友，以攻击真正的敌人。"① 这就一针见血地指明了中国共产党诞生以前中国近代革命斗争失败的根本原因。

民主革命的对象问题，是民主革命的首要问题，也是中国近代史上长期没有得到解决的一个问题，只是在中国共产党成立后才得到解决。1922年，中共二大会议通过的宣言中指出：各种事实证明，加给中国人民（无论是资产阶级、工人或农人）最大的痛苦的是资本帝国主义和军阀官僚的封建势力，因此反对那两种势力的民主主义的革命运动是极有意义的。这就第一次明确地提出了帝国主义和封建主义是中国民主革命的对象。到了解放战争时期，毛泽东根据国内阶级关系的新变化，又把官僚资产阶级列为革命的对象，这就是通常讲的三座大山：帝国主义、封建主义、官僚资本主义。

帝国主义是中国新民主主义革命的首要对象。"帝国主义是中国人民的第一个和最凶恶的敌人。"② 它是封建地主阶级的主要支持者，不推翻帝国主义的统治，就不能消灭封建地主阶级的统治。帝国主义从19世纪中叶侵入中国，就用直接的武装侵略，强迫中国签订了许多不平等条约，不但操纵了中国的财政和经济命脉，而且还操纵了中国的政治和军事力量，具体表现在：（1）在政治上，帝国主义列强践踏了中国神圣的主权，在中国割占领土，攫取了海关主权、司法主权和外交权等许多特权；（2）在经济上，帝国主义列强控制和掌握了中国的海关，垄断了中国的金融、航运、进出口贸易等经济特权，牢牢控制了中国的经济命脉；（3）在文化上，帝国主义列强通过在中国传教、办医院、办学校、吸引留学生等文化侵略政策，麻痹中国人民的精神，培养为他们侵略政策服务的买办文人。因此，在整个新民主主义革命时期，反对帝国主义的斗争是贯穿始终的。但由于各个阶段的形势和主要斗争对象不同，主要反对哪个帝国主义也是不同的。由于各个阶段帝国主义侵略和压迫的目的、形式不同，中国人民反帝斗争的形式也不一样。当帝国主义向中国发起侵略战争的时候，中国人民是举行民族战争去反对帝国主义。抗日战争就是这样的民族

---

① 《毛泽东选集》第1卷，人民出版社1991年版，第3页。
② 《毛泽东选集》第2卷，人民出版社1991年版，第633页。

解放战争。当帝国主义用政治、经济、文化等非武装的方式侵略中国的时候，国内的反动统治阶级就会向帝国主义投降，二者结成同盟，共同压迫民众，这时，中国革命往往采用国内战争的形式，去反对帝国主义和封建阶级的同盟。国民革命、土地革命和全国解放战争时期就是属于这种情况。中国人民反对北洋军阀和国民党新军阀的斗争，间接地也是反对帝国主义的斗争。

推翻封建主义是中国民主革命的主要目标。封建主义是阻碍中国社会进步的最反动势力。在近代中国，如果不进行反封建斗争，实现中华民族的完全独立与人民解放是不可能的。这是因为：（1）在半殖民地半封建的中国，地主阶级控制着广大农村的基层政权，充当各级政府的官吏，许多官吏又去农村购置田产，成为新兴地主。北洋军阀和国民党新军阀都是依靠地主阶级来实现对全国的统治的。因此，要实现中国的解放，必须推翻封建主义的统治。（2）封建主义的统治也是经济现代化和政治民主化的主要障碍，是中华民族进步的拦路虎。在近代中国社会的经济生活中，占据优势地位的是封建经济。封建剥削制度是以地主占有土地、剥削农民的剩余劳动为前提的，而且同商人和高利贷者结合在一起，地主、商人、高利贷者是三位一体的。（3）封建剥削制度的残酷性和封建经济的自给自足的特点，使中国的社会生产力十分低下，人民生活极度贫困。反对封建主义从根本上说，就是在经济上消灭封建剥削制度，尤其是地主土地所有制；就是在政治上消灭军阀的专制统治，消灭地主阶级，解放生产力，为中国的经济现代化和政治民主化创造条件。

毛泽东指出，中国革命既是对外推翻帝国主义压迫的民族革命，又是对内推翻封建地主压迫的民主革命。"中国革命的两大任务，是互相关联的。如果不推翻帝国主义的统治，就不能消灭封建地主阶级的统治，因为帝国主义是封建地主阶级的主要支持者。反之，因为封建地主阶级是帝国主义统治中国的主要社会基础，而农民则是中国革命的主力军，如果不帮助农民推翻封建地主阶级，就不能组成中国革命的强大的队伍而推翻帝国主义的统治。所以，民族革命和民主革命这样两个基本任务，是互相区别，又是互相统一的。"[①]

[①] 《毛泽东选集》第2卷，人民出版社1991年版，第637页。

官僚资本主义是中国新民主主义革命的又一对象。毛泽东指出，除了帝国主义和封建地主阶级，作为中国资产阶级上层部分的大资产阶级，也是中国革命的敌人。大资产阶级，亦称"买办资产阶级"或"官僚资产阶级"，是中国历史上一个比较复杂的阶级。无产阶级虽然可以利用大资产阶级内部的或是它同某一帝国主义的矛盾而结成暂时的反帝同盟，但就其同帝国主义和封建主义的关系而言，就其经济地位和对革命的政治态度而言，它们从来不是中国革命的动力，而是中国革命的对象。在抗日战争时期，中国共产党之所以不提打倒大资产阶级和推翻军阀国民党政府的口号，是因为中国民族矛盾是主要矛盾，英美派大资产阶级还表示抗日的缘故。但是，"在整个新民主主义革命的过程中，要使革命彻底胜利，必须推翻它，这是不言而喻的。"① 所以，"中国革命的敌人不但有强大的帝国主义，而且有强大的封建势力，而且在一定时期内还有勾结帝国主义和封建势力以与人民为敌的资产阶级的反动派。"②

对于把官僚资本主义和官僚资产阶级作为中国民主革命的对象，毛泽东曾经指出，蒋介石、宋子文、孔祥熙、陈立夫为首的官僚垄断资本主义，在他们当权的 20 年中，已经集中了价值达 100 亿美元至 200 亿美元的巨大财产，垄断了全国的经济命脉。这个垄断资本，和国家政权结合在一起，成为国家垄断资本主义。这个垄断资本主义，同外国帝国主义、本国地主阶级和旧式富农密切地结合着，成为买办的封建的国家垄断资本主义。这就是蒋介石反动政权的经济基础。这个国家垄断资本主义，不但压迫工人农民，而且压迫城市小资产阶级，损害中等资产阶级。新民主主义革命的任务，除了取消帝国主义在中国的特权以外，在国内，就是要取消地主阶级和官僚资产阶级（大资产阶级）的剥削和压迫，改变买办的封建的生产关系，解放被束缚的生产力。

1948 年 4 月，毛泽东《在晋绥干部会议上的讲话》中明确地把官僚资本主义列为革命的对象之一，指出，新民主主义革命"所要推翻的敌人，只是和必须是帝国主义、封建主义和官僚资本主义。这些敌人的集中

---

① 《周恩来选集》（上），人民出版社 1980 年版，第 161 页。
② 《毛泽东选集》第 2 卷，人民出版社 1991 年版，第 634 页。

表现，就是蒋介石国民党的反动统治。"① 反对官僚资本主义，并非因为它是资本主义，而是因为这种资本主义同外国帝国主义、本国地主阶级和旧式富农密切地结合着，具有买办性、封建性、垄断性。因此，反对官僚资本主义是反帝反封建的民主革命的基本内容之一。

三 新民主主义革命的领导力量

新民主主义革命必须由无产阶级来领导，这是新民主主义革命理论也是新民主主义革命总路线的核心，是中国的新民主主义革命区别于旧民主主义革命的根本标志，是革命取得最终胜利的保障。以毛泽东为主要代表的中国共产党人，坚持以马克思主义为指导，不断深化对中国社会阶级关系的认识，总结中国革命斗争的实践经验，从而系统阐述和发展了半殖民地半封建国家民族民主革命运动中的无产阶级领导权的理论。毛泽东关于中国革命领导权的理论，包括两方面的内容：一是中国革命为什么必须由无产阶级来领导；二是无产阶级怎样实现对中国革命的领导权。

（一）新民主主义革命必须由无产阶级领导

第一，中国革命必须由无产阶级来领导，这是近代中国以来革命历史发展的必然选择。鸦片战争后，不曾屈服的中国人民以顽强的精神进行反抗帝国主义及其走狗的革命斗争。特别是太平天国和辛亥革命，给帝国主义和封建势力以沉重的打击。但是，所有这些革命斗争无一例外地都失败了。近代中国旧民主主义革命的历史已经证明，中国的农民阶级和资产阶级都由于其自身无法克服的阶级局限性，不能担当起领导反帝反封建革命的重任。正如毛泽东指出的，在半殖民地的中国的社会各阶层和各种政治集团中，只有无产阶级及其先锋队中国共产党，"才最没有狭隘性和自私自利性，最有远大的政治眼光和最有组织性，而且也最能虚心地接受世界上先进的无产阶级及其政党的经验而用之于自己的事业。因此，只有无产阶级和共产党能够领导农民、城市小资产阶级和资产阶级，克服农民和小资产阶级的狭隘性，克服失业者群的破坏性，并且还能够克服资产阶级的动摇和不彻底性（如果共产党的政策不犯错误的话），而使革命和战争走

---

① 《毛泽东选集》第 4 卷，人民出版社 1991 年版，第 1313 页。

上胜利的道路。"① 在五四运动以后，虽然小资产阶级和民族资产阶级继续参加了革命，但是中国资产阶级民主革命的领导权，已经不是属于资产阶级而是属于无产阶级了。无产阶级由于自己的成长和俄国十月革命的影响，已经迅速地成为了一个觉悟了的独立的政治力量，建立起自己的政党——中国共产党，提出了彻底的反帝反封建的民主革命纲领，肩负起领导中国民主革命的重任。从此，中国革命不断走向胜利。历史表明，领导中国民主革命的重任，农民阶级、小资产阶级和民族资产阶级是无力承担的。这个重任不能不落在无产阶级肩上。

第二，中国革命必须由无产阶级来领导，也是由中国无产阶级自身的优点所决定的。中国资产阶级民主革命的屡战屡败，使中国革命客观上要求有新的领导阶级，走上新的道路。中国无产阶级正是顺应时代的要求，成为中国革命的领导阶级的。中国无产阶级之所以能够成为中国革命的领导阶级，主要是由于其特殊的优点决定的。它除了具有一般无产阶级的基本优点，即与最先进的经济形式相联系，富于组织性和纪律性，没有私人占有的生产资料，最大公无私之外，还有自己独特的优点：（1）深受帝国主义、封建主义和官僚资本主义的三重压迫，而这些压迫的严重性和残酷性，是世界各民族中少见的，因此他们在革命斗争中比任何别的阶级都要坚决和彻底；（2）分布集中，便于形成强大的力量；（3）大多出身于破产的农民，与农民有着天然的联系，便于结成巩固的工农联盟；（4）从走上革命舞台就有中国共产党的领导，成为中国社会里最有觉悟的阶级。正因为中国无产阶级具有这些特点和优点，它才能够成为中国革命最基本的动力，并且能够担负起领导中国革命的重任。由于具有这些优点，只有无产阶级和共产党能够领导农民、城市小资产阶级和民族资产阶级，克服农民和小资产阶级的狭隘性，克服民族资产阶级的软弱性和妥协性，使新民主主义革命走上胜利的道路。"没有中国共产党的努力，没有中国共产党人做中国人民的中流砥柱，中国的独立和解放是不可能的。"②

（二）无产阶级必须实现对中国革命的领导权

仅仅认识到无产阶级是领导阶级，还是不能解决领导权的问题。必须

---

① 《毛泽东选集》第1卷，人民出版社1991年版，第183~184页。
② 《毛泽东选集》第3卷，人民出版社1991年版，第1098页。

进一步解决无产阶级如何实现领导权的问题。在这方面，以毛泽东为代表的中国共产党人在长期革命实践的摸索中，积累了丰富的经验，形成了一整套争取和把握领导权的战略方针和策略原则。主要是：

第一，建立以工农联盟为基础的广泛的统一战线。无产阶级要实现对中国民主革命的政治领导，还必须要与资产阶级争夺领导权。这就要求无产阶级以高度的自觉性去实现对农民的领导，以先锋模范作用去教育和带动农民群众。中国革命的实践表明，"左"和右的错误都会葬送无产阶级的领导权。因此，坚持和把握无产阶级领导权，必须建立以工农联盟为基础的广泛的统一战线，这是实现无产阶级领导权的一个关键。正如毛泽东所指出的，无产阶级"虽然是一个最有觉悟性和最有组织性的阶级，但是如果单凭自己一个阶级的力量，是不能胜利的。而要胜利，他们就必须在各种不同的情形下团结一切可能的革命的阶级和阶层，组织革命的统一战线"。① 这是解决无产阶级在民主革命中领导权的中心问题，是实现无产阶级领导权的根本保证。农民是决定中国革命成败的基本力量，中国农民不仅是无产阶级最忠实最可靠的同盟军，而且是中国革命的主力军。无产阶级只有和农民建立巩固的联盟，才有力量战胜资产阶级，掌握民主革命的领导权。

第二，无产阶级在同资产阶级的统一战线中，必须坚持领导权。资产阶级虽然在政治上和经济上具有软弱性，不可能领导中国革命取得胜利，但并不意味着它会自动放弃领导权。相反，它在统一战线中，必然要千方百计地与无产阶级争夺革命的领导权。因此，在同资产阶级建立统一战线时，必须坚持实行独立自主、又斗争又联合的方针。这是保持无产阶级领导权的基本策略。

第三，无产阶级必须通过自己的政党实现领导权。加强无产阶级政党建设，是实现无产阶级领导权的根本保证。无产阶级只有在本阶级政党的领导下，才能最后完成自己的历史使命，实现解放全人类的伟大事业。无产阶级领导实质上就是共产党的领导。毛泽东指出：既要革命，就要有一个革命党。没有一个革命的党，没有一个按照马克思列宁主义的革命理论和革命风格建立起来的革命党，就不可能领导工人阶级和广大人民群众战

---

① 《毛泽东选集》第 2 卷，人民出版社 1991 年版，第 645 页。

胜帝国主义及其走狗。无产阶级及其政党必须加强自身建设，以马克思列宁主义为思想武器，结合本国具体实际，自觉掌握中国革命的规律，正确制定革命的纲领、路线和政策，依靠思想、政治、组织路线的正确，依靠共产党员的模范带头作用，依靠党的队伍的不断发展和思想统一，坚决与敌人作斗争并取得胜利，以自己的坚定性去克服同盟者的动摇性，把无产阶级领导权牢牢地掌握在自己的手里。

第四，掌握革命武装是保证无产阶级领导权的坚强支柱。中国革命的主要形式是武装斗争。在中国外无民族独立，内无民主权力的情况下，"有枪则有权"，"枪杆子里面出政权"。实践证明，无产阶级要保持自己在民主革命中的领导权，必须建立和发展人民的革命武装力量，并坚持党指挥枪的原则。

四　新民主主义革命的动力

新民主主义革命的任务，必须依靠中国社会中反对帝国主义和封建主义的力量来完成。毛泽东指出：新民主主义革命"基本的革命的动力是无产阶级、农民阶级和城市小资产阶级，而在一定的时期中，一定的程度上，还有民族资产阶级的参加"。他们构成新民主主义革命总路线中的"人民大众"。只有"认清这个革命的动力问题，才能正确地解决中国革命的基本策略问题"。[①]

无产阶级不仅是中国革命的领导力量，而且是中国革命的最基本的动力。中国革命如果没有无产阶级的领导，就必然不能胜利。毛泽东指出："中国无产阶级应该懂得：他们自己虽然是一个最有觉悟性和最有组织性的阶级，但是如果单凭自己一个阶级的力量，是不能胜利的。而要胜利，他们就必须在各种不同的情形下团结一切可能的革命的阶级和阶层，组织革命的统一战线。在中国社会的各阶级中，农民是工人阶级的坚固的同盟军，城市小资产阶级也是可靠的同盟军，民族资产阶级则是在一定时期中和一定程度上的同盟军，这是现代中国革命的历史所已经证明了的根本规律之一。"[②]

[①]　《毛泽东选集》第2卷，人民出版社1991年版，第604、638页。
[②]　同上书，第645页。

在新民主主义革命动力这个庞大的群体中，占全国人口80%的农民是"人民大众"的主体。因而农民问题在中国民主革命中具有特别重要的地位。以毛泽东为代表的中国共产党人对于农民阶级在中国革命中的重要地位问题的理论，主要体现在两个方面：

第一，农民是中国革命的主力军。农民在全国总人口中大约占80%，他们长期在封建的经济剥削和政治压迫之下，过着极端贫困的奴隶式的生活。他们承担着社会的基本生产任务，处在社会的最底层，受压迫最重，生活最为悲惨。鸦片战争后，他们不但要承受来自本国封建主义、资本主义的剥削、压迫，还要承受外国帝国主义的剥削、压迫。中国农民的经济地位，使他们具有强烈的反帝反封建的革命性。因此，农民问题就成了中国革命的基本问题，农民的力量是中国革命的主要力量。推翻封建势力是民主革命的真正目标，它是摧毁帝国主义在中国统治的社会基础。所以，毛泽东指出，中国的资产阶级民主革命实际上就是农民革命，中国的革命战争实质是农民战争。在反帝反封建的革命斗争中，没有广大农民的积极参加，革命要取得胜利是不可能的。毛泽东指出，在中国社会各阶级中，除了无产阶级是最彻底的革命民主派之外，农民是最大的革命民主派。

第二，农民是无产阶级的最可靠的同盟军。中国的民主革命，实际上是无产阶级领导下的农民革命。中国的革命战争，实际上是共产党领导下的农民战争。无产阶级无论反对帝国主义，还是反对封建主义，都必须依靠广大农民。这是中国共产党人经过长期的革命斗争得出的一个重要认识。但农民也并非整齐划一，而是分为富农、中农和贫农三个阶层。毛泽东在经过大量调查研究后指出：中农在中国农村人口中约占20%左右，一般不剥削别人，在经济上也能自给自足。但他们受帝国主义、地主阶级和资产阶级的剥削，没有政治权力。因此，他们不但能够参加反对帝国主义的革命和土地革命，并能够接受社会主义。因此，"全部中农都可以成为无产阶级的可靠的同盟军，是重要的革命动力的一部分"；贫农（包括雇农）占农村人口的70%左右，是中国革命的最广大的动力，是无产阶级的天然的、最可靠的同盟者，是中国革命的主力军。富农约占农村人口的5%左右，是农村中的带有封建性的资产阶级。富农在农民群众反对帝国主义的斗争中可能参加一分力量，在反对地主的土地革命斗争中也可能保持中立。因此，不能把富农看成和地主无分别的阶级，不应过早地采取消灭富农的政策。毛泽东认为，在半殖民地半封建社会的中国农民阶级内部是处在激烈分化的过程之中，虽然主要分为富农、中农、贫农三个阶层，但农民这个名称所包括的内容，主要是指贫农和中农。无产阶级"只有和贫农、中农结成坚固的联盟，才能领导革命到达胜利，否则是不可能的"。[①]

中国民族资产阶级也是中国革命的动力之一。中国民族资产阶级是在本国封建势力和外国帝国主义的夹缝中生长起来的，民族资产阶级是一个具有双重性的阶级。一方面，它受到帝国主义的压迫，又受到封建主义的束缚，所以，它同帝国主义和封建主义有矛盾，因而有革命的要求，是革命的力量之一。无产阶级应该注意不要忽视民族资产阶级这种革命性，和他们建立反帝反封建的统一战线；另一方面，它们又同帝国主义和封建主义有着千丝万缕的联系，所以又没有彻底的反帝反封建的勇气，易于同敌人妥协。民族资产阶级这种两重性，决定了他们的政治态度，这就是："在一定时期中和一定程度上能够参加反帝国主义和反官僚军阀政府的革命，他们可以成为革命的一种力量。而在另一时期，就有跟在买办大资产阶级后面，作为反革命的助手的危险。"尽管这样，民族资产阶级"仍然是我们的较好的同盟者。因此，对于民族资产阶级采取慎重的政策，是完全必要的"。[②] 所谓慎重的政策，就是又团结又斗争的政策。整体而言，民族资产阶级是中国民主革命的同盟者。

小资产阶级是无产阶级可靠的同盟者。城市小资产阶级包括知识分子、小商人、手工业者和自由职业者。他们都受帝国主义、封建主义和大资产阶级的压迫，日益走向破产和没落的境地。他们也是革命的动力和无产阶级可靠的同盟者，也只有在无产阶级领导之下，才能得到解放。其中知识分子和青年学生，大多因受到帝国主义、封建主义和大资产阶级的压迫而具有很大的革命性，并且因为他们具有先进的科学知识，富于政治敏感性，在中国革命中常常起着先锋的和桥梁的作用。"尤其是广大的比较贫苦的知识分子，能够和工农一道，参加和拥护革命。"[③] 毛泽东还说：

[①] 《毛泽东选集》第2卷，人民出版社1991年版，第643~644页。
[②] 同上书，第640页。
[③] 同上书，第641页。

"革命力量的组织和革命事业的建设,离开革命的知识分子的参加,是不能成功的。但是,知识分子在其未和群众的革命斗争打成一片,在其未下决心为群众利益服务并与群众相结合的时候,往往带有主观主义和个人主义的倾向",① 需要在长期的群众斗争中加以克服。

第三节 新民主主义革命的道路

毛泽东根据中国的实际国情和中国革命的特点,不仅提出了中国革命的主要形式是武装的革命反对武装的反革命,而且成功地开辟了一条中国式的武装夺取政权的道路,这就是农村包围城市、武装夺取政权的道路,从而极大地丰富和发展了马克思列宁主义关于无产阶级革命的理论。这条独特的道路,是中国共产党团结和带领人民集体奋斗开辟出来的,是在经历了严重挫折并在实践中不断摸索和总结经验的基础上形成的。在这个过程中,毛泽东作出了最卓越的贡献。他不仅在实践中首先把武装斗争的重心转向农村,创造了坚持并发展农村革命根据地的最完整的经验,而且从理论上对中国革命的道路问题作了说明。

农村包围城市、武装夺取政权的革命道路理论有着丰富的内涵,它是指在半殖民地半封建的中国,在敌强我弱的形势下,把党的工作重心放在农村,开展武装斗争,深入土地革命,建立农村根据地,并逐步扩大根据地,形成对城市的包围,最后夺取城市。其基本内容包括三个方面:

一 红色政权存在和发展的原因和条件

第一,中国是一个被几个帝国主义国家间接统治的政治经济发展不平衡的半殖民地半封建的大国,这是红色政权能够存在和发展的最根本的原因。毛泽东从中国的实际出发,分析了中国社会的政治、经济情况,指出红色政权能够长期存在的客观条件主要就是"帝国主义间接统治的经济落后的半殖民地的中国",② 其政治经济发展极不平衡。经济发展不平衡造成了农村可以相对地脱离城市,不依赖城市而存在。政治发展不平衡使

---

① 《毛泽东选集》第2卷,人民出版社1991年版,第641~642页。
② 《毛泽东选集》第1卷,人民出版社1991年版,第49页。

得反动统治阶级在城市的统治力量强大，而在农村相对薄弱。所以中国能够走出一条农村包围城市的独特的革命道路。

第二，国民革命的影响。毛泽东指出，中国红色政权首先发生和能够长期存在的地方，是在国民革命时期"工农兵士群众曾经大大地起来过的地方，例如湖南、广东、湖北、江西等省。这些省份的许多地方，曾经有过很广大的工会和农民协会的组织，有过工农阶级对地主豪绅阶级和资产阶级的许多经济的政治的斗争"，[①] 群众有较高的政治觉悟和丰富的斗争经验，这为建立红军和农村革命根据地准备了良好的群众基础。

第三，全国革命形势的继续向前发展。这也是红色政权得以存在和发展的又一个客观条件。毛泽东指出，引起革命发展的客观社会矛盾有十几个，其根本原因是中国社会的主要矛盾（即帝国主义和中华民族的矛盾，封建主义和人民大众的矛盾）所引起的。大革命失败后，虽然蒋介石建立起新军阀的统治，但引起中国革命的各种矛盾一个也没有解决，而且是随着帝国主义侵略的加紧和国民党反动统治的加强而日益激化。因此，小块的红色政权的区域将长期存在是没有疑义的，而且这些红色区域将继续发展，日渐接近于全国政权的取得。

第四，相当力量的正式红军的存在。道理很明显，红色区域如果只有地方性质的赤卫队而没有正式的红军，则只能对付挨户团一样的地主武装，而不能对付近代装备的反革命常备军的进攻。所以，如果红色区域没有相当力量的正式红军，便决然不能造成割据局面，更不能造成长期的和日益发展的武装割据局面。

第五，共产党组织的有力量和它的政策的正确。毛泽东强调它是红色政权存在并发展的重要条件。只有中国共产党组织的坚强有力和它的各项政策的正确并得以贯彻执行，红色政权的存在和发展才有可能成为现实。井冈山革命根据地之所以能够存在和发展，是因为毛泽东等制定了正确路线和政策，即"坚决地和敌人作斗争，造成罗霄山脉中段政权，反对逃跑主义；深入割据地区的土地革命；军队的党帮助地方党的发展，军队的武装帮助地方武装的发展；对统治势力比较强大的湖南取守势，对统治势力比较薄弱的江西取攻势；用大力经营永新，创造群众的割据，布置长期

[①] 《毛泽东选集》第1卷，人民出版社1991年版，第49~50页。

斗争；集中红军相机迎击当前之敌，反对分兵，避免被敌人各个击破；割据地区的扩大采取波浪式的推进政策，反对冒进政策。"[1] 由于这些正确的政策，井冈山根据地才能够战胜敌人的一次次的进攻，并使根据地日益扩大，从而使红色政权长期存在和发展下去。

二 "工农武装割据"思想

"工农武装割据"这个概念也是农村包围城市革命道路的基本内容之一。包括三个方面，即在中国共产党领导下，以武装斗争为主要形式，以土地革命为基本内容，以农村革命根据地为战略基地，三者密切配合，缺一不可。

武装斗争是中国民主革命的主要斗争形式，是进行土地革命，建立、巩固和发展根据地的最强有力的工具。1927年，毛泽东在八七会议的发言中，提出了"枪杆子里面出政权"的名言，他说："以后要非常注意军事。须知政权是由枪杆子中取得的。"[2] 没有武装斗争，土地革命就失去了保卫的力量而不可能有效地进行，即使进行了也不能巩固成果；同样，没有武装斗争，也不能开辟、巩固和发展农村革命根据地。因此，中国共产党只有深入地发动群众，广泛地开展武装斗争，才能保障农民土地革命的进行，才能扩大割据区域，建设和发展农村革命根据地。

土地革命是反封建的民主革命的基本内容。因为农民是民主革命的主力军，而农民的主要问题是土地问题，只有开展土地革命，消灭封建土地所有制，才能最广泛地发动和组织农民参加武装斗争。否则，红军就得不到广大农民群众的支援，红军本身也就没有来源，武装斗争就会失败；同样，没有土地革命，就不能发动农民起来，根据地也就失去了群众基础，因而也不可能得到巩固。因此，进行武装斗争和农村根据地建设都离不开土地革命。

农村革命根据地是中国民主革命的战略基地。它是武装斗争的依托，是土地革命的基础，是支持武装斗争的人力、物力的主要来源，是夺取全国胜利的出发点。如果没有根据地的建设，土地革命就无法开展，因而也

---

[1] 《毛泽东选集》第1卷，人民出版社1991年版，第59页。

[2] 同上书，第47页。

就不可能坚持下去；同样，没有根据地的建设，武装斗争也就失去了立足之地，而变成流寇主义，最后归于失败。因此，为使武装斗争和土地革命获得胜利并得到巩固，就必须加强农村根据地的建设。

工农武装割据的思想初步解决了在政治经济发展不平衡的农业大国，在敌强我弱的形势下，共产党怎样坚持革命，怎样发展壮大革命力量，为最终夺取革命胜利创造条件的问题，从而为农村包围城市道路的开辟奠定了理论基础。

毛泽东还揭示了坚持工农武装割据的重要意义。他指出，只有坚持"工农武装割据"，"才能树立全国革命群众的信仰"，"才能给反动统治阶级以甚大的困难，动摇其基础而促进其内部的分解"，"才能真正地创造红军，成为将来大革命的主要工具。总而言之，必须这样，才能促进革命的高潮。"[①]

三　中国革命必须走农村包围城市，武装夺取政权的发展道路

中国革命必须走农村包围城市，武装夺取政权的道路。这是农村包围城市革命道路理论的核心内容。毛泽东在《中国革命战争的战略问题》、《战争和战略问题》、《中国革命和中国共产党》等著作中，对中国革命走农村包围城市、武装夺取政权道路的必要性作了深刻阐述。

第一，中国不是一个独立的民主的国家，而是一个半殖民地半封建的国家；在内部没有民主制度，而受封建制度压迫；在外部没有民族独立，而受帝国主义压迫。无议会可以利用，无组织工人举行罢工的合法权利。因此，"在中国，主要的斗争形式是战争，而主要的组织形式是军队"，"共产党的任务，基本地不是经过长期合法斗争以进入起义和战争，也不是先占城市后取乡村，而是走相反的道路"。[②] 即必须把工作中心放在农村，在敌人统治薄弱的广大农村积蓄和发展力量，准备最后以武装斗争夺取政权。

第二，由于中国是一个落后的农业大国，农民占全国人口的80%以上，是中国民主革命的主力军，是无产阶级最可靠的同盟军。中国反帝反

[①]《毛泽东选集》第1卷，人民出版社1991年版，第98~99页。
[②]《毛泽东选集》第2卷，人民出版社1991年版，第542页。

封建的资产阶级民族民主革命实质上是无产阶级领导的农民革命,中国的革命战争实质上是无产阶级领导的农民战争。正如毛泽东所说:"在中国,只要一提到武装斗争,实质上即是农民战争,党同农民战争的密切关系即是党同农民的关系。"① 又说:"中国共产党的武装斗争,就是在无产阶级领导之下的农民战争。"② 农民是革命军队人员的主要来源,是革命军队给养的主要供给者,因此,广大农民所在的广大乡村,是中国革命必不可少的重要阵地。中国革命要取得胜利,无产阶级及其政党就必须深入农村,发动农民,武装农民,开展土地革命,消灭封建势力,才能从根本上动摇帝国主义统治中国的社会基础。所以,没有广大农民群众的发动和组织,中国革命的胜利是不可能的。

第三,中国革命的敌人是异常强大的,而且长期占据着中心城市,农村则是他们统治的薄弱环节。由于大革命失败后,中国长期处在反革命的白色恐怖统治之下,城市的革命组织和力量遭到严重的摧残,已不可能与占绝对优势的敌人进行武装起义之类毫无胜利希望的决战。毛泽东指出:"如果革命的队伍不愿意和帝国主义及其走狗妥协,而要坚持地奋斗下去,如果革命的队伍要准备积蓄和锻炼自己的力量,并避免在力量不够的时候和强大的敌人作决定胜负的战斗,那就必须把落后的农村造成先进的巩固的根据地,造成军事上、政治上、经济上、文化上的伟大的革命阵地,借以反对利用城市进攻农村区域的凶恶敌人,借以在长期战斗中逐步地争取革命的全部胜利。"③ 因比,在敌强我弱的形势下,中国共产党人要积聚和发展革命力量,只有到具有深厚革命基础的农村去建立革命根据地,发动广大农民,建立革命武装和政权,实行"工农武装割据",才能壮大革命的力量,为夺取城市和全国胜利创造条件。

总之,中国特殊的国情决定了中国共产党人必须走农村包围城市的革命道路来夺取民主革命的最终胜利。

综上所述,毛泽东关于农村包围城市、武装夺取政权的理论,反映了新民主主义革命的基本特点、重要形式和基本途径,突破了俄国十月革命

---

① 《毛泽东选集》第1卷,人民出版社1991年版,第605页。
② 《毛泽东选集》第2卷,人民出版社1991年版,第609页。
③ 同上书,第635页。

城市中心道路的模式,解决了在半殖民地半封建经济政治发展不平衡的农业大国,弱小的无产阶级怎样发动和组织农民这个最大的革命力量,最有效打击敌人、积蓄和发展革命力量,最后夺取全国政权的新问题,为马克思主义暴力革命理论增添了新内容。这条崭新的具有中国特色的革命道路,创造了殖民地半殖民地中国无产阶级领导人民进行暴力革命的新典型,总结了新的经验。毛泽东关于中国革命新道路的理论,是对马克思列宁主义理论宝库的独创性贡献,为殖民地半殖民地国家和人民的解放斗争提供了又一种可供参考的重要经验。

第四节 新民主主义革命的前途

一般地说,资产阶级民主革命的前途是建立资产阶级专政的资本主义制度。但列宁多次强调过,无产阶级应当参加资产阶级民主革命,并在革命胜利后,争取非资本主义的前途,就是不经过资本主义阶段而达到社会主义。中国革命的前途是非资本主义的,这是历史的必由之路。

一 中国革命分两步走的历史进程

新民主主义革命的前途问题,实际上就是中国资产阶级民主主义革命和无产阶级社会主义革命的关系问题。毛泽东从中国半殖民地半封建社会的国情出发将中国革命的历史进程分为两步,第一步是反帝反封建的民主革命,以改变中国半殖民地半封建社会形态,使之成为一个独立的民主主义社会;第二步是社会主义革命,使社会向前发展,建立一个社会主义社会。"中国共产党领导的整个中国革命运动,是包括民主主义革命和社会主义革命两个阶段在内的全部革命运动;这是两个性质不同的革命过程,只有完成了前一个革命过程才有可能去完成后一个革命过程。民主主义革命是社会主义革命的必要准备,社会主义革命是民主主义革命的必然趋势。而一切共产主义者的最后目的,则是在于力争社会主义社会和共产主义社会的最后的完成。只有认清民主主义革命和社会主义革命的区别,同时又认清二者的联系,才能正确地领导中国革命。"[①] 这就揭示了中国革

[①] 《毛泽东选集》第2卷,人民出版社1991年版,第651~652页。

命的基本特点和发展规律。

新民主主义革命与社会主义革命的区别在于，这两种革命的性质不同、对象不同和任务不同。新民主主义革命的性质是资产阶级性质的革命，社会主义革命是无产阶级性质的革命。新民主主义革命只推翻帝国主义、封建主义和官僚资本主义的反动统治，消灭帝国主义在华的特权和封建的土地制度，而不是消灭资本主义私有制，不破坏尚能参加反帝反封建的资本主义成分。社会主义革命反对资产阶级，消灭资本主义剥削制度和改造小生产者的私有制，从而最终消灭阶级差别，实现共产主义。因此必须把民主主义革命和社会主义革命严格区分开来。

新民主主义革命同社会主义革命的联系在于，前者是后者的必要准备，后者是前者的必然趋势。这两个革命过程内部存在着有机联系。毛泽东十分形象地把这两个革命过程比作上下两篇文章："两篇文章，上篇与下篇，只有上篇做好，下篇才能做好。坚决地领导民主革命，是争取社会主义胜利的条件。"[①] 新民主主义革命，就普遍性来讲，它依然是资产阶级民主主义性质的，它的客观要求是为资本主义的发展扫清道路。但是，新民主主义革命，不是一般的民主主义，是中国式的、特殊的、新式的民主主义，民主革命的领导权掌握在无产阶级手中，革命胜利后建立的是无产阶级领导的以工农联盟为基础的人民民主专政。所以，这个革命胜利后，必然要转变为社会主义革命。中国新民主主义革命的前途，必然是社会主义。

中国共产党在革命前途问题上曾有过两种错误倾向：一种是陈独秀的"二次革命论"。陈独秀在国民革命时期就坚持这一错误观点，认为资产阶级是中国民主革命的社会基础，在中国的民主革命和社会主义革命之间应该有一个资产阶级专政的阶段，只有在中国资本主义有了高度发展的将来，才能进行社会主义革命。"二次革命论"把中国革命过程中两个紧密联系的阶段割裂开来，只看到两者之间的区别，没有看到两者之间的联系，要在两个阶段之间硬插一个资产阶级专政和发展资本主义的阶段。另一种是以王明为代表的"一次革命论"。王明在土地革命战争时期，主张把社会主义革命的任务放在民主革命中去完成，"毕其功于一役"，将资

---

① 《毛泽东选集》第 1 卷，人民出版社 1991 年版，第 276 页。

产阶级也视作是革命的对象,完全混淆民主革命和社会主义革命的界限,企图把两种不同性质的革命阶段并作一步走,一举取得社会主义革命的胜利。这种观点只看到两者之间的联系,而忽视了两者之间的区别。

"二次革命论"、"一次革命论"的观点都违背了中国国情和革命发展规律,都曾给中国共产党及其从事的革命事业带来过重大损失。毛泽东曾尖锐地批评了党内外一些人鼓吹的"一次革命论":"如果说,民主革命没有自己的一定任务,没有自己的一定时间,而可以把只能在另一个时间去完成的另一任务。例如社会主义的任务,合并在民主主义任务上面去完成,这个叫做'毕其功于一役',那就是空想,而为真正的革命者所不取的。"① 毛泽东也严厉批评了陈独秀所鼓吹的"二次革命论",指出"二次革命论"的要害是取消革命,它不仅要取消社会主义革命,而由于它所主张的民主革命还是旧民主主义革命,而不是新民主主义革命,所以它在实际上也取消了民主革命。毛泽东说:"两个革命阶段中,第一个为第二个准备条件,而两个阶段必须衔接,不容横插一个资产阶级专政的阶段,这是正确的,这是马克思主义的革命发展论。"②

以毛泽东为代表的中国共产党人,把马克思列宁主义与中国具体实际相结合,科学地阐明了中国革命的"两阶段论"。毛泽东"两步走"的战略构想是一个底蕴深厚的科学的理论体系,深刻揭示了中国革命的客观规律,揭示了中国革命的前途,为中国革命指明了方向,丰富和发展了马克思主义资产阶级民主革命的学说。

一 新民主主义革命的前途是社会主义

抗日战争时期,毛泽东深刻总结了国际共产主义运动和中国革命的经验,认为中国民主革命的前途必须也只能是社会主义。毛泽东在《新民主主义论》中论述了新民主主义革命的前途必然是社会主义,原因主要有三方面:

第一,由于民族资产阶级的软弱性和妥协性,使它丧失了领导中国革命的能力。领导中国革命的责任历史性地落在了无产阶级及其政党的肩

---

① 《毛泽东选集》第2卷,人民出版社1991年版,第685页。

② 同上。

上。所以中国新民主主义革命，已不是旧的、被资产阶级领导的、以建立资本主义社会和资产阶级专政的国家为目的的革命，而是新的、被无产阶级领导的、以在第一阶段上建立新民主主义的社会和建立各个革命阶级联合专政的国家为目的的革命。因此，这个革命又恰是为社会主义的发展开辟更广阔的道路。中国共产党在成立之初就规定了自己的最终奋斗目标和当前革命任务。"完成中国资产阶级民主主义的革命（新民主主义的革命），并准备在一切必要条件具备的时候把它转变到社会主义革命的阶段上去，这就是中国共产党光荣的伟大的全部革命任务。每个共产党员都应为此而奋斗，绝对不能半途而废。"[①]

第二，中国新民主主义革命所处的时代条件，决定了中国革命可以避免资本主义前途，走上社会主义道路。毛泽东说："既然在现阶段上的中国资产阶级民主主义的革命，不是一般的旧式的资产阶级民主主义的革命，而是特殊的新式的民主主义的革命，而是新民主主义的革命，而中国革命又是处在二十世纪三十和四十年代的新的国际环境中，即处在社会主义向上高涨、资本主义向下低落的国际环境中，处在第二次世界大战和革命的时代，那么，中国革命的终极的前途，不是资本主义的，而是社会主义和共产主义的，也就没有疑义了"。[②]

第三，中国革命的全部结果是：一方面有资本主义因素的发展。由于中国新民主主义革命是为了推翻半殖民地半封建社会而奋斗，那么，在革命胜利之后，因为肃清了资本主义发展道路上的障碍，资本主义经济在中国社会会有一个相当程度的发展，是可以想像得到的。这是经济落后的中国在民主革命胜利之后不可避免的结果。另一方面又有社会主义因素的发展。这种社会主义因素就是无产阶级和共产党在全国政治势力中的比重的增长，就是农民、知识分子和城市小资产阶级或者已经或者可能承认无产阶级和共产党的领导权，就是民主共和国的国营经济和劳动人民的合作经济。所以，新民主主义革命的胜利，不仅为资本主义经济的发展开辟了道路，而且为社会主义的发展开辟了更广阔的道路。毛泽东说，出于社会主义因素的发展，"加以国际环境的有利，便使中国资产阶级民主革命的最

[①] 《毛泽东选集》第2卷，人民出版社1991年版，第651页。

[②] 同上书，第650页。

后结果,避免资本主义的前途,实现社会主义的前途,不能不具有极大的可能性了。"①

此外,中国所处的时代环境已不允许中国再走欧美资产阶级走过的老路,即资产阶级共和国方案在中国行不通。这是因为:国际资本主义即帝国主义不允许;新兴的社会主义国家和国际无产阶级不允许;顽固地一贯坚持独裁专制的国民党政府不允许;长期深受剥削压迫的中国工农阶级不允许。

总之,中国的资产阶级革命的发展前途只能是社会主义。只有分清民主革命和社会主义革命的区别和联系,才能正确把握中国革命的方向,顺利地完成民主革命,并在必要条件具备的情况下不失时机地将它转变到社会主义革命阶段上去。

---

① 《毛泽东选集》第 2 卷,人民出版社 1991 年版,第 650 页。

第二章　新民主主义社会

在系统提出新民主主义革命理论的同时，毛泽东对新民主主义革命胜利以后要建立的新民主主义社会的蓝图进行了科学的勾画。在《中国革命与中国共产党》、《新民主主义论》等著作中，毛泽东创造性地提出和使用了马克思列宁主义经典著作中所没有的"新民主主义社会"的概念，论证了新民主主义社会产生的历史必然性及历史地位，全面、系统、深刻地阐明了新民主主义社会的政治、经济、文化等问题，从而形成了关于新民主主义社会的理论，从理论上解决了新民主主义革命胜利后，如何建立和建设新民主主义社会以及如何由新民主主义向社会主义过渡的重大问题，从而架起了从贫穷落后的半殖民地半封建社会走向社会主义社会的桥梁。

第一节　新民主主义社会的性质

毛泽东在《新民主主义论》中指出，要建立在无产阶级领导下的一切反帝反封建的人们联合专政的共和国，即新民主主义的共和国。这种新民主主义共和国，是"一切殖民地半殖民地国家的革命，在一定历史时期中所采取的国家形式"，"这是一定历史时期的形式，因而是过渡的形式，但是不可移易的必要的形式。"[①] 根据毛泽东对新民主主义社会蓝图的描绘，可以看出，新民主主义社会的独特性质主要体现在三个方面：

一　新民主主义社会中社会主义因素起领导作用

对于这个问题，毛泽东的认识经历过转变。在抗日战争时期，中国共

[①] 《毛泽东选集》第2卷，人民出版社1991年版，第675页。

产党的领导人曾认为新民主主义就是"新资本主义"。如在《新民主主义论》中，毛泽东指出："新民主主义的政治、经济、文化，由于其都是无产阶级领导的缘故，就都具有社会主义的因素，并且不是普通的因素，而是起决定作用的因素。但是就整个政治情况、整个经济情况和整个文化情况说来，却还不是社会主义的，而是新民主主义的。因为在现阶段革命的基本任务主要地是反对外国的帝国主义和本国的封建主义，是资产阶级民主主义的革命，还不是以推翻资本主义为目标的社会主义的革命。"① 1944年3月，在关于陕甘宁边区的文化教育问题的讲话中，毛泽东再次强调指出："现在我们建立新民主主义社会，性质是资本主义的，但又是人民大众的，不是社会主义的，也不是老资本主义，而是新资本主义，或者说是新民主主义。"② 显然，这时的毛泽东更倾向于将新民主主义社会纳入到资本主义的框架体系中，原则上将新民主主义定性为资本主义。但后来毛泽东对这个问题的看法有了改变，1948年9月，在中共中央政治局会议上，毛泽东说，有人说我们的社会经济是"新资本主义"，我看这个名词是不妥当的，因为它没有说明在我们社会经济中起决定作用的东西是国营经济、公营经济，这个国家是无产阶级领导的，所以这些经济都是社会主义性质的。农村个体经济加上城市私人经济在数量上是大的，但是不起决定作用。我们国营经济、公营经济，在数量上较小，但它是起决定作用的。我们的社会经济的名字还是叫"新民主主义经济"好。可以看出，这时毛泽东已经对新民主主义社会的性质有了一个更为全面的认识，认为其中起决定作用的是社会主义因素。这些起决定作用的社会主义因素的生长和发展，为中国的民主革命转变为社会主义革命创造了重要的前提。

二 新民主主义社会是向社会主义过渡必经的一个独立的历史阶段

毛泽东在《新民主主义论》中指出："这种新民主主义共和国，一方面和旧形式的、欧美式的、资产阶级专政的、资本主义的共和国相区别，那是旧民主主义的共和国，那种共和国已经过时了；另一方面，也和苏联

---

① 《毛泽东选集》第2卷，人民出版社1991年版，第704页。
② 《毛泽东文集》第3卷，人民出版社1993年版，第110页。

式的、无产阶级专政的、社会主义的共和国相区别,那种社会主义的共和国已经在苏联兴盛起来,并且还要在各资本主义国家建立起来,无疑将成为一切工业先进国家的国家构成和政权构成的统治形式;但是那种共和国,在一定的历史时期中,还不适用于殖民地半殖民地国家的革命。因此,一切殖民地半殖民地国家的革命,在一定历史时期中所采取的国家形式,只能是第三种形式,这就是所谓新民主主义共和国。这是一定历史时期的形式,因而是过渡的形式,但是不可移易的必要的形式。"[①] 由此可见,毛泽东把新民主主义社会看作是为社会主义准备条件的一个过渡阶段,是向社会主义社会过渡的一种特定的社会形态。

毛泽东在看到了新民主主义社会过渡性与不可超越性的同时,更认识到了它的独立性。某种社会形态能否应该被视做一个独立的历史阶段,主要取决于其经济基础、制度上层建筑也即国体和政体、观念上层建筑也即文化的确定性。新民主主义社会虽然是一种过渡形态,但是却有着自己特定的经济基础和上层建筑表征,因而就应该被视做一个独立的历史阶段。

一是经济基础表征。新民主主义的所有制形式是以国营经济为主体,国家资本主义经济、合作社经济、私营资本主义经济和个体经济并存、共同发展。与新民主主义的生产关系相比,半殖民地半封建社会的经济则是一种帝国主义、封建地主阶级、官僚资本相互勾结,剥夺和瓜分劳动人民创造的社会财富的一种极端腐朽的经济,而社会主义经济则是建立在公有制基础上的。因此,新民主主义社会的经济基础既不同于半封建、半殖民地经济,也不同于社会主义经济。

二是制度上层建筑表征。主要包括国体和政体两个方面。国体即"国家形态",是指社会各阶级在国家中的地位。新民主主义的国体,实行的是几个革命阶级的联合专政,大地主、大资产阶级是被专政的对象。这种国体不同于封建社会的国体。在封建社会,实行的是地主阶级、官僚军阀的专政,农民、知识分子、市民阶级和其他手工业者都是被专政的对象。也不同于社会主义的国体,在社会主义社会,实行的是无产阶级专政,资产阶级成为专政的对象。政体即"国家形式",它决定于国体并反映或体现国体。在新民主主义国体的基础上,新民主主义国家形成了由无

---

① 《毛泽东选集》第2卷,人民出版社1991年版,第675页。

产阶级、农民、小资产阶级、民族资产阶级广泛参加的建立在民主集中制基础上的人民代表大会制这样一种政体。正如毛泽东在《新民主主义论》中指出的："只有民主集中制的政府，才能充分地发挥一切革命人民的意志，也才能最有力量地去反对革命的敌人"。① 与新民主主义政体相比，封建社会是地主阶级独裁专制的社会，本质上与新民主主义的民主政体截然相反。而社会主义的政体，虽然也是建立在民主集中制基础上的人民代表大会制，但是，由于阶级关系的变化，其政体也就部分地不同于新民主主义的政体。

三是观念上层建筑表征。"一定的文化是一定社会的政治和经济在观念形态上的反映"。② 近代以来，随着中国新的经济、政治力量的发生发展，作为其在观念形态上的反映并为之服务的新文化也产生了。所谓新文化就是新民主主义的文化，"一句话，就是无产阶级领导的人民大众的反帝反封建的文化"，亦即"民族的科学的大众的文化"。③ 中国共产党的领导地位和马克思主义的指导作用决定了新民主主义文化同社会主义文化具有许多共同或相通之处。然而，毕竟两者又属于不同的范畴，新民主主义革命属于资产阶级民主革命的范畴，社会主义革命属于无产阶级革命的范畴，两者在性质特点、目标任务等方面存在很大区别。因此，毛泽东强调，要在实际工作中把新民主主义文化同社会主义、共产主义文化区别开来，指出："我们既应把对共产主义的思想体系和社会制度的宣传，同对于新民主主义的行动纲领的实践区别开来，又应把作为观察问题、研究学问、处理工作的共产主义方法，同作为国民教育的新民主主义方针区别开来。把二者混为一谈，无疑是很不适当的。"④

上述三个方面的确定性表明，新民主主义社会是具有鲜明特色、任何其他社会形态都不可包容的独立的历史阶段。在这个问题上，毛泽东的立场是十分明确的，指出旧中国落后的经济状况，决定了在革命胜利后一个相当长的时期内，还需要尽可能地利用城乡资本主义的积极性，以利于国民经济的向前发展；民主革命的直接结果不是立即建立社会主义制度，而

---

① 《毛泽东选集》第2卷，人民出版社1991年版，第677页。
② 同上书，第694页。
③ 同上书，第698、706页。
④ 《中国文化》创刊号，1940年，延安。

只能建立一个允许有利于国计民生的资本主义经济在一定限度内得到发展的"民主主义的社会制度,这个社会的前身是封建主义的社会(近百年来成为半殖民地半封建的社会),它的后身是社会主义社会。"① "拿资本主义的某种发展去代替外国帝国主义和本国封建主义的压迫,不但是一个进步,而且是一个不可避免的过程,它不但有利于资产阶级,同时也有利于无产阶级,或者说更有利于无产阶级。""只有经过民主主义,才能到达社会主义,这是马克思主义的天经地义。"②

三 新民主主义社会是一个需要长期建设和发展的过程

由新民主主义向社会主义过渡,必然涉及何时转变以及在何种条件下转变的问题。

关于转变的条件,1935年毛泽东在《论反对日本帝国主义的策略》中指出:"在将来,民主主义的革命必然要转变为社会主义的革命。何时转变,应以是否具备了转变的条件为标准,时间会要相当的长。不到具备了政治上经济上一切应有的条件之时,不到转变对于全国最大多数人民有利而不是不利之时,不应当轻易谈转变。"③ 后来,在中共七大报告中,毛泽东再次强调:"在中国,为民主主义奋斗的时间还是长期的。没有一个新民主主义的联合统一的国家,没有新民主主义的国家经济的发展,没有私人资本主义经济和合作社经济的发展,没有民族的科学的大众的文化即新民主主义文化的发展,没有几万万人民的个性的解放和个性的发展,……,要想在殖民地半殖民地半封建的废墟上建立起社会主义社会来,那只是完全的空想。"④ 新中国成立后,毛泽东仍然坚持这种"有条件转变论"。1950年6月,在中共七届三中全会上,他有针对性地指出:"有些人认为可以提早消灭资本主义实行社会主义,这种思想是错误的,是不适合我们国家的情况的。"⑤ 几乎在同一时期,在全国政协一届二次会议上的闭幕词中,毛泽东又进一步指出:"在国家经济事业和文化事业

---

① 《毛泽东选集》第2卷,人民出版社1991年版,第559页。
② 《毛泽东选集》第3卷,人民出版社1991年版,第1060页。
③ 《毛泽东选集》第1卷,人民出版社1991年版,第160页。
④ 《毛泽东选集》第3卷,人民出版社1991年版,第1060页。
⑤ 《毛泽东文集》第6卷,人民出版社1999年版,第71页。

大为兴盛了以后，在各种条件具备了以后，在全国人民考虑成熟并在大家同意了以后，就可以从容地和妥善地走进社会主义的新时期。"①

关于何时向社会主义转变，毛泽东的估计也是谨慎的。例如，1948年9月，毛泽东在中央政治局会议上预计和分析民主革命在全国胜利后的形势时指出："到底何时开始全线进攻？也许全国胜利后还要15年。"②次年9月，他在回答中国何时进入社会主义问题时说，20年以后，中国的工业发展到一定程度，视其情形即转入社会主义。在第一届全国政治协商会议期间，毛泽东在回答党外人士这一问题时，甚至表示：过渡到社会主义，大概需要二三十年吧！这是对新民主主义社会延续时间最长的时间估计。这一时期，不仅毛泽东，刘少奇、周恩来等其他领导人在涉及这个问题时，也是非常谨慎的。1949年9月，在召开人民政协制定《共同纲领》时，有的民主人士建议要在共同纲领里提到社会主义，中共领导人都说暂时不提。1952年10月，周恩来在同一些资本家谈话时这样说："毛主席的方针是稳步前进，三年恢复，十年、二十年发展。发展新民主主义经济可能要十年、二十年，不能把时间说得那么准，马克思主义不是刘伯温的'推背图'。"③

这种经过长期的新民主主义社会建设再向社会主义转变的设想和估计，是符合中国社会生产力水平低、经济文化落后这样一个基本国情的。毛泽东在新民主主义建设问题上所持的这种冷静审慎的态度和极具战略高度的理论构想是具有非常重大的意义的。然而这一构想在实践中并没有得到很好的执行。

第二节　新民主主义的政治

根据马克思列宁主义经典作家的观点，政治本质上体现着一定的阶级关系，其核心是国家政权。新民主主义的政治，就是要建立新民主主义的共和国。这个共和国有着完全不同于世界上已有的国家形态，是全新的政

---

① 《毛泽东文集》第6卷，人民出版社1999年版，第80页。
② 薄一波：《若干重大决策与事件的回顾》（上），中共中央党校出版社1993年版，第47~48页。
③ 《周恩来统一战线文选》，人民出版社1984年版，第235页。

权。在长期的革命和建设实践中，毛泽东逐步形成和发展了新民主主义政权理论——新民主主义政治的核心理论。毛泽东指出："国体——各革命阶级联合专政。政体——民主集中制。这就是新民主主义的政治，这就是新民主主义的共和国。"①

一 新民主主义共和国的国体

所谓国体，是指各阶级在国家中的地位，是指由哪个或哪些阶级当家作主实行统治，对哪个或哪些阶级实行专政，是国家的组织形式。社会各阶级在国家中的地位是由各阶级在中国革命和建设中的地位所决定的。根据这种观点，在中国的历史条件和社会条件下，国家的构成力量不仅有无产阶级，还有农民阶级和城市小资产阶级，以及具有两面性特点的民族资产阶级，因此，中国革命胜利后，只能采取一种特殊的国家体制——新民主主义的国体。

关于新民主主义共和国的国体，毛泽东曾有过许多一以贯之的论述。在《新民主主义论》中，毛泽东写道："中国无产阶级、农民、知识分子和其他小资产阶级，乃是决定国家命运的基本势力。这些阶级，或者已经觉悟，或者正在觉悟起来，他们必然要成为中华民主共和国的国家构成和政权构成的基本部分，而无产阶级则是领导的力量。"所以这个革命成功之后所要建立的中华民主共和国，"只能是在无产阶级领导下的一切反帝反封建的人们联合专政的民主共和国"。② 它既不同于资产阶级专政的共和国，又不同于无产阶级专政的共和国，而是"几个革命阶级联合专政的共和国"，只有这种国体才适合中国的国情。毛泽东分析了中国之所以选择这种国体的原因，指出，在半殖民地半封建的中国，民族资产阶级虽有其革命性的一面，但又有其异常软弱的一面，实践证明他们已失去了领导革命的资格，未来社会也不可能由他们来领导；五四运动以来，中国的无产阶级已经作为独立的政治力量登上历史舞台，中国革命已成为世界无产阶级社会主义革命的一部分，所以，革命胜利后的中国绝不会是一个资产阶级专政的国家。毛泽东还认为，在半殖民地半封建的中国，无产阶级

---

① 《毛泽东选集》第2卷，人民出版社1991年版，第677页。
② 同上书，第674~675页。

虽然已经成为革命的领导阶级，但由于生产力落后，由农业化到工业化的任务尚未完成，无产阶级的力量还不够强大，而且民族资产阶级还有革命性的一面，他们同大地主大资产阶级有区别，不但不是民主革命的敌人，还是民主革命的动力，因此，革命胜利后的中国不能采取像苏联那样的无产阶级专政模式，只有"几个革命阶级联合专政的共和国"才是适合中国国情的国体。

1945年在中共七大上，毛泽东对新民主主义的政治作了进一步的阐述，指出，在彻底打败日本侵略者之后，要建立一个以全国绝大多数人民为基础而在工人阶级领导之下的统一战线的民主联盟的国家制度，即新民主主义的国家制度。"我们主张的新民主主义的政治，就是推翻外来的民族压迫，废止国内的封建主义的和法西斯主义的压迫，并且主张在推翻和废止这些之后不是建立一个旧民主主义的政治制度，而是建立一个联合一切民主阶级的统一战线的政治制度"。[①] 在这里，毛泽东主要是指出了中国不能采用大地主大资产阶级专政的"旧民主主义"国家制度。强调这一问题，主要是基于以下三点原因：（1）1941年1月"皖南事变"后，以蒋介石为代表的大地主大资产阶级准备破坏统一战线的图谋已经完全暴露。（2）1943年3月蒋介石出版的《中国之命运》，把十年内战的责任推到共产党身上，指出未来中国的国体既不是东方的共产主义，也不是西方的自由主义。（3）1943年9月国民党十一中全会又一次诬蔑共产党"破坏抗战，危害国家"，日益暴露出要在中国实行国民党法西斯独裁统治的图谋。

1948年9月，毛泽东在中共中央政治局会议上的报告中明确提出，以后要"建立无产阶级领导的以工农联盟为基础的人民民主专政"，并指出，"我们政权的阶级性是这样：无产阶级领导的，以工农联盟为基础，但不是仅仅工农，还有资产阶级民主分子参加的人民民主专政"。[②] 毛泽东在同年12月30日写的《将革命进行到底》中，又一次比较集中地论述了国体问题："如果要使革命进行到底，那就是用革命的方法，坚决彻底干净全部地消灭一切反动势力，不动摇地坚持打倒帝国主义，打倒封建

[①] 《毛泽东选集》第3卷，人民出版社1991年版，第1056页。
[②] 《毛泽东文集》第5卷，人民出版社1996年版，第135页。

主义，打倒官僚资本主义，在全国范围内推翻国民党的反动统治，在全国范围内建立无产阶级领导的以工农联盟为主体的人民民主专政的共和国。"① 至此，毛泽东已用"人民民主专政"这一科学概念来描述中国的国体。

1949年6月30日，毛泽东发表《论人民民主专政》，论证了在中国建立人民民主专政的历史必然性，阐明了人民民主专政的基本任务、民主和专政的关系以及各阶级在人民民主专政政权中的地位等问题，从而完整地形成了人民民主专政的理论。他深刻指出："总结我们的经验，集中到一点，就是工人阶级（经过共产党）领导的以工农联盟为基础的人民民主专政。"它包括对人民内部的民主和对反动派的专政两个方面，这两个方面是统一的不可分离的，"对人民内部的民主方面和对反动派的专政方面，互相结合起来，就是人民民主专政。"② 这个专政的基础是工人阶级、农民阶级和城市小资产阶级的联盟，而主要是工农联盟。毛泽东在不同的时间和背景下，对国体问题的分析，有不同的视角、不同的重点，对这一国体的表述曾先后使用过"各革命阶级联合专政"、"统一战线的政权"、"人民民主专政"等概念，其内涵虽有些许差别，但其基本点和实质是相同的，即：中国在民主革命胜利后只能建立新民主主义的共和国。只不过"人民民主专政"这一概念更为规范化，更能确切表达新中国政权的性质与职能。

二 新民主主义共和国的政体

政体是指政权的组织形式，就是指占统治地位的阶级采取什么形式来组织政权机关。政体决定于国体，是国体的体现，政体必须与国体相适应。新民主主义的国体决定了新民主主义政体必须是由无产阶级，农民、小资产阶级、民族资产阶级参加的建立在民主集中制基础上的人民代表大会制。

在政体问题上，毛泽东明确表示中国"不采用资产阶级议会制"，不搞"三权鼎立"，一则因为议会制和三权鼎立不适合中国国情；二则是因

---

① 《毛泽东选集》第4卷，人民出版社1991年版，第1375页。

② 同上书，第1475页。

为"议会制,袁世凯、曹锟都搞过,已经臭了"。①"中国现在可以采取全国人民代表大会、省人民代表大会、县人民代表大会、区人民代表大会直到乡人民代表大会的系统,并由各级代表大会选举政府。但必须实行无男女、信仰、财产、教育等差别的真正普遍平等的选举制,才能适合于各革命阶级在国家中的地位,适合于表现民意和指挥革命斗争,适合于新民主主义的精神。这种制度即是民主集中制。只有民主集中制的政府,才能充分地发挥一切革命人民的意志,也才能最有力量地去反对革命的敌人。"②

1945年,在《论联合政府》中,毛泽东进一步对民主集中制进行了阐释:"新民主主义的政权组织,应该采取民主集中制,由各级人民代表大会决定大政方针,选举政府。它是民主的,又是集中的,就是说,在民主基础上的集中,在集中指导下的民主。只有这个制度,才既能表现广泛的民主,使各级人民代表大会有高度的权力;又能集中处理国事,使各级政府能集中地处理被各级人民代表大会所委托的一切事务,并保障人民的一切必要的民主活动。"③

民主集中制是列宁首先提出的概念,最初是共产党的组织原则,用于指导党的全部活动。以毛泽东为代表的中国共产党人,坚持在实践中学习马克思主义,坚持在实践中发展马克思主义,与时俱进,开拓创新,根据形势的最新发展与现实的实践需要,创造性地把它运用到新民主主义国家的政治生活中,建立了以民主集中制为基础的新民主主义的根本政治制度,开拓了马克思主义的新境界。应该说民主集中制是一种带有鲜明中国特色的政权组织形式,是适合中国国情的最合理的制度。事实证明,在毛泽东领导下,中国的社会主义民主政治建设在20世纪50年代中期以前迈开了可喜的一步,出现了又有集中又有民主;又有纪律又有自由;又有统一意志又有个人心情舒畅、生动活泼那样一种政治局面。

总之,"国体——各革命阶级联合专政。政体——民主集中制。这就是新民主主义的政治,这就是新民主主义的共和国","这就是今天'建国'工作的惟一正确的方向"。④ 在中共七大上,毛泽东针对有些人对共

---

① 《毛泽东文集》第5卷,人民出版社1996年版,第136页。
② 《毛泽东选集》第2卷,人民出版社1991年版,第677页。
③ 《毛泽东选集》第3卷,人民出版社1991年版,第1057页。
④ 《毛泽东选集》第2卷,人民出版社1991年版,第677页。

产党"得势"后会不会出现像俄国那种情况的疑问作了肯定的回答:"中国现阶段的历史将形成中国现阶段的制度,在一个长时期中,将产生一个对于我们是完全必要和完全合理同时又区别于俄国制度的特殊形态"。① 之后,毛泽东将上述内容概括为中国共产党的最基本的政治纲领,进而提出人民民主专政的理论,对新民主主义政治纲领作了新的发展。

第三节 新民主主义的经济

新民主主义革命的目的是建立新民主主义共和国,那么,在新民主主义共和国里,应该建立什么样的经济制度?对于这个问题,毛泽东曾作过长期的思考和研究,留下了大量的富有开创性的论述。这些论述汇集在一起便构成了毛泽东的新民主主义经济理论。

一 新民主主义的经济构成

新民主主义的经济构成问题是毛泽东十分关注的问题。对此,毛泽东共有4次集中、系统的论述。

在《新民主主义论》中,对新民主主义的经济成分问题进行了专章论述。毛泽东指出,未来的新民主主义社会"在政治上必须是新民主主义的,在经济上也必须是新民主主义的"。而经济上的新民主主义,也就是"新民主主义经济",主要由4种经济成分构成:(1)国家所有经济。建立国有经济的目的是为了"节制资本","使私有资本制度不能操纵国民之生计"。以此为标准和裁判尺度,"凡本国人及外国人之企业,或有独占的性质,或规模过大为私人之力所不能办者",均应建立国有经济,"由国家经营管理之"。如果以行业来划分的话,应该被归并入国家所有经济的行业,主要是像银行、铁道、航路这样的行业。(2)私人资本经济。由于中国的经济还十分落后,因此在新民主主义阶段,国家应当在可以控制的范围内继续利用私人资本来发展生产力。新民主主义共和国"并不没收其他资本主义的私有财产,并不禁止'不能操纵国民之生计'的资本主义生产的发展"。(3)农民个体经济。土地革命是中国民主革命

---

① 《毛泽东选集》,第3卷,人民出版社1991年版,第1062页。

的基本内容，只有开展土地革命，消灭封建土地所有制，才能最广泛地发动和组织人民群众。因此，这个共和国将采取某种必要的方法，没收地主的土地，分配给无地和少地的农民，实行中山先生"耕者有其田"的口号，扫除农村中的封建关系，把土地变为农民的私产。农村的富农经济，也是容许其存在的。这就是"平均地权"的方针。这个方针的正确的口号，就是"耕者有其田"。（4）合作经济。毛泽东以其伟人所独具的战略高度和远见卓识认识到，个体农业小生产经济是一种相对落后的经济形式，随着生产力的发展，这种经济组织形式将为更高类型的经济组织形式所取代。因此，在新民主主义经济中将有一种"在'耕者有其田'的基础上所发展起来的各种合作经济"。在这4种经济成分中，作为整个国民经济领导力量的国家所有制经济是明显的社会主义性质的经济；合作经济也"具有社会主义的因素"，并且随着生产力的发展，这种因素将不断得到提升与加强。毛泽东认为，"中国的经济，一定要走'节制资本'和'平均地权'的路，决不能是'少数人所得而私'，决不能让少数资本家少数地主'操纵国民生计'，决不能建立欧美式的资本主义社会，也决不能还是旧的半封建社会。谁要是敢于违反这个方向，他就一定达不到目的，他就自己要碰破头的"。[①]

1945年在《论联合政府》中，毛泽东对新民主主义的经济构成进行了再次探讨，指出："按照孙先生的原则和中国革命的经验，在现阶段上，中国的经济，必须是由国家经营、私人经营和合作社经营三者组成的。而这个国家经营的所谓国家，一定要不是'少数人所得而私'的国家，一定要是在无产阶级领导下而'为一般平民所共有'的新民主主义的国家。"[②] 与《新民主主义论》相比，这次论述的一个明显的变化就是提法的改变。在《新民主主义论》中，毛泽东将新民主主义经济归类为"四种经济成分"，而在《论联合政府》中，新民主主义经济被归类为"三种经营方式"。很明显，在这里毛泽东将农民个体经济和私人资本主义经济归入"私人经营"的范畴了。

1947年在《目前形势和我们的任务》中，毛泽东对新民主主义的经

---

① 《毛泽东选集》第2卷，人民出版社1991年版，第678~679页。
② 《毛泽东选集》第3卷，人民出版社1991年版，第1058页。

济构成进行了又一次系统的论述。毛泽东指出,新中国的经济构成是:(1)国营经济,这是领导的成分;(2)由个体逐步地向着集体方向发展的农业经济;(3)独立小工商业者的经济和小的、中等的私人资本经济。这些,就是新民主主义的全部国民经济。与前两次的论述相比,毛泽东又一次改变了对新民主主义经济成分的划分。比较突出的改变体现在以下两点:一是将农民个体经济从私人经营的范畴中划出,将其与合作经济统并为农业经济,这种改变注重了事物的本质联系,将事物的静态表征与动态发展周密结合,具有极大的理论与现实意义;二是首次将"独立小工商业者的经济",即城市手工业者和小商贩等,单独列出并将其归入个体经济的范畴之中。

1949年在中共七届二中全会上,毛泽东第四次对新民主主义经济问题进行了系统分析,并且达到了前所未有的高度和深度。在报告中,毛泽东首次提出了新民主主义的经济形态这一科学概念,并对构成这一形态的5种经济成分及其地位与作用进行了全面而深刻的分析,指出:"国营经济是社会主义性质的,合作社经济是半社会主义性质的,加上私人资本主义,加上个体经济,加上国家和私人合作的国家资本主义经济,这些就是人民共和国的几种主要的经济成分,这些就构成新民主主义的经济形态。"①(1)国营经济。"国营经济成为整个国民经济的领导成分。这一部分经济,是社会主义性质的经济,不是资本主义性质的经济。谁要是忽视或轻视了这一点,谁就要犯右倾机会主义的错误。"②(2)个体的农业经济和手工业经济。"在今后一个相当长的时期内,我们的农业和手工业,就其基本形态说来,还是和还将是分散的和个体的,即是说,同古代近似的。谁要是忽视或轻视了这一点,谁就要犯'左'倾机会主义的错误。"③(3)私人资本主义经济。"由于中国经济现在还处在落后状态,在革命胜利以后一个相当长的时期内,还需要尽可能地利用城乡私人资本主义的积极性,以利于国民经济的向前发展。在这个时期内,一切不是于国民经济有害而是于国民经济有利的城乡资本主义成分,都应当容许其存

---

① 《毛泽东选集》第4卷,人民出版社1991年版,第1433页。

② 《毛泽东选集》第1431页。

③ 《毛泽东选集》第1430~1431页。

在和发展。这不但是不可避免的,而且是经济上必要的。但是中国资本主义的存在和发展,不是如同资本主义国家那样不受限制任其泛滥的。""如果认为我们现在不要限制资本主义,认为可以抛弃'节制资本'的口号,这是完全错误的,这就是右倾机会主义的观点。但是反过来,如果认为应当对私人资本限制得太大太死,或者认为简直可以很快地消灭私人资本,这也是完全错误的,这就是'左'倾机会主义或冒险主义的观点。"①(4)合作社经济。"占国民经济总产值百分之九十的分散的个体的农业经济和手工业经济,是可能和必须谨慎地、逐步地而又积极地引导它们向着现代化和集体化的方向发展的,任其自流的观点是错误的。必须组织生产的、消费的和信用的合作社,和中央、省、市、县、区的合作社的领导机关。这种合作社是以私有制为基础的在无产阶级领导的国家政权管理之下的劳动人民群众的集体经济组织。中国人民的文化落后和没有合作社传统,可能使得我们遇到困难;但是可以组织,必须组织,必须推广和发展。单有国营经济而没有合作社经济,我们就不可能领导劳动人民的个体经济逐步地走向集体化,就不可能由新民主主义社会发展到将来的社会主义社会,就不可能巩固无产阶级在国家政权中的领导权。谁要是忽视或轻视了这一点,谁也就要犯绝大的错误。"②(5)国家资本主义。是一种国家经济同私人资本合作的具有社会主义性质的经济成分。这种经济成分将很快向社会主义国营经济发展。

毛泽东关于多种经济成分并存的理论,无疑是完全符合马克思主义基本原理并适合中国国情的正确理论。

二 新民主主义的经济纲领

1947年毛泽东在《目前形势和我们的任务》中,明确提出了建立新民主主义经济体制的三大纲领,主要内容是:

第一,没收封建地主阶级的土地归农民所有。旧中国的封建土地占有制度极不合理,占农村人口90%的贫农、雇农及其他劳动者只占有土地的20%到30%,而只占农村人口10%的地主、富农却占有70%到80%的

---

① 《毛泽东选集》第4卷,人民出版社1991年版,第1431页、1432页。
② 《毛泽东选集》第1432~1433页。

土地。这种地主阶级利用所占土地，残酷剥削农民的封建土地制度，严重地阻碍了生产力的发展，使中国社会在经济上和社会生活上长期停滞不前。因此，中国民主革命的一项主要任务就是要发动贫苦农民进行土地革命，消灭封建土地制度。

在土地革命战争时期，中国共产党依据革命的目标和斗争的现实需要制定了一条符合农村实际情况的土地革命路线。这就是：依靠贫雇农，联合中农，限制富农，保护中小工商业者，消灭地主阶级，变封建半封建的土地所有制为农民土地所有制。抗日战争时期，为正确处理民族斗争和阶级斗争之间的关系，最大限度地争取和团结全中国一切愿意反对日本帝国主义的力量，中共将土地政策改为减租减息。抗战结束后，阶级矛盾重新上升为中国社会主要矛盾，进行土地改革的条件越来越成熟。1946年到1948年，中共在领导解放区土地改革的实践中，相继颁发了《关于清算减租减息及土地问题的指示》、《中国土地法大纲》等一系列关于土地问题的文件，逐步完善了土地革命路线。1948年毛泽东《在晋绥干部会议上的讲话》，明确提出了土地改革的总路线，这就是："依靠贫农，团结中农，有步骤地、有分别地消灭封建剥削制度，发展农业生产"。[1]

第二，没收官僚垄断资本归新民主主义的国家所有。毛泽东指出，新民主主义共和国的经济构成的正确方针，应该与孙中山在国民党一大宣言里的声明相一致。国民党一大宣言声明：凡本国人及外国人之企业，或有独占的性质，或规模过大为私人之力所不能办者，如银行、铁道、航路之属，由国家经营管理之，使私有资本制度不能操纵国民之生计，此则节制资本之要旨也。这里所说的"节制资本"，就是不要让私人资本操纵国民经济。

以四大家族为代表的官僚资本是在土地革命战争后期形成，在抗日战争时期和日本投降后达到了高峰。这个垄断资本是国民党反动政权的经济基础，严重阻碍中国社会生产力的发展。到1949年新中国成立前夕，官僚资本约占全国工业资本总额的2/3，占全国工矿、交通运输业固定资本的80%，并控制着全国的金融机构，垄断了全国的经济命脉。在推翻反动政权之后，对官僚资本必须予以没收。没收这些企业归国家所有，就直

---

[1] 《毛泽东选集》第4卷，人民出版社1991年版，第1314页。

接建立和发展了国营经济，使新民主主义共和国掌握了国家的经济命脉，使国营经济成为整个国民经济的领导成分。这一部分经济是社会主义性质的经济，而不再是资本主义性质的经济。

第三，保护民族工商业。保护民族工商业的政策是由新民主主义革命的性质决定的，也是由中国民族工商业的性质、作用以及近代中国落后的经济状况决定的。中国革命的对象是帝国主义、封建主义和官僚垄断资本主义，而不是一般地消灭资本主义，不是消灭上层小资产阶级和中等资产阶级所代表的资本主义经济。同时，由于中国经济还处于落后状态，民族工商业在中国社会经济中占有一定地位，特别是民族工业，大多是与人民生活密切相关的轻工业。因此，保护和发展它们对解放区的建设、人民生活的改善和支持长期的革命战争都具有十分重要的意义。

保护民族工商业，允许其在革命取得全国胜利后仍然得到一定程度的发展，并不会给新中国带来危害。因为新民主主义国家通过没收官僚资本而建立的国营经济已成为整个国民经济的领导力量，它控制了全国的经济命脉，指引着生产力的发展方向。再加上消灭了封建土地制度后，暂时处于分散、个体的农业经济逐步将要向合作化方向发展。在这样的条件下，民族工商业不可能操纵国计民生，其存在和发展，并没有什么危险。中国不可能由此进入一个使资本主义得以充分发展的资本主义社会。

三　发展工业、实现工业化

为了迅速改变中国的落后的经济状况，把新中国尽快建成一个富强、民主、文明的社会主义国家，毛泽东提出了发展工业、实现工业化的问题。

1944年5月22日，毛泽东在为陕甘宁边区工厂厂长及职工代表会议代表举行的招待会上发表讲话指出："要打倒日本帝国主义，必需有工业；要中国的民族独立有巩固的保障，就必须工业化。我们共产党是要努力于中国的工业化的。""中国落后的原因，主要的是没有新式工业。"[①] 后来，在给秦邦宪的信中，毛泽东提出了新民主主义社会的基础是工厂与合作社，不是分散的个体经济的论断。

---

① 《毛泽东文集》第3卷，人民出版社1993年版，第146页。

在《论联合政府》中，毛泽东以专章的篇幅论述了发展工业的问题。他说："在新民主主义的政治条件获得之后，中国人民及其政府必须采取切实的步骤，在若干年内逐步地建立重工业和轻工业，使中国由农业国变为工业国。新民主主义的国家，如无巩固的经济做它的基础，如无进步的比较现时发达得多的农业，如无大规模的在全国经济比重上占极大优势的工业以及与此相适应的交通、贸易、金融等事业做它的基础，是不能巩固的。"①

工业的起飞需要大量的资金积累，毛泽东认为可以从两个方面解决：第一，善待本国的资本。毛泽东指出："拿资本主义的某种发展去代替外国帝国主义和本国封建主义的压迫，不但是一个进步，而且是一个不可避免的过程。它不但有利于资产阶级，同时也有利于无产阶级，或者说更有利于无产阶级。现在的中国是多了一个外国的帝国主义和一个本国的封建主义，而不是多了一个本国的资本主义，相反地，我们的资本主义是太少了。"② 并提出了"公私兼顾、劳资两利、城乡互助、内外交流"的新民主主义经济政策。第二，对外开放、利用外资。毛泽东曾经明确表示，为着发展工业，需要大批资本。从什么地方来呢？不外两方面：主要地依靠中国人民自己积累资本，同时借助于外援。在服从中国法令，有益中国经济的条件之下，外国投资是应当欢迎的。对于中国人民与外国人民都有利的事业，是中国在得到一个巩固的国内和平与国际和平，得到一个彻底的政治改革与土地改革之后，能够蓬蓬勃勃地发展大规模的轻重工业和近代化的农业。在这个基础上，外国投资的容纳量将是非常广大的。一个政治上倒退与经济上贫困的中国，则不但对于中国人民非常不利，对于外国人民也是不利的。

第四节 新民主主义的文化

新民主主义革命所要建立的新民主主义社会，不仅包括新民主主义政治、新民主主义经济，而且还包括新民主主义文化。毛泽东在《新民主

---

① 《毛泽东选集》第3卷，人民出版社1991年版，第1081页。
② 同上书，第1060页。

主义论》中指出:"所谓新民主主义的文化,就是人民大众反帝反封建的文化;在今日,就是抗日统一战线的文化。这种文化,只能由无产阶级的文化思想即共产主义思想去领导,任何别的阶级的文化思想都是不能领导了的。所谓新民主主义的文化,一句话,就是无产阶级领导的人民大众的反帝反封建的文化。"①

一 文化与政治经济的关系及其地位和作用

在《新民主主义论》中,毛泽东首先阐述了文化与政治经济的关系:"一定的文化(当作观念形态的文化)是一定社会的政治和经济的反映,又给予伟大影响和作用于一定社会的政治和经济;而经济是基础,政治则是经济的集中的表现。这是我们对于文化和政治、经济的关系及政治和经济的关系的基本观点。"② 而新民主主义文化,是中华民族的新文化,它"是在观念形态上反映新政治和新经济的东西,是替新政治新经济服务的"。③

毛泽东还生动论述了文化工作在新民主主义革命事业中的地位和作用,指出文化工作对于中国共产党所领导的新民主主义革命事业的发展和胜利具有重要的意义:"文化是反映政治斗争和经济斗争的,但它同时又能指导政治斗争和经济斗争。文化是不可少的,任何社会没有文化就建设不起来。"④ "革命文化,对于人民大众,是革命的有力武器。革命文化,在革命前,是革命的思想准备;在革命中,是革命总战线中的一条必要和重要的战线。"⑤

进行中国革命,就需要动员和组织群众,而这就要依靠革命的文化工作。毛泽东曾用抗日时期党办的《解放日报》为例来说明文化工作的重要性:"《解放日报》在边区已成为一个组织者。没有《解放日报》,在这样一个人口稀少、地域辽阔、在全中国算是经济文化很落后的地区工作,是很困难的。有一个《解放日报》,就可以组织起整个边区的政治、文化

---

① 《毛泽东选集》第 2 卷,人民出版社 1991 年版,第 698 页。
② 同上书,第 663~664 页。
③ 同上书,第 695 页。
④ 《毛泽东文集》第 3 卷,人民出版社 1996 年版,第 109~110 页。
⑤ 《毛泽东选集》第 2 卷,人民出版社 1991 年版,第 708 页。

生活。"因此，从事地方工作的干部都"应该把报纸拿在自己手里，作为组织一切工作的一个武器，反映政治、军事、经济并且又指导政治、军事、经济的一个武器，组织群众和教育群众的一个武器"。①

二 新民主主义文化的性质

近代以来，中国逐步变成了帝国主义、封建主义联合统治的半殖民地半封建社会。作为这种半殖民地半封建社会中占统治地位的政治和经济的反映，中国的占统治地位的文化是半殖民地半封建的文化。毛泽东指出："帝国主义文化和半封建文化是非常亲热的两兄弟，它们结成文化上的反动同盟，反对中国的新文化。这类反动文化是替帝国主义和封建阶级服务的，是应该被打倒的东西。"② 新民主主义文化是在打倒这两种反动文化的基础上建立起来的。这种新文化是与封建文化、买办文化相对立的，它具有民主主义的性质，是为反帝反封建的斗争服务的。

中国新旧文化的斗争以1919年发生的五四运动为界限，区分为两个不同的历史时期。是否以共产主义思想为指导，这是新民主主义文化同旧民主主义文化相区别的标志。五四运动前的新文化运动，其基本内容是宣传西方资产阶级的民主、科学等，是要以西方资产阶级的新文化代替封建的旧文化；参加这一运动的也主要是资产阶级、小资产阶级知识分子。因此，五四运动前的新文化运动是资产阶级民主主义性质的文化运动，是旧民主主义性质的文化，属于世界资产阶级的资本主义的文化革命的一部分。五四运动后的新文化运动，其基本内容是宣传马克思主义的，向工人阶级宣传社会主义、共产主义思想，并努力有步骤地用社会主义教育农民和其他群众。因此，五四运动后的新文化是由无产阶级领导的新民主主义性质的文化，是属于世界无产阶级的社会主义新文化范畴。

中国新民主主义文化的性质既不是资产阶级性质的文化，也不是社会主义性质的文化，而是具有无产阶级的特性、具有社会主义的特性的新民主主义文化，诚如毛泽东所言："由于现时的中国革命是世界无产阶级社会主义革命的一部分，因而现时的中国新文化也是世界无产阶级社会主义

---

① 《毛泽东文集》第3卷，人民出版社1996年版，第110页。
② 《毛泽东选集》第2卷，人民出版社1991年版，第695页。

新文化的一部分，是它的一个伟大的同盟军；这种一部分，虽则包含社会主义文化的重大因素，但是就整个国民文化来说，还不是完全以社会主义文化的资格去参加，而是以人民大众反帝反封建的新民主主义文化的资格去参加的。由于现时中国革命不能离开中国无产阶级的领导，因而现时的中国新文化也不能离开中国无产阶级文化思想的领导，即不能离开共产主义思想的领导。但是这种领导，在现阶段是领导人民大众去作反帝反封建的政治革命和文化革命，所以现在整个新的国民文化的内容还是新民主主义的，不是社会主义的。"[1]

三 新民主主义文化的内容

"民族的科学的大众的文化，就是人民大众反帝反封建的文化，就是新民主主义的文化，就是中华民族的新文化。"[2] 在这里，毛泽东强调新文化是"民族的科学的大众的文化"，三个"的"不是一般的定语，而是经过深思熟虑对新文化所做出的三个质的规定性。

首先，新民主主义的文化是民族的。所谓民族的文化，是指这种文化应当具有自己的民族形式和民族特性。毛泽东明确指出了新民主主义文化的民族性，这种文化"反对帝国主义压迫，主张中华民族的尊严和独立。它是我们这个民族的，带有我们民族的特性"。[3] 这个民族性包括文化的民族特征和文化交流中的民族主体意识。这种新文化反对"全盘西化"之类的盲目崇尚和吸收外国文化的倾向，但同时又主张大量吸收外国的进步文化，作为自身文化发展的原料。毛泽东根据文化发展的民族性与世界性的辩证关系，指出民族性并不是要建立一种狭隘的民族主义的封闭的文化，相反，中华民族新文化的建设应该是开放的。他指出：当前的社会主义文化和新民主主义文化，还有外国的古代文化，例如各资本主义国家启蒙时代的文化，凡属我们今天用得着的东西，都应该吸收。但是一切外国的东西，都应当把它分解为精华和糟粕两部分，然后去其糟粕，吸收其精华，决不能生吞活剥毫无批判地吸收。所谓"全盘西化"的主张，乃是

---

[1] 《毛泽东选集》第2卷，人民出版社1991年版，第705~706页。
[2] 同上书，第708~709页。
[3] 同上书，第706页。

一种错误的观点。中国文化应有自己的形式,这就是民族形式。就这种新文化的形式来说,它是一种"正确把握民族的实际与特点的文化"。[①] 事实上,任何文化的内容都必须通过一定的形式才能显示和表现出来;而只有适合中华民族的实际和特点的形式,才能使新文化的内容为中国人民所理解和接受,才能使新文化扎根于中国的大地而得以生长和繁荣起来。因此,中国文化应有自己的形式,这就是民族形式。

其次,新民主主义的文化是科学的。新民主主义文化是科学的,强调的是科学的内容。这种文化"是反对一切封建思想和迷信思想,主张实事求是,主张客观真理,主张理论和实践一致的"。[②] 这种文化是一种反对武断、迷信、愚昧、无知,拥护科学真理,把真理当作自己实践的指南,提倡真正能够把握真理的科学与科学的思想,养成科学的生活与科学的工作方法的文化。"在这点上,中国无产阶级的科学思想能够和中国还有进步性的资产阶级的唯物论者和自然科学家,建立反帝反封建反迷信的统一战线;但是决不能和任何反动的唯心论建立统一战线。共产党员可以和某些唯心论者甚至宗教徒建立在政治行动上的反帝反封建的统一战线,但是决不能赞同他们的唯心论或宗教教义。中国的长期封建社会中,创造了灿烂的古代文化。清理古代文化的发展过程,剔除其封建性的糟粕,吸收其民主性的精华,是发展民族新文化提高民族自信心的必要条件;但是决不能无批判地兼收并蓄。必须将古代封建统治阶级的一切腐朽的东西和古代优秀的人民文化即多少带有民主性和革命性的东西区别开来。中国现时的新政治新经济是从古代的旧政治旧经济发展而来的,中国现时的新文化也是从古代的旧文化发展而来,因此,我们必须尊重自己的历史,决不能割断历史。但是这种尊重,是给历史以一定的科学的地位,是尊重历史的辩证法的发展,而不是颂古非今,不是赞扬任何封建的毒素。对于人民群众和青年学生,主要地不是要引导他们向后看,而是要引导他们向前看。"[③] 要提倡科学,"使一切人民都能逐渐地离开愚昧状态与不卫生的状态"。[④] 新文化工作的一个重要任务,就是要提倡和宣传马克思主义,帮

---

① 《张闻天选集》,人民出版社1985年版,第252页。
② 《毛泽东选集》第2卷,人民出版社1991年版,第707页。
③ 同上书,第707~708页。
④ 《毛泽东文集》第3卷,人民出版社1996年版,第241页。

助越来越多的人学会从实际出发，采取实事求是、理论联系实际的唯物主义的思想路线，来认识问题、研究问题和解决问题。

最后，新民主主义的文化是大众的。新民主主义文化是大众的，强调的是大众的方向。毛泽东指出，新民主主义文化"应为全民族中百分之九十以上的工农劳苦民众服务，并逐渐成为他们的文化。要把教育革命干部的知识和教育革命大众的知识在程度上互相区别又互相联结起来，把提高和普及互相区别又互相联结起来。革命文化，对于人民大众，是革命的有力武器。革命文化，在革命前，是革命的思想准备；在革命中，是革命总战线中的一条必要和重要的战线。而革命的文化工作者，就是这个文化战线上的各级指挥员。'没有革命的理论，就不会有革命的运动'，可见革命的文化运动对于革命的实践运动具有何等的重要性。而这种文化运动和实践运动，都是群众的。因此，一切进步的文化工作者，在抗日战争中，应有自己的文化军队，这个军队就是人民大众。革命的文化人而不接近民众，就是'无兵司令'，他的火力就打不倒敌人。为达此目的，文字必须在一定条件下加以改革，言语必须接近民众，须知民众就是革命文化的无限丰富的源泉。"① 一切进步的文化工作者和革命的文化人必须首先解决为什么人服务的根本问题。必须站在工农大众的立场，接近民众，及时准确地反映广大民众的要求和愿望，引导民众走上正确的革命道路。

四 知识分子在新文化中的重要性

毛泽东极端重视知识分子在文化建设中的作用，认为要发展民族的科学的大众的新民主主义的文化，就需要一大批革命的或倾向于革命的知识分子为之努力。毛泽东指出："他们或多或少地有了资本主义的科学知识，富于政治感觉，他们在现阶段的中国革命中常常起着先锋的和桥梁的作用。辛亥革命前的留学生运动，一九一九年的五四运动，一九二五年的五卅运动，一九三五年的一二九运动，就是显明的例证。尤其是广大的比较贫苦的知识分子，能够和工农一道，参加和拥护革命。马克思列宁主义思想在中国的广大的传播和接受，首先也是在知识分子和青年学生中。革命力量的组织和革命事业的建设，离开革命的知识分子的参加，是不能成

---

① 《毛泽东选集》第 2 卷，人民出版社 1991 年版，第 708 页。

功的。"①

　　为了把大量知识分子吸收到革命的文化队伍中来，毛泽东在其许多著作中对知识分子政策作了明确的阐述。1939年12月1日，毛泽东为中共中央起草了《大量吸收知识分子》的决定，强调对知识分子的正确政策是革命胜利的重要条件之一："在长期的和残酷的民族解放战争中，在建立新中国的伟大斗争中，共产党必须善于吸收知识分子，才能组织伟大的抗战力量，组织千百万农民群众，发展革命的文化运动和发展革命的统一战线。没有知识分子的参加，革命的胜利是不可能的。"② 1940年12月25日，在《论政策》的指示中，毛泽东再次重申吸收知识分子的政策，强调对知识分子应该放手地吸收、放手地任用和放手地提拔他们。中国绝大多数知识分子对中国新民主主义的文化建设、对新民主主义革命的胜利，作出了巨大的贡献。

---

① 《毛泽东选集》第2卷，人民出版社1991年版，第641页。
② 同上书，第618页。

第三章 人民民主专政

以毛泽东为代表的中国共产党人，在领导中国人民长期的革命斗争中，坚持把马克思主义的无产阶级专政理论与中国的具体国情相结合，为在中国建立一个无产阶级的国家政权而进行了艰苦的奋斗和辛勤的探索，从而形成了一套完整的人民民主专政理论，并建立了人民民主专政的国体。人民民主专政实质上就是有中国特色的无产阶级专政，是中国革命取得的最大成果。

第一节 人民民主专政的历史必然性

马克思主义认为，一个国家建立什么样的政权，不是由哪个人凭空想像的，而是由那个国家所处的历史条件、时代环境和文化发展程度以及政治经济的状况等多种因素，特别是由阶级力量的对比和阶级斗争的状况所决定的。列宁指出，一切民族都将走到社会主义，这是不可避免的，但是一切民族的走法却不完全一样，在民主的这种或那种形式上，在无产阶级专政的这种或那种类型上，在社会生活各个方面的社会主义改造的速度上，每个民族都有自己的特点。中国革命胜利后，要建立一个什么样的国家政权，只能由中国的具体实际来决定。

一 中国的国情和特殊的阶级关系决定了必须实行人民民主专政

旧中国是一个经济文化十分落后的半殖民地半封建国家。其社会特点是：封建时代的自给自足的自然经济基础被破坏了，但封建剥削制度的根基，即地主阶级对农民的封建剥削，不但依旧保持着，而且同正在发展起来的买办资本的剥削和早已存在的城乡高利贷资本的剥削结合在一起，在中国的社会生活中仍然占据着明显的优势；民族资本主义虽然有了某些发展，但它一开始便是在外国资本主义、本国官僚买办资本和封建势力的夹缝中产生和发展起来的，并与之有着或多或少的联系，同时又受着在华外国资本的严重排挤与打击及本国官僚买办资本和封建势力的压抑与阻挠，因此它的力量是很软弱的，始终没有成为中国社会经济的主要形式；帝国主义侵略势力深深地打进了中国的各个领域，不仅操纵了中国的财政和经济命脉，而且操纵了中国的政治和军事力量，成为统治中国，阻碍中国社会发展的决定力量；中国的封建势力同帝国主义侵略势力的相互勾结，结成反动联盟，共同剥削和压迫中国人民，成为帝国主义统治和奴役中国的社会基础；中国人民，不仅工人、农民受着帝国主义和封建主义的双重压迫，过着饥寒交迫和毫无政治权利的生活，就连城市小资产阶级和民族资产阶级也受着帝国主义和封建主义的双重压迫。半殖民地半封建的中国社会的这些特点，决定了帝国主义和中华民族的矛盾，封建主义和人民大众的矛盾，是近代中国社会的主要矛盾。推翻帝国主义和封建主义在中国的反动统治，是近代中国革命的两大基本任务。

半殖民地半封建社会的上述特点，决定了中国社会的阶级关系的特殊性。封建地主阶级和官僚资产阶级占统治地位，受帝国主义控制和支持，在政治上极端残暴和反动，是中国革命的敌人。而其集中表现，在1927年以后，就是国民党反动派的反动统治。推翻这个反动统治，砸碎这部反动的国家机器，是中国革命的首要目标。否则，就无法完成反帝反封建的任务，就无法解放和发展中国的社会生产力。中国工人阶级除了与世界各国工人阶级一样，不占有任何生产资料，与最先进的经济形式相联系，是新的生产力的代表，具有大公无私、高度的组织性和纪律性、最有远见等基本优点外，还具有受压迫最深，革命最坚决、最彻底，人员高度集中，便于团结战斗，形成强大的政治力量，大多数人出身于破产的农民，与农民有着天然的联系，便于结成工农联盟等特殊优点，是中国革命的领导阶级。但到1919年五四运动前夕，中国工人阶级只有200余万人，单凭无产阶级一个阶级的力量是不能取得革命胜利的。中国农民阶级虽然占全国人口的80%以上，是反封建的主力军，但农民阶级不是新的生产力和生产方式的代表，缺乏科学的世界观和正确理论的指导，不了解社会发展规律，看不清革命发展的前途，因而不可能制定出符合社会发展规律和客观实际的切实可行的纲领、政策和斗争策略，不可能彻底摧毁封建专制制度，建立一个崭新的社会制度。农民阶级和小资产阶级都拥护革命，是革命的同盟军，但不能成为领导阶级。工人阶级必须同农民阶级结成巩固的工农联盟。民族资产阶级在经济上和政治上异常软弱，是一个具有两面性的阶级。一方面，它受帝国主义、封建主义的压迫和束缚，具有一定的革命性；另一方面，它同帝国主义、封建主义又有着千丝万缕的联系，缺乏彻底反帝反封建的勇气，又具有妥协性。它和帝国主义、地主阶级和官僚资产阶级不同，是一定时期和一定程度上的革命同盟军，是属于人民的范围。如果民主革命胜利后建立的国家政权，把民族资产阶级排斥在外，作为专政的对象，那显然是不符合中国国情的。

由于中国的特殊国情和阶级关系，决定了革命胜利后，必须建立工人阶级领导的，以工农联盟为基础的，团结包括小资产阶级、民族资产阶级和一切爱国人士在内的人民民主专政的新型国家政权。

二　实行人民民主专政是中国近代社会和中国革命发展规律的必然结果

由半殖民地半封建的社会性质所决定，中国革命必须分为民主主义和社会主义两个步骤。第一步，改变这个半殖民地半封建的社会形态，使之成为一个独立的民主主义的社会。第二步，使革命向前发展，建立一个社会主义的社会。第一个革命，按其社会性质来说是资产阶级民主主义革命，不是无产阶级社会主义革命。这个革命从1840年鸦片战争以来，即中国社会开始由封建社会改变为半殖民地半封建社会以来就开始了。然而中国的资产阶级民主革命自1914年爆发第一次世界大战和1917年十月革命建立了第一个社会主义国家起发生了变化。此前的中国资产阶级民主主义革命，是属于旧的世界资产阶级民主主义革命的范畴，属于旧的世界资产阶级民主主义革命的一部分。而此后的中国资产阶级民主主义革命，则属于新的资产阶级民主主义革命的范畴，属于世界无产阶级社会主义革命的一部分。从1919年五四运动开始，中国进入了新民主主义革命时期。毛泽东指出："所谓新民主主义的革命，就是在无产阶级领导之下的人民大众的反帝反封建的革命。""这种革命，已经不是旧的、被资产阶级领导的、以建立资本主义的社会和资产阶级专政的国家为目的的革命，而是新的、被无产阶级领导的、以在第一阶段上建立新民主主义社会和建立各个革命阶级联合专政的国家为目的的革命。""这个革命的第一步、第一阶段,决不是也不能建立中国资产阶级专政的资本主义的社会,而是要建立以中国无产阶级为首领的中国各个革命阶级联合专政的新民主主义的社会,以完结其第一阶段。然后,再使之发展到第二阶段,以建立中国社会主义的社会。"① 这是中国革命发展的特点和规律,也是中国社会发展的特点和规律。

在近现代史上,中国的资产阶级一刻也没有放松建立资产阶级专政的努力。太平天国革命失败后,以王韬、薛福成、马建忠、郑观应为代表的早期资产阶级改良派主张革除弊政,自救图强,学习西方的政治经济制度,推崇英国的君主立宪和欧美的议会制度,宣扬君民共主的思想。甲午战争失败和《马关条约》签订后,以康有为、梁启超、严复、谭嗣同为代表的资产阶级改良派,主张仿效日本明治维新,推行新政,实施变法。明确提出了开议院,伸民权,限制封建君主的权力,实行君主立宪的政治主张,并掀起了变法维新运动,但很快被清王朝所镇压。维新运动失败后,以孙中山为代表的资产阶级革命派逐步走上了政治舞台,开始领导起中国的民主革命,希图在中国建立民主共和制的资产阶级专政。1911年,资产阶级革命派领导了武昌起义并建立了中国历史上第一个资产阶级共和国政府——南京临时政府。辛亥革命是中国近代史上第一次比较完全意义上的资产阶级民主革命。但辛亥革命的成果不久便被帝国主义扶植的袁世凯所篡夺。辛亥革命建立的资产阶级共和国存在了不到100天便夭折了。辛亥革命失败后,以孙中山为代表的资产阶级革命派为了恢复资产阶级的民主共和制,相继发动了"二次革命"、反袁护国运动和护法运动,但相继都归于失败。抗战胜利后,面对中国向何处去的重大问题,代表民族资产阶级和小资产阶级的中国民主同盟等民主党派提出了不同于国共两党建国方案的第三种建国方案,希图在国共两党之间走第三条道路,建立资产阶级专政的共和国。民盟的建国方案就是"英美的政治民主、苏联的经济民主","拿苏联的经济民主来充实英美的民主政治"。这只能是一种幻想。

---

① 《毛泽东选集》第2卷,人民出版社1991年版,第647页、668页、672页。

历史充分证明，在半殖民地半封建的中国，建立资产阶级专政的共和国方案是根本行不通的。这是因为：第一，帝国主义不容许在中国建立资产阶级专政的资本主义社会。毛泽东指出："帝国主义列强侵入中国的目的，决不是要把封建的中国变成资本主义的中国。帝国主义列强的目的和这相反，它们是要把中国变成它们的半殖民地和殖民地。"[①] 为达此目的，帝国主义列强对中国采取了一系列军事的、政治的、经济的和文化的压迫手段。资产阶级的改良运动和一系列革命运动的失败，都是与帝国主义的干涉直接相关，是被帝国主义与中国的反动势力联合绞杀的。第二，国际社会主义力量不容许中国建立资产阶级专政的资本主义社会。十月革命之后，世界进入帝国主义和无产阶级革命时代，中国反帝反封建的新民主主义革命成为无产阶级社会主义世界革命的一部分，成为无产阶级社会主义世界革命的同盟军，必然得到社会主义国家和国际无产阶级的有力援助。战后的苏联日益强大，成为社会主义力量的中坚，领导和援助着全世界无产阶级和被压迫民族，反抗帝国主义的侵略，打击资本主义的反动，对中国人民的革命事业起了巨大的支持作用。毛泽东指出："现在的世界，是处在革命和战争的新时代，是资本主义决然死灭和社会主义决然兴盛的时代。在这种情形下，要在中国反帝反封建胜利之后，再建立资产阶级专政的资本主义社会，岂非是完全的梦呓？"[②] 第三，国民党统治集团是大地主大资产阶级的政治代表，力图坚持其一党专政，更不允许在中国建立资产阶级共和国。为此，国民党当局对中国民主势力一直进行疯狂镇压和摧残。1946年2月10日，国民党当局制造了震动全国的"较场口血案"。1946年7月11日、15日，国民党指使特务接连暗杀了民主战士、民盟昆明支部负责人李公朴和闻一多。1947年6月1日，国民党军警宪兵特务在全国各大城市，对民主党派成员、民主人士进行了大逮捕，仅民盟盟员被逮捕的就达100多人。仅10月份，民主党派和爱国民主人士就有2100余人被杀害，而被列入黑名单准备加以逮捕的竟达6万多人。10月7日，民盟中央常委兼西北总支部主委杜斌丞被国民党杀害。10月27日，国民党宣布民盟为非法组织，下令解散。这样，民主党派所谋求的中间道路，

[①] 《毛泽东选集》第2卷，人民出版社1991年版，第628页。
[②] 同上书，第680页。

建立资产阶级共和国的幻想也就彻底破灭了。第四，中国民族资产阶级本身的软弱性，也决定其不能实现建立资产阶级共和国的方案。中国民族资产阶级是在帝国主义和封建主义双重压迫的夹缝中艰难地发展起来的，这就造成他们在政治上、经济上与帝国主义和封建主义有千丝万缕的联系，具有软弱性和妥协性的先天缺陷。在维新运动中，改良派希图在中国推行西方国家那一套政治经济制度，但却不敢或认识不到必须与中国的封建专制统治根本决裂，甚至主要是依靠傀儡皇帝来和平合法地推行自己的主张。他们对帝国主义的本质缺少深刻认识，甚至对帝国主义势力抱有幻想。改良派的致命缺陷是自己既没有真正的实力，又完全脱离群众，甚至仇视农民革命。在辛亥革命中，资产阶级革命派不仅没有提出明确的反帝纲领，甚至也对帝国主义抱有不切实际的幻想。他们虽然提出了"平均地权"的纲领，但却从没有发布执行"平均地权"的命令，有些掌握了政权的革命党人甚至出兵镇压农民的抗租斗争，极力维护封建剥削制度。此外，他们不相信群众，不依靠群众，总是想从旧官僚政客和立宪派士绅中去寻找力量，有的甚至幻想袁世凯这样的反动头子成为中国的华盛顿。这充分表明，由于民族资产阶级的先天软弱性和妥协性，在帝国主义时代，在半殖民地半封建的中国，其不可能领导任何真正的革命到胜利。因此，毛泽东指出，中国的民族资产阶级，"以其本阶级为主体的'独立'革命思想，仅仅是一个幻想"，"这个阶级的企图——实现民族资产阶级统治的国家，是完全行不通的"。① 第五，中国共产党的正确政策及其所领导的革命斗争的胜利发展，促使民族资产阶级放弃了"第三条道路"。中国共产党在领导中国革命的长期斗争中，采取了坚持和扩大统一战线的政策，积极团结民主党派人士，帮助民主党派人士克服中间路线的幻想，支持他们反对蒋介石独裁统治的斗争。随着解放战争的胜利发展和国民党当局对爱国民主力量的迫害加深，民主党派和无党派民主人士日益倾向人民革命。1948年1月，民盟三中全会在香港召开。会议明确宣告，"在是非曲直之间"不能有"中立态度"，"独立的中间路线""更难行通"。这标志着大多数民主党派人士已接受了中国共产党关于通过建立人民共和国，走向社会主义的政治主张。

---

① 《毛泽东选集》第1卷，人民出版社1991年版，第5页、第4页。

综上所述，在中国，资产阶级共和国让位给人民共和国，建立工人阶级领导的人民民主专政的国家制度，是中国近代社会发展规律和中国革命发展规律的必然结果，是中国人民共同作出的历史选择。

第二节 人民民主专政的地位和性质

人民民主专政是中国共产党人领导中国人民长期为之奋斗的结果，是无数中国人民用鲜血和生命换来的成果。中国共产党领导民主革命的历史，就是探索和建立人民民主专政的历史。因此，人民民主专政在中国革命史上无疑具有重要的地位。

一 人民民主专政是中国革命的根本问题

一切革命的根本问题都是政权问题。无论哪个阶级，要想使本阶级的意志上升为国家的意志，就必须首先夺取国家政权，建立本阶级的专政。中国的新民主主义革命，是无产阶级领导的人民大众的反帝反封建的革命，这个革命的首要任务就是推翻大地主大资产阶级的反动统治，建立人民民主专政的国家政权。为此，中国共产党人进行了长期的理论和实践探索。

在理论探索上，中共二大提出建立"劳农专政"的主张，中共三大提出了建立"真正平民的政权"的主张，中共五大提出了建立"工农小资产阶级的民权独裁制"。1925年和1926年，毛泽东先后写了《中国社会各阶级的分析》、《国民党右派分离的原因及其对于革命前途的影响》等一系列文章，精辟地阐述了无产阶级在中国革命中的领导地位，提出了农民和城市小资产阶级是无产阶级"最接近的朋友"，科学地分析了民族资产阶级的两面性，这就初步回答了中国革命的领导力量和同盟军问题。基于上述分析，毛泽东明确指出："现代殖民地半殖民地的革命，乃小资产阶级、半无产阶级、无产阶级这三个阶级合作的革命"，"其目的是建设一个革命民众合作统治的国家。"[①] 这实际上是毛泽东后来概括的"无产阶级领导的以工农联盟为基础的人民民主专政"思想的雏形。

[①] 《毛泽东文集》第1卷，人民出版社1993年版，第25页。

国民革命失败后，中国革命进入土地革命阶段。中共中央明确指出，这一过程的进展，需要一个无产阶级领导的工农小资产阶级的民主政权和工农武装。中共六大在总结国民革命失败以来的经验教训的基础上，进一步强调了在各革命根据地"建立工农民主政权"的主张。毛泽东把工农民主专政的政权即农村苏维埃称为红色政权。在《中国的红色政权为什么能够存在？》、《井冈山的斗争》、《星星之火，可以燎原》与《战争和战略问题》等著作中，毛泽东分析和论证了红色政权存在和发展的原因和条件，阐明了中国革命应在无产阶级领导下，建立以农民为主体的军队，在农村进行人民革命战争，实行武装割据，成立红色政权，以农村包围和夺取城市，从而取得全国革命的胜利。

1935年日本制造的华北事变进一步引起了中国国内阶级关系的深刻变化，中日之间的民族矛盾急剧上升为中国社会的主要矛盾。为了适应抗日民族统一战线的需要，1935年12月，中共瓦窑堡会议把"工农民主共和国"的口号改为"人民共和国"。毛泽东在《论反对日本帝国主义的策略》中指出："如果说，我们过去的政府是工人、农民和城市小资产阶级联盟的政府，那末，从现在起，应当改变为除了工人、农民和城市小资产阶级以外，还要加上一切其他阶级中愿意参加民族革命的分子。"[①] 对于为什么要把工农共和国改变为人民共和国，毛泽东指出，这是因为日本侵略的情况变动了中国的阶级关系，不但小资产阶级，而且民族资产阶级也有了参加抗日斗争的可能性。中国的政府不但应当是代表工农的，而且应当是代表民族的。人民共和国的政府以工农为主体，同时容纳其他反帝国主义反封建势力的阶级。

为了"逼蒋抗日"，进一步推动国共合作，1936年8月25日，中共中央发表《致中国国民党书》，提出以"民主共和国"的口号代替"人民共和国"的口号，并承诺苏维埃区域可成为全中国统一民主共和国的一个组成部分。1939年5月，毛泽东在《青年运动的方向》中指出，资产阶级民主革命"目的就是打倒帝国主义和封建主义，建立一个人民民主的共和国"，"建立人民民主主义的制度"。[②] 1940年1月，毛泽东发表了

---

① 《毛泽东选集》第1卷，人民出版社1991年版，第156页。
② 《毛泽东选集》第2卷，人民出版社1991年版，第563页。

《新民主主义论》，全面深刻地阐明了新民主主义革命的理论，提出了建立新民主主义共和国的方案。毛泽东提出，中国无产阶级、农民、知识分子和其他小资产阶级，乃是决定国家命运的基本势力。他们必然要成为中华民主共和国的国家构成和政权构成的基本部分，而无产阶级则是领导的力量。中华民主共和国，只能是在无产阶级领导下的一切反帝反封建的人们联合专政的民主共和国，就是新民主主义的共和国。这种新民主主义的共和国既不同于旧形式的、欧美式的、资产阶级专政的、资本主义的共和国，又不同于苏联式的、无产阶级专政的、社会主义的共和国，它只能是几个革命阶级联合专政的共和国。它是一切殖民地半殖民地国家的革命，在一定历史时期中所采取的必要的过渡形式。

抗日战争后期，中共提出了废除国民党一党专政，成立民主联合政府的主张。1945年4月，毛泽东在中共七大上所作的《论联合政府》的政治报告对这一主张进行了全面的阐述。报告在一般纲领中再次说明了在现阶段，中国的国家制度不应该是一个由大地主大资产阶级专政的、封建的、法西斯的、反人民的国家制度，不可能、也不应该企图建立一个纯粹民族资产阶级的旧式民主专政的国家，也不可能实现社会主义的国家制度。中国现阶段的历史将形成中国现阶段的制度，在一个长时期中，将产生一个对于中国是完全必要和完全合理同时又区别于俄国制度的特殊形态，即几个民主阶级联盟的新民主主义的国家形态和政权形态。报告指出："我们主张在彻底地打败日本侵略者之后，建立一个以全国绝大多数人民为基础而在工人阶级领导之下的统一战线的民主联盟的国家制度，我们把这样的国家制度称之为新民主主义的国家制度。"并认为"这是一个真正适合中国人口中最大多数的要求的国家制度"。[①] 报告在具体纲领中提出结束国民党的一党专政的两个步骤：第一个步骤，目前时期，经过各党各派和无党无派代表人物的协议，成立临时的联合政府；第二个步骤，将来时期，经过自由的无拘束的选举，召开国民大会，成立正式的联合政府。但由于国民党发动了内战，由国民党、共产党、中间党派人士和无党派人士组成联合政府的可能性已不存在。

1947年10月10日，中国人民解放军总部发表了由毛泽东起草的

---

① 《毛泽东选集》第3卷，人民出版社1991年版，第1056页。

《中国人民解放军宣言》，提出了"打倒蒋介石，解放全中国"的口号，并宣布了中国共产党关于打倒蒋介石独裁政府，成立民主联合政府等八项基本政策。1947年12月，毛泽东在中共中央十二月会议上所作的《目前形势和我们的任务》的报告中提出了中国共产党最基本的政治纲领，就是联合工农兵学商各被压迫阶级、各人民团体、各民主党派、各少数民族、各地华侨和其他爱国分子，组成统一战线，成立民主联合政府。1948年4月30日，中共中央发布纪念"五一"劳动节口号，号召召开没有反动分子参加的新的政治协商会议，筹备建立民主联合政府。

1948年6月1日，中共中央宣传部在拟定重印的列宁《共产主义运动中的"左"派幼稚病》第二章的"前言"中，首次提出了"人民民主专政"的概念。1948年9月，毛泽东在中共中央政治局会议的报告中明确提出，以后要"建立无产阶级领导的以工农联盟为基础的人民民主专政"，并指出"我们政权的阶级性是这样：无产阶级领导的，以工农联盟为基础，但不是仅仅工农，还有资产阶级民主分子参加的人民民主专政"。① 1948年12月30日，毛泽东在《将革命进行到底》的新年献词中，第一次公开使用"人民民主专政"的概念。毛泽东指出，如果要使革命进行到底，那就是用革命的方法，坚决彻底干净全部地消灭一切反动势力，不动摇地坚持打倒帝国主义，打倒封建主义，打倒官僚资本主义，在全国范围内推翻国民党的反动统治，"在全国范围内建立无产阶级领导的以工农联盟为主体的人民民主专政的共和国"。② 1949年3月5日，毛泽东在中共七届二中全会上的报告中指出，无产阶级领导的以工农联盟为基础的人民民主专政，要求中国共产党去认真地团结全体工人阶级、全体农民阶级和广大的革命知识分子，这些是这个专政的领导力量和基础力量。没有这种团结，这个专政就不能巩固。同时也要求中国共产党去团结尽可能多的能够同其合作的城市小资产阶级和民族资产阶级的代表人物，它们的知识分子和政治派别，以便在革命时期使反革命势力陷入孤立，彻底地打倒国内的反革命势力和帝国主义势力；在革命胜利以后，迅速地恢复和发展生产，对付国外的帝国主义，使中国稳步地由农业国转变为工业

---

① 《毛泽东文集》第5卷，人民出版社1996年版，第135页。
② 《毛泽东选集》第4卷，人民出版社1991年版，第1375页。

国，把中国建设成为一个伟大的社会主义国家。

1949年6月，为了纪念中国共产党成立28周年，毛泽东发表了《论人民民主专政》，全面系统地阐述了人民民主专政的理论。文中总结了100多年来，特别是28年来中国革命的历史经验。毛泽东指出："一切别的东西都试过了，都失败了。""惟一的路是经过工人阶级领导的人民共和国。""中国人民在几十年中积累起来的一切经验，都叫我们实行人民民主专政，或曰人民民主独裁，总之就是剥夺反动派的发言权，只让人民有发言权。""总结我们的经验，集中到一点，就是工人阶级（经过共产党）领导的以工农联盟为基础的人民民主专政。这个专政必须和国际革命力量团结一致。这就是我们的公式，这就是我们的主要经验，这就是我们的主要纲领。"[①] 毛泽东还阐明了人民民主专政国家内部各个阶级的地位和相互关系，以及民主与专政的关系。《论人民民主专政》的发表，标志着人民民主专政理论的完全形成。

在人民民主专政理论探索和形成的同时，中共还在革命根据地、抗日根据地和解放区进行了政权建设的实践探索。

从1927年起，中国共产党领导工农群众举行了一系列武装起义，开始走上了武装割据、建立工农民主政权的正确道路。到1930年，已先后在全国建立了十几个革命根据地。这些根据地都建立了红军和工农民主政权。为了便于领导各革命根据地的政权，1931年11月17日，在江西瑞金召开了中华工农兵苏维埃第一次全国代表大会，成立了中华苏维埃临时中央政府。大会通过了革命根据地历史上的第一部宪法——《中华苏维埃共和国宪法大纲》，规定：中华苏维埃所建设的是工人和农民的民主专政的国家，苏维埃的全部政权是属于工人、农民、红军士兵及一切劳苦民众，所有工人、农民、红军士兵及一切劳苦民众都有权选派代表参加政权的管理。中华苏维埃共和国是中国共产党在革命根据地建立的第一个工农民主专政的国家政权。其政权组织形式是工农兵苏维埃代表大会。

为了适应抗日战争的需要，中共领导的各抗日根据地普遍建立了抗日民主政权。抗日民主政权是在中国共产党领导下的抗日民族统一战线的政权，是一切赞成抗日又赞成民主的人们的政权，是几个革命阶级联合起来

[①] 《毛泽东选集》第4卷，人民出版社1991年版，第1471页、1475页、1480页。

对于汉奸和反动派的专政。它与土地革命时期的工农民主专政有所区别。其突出特点就是包括了民族资产阶级，包括了政治态度与民族资产阶级相同的地主阶级的开明绅士。为了全面贯彻抗日民族统一战线政策，进一步巩固和发展抗日民主政权，加强和改善中共对抗日政权的领导，各抗日政权普遍实行了"三三制"原则。即在政权构成中，共产党员占三分之一，他们代表无产阶级和贫农；左派分子占三分之一，他们代表小资产阶级；中间分子及其他分子占三分之一，他们代表中等资产阶级和开明绅士。抗日民主政权在组织形式上采用参议会制度。

解放战争时期解放区普遍建立了人民民主政权。人民民主政权是在抗日民主政权的基础上，在新的历史条件下的发展。它的建立经历了一个从争取和平改革社会政治到武装夺取政权，从区域性政权扩展为全国政权的过程。在内战爆发之前，解放区人民民主政权的性质和组织形式与抗日战争时期基本相同。因为当时中共还在为争取全国的和平民主，争取和国民党建立民主的联合政府而斗争。但1946年7月以后，蒋介石撕毁停战协定和政协决议，向解放区发动全面进攻，民主政权的性质与抗日战争时期相比就开始发生了某些变化与发展。它所要反对的是外国帝国主义、本国国民党反动派及其所代表的官僚资产阶级和地主阶级，但依然是新民主主义的人民民主政权，是工人阶级领导的反帝反封建的政权。这种工人阶级通过共产党领导的、人民大众的、反帝反封建的人民民主专政，后来发展成为无产阶级领导的、以工农联盟为基础的人民民主专政。而政权的组织形式，则是人民代表会议。随着解放战争的不断胜利，解放区的不断扩大，许多原来分割的地区逐渐连成一片。为了加强集中统一领导，更好地支援解放战争和进行政权建设，各分割的行政区先后进行了合并，成立了几个大行政区，并建立了大行政区的民主政权机关。各大行政区及其政权的建立，是人民民主专政政权向全国推进的一个重要步骤和阶段，它为新中国的建立奠定了坚实的基础。

在马克思列宁主义无产阶级专政理论的指导下，中国共产党人经过28年的理论和实践探索，终于形成一套完整系统的人民民主专政的理论，并建立了全国统一的人民民主专政的国家政权。中华人民共和国的成立，标志着中国革命的根本问题——夺取和建立国家政权问题已经得到了解决。新中国成立后，经过抗美援朝、土地改革、镇压反革命、"三反"、"五反"

和社会主义三大改造运动，人民民主专政的国家政权得到了进一步巩固。

二　人民民主专政的实质是中国特色的无产阶级专政

马克思指出："在资本主义社会和共产主义社会之间，有一个从前者变为后者的革命转变时期。同这个时期相适应的也有一个政治上的过渡时期，这个时期的国家只能是无产阶级的革命专政。"[①] 列宁指出："只有承认阶级斗争、同时也承认无产阶级专政的人，才是马克思主义者。"[②] 社会主义国家的政权，不管形式如何，其性质都是无产阶级专政。人民民主专政经历了从新民主主义性质到社会主义性质的转变过程，它既具有无产阶级专政的本质特征，又体现了中国特色，是中国特色的无产阶级专政。毛泽东曾说过："在人民内部实行民主，对人民的敌人实行专政，这两个方面是分不开的，把这两个方面结合起来，就是无产阶级专政，或者叫人民民主专政。"[③]

从领导力量上看，人民民主专政和无产阶级专政的领导力量都是无产阶级。马克思主义认为，无产阶级专政就是无产阶级的政治统治，是无产阶级一个阶级的统治，是不和而且不能和其他阶级分掌政权的无产阶级政权。当然，这并不是说无产阶级可以独自组织政权或排斥其他革命阶级参加政权，而主要说的是无产阶级专政的领导力量只能是无产阶级一个阶级。只有如此，才能确保政权的无产阶级性质，确保无产阶级历史使命的最终完成。否则，就不是无产阶级专政。人民民主专政就是无产阶级的政治统治，是无产阶级独掌领导权的政权。毛泽东在谈及人民民主专政时，总是反复强调工人阶级的领导作用。他指出："人民民主专政需要工人阶级的领导。因为只有工人阶级最有远见，大公无私，最富于革命的彻底性。整个革命历史证明，没有工人阶级的领导，革命就要失败，有了工人阶级的领导，革命就胜利了。"[④]

从阶级基础上看，人民民主专政与无产阶级专政的阶级基础都是工农联盟。马克思主义认为，农民阶级是无产阶级最可靠的同盟军，无产阶级

[①] 《马克思恩格斯选集》第3卷，人民出版社1995年版，第314页。
[②] 《列宁选集》第3卷，人民出版社1995年版，第139页。
[③] 《毛泽东著作选读》（下），人民出版社1986年版，第823页。
[④] 《毛泽东选集》第4卷，人民出版社1991年版，第1479页。

只有与农民阶级结成巩固的联盟才能推翻资产阶级和地主阶级的反动统治,并镇压它们的反抗。无产阶级专政只有在工农联盟的基础上才能得以建立和巩固。因此,工农联盟是无产阶级专政的最高原则和基本原则,是无产阶级专政的力量所在,是无产阶级专政的基础。人民民主专政也是建立在工农联盟的基础上的。毛泽东在谈及人民民主专政时,总是反复强调工农联盟的重要性。他指出:"人民民主专政的基础是工人阶级、农民阶级和城市小资产阶级的联盟,而主要是工人和农民的联盟,因为这两个阶级占了中国人口的百分之八十到九十。推翻帝国主义和国民党反动派,主要是这两个阶级的力量。由新民主主义到社会主义,主要依靠这两个阶级的联盟。"①

从主要任务和历史使命上来看,人民民主专政与无产阶级专政的主要任务和历史使命都是镇压敌对阶级或敌对分子的反抗破坏活动,防御外来的侵略和颠覆活动,组织领导经济、政治、思想、文化教育、科学技术等方面的建设,大力发展社会生产力,对整个社会实行全面而深刻的改造,最终消灭阶级,实现共产主义。毛泽东在《论人民民主专政》中指出:"人到老年就要死亡,党也是这样。阶级消灭了,作为阶级斗争的工具的一切东西,政党和国家机器,将因其丧失作用,没有需要,逐步地衰亡下去,完结自己的历史使命,而走到更高级的人类社会。我们和资产阶级政党相反。他们怕说阶级的消灭,国家权力的消灭和党的消灭。我们则公开声明,恰是为着促使这些东西的消灭而创设条件,而努力奋斗。共产党的领导和人民专政的国家权力,就是这样的条件。"②

以毛泽东为代表的中国共产党人在创造性地运用马克思主义无产阶级专政理论,创立人民民主专政理论的同时,也赋予了它新的内容和中国特色。

第一,人民民主专政的一个主要特点就是把民族资产阶级纳入人民的范围,而不作为专政对象。这是因为:其一,民族资产阶级在民主革命过程中就是无产阶级的同盟者,他们曾经为建立人民民主专政的国家政权做出了一定的贡献;其二,在社会主义革命过程中,民族资产阶级仍然是一

---

① 《毛泽东选集》第 4 卷,人民出版社 1991 年版,第 1478~1479 页。
② 同上书,第 1468 页。

个具有两重性的阶级，它有剥削工人取得利润的一方面，又有拥护宪法、愿意接受社会主义改造的一方面；其三，由于无产阶级掌握了国家政权，同农民阶级已经结成了牢固的联盟，阶级力量对比发生了很大的变化，使无产阶级有可能依靠人民民主专政的国家政权的力量，把同资产阶级这一本来属于对抗性的矛盾，作为人民内部的非对抗性矛盾来处理；其四，中共根据中国民族资产阶级的特点，制定了正确的方针、政策，来团结和改造民族资产阶级，使其成为社会主义建设事业的拥护者和参加者。因为把民族资产阶级划入了人民的范围，中国的人民民主专政就具有了更广泛的基础。

第二，中国的人民民主专政是从统一战线发展而来的，而当它建立起来以后，又把广泛的爱国统一战线作为自己的重要内容。中国的人民民主专政与一般无产阶级专政的共同之处在于，都是以工农联盟为基础的；而不同之处在于，中国除了工农联盟以外，还有另一个层次的联盟，这就是毛泽东在1953年所指出的工人阶级跟资本家、大学教授、高级技术人员、起义将军、宗教首领、民主党派、无党派民主人士的联盟。这个联盟就是通常所说的统一战线。由于中国人民民主专政包括这两个联盟，这就能够在社会主义革命和建设中，团结一切可以团结的力量，调动一切可以调动的积极因素，使人民民主专政具有最广泛的基础，同时也扩大了民主的范围，使人民民主真正成为中国历史上从未有过的最广泛的民主。

第三，中国人民民主专政的概念能够更全面地反映出社会主义条件下，社会各阶级的社会地位和相互关系。在中国，随着对生产资料私有制社会主义改造的完成，阶级关系已经发生了根本变化。中国工人阶级的地位得以加强，广大农民已经不是私有制条件下的小农，而是社会主义条件下的新型农民，知识分子已经不是小资产阶级而是成为工人阶级的一部分，民族资产阶级中的绝大多数也已经成为自食其力的劳动者。中国人民的范围已经包括全国各族人民、全体社会主义的劳动者和社会主义爱国者；人民的敌人，只是那些反对、敌视、破坏社会主义现代化建设的敌对势力和敌对分子。这样，人民民主专政的概念，可以更明确地表明中国的阶级状况和中国政权的广泛基础，明确地表示出中国社会主义国家政权的民主性质。总之，人民民主专政的国体实质上就是无产阶级专政的国家政权，它不仅具有无产阶级专政的一般特征，而且是具有中国特色的无产阶级专政的国家政权，它更加适合中国国情。不仅在内容上，深刻反映了中国社会主义国家政权的性质和社会主义革命与建设发展的历史过程，而且在形式上，能够更充分地表现其民主性的内涵，同时在语言上也更容易为中国人民所接受。

第三节　社会主义民主和专政的辩证统一

任何专政如同任何民主制一样，都是一定阶级的民主和对一定阶级的专政的结合，只不过民主是对统治阶级而言的，专政则是对被统治阶级而言的罢了。巴黎公社是无产阶级专政的尝试，它是新型民主和新型专政的结合。恩格斯一方面把巴黎公社称作"就是无产阶级专政"，一方面又把巴黎公社称作是"新的真正民主的国家政权"。十月革命后，列宁把苏维埃制度同时称为无产阶级民主制和无产阶级专政。以毛泽东为代表的中国共产党人，根据中国的革命实践和具体国情，把国家的国体称为工人阶级领导的、以工农联盟为基础的人民民主专政，则更清楚地表明了民主与专政的辩证统一关系。

一　人民民主专政就是社会主义民主

社会主义民主就是人民民主，就是人民当家作主。社会主义民主作为一种制度来说，它首先是指无产阶级和广大人民群众在国家政治生活中的主人翁地位不容侵犯，国家的一切权力属于人民；其次是这种由绝大多数人实行的统治，必须通过民主制的政治形式来实现。所以，社会主义民主问题，从根本上说，是劳动人民是否有权行使国家权力和怎样才能有效地行使国家权力的问题。

人民民主专政是中国的国体，而政体则是按照民主集中制建立起来的人民代表大会制度。毛泽东在《新民主主义论》中指出："中国现在可以采取全国人民代表大会、省人民代表大会、县人民代表大会、区人民代表大会直到乡人民代表大会的系统，并由各级代表大会选举政府。但必须实行无男女、信仰、财产、教育等差别的真正普遍平等的选举制，才能适合于各革命阶级在国家中的地位，适合于表现民意和指挥革命斗争，适合于新民主主义的精神。这种制度即是民主集中制。只有民主集中制的政府，才能充分地发挥一切革命人民的意志，也才能最有力量地去反对革命的敌人。"[1] 人民代表大会制度为人民行使民主权利提供了制度上的保证。社会主义民主的核心内容和根本原则是一切权力属于人民。毛泽东在他主持制定的第一部《中华人民共和国宪法》中明文规定：中华人民共和国是工人阶级领导的、以工农联盟为基础的人民民主国家。中华人民共和国的一切权力属于人民。人民行使权力的机关是全国人民代表大会和地方各级人民代表大会。各级人民代表大会是各级的最高权力机关。它的重要职能是选举各级人民政府。它所制定的各项决议决定由它选出的各级人民政府去执行。各级政府向选出它的各级人民代表大会负责，并接受代表大会的监督。毛泽东还指出，各级政府即国家机关要实行民主集中制，国家机关必须依靠人民群众，国家机关工作人员必须为人民服务。

社会主义民主的重要标志是人民依法享有充分的民主自由权利。《中华人民共和国宪法》规定：中华人民共和国公民在法律上一律平等。凡年满18岁的公民，不分民族、种族、性别、职业、社会出身、宗教信仰、教育程度、财产状况、居住期限，都有选举权和被选举权；有言论、出版、集会、结社、游行、示威的自由；有宗教信仰的自由；人身自由不受侵犯；住宅不受侵犯；通讯秘密受法律保护；有居住和迁徙的自由；有劳动的权利、休息的权利，在年老、疾病或丧失劳动能力时获得物资帮助的权利；受教育的权利；保障公民进行科学研究、文学艺术创作和其他文化活动的自由；对于任何违法失职的国家机关工作人员，有向各级国家机关提出书面控告或者口头控告的权利；由于国家机关工作人员侵犯公民权利而受到损失的，有取得赔偿的权利。

充分发挥人民的监督作用是社会主义民主的一个重要原则。1945年7月，著名爱国民主人士黄炎培访问延安的时候，毛泽东问他感想怎样？他答：我生活60多年，耳闻的不说，所亲眼看到的，真所谓"其兴也浡焉"，"其亡也忽焉"，一人，一家，一团体，乃至一国，不少单位都没有能跳出这周期率的支配力。毛泽东答："我们已经找到新路，我们能跳出这周期率。这条新路就是民主。只有让人民来监督政府，政府才不敢松

---

[1] 《毛泽东选集》第2卷，人民出版社1991年版，第677页。

懈。只有人人起来负责，才不会人亡政息。"① 为了保证人民群众的监督，毛泽东在其主持制定的1954年《宪法》中明确规定：各级人大有权撤换和罢免由其选举产生的国家机关工作人员。各级人大代表要受原选举单位和选民的监督。选举单位和选民有权依照法定的程序随时撤换自己选出的代表。毛泽东强调，一切国家机关工作人员都必须接受群众的监督。为广泛发动人民群众对各级领导者的权力加以制约，毛泽东提出实行职工代表大会制、社员代表大会制等群众管理形式，让人民来监督政府，监督领导者。同时，毛泽东还提出要发挥工、青、妇等群众性组织的监督作用，发挥民主党派和人民政协的监督作用。毛泽东强调，对那些渎职弄权者必须坚决进行撤换、罢免。1956年11月，毛泽东在中共八届三中全会上讲话指出，领导干部如果脱离群众，不是艰苦奋斗，那么，工人、农民、学生就有理由不赞成他们，群众就有理由把他革掉。并提出警告，我们一定要警惕，不要滋长官僚主义作风，不要形成一个脱离人民的贵族阶层。

人民民主专政充分体现了社会主义民主的本质内容和根本原则。毛泽东指出："我们的民主不是资产阶级的民主，而是人民民主，这就是无产阶级领导的、以工农联盟为基础的人民民主专政。""我们的这个社会主义的民主是任何资产阶级国家所不可能有的最广大的民主。"

二 人民民主专政就是对敌对阶级和敌对分子的专政

人民民主专政的国家政权是通过暴力手段在打碎旧的国家机器的基础上建立起来的。它必然要遭到敌对阶级和敌对分子的反抗和破坏。为了巩固政权，保护人民，就必须对敌对阶级和敌对分子实行专政。毛泽东在《论人民民主专政》中指出，因为帝国主义还存在，国内反动派还存在，国内阶级还存在，中共现在的任务是要强化人民的国家机器，这主要地是指人民的军队、人民的警察和人民的法庭，借以巩固国防和保人民的利益。以此作为条件，使中国有可能在工人阶级和共产党的领导下稳步地由农业国进到工业国，由新民主主义社会进到社会主义社会和共产主义社会，消灭阶级和实现大同。"军队、警察、法庭等项国家机器，是阶级压

---

① 黄炎培：《延安归来》，文史资料出版社1982年版，第148~149页。

迫阶级的工具。对于敌对的阶级，它是压迫的工具，它是暴力，并不是什么'仁慈'的东西。'你们不仁'正是这样。我们对于反动派和反动阶级的反动行为，决不施仁政。""革命的专政和反革命的专政，性质是相反的，而前者是从后者学来的。这个学习很要紧。革命的人民如果不学会这一项对待反革命阶级的统治方法，他们就不能维持政权，他们的政权就会被内外反动派所推翻，内外反动派就会在中国复辟，革命的人民就会遭殃。"① 但毛泽东同时也指出，对于反动阶级和反动派的人们，在他们的政权被推翻以后，只要他们不造反、不破坏、不捣乱，也给土地、给工作，让他们活下去，让他们在劳动中改造自己，成为新人。他们如果不愿意劳动，人民的国家就要强迫他们劳动。也对他们做宣传教育工作，并且做得很用心，很充分。但这是对于原来是敌对阶级的人们所强迫地施行的，和对于革命人民内部的自我教育工作，不能相提并论。

新中国成立初期，中共领导进行的追歼残敌、剿匪、没收官僚资本、打击投机资本、摧毁帝国主义在中国的特权、抗美援朝、土地革命、镇压反革命、"三反"、"五反"和社会主义的三大改造等一系列的军事的、政治的、经济的斗争，都是以强大的专政力量作后盾的。这些斗争的胜利，一方面，进一步巩固了人民民主专政的国家政权，使中国进入社会主义社会，同时，也充分显示了人民民主专政的强大威力。没有强大的专政力量作后盾，这些斗争胜利的取得是不可能的。

社会主义三大改造完成之后，在中国，剥削阶级作为一个阶级已被消灭，落后的社会生产力与人民群众日益增长的物质文化需求之间的矛盾成为主要矛盾。发展社会生产力，为最终消灭阶级，实现共产主义创造条件，成为人民民主专政的主要任务。但是，在国际上，资产阶级仍然存在，对于社会主义中国来说，侵略与反侵略、颠覆与反颠覆、"和平演变"与反"和平演变"的斗争将长期存在；在国内，敌视和破坏社会主义建设的敌对分子还存在。大规模的急风暴雨式的阶级斗争已经结束，但局部的阶级斗争还存在，有时甚至还有激化的可能。因此，人民民主专政的专政职能，不仅不能削弱，而且应当强化。

---

① 《毛泽东选集》第 4 卷，人民出版社 1991 年版，第 1476 页、1478 页。

三 人民民主专政是社会主义民主与专政的辩证统一

人民民主专政在民主与专政的关系上，首先表明了民主与专政是对立的。民主与专政的对象和方法都是不同的，两者是有原则区别的，是互相排斥的，不能混淆。专政只适用于敌人，而不适用于人民内部。人民不能自己对自己专政，不能由一部分人民去压迫另一部分人民。民主的权利只给予人民，而不给予敌人。专政的方法只适用于对敌人，包括剥夺他们的政治权利，不许他们参与政治活动，强迫他们服从国家法律，强迫他们进行劳动改造。而对人民，只能用民主的方法进行说服教育。毛泽东指出，广大人民在"工人阶级和共产党的领导之下，团结起来，组成自己的国家，选举自己的政府，向着帝国主义的走狗即地主阶级和官僚资产阶级以及代表这些阶级的国民党反动派及其帮凶们实行专政，实行独裁，压迫这些人，只许他们规规矩矩，不许他们乱说乱动。如要乱说乱动，立即取缔，予以制裁。对于人民内部，则实行民主制度，人民有言论集会结社等项的自由权。选举权，只给人民，不给反动派"。"人民的国家是保护人民的。有了人民的国家，人民才有可能在全国范围内和全体规模上，用民主的方法，教育自己和改造自己。""人民犯了法，也要受处罚，也要坐班房，也有死刑，但这是若干个别的情形，和对于反动阶级当作一个阶级的专政来说，有原则的区别。"①

其次，人民民主专政又表明了民主与专政是相互联系的，相辅相成、互为前提的。民主是专政的基础，专政是民主的前提。只有对人民实行充分的民主，才能充分发动群众，形成强大的阶级力量，对敌人实行有效的专政；只有对敌人实行专政，粉碎他们的反抗和破坏，才能保障人民的民主权利。没有对人民的民主，就不能对敌人实行有效的专政；没有对敌人的专政，就不能有人民的民主权利。毛泽东指出："对人民内部的民主方面和对反动派的专政方面，互相结合起来，就是人民民主专政。"②

社会主义改造完成后，毛泽东进一步发展了人民民主专政是民主与专政的辩证统一关系的原理，用两类矛盾学说对这一关系作出了新的解释。

---

① 《毛泽东选集》第 4 卷，人民出版社 1991 年版，第 1475 页、1476 页。
② 同上书，第 1475 页。

他把在人民内部实行民主解释为正确处理人民内部矛盾，把对敌人实行专政解释为解决敌我矛盾。两类矛盾性质不同，因而要用民主和专政两种方法去解决。毛泽东认为，解决国内敌我矛盾的专政方法就是压迫国家内部的反动阶级、反动派和反抗社会主义革命的剥削者及社会主义建设的破坏者，解决对外敌我矛盾的方法就是防范国家外部敌人的颠覆活动和可能的侵略，这是分清敌我的问题；解决人民内部矛盾的民主方法就是讨论、批评、说服教育，这是分清是非的问题。毛泽东把解决人民内部矛盾的这种民主方法概括为"团结——批评——团结"的公式。毛泽东还把民主集中制原则用于解决人民内部矛盾。他认为，自由是有领导的自由，民主是集中指导下的民主。民主和自由都是相对的，不是绝对的，都是历史上发生和发展的。在人民内部，民主是对集中而言的，自由是对纪律而言的。这些都是一个统一体的矛盾着的侧面，它们是矛盾的，又是统一的，因此我们不应当片面强调某一个侧面而否定另一侧面。他指出："在人民内部，不可以没有自由，也不可以没有纪律；不可以没有民主，也不可以没有集中。这种民主和集中的统一，自由和纪律的统一，就是我们的民主集中制。在这个制度下，人民享受着广泛的民主和自由；同时又必须用社会主义的纪律约束自己。"① 只有正确认识和处理人民内部矛盾，才能形成又有集中又有民主，又有纪律又有自由，又有统一意志又有个人心情舒畅，生动活泼的那样一种政治局面。

---

① 《毛泽东文集》第7卷，人民出版社1999年版，第209页。

第四章 社会主义改造

以毛泽东为代表的中国共产党人不仅科学阐明了新民主主义革命和新民主主义社会的理论,并在此基础上领导中国人民取得了新民主主义革命的胜利,建立了社会主义新中国;新中国建立以后,又不失时机地提出了社会主义改造的理论和一系列方针政策,领导中国人民实现了翻天覆地的重大社会变革,使古老的中华民族进入了社会主义建设的新时期。

第一节 过渡时期总路线的提出及基本内容

社会主义改造的实质,就是对社会生产关系乃至整个社会关系进行彻底的改变,使社会性质发生质的变化,因而从一定意义上说,社会主义改造就是社会主义革命。其中,生产资料所有制的根本变化,乃是社会主义改造是否完成的重要标志。

中国的社会主义改造,是从过渡时期总路线的提出开始的。因此,要探讨毛泽东的社会主义改造思想,必须从过渡时期总路线的提出切入,才能抓住事物的本质,理清思路。

一 过渡时期总路线提出的背景

中国共产党在过渡时期的总路线,是在1952年底根据毛泽东的建议初步形成,1953年6月经政治局多次讨论加以完整表述,并在1953年底以《宣传提纲》的形式正式公布的。

在20世纪50年代初中国共产党就提出了过渡时期的总路线,有其深刻的历史背景和重要的理论依据。

马克思主义创始人马克思、恩格斯认为,无产阶级革命只能在发达资本主义国家同时产生；胜利后的无产阶级不能立即进入社会主义，而要经过一个过渡时期；在过渡时期，无产阶级要建立起自己的政权，并利用国家政权"一步一步地夺取资产阶级的全部资本，把一切生产工具集中在国家即组织成为统治阶级的无产阶级手里，并且尽可能快地增加生产力的总量"。① 在《哥达纲领批判》中，马克思也明确讲到，"在资本主义社会和共产主义社会之间，有一个从前者变为后者的革命转变时期。"② 十月革命胜利后，列宁也曾明确指出："在资本主义和共产主义之间有一个过渡时期，这在理论上是毫无疑义的。这个过渡时期不能不兼有这两种社会经济结构的特点或特性。这个过渡时期不能不是衰亡着的资本主义与生长着的共产主义彼此斗争的时期。"③ 马克思主义经典作家关于过渡时期的有关论述，虽然没有也不可能为每一个国家无产阶级革命胜利后何时开始进行社会主义改造规定时间表，但其基本精神却为现实社会主义国家进行社会主义改造提供了理论依据。

以毛泽东为代表的中国共产党人，也是按照马克思主义经典作家的一般论述和半殖民地半封建中国的具体国情，来论述中国革命和中国社会主义改造的。

早在革命战争年代，毛泽东就明确指出，中国革命必须分两步走，第一步是新民主主义革命，第二步是社会主义革命。这是两个相互衔接的革命阶段：前者是后者的必要准备，后者是前者的必然趋势。但究竟在什么时候迈这第二步，即由新民主主义革命转向社会主义革命，他们最初曾经设想，民主革命胜利后要经过一个相当长的新民主主义建设阶段，等条件成熟后再进行社会主义国有化和集体化，使中国进入社会主义。这一思想在《新民主主义论》、《论联合政府》、1947年中共的"十二月会议"、1948年中共的"九月会议"、中共七届二中全会以及新中国建立初期的一系列会议和领导人的重要讲话中，都有充分的体现。至于新民主主义社会究竟需要多长时间，当时估计至少要10年，多则15年到20年甚至更长一些。但在新中国的建设过程中，随着新民主主义革命任务的彻底完成和

---

① 《马克思恩格斯选集》第1卷，人民出版社1995年版，第293页。
② 《马克思恩格斯选集》第3卷，人民出版社1995年版，第314页。
③ 《列宁选集》第4卷，人民出版社1995年版，第521页。

国民经济的全面迅速恢复,毛泽东和其他领导人逐步发展和修改了上述设想。

最早发生这种思想转变的是毛泽东。1952年9月底,在一次中共中央书记处会议上,通过对当时中国经济结构的分析,毛泽东提出,我们现在就要开始用10年到15年的时间基本上完成到社会主义的过渡,而不是10年或者以后才开始过渡。1953年2月底,在中共中央书记处会议上,毛泽东又进一步指出,要"在10年到15年或更多一点时间内,基本上完成国家工业化及对农业、手工业、资本主义工商业的社会主义改造。"① 此后,党和国家其他领导人如刘少奇、周恩来等也在不同场合,阐述了相近或相似的观点。这样就改变了原来的设想,即建国后要经过10年到15年的建设,然后再向社会主义过渡,而是经过短暂的3年国民经济恢复就开始向社会主义过渡。这种指导思想的重大转变,有着深刻的历史背景和现实条件。

首先,这是由当时社会的主要矛盾所决定。中国共产党在各个历史时期的基本路线或总路线,都是由当时社会的主要矛盾所决定并为解决这一矛盾而制定。在革命战争年代,中国社会的主要矛盾是人民大众与帝国主义、封建主义和官僚资本主义的矛盾。新中国成立后,对于中国社会的主要矛盾,毛泽东曾明确指出:"资产阶级民主革命完成之后,中国内部的主要矛盾就是无产阶级和资产阶级之间的矛盾,外部就是同帝国主义的矛盾。"② 在中共七届二中全会上,毛泽东进一步指出:"中国革命在全国胜利,并且解决了土地问题以后,中国还存在着两种基本的矛盾。第一种是国内的,即工人阶级和资产阶级的矛盾。第二种是国外的,即中国和帝国主义国家的矛盾。"③ 事实也是如此。新中国成立之后,特别是当土地改革在全国范围内基本完成之后,中国社会的经济成分主要有五种,那就是社会主义性质的国营经济、半社会主义性质的合作社经济、农民和手工业者的个体经济、私人资本主义经济和国家资本主义经济。其中,半社会主义性质的合作社经济是个体经济向社会主义性质的集体经济过渡的形式,

---

① 薄一波:《若干重大决策与事件的回顾》(上),中共中央党校出版社1991年版,第213页、第215页。

② 《毛泽东文集》第5卷,人民出版社1999年版,第145~146页。

③ 《毛泽东选集》第4卷,人民出版社1991年版,第1433页。

国家资本主义经济是私人资本主义经济向社会主义性质的国营经济过渡的形式，因而上述经济形式中最主要的是三种，即社会主义经济、个体经济和私人资本主义经济。与之相应，中国社会也就存在着三个基本阶级，那就是工人阶级、农民和其他小资产阶级以及民族资产阶级。由于农民和手工业者的个体经济在近代社会不能形成一个独立的经济形态，它只能依附或导向资本主义或社会主义。因此，新中国成立后中国的基本经济形式和阶级力量就集中表现为资本主义和社会主义两条道路、工人阶级和资产阶级两个阶级的斗争。中国社会主要矛盾的变化，客观上要求中国革命性质也要发生相应的改变，即由新民主主义革命转向社会主义革命。

其次，民族资产阶级唯利是图、不择手段追求暴利等丑恶现象的充分暴露和部分地区农民两极分化势头的出现，是促使毛泽东和其他领导人转变思想的一个重要原因。在中国，民族资产阶级具有革命性和反动性的双重属性。在革命战争年代是这样，在和平建设时期也是如此。新中国建立后，民族资产阶级在新的历史条件下，能够响应党的号召积极参与经济建设，从而使其有了较大的发展。与此同时，资产阶级为谋求暴利往往不择手段，甚至无所不用其极。1951年所进行的"五反"运动，暴露了大量私人企业存在着偷税漏税、偷工减料、盗骗国家财产、盗窃经济情报和行贿等违法行为，有些情形触目惊心。这说明，无产阶级和资产阶级的矛盾已经十分尖锐，必须采取有力措施来改变这种状况。同时，当时的许多民族资本主义工商业规模狭小、设备陈旧、管理方式落后，不利于充分利用有限的社会资源进行现代化生产。要解决上述问题，必须进行社会主义改造，或不失时机地由新民主主义革命转向社会主义革命。同时，在广大农村，随着土地改革的全面完成，农民真正做到了"耕者有其田"，从而调动了生产积极性，农业生产有了较快的增长。但与此同时，在分得土地的农民中已经出现了分化的势头。一部分家庭经济实力较强且善于经营的农民，逐步地添了车马，雇佣了长工，购买或租进了土地，从而变得更加富有；而另外一部分人则因缺乏劳动力或疾病、或天灾人祸等原因，而不得不借粮借款，甚至出卖自己的土地等重要生产资料，从而变得越来越贫困。这种状况如不及时改变，经过几十年浴血奋战的革命成果就可能毁于一旦，中国共产党就会丧失其阶级基础。因此，为了赢得广大农民的持久支持，也必须适时地进行社会主义革命。

再次，大力发展社会主义现代工业，迅速建立起比较完整的工业体系和国民经济体系，需要适时地进行社会主义革命。争取民族独立和国家繁荣富强，一直是近代中国许多仁人志士孜孜以求的伟大目标。但自鸦片战争开始直到新中国成立，这一美好目标始终难以实现。1949年10月中华人民共和国的成立，标志着近代中国人民争取民族独立和人民解放的任务基本完成。进行大规模的现代化建设，使国家摆脱贫穷落后逐步走向繁荣富强，便开始成为党和人民所面临的突出问题。要进行现代化建设，首先是要把中国从一个落后的农业国变成一个先进的工业国，即实现国家的工业化。而自近代以来，实现国家工业化的道路无非有两条，一是资本主义的工业化，二是社会主义的工业化。近代世界历史和中国的实践证明，"资本主义道路，也可增产，但时间要长，而且是痛苦的道路。"[1] 因而在中国这条路走不通。因为，如果新中国成立后长期走资本主义道路，在原来十分脆弱的经济基础上，很难迅速建立起比较完整的工业体系和国民经济体系，从而也就无法摆脱对于外国资本的依赖，中国在政治上的独立也很难保持，搞来搞去，中国就有可能重新变为西方国家的附庸。显然，这是全中国人民不愿意看到的。唯一的出路是走社会主义的工业化之路。要达到这一目的，必须进行以社会主义改造为主要内容的社会主义革命。

第四，二战后特殊的国际环境，也是促使中国迅速转向社会主义革命的一个重要原因。第二次世界大战胜利后不久，国际局势就发生了深刻的变化，即二战后期所形成的大国同盟关系迅速瓦解，代之而起的是以美、苏为首的两大敌对阵营的尖锐对峙。新中国的成立，在一定程度上改变了雅尔塔体系的格局。这使美国恼羞成怒，对中国的态度开始发生转变，即由通过扶持蒋介石国民党政权以获得对中国的控制转向军事威胁和经济封锁新中国。因此，新中国要与西方国家发展平等的外交关系并获得一定的经济援助几乎是不可能的。相反，当时的社会主义苏联在中华人民共和国成立不久，就同中国签订了《中苏友好同盟条约》，大力帮助中国恢复国民经济和开展大规模的经济建设。但与此同时，由于意识形态和国家利益等原因，"苏联领导和共产党情报局对于中国由新民主主义向社会主义逐步发展与转变，而不立即实行社会主义化步骤怀有很大的疑虑，甚至担心

---

[1] 《毛泽东文集》第6卷，人民出版社1999年版，第299页。

中国会走南斯拉夫的道路。"① 他们甚至捕风捉影、无中生有地搜集材料，指责中国共产党不信任苏联，"指责中共党内有'右倾机会主义'的倾向和做法，说中国共产党不依靠工人阶级，相反，对资产阶级却另眼相看，对大民族资产阶级也没有采取限制措施。""同时，东欧多数民主国家从20世纪40年代以来正按照苏联方式加紧推行激进的社会主义改造步骤。这些对中国共产党是不小的压力，逼迫中共尽快发展社会主义革命。"② 因此，在新中国建立前夕，毛泽东就提出了"一边倒"的外交方针。新中国刚成立，毛泽东就出访苏联，反复强调发展中苏友好关系和向苏联学习的极端重要性。他认为，苏联计划经济的成就及工业化、农业合作化的道路等，对中国具有重要的启发作用，"苏联所走过的这一条道路，正是我们的榜样。"③

最后，已经建立起的无产阶级领导的、以工农联盟为基础的人民民主专政的国家政权和相对强大的社会主义国营经济，以及长期积累的历史经验，为使中国迅速转向社会主义提供了现实可能。经过20多年艰苦卓绝的革命斗争，到1949年10月，终于在全国范围内确立了无产阶级领导的、以工农联盟为基础的人民民主专政的国家政权。这就为中国顺利转向社会主义提供了强大的动力和可靠的政治保证。从经济上看，1949年以前，中国基本上是一个传统的农业经济社会，工业产值在整个国民经济中所占比重极低。新中国成立后，在中国共产党的领导和全国人民的不懈努力下，国民经济得以迅速恢复和发展，1952年全国工业和手工业总产值较1949年增长近一倍半，农业总产值较1949年也增长了近一半，国民经济结构发生了较大变化，现代工业在工农业总产值中所占比重有较大提高。而在通过没收官僚资本主义基础上建立起的具有社会主义性质的国营经济的发展尤为迅速。到1952年，国营工业产值已占全国现代正业产值的一半以上。社会主义经济已成为国民经济中的主导因素。它为实现社会主义革命奠定了坚实的物质基础。还有重要的一点是，早在革命战争年代，中国共产党就积累了在农村开展互助合作的经验，即通过互助组、变

---

① 孙耀文：《共产党情报局》，社会科学文献出版社2000年版，第405页。
② 同上。
③ 《毛泽东文集》第6卷，人民出版社1999年版，第434页。

工队、生产消费合作社等形式，逐步引导农民走向合作化的道路。新中国建立以后，这种做法在许多老解放区又得到进一步推广。同时，在利用、限制私营工商业的过程中，创造了加工订货、经销代销、统购包销、公私合营等一系列国家资本主义的形式，从而积累了改造资本主义的丰富经验。此外，苏联和东欧国家的社会主义改造经验，也为中国提供了许多有益的启示。

所有这些，都为中国的社会主义改造准备了条件。

二　过渡时期总路线的基本内容

过渡时期总路线的提出，经过了一个较长时期的充分酝酿过程。

早在1949年3月，毛泽东在中共七届二中全会的政治报告中就明确指出，中国革命在全国取得胜利并且解决了土地问题以后，国内主要矛盾就会成为无产阶级和资产阶级的矛盾，主要斗争形式将是限制与反限制的斗争。因此革命胜利后，必须迅速恢复和发展生产，与此同时，必须对资本主义经济进行利用和限制，并积极引导农业和手工业经济走向集体化的道路，从而使中国稳步地由农业国变为工业国。在此虽然对何时开始向社会主义过渡没有提及，但已提出了过渡时期总路线的基本内容。1953年2月27日，在中央书记处会议上，毛泽东又明确指出，要"在10年到15年或者更多一些时间内，基本上完成国家工业化和对农业、手工业、资本主义工商业的社会主义改造。"[①] 对过渡时期总路线的提法更加具体和明确。中共中央根据毛泽东的建议，在1952年底提出了在过渡时期的总路线：从中华人民共和国成立，到社会主义改造基本完成，这是一个过渡时期。并指出，中国共产党在这个过渡时期的总路线和总任务，是要在一个相当长的时期内，逐步实现国家的社会主义工业化，并逐步实现国家对农业、手工业和资本主义工商业的社会主义改造。这条过渡时期的总路线，经过中共中央政治局会议多次讨论，于1953年6月做出完整的表述，并于同年底以《宣传提纲》的形式公布。1954年2月初，中共七届四中全会通过决议，批准了中国共产党在过渡时期的总路线，并在同年9月召开

---

① 薄一波：《若干重大决策与事件的回顾》（上），中共中央党校出版社1991年版，第215页。

的第一届全国人民代表大会上将其载入中华人民共和国第一部宪法。

由此可见，中国共产党在过渡时期的总路线，是中共七届二中全会以后以毛泽东为核心的中央领导集体关于从新民主主义向社会主义转变的基本方针的充实和发展，是针对新中国成立后中共和中国人民所面临的两大问题（即如何迅速改变中国贫穷落后的面貌和中国向何处去的问题）而提出的中共在新的历史时期的总任务和总方针。过渡时期总路线的基本内容，简而言之就是"一化三改"，即逐步实现社会主义工业化，逐步实现对农业、手工业和资本主义工商业的社会主义改造，把解放生产力和发展生产力结合起来，以达到建立社会主义制度、实现社会主义工业化的目的。形象地说，就是一只鸟的"主体和两翼"。社会主义工业化是"主体"，对农业、手工业和资本主义工商业的社会主义改造是"两翼"。主体和两翼相互关联，相互促进，是一个不可分割的有机整体。

大力发展社会主义现代工业，努力实现国家的工业化，把中国由一个贫穷落后的农业国变为一个先进文明的工业国，是近代以来无数志士仁人所孜孜以求的伟大目标，是中国繁荣富强的物质基础和基本条件，也是顺利完成对农业、手工业和资本主义工商业社会主义改造的坚实物质基础和基本条件。没有现代社会主义工业，其他便无从谈起。所以，社会主义工业化便成为过渡时期总路线的主体，成为中国共产党在过渡时期的主要任务。

实现生产资料的社会主义改造，是中共在过渡时期的另一主要任务。对此，毛泽东在1953年曾经讲到，"总路线也可以说就是解决所有制的问题。国有制扩大——国营企业的新建、改建、扩建。私人所有制有两种，劳动人民的和资产阶级的，改变为集体所有制和国营（经过公私合营，统一于社会主义），这才能提高生产力，完成国家工业化。"[①] 适时解决所有制问题，既是经济发展的客观要求，也是巩固人民民主专政的迫切需要。从经济方面看，不论是资本主义私有制还是个体私有制，都在一定程度上限制和阻碍了生产力的顺利发展，不利于社会主义工业化的尽快实现。因此，为了解放和发展生产力，必须通过各种形式把生产资料私有制变为社会主义公有制。从政治方面看，新中国建立后，虽然已经建立了人

[①] 《毛泽东文集》第6卷，人民出版社1999年版，第301页。

民民主专政的国家政权,广大人民已经得到解放,成为国家的主人,但在经济上还没有得到彻底的解放。只有适时进行生产资料的社会主义改造,新兴的人民民主专政才有坚实的物质基础,国家政权才能得以巩固。

中共的过渡时期的总路线,全面阐述了总任务和总方针,创造性地把经济建设与社会主义改造有机地结合起来,这是对马克思主义过渡时期理论的重大发展,因而也就成为中共在过渡时期各项工作的"灯塔"。

第二节 社会主义改造的理论和政策

20世纪50年代前期,以毛泽东为代表的中国共产党人不仅适时提出了中共在过渡时期的总路线,而且依据马克思主义的基本理论和中国的具体国情,创造性地提出了一系列社会主义改造的理论和政策,从而为中国社会主义改造的顺利实现提供了重要的理论支撑。

一 社会主义改造基本理论和政策提出的理论依据

以毛泽东为代表的中国共产党人所提出的关于社会主义改造的理论和政策,不是一时心血来潮的凭空杜撰,而是以马克思主义经典作家有关社会主义改造的理论为其坚实的理论基础。

马克思主义经典作家关于社会主义改造的理论十分丰富和全面。

早在国际共产主义运动初期,马克思主义创始人在论述无产阶级历史使命时,就已原则地论述了社会主义改造的有关问题。在《共产党宣言》中,马克思、恩格斯就明确指出:"工人革命的第一步就是使无产阶级上升为统治阶级,争得民主。""无产阶级将利用自己的政治统治,一步一步地夺取资产阶级的全部资本,把一切生产工具集中到国家即组织成为统治阶级的无产阶级手里,并且尽可能快地增加生产力的总量。"[1]"共产党人可以把自己的理论概括为一句话:消灭私有制。"[2] 很明显,无产阶级专政的主要任务就是消灭私有制,建立公有制经济,尽快发展社会生产力。而这些也正是社会主义改造的主要内容,所以《共产党宣言》中的

---

[1] 《马克思恩格斯选集》第1卷,人民出版社1995年版,第293页。
[2] 同上书,第286页。

上述论述,也就从原则上论述了社会主义改造的基本问题。

马克思主义创始人不仅论述了社会主义改造的一般原则,而且对社会主义改造的方式以及未来社会所有制形式等问题,也进行过认真而深入地探讨。其一,关于"和平过渡或和平改造"的设想。恩格斯在《共产主义原理》一文中就明确指出:"能不能用和平的办法废除私有制?""但愿如此,共产主义者当然是最不反对这种办法的人。"① 这里清楚地表明了恩格斯希望对生产资料私有制进行"和平改造"的思想;其二,只能逐步改造现存社会的思想。早在《德意志意识形态》中,马克思、恩格斯就指出,要消灭资本主义"异化"现象,必须具备两个前提条件,即要使社会上的大多数成为无产者并使之同资产阶级处于尖锐的对立。"而这两个条件都是以生产力的巨大增长和高度发展为前提的。"② 而生产力的发展显然是一个渐进的过程。这里,已经蕴涵着社会主义改造将是一个逐步过程的思想。在《共产主义原理》一文中,针对"是否能够一下子废除私有制"这一问题,恩格斯明确指出:"不,不能,正像不能一下子就把现有的生产力扩大到为建立公有经济所必要的程度一样。因此,征象显著即将来临的无产阶级革命,只能逐步改造现存社会,并且只有在废除私有制所必需的大量生产资料创造出来之后才能废除私有制。"③ 其三,关于无产阶级革命和社会主义改造的时机和形式选择,要因地、因时而宜的思想。对此,恩格斯曾有过许多论述。早在《共产主义原理》中,针对无产阶级革命的历史进程问题,他就指出,共产主义革命将不是一个国家的革命,而是一切文明国家的革命。但这些国家革命发展得快慢,主要取决于每个国家的不同国情。在这些国家里,无产阶级革命胜利后都将建立民主制度。但究竟是确立直接民主还是间接民主,同样也要取决于这些国家的不同国情。当然,这里不是对社会主义改造问题的直接论述,但其基本思想对各国的社会主义改造无疑具有重大指导意义。在《法德农民问题》中,恩格斯则作出了比较详尽的论述。首先,针对欧洲不同国家的农民进行了不同的区分。其次,针对不同层次的农民进行了不同的区分,

---

① 《马克思恩格斯选集》第1卷,人民出版社1995年版,第239页。
② 同上书,第86页。
③ 同上书,第239页。

并提出了党应采取的不同政策。如对待小农,无产阶级政党无论如何不能以自己的干预去加速它的灭亡,不能用暴力去剥夺小农,而应通过典型示范和提供社会帮助引导小农走上合作化的道路;对待中农和大农,首先要维护雇佣工人的利益。一般也拒绝对其进行暴力剥夺,而是尽量引导他们"过渡到新的生产方式",否则只能让其听天由命,让经济发展的事实去教育他们;对于大土地所有者,只能采取剥夺的方式。最后,提出了党的政策要因地、因时制宜的原则,如在谈到要逐步把小农引导到合作制时,恩格斯指出:"至于怎样具体地在每一个别场合下实现这一点,那将决定于这一场合的情况,以及我们夺得政权时的情况"。① 在谈到何时对小农进行社会主义改造时,恩格斯指出,因为被我们挽救而没有真正转变为无产者、还在农民地位时就被我们吸收到自己方面来的农民人数越多,社会变革的实现也就会愈迅速和愈容易,所以,我们无须等到资本主义生产发展的后果到处都以极端的形式表现出来的时候,等到最后一个小手工业者和最后一个小农都变成资本主义大生产的牺牲品的时候,才来实现这个变革。② 在谈到如何剥夺大土地占有者时,恩格斯指出:"这一剥夺是否要用赎买来实行,这大半不取决于我们,而是取决于我们取得政权时的情况,尤其是也取决于大土地占有者先生们自己的态度。我们决不认为,赎买在任何情况下都是不允许的。"③ 其四,关于未来社会生产资料所有制形式的设想。消灭私有制,建立社会主义公有制,是马克思主义创始人的一贯思想。但公有制的具体形式是怎样的?这在不同条件下马克思、恩格斯有着不尽相同的论述。在大多数场合下,他们都认为未来社会将是一个"自由人联合体",因而生产资料也就应归全社会共同所有。在过渡时期应是怎样的?在《社会主义从空想到科学的发展》一书中,恩格斯曾明确指出:"无产阶级将取得国家政权,并且首先把生产资料变为国家财产。"④ 很明显,在此,恩格斯是把国家所有看作是一种向未来社会过渡的公有制形式。在《法德农民问题》一文中,恩格斯也表达了同样的思想。他指出,"我们对于小农的任务,首先是把他们的私人生产和私人占

---

① 《马克思恩格斯选集》第4卷,人民出版社1995年版,第499页。
② 同上书,第500页。
③ 同上书,第503页。
④ 《马克思恩格斯选集》第3卷,人民出版社1995年版,第754页。

有变为合作社的生产和占有",随着社会的不断发展,还要把"农民合作社转变为更高级的形式"。①

马克思主义创始人的上述思想,虽然当时没有付诸实践,但其重大理论指导意义却是不可忽视的。

继马克思、恩格斯之后,列宁和斯大林在实践的基础上,大大丰富和发展了马克思主义的社会主义改造理论。对此,列宁有着特别突出的贡献。

当然,列宁关于以变革私有制为主的社会主义改造的思想,也有一个发展变化的过程。十月革命前后,列宁比较强调要把资本主义和农民小私有经济统统地改造成单一的社会主义经济,特别是国家所有和国家统一支配。"社会主义无非是从国家资本主义垄断向前迈进的第一步,换句话说,社会主义无非是变得有利于全体人民的国家资本主义垄断而已",②因此必须使"银行国有化"、"辛迪加国有化"、"强迫实行辛迪加化"等。在未来社会,"全体公民都成了国家(武装工人)的雇员。""整个社会将成为一个管理处,成为一个劳动平等、报酬平等的工厂。"③列宁的上述思想,在《大难临头,出路何在?》、《国家与革命》、《布尔什维克能保持国家政权吗?》等一系列著作中有过许多明确论述。

1921年3月俄共(布)第十次党代会召开后,列宁关于向社会主义过渡的思想开始转变。这主要表现在以下几方面:其一,指出了过渡时期的基本经济特征、社会经济的基本形式、社会基本力量和过渡时期的长期性等问题。在《无产阶级专政时代的经济和政治》中,列宁指出:"在资本主义和共产主义中间隔着一个过渡时期,这在理论上是毫无疑义的。这个过渡时期不能不兼有着两种社会经济结构的特点或特征。这个过渡时期不能不是衰亡着的资本主义与生长着的共产主义彼此斗争的时期"。④ 在过渡时期,"社会经济的基本形式就是资本主义、小商品生产和共产主义。"与此相关,社会的"基本力量就是资产阶级、小资产阶级(特别是

---

① 《马克思恩格斯选集》第4卷,人民出版社1995年版,第488页、489页。
② 《列宁选集》第3卷,人民出版社1995年版,第265页。
③ 同上书,第202~203页。
④ 《列宁选集》第4卷,人民出版社1995年版,第59页。

农民）和无产阶级。"① "社会主义就是消灭阶级。"为此，不仅要推翻地主和资本家，而且要消灭工农之间的差别。前一个任务已经完成。后一个任务将是一项长期而艰巨的任务。因为"这个任务不能用推翻哪个阶级的办法来解决。要解决这个任务，只有把整个社会经济在组织上加以改造，只有从个体的、单独的小商品经济过渡到公共的大经济。这样的过渡必然是非常长久的。采用急躁轻率的行政和立法手段，只会延缓这种过渡，给这种过渡造成困难。"② 其二，系统阐述了合作制的伟大意义、社会条件、组织形式、合作社的性质以及党和国家应采取的政策。针对当时党内外许多人对合作制不够重视，1923年初，列宁发表了《论合作制》，首先强调，在苏维埃制度下，合作制与社会主义的一致性及发展合作社的重大意义。他认为，"在生产资料公有制的条件下，在无产阶级对资产阶级取得了阶级胜利的条件下，文明的合作社工作者的制度就是社会主义的制度"，③ "合作社的发展也就等于社会主义的发展"。④ 其次，列宁指出，合作社是组织小生产者过渡到社会主义的最好途径和形式。"现在我们发现了私人利益即私人买卖的利益与国家对这利益的检查监督相结合的合适尺度"，即合作社是把个人利益、集体利益和国家利益有机结合的最好形式。最后，列宁指出，建立社会主义性质的合作社，需要一定的条件。这些条件包括无产阶级国家政权的确立，国家掌握和支配着一切大的生产资料，无产阶级与广大农民已结成巩固的联盟，无产阶级及其政党对农民的领导已有了保证等。这些条件在当时已经具备或基本具备，因而实行合作制也就有了可靠的保证。此外，无产阶级国家在经济、财政、银行信贷等方面的大力支持和帮助，也是尽快确立合作制的重要条件之一。其三，系统阐述了改造资本主义私有制的思想。这包括以下几点：一是列宁对苏维埃政权下的国家资本主义性质作了明确的规定，即国家资本主义，就是我们能够加以限制、能够规定其范围的资本主义，是与无产阶级国家政权相联系的资本主义。这种国家资本主义是一种特殊的国家资本主义，是走向社会主义的中间环节并为社会主义服务的资本主义。二是列宁曾设想在剥

---

① 《列宁选集》第4卷，人民出版社1995年版，第60页。
② 同上书，第64~65页。
③ 同上书，第771页。
④ 同上书，第773页。

夺资产阶级的过程中，可以把和平赎买与暴力剥夺结合起来。具体来说，"一方面对不文明的资本家，对那些既不肯接受任何'国家资本主义'，也不想实行任何妥协，继续以投机和收买贫民等方法来破坏苏维埃措施的资本家，无情地加以惩治；另一方面对文明的资本家，对那些肯接受并能实施'国家资本主义'，能精明干练地组织真正以产品供应千百万人"的企业的资本家，要"谋求妥协或向他们实行赎买"。① 三是列宁提出了国家资本主义主要有两种形式，即租让制和租借制。此外，还有代销制、合作制等形式。四是列宁提醒人们，租让也是一种斗争形式，是阶级斗争在另一种形式下的继续，而不是阶级斗争的消失。

列宁逝世后，斯大林成为苏联党和国家的主要领导人。他继承了列宁的事业，在领导苏联人民进行社会主义改造和建设的过程中，也提出了许多重要思想，如改造小农经济要持谨慎态度，要坚持自愿的原则，采取示范和说服的方法，逐步地把农民引导到合作化的道路上来，等等。虽然斯大林在后来的实践中部分背离了其正确的理论，但其理论指导意义却是不可抹杀的。

马克思主义经典作家的上述论述，对于以毛泽东为代表的中国共产党人在创立和制定中国的社会主义改造理论和政策时，无疑具有重要的指导意义。

二 中国的基本国情、革命战争年代合作化的实践以及苏联社会主义改造的经验教训，是中国社会主义改造基本理论和政策确立的又一重要依据

新中国建立之前，中国是一个贫穷落后的半殖民地半封建国家。经过长期的革命斗争，中国共产党领导人民终于推翻了压在头上的三座大山，即帝国主义、封建主义和官僚资本主义。新民主主义革命胜利后，摆在中共和中国人民面前的一项迫切任务就是要迅速实现国家的现代化，努力使国家繁荣富强，人民生活水平极大提高。为此，必须进行社会主义改造。

不仅如此，中国民族资本主义和资产阶级的两面性，广大农民较高的革命积极性和社会主义热情，以及人民民主专政国家政权的确立和广泛的

---

① 《列宁选集》第3卷，人民出版社1995年版，第530~531页。

革命统一战线的建立,为建国后迅速实行社会主义改造奠定了政治基础。

中共在革命战争年代不同时期所进行的合作化实践,也为新中国建立后的社会主义改造理论和政策的形成和制定提供了重要依据。

互助合作是中国共产党一贯坚持的方针。早在第二次国内革命战争时期,中共就十分注重开展农村互助合作运动。毛泽东在《湖南农民运动考察报告》中,就把合作社运动列为当时所要做的14件大事之一,并提出合作社的具体组织形式,如消费合作社、贩卖合作社、信用合作社等。第二次国内革命战争时期,中共领导广大农民进行了土地革命,建立了自己的革命根据地,这就为组织农民开展互助合作运动、发展农业生产创造了十分有利的条件。这时候的互助合作主要是发动农民组织劳动互助,并设立耕牛站,以调节农村劳动力和解决耕牛缺乏的问题。在抗日战争时期,为解决当时所面临的严重困难,在抗日根据地,中共主要组织了变工队、扎工队、互助组、合作社等互助形式。对此,毛泽东曾给予很高评价。在《组织起来》中,毛泽东讲到:"在农民群众方面,几千年来都是个体经济,一家一户就是一介生产单位,这种分散的个体生产,就是封建统治的经济基础,而使农民自己陷于永远的穷苦。克服这种状况的惟一办法,就是逐渐地集体化;而达到集体化的惟一道路,依据列宁所说,就是经过合作社。"[①] 可以说,以合作社为组织形式的集体化,是人民群众获得解放并由贫困转为富裕的必由之路。总之,在长期的革命战争年代,中共在领导、组织广大人民进行互助合作的实践中,积累了一系列成功的经验,如组织劳动互助必须坚持自愿结合、平等互利、劳武结合的原则等。这为新中国建立后中共领导进行社会主义改造提供了许多宝贵经验。

此外,第一个社会主义国家苏联的社会主义改造的经验教训,也为中国社会主义改造提供了许多有益的借鉴。

三 中国社会主义改造的基本理论和政策

在马克思主义基本理论的指导下,以毛泽东为代表的中国共产党人依据本国国情和历史经验,创造性地确立了社会主义改造的基本理论和有关政策。

---

① 《毛泽东选集》第3卷,人民出版社1991年版,第931页。

（一）对个体农业进行社会主义改造的理论和政策

新中国成立以后，以个体农业为代表的个体经济，在我国整个国民经济中仍占重要位置。这种个体农业经济是否适合于现代工业化建设？如不适用，我们有没有条件和能力加以改造？应该采取何种方针政策和具体形式？针对上述问题，以毛泽东为代表的中国共产党人给予了明确的回答。

一是全面阐述了改造个体农业的必要性和可能性。早在新中国建立前夕，毛泽东就对改造个体小农经济的重要性进行了深刻的论述。在中共七届二中全会上他曾讲到："占国民经济总产值百分之九十的分散的个体的农业经济和手工业经济，是可能和必须谨慎地、逐步地而又积极地引导它们向着现代化和集体化的方向发展的，任其自流的观点是错误的。必须组织生产的、消费的和信用的合作社，和中央、省、市、县、区的合作社的领导机关。这种合作社是以私有制为基础的在无产阶级领导的国家政权管理之下的劳动人民群众的集体经济组织。……单有国营经济而没有合作社经济，我们就不可能领导劳动人民的个体经济逐步地走向集体化，就不可能由新民主主义社会发展到将来的社会主义社会，就不可能巩固无产阶级在国家政权中的领导权。"[①] 在《论人民民主专政》中毛泽东再次强调："严重的问题是教育农民。农民的经济是分散的，根据苏联的经验，需要很长的时间和细心的工作，才能做到农业社会化。没有农业社会化，就没有全部的巩固的社会主义。农业社会化的步骤，必须和以国有企业为主体的强大的工业的发展相适应。"[②] 新中国建立以后，毛泽东又从巩固工农联盟、引导农民共同富裕、实现社会主义工业化和促进资本主义工商业的社会主义改造等方面，反复强调了对个体农业经济进行社会主义改造的必要性。如，1955 年 10 月，在《农业合作化的一场辩论和当前的阶级斗争》中，毛泽东就明确指出，在民主革命时期，工人与农民是以反地主、打土豪、分田地为内容而建立起联盟的。随着民主革命的胜利，这个联盟的基础已不复存在。现在，我们还没有完成农业合作化，工人阶级还没有同农民在新的基础上结成巩固的联盟，工人阶级同农民的联盟还是动荡不定的。因为，在土地改革后，农民发生了分化。如果我们没有新东西给农

---

① 《毛泽东选集》第 4 卷，人民出版社 1991 年版，第 1432 页。
② 同上书，第 1477 页。

民，不能帮助农民提高生产力，增加收入，共同富裕起来，那些穷的就不相信我们，他们会觉得跟共产党走没有意思，分了土地还是穷，他们为什么要跟你走？那些富裕的，变成富农的或很富裕的，他们也不相信我们，觉得共产党的政策总是不合自己的胃口。结果两方都不相信，穷的不相信，富的也不相信，那末工农联盟就很不巩固了。要巩固工农联盟，我们就得领导农民走社会主义道路，使农民群众共同富裕起来。不仅如此，只有在农业彻底实行社会主义改造，才能够彻底地割断城市资产阶级和农民的联系，才能够彻底地把资产阶级孤立起来，才便于我们彻底地改造资本主义工商业。此外，社会主义工业化，也不能离开农业集体化而孤立地进行。这是因为，实现工业化要求农业提供越来越多的商品粮食和工业原料，要求农业提供一定的积累资金，要求农村为其提供广大的市场。社会主义工业化的这些要求，依靠分散的个体农业经济是很难做到的，唯有依靠集体化的社会主义大农业经济。

新中国建立后不久就对个体农业经济进行社会主义改造，不仅有其必要性，而且也有其现实可能性。实现农业合作化的可能性主要有三点：首先是具备了政治条件，即中国共产党有能力领导农业合作化；其次是具备了经济条件，即互助组在全国各地的普遍存在和农民互助合作的高涨积极性；再次是具备了干部条件，即中国共产党在民主革命时期和国民经济恢复时期培养了大量农村工作干部，他们具有农村工作包括组织农业合作化的丰富经验。这是中共成功领导农业社会主义改造的可靠保证。

二是科学制定了改造个体农业的方针政策。要对个体农业经济实现成功的社会主义改造，必须要有科学、正确的方针政策。为此，20世纪50年代前期、中期，毛泽东在一些谈话、报告、批示、按语以及中共中央的有关决议中，多次谈到这一问题。1953年10月，毛泽东在《关于农业互助合作的两次谈话》中就指出，对农业合作化运动要积极领导，稳步发展。1955年7月，在《关于农业合作化问题》的报告中，毛泽东又提出了要"全面规划，加强领导"的方针。[①] 此外，毛泽东还讲到要"勤俭办社"、"勤俭经营"。中共中央也曾以决议形式提出了要加强领导、积极主动、逐级领导试办、逐步推广等原则方针。概括起来，改造个体农业的基

---

① 《毛泽东文集》第6卷，人民出版社1999年版，第442页。

本方针主要是：(1) 全面规划。毛泽东指出，必须对农业合作化进行全面规划。全面规划包括合作社的规划，农业生产的规划，全部经济的规划。每一项又包括若干方面，都要做好做细。(2) 加强领导。农业合作化运动是一场空前伟大的革命。它要求中共党的各级领导机关和领导人，特别是书记和副书记，要以满腔热情去积极指导农业合作化运动，从实际出发，消除顾虑，不要做群众的尾巴。(3) 逐步发展或稳步发展。中国是一个地广人多、经济文化相对落后的国家，各地发展又极不平衡，因此农业的社会主义改造将是一个较长的过程。按毛泽东在1955年中期的估计，在全国范围内基本上完成农业方面的技术改革大概需要4个至5个五年计划，即20年到25年时间。社会改革的时间相对来说要短一些，但不可过快。实现农业合作化，"太慢了不好，太急了也不好，太慢太急都是机会主义。"① (4) 勤俭办社。勤俭办事，历来是中共坚持的方针。不仅在革命战争年代要勤俭办事，新中国建立以后也应如此。因为从总体上说，中国依然是一个经济文化比较落后的国家，所以勤俭办社、勤俭办厂、勤俭办商店、勤俭办一切事业，依然是应遵循的基本原则之一。

要顺利实现对个体农业的社会主义改造，不仅要制定正确的方针，还要有相应的政策。因此，1953年底，中共中央就通过了《关于发展农业生产合作社的决议》。在《决议》中明确提出，中国共产党的政策在于积极而又慎重地经过许多具体的、恰当的、多样的过渡形式，把农民的个体经济的积极性引到互助合作的积极性的轨道上来。这一政策可以看作是改造个体农业的总政策。为实现这一总政策，当时还制定或规定了其他一些具体政策，如自愿互利、循序渐进、形式多样等政策或原则。

三是详细规划了改造个体农业的具体形式和步骤。根据当时中国生产力发展的具体状况、农民的思想觉悟程度和革命战争年代的实践经验，以毛泽东为代表的中共中央认为，要顺利实现对农业的社会主义改造，必须从具有简单互助合作性质的临时互助组和常年互助组开始；经过一段时间生产力的发展和人们思想觉悟的提高，再过渡到具有半社会主义性质的初级农业生产合作社；初级农业生产合作社经过一段时间的发展、巩固，最终进入具有社会主义性质的高级农业生产合作社。农民这种在生产上逐步

---

① 《毛泽东文集》第6卷，人民出版社1999年版，第476页。

联合起来的具体道路，就是经过简单的共同劳动的临时互助组和在共同劳动的基础上实行某些分工分业而有某些少量公共财产的常年互助组，到实行土地入股、统一经营而有较多公共财产的农业生产合作社，到实行完全的社会主义的集体农民公有制的更高级的农业生产合作社（也就是集体农庄）。这种由具有社会主义萌芽、到具有更多社会主义因素、到完全的社会主义的合作化的发展道路，就是对农业逐步实现社会主义改造的道路。可以说，互助组、初级农业合作社、高级农业合作社，既是中共改造个体农业的三种具体形式，同时也是改造个体农业的三个相互衔接的有机步骤。

（二）对个体手工业进行社会主义改造的理论和政策

个体手工业，主要是指依靠手工劳动、使用简单生产工具的小规模的工业和服务业。中国解放初期的手工业，大体有四种形式，即从属于农业的家庭手工业、农家兼营的商品性手工业、独立经营的个体手工业和雇工经营的工场手工业。由于中国现代工业起步较晚，手工业在中国整个国民经济中就占有相当大的比重。而在手工业中，个体手工业可以说又占主导地位。因此，如何对个体手工业社会主义改造，也就成为当时所要解决的迫切问题之一。对此，毛泽东和中共中央也给予了全面而充分的阐述。

第一，关于改造个体手工业的必要性和可能性。解放初期，中国个体手工业在整个国民经济中仍有重要作用，如它能向社会提供大量物质产品和各种服务以满足人们的多方面需要，能够为人们提供许多就业机会，能够为国家培养许多技术人才等，因而在整个社会仍有存在的合理性和必要性。但个体手工业同个体农业一样，都是分散的、小规模的个体经济。这种建立在私有制基础上的个体经济，无力采用先进的技术设备和新式技术，不能克服生产和销售上的困难，无法满足社会主义经济发展的客观要求，难以避免两极分化的趋势。凡此种种，充分说明必须通过各种形式逐步把个体手工业的生产资料私有制改为集体所有制，逐步把个体的小生产改变为大规模的集体生产，以适应国家和人民日益发展的需要。

对个体手工业进行社会主义改造，不仅有其必要，而且有其可能。这种可能性主要表现在：中国已经建立了强大的人民民主专政的国家政权，已经确立了中国共产党的领导核心地位，已经建立了比较强大的社会主义国营经济，已经着手对个体农业和资本主义工商业进行社会主义改造，这些都为改造个体手工业提供了现实可能性。

第二,关于改造个体手工业的方针政策。为了顺利完成对个体手工业的社会主义改造,中共和国家有关部门进行了深入研究论证,并通过若干决议和领导人的讲话,阐述了改造个体手工业的方针政策。概括起来主要有:(1)统筹兼顾,全面安排。对个体手工业的社会主义改造,应同国家的社会主义工业化和对农业以及对资本主义工商业的社会主义改造密切联系起来,统筹兼顾,合理安排。具体来说,要使手工业和社会主义大工业协调发展;手工业和农副业要统一安排;各地区之间的产销要统一安排;要统一安排行业中已组织起来的和未组织起来的手工业。(2)全面规划,加强领导。全面规划,就是要对不同类型的手工业的社会主义改造、对手工业的发展速度、对手工业的主要行业,都要做出全面而详尽的规划。(3)自愿互利,国家帮助。(4)加强生产管理,推行经济核算,等等。

第三,关于改造个体手工业的形式与步骤。对个体手工业的社会主义改造的具体形式,与对个体农业社会主义改造的形式基本相同,也是从互助组到供销生产社再到生产合作社的逐步过渡。具体来说主要是:(1)手工业生产小组。这是从供销方面把手工业劳动者组织起来,以便有组织地向供销社、消费合作社或国营企业购买原料、推销产品,或为供销社、消费合作社和国营工业加工产品。这是对个体手工业进行社会主义改造的初级形式。(2)手工业供销生产社。这是由若干个体手工业劳动者或几个手工业生产小组为解决原料采购和产品推销的困难而组织起来的。其主要活动是统一向供销社、消费合作社或国营企业购买原料、推销成品,统一承揽供销社、消费合作社或国营企业的加工订货。这是具有一定社会主义因素并为了向更高阶段过渡的中间环节。(3)手工业生产合作社。它可以分为半社会主义性质的手工业生产合作社和完全社会主义性质的手工业生产合作社。前者是指主要生产资料尚未完全成为集体所有,实行生产工具入股分红,统一生产经营,生产经营收益的一部分按劳分配。后者是指生产资料已完全归集体所有,实行计划生产、统一核算和按劳分配。这是个体手工业社会主义改造的高级形式。改造个体手工业的三种具体形式,也是三个紧密衔接的有机步骤。

(三) 对资本主义工商业进行社会主义改造的理论和政策

无产阶级革命胜利后，如何适时变资本主义私有制为社会主义公有制？这是所有马克思主义者都要认真思考的大问题。以毛泽东为代表的中国共产党人，依据马克思主义的基本理论和中国的具体国情，创造性地提出了一系列改造资本主义工商业的新理论和政策。

第一，关于改造资本主义工商业的必要性和可能性。关于改造资本主义工商业的必要性，前面已经讲到。简单地说，就是新中国成立后经济社会的飞速发展与当时的民族资本主义经济存在着尖锐的矛盾，要使中国的经济社会得以进一步发展，必须对资本主义工商业进行社会主义改造。在中国，新中国建立后不久就不仅有必要对资本主义工商业进行社会主义改造，而且有可能通过和平途径加以实现。这是因为：（1）民族资本主义经济在新中国成立后的一个时期内具有两重性。与之相联系，民族资产阶级在政治上始终具有两面性。在革命战争年代是这样，在社会主义建设时期也是这样。具体来说，新中国成立后，民族资产阶级既有剥削工人阶级获取利润反对国家对其干涉、限制的一面，又有拥护宪法、愿意接受社会主义改造的一面。（2）新中国的成立，也就标志着人民民主专政国家政权在中国的确立。人民手中掌握着强大的国家权力，也就不怕民族资产阶级造反。（3）新中国建立前后，陆续没收了官僚资本，建立了比较强大的社会主义国营经济，国家的经济命脉已掌握在人民手中，从而为改造民族资本主义工商业奠定了经济基础。（4）在长期的革命斗争中，工农之间建立了比较巩固的联盟。这就割断了民族资本主义经济与农业、手工业等个体经济的种种联系，迫使民族资产阶级不得不接受社会主义改造。

第二，关于和平改造资本主义工商业的方针政策。由于中国特殊的历史条件，整个资本主义经济分为官僚资本主义和民族资本主义。这是两种既有联系又有区别的经济形式。因此，早在民主革命时期，中国共产党就把民族资本主义工商业同官僚资本主义工商业加以严格区别，并采取不同的对策，即对官僚资本加以"没收"，而对民族资本加以"保护"。在此基础上，确立了改造资本主义工商业的方针政策：（1）利用、限制、改造。早在新中国建立前夕中共七届二中全会上，就把"保护"资本主义工商业的政策改为"利用"和"限制"。1953年中共在提出过渡时期总路线时，又在上述基础上加上了"改造"，从而形成了对民族资本主义

"利用"、"限制"、"改造"的完整的方针政策。（2）和平赎买。对资本主义私有制究竟是暴力剥夺还是和平赎买，应取决于无产阶级革命胜利后的具体情况以及资产阶级的态度。对无产阶级来说，如果能够和平剥夺资产阶级的私有财产，那是再好不过的事情。这是马克思、恩格斯、列宁等无产阶级革命导师的一贯主张和基本思想。但在中国社会主义改造实现之前，马克思主义经典作家关于"和平赎买"的设想始终没有变成现实。中国共产党从中国国情出发，决定在改造资本主义工商业中要坚决贯彻"和平赎买"的方针。对此，毛泽东《在资本主义工商业社会主义改造问题座谈会上的讲话》中指出："我们现在对资本主义工商业的社会主义改造，实际上就是运用从前马克思、恩格斯、列宁提出过的赎买政策。它不是国家用一笔钱或者发行公债来购买资本家的私有财产（不是生活资料，是生产资料，即机器、厂房这些东西），也不是用突然的方法，而是逐步地进行"。[1] 即经过一个较长的时期，拿出工人创造的一部分利润给资本家，以使其交出自己的生产资料。这就是中国所要实行的赎买政策。（3）逐步改造。按照中共中央原来的设想，对资本主义工商业的社会主义改造，也像对农业和手工业的社会主义改造一样，要经过一个相当长的时期"逐步实现"。毛泽东曾讲到："社会主义改造是三个五年计划基本完成，还有个尾巴要拖到十五年以后，总之是要瓜熟蒂落、水到渠成。"[2] 急躁冒进，容易引起社会的动荡不安。逐步改造，不仅指对资本主义工商业所有制的改造，还指对资本家思想的逐步改造。因为只有使资本家的思想逐步发生变化，才能使资本主义工商业的社会主义改造顺利实现。

第三，关于改造资本主义工商业的形式与步骤。要顺利改造资本主义工商业，不仅要有正确的方针政策，还要采取恰当的形式和步骤，对此，以毛泽东为代表的中国共产党人也进行了精心设计和规划。从总体上说，国家资本主义是中共对资本主义工商业进行社会主义改造所采取的主要形式。早在1953年5月，中共中央统战部部长李维汉就向中央提交了《资本主义工业中的公私关系问题》的调查报告。报告提出，国家资本主义是利用和限制资本主义的主要形式，也是将私营工业逐步纳入国家计划轨

---

[1] 《毛泽东文集》第6卷，人民出版社1999年版，第499页。
[2] 同上书，第488页。

道的主要形式。毛泽东等中央领导人十分重视这个意见，经多次研究决定把国家资本主义作为改造资本主义工商业的主要形式或途径。随后毛泽东在一个文件中批示："中国现在的资本主义经济，其绝大部分是在人民政府管理之下的，用各种形式和国营社会主义经济联系着的，并受工人监督的资本主义经济。这种资本主义经济已经不是普通的资本主义经济，而是一种特殊的资本主义经济，即新式的国家资本主义经济。""这种新式国家资本主义经济是带着很大的社会主义性质的，是对工人和国家有利的。"[1] 经过国家资本主义完成对资本主义工商业的社会主义改造，是改造资本主义工商业的必经之路。资本主义工商业的社会主义改造，要分两步走，"头一步是变资本主义为国家资本主义，把独立的、不受限制的、有自由市场的资本主义，变为不独立、受限制、没有自由市场的资本主义，即国家资本主义。第二步由国家资本主义变为社会主义，消灭阶级。"[2] 当时毛泽东曾设想，要用3年到5年的时间基本上将私营工商业引上国家资本主义的轨道，然后再用几个五年计划的时间，通过多种形式，逐步把资本主义工商业转变为社会主义国营企业。在上述思想指导下，中国在过渡时期创造了多种形式的国家资本主义。概括起来，各种形式的国家资本主义可以分为初级形式和高级形式的国家资本主义。初级形式的国家资本主义，在工业中主要有收购产品、加工订货、统购包销；在商业中主要有委托经销、代销等形式。这些形式的国家资本主义，虽然只是在流通领域使社会主义国营经济和资本主义经济发生了各种联系，没有从根本上改变资本主义工商业的私有制性质，但已通过监督、控制其活动和生产过程，在一定程度上限制了其盲目性、投机性和剥削性，因而具有一定的社会主义因素。高级形式的国家资本主义主要是公私合营。公私合营就是在私营企业中加入公股（主要是国家财产），并由国家委派干部同资本家共同经营。这是社会主义经济和资本主义经济在企业内部的结合。它对于改造资本主义生产关系具有特别重要的意义。公私合营又分单个企业的公私合营和全行业的公私合营。前者是使企业的生产资料由资本家私人所有变为公私共有，企业的生产、经营已受到社会主义国家的严格控

---

[1] 《毛泽东文集》第6卷，人民出版社1999年版，第282页。
[2] 同上书，第287页。

制，因而这种企业已经属于半社会主义性质的企业；后者使企业的生产资料基本上成为社会主义公有，资本家的所有权成为一种定期领取定息的权力。资本家对企业生产和经营的影响力和控制力已大大削弱，因而这种企业已成为完全社会主义性质的企业。

第三节 社会主义改造的进程和历史意义

在中共过渡时期总路线以及有关方针政策的指导下，中国在20世纪50年代前期便开始了轰轰烈烈的社会主义改造运动，经过几年的努力，到1956年底，社会主义改造基本完成。古老的东方文明大国，从此进入了新的历史征程。

一 社会主义改造的历史进程

中国的社会主义改造，大致经历了初步酝酿、全面启动和快速发展三个历史阶段。

一是社会主义改造的充分酝酿和试点阶段（从新中国成立到过渡时期总路线的提出）。

从广义上说，不论是对农业、个体手工业，还是资本主义工商业的社会主义改造问题，新中国成立伊始，便提上了中共和国家领导人的议事日程。

关于个体农业向集体化过渡的问题，最早是从1950年关于东北富农问题的争论和1951年关于山西省发展农业合作化问题的争论开始的。争论的实质是：老区农村或土改后的农村要不要立即向具有社会主义性质的集体化过渡，互助组能否成长为农业合作社。与之相关，农业合作社是否必须以国家工业化和农业机械化为前提条件。当时，中共中央部分领导人认为，现在采取动摇私有制的步骤，条件还不成熟。没有拖拉机，没有化肥，不要急于搞农业合作。而毛泽东则认为，说互助组不能生长为农业合作化以及现阶段不能动摇私有基础的观点是错误的。因为西方资本主义在其发展过程中有过一个工场手工业阶段，即尚未采用先进的技术设备仅是依靠工场分工便形成了新的生产力阶段。中国的合作社，依靠统一经营形成新生产力，去动摇私有基础，也是可行的。毛泽东的这种先合作化后机械化的观点，逐步得到中共内部大多数人的认同，从而也就成为当时指导农村工作的方针。1951年9月，中共中央通过了《关于农业生产互助合作的决定》，并下发到各地党委试行。由此在土改完成后的广大农村，便开始了一场互助合作运动。到1952年底，组织起来的农户，老区占了65%以上，新区占25%左右，全国各地成立了4000多个农业合作社，创办了十几个集体农庄（即高级社）。① 这是中国农业社会主义改造的开端。

新中国建立前夕，在中共七届二中全会和中国人民政治协商会议第一次会议上，都作出决定，要逐步地把分散落后的个体经济引导到现代化和集体化的经济上来，要在城乡大力发展合作事业。根据上述精神，1951年6月和1952年8月，先后两次召开了全国手工业生产工作会议，对手工业的生产和互助合作作出了详尽的部署。广大手工业者通过统一购买原料、销售成品而组织起各种形式的生产小组。这些手工业生产小组的主要任务就是向国营企业、供销社、消费合作社订货，为其加工产品。通过这种形式，许多个体手工业者开始走向集体化的道路。在这一时期，有些手工业生产小组还实行工具入股公有，集中生产，收入部分或全部实行按劳分红。这已经具有手工业合作化的高级形式。有些城市有些行业，还试办了一批手工业生产合作社。到1952年底，全国手工业生产合作社已达2700多个，社员达25万人。因此，这个阶段可以看作手工业社会主义改造的试验阶段或者说起始阶段。

同时，这个阶段也是资本主义工商业社会主义改造的酝酿阶段。在过渡时期总路线提出之前，中共对民族资本主义工商业的政策是利用、限制。但是，新中国成立后，随着一些大城市的相继解放，初级形式的国家资本主义也就在城市相继出现。这时的形式主要是国家商业部门对私营工业企业的产品进行收购。1950年上半年，由于种种原因，资本主义工商业出现了萧条的景象。对此，中共中央决定采取扶持的政策，其主要形式就是国家扩大订货，以帮助一些资本主义工商业渡过"难关"。通过加工订货，有步骤地组织私营企业的生产和销售，逐步地把它们"夹到社会主义"中来。

二是社会主义改造的全面铺开阶段（从过渡时期总路线的提出到

---

① 要兴磊等编著：《新中国之路》，山东人民出版社1993年版，第86页。

1955年下半年)。

1953年6月,中国共产党在过渡时期的总路线正式公布后,大规模的社会主义改造运动便在全国范围内轰轰烈烈地展开了。

农业社会主义改造全面铺开。截止到1952年底,全国农业合作化的主要形式是互助组,初级农业合作社还不多,高级农业合作社更是寥寥无几。随着过渡时期总路线的公布和中共中央《关于发展农业生产合作社的决议》的发布,在广大农村就加快了农业合作化的步伐,许多尚未建立互助组的地方也一步跨越到了生产合作社。因此,到1954年春,农业生产合作社就由1.4万个发展到10万个,1955年春又发展到67万个。这个速度大大超出了原来的设想。但整个运动基本上是健康的。

个体手工业社会主义改造普遍发展。随着过渡时期总路线的公布,对个体手工业的社会主义改造也普遍展开。1953年底,中华全国合作社总社召开了第三次全国手工业生产合作会议,全面布置了对手工业的社会主义改造。会议决定,对手工业进行社会主义改造,要贯彻积极领导、稳步前进的方针;组织形式是由手工业生产小组、手工业供销生产社发展到手工业生产合作社;方法是从供销入手,实行生产改造;步骤是由小到大,从低级到高级。在此期间,中共许多领导人也在不同场合发表讲话,要通过合作化的道路,把个体手工业经济逐步改造为社会主义经济。为加强领导,1954年底,中华人民共和国国务院还专门成立了手工业管理局。因此,到1954年底,全国手工业合作社组织就发展到4100个,合作社社员达到121万人。到1955年上半年,手工业合作组织发展到近5万个,人数近150万人。

资本主义工商业社会主义改造全面启动。新中国建立初期,中共对资本主义工商业的政策是利用、限制,因而只是通过加工订货的形式同少部分私人工业企业发生联系,对资本主义工商业的社会主义改造尚未提到议事日程。过渡时期总路线的公布,标志着中共对资本主义工商业的政策开始发生变化。自1953年夏季以后,国家就有计划、有步骤地扩大了加工订货和包销的范围,由主要行业发展到一般行业,由大型企业发展到中小企业,由大中城市发展到小城市。到1953年底,国家对全国10人以上私人工业企业加工、订货、包销、收购的价值,就已达到该类企业总产值的70%。1954年,又有意识地在商业部门通过统购包销等形式开始了国家资本主义，以便将其逐步引导到社会主义的轨道。同时，1954年春中共中央决定，要有步骤地把10个工人以上的资本主义工业改造为公私合营企业。由此开始，单个企业的公私合营便在全国展开。到1955年秋，实行公私合营的工厂已达1900多个，其产值占58%；全国163户500人以上的私营企业，有130多家已经公私合营。资本主义工商业的社会主义改造，已取得了巨大成就。

三是社会主义改造的快速发展阶段（从1955年下半年到1956年底）。

社会主义改造步伐的加速，首先是从农业社会主义改造开始的。1955年夏季以后，中共在农业社会主义改造的指导思想上出现了分歧。本来，自1953年12月中共中央发布了《关于发展农业生产合作社的决议》后，农业社会主义改造的步伐就开始加快，到1955年春，农业生产合作社就由原来的1万多个激增到67万个。这种快速发展虽然基本上是健康的，但也出现某些问题，经过整顿，保留了65万个。在拟定1956年合作社发展计划时，毛泽东与当时的中央农村工作部部长邓子恢之间出现分歧。邓子恢主张农业合作化运动应与工业化的速度、群众觉悟程度和干部管理水平相适应，要求不能过急，要稳步发展，要在65万个的基础上翻半番，到1956年合作社达到100万个即可。而毛泽东则主张农业合作化应来一个大发展，应在原来的基础上翻一番，到1956年应使合作社达到130万个，并在许多场合公开批评邓子恢是"小脚女人走路"，自己走得慢，老是抱怨别人走得快，是"右倾"或"右倾机会主义"。这样，就在中共全党范围内掀起了批判邓子恢右倾机会主义的高潮。1955年12月，毛泽东主编的《中国农村的社会主义高潮》出版。毛泽东在书中写了两篇序言和104篇按语，对合作化中的所谓"右倾机会主义"进行了更加激烈、尖锐的批判。不仅如此，还认为社越大，优越性越大，提倡要办大社、办高级社。这样一来，就把全党全国人民的"热劲"鼓了起来。短短几个月，中国农村就一举实现了高级形式的合作化。而在此之前，许多地方没有经过初级社，甚至没有经过互助组，就在个体农民的基础上直接进入到高级社。[①] 到1956年底，加入合作社的农户就达到全国总农户的96.3%，

[①] 参见薄一波：《若干重大决策和事件的回顾》（上），中共中央党校出版社1991年版，第400页。

其中参加高级社的农户占全国总农户的 87.8%；这标志着原来预计 18 年完成的农业合作化，仅用 7 年时间就提前完成了。

随着农业合作化高潮的到来，手工业社会主义改造的高潮也到来了。1955 年下半年，毛泽东在盛赞农业合作化高潮到来的同时讲到，近几个月来，就有 5000 多万农户加入了合作社，这件事告诉我们，中国的手工业和资本主义工商业的社会主义改造，也应当争取提早一些时候去完成，才能适应农业发展的需要。1956 年 3 月，毛泽东又在《加快手工业的社会主义改造》中提出："个体手工业社会主义改造的速度，我觉得慢了一点。"① 认为应该同农业合作化一样，加快发展。在此背景下，手工业的社会主义改造高潮也出现了。到 1956 年底，全国组织起来的手工业合作社就达到近 10 万个，社（组）员人数达到 500 多万，占全部手工业从业人员的 92%。至此，手工业的社会主义改造也就在较短的时间内基本完成。

在农业、手工业社会主义改造高潮出现的同时，资本主义工商业的社会主义改造高潮也随之而来。1955 年秋季之前，对资本主义工商业的社会主义改造，主要是通过单个企业的公私合营。这给一些私营工商业的生产经营带来一定困难，进而给各地造成了很大压力。因此，中共中央决定要把对资本主义工商业的社会主义改造推向一个新阶段，即由单个企业的公私合营推进到全行业的公私合营。为此，1955 年 10 月底，毛泽东邀请全国工商业联合会执委会的委员座谈私营工商业的社会主义改造问题。在座谈会上，毛泽东希望他们认清社会发展规律，掌握自己的命运，进一步接受社会主义改造，"下决心拥护共产"，走社会主义道路。只有这样，才有光明的前途。陈云在会上也讲到，实行全行业的公私合营，这在目前是适合的、必要的，是经济发展的结果。11 月底，中共中央政治局又召集各省、市、自治区党委代表参加的资本主义工商业改造的会议，讨论通过了《中央关于资本主义工商业改造问题的决议（草案）》（不久形成正式决议）。自此，在全国范围内加快了资本主义工商业的社会主义改造的步伐。到 1956 年底，私营工业人数的 99%，私营商业人数的 85%，都实行了全行业的公私合营。这些企业的社会生产关系发生了根本变化。资本主义工商业的社会主义改造，在中国已经基本完成。

---

① 《毛泽东文集》第 7 卷，人民出版社 1999 年版，第 11 页。

二 中国社会主义改造的伟大意义

20世纪50年代前半期中国所进行的轰轰烈烈的社会主义改造运动，不论在理论上还是在实践上，都有其不可抹杀的伟大意义。

首先，它极大地丰富了马克思主义关于社会主义改造的理论宝库。马克思主义创始人马克思、恩格斯，在19世纪中后期，根据当时的客观条件，论述了无产阶级革命胜利后如何改造旧世界、建设新世界的一般理论、原则和策略等问题。这对后来的社会主义国家在进行社会主义改造时具有重大指导意义。当然，由于时代的局限，马克思主义创始人不可能对未来中国的社会主义改造作出详尽的规定。在列宁时代，虽然社会主义理论已成为现实，社会主义改造问题已成为无产阶级政党迫切需要解决的大问题，但当时恶劣的客观条件以及十月革命后不久列宁就身患重病，使得列宁也只能对俄国的社会主义改造问题提出一些大致的设想。所以，新中国建立后，如何在中国进行成功的社会主义改造，就成为中共和全国人民所面临的迫切需要解决的大问题。以毛泽东为代表的中国共产党人，适应时代的要求和人民的期望，根据马克思列宁主义的基本理论和中国的具体国情，制定了社会主义改造和社会主义建设（实现国家工业化）并举的战略，形成了和平改造或和平"赎买"的总原则和基本方针，提出了通过多种形式的逐步改造和对生产关系的改造与对资本家本人改造相结合的综合改造的一系列新理论，创造出许多由低级到高级逐步过渡的社会主义改造的新形式。这些理论和做法，极大地丰富了马克思主义关于社会主义改造的理论宝库，对于中国乃至世界其他国家的社会主义改造实践，都具有重大的借鉴意义。

其次，中国社会主义改造的伟大胜利，是中国历史发展的一个重要里程碑。在中国，几千年来，都实行着以小生产为基础的人剥削人、人压迫人的旧制度，人与人之间存在着严重的不平等。这种不平等的旧制度，是中国社会长期以来特别是近代以来发展落后的一个重要原因。社会主义改造的顺利完成，彻底铲除了剥削制度，消灭了剥削阶级，初步实现了人们政治和经济地位的平等。因此，这在中国历史上无疑具有划时代的意义。

第三，中国社会主义改造的顺利完成，促进了国民经济的发展和社会的稳定。从历史的角度看，中国的社会主义改造运动也存在着某些缺点和偏差，但正如《中共中央关于建国以来党的若干历史问题的决议》所指出的那样："整个来说，在一个几亿人口的大国中比较顺利地实现了如此复杂、困难和深刻的社会变革，促进了工农业和整个国民经济的发展，这的确是伟大的历史性胜利。"① 事实的确如此，在全面进行社会主义改造的期间，即从1953年到1956年，全国工业总产值平均每年递增19.6%，农业总产值平均每年递增4.8%。经济发展比较快，经济效益比较好，重要经济部门之间的比例比较协调。市场繁荣，物价稳定，人民生活显著改善。大多数社会成员政治热情高涨，拥护中国共产党的领导和新生的社会主义制度，社会政治比较稳定。不仅如此，社会主义改造的顺利完成，强大的社会主义经济基础的确立，还为中国的进一步发展奠定了良好的基础。

第四，中国社会主义改造的顺利完成，壮大了世界社会主义力量，并为其他国家的社会主义改造提供了许多可以借鉴的经验教训。新中国建立以后，以毛泽东为代表的中国共产党人，从理论和实践上解决了在中国这样一个占世界人口近1/4的、经济文化落后的大国中建立社会主义制度的艰难任务。这不仅使中国从此走上新的历史征程，而且也壮大了世界社会主义的力量。中国共产党在社会主义改造过程中所制定和采取的战略、方针政策、基本原则和具体形式，如建设和改造并举、和平改造或和平赎买、逐步过渡、综合改造等，也为其他尚未走上社会主义道路的国家提供了许多可以借鉴的经验教训，以使其避免或少走弯路。

当然，从历史的角度看，中国的社会主义改造运动还存在着一些缺点和偏差。这些缺点和偏差，主要表现为对于列宁过渡时期理论的片面理解，对于个体经济和民族资本主义经济存在的合理性估计不足，而对当时农民的"社会主义积极性"估计过高，以至对社会主义改造的长期性、复杂性、艰巨性认识不足。这种认识上的偏差，必然会在行动上产生急躁冒进的情绪。社会主义改造后期所出现的要求过急、工作过粗、改变过快、形式过于简单划一等问题，就是这种急躁情绪的反映。这种工作上的失误，在一定程度上影响了人们生产积极性、主动性和创造性的进一步发挥，误伤了一部分人的感情，导致了某些商品的短缺和人们生活的不便，进而影响了中国前进的步伐和社会主义优越性的充分发挥。

---

① 《三中全会以来重要文献选编》下，人民出版社1982年版，第801页。

第五章　社会主义建设

新中国建立后，特别是生产资料私有制的社会主义改造基本完成后，毛泽东领导中国共产党对中国社会主义建设的道路进行了艰辛探索，取得了辉煌的成果，如关于社会主义社会矛盾的理论、关于中国社会主义工业化道路的理论和关于中国社会主义发展战略的理论等。这些理论的某些方面或许还不够完备和严密，很多符合实际的思想在毛泽东的有生之年也没有得到认真贯彻，但总的来说，这些理论已被历史证明是正确的，是对科学社会主义理论的丰富和发展。

第一节　社会主义建设道路的探索

新中国成立后，以毛泽东为代表的中国共产党人开创了一条有中国特点的向社会主义过渡的道路，到1956年基本完成了生产资料私有制的社会主义改造，建立了社会主义制度。而三大改造基本完成前后，毛泽东和他的同事们面临着一个没有成例可援的全新课题：在中国这样经济文化落后的东方大国，应该建设什么样的社会主义、如何建设社会主义？为此，以毛泽东为核心的中共第一代领导集体，对中国社会主义建设道路进行了长达20年的艰辛探索。

一　探索的良好开端

1955年下半年到1956年，社会主义改造高潮的到来，使中国开始了由革命到建设的转变。社会主义建设能否像民主革命、社会主义改造那样，也能找到一条适合中国特点的道路，是以毛泽东为核心的中共中央面临的新课题。建国以后，中国的经济建设基本上是照搬苏联的办法。对于这种"照抄",毛泽东一方面认为是必要的,另一方面"总觉得不满意,心情不舒畅"。[①] 再者,当中国进入社会主义的时候,国际国内都出现一些新情况、新问题。在国内,计划经济体制集中过多、统得过死的弊端开始暴露出来。国际上,1956年2月召开的苏共二十大揭露了苏联社会主义建设中的一些问题。这些问题引起毛泽东和中国共产党的思考和研究。

经过对农业、工业近半年的广泛调查和深入研究,毛泽东集中集体的智慧,1956年4月25日,在中共中央政治局扩大会议上发表了《论十大关系》的讲话,以苏联经验为鉴戒,初步总结了中国社会主义建设的经验,明确提出了探索适合中国国情的社会主义建设道路的任务,全面阐述了社会主义建设中的十对关系。《论十大关系》成为中国共产党探索社会主义建设道路的开篇之作。

1956年9月召开的中共第八次全国代表大会,总结了中国社会主义革命和社会主义建设的经验,制定了以经济建设为重点的社会主义建设的战略方针。这次会议取得了一系列重大成果,成为以毛泽东为核心的中共第一代领导集体探索社会主义建设道路的里程碑。

1957年2月27日,毛泽东在最高国务会议上作了《关于正确处理人民内部矛盾的问题》的讲话,提出了社会主义民主政治建设的新思路,创立了社会主义社会矛盾理论。这是毛泽东探索社会主义建设大业的又一重大理论成果。

总之,从1956年到1957年上半年,毛泽东和中国共产党对社会主义道路的探索是以全方位的姿态展开的,在探索中,作出了许多正确决策,获得了许多好的发展思路、思想观点和实践经验。

一是正确分析了国内主要矛盾,提出党和国家现阶段的主要任务是发展生产力。中共八大在正确分析社会主义改造基本完成后国内阶级状况后指出:中国国内的主要矛盾,已经是人们对建立先进的工业国的要求同落后的农业国的现实之间的矛盾,已经是人民对于经济文化迅速发展的需要同当前经济文化不能满足人民需要的状况之间的矛盾。因此,党和国家的主要任务已经由解放生产力变为在新的生产关系下面保护和发展生产力。这表明,以毛泽东为核心的中共中央实际上做出了党和国家工作重点由阶

[①] 《毛泽东文集》第8卷,人民出版社1999年版,第117页。

级斗争向经济建设转移的战略决策。

二是在经济上制定了在综合平衡中稳步前进的经济建设方针,提出了改革经济体制的思想。毛泽东还提出了正确处理农、轻、重的关系、积累与消费的关系等原则。为搞活社会主义经济,毛泽东在《论十大关系》中提出了正确处理中央和地方的关系以及国家、生产单位和生产者个人的关系等问题。1956年12月,毛泽东又提出"可以消灭了资本主义,又搞资本主义"①的设想。

三是在政治上创立了社会主义矛盾理论,提出了加强民主政治建设的思想。毛泽东系统阐述了社会主义社会基本矛盾、两类矛盾理论,指出人民内部矛盾只能用民主的、"团结——批评——团结"的方法去解决。这段时间,毛泽东还为废除实际上存在的领导职务终身制作了努力。

四是在文化上提出以马克思列宁主义为文化建设的指导思想,以"百花齐放,百家争鸣"作为繁荣文化科学事业的基本方针;确认知识分子是社会主义的劳动者,是工人阶级的一部分;提出继承祖国优秀的文化遗产,借鉴和吸收世界上一切优秀的文明成果。

五是在党的建设上提出加强和改善党的领导,重视执政党建设,整顿党的作风,加强党同人民群众的关系。

可以说,这一时期毛泽东对中国社会主义建设探索的成果,在各个重要方面都有所体现,并指导中国的社会主义建设事业取得了重大成就。但是,由于毛泽东和中国共产党对全面建设社会主义的思想准备不足,这一时期探索取得的许多成果,后来没有能够在实践中很好地坚持下去。

一 探索的曲折发展

从1957年夏季以后到"文化大革命"发动以前,毛泽东的探索取得了一些成果,但也发生了严重失误,使探索过程出现了曲折。

(一)探索中的失误

在"左"的思想指导以及其他因素的共同作用下,从1957年夏季以后,毛泽东和中国共产党犯了一系列重大错误,严重影响了中国社会主义建设事业的发展。

---

① 《毛泽东文集》第7卷,人民出版社1999年版,第170页。

首先，在政治上，犯了阶级斗争扩大化的错误，提出了"以阶级斗争为纲"的理论。1957年夏天发生的反右派斗争，由于判断有误、举措失当等原因，造成严重扩大化的后果，进而导致了"左"的指导思想在各方面蔓延、发展。由此，毛泽东对中国社会主义道路的探索开始发生曲折。"左"的指导思想在思想政治领域，表现为毛泽东改变了中共八大对中国社会阶级状况和主要矛盾的正确判断，把阶级斗争提到首位。1957年10月9日，毛泽东在中共八届三中全会上指出，无产阶级和资产阶级的矛盾，社会主义道路和资本主义道路的矛盾，毫无疑问，这是当前我国社会的主要矛盾。1958年5月，中共八大二次会议正式确认了这一论断。毛泽东和中共中央改变八大关于中国社会阶级状况和主要矛盾的论断，中断了党和国家工作重点由革命到建设转移的进程，此后长期陷入了阶级斗争扩大化的迷误。在1959年7—8月份召开的庐山会议上，毛泽东把党内在经济建设问题认识上的不同意见说成是阶级斗争，从而把阶级斗争引到党内，错误地发动了对彭德怀等人的批判，并在全党范围内开展了反右倾运动，使阶级斗争的错误理论和实践有了新的发展。在1962年9月召开的八届十中全会上，毛泽东断言，在整个社会主义历史阶段资产阶级都将存在并企图复辟，它是党内产生修正主义的根源，提出了阶级斗争要年年讲、月月讲、天天讲。在这一理论的指导下，从1963年到"文革"前，全国城乡开展了大规模的社会主义教育运动以及思想文化领域的批判运动。正是在社教运动中，毛泽东提出了"阶级斗争一抓就灵"、"以阶级斗争为纲"的口号，并在1965年1月提出，运动的重点是整党内那些走资本主义道路的当权派。毛泽东"以阶级斗争为纲"的理论，是对社会主义社会发展动力学说的重大修改，它有悖于中国国情，从根本上改变了探索的方向。

其次，在经济建设上，提出了赶超战略，发动了"大跃进"运动。反右派斗争后，在急于求成思想指导下，毛泽东和中国共产党提出了超高速的赶超战略并付诸实践。1957年11月，毛泽东提出，15年后，中国在钢产量和主要工业产品方面赶上或超过英国。这一目标随后被中共中央所肯定。1958年5月，中共八大二次会议通过了毛泽东创议的"鼓足干劲、力争上游、多快好省地建设社会主义"的总路线。会后，全国各条战线掀起以高速度、高指标、浮夸风、共产风、瞎指挥等为主要特征的"大跃进"运动。要求7年、5年、3年甚至2年内，提前实现原定的15年赶超英国的目标。连续3年的"大跃进"运动，给中国的经济建设造成了深重的灾难，以至于后来不得不进行了连续5年的经济大调整。"大跃进"式的超高速赶超战略及其实践，是毛泽东探索中的严重失误。围绕超高速发展战略，他还形成了以前探索中所没有的观念失误，如用群众运动的方式，搞大兵团作战来实现"大跃进"。如果说1957年反右派斗争中毛泽东提出阶级斗争的扩大化理论，是在政治上步入了思想误区的话，那么1958年毛泽东提出的"大跃进"发展战略思想，则是在经济上陷入了思想误区。

第三，在目标模式上，提出建设纯而又纯的社会主义，发动了人民公社化运动。"大跃进"时期，毛泽东在经济上提出和推动超高速度赶超战略的同时，在生产关系上构思和推动建立一种全新的社会组织形式——人民公社。1958年8月，中共中央政治局北戴河会议通过了根据毛泽东的建议起草的《关于在农村建立人民公社问题的决议》。到9月底，全国基本上实现了人民公社化。可以说，人民公社是毛泽东在"大跃进"浪潮推动下设计的中国社会的新模式，想解决的是建立什么样的社会主义问题，勾勒出了一幅相当完整的中国未来社会的图景。毛泽东试图在落后的生产力基础上，依靠不断扩大公有制，缩小商品生产，实行平均主义分配制度，来迅速建成完全的社会主义，并很快地过渡到共产主义。当时人民公社实行的所谓"一大二公"（规模大，公有化程度高）、具有共产主义因素的分配制度、限制和逐步消灭商品和商品交换、逐步取消社会分工等制度和措施，都能说明这一点。从根本上说，毛泽东设计的这种纯而又纯的社会主义模式，不仅企图超越社会主义初级阶段，而且企图超越整个社会主义阶段。因此，这种模式是带有空想色彩的社会主义模式，它的实施对中国社会主义建设事业造成了极大的破坏。

综上所述，毛泽东在这一时期的探索中，形成了一整套"左"的理论和主张：政治上的"以阶级斗争为纲"论，经济上的超高速发展战略论，建设途径上的群众运动论，建设目标上追求纯而又纯的社会主义的空想模式等等。而这些理论主张之间又是紧密联系、相互作用的。建立一个纯而又纯的社会主义，是毛泽东晚年探求并为之奋斗的理想目标。实现这一理想目标的根本办法，就是政治上搞"以阶级斗争为纲"，经济上实行超高速的发展战略。而无论是"以阶级斗争为纲",还是超高速发展战略,都是以群众运动为根本实施途径。毛泽东的探索之所以发生重大失误,说到底,是由于对"什么是社会主义,怎样建设社会主义"这个根本问题没有搞清楚,没有认识到党和国家工作总的指导思想随着革命向建设的转变应有一个根本性的转变,没有从国情出发进行社会主义建设。

(二)探索取得的成果

"大跃进"运动给中国造成了严重的经济困难。1958年秋冬,因为已经觉察到"大跃进"、人民公社化运动中的一些问题,从1958年11月到1959年上半年,毛泽东先后召集了6次重要会议,纠正已发现的错误,提出了一系列有价值的思想观点。1959年底到20世纪60年代初,结合读苏联《政治经济学(教科书)》,毛泽东对中国的社会主义建设道路进行了一定程度的反思,并大力提倡搞调查研究。这一时期,毛泽东对中国社会主义建设道路的探索,获得了许多新认识,闪现出耀眼的思想火花。

一是承认在社会主义建设方面还存在"未被认识的必然王国",强调必须把马克思列宁主义的普遍真理同中国社会主义建设的具体实际相结合。毛泽东在七千人大会讲话中总结经验时指出:"对于建设社会主义的规律的认识,必须有一个过程。必须从实践出发,从没有经验到有经验,从有较少的经验,到有较多的经验,从建设社会主义这个未被认识的必然王国,到逐步地克服盲目性、认识客观规律、从而获得自由,在认识上出现一个飞跃,到达自由王国。"强调:"我们必须把马克思列宁主义的普遍真理同中国社会主义建设的具体实际"结合起来,"从实践中一步一步地认识斗争的客观规律。"[①] 这是毛泽东和中国共产党经过曲折探索之后得到的最基本的经验。

二是在社会主义的发展上,提出了社会主义分为"不发达"和"比较发达"两个阶段的思想,并认为建设比较发达的社会主义需要上百年甚至更长的时间。经过1958年"跑步"进入共产主义的失败试验,毛泽东对社会主义发展的阶段性和长期性有了比较清醒的认识。1959年底至1960年初,他在谈读书体会时说:"社会主义这个阶段,又可能分为两个阶段,第一个阶段是不发达的社会主义,第二个阶段是比较发达的社会主

---

① 《毛泽东文集》第8卷,人民出版社1999年版,第300页、302页。

义。后一阶段可能比前一阶段需要更长的时间。经过后一阶段，到了物质产品、精神财富都极为丰富和人们的共产主义觉悟极大提高的时候，就可以进入共产主义社会了。"① 同时，毛泽东对制约中国经济发展速度的客观因素和建设社会主义的长期性重新取得比较符合实际的认识。1961 年 9 月，他说："建设强大的社会主义经济，在中国，五十年不行，会要一百年，或者更多的时间。"② 这些见解，强调了社会主义历史过程的阶段性和社会主义建设的长期性，否定了一蹴而就的天真想法，具有重要的理论意义。

三是在社会主义经济建设问题上，提出了波浪式推进律、"以农业为基础，以工业为主导"等重要思想和方针。首先，毛泽东在总结中国经济建设的经验教训基础上，提出了经济发展的波浪式推进律："说社会主义经济的发展一点波浪也没有，这是不可能设想的。任何事物的发展都不是直线的，而是螺旋式地上升，也就是波浪式发展。"③ 正因为如此，经济建设有快有慢，有时高潮，有时缓一些。1961 年 1 月，针对建设的经验教训，毛泽东指出，现在看来，搞社会主义建设不要那么十分急，十分急了办不成事，越急就越办不成，不如缓一点，波浪式地向前发展。认为应当搞几年慢腾腾，搞扎实一些，然后再上去。1964 年 12 月，又强调中国工业化不能走世界各国技术发展的老路，必须打破常规，尽量采用先进技术，以跳跃式的发展形式赶上工业发达国家。这些论述，反映了毛泽东希望利用经济发展速度不平衡的特点和国际国内的有利条件加快发展生产力、迅速改变中国贫穷落后面貌的强烈愿望。虽然在经济工作的实践上，毛泽东对经济建设不平衡发展、波浪式前进的理论的运用在许多方面是不成功的，但这仍是对中国社会主义建设道路探索的一个重要贡献。其次，在经济建设方针上，提出"以农业为基础，以工业为主导"的总方针。毛泽东在庐山会议前期提出了以农、轻、重为序安排生产的原则，1959 年提出了"以农业为基础"的思想，1962 年完整地提出了"以农业为基础，以工业为主导"的发展国民经济的总方针。这是经济落后国家建设

---

① 《毛泽东文集》第 8 卷，人民出版社 1999 年版，第 116 页。

② 同上书，第 301 页。

③ 同上书，第 120 页。

社会主义的一个重要思路，其正确性一再为后来正反两面的经验所证明。再次，在经济管理体制方面，强调处理好集中和分散的关系，改革企业管理制度。毛泽东认为，中央管得多，统得死，这是中国国家管理体制中的主要倾向，因此，要强调发挥地方积极性。同时，还必须发挥企业和职工个人的积极性，为此必须改革企业的管理制度。对企业的管理，要采取"工人群众、领导干部和技术人员三结合，干部参加劳动，工人参加管理，不断改革不合理的规章制度"①的"两参一改三结合"的制度。此后，它成为中国企业管理的一项重要制度。虽然这种制度对现代企业管理来说并不完备，但它毕竟是毛泽东在改革中国沿用的苏联企业管理制度的过程中的一项重要探索成果。

四是强调要领导好社会主义建设事业，必须按民主集中制的原则改善党和国家的政治生活。毛泽东在七千人大会上的讲话以此为主题，指出不论党内党外，都要有充分的民主生活，都要认真实行民主集中制，没有民主集中制，就不能建设社会主义。

总之，在对"大跃进"运动和人民公社化运动的错误进行了一定程度反思的基础上，毛泽东对中国社会主义建设问题提出了一系列重要观点和理论原则。尽管由于认识和历史条件的局限性，一些思想观点、理论原则未能充分展开和形成政策，但这些毕竟是在经历曲折、付出代价后，在建设社会主义问题上取得的正确或比较正确的认识

三　探索陷入歧途

随着"以阶级斗争为纲"错误的积累和发展，到1966年5月终于暂时压倒了社会主义建设的正确发展趋向，毛泽东亲自领导和发动了席卷全国的"文化大革命"，探索由此陷入歧途。这场动乱持续10年之久，把1957年开始的"左"倾错误发展到极端，给国家、人民和党带来了深重的灾难。这个时期，毛泽东和中国共产党犯了全局性错误。从社会主义认识和实践的角度来剖析，"无产阶级专政下继续革命的理论"和通过"五·七"道路建立纯洁的社会主义社会是影响全局的两条主要错误。

"无产阶级专政下继续革命的理论"，是毛泽东晚年在社会主义社

---

① 《毛泽东文集》第8卷，人民出版社1999年版，第135页。

阶级斗争问题上的主要理论概括，它把"以阶级斗争为纲"的错误推向了极端。1966年5月中共中央政治局扩大会议和同年8月中共八届十一中全会，较为完整地提出了这一理论。其核心是认定无产阶级与资产阶级的矛盾仍然是社会主义社会的主要矛盾，并断定中国面临着"资本主义复辟"的现实危险，中共中央已有一个"资产阶级司令部"，已有一大批资产阶级代表人物、反革命的修正主义分子混进了党内、政府内、军队内和各个领域，相当多单位的领导权已不在马克思主义者和人民群众手里。因此，在无产阶级专政条件下还要进行"一个阶级推翻一个阶级的政治大革命"。这个理论完全违背了马克思主义关于社会革命和阶级斗争的学说，从根本上脱离了中国的实际。在这个错误理论指导下，中国全国范围内开展了全面的阶级斗争，进行全面的夺权，实行全面的专政，出现了持续10年的严重内乱，国家陷入灾难的深渊，给社会主义事业带来了空前的厄运。

同"继续革命"的理论相配合，在建立一个什么样的社会主义的问题上，毛泽东设想通过"五·七"道路建立平等的纯洁的社会主义社会。1966年5月给林彪的信（即《五·七指示》）和1974年12月关于理论问题的谈话，比较集中地反映了毛泽东头脑中的社会主义理想境界：（1）要求各行各业都办成亦工亦农、亦文亦武、自成体系的全面发展的大学校，使社会行业之间的界限和分工逐步消灭，使每个人都能达到拿起锤子就做工，拿起锄头就种田，拿起枪杆子就能打敌人，拿起笔杆子就能写文章；（2）实现人们在参加劳动、接受教育和享受物质生活方面的平等，以平均主义的方法尽快地消灭三大差别；（3）限制和消灭商品制度、货币交换，实行自给自足或半自给自足。毛泽东最终设计的消灭社会分工、消灭商品制度、以平均主义为特征的社会主义模式，完全抛弃了自己在20世纪50年代中期和60年代初期探索得出的正确结论，发展了1958年形成的"三面红旗"社会主义战略构想。它实际上是以小生产观念误解了马克思主义关于社会主义的论述，是一个建立在自然经济和平均主义基础上的空想模式。因此，它背离了科学社会主义的基本原理，也不符合中国实际。

综观新中国成立以后，特别是社会主义改造基本完成后的20年间，毛泽东对中国社会主义建设道路的艰辛探索，实质上是围绕"什么是社会主义"、"怎样建设中国社会主义"的问题而展开。在这样的根本问题上，毛泽东的探索既有实事求是的一面，也存在脱离客观实际的情况，正确和失误两种倾向并存交织。这样，既形成了正确的和比较正确的理论观点和路线、方针、政策，并在其指导下取得令人瞩目的建设成就，积累了极其重要的历史经验；同时，又形成了错误的理论观点和路线、方针、政策，产生了错误的实践，给社会主义事业造成了重大损失。探索初期，开端良好，越到后期失误越多，"左"的错误越严重。从全局和整体上看，毛泽东探索的中国社会主义建设道路基本上未摆脱苏联社会主义模式，对于"什么是社会主义"的问题一直未搞清楚。但是，毛泽东对中国社会主义建设道路的探索，无论是成功的经验，还是失误的教训，都是中国共产党和中国人民的宝贵财富，都为中共十一届三中全会及其以后形成邓小平建设有中国特色社会主义的理论，提供了历史条件和历史渊源。

第二节 社会主义建设时期的社会矛盾

社会主义社会是否存在矛盾、如何处理和解决社会主义社会的矛盾，是前人所没有解决好的重大课题。经过1956年的"多事之秋"，这成为中国共产党和毛泽东反复思考的问题。从国际共运上看，1956年2月苏共二十大揭露了苏联建设、斯大林问题之后，6月和10月又先后发生了波兰波兹南事件和匈牙利事件。在中国国内，出现了工人罢工、农民闹退社、学生罢课的事件。在国际国内矛盾迭起的情况下，如何正确认识和处理社会主义社会的矛盾的问题，自然而迫切地摆在了中共面前。

1956年4月和12月，《人民日报》先后发表的经毛泽东审阅和修改的《关于无产阶级专政的历史经验》和《再论无产阶级专政的历史经验》两篇社论，1956年4月毛泽东发表《论十大关系》的讲话，1956年12月4日毛泽东给黄炎培的信，以及毛泽东于1957年1月在省、市、自治区党委书记会议上的讲话，都探讨了社会主义社会的矛盾问题，认识逐步深化、完善。1957年2月27日，在最高国务会议第十一次会议上，毛泽东发表了《关于正确处理人民内部矛盾的问题》的讲话，系统阐述了正确认识和处理两类不同性质的矛盾问题，形成了完整的社会主义矛盾学说。

一　社会主义社会的基本矛盾及其特点

毛泽东用对立统一规律观察社会主义社会后指出，社会主义社会是充满矛盾的社会，基本矛盾仍然是生产关系和生产力之间、上层建筑和经济基础之间的矛盾。在中国，社会主义生产关系已经建立起来，它是和生产力的发展相适应的；但是，它还很不完善，这些不完善的方面和生产力的发展又是相矛盾的。除了生产关系和生产力的这种又相适应又相矛盾的情况外，还有上层建筑和经济基础的既相适应又相矛盾的情况。同时，又强调指出，社会主义社会的矛盾同旧社会的矛盾是根本不同性质的，它不是对抗性的，可以经过社会主义制度本身的自我调整和完善不断地得到解决。毛泽东对社会主义基本矛盾的论述，是正确认识社会主义其他矛盾，特别是人民内部矛盾的基本前提。

二　正确认识和处理两类社会矛盾

毛泽东指出，在中国共产党人面前，有两类社会矛盾，一类是敌我矛盾，一类是人民内部矛盾。在社会主义建设时期，一切赞成、拥护和参加社会主义建设事业的阶级、阶层和社会集团，都属于人民的范围；一切反抗社会主义革命和敌视、破坏社会主义建设的社会势力和社会集团，都是人民的敌人。并强调说，这是性质完全不同的两类矛盾。敌我之间的矛盾是对抗性的矛盾，人民内部矛盾是非对抗性的矛盾。而矛盾的性质不同，解决的方法也不同。简单地说来，敌我矛盾是分清敌我的问题，要用强制的、专政的方法解决；人民内部矛盾是分清是非的问题，只能用民主的、说服教育的方法，即"团结——批评——团结"的方法解决。

毛泽东从中国确立社会主义制度以后的实际情况出发，对两类社会矛盾产生的根源及其相互关系作了深刻剖析。他认为，国际国内环境的诸多因素，是造成两类不同性质社会矛盾的原因。敌我矛盾的存在是因为国内外反革命因素起作用的缘故。人民内部矛盾的产生，基本根源在于社会主义社会基本矛盾的存在，此外还有政治思想根源、认识根源以及党和政府领导作风上的问题。毛泽东认为，敌我矛盾和人民内部矛盾在一定条件下是可以相互转化的。只要处理得当、政策正确，敌我矛盾是可以转化为人民内部矛盾的。而人民内部矛盾处理不当，或失去警觉、麻痹大意，也可能由非对抗性质转化为对抗性质。

毛泽东的两类社会矛盾理论，对于中国共产党完成在新的生产关系下保护和发展生产力这个根本任务，及时调整经济、政治制度的某些环节，及时发现和纠正工作中的错误，正确处理党、政府与人民群众之间的关系，化消极因素为积极因素，调动一切积极因素建设社会主义，有着极其重要意义。

三 正确处理人民内部矛盾是国家政治生活的主题

毛泽东根据社会主义制度建立后社会矛盾和阶级关系的根本变化，认为革命时期的大规模的疾风暴雨式的群众阶级斗争已经基本上结束，中国共产党的根本任务已经由解放生产力变为在新的生产关系下面保护和发展生产力。而能否正确处理人民内部矛盾，调动人民的积极性，决定着国家政局能否稳定和经济建设能否顺利发展的问题。正是基于这样的认识，毛泽东指出，在社会主义制度建立以后，人民内部矛盾已经在中国历史舞台上代替敌我矛盾而居于主要地位。因此，正确处理人民内部矛盾，就成为国家政治生活的主题。毛泽东的这一论断正确反映了中国社会发展的客观规律，为正确认识和解决社会主义社会的矛盾提供了强大的思想武器。

四 提出正确处理人民内部矛盾的方针

毛泽东确定了解决人民内部矛盾的总的指导思想，即实事求是、群众路线；总的方针，是用民主的方法解决矛盾。根据这一总的指导思想和总方针，针对各个领域内人民内部矛盾的不同特点，毛泽东制定了一系列解决矛盾的具体方针和方法。解决政治思想上的矛盾，应采取"团结——批评——团结"的方针，用说服教育的方法，决不能用强制压服的方法；在共产党和民主党派的关系上，实行"长期共存，互相监督"的方针，扩大和巩固共产党领导的统一战线；在国家经济生活中，实行"统筹兼顾、适当安排"的方针，兼顾国家、集体和个人三者利益；在科学文化方面，贯彻"百花齐放，百家争鸣"的方针，艺术上不同的形式和风格可以自由发展，科学上不同的学派可以自由争论；在知识分子问题上，要从根本上改善同知识分子的关系，善于团结知识分子，等等。

综上所述，毛泽东深刻分析了社会主义社会的复杂矛盾，制定了正确区分和处理两类社会矛盾的方针、方法和政策，形成了系统的关于社会主义社会矛盾的学说，科学地提示了社会主义社会发展的动力。社会主义社会矛盾学说极大地丰富了马克思主义的理论宝库，对社会主义建设具有长远指导意义。

第三节 社会主义建设中的十大关系

1956年4月25日，毛泽东在中央政治局扩大会议上发表了《论十大关系》的讲话，提出了探索适合中国国情的社会主义建设道路的任务，科学地论述了需要正确处理的十个方面的关系及其指导思想、方针和应遵循的原则。

一 正确处理五个方面的经济关系

重工业和轻工业、农业的关系。毛泽东指出，要坚持优先发展重工业，同时又要大力发展农业、轻工业的方针。重工业是国家经济建设的重点，必须优先发展生产资料的生产。但是，同时必须充分注意发展农业和轻工业，决不能忽视生活资料尤其是粮食的生产。应当在坚持优先发展重工业的前提下，适当地调整重工业和农业、轻工业的投资比例，更多地发展农业、轻工业。因为只有农业有更大的发展，工业才会有更多的原料和市场，促进轻工业的发展。农业和轻工业发展了，就会为重工业的发展积累更多的资金，提供广阔的市场，使重工业发展的基础更加稳固，速度更快，从而加快中国的工业化进程。如果不重视农业和轻工业的发展，就不会有足够的粮食和其他生活必需品，因而也就谈不上发展重工业。毛泽东论述了重工业、轻工业和农业的发展关系，实际上指明了中国工业化的发展道路。

沿海工业和内地工业的关系。毛泽东指出，要大力发展内地工业，同时要充分利用和发展沿海工业。充分利用和发展沿海的工业基地，才能促进和支持内地工业的发展。

经济建设和国防建设的关系。毛泽东认为，要加强国防建设，必须首先加强经济建设，这是一个战略方针。加强国防建设是一项长期的重要任务，而国防建设必须建立在经济建设的基础上，只有经济建设发展得更快了，国防建设才能有更大的进步。因此，必须把军政费用降到一个适当的比例，增加经济建设费用。

国家、生产单位和生产者个人的关系。在这方面，必须兼顾国家、集体和个人三个方面，正确处理国家和工厂、合作社的关系，工厂、合作社和生产者个人的关系，不能只顾一头。就生产者个人同国家、生产单位的关系而言，要提倡艰苦奋斗，反对把个人物质利益看得高于一切，同时也要提倡关心群众生活，反对不关心群众痛痒的官僚主义。在工厂和国家的关系上，要在坚持国家统一领导的前提下，给工厂适当的权力和利益，使工厂有相对独立性。这样，才能使各生产单位有发展活力。

中央和地方的关系。毛泽东指出，要发挥中央和地方两个积极性，处理好中央和地方之间集权和分权的关系，在巩固中央统一领导的前提下，扩大地方的权力。为了建设一个强大的社会主义国家，必须有中央的强有力的统一领导，必须有全国的统一计划和统一纪律。同时，又必须充分发挥地方的积极性，各地都要有适合当地情况的特殊性。要统一，也要特殊。在不违背中央方针的条件下，地方可以按照情况和工作需要搞章程、条例、办法，这样使地方有更多的独立性，办更多的事情。

以上五个方面的经济关系，第一个讲的是中国的产业结构问题；第二个讲的是工业布局问题；第三个实际上是更深层次的产业结构问题，即重工业内部的国防工业与民用工业的关系问题。从这里可以看出，毛泽东实际上提出了要开辟一条与苏联模式有所不同的中国工业化道路问题，而尤其强调要正确处理重工业、轻工业和农业的发展关系问题。关于第四和第五个关系的论述，实际上是分析了社会主义生产关系和生产力的矛盾，开始触及到经济体制问题，因而也是对经济体制改革的初步探索。总之，毛泽东提出了中国社会主义经济建设的若干新方针。

二　正确处理五个方面的政治关系

毛泽东论述了政治领域和对外关系方面的关系，提出了中国社会主义民主政治建设和思想文化建设的新方针。

汉族和少数民族的关系。毛泽东指出，要着重反对大汉族主义，也要反对地方民族主义。搞好汉族和少数民族的关系，巩固各民族的团结，共同努力于建设伟大的社会主义祖国。

党和非党的关系。这个关系实际上是共产党和民主党派的关系。在这方面，要采取"长期共存，互相监督"和"又团结又斗争"的方针。要允许民主党派发表意见，但对其错误观点要进行批判。总之，要通过多种工作，搞好统一战线，使民主党派和共产党的关系得到改善，尽可能地把民主人士的积极性调动起来，为社会主义服务。

革命和反革命的关系。毛泽东指出，在镇压反革命的同时，要化消极因素为积极因素。革命和反革命属敌我矛盾，镇反和肃反是完全必要的。对于极少数穷凶极恶的反革命分子必须严惩，甚至杀掉，但对大多数反革命分子应给予生活出路，使其有自新的机会。这样，反革命的消极因素在一定的条件下也可以转化为积极因素。

是非关系。是非关系就是正确和错误的关系，主要是如何对待犯了错误的同志的问题。毛泽东指出，党内党外都要分清是非。对待犯错误的同志，要采取"惩前毖后，治病救人"的方针，帮助其改正错误，允许其继续革命。这样，达到既弄清思想，又团结同志的目的。

中国和外国的关系。毛泽东提出了向外国学习的口号，认为每个民族都有它的长处，也有它的短处。对外国的东西不加分析地一概排斥，或不加分析地一概照搬，都不是马克思主义的态度。中国共产党的方针是，一切民族、一切国家的长处都要学，政治、经济、科学、技术、文学、艺术的一切真正好的东西都要学。但是，必须有分析有批判地学，不能盲目地学，不能一切照抄，机械搬用。

毛泽东在深入分析了十大关系之后指出，这十大关系就是十大矛盾。中国共产党的任务就是要正确处理这些矛盾。正确处理十大关系的主旨，就是调动一切积极因素，为社会主义事业服务。毛泽东指出："提出这十个问题，都是围绕着一个基本方针，就是要把国内外一切积极因素调动起来，为社会主义事业服务。"[①] 要调动一切积极因素，在国内，最根本的是调动工人和农民的力量，充分发挥人民群众在建设社会主义事业中的积极性和创造性。同时，要争取中间势力，对消极因素要做好工作，使之转化为积极因素。在国际上，一切可以团结的力量都要团结，不中立的可以争取为中立，反动的也可以分化和利用。总之，"我们一定要努力把党内

[①] 《毛泽东文集》第7卷，人民出版社1999年版，第23页。

党外、国内国外的一切积极的因素，直接的、间接的积极因素，全部调动起来，把我国建设成为一个强大的社会主义国家"。①

第四节　社会主义经济建设和发展模式

中国的社会主义经济建设要采取什么样的发展战略，要采用怎样的发展模式，是毛泽东对中国社会主义道路探索的重要内容。通过实现四个现代化，走出中国自己的工业化道路，并在这个基础上确立了中国社会主义经济建设的指导方针，是这个探索的重要成果。

一　中国社会主义现代化的发展战略

毛泽东一直把实现社会主义现代化视为中国共产党和中国人民的奋斗目标。新中国成立后，随着形势的发展和科学技术的进步，毛泽东关于中国经济建设战略目标，由实现工业化，进一步发展到实现工业现代化乃至整个国民经济现代化。

1954年9月，毛泽东在第一届全国人民代表大会第一次会议上提出："我国人民应当努力工作……准备在几个五年计划之内，将我们现在这样一个经济上文化上落后的国家，建设成为一个工业化的具有高度现代文化程度的伟大的国家。"② 根据毛泽东的这一思想，周恩来在这次会议上所作的《政府工作报告》中，明确宣布了实现工业、农业、交通运输、国防的现代化的宏伟构想，指出："我国的经济原来是很落后的。如果我们不建设起强大的现代化的工业、现代化的农业、现代化的交通运输业和现代化的国防，我们就不能摆脱落后和贫困，我们的革命就不能达到目的。"③ 这是中共对"四个现代化"的最早提法。在开始全面建设社会主义时期，毛泽东的现代化思想进一步发展，形成了完整的"四化"发展战略。1957年2月，毛泽东提出："将我国建设成为一个具有现代工业、现代农业和现代科学文化的社会主义国家。"④ 1960年初，在读苏联《政

---

① 《毛泽东文集》第7卷，人民出版社1999年版，第44页。
② 《毛泽东文集》第6卷，人民出版社1999年版，第350页。
③ 《周恩来选集》（下），人民出版社1984年版，第132页。
④ 《毛泽东文集》第7卷，人民出版社1999年版，第207页。

治经济学（教科书）》的谈话中，毛泽东提出了国防现代化的问题，指出，建设社会主义，原来要求是工业现代化，农业现代化，科学文化现代化。现在要加上国防现代化。这里毛泽东第一次完整地提出了四个现代化思想。不久，中共中央把"科学文化现代化"改为"科学技术现代化"。

毛泽东提出的"四个现代化"，在三届人大和四届人大上，被明确规定为中国20世纪经济建设的奋斗目标。1964年12月，根据毛泽东的提议，周恩来在三届人大一次会议上宣布："今后发展国民经济的主要任务，总的来说，就是要在不太长的历史时期内，把我国建设成为一个具有现代农业、现代工业、现代国防和现代科学技术的社会主义强国，赶上和超过世界先进水平。"① 在1975年1月召开的四届人大一次会议上，周恩来重申了这一奋斗目标。

四个现代化战略目标的选择和确立，是毛泽东在探索中国社会主义建设道路过程中的重大贡献，为中国社会主义现代化建设事业指明了方向，对于激发亿万人民建设社会主义的积极性起了巨大作用。当然，由于主客观条件的限制，特别是由于"以阶级斗争为纲"的错误决策及其"文化大革命"等政治运动的冲击，使得"四化"战略在毛泽东在世时一直未得到有效实施，中国社会主义现代化建设进程几经曲折，但不能因此否定毛泽东所设计的四个现代化战略目标的正确性。

对于中国的现代化建设如何部署、应采取何种战略步骤和用多长时间实现的问题，毛泽东在"大跃进"时期和"文化大革命"中发生过重大失误，而在20世纪50年代中期和60年代初期，他的认识还是比较正确的。

在20世纪50年代中期和60年代初期，毛泽东对建设强大的社会主义经济的艰巨性和长期性有比较清醒的认识，主张要有计划、有步骤地用50年到100年时间建成社会主义强国。1955年3月，他告诫全党："在我们这样一个大国里面，情况是复杂的，国民经济原来又很落后……要建成为一个强大的高度社会主义工业化的国家，就需要有几十年的艰苦努力，比如说，要有五十年的时间，即本世纪的整个下半世纪。"② 经过1955年

---

① 《周恩来选集》（下），人民出版社1984年版，第439页。
② 《毛泽东文集》第6卷，人民出版社1999年版，第390页。

底到1956年初的调查研究，毛泽东更加明确地指出，要使中国变成富强的社会主义国家，需要50年到100年的时间。1957年春，他在南下视察时又说，要把社会主义建设好，使人民有好的生活，要分几步走，大概有十几年会稍微好一点，有20年、30年就更好一点，有50年可以勉强像个样子，有100年那就了不起，就和现在大不相同的。1962年，《在扩大的中央工作会议上的讲话》中，毛泽东进一步提出："中国的人口多、底子薄，经济落后，要使生产力很大地发展起来，要赶上和超过世界上最先进的资本主义国家，没有一百多年的时间，我看是不行的。"①

1964年12月，三届人大在通过四个现代化战略目标的同时，根据毛泽东的建议，还提出了分两步实现四化的设想："第一步，建立一个独立的比较完整的工业体系和国民经济体系；第二步，全面实现农业、工业、国防和科学技术的现代化，使我国经济走在世界的前列。"②

毛泽东的这些论述，虽然带有意向和设想的性质，但它表明毛泽东已认识到中国的基本国情是人口多、底子薄、经济落后，因而要实现中国的富强非一朝一夕之功，需要一个相当长的过程，而且要分阶段、逐步前进。这些思想对于指导中国社会主义建设的实践有着重大意义。

四个现代化的战略构想虽然在毛泽东的有生之年没有能够得到认真实施，但就客观效果而言，在以毛泽东为核心的中共第一代领导集体的领导下，中国向社会主义现代化已迈出了一大步。毛泽东领导中国社会主义建设的27年中，中国国民经济各部门都取得了重大成就，如建立了独立、比较完整的工业体系和国民经济体系，工业、农业、交通运输、商业、对外贸易等都有较大发展。

二 关于中国工业化道路模式

1957年2月，毛泽东指出，中国工业化的道路问题，主要是指重工业、轻工业和农业的发展关系问题。经过进一步探索，到20世纪60年代初期，毛泽东形成了关于中国社会主义工业化道路的基本思想，其内容就是"以农业为基础，以工业为主导的发展国民经济总方针"和"以农、

---

① 《毛泽东文集》第8卷，人民出版社1999年版，第302页。
② 《周恩来选集》（下），人民出版社1984年版，第439页。

轻、重为序安排国民经济计划"的主张。与此同时，毛泽东还对这条道路的实现条件进行周密思考，对其实现目标进行了远景规划，从而使关于中国社会主义工业化道路的思考成为一个较为完整的理论体系。

发展国民经济要以农业为基础。毛泽东认为，以农业为基础发展国民经济是中国的一个根本方针。中国是一个农业国，农业关系国计民生极大。因为，农业是国民经济的一个重要物质生产部门，是人类衣食之源和生存之本，是人们能够进行各种活动的先决条件。所以，制订计划、规划道路都必须从这一基本条件出发。要有计划地、按比例地发展社会主义经济，必须正确处理工业和农业的比例关系。毛泽东指出："农业上不去，许多问题得不到解决"；"多发展农业和轻工业，多为重工业创造一些积累，从长远来看，对人民是有利的。"①

发展国民经济要以工业为主导，工业和农业同时并举。毛泽东认为，生产资料优先增长的规律，是社会扩大再生产的共同规律。中国采取以工业为主导，工业和农业同时并举的发展道路，是由其特定历史条件决定的。只有发挥工业在整个国民经济中的主导作用，才能更多地为农业和其他经济部门提供生产资料，为农民和其他居民提供工业消费资料，而且能够为农业和其他部门提供科学技术设备，进行技术改造。为此，毛泽东在1962年完整地提出了"以农业为基础，以工业为主导"的发展国民经济的总方针。

按照农、轻、重的次序安排国民经济计划。以农业为基础、以工业为主导的发展国民经济的总方针，在实际经济工作中表现为恰当处理农、轻、重的关系，使二者的发展协调一致，所以，农业、轻工业、重工业的关系实质上就是中国工业化道路的具体内容。毛泽东结合中外各国经济发展的经验，在1959年庐山会议前期首次提出以农、轻、重为序来安排国民经济计划的思想。后来这一思想又进一步完善，成为中国社会主义工业化建设的重要指导思想。一是把农业放在首位。国家制订计划，必须以发展农业为出发点，在分配资金、物资和劳动力时，先安排农业，再安排保证市场供应的轻工业，然后根据农业、轻工业的情况，安排重工业的发展规模和速度。二是制订计划应当把轻工业放在第二位。因为轻工业和农

---

① 《毛泽东文集》第8卷，人民出版社1999年版，第122页、第124页。

业、重工业都有密切的关系。轻工业搞好了，市场繁荣，物价稳定，人民高兴，国家收入增加，有利于农业发展，重工业的发展基础也会更加巩固。三是根据农业和轻工业发展的需要，安排重工业的发展规模和发展速度，同时要按照为农业、轻工业服务的方向，调整好重工业内部的结构。最后，要走中国自己的工业化道路，还必须处理好其他几方面的关系，包括沿海工业和内地工业的关系；经济建设和国防建设的关系；国家、生产单位和生产者个人的关系；中央和地方的关系；中国和外国的关系。毛泽东在《论十大关系》等著作中对这些问题都进行了精辟和独到的阐述。

毛泽东提出的中国工业化道路，就其内容来说，就是"在优先发展重工业的条件下，发展工业和发展农业同时并举。"[1] 走发展重工业和发展轻工业同时并举的道路。中国工业化道路的基本精神，它的核心，就是既要满足人民的物质文化生活的需要，又要进行社会主义建设，把生产建设和人民生活结合起来。这是符合社会主义基本经济规律要求的。

三　经济建设的指导方针

毛泽东在思考和设计中国社会主义经济建设战略时，还提出了许多有价值的战略指导方针，这些方针至今仍然有着重大的指导意义。

调动一切积极因素。调动一切积极因素，为社会主义事业服务的方针，在毛泽东有关中国经济发展的战略方针体系中有着特殊的位置。事实上，这一方针构成了毛泽东经济发展战略的总方针或基本方针。对此，毛泽东在《论十大关系》和《关于正确处理人民内部矛盾的问题》等一系列著作中有明确的论述。他在《论十大关系》的讲话中指出："提出这十个问题，都是围绕着一个基本方针，就是要把国内外一切积极因素调动起来，为社会主义事业服务。"[2] 根据毛泽东的论述，调动一切积极因素，一方面是指在国内调动占人口绝大多数的工人、农民、知识分子的积极性，争取中间势力，尽量争取化消极因素为积极因素；另一方面是指在国际上团结一切可以团结的力量，争取一切中立的力量，分化和利用一切反

---

[1] 《毛泽东文集》第8卷，人民出版社1999年版，第123页。
[2] 《毛泽东文集》第7卷，人民出版社1999年版，第23页。

动的力量。一句话，就是要调动一切直接和间接的力量，为建设一个强大的社会主义国家的战略目标服务。毛泽东关于调动一切积极因素的内容是极其丰富的，它既包括物质的因素，也包括文化的因素；既包括党内的因素，也包括党外的因素；既有国内的因素，也有国外的因素。按照毛泽东的理解，只有把所有这些因素充分调动起来，合理配置，共同服务于社会主义现代化建设的目的，才有可能实现建立一个强大的社会主义国家的理想。

相信和依靠群众。坚持群众路线，密切联系群众，相信和依靠群众，是中国共产党的优良传统和作风，也是毛泽东坚定不移的信条。新中国成立后，毛泽东把中国社会主义建设事业同人民群众紧紧地联系在一起，从根本上确立了人民群众在社会主义建设中的主体地位。由此，他把相信和依靠群众看作巩固人民民主专政和社会主义制度、搞好社会主义建设的一个根本问题，看作中国经济建设所必须遵循的一个基本方针。在毛泽东看来，相信和依靠群众还包含着必须善于发现和发挥人民群众的历史主动性和积极性。毛泽东指出，要保护人民群众的积极性，不应压抑、挫伤群众的积极性；在群众犯错误的时候，应出于良好的愿望，在不伤害群众积极性的前提下给予善意的帮助和纠正。他曾严厉地批评过中国共产党内的主观主义和官僚主义，指出这样会失去群众的支持，打击群众的积极性。

独立自主，自力更生。独立自主，自力更生，是毛泽东一贯的思想方法和行为准则，是他在思考中国经济发展问题时提出的又一个战略方针，这一方针在毛泽东有关中国经济发展战略的思想中占有十分重要的位置。1958年6月，毛泽东指出：自力更生为主，争取外援为辅，破除迷信，独立自主地干工业、干农业、干技术革命和文化革命，打倒奴隶思想，埋葬教条主义，认真学习外国的好经验，也一定要研究外国的坏经验——引以为戒，这就是中国共产党的路线。1963年9月，周恩来在国庆招待会上，对毛泽东有关独立自主、自力更生的思想进行了概括，指出，中国人民不论在革命斗争中，还是在建设事业中，都一贯采取自力更生为主，争取外援为辅的方针。每一个国家的建设，都应该主要依靠自己的力量，像中国这样的大国更应该如此。中国人民主要依靠自己的力量，在一个占世界人口1/4的国家里建设好社会主义，这本身就是对全人类的贡献，也就能够最好地履行自己的国际主义义务。

总之,毛泽东强调,中国的革命和建设事业,需要尽可能争取更多的外部支持,但又必须把力量基点放在自己身上,必须自己找出适合中国国情的前进道路。之所以要实行这一方针,是由于在中国这样的经济文化极度落后的国家进行社会主义建设,没有现成的经验和答案可供借鉴,必须独立自主地探索社会主义的建设之路。这是从实际出发、相信和依靠群众进行革命和建设的必然要求,也是当时特殊的国际环境所决定的。这一方针也体现着毛泽东和中国共产党人所具有的强烈的民族自尊感和自强感。"我们中华民族有同自己的敌人血战到底的气概,有在自力更生的基础上光复旧物的决心,有自立于世界民族之林的能力。"①

勤俭建国。节约的思想,勤俭的思想,毛泽东早已有之,但只是到了社会主义改造结束之后,大规模经济建设开始之初,毛泽东才明确提出了"勤俭建国"的方针。在1957年2月所发表的《关于正确处理人民内部矛盾的问题》的讲话中,毛泽东明确指出:"要使我国富强起来,需要几十年艰苦奋斗的时间,其中包括执行厉行节约、反对浪费这样一个勤俭建国的方针。"② 并告诫全党:"要使全体干部和全体人民经常想到我国是一个社会主义的大国,但又是一个经济落后的穷国,这是一个很大的矛盾。"③ 为了解决这一矛盾,坚持勤俭建国的方针就成为一个必然的选择。坚持勤俭建国的方针,必须坚持不懈地执行厉行节约、反对浪费的方针。这一点在毛泽东那里是毫不含糊,常抓不懈的。用毛泽东自己的话来说,就是"反对浪费,同批判其他缺点错误一样,好比洗脸。人不是每天都要洗脸吗?"④ 因此,毛泽东号召所有共产党员和各阶级、阶层人士都要起而实行增产节约,反对铺张浪费。同时,通过把增产节约运动和精简机关、下放干部结合在一起,克服干部队伍中的享乐主义、计较个人名利的不良倾向,使干部队伍保持着良好的思想状态和工作作风。

综上所述,经过艰辛的探索,毛泽东形成了一套较为完整的经济发展战略思想。尽管由于种种原因,毛泽东的这些思想,有的只是提出,并没

---

① 《毛泽东著作选读》(上),人民出版社1986年版,第86页。
② 《毛泽东文集》第7卷,人民出版社1999年版,第240页。
③ 同上。
④ 同上。

有得到真正的落实；有的虽然得到落实，但并没有坚持到底。但从总体上说，他的一些正确思想对于指导当时中国的社会主义建设事业，起到了巨大的作用。而毛泽东有关中国经济发展的战略思想，为改革开放新时期进一步推进现代化建设和邓小平经济发展战略的形成，准备了极其宝贵的思想材料。

第六章 统一战线

统一战线理论，在毛泽东思想体系中占有极其重要的地位，是中国共产党的总路线总政策的一部分。毛泽东在长期领导中国革命和建设的斗争中，把马克思主义统一战线的原理同中国统一战线的实践相结合，形成了一整套独具中国特色的统一战线理论、方针和政策，从而极大地丰富和发展了马克思主义关于统一战线的理论和策略。

第一节 统一战线在中国革命和建设中的地位

中国革命和建设中的统一战线，就是在中国共产党的领导与组织下，将革命的阶级、阶层、团体，以及各方面的人士动员起来，为完成民族的独立和人民的解放、国家的繁荣富强和人民的共同富裕而奋斗。统一战线无论在中国民主革命、社会主义革命中，还是社会主义建设中，都有极其重要的地位和作用。

一 统一战线在中国民主革命中的地位

建立革命统一战线，团结一切可以团结的人，争取一切可能争取的同盟，以便集中力量反对当前的主要敌人，是马克思主义革命策略的一个重要原则。马克思、恩格斯在《共产党宣言》中就表述过共产党要同其他民主政党、其他工人阶级政党联合的思想，指出："共产党人到处都支持一切反对现存的社会制度和政治制度的革命运动"，"到处都努力争取全世界民主政党之间团结和协调。"[①] 后来，他们又多次强调像德国和法国

[①] 《马克思恩格斯全集》第 1 卷，人民出版社 1956 年版，第 307 页。

这样农民占人口多数的国家，工人阶级要取得革命胜利，必须联合自己的天然同盟军农民。列宁在领导俄国革命的过程中，也一再强调工人阶级要依靠基本群众——农民，同时还要争取同社会革命党和少数派孟什维克的联合，注意争取一切可能的同盟者。他指出："要战胜更强大的敌人，就必须尽最大的努力，同时必须极仔细、极留心、极谨慎、极巧妙地一方面利用敌人之间的一切'裂痕'，哪怕是最小的'裂痕'，利用各国资产阶级之间以及各个国家内资产阶级各个集团或各种类别之间利益上的一切对立；另一方面要利用一切机会，哪怕是极小的机会，来获得大量的同盟者，尽管这些同盟者可能是暂时的、动摇的、不稳定的、不可靠的、有条件的。谁不懂得这一点，谁就是丝毫不懂得马克思主义，丝毫不懂得现代的科学社会主义。"①

统一战线在中国革命事业中有着特殊的重要地位和作用。毛泽东认为，中国新民主主义的革命要胜利，没有一个包括全民族绝大多数人口的最广泛的统一战线，是不可能的。1939年10月，毛泽东在《〈共产党人〉发刊词》中明确指出："统一战线，武装斗争，党的建设，是中国共产党在中国革命中战胜敌人的三个法宝，三个主要的法宝。""正确地理解了这三个问题及其相互关系，就等于正确地领导了全部中国革命。"② 统一战线在中国民主革命中有如此重要的地位和作用，这是由中国社会的具体历史条件决定的。

首先，中国社会"两头小，中间大"的状况，要求无产阶级必须团结广大的中间阶级一同革命。旧中国是一个半殖民地半封建的、资本主义发展落后而且情况复杂的东方大国。诚如毛泽东所言："中国社会是一个两头小中间大的社会，无产阶级和地主大资产阶级都只占少数，最广大的人民是农民、城市小资产阶级以及其他的中间阶级。"③ 革命的无产阶级和反动的大地主、大资产阶级占少数。中国无产阶级虽然革命性很强，是一个最有觉悟性、组织性的阶级，具有担负中国革命领导者的责任，但毕竟人数少，力量较弱。而处于中间地位的农民阶级、小资产阶级和民族资

---

① 《列宁选集》第4卷，人民出版社1995年版，第180页。
② 《毛泽东选集》第2卷，人民出版社1991年版，第606页、605~606页。
③ 《毛泽东选集》第3卷，人民出版社1991年版，第808页。

产阶级，占了全国人口的绝大多数。工人阶级只依靠本阶级力量是不可能完成反帝反封建任务的。只有争取和团结大多数人，同一切反对帝国主义、封建主义、官僚资本主义的阶级、阶层组成广泛的革命统一战线，才能完成民主革命的任务。毛泽东指出："中国无产阶级应该懂得：他们自己虽然是一个最有觉悟性和最有组织性的阶级，但是如果单凭自己一个阶级的力量，是不能胜利的。而要胜利，他们就必须在各种不同的情形下团结一切可能的革命的阶级和阶层，组织革命的统一战线。"[①]

其次，敌强我弱的基本态势决定了必须建立革命统一战线。中国革命的敌人——帝国主义、封建主义和官僚资本主义的势力是异常强大的，他们掌握着国家政权，控制着国家的经济命脉，拥有一支国家规模的军队，成为中国社会最残暴凶恶的反动统治者。要推翻这样的反动统治者，单靠一个阶级的力量是不可能的。中国无产阶级及其政党要完成反帝反封建的革命任务，必须团结一切可以团结的力量。

再次，中国革命发展的长期性和不平衡性决定了必须建立统一战线。在敌强我弱的情况下，革命要取得胜利，必须准备花费长久的时间，积聚雄厚的力量。中国革命的长久性决定了无产阶级要取得革命胜利，必须长期积蓄力量，这就要团结一切可以团结的力量，建立广泛的统一战线。

同时，中国人民长期深受帝国主义侵略和封建主义压迫这种历史条件，决定了中国无产阶级领导的反对帝国主义、封建主义和官僚资本主义的新民主主义革命拥有广大的同盟军，可以把一切爱国的、不甘心受帝国主义奴役和封建主义、官僚资本主义压迫的人们团结起来，结成包括全中华民族绝大多数人在内的规模宏大的统一战线。因此，在中国，建立广泛的民族民主统一战线，不仅是十分必要的，而且也是完全可能的。

中国共产党在领导中国新民主主义革命的过程中，把马克思主义统一战线理论同中国革命具体实践相结合，形成了一整套有中国特色的统一战线理论和策略，积累了丰富的实践经验，为马克思主义理论宝库作出了新的贡献。

[①] 《毛泽东选集》第2卷，人民出版社1991年版，第645页。

二　统一战线在中国社会主义革命和建设中的地位

新民主主义革命胜利后，中国建立了人民民主专政的国家政权，中国共产党成为执政党。统一战线是人民民主专政的一个重要特点和重要支柱，巩固人民民主专政与发展统一战线是互相促进、相辅相成的。毛泽东在《论人民民主专政》中对人民民主专政和统一战线的关系作了完整的阐述："团结工人阶级、农民阶级、城市小资产阶级和民族资产阶级，在工人阶级领导之下，结成国内的统一战线，并由此发展到建立工人阶级领导的以工农联盟为基础的人民民主专政的国家。"① 这样就把人民民主专政与统一战线巧妙地结合起来。新中国成立后，中国共产党在新的形势下发展了爱国统一战线，使人民民主专政获得了包括民族资产阶级和其他爱国民主人士在内的占绝大多数人民群众的支持，从而取得了恢复国民经济、土地改革、镇压反革命、抗美援朝等运动和三大改造的胜利。

在社会主义建设时期，以毛泽东为代表的中国共产党人一直强调统一战线的重要性。1956年，毛泽东在《论十大关系》中指出："要把国内外一切积极因素调动起来，为社会主义事业服务。过去为了结束帝国主义、封建主义和官僚资本主义的统治，为了人民民主革命的胜利，我们就实行了调动一切积极因素的方针。现在为了进行社会主义革命，建设社会主义国家，同样也实行这个方针。"② 社会主义建设的实践反复表明，统一战线在社会主义时期仍然是中国共产党的一大法宝。在今后很长的历史时期内，统一战线仍然是必要的，仍然具有强大的生命力。

第二节　统一战线与工农联盟

一　工农联盟是统一战线的基础

中国无产阶级及其政党——中国共产党在领导中国新民主主义革命的过程中，采取了正确的统一战线的策略、方针，从而把一切反帝、反封建、反官僚资本主义的阶级、阶层和人士团结在自己周围，组成了广泛的

---

① 《毛泽东选集》第4卷，人民出版社1991年版，第1472页。
② 《毛泽东文集》第7卷，人民出版社1991年版，第23页。

民族民主统一战线。参加统一战线的成员有工人阶级、农民阶级、城市小资产阶级、民族资产阶级和其他爱国人士,在某个阶段甚至还有一部分大地主、大资产阶级参加。其中,工人阶级是领导阶级,而农民阶级、城市小资产阶级、民族资产阶级等都是工人阶级的同盟军。中国共产党把属于同盟军的各阶级、阶层又分为两种情况:一是劳动群众,即农民阶级、小资产阶级和革命知识分子等。这是工人阶级的可靠同盟军,特别是农民阶级是工人阶级的伟大同盟军。一是非劳动群众,即民族资产阶级、开明绅士和其他同工人阶级合作的社会力量。他们是动摇的同盟者,有些是间接同盟军。这也就是说,在新民主主义统一战线中有两种联盟:一是工人阶级同劳动人民间的联盟,主要是工农联盟;一是工人阶级同非劳动人民的联盟。

在上述两个联盟中,以工农联盟为主体的第一个联盟是基本的、主要的联盟,是革命统一战线的基础。工人阶级和农民阶级不仅占了中国人口的绝大多数,而且在政治上都极具革命性。推翻帝国主义、封建主义和官僚资本主义的统治,完成民主革命的任务,主要靠这两个阶级的力量。同时,只有首先发展和巩固工农联盟,中国革命统一战线才能有坚实的基础,进而推动其他中间阶级的阶层、集团参加革命统一战线,有力量去孤立、分化、瓦解和消灭敌人,取得革命胜利。因此,中国共产党在领导中国革命的过程中,总是把工农联盟问题放在统一战线的首要地位,在革命的不同阶段,不断地指导全党去巩固和发展工农联盟。

中国共产党把工农联盟作为统一战线的基础有其深厚的理论依据。马克思主义经典作家对工农联盟作了精辟的论述。马克思、恩格斯总结1848年欧洲革命和1871年巴黎公社经验时指出,像法国和德国这样农民人口占多数的国家,无产阶级要联合自己的"天然同盟军"——农民,无产阶级若没有农民的"合唱","它在一切农民国度中的独唱是不免要变成孤鸿哀鸣的"。[①] 马克思、恩格斯认为,农民阶级和无产阶级有着共同的利益和目标,二者可以并且必然结成联盟来反对主要的敌人。列宁在领导俄国革命中一再强调,农民是最激进的拥护民主革命的力量,无产阶级应当把民主革命进行到底,这就要把农民群众联合到自己方面来,以便

[①] 《马克思恩格斯选集》第1卷,人民出版社1995年版,第684页。

用强力粉碎专制制度的反抗。在一切资产阶级大革命中，无产阶级（比较成熟的）只是同农民结成联盟才能取得决定性的胜利。无产阶级在民主革命中的作用是领导的作用，为了把革命进行到底，无产阶级就必须和农民共同行动。

中国共产党人把马克思主义关于工农联盟的理论同中国革命的具体实践相结合，对中国农民的革命性及其在民主革命中的地位和作用作了深刻分析。毛泽东不仅指出农民阶级中的贫农是"无产阶级的天然的和最可靠的同盟者"，而且还得出了前所未有的论断：农民是中国革命的最广大的动力，是中国革命队伍的主力军，中国的革命实质上是农民革命。在这里，不只是从一般意义上强调工农联盟和农民问题的重要性，而是把农民问题提到无产阶级革命的战略高度，把它作为中国革命的中心问题来看待，把农民阶级看作是左右中国革命的决定性力量。这种理论及其革命实践在世界无产阶级革命发展史上是独创性的，是对马克思主义工农联盟理论的突破性发展。

中国共产党人之所以得出这独创性结论，关键在于对中国国情的科学考察。在半殖民地半封建的中国，农民占全国人口的绝大多数，而这个阶级又处于整个社会的最底层，深受帝国主义、封建主义和官僚资本主义的三重压迫和残酷剥削，因而极具革命性。另一方面，由于中国革命的敌人势力强大，革命发展又不平衡，无产阶级必须首先从农村聚集和发展革命力量，走农村包围城市、武装夺取政权的道路。这样，如果农民不积极支持和参加革命，中国无产阶级就会孤掌难鸣，无法在农村立足，民主革命就不会取得胜利。因此，工农联盟对于中国革命具有非同一般的作用，相对于欧洲和俄国的无产阶级革命，工农联盟在中国革命中更具有决定性意义。中国无产阶级要取得革命胜利，组成广泛的革命统一战线，首先就要团结、依靠农民阶级，巩固和发展工农联盟。

二　巩固和加强工农联盟的基本条件——解决农民土地问题

毛泽东认为，中国民主革命时期工农联盟的实质是农民问题，而农民问题的核心是土地问题。土地制度的改革，是中国新民主主义革命的主要内容，是巩固工农联盟、夺取革命胜利的基本条件。

在半殖民地半封建的中国，占乡村人口不到10%的地主、富农，占有70%—80%的土地,而占乡村人口90%以上的贫雇农、中农及其他劳动者,总共只占有约20%—30%的土地。封建土地所有制,是造成农民长期不能摆脱地主阶级的压迫剥削,终年过着困苦不堪生活的根源,也是导致中国农业以至整个社会贫困落后的重要根源。因此,只有进行彻底的土地制度的改革,才能消灭封建主义,在经济上和政治上解放农民,扫除中国社会发展的严重障碍,使中国走上经济现代化、政治民主化的道路。同时,解决农民的土地问题是争取农民参加革命、巩固工农联盟的基本条件和手段。如前所述,中国共产党把农民看作中国革命的主力军。但是,农民的力量不会自然而然地成为现实的革命力量,它尚处于潜在状态。要使农民阶级与无产阶级结成巩固的联盟,使农民的力量汇入到革命的滚滚洪流之中,无产阶级及其政党必须发动农民、唤起民众。要做到这一点,毛泽东认为,最有效的手段是给农民以看得见的物质利益——在民主革命时期最重要的就是让农民获得土地。只有如此,无产阶级才能与千千万万的贫苦农民群众建立起巩固的联盟,争取中国革命的胜利,"不使农民得到土地,农民将不能拥护革命至最后成功"。[①] 因此,在新民主主义革命时期,中国共产党把工农联盟建立在解决农民土地问题的基础上,即建立在消灭封建地主的土地所有制、实行农民的土地所有制的基础上。

从大革命时期开始,中国共产党就对解决农民的土地问题进行了初步探索。此后,中国共产党制定的土地革命的路线、方针和政策,经历了逐步完善的过程。大革命时期,中国共产党曾提出没收地主土地分给农民的主张,并开展了农民运动,但由于当时实行的国共合作的统一战线策略与发动农民开展土地革命存在着不可克服的矛盾,因此没有真正解决农民的土地问题。土地革命战争时期,在各革命根据地内,第一次真正地实行了土地革命政策。以毛泽东为代表的中国共产党人不断总结实践经验,制定了"依靠贫雇农,联合中农,限制富农,保护中小工商业者,消灭地主阶级,变封建土地所有制为农民的土地所有制"的土地革命总路线,并提出了以乡为单位,按人口平分土地,抽多补少,抽肥补瘦的土地分配办法。这条路线和办法的实施,有力地发动了农民,使革命武装和政权有了广泛而可靠的基础。期间,由于"左"倾错误的影响,各根据地曾犯了

[①] 《第一次国内革命时期农民运动资料》,人民出版社1983年版,第48页。

没收一切土地、过分地打击富农、侵犯中农利益和破坏工商业等错误。抗日战争时期，中国共产党领导下的各解放区普遍开展了减租减息运动，不再实行没收土地的政策，并在此基础上建立起广泛的抗日民族统一战线，保证了抗日战争的顺利进行。解放战争时期，各解放区开展了轰轰烈烈的土地改革运动，农村中 90% 以上的人参加到土地改革的统一战线中来，极大地壮大了人民解放战争的力量，使工农联盟更加巩固和广泛。中国共产党总结了土改的实践经验，形成了完善的土地改革的总路线、方针和政策。毛泽东指出："土地改革的总路线，是依靠贫农，团结中农，有步骤地、有分别地消灭封建剥削制度，发展农业生产。"[①] 这条总路线提出了土地改革的对象、目的、依靠谁、团结谁，以及具体的方法和步骤，从而妥善地解决了土地改革过程中的重大问题，纠正了"左"的错误，推动了工农联盟的巩固和发展。

正由于以毛泽东为代表的中国共产党人在革命实践中逐步形成并有效实施了解决农民土地问题的路线、方针和政策，广大农民获得了梦寐以求的、赖以生存的土地，境况有了明显改善，从而无限感激和拥护共产党，纷纷加入革命队伍，使人民战争得到了源源不断的人力、物力、财力支援，工农联盟极大地巩固和发展起来。这样，不仅反帝反封建的民主革命具有了深厚的群众基础，无产阶级在统一战线中的领导权得到实现，而且也为无产阶级克服资产阶级的革命动摇性和不彻底性，实现与资产阶级的联合，即为实现第二个联盟创造了有利条件。

第三节　统一战线与资产阶级

一　争取和团结资产阶级等一切中间势力

中国民主革命统一战线两个联盟中的第二个联盟，是工人阶级同非劳动群众（包括民族资产阶级及他们的知识分子和其他爱国者）的联盟。相对于第一个联盟——工农联盟而言，第二个联盟是非基本的、辅助的联盟，但在中国的历史条件下它又是一个不可缺少的重要联盟。中国无产阶级和中国共产党在领导中国革命的过程中，对资产阶级等一切中间势力采

---

① 《毛泽东选集》第 4 卷，人民出版社 1991 年版，第 1314 页。

取了争取和团结、又联合又斗争的政策,从而建立起广泛的民族民主统一战线。

毛泽东认为,在中国革命的进步势力和反动势力之间有一些持中间立场的阶级和阶层,他们是中间势力。由于各个历史时期的主要矛盾不同,各个阶级和阶层所处的地位不同,中间势力的内涵是不断变化的。大革命时期和土地革命时期,中间势力包括民族资产阶级、上层小资产阶级、乡村的富农等。抗日战争时期,由于民族矛盾上升、地主买办阶级营垒的分化,中间势力的范围扩大了,不仅包括民族资产阶级即中等资产阶级和上层小资产阶级,还包括从地主阶级中分裂出来的带有资产阶级色彩的开明绅士,倾向于抗日的地方势力派等等。从阶级属性上看,包括全部民族资产阶级和一部分地主阶级、大资产阶级。

中国无产阶级同中间势力的联盟,首先和主要的,是指同资产阶级尤其是民族资产阶级的联盟。毛泽东指出,中国共产党同资产阶级的关系,对于党的发展、巩固和革命的前进、胜利关联极大。"当我们党的政治路线是正确地处理同资产阶级建立统一战线或被迫着分裂统一战线的问题时,我们党的发展、巩固和布尔什维克化就前进一步;而如果是不正确地处理同资产阶级的关系时,我们党的发展、巩固和布尔什维克化就会要后退一步。"[①]

争取和团结民族资产阶级。毛泽东把中国的资产阶级分为官僚(买办)资产阶级和民族资产阶级两部分,并认为民族资产阶级是既有革命性又有妥协性的两重性阶级。但是,民族资产阶级对中国无产阶级领导的民主革命和统一战线具有举足轻重的地位和作用。首先,民族资产阶级是一个爱国的阶级,曾领导了旧民主主义革命。在新民主主义革命时期,他们仍然有反帝反封建的积极性。而对强大的敌人,中国无产阶级在革命斗争中必须争取民族资产阶级同自己采取联合行动。其次,这个阶级有着广泛的社会联系,社会影响力较大。中国的许多知识分子出自于这个阶级,或与这个阶级有较多的联系,一些民主党派和无党派民主人士是以这个阶级作为自己的社会基础的。因此,无产阶级同民族资产阶级建立统一战线,不仅可以直接增强革命力量,而且有利于争取他们影响下的小资产阶

---

① 《毛泽东选集》第2卷,人民出版社1991年版,第605页。

级群众和知识分子，从政治上孤立大地主和大资产阶级。再次，从经济上看，这个阶级有极大的作用。民族资本主义在近代中国是作为封建主义、帝国主义的对立物而出现的，是一种比较先进的生产关系。在民主革命时期，不仅不应当破坏、消灭这种生产关系，而且还应当为其发展扫清障碍。无产阶级争取了民族资产阶级，就可以在革命根据地、解放区内，利用民族资本主义经济，在发展生产、促进内外交流、满足人民生活需要等方面发挥积极作用。总之，无论从政治上、经济上看，还是社会关系上看，民族资产阶级都是中间势力中的主要角色。因此，争取和团结民族资产阶级是无产阶级搞好统一战线第二个联盟的中心问题。

特定条件下联合大资产阶级。中国的官僚资产阶级，是带买办性的大资产阶级，是资产阶级的主体。毛泽东指出，这个阶级"是直接为帝国主义服务并为它们所豢养的阶级"，"历来都是革命的对象"。[①] 但是，在特定条件下，无产阶级及其政党也应同一部分大资产阶级建立统一战线。"由于中国的带买办性的大资产阶级的各个集团是以不同的帝国主义为背景的，在各个帝国主义间的矛盾尖锐化的时候，在革命的锋芒主要地是反对某一个帝国主义的时候，属于别的帝国主义系统的大资产阶级集团也可能在一定程度上和一定时期内参加反对某一个帝国主义的斗争。在这种一定的时期内，中国无产阶级为了削弱敌人和加强自己的后备力量，可以同这样的大资产阶级集团建立可能的统一战线，并在有利于革命的一定条件下尽可能地保持之"。[②] 在新民主主义革命时期，中国共产党曾两次与大资产阶级建立统一战线。一次是在国共合作的大革命时期，国民党内的右派就是大地主大资产阶级的代表；一次是在抗日战争时期，中国共产党与英美派大地主大资产阶级及其政治代表——国民党进行了合作，这对于最终打败日本帝国主义起了重大作用。但是，大资产阶级毕竟是代表着最落后、最反动的生产关系的，是中国民主革命的对象。因而，"在买办性的大资产阶级参加统一战线并和无产阶级一道向共同敌人进行斗争的时候，它仍然是很反动的，它坚决地反对无产阶级及其政党在思想上、政治上、组织上的发展，而要加以限制，而要采取欺骗、诱惑、'溶解'和打击等

---

① 《毛泽东选集》第2卷，人民出版社1991年版，第606~607页。

② 同上书，第607页。

等破坏政策，并以这些政策作为它投降敌人和分裂统一战线的准备。"①因此，无产阶级与大资产阶级建立统一战线时，必须随时保持高度警惕，在它实行反动政策时给予坚决的斗争。

争取和团结民主党派。民主党派是中国新民主主义革命统一战线的重要组成部分。民主革命时期，在反帝、反封建和反官僚资本主义的斗争中逐步形成和发展起来的十一个民主党派，都是具有阶级联盟性质的政党。其形成的社会基础，主要是民族资产阶级、小资产阶级及其知识分子。其在民主革命时期的政治主张，与中国共产党的部分纲领一致，带有新民主主义性质。在行动上，其基本方面，也是同共产党合作的。民主党派由于其阶级性和所处的政治地位，在民主革命中起着重要作用。因此，中国共产党始终把正确处理同各民主党派的关系，作为巩固和发展统一战线的重大问题。

二 对资产阶级采取"又联合又斗争"的策略

（一）对资产阶级"又联合又斗争"是中国革命统一战线的基本策略

争取和团结资产阶级是中国无产阶级建立革命统一战线第二个联盟的基本问题。针对中国的资产阶级的特点，中国共产党在统一战线中对资产阶级采取了"又联合又斗争，以斗争求联合"的策略。毛泽东指出："中国共产党的政治路线的重要一部分，就是同资产阶级联合又同它斗争的政治路线。""所谓联合，就是同资产阶级的统一战线。所谓斗争，在同资产阶级联合时，就是在思想上、政治上、组织上的'和平'的'不流血'的斗争；而在被迫着同资产阶级分裂时，就转变为武装斗争。如果我们党不知道在一定时期中同资产阶级联合，党就不能前进，革命就不能发展；如果我们党不知道在联合资产阶级时又同资产阶级进行坚决的、严肃的'和平'斗争，党在思想上、政治上、组织上就会瓦解，革命就会失败。"②

在对待资产阶级的政策上，指导中国革命的共产国际和中国共产党内曾出现过两种错误倾向。一种倾向是，只看到资产阶级积极性的一面，看

---

① 《毛泽东选集》第2卷，人民出版社1991年版，第607页。
② 同上书，第608页。

不见其消极或反动的一面,忽视无产阶级和资产阶级之间在纲领、政策、思想、实践等方面的原则差别,对资产阶级只讲联合,不讲斗争。第一次大革命后期出现的陈独秀右倾错误即是如此。当时对资产阶级及国民党采取了一切联合、否认斗争的方针,放弃了无产阶级的领导权,结果导致了大革命的失败。另一种倾向是,只看见资产阶级消极或反动的一面,看不见其积极的一面,只讲斗争,不讲联合。在土地革命战争时期,共产国际和中共党内的"左"倾教条主义者,对中间阶级两面性认识不足,把民族资产阶级和上层小资产阶级等中间力量划到反动营垒里去,提出了"中间势力危险"论。结果走向另一极端,对于工农和下层小资产阶级以外的一切社会成分,采取"一切斗争,否认联合"的方针,给革命造成了严重损失。

以毛泽东为代表的中国共产党人在长期的革命实践中,探索出一条统一战线中正确对待资产阶级的正确策略——"又联合又斗争"。毛泽东认为,革命统一战线内部的"又联合又斗争"又可分为两种情况:一是对民族资产阶级的又联合又斗争;二是对大地主大资产阶级的又联合又斗争。

(二) 对民族资产阶级的"又联合又斗争"

对民族资产阶级的又联合又斗争,就是针对中国民族资产阶级的政治主张、政治态度具有两重性的特征,对其革命性方面,实行团结的政策,而对其妥协性方面,实行适当的批评或斗争的政策,以便尽可能地使其坚定革命性,克服动摇性,同无产阶级保持联盟,或至少保持中立。由于中国无产阶级同民族资产阶级的联盟,是革命内部的联盟,联盟的性质和实现联盟的条件与无产阶级和大资产阶级的联盟不同。"民族资产阶级没有大资产阶级那么多的反动性和对抗性,并且基本上没有掌握过政权和武装力量。因此,我们同民族资产阶级基本上没有武装力量的联合和斗争,而主要是政治上的联合和斗争,斗争的主要手段是批评和教育,而批评也是为着教育和团结。"[1] 而批评和教育的正确做法是"诚恳地协商、建议和说理,必要时进行适当批评,而不是从组织上去控制他们。"[2] 1948 年 1

---

[1] 李维汉:《统一战线问题与民族问题》,人民出版社 1982 年版,第 392 页。

[2] 同上书,第 11 页。

月，中共中央在《关于对中间派和中产阶级右翼分子政策的指示》中指出："对一切可以争取的中间派，不管他们言论行动中包含多少动摇性及错误成分，我们应采取积极争取与合作态度，对他们的错误缺点，采取口头的善意的批评态度。"① 解放战争时期，中国共产党针对民族资产阶级、上层小资产阶级中的右翼分子和一些民主党派、无党派民主人士倡导和鼓吹走"中间道路"，即建立民族资产阶级国家的幻想，进行了批评和斗争。在中国共产党的教育下，在蒋介石集团反人民反民主的现实面前，民族资产阶级最终丢掉了幻想，走上了新民主主义革命的道路。中国共产党认为，无产阶级要实现同民族资产阶级等中间势力的联合，还必须创造一定的条件，"没有这些条件，中间势力就会动摇起来，或竟变为顽固派向我进攻的同盟军；因为顽固派也正在极力争取中间派，以便使我们陷入孤立"。② 毛泽东认为，这些条件一是"我们有充足的力量"；二是"尊重他们的利益"，③ 即给他们以物质利益，"至少不损害其利益，同时对被领导者给以政治教育"；三是领导他们"向着共同敌人作坚决的斗争，并取得胜利"。④ 在抗日战争和解放战争时期，中国共产党正是这样做的，因而使民族民主统一战线得到空前的巩固和扩大，从政治上保证了抗日战争和解放战争的胜利。

（三）对大资产阶级采取的"又联合又斗争"

中国共产党对大资产阶级采取的"又联合又斗争"的策略，与对民族资产阶级有所不同。由于无产阶级与大资产阶级的联盟，不是革命阶级内部的联盟，而是利用敌人之间的"裂隙"，是在一定时期一定条件下建立的一定程度的联盟，以便集中力量反对当前最主要的敌人。对于它的反动的一面，无产阶级必须在政治上、思想上和组织上，有时甚至在军事上，进行有理、有利、有节的斗争，使它孤立起来，联盟不致完全破裂，而无产阶级在被迫同大资阶级分裂时，就转变为武装斗争。因此，中国共产党对大资产阶级采取了又团结又斗争，以斗争求团结的政策。

抗日战争时期，中国共产党在抗日民族统一战线内，同掌握着全国政

---

① 《中共中央文件选集》（十四），中共中央党校出版社1987年版，第5页。
② 《毛泽东选集》第2卷，人民出版社1991年版，第747~748页。
③ 同上书，第747页。
④ 《毛泽东选集》第4卷，人民出版社1991年版，第1273页。

权和庞大军队的代表大地主大资产阶级利益的国民党进行了异常激烈的斗争，包括局部性的规模相当大的"磨擦"战争在内。由于采取了正确的政策，中国共产党领导人民军队粉碎了国民党军队的无数次进攻，把抗日统一战线坚持到了对日作战的最后胜利。日本投降后，面对蒋介石发动新的反共内战，中国共产党没有重犯类似1927年的右倾投降主义错误，而是一面同国民党政府进行和平谈判，争取和平民主的发展，一面坚决做好了以革命战争去粉碎蒋介石的反革命战争的准备。同时，中国共产党也没有重犯共产国际和中共中央"左"倾错误领导人在土地革命战争时期所犯的"左"倾冒险主义错误，没有因为大地主大资产阶级破坏了统一战线，就对民族资产阶级等中间势力采取"一切斗争，否认联合"的错误方针，而是继续高举人民民主统一战线的旗帜，联合各种爱国民主分子，去共同进行反对蒋介石卖国、独裁、内战的反动政策的斗争。

在处理与资产阶级统一战线的实践中，基于对无产阶级同资产阶级尤其是大资产阶级相互关系的科学分析，中国共产党提出，无产阶级在统一战线中必须坚持独立自主原则，做到既统一，又独立。坚持在统一战线中的独立性，就是坚持无产阶级及其政党在思想上、政治上和组织上的独立性。坚持思想上的独立性，就是绝不放弃马克思主义信仰。否则，就不可能有中国革命的胜利；坚持政治上的独立性，就是在同大地主、大资产阶级和国民党搞统一战线时，必须看到二者在纲领、政策、思想、实践等方面的原则区别，实行自己的政治路线，批评和反对大资产阶级、国民党的反共反人民的路线；坚持组织上的独立性，就是中国共产党决不合并于其他任何政党，坚持对人民军队和民主政权的绝对领导，决不与国民党的军队和政权融合，在斗争中把共产党建设成为政治上坚强、组织上巩固、具有广大群众性的独立的无产阶级革命政党。

中国共产党在革命实践中创造了一系列同大资产阶级建立统一战线的具体政策和策略：发展进步势力，争取中间势力，孤立顽固势力；利用矛盾，争取多数，反对少数，各个击破；有理、有利、有节；针锋相对，以革命的两手反对反革命两手，等等。这些政策和策略对发展民主革命统一战线起了巨大作用。

综上所述，在新民主主义革命过程中，中国共产党对资产阶级等中间势力采取了"又联合又斗争"的理论、政策和策略，从而把他们全部争取到统一战线中来，形成了无产阶级领导下的"人民大众"的队伍，达到了最大限度地孤立敌人、壮大革命力量的目的，为夺取革命胜利奠定了基础。上述争取中间势力的政策和策略，是对马克思主义统一战线策略思想的重大发展。上述有些思想虽然马克思、恩格斯、列宁和斯大林论述过，但没有这样的明确概括，或者缺乏具体实践；而有些策略原则与中国共产党相反，如斯大林把中间阶级当作"革命敌人的最危险的社会支柱"，主张采取"打击"和"孤立"的策略。而中国共产党突破了这种"中间势力危险"论，是对科学社会主义学说的重大贡献。

第四节 统一战线与党的领导

一 无产阶级领导权问题是统一战线的根本问题

领导权问题，是统一战线的根本问题。所谓统一战线的领导权，主要就是谁成为农民、小资产阶级和民族资产阶级的领袖，是无产阶级还是资产阶级。或者说，领导权问题，就是使资产阶级跟随无产阶级，还是使无产阶级跟随资产阶级的问题。统一战线中无产阶级和资产阶级之间的斗争，集中地体现在对统一战线领导权的争夺上。因为哪个阶级掌握了统一战线的领导权，就决定了革命走哪条道路，也就决定了革命的成败与前途。

马克思列宁主义创始人对统一战线中无产阶级领导权问题十分重视。马克思、恩格斯指出，无产阶级和资产阶级在反对封建专制主义斗争中结成联盟时，要保持自己的独立性。"共产党一分钟也不忽略教育工人尽可能明确地意识到资产阶级和无产阶级的敌对的对立，以便德国工人能够立刻利用资产阶级统治所必然带来的社会的和政治的条件作为反对资产阶级的武器，以便在推翻德国的反动阶级之后立即开始反对资产阶级本身的斗争。"[①] 列宁在《社会民主党在民主革命中的两种策略》一书中明确地提出了无产阶级领导权的思想。他指出："革命的结局将取决于工人阶级是成为在攻击专制制度方面强大有力但在政治上软弱无力的资产阶级助手，

---

① 《马克思恩格斯选集》第 1 卷，人民出版社 1995 年版，第 306 页。

还是成为人民革命的领导者。"① "马克思主义教导无产者不要避开资产阶级革命,不要对资产阶级革命漠不关心,不要把革命中的领导权交给资产阶级,相反地,要尽最大的努力参加革命,最坚决地为彻底的无产阶级民主主义、为把革命进行到底而奋斗。"② 同时,列宁还论述了无产阶级领导谁和如何领导的问题。

中国共产党在新民主主义革命中坚持和发展了马克思列宁主义的无产阶级领导权思想。毛泽东在总结大革命失败的惨痛教训时指出:"使无产阶级跟随资产阶级呢,还是使资产阶级跟随无产阶级呢?这个中国革命领导责任的问题,乃是革命成败的关键。"③ "中国新民主主义的革命要胜利,没有一个包括全民族绝大多数人口的最广泛的统一战线,是不可能的。不但如此,这个统一战线还必须是在中国共产党的坚强的领导之下。没有中国共产党的坚强的领导,任何革命统一战线也是不能胜利的。"④ 中国无产阶级及其政党——中国共产党的领导,是中国新民主主义革命统一战线最根本的特点。

毛泽东和中国共产党人认为无产阶级对统一战线的领导权,体现在政治领导、思想领导和组织领导上。政治领导就是根据历史的进程,制定代表群众根本利益的纲领、路线;思想领导就是对被领导者进行宣传工作和思想政治工作,使党的路线变为群众的行动,并把各阶级的行动统一到党的路线上来;组织领导就是依靠党的组织和党员的模范行动以及与非党群众的密切联系,坚持从群众中来到群众中去的群众路线,调动浩浩荡荡的革命大军,向敌人进行坚决的斗争并取得胜利。

二 保证党对统一战线的政治领导

毛泽东和中国共产党认为,无产阶级在统一战线中的领导权不是自然产生的,而是经过艰苦斗争才能取得。因为在革命统一战线中,不仅大资产阶级要与无产阶级争夺领导权,就是民族资产阶级和小资产阶级也要与无产阶级争夺领导权。要大资产阶级接受无产阶级的全部领导固然是不可

---

① 《列宁选集》第1卷,人民出版社1995年版,第529页。
② 同上书,第558页。
③ 《毛泽东选集》第1卷,人民出版社1991年版,第262页。
④ 《毛泽东选集》第4卷,人民出版社1991年版,第1257页。

能的，就是要民族资产阶级和小资产阶级接受无产阶级及其政党的全部领导也很困难，需要一定的条件。周恩来指出："自由资产阶级并不那样听话，常常闹独立性。所以我们对自由资产阶级的领导，只能是主要问题上的领导，而不可能是完全的领导。"而对于大资产阶级，"从历史的经验看，一时的或一个问题上的领导也是可能的"。①

在统一战线中，无产阶级对资产阶级及其他阶级阶层在主要问题上的领导，主要是指政治领导，即政治原则、政治方向、重大决策的领导。毛泽东在1937年5月所作的《中国共产党在抗日时期的任务》报告中指出，无产阶级及其政党要实现对全国各阶级的政治领导，必须具备四个条件："首先，是根据历史发展行程提出基本的政治口号，和为了实现这种口号而提出关于每一发展阶段和每一重大事变中的动员口号。"第二，是按照这种具体口号、目标在全国行动起来时，"无产阶级，特别是它的先锋队——共产党，应该提起自己的无限的积极性和忠诚，成为实现这些具体目标的模范"。"第三，在不失掉确定的政治目标的原则上，建立与同盟者的适当的关系，发展和巩固这个同盟。第四，共产党队伍的发展，思想的统一性，纪律的严格性。共产党对于全国人民的政治领导，就是由执行上述这些条件去实现的。这些条件是保证自己的政治领导的基础，也就是使革命获得彻底的胜利而不被同盟者的动摇性所破坏的基础。"②

在这里，毛泽东强调无产阶级在统一战线中，决不能被其他的阶级、阶层所影响和动摇，以至于把自己降低到同盟者的水平。而必须积极地影响和吸引其他阶级、阶层，在一定条件下同他们建立共同行动。实际上，就是无产阶级要在政治上把同盟者尽可能提高到当时革命斗争所要求的水平。无产阶级同其他阶级、阶层结成联盟，必须有共同的政治纲领作基础，才能有统一的行动。而共同纲领一般来说是反映当前历史条件下各阶级的力量对比和共同要求，不可能反映各阶级的全部要求，各阶级还会保持他们自己的独立的要求。就是对于共同纲领，各阶级各党派的态度也不可能完全一致。因此，必然有团结，又有斗争。"所以革命的领导阶级——无产阶级就必须有自己的独立纲领，这在中国民主革命阶段，就是中

---

① 《周恩来选集》（上），人民出版社1980年版，第217页。
② 《毛泽东选集》第1卷，人民出版社1991年版，第262～263页。

国共产党的最低纲领即新民主主义纲领,又必须善于同别的阶级和党派达成共同的纲领,并经过共同纲领,又联合又斗争,逐步地把他们提高到自己最低纲领的水平",否则,"就是将合作变成混一,必然在统一战线中犯投降主义或尾巴主义的错误"。①

三 对同盟者进行思想教育是党对统一战线领导权的体现

在统一战线中对同盟者进行思想教育,是实现无产阶级领导权的重要方面。毛泽东指出:"领导的阶级和政党,要实现自己对于被领导的阶级、阶层、政党和人民团体的领导,必须具备两个条件:(甲)率领被领导者(同盟者)向着共同敌人作坚决的斗争,并取得胜利;(乙)对被领导者给以物质福利,至少不损害其利益,同时对被领导者给以政治教育。"②

无产阶级对同盟者的思想领导,关键是对最大同盟者——农民阶级进行思想教育。在中国,没有单独代表农民利益的政党,农民自己没有提出过土地纲领。而民族资产阶级是一个动摇阶级,没有能力解决农民的土地问题。大地主、大资产阶级为维护其自身利益,不可能解决农民的土地问题。因此,"只有制订和执行了坚决的土地纲领、为农民利益而认真奋斗、因而获得最广大农民群众作为自己伟大同盟军的中国共产党,成了农民和一切革命民主派的领导者"。③

作为领导者,无产阶级及其政党必须对农民阶级有全面的认识。农民阶级虽然是民主革命的主力军,但小生产者身份决定其存在的固有缺陷和落后性。以毛泽东为代表的共产党人认为,农民在小生产经济基础上产生的局限性主要表现在:政治上,缺乏远大的眼光;经济上,只看重自己的眼前利益,比较容易欣赏和追求绝对平均主义;思想上,传统落后的思想意识影响很深,表现为狭隘的地方主义、自由主义、无政府主义、极端民主化等。因此,"严重的问题是教育农民"。④ 在民主革命中,中国共产党对农民阶级的教育,采取了严格的思想政治工作的办法,即向农民灌输马

---

① 李维汉:《统一战线问题与民族问题》,人民出版社1982年版,第396页。
② 《毛泽东选集》第4卷,人民出版社1991年版,第1273页。
③ 《毛泽东选集》第3卷,人民出版社1991年版,第1075页。
④ 《毛泽东选集》第4卷,人民出版社1991年版,第1477页。

克思主义，用无产阶级思想克服各种非无产阶级思想，提高农民的思想觉悟，把传统的农民教育改造成新型的农民。在实践中，运用了加强政治训练、进行思想斗争等一系列教育改造农民的原则和措施。从而在理论和实践上有效地解决了如何教育农民的问题，使他们发挥了革命主力军的作用。

综上所述，以毛泽东为代表的中国共产党把马克思列宁主义统一战线的理论和策略同中国革命具体实践相结合，丰富和发展了马克思主义理论宝库，为国际共产主义运动作出了历史性的重大贡献。

第五节 统一战线的实践与发展

中国共产党及其领导的统一战线，诞生于五四运动之后，它继承和发扬了五四运动爱国、民主、科学的革命传统，成为团结全体革命人民和一切爱国力量争取民族独立、争取人民民主、建设新中国的一面光辉旗帜。中国共产党领导的统一战线，随着主要矛盾和革命任务的变化而不断发展的，在不同的时期，团结了最广大的革命的爱国的阶级、阶层、党派、团体和个人，为完成不同时期的总任务，进行了艰苦卓绝的斗争。

一 国民革命时期的革命联合战线

中国共产党成立后，逐步认识到：无产阶级要取得革命的胜利，必须联合其他各革命阶级。中共二大制定的《关于"民主的联合战线"的决议》指出：我们共产党应该出来联合全国革新党派，组织民主的联合战线，以扫清封建军阀和推翻帝国主义的压迫，建立真正民主政治的独立国家为职志。阐明了建立民主联合战线的方针、政策和策略。中共二大通过的《中国共产党第二次全国代表大会宣言》对中国的动力和统一战线的基础作了初步的分析，认定工人阶级、农民阶级、小资产阶级和民族资产阶级是民族民主革命的动力。这为革命统一战线的建立奠定了重要的理论基础。1923年6月，中国共产党第三次全国代表大会决定：采取共产党人以个人身份加入国民党的"党内合作"形式来建立革命统一战线，同时保持共产党在组织上、政治上和思想上的独立性。此后，中国共产党积极开展了帮助孙中山改组国民党的工作。

1924年1月，国民党第一次全国代表大会召开，实现了国共两党第一次合作，标志着国民革命联合战线的建立。这个统一战线包括工人阶级、农民阶级、小资产阶级和民族资产阶级四个革命阶级的联盟，其目的在于推翻帝国主义支持的北洋军阀的反动统治，建立一个独立的民主的新中国。

以第一次国共合作为基础的革命统一战线的形成，推动了中国革命运动的迅速发展，掀起了轰轰烈烈的第一次大革命高潮，在广大人民群众支持下的北伐战争，在短短时间内推进到大半个中国，有力地打击了帝国主义、封建主义的反动统治。它第一次显示了中国人民大团结的威力，显示了国共两党合作结成统一战线的巨大效果。

但是，这时的中国共产党还是一个幼年的党，不懂得统一战线中无产阶级领导权和掌握军队的重要性。在共产国际的指导下，党内犯了右倾错误，自动放弃统一战线的领导权，对资产阶级采取了"一切联合，否认斗争"的政策。结果，代表中国人民解放事业的国共两党和各界人民的革命统一战线及一切革命政策，被蒋介石、汪精卫集团的叛变性的反人民的"清党"政策和屠杀政策所破坏，第一次大革命遭到了严重失败。

二 土地革命战争时期的工农民主统一战线

大革命失败后，革命与反革命力量的对比和国内阶级阵线的组合都发生了重大变化。中国的大资产阶级转到帝国主义和封建势力的反革命阵营，民族资产阶级、上层小资产阶级很多人附和了大资产阶级，原有的统一战线破裂了。在严峻的形势下，以毛泽东为代表的中国共产党人把革命工作中心转移到农村，发动农民建立起工农红军和农村革命根据地，进行土地革命、武装斗争和工农民主政权的三结合。因此，在土地革命战争时期的统一战线，只有工人阶级、农民阶级和城市小资产阶级，基本上是三个革命阶级的联合战线，故称为工农民主统一战线。在这一时期，毛泽东等共产党人在农村斗争实践中排除了"左"倾错误的种种干扰，确定和执行了一条依靠贫雇农、联合中农、保护中小工商业、消灭地主经济，给富农以经济出路，也给一般地主以生活出路的正确土地革命路线，从而巩固了工农联盟，把革命推进到一个新的发展阶段。

但是，在这一时期，中共党内在统一战线问题上也犯过严重错误。共产国际和中共党内的"左"倾教条主义者,盲目夸大无产阶级的力量,对民族资产阶级和大资产阶级不加区分,对中间阶级的两面性认识不足,错误地认为民族资产阶级和上层小资产阶级都退出了革命。资产阶级民主革命阶段之中的动力,现在只是中国的无产阶级和农民,中国革命不但要和封建制度进行残酷的斗争,而且也要和中外资本家进行残酷的斗争。这样,就把反对资产阶级和反帝反封建并列,把民族资产阶级和上层小资产阶级等中间力量划到反动营垒里去,提出了"中间势力危险"论。结果走向另一极端,搞所谓"下层统一战线",即工人阶级、农民阶级、下层小资产阶级的统一战线,把工农联盟等同于统一战线。而对于工农和下层小资产阶级以外的一切社会成分,采取"一切斗争,否认联合"的方针。

这种来自共产国际和斯大林的理论,从中共六大开始,在中共党内统治达七八年之久。结果,"'为渊驱鱼,为丛驱雀',把'千千万万'和'浩浩荡荡'都赶到敌人那一边去",① 使党脱离群众,革命遭受惨重损失。1931年"九一八"事变后,当全国民族抗日救亡潮流日益高涨,民族资产阶级和国民党许多官兵纷纷加入抗日救亡运动行列的时期,中共党内的教条主义者和共产国际仍然坚持对中间势力实行"一切斗争"的孤家寡人策略,使中国共产党丧失了领导在全国范围内汹涌澎湃的抗日救亡运动的主动权。直到1935年底,以毛泽东为代表的中国共产党人总结在统一战线问题上的经验教训,纠正了对资产阶级等中间势力采取的"左"倾关门主义政策,突破了"中间势力危险"论。

三 抗日战争时期的民族统一战线

由于日本帝国主义发动侵略战争,中日民族矛盾上升为主要矛盾。为了一致抗日,从1935年下半年起,中国共产党提出了抗日民族统一战线的政策和策略,并为第二次国共合作进行了不懈的努力,终于在1937年9月建立了以国共合作为基础的抗日民族统一战线。

抗日民族统一战线与国民革命时期的革命统一战线相比较,具有新的历史特点。首先,抗日民族统一战线是以实现打倒日本帝国主义、争取中华民族独立解放为目的的,抗日救国是其政治基础,在这个政治基础之

---

① 《毛泽东选集》第1卷,人民出版社1991年版,第155页。

上，参加抗日民族统一战线的阶级、阶层十分广泛，不仅有无产阶级、农民阶级、城市小资产阶级、民族资产阶级和海外华侨，还有除汉奸以外的地主阶级和亲英美派的大地主大资产阶级。因此，它具有广泛的民族性和复杂的阶级性。其次，抗日民族统一战线中的两个大党——国民党和共产党都掌握着军队和政权。国民党掌握着全国政权和几百万军队；而中国共产党在土地革命战争时期创建红军、工农民主政权的基础上，在抗战中发展了人民革命武装力量，并在各抗日根据地建立了抗日民主政权，从而使抗日民族统一战线有了坚强的柱石。再次，国共两党经历了3年合作、10年分裂后的再度合作，双方都有合作与分裂的经验教训。中国共产党积累了丰富的革命斗争经验，在政治上、思想上完全成熟起来，担负了抗日民族统一战线的实际领导责任。另外，抗日民族统一战线没有固定的组织形式和成文的共同政治纲领，而是采取遇事协商的方式维系合作，即党外合作方式，这就使抗日民族统一战线内部缺乏一定的约束力。

在复杂的历史条件下，中国共产党正确处理了民族斗争与阶级斗争的关系，在坚持抗日民族统一战线的前提下，保持共产党在思想上、政治上、组织上的独立性。中国共产党在抗日民族统一战线中，坚持独立自主原则，贯彻"又联合又斗争"和"发展进步势力，争取中间势力，孤立顽固势力"的方针，同国民党顽固派进行了"有力、有理、有节"的斗争，争取了广大的中间势力，团结了最广泛的同盟军，巩固和发展了抗日民族统一战线，中国人民最终取得了抗日战争的胜利。

四 解放战争时期的人民民主统一战线

抗战胜利后，以蒋介石为代表的大地主、大资产阶级要重新建立一个国民党反动的独裁统治，于1946年6月发动了全面内战，公开破坏了第二次国共合作。这样，打倒蒋介石，解放全中国，成为中国革命任务。在中国共产党的领导下，建立了反蒋爱国统一战线即人民民主统一战线。参加者十分广泛，有工人阶级、农民阶级、城市小资产阶级、民族资产阶级、开明绅士以及各方面的反蒋爱国分子。

中国共产党为建立这样广泛的人民民主统一战线作了艰苦细致的工作。一是坚决地实行土地改革，认真贯彻土地政策，放手发动农民，从而使中国共产党赢得了广大农民群众的拥护和支持；二是采取了坚决保护群众利益的城市政策，团结国统区的广大人民群众，开展了反对美蒋反动派的民主运动，建立了配合人民解放战场的第二条战线；三是坚持团结各民主党派，与他们进行合作，并使他们丢掉"第三条道路"的幻想；四是利用国民党军队内部的矛盾，开展瓦解敌军的工作，争取了部分爱国将领举行起义。这些工作使人民民主统一战线日益巩固壮大。在此基础上，创造了人民民主统一战线的组织形式——中国人民政治协商会议。在中国共产党的倡议和领导下，在各民主党派、无党派民主人士等各方面的广泛响应下，1949年9月中国人民政治协商会议在北平举行，并制定了《共同纲领》，从而使人民民主统一战线有了一个坚固的基础。中国人民政治协商会议成为中国人民革命大团结的一种最重要的组织形式。

解放战争时期的人民民主统一战线的发展，壮大了人民革命力量，最大限度地孤立了国民党反动派，为实现"打倒蒋介石，解放全中国"的战略方针奠定了基础，也为新中国成立后人民民主专政的巩固和发展、国民经济的恢复发展创造了条件。

五　爱国统一战线

中华人民共和国成立以后，中国革命和统一战线经历了由破坏旧制度到建设新中国的伟大的历史转折，其任务也由争取人民革命的胜利进入了巩固人民民主专政、有步骤地从新民主主义向社会主义转变、建设社会主义的新时期。人民民主统一战线逐步发展为爱国统一战线，凡是热爱中国的阶级、阶层、团体和个人，都可以参加统一战线，其组织形式为中国人民政治协商会议。

在执政党——中国共产党领导下，新中国的统一战线工作取得了巨大成就，也经历了曲折的发展历程。总的来说，从新中国成立到1957年反右派斗争以前的7年，中国共产党的指导方针和政策是正确的，统一战线工作取得了显著的成就，在创建新中国，巩固人民民主专政，恢复国民经济，实行各项社会改革，促进生产资料私有制的社会主义改造和进行社会主义建设等方面，统一战线都发挥了重大作用。1957年下半年以后，党的指导方针出现了"左"倾错误，导致了反右斗争的严重扩大化及以后连绵不断的政治运动，伤害了一大批党外同志和朋友。"文化大革命"的10年，"左"倾错误达到极端，大批党外朋友和统战干部遭受迫害，统一战线横遭摧残。直到 1978 年中共十一届三中全会，中国共产党在指导思想上进行了拨乱反正，制定了一系列重大决策，统一战线工作才重新走上马克思列宁主义、毛泽东思想的轨道，重又出现了生机勃勃的新局面。

第七章 人民战争和人民军队

武装斗争是中国革命的主要形式和显著特点。以毛泽东为代表的中国共产党人在领导中国人民进行长达20多年的武装斗争中，形成了独具特色的毛泽东军事思想，从而极大地丰富了马克思主义的军事理论宝库。毛泽东的军事思想是毛泽东思想体系中最精彩篇章之一，而其核心则是人民战争和人民军队的理论。

第一节 人民战争的理论

人民战争是指人民群众为反抗阶级压迫和民族压迫而组织、武装起来进行的战争。中外历史上，自发的人民战争早已有之。在马克思主义战争理论发展史上，恩格斯首次提出了"人民战争"的概念，把它与一般的战争相区别，并认为这是不够强大的军队抵抗比较强大、组织良好的军队的唯一方法。但由于历史局限，最终恩格斯未能形成系统的人民战争思想。在领导中国革命过程中，毛泽东研究了中国革命战争的规律和特点，总结了中国长期革命战争的经验，创立了系统的人民战争理论。这一理论是毛泽东军事思想的核心内容，它创造性地提出了在中国共产党的领导下，以人民军队为骨干，依靠广大人民群众，建立农村根据地，进行人民战争的伟大思想。人民战争理论集中地体现在毛泽东的一些政治军事著作中，特别是《革命战争的战略问题》、《抗日游击战争的战略问题》、《论持久战》、《战争和战略问题》，等等。这一理论有十分丰富的内容。

一 人民群众是进行革命战争的主体和基础

历史唯物主义认为，人民群众是历史的创造者，是社会实践的主体。

社会的一切活动都离不开人民群众的参加，其最终结局也决定于人民群众的意志和力量。毛泽东创造性地把马克思主义的基本原理运用于中国革命的实践，认为，革命战争是群众的战争，是人民群众的解放事业。因此，人民群众是进行革命战争的主体和基础，是革命战争胜利的源泉。

毛泽东指出，中国共产党领导的革命战争，"是群众的战争，只有动员群众才能进行战争，只有依靠群众才能进行战争。"[①] "兵民是胜利之本"，"战争的伟力之最深厚的根源，存在于民众之中。"[②] "真正的铜墙铁壁是什么？是群众，是千百万真心实意地拥护革命的群众。这是真正的铜墙铁壁，什么力量也打不破的，完全打不破的。"[③] 之所以如此，是因为：首先，人民群众是进行革命战争的人力、物力和财力之源泉；其次，民心之所向，民众的拥护和支持是战争的精神力量，能够在战争的实践中转化为强大的物质力量。在战争中，人和物这两个因素，人始终处于主导地位，而物则居于被动地位。因为"力量对比不但是军力和经济力的对比，而且是人力和人心的对比。军力和经济力是要人去掌握的。"[④] 由此，毛泽东提出了"武器是战争的重要因素，但不是决定的因素，决定的因素是人不是物"[⑤] 的著名论断；再次，民众参加到战争中来，就可以使政治、经济、军事、文化、外交等多方面斗争融为一体，武装斗争和非武装斗争相结合，最大限度地发挥战争的整体威力。

可以说，人民战争是克敌制胜的法宝。正是由于动员、依靠农民和其他广大群众，进行人民战争，中国共产党领导的革命斗争，才由星星之火，形成燎原之势，最后夺取了全国的胜利。

二 革命根据地是进行人民战争的战略基地

在中国半殖民地半封建社会条件下，人民战争有其特殊含义，即它是无产阶级及其政党领导下的农民革命战争。这种战争不同于以往的农民战争，党所领导的农民战争是以无产阶级先进思想为指导的；不同于资产阶

---

① 《毛泽东选集》第1卷，人民出版社1991年版，第136页。
② 《毛泽东选集》第2卷，人民出版社1991年版，第509页、511页。
③ 《毛泽东选集》第1卷，人民出版社1991年版，第139页。
④ 《毛泽东选集》第2卷，人民出版社1991年版，第469页。
⑤ 同上。

级革命战争，党所领导的这个战争不是为哪个阶级和集团的私利，而是为着整个中华民族和全体中国人民的解放；也不同于资本主义国家的无产阶级革命战争，党所领导的革命战争，不是在无产阶级力量已经积累到能够直接在城市举行暴动的情况下进行的，而是在敌我力量对比十分悬殊和社会政治经济发展不平衡的情况下，在敌人统治力量薄弱的农村进行的。进行这样的战争，没有对农民的广泛动员，没有农民的拥护和参加，不可能胜利。因此，中国革命战争是以农民为主体、有广大人民群众参加的人民战争。而实施以农民为主体的人民战争战略，必须以农村革命根据地为依托。

革命根据地是进行人民战争的战略基地。在敌强我弱的情况下，中国革命战争的长期性和残酷性，使得进行人民战争的革命军队，必须有根据地作依托，才能保存自己、发展自己，才能有消灭和驱逐敌人的战略基地。没有农村革命根据地，人民战争就不可能有人力、物力资源，也不可能为人民战争的革命军队提供休整、补充和训练的场所，革命武装就会成为无源之水、无本之木，一切战略任务和战争目的都无法实现。

毛泽东认为，建设革命根据地，需要具备三个条件：一是建立武装部队，这是基本的一条；二是使用武装部队并配合民众去战胜敌人；三是使用一切力量去发动群众，组织和武装群众，并建立民众的革命政权。而要达到这三个条件，建立强有力的农村革命根据地，就必须发动广大农民开展土地革命，解决农民的土地问题，调动农民的生产积极性和革命积极性，使广大农民拥护、支援和参加革命战争，为人民战争提供无穷无尽的力量源泉。

三　主力军、地方军、民兵相结合是人民战争的组织斗争形式

在领导人民战争中，毛泽东创造性地提出了实行主力军、地方军、民兵三者相结合的武装力量体制，运用了"三结合一配合"的组织斗争形式，即实行主力兵团与地方兵团相结合，正规军与游击队、民兵相结合，武装群众与非武装群众相结合，把各条战线上的其他各种斗争形式与武装斗争直接地、间接地配合起来。主力兵团与地方兵团相结合，是正规军之间的结合；正规军与游击队、民兵相结合，是正规武装与武装群众之间的结合；武装群众与非武装群众相结合，是民兵之间的结

合；以军事斗争为主，与其他斗争形式相结合，是武装斗争与非武装斗争相结合。这就是毛泽东的武装斗争的总概念，也是毛泽东人民战争思想的一贯原则。

土地革命战争时期，毛泽东提出要实行主力红军、地方红军和赤卫队相结合；抗日战争时期，他主张实行八路军、新四军和民兵、自卫队相结合；解放战争时期，强调野战军、地方军与民兵相结合的人民武装力量体制；新中国成立后，他又主张人民解放军、人民武装警察部队和民兵相结合的人民武装力量体制，这些都体现了毛泽东人民战争思想。

实行"三结合"的武装力量体制，可以使人民武装力量优势互补，有利于协调一致地执行作战任务和稳定后方，发展人民军队。首先，主力兵团有较好的武器设备，既集中又有较强的组织纪律性，它不受固定区域限制，可以随时执行超地方的作战任务。其次，地方兵团熟悉所在地区情况，可以在配合主力兵团作战中担负重要的任务，它又是所在地区群众武装对敌斗争的支柱。再次，民兵是不脱产的群众武装，他的人数多、分布广，是主力兵团和地方兵团的有力助手和强大后备力量，是实行人民战争的坚实基础。最后，广大人民群众以各种方式支援革命战争，使革命战争有了源源不断的人力、物力资源。三种武装力量之间密切关联，根据需要，可以相互过渡和转变。在一定时期，根据作战形式和大兵团作战的需要，地方兵团上升为主力兵团，民兵加入正规军等。

中国共产党在领导中国革命战争中，建立和完善了"三结合"的武装力量体制，在不同革命阶段，最大限度地团结拥护革命的一切分子，以武装斗争为主，配合以其他形式的斗争；以人民军队为主，配合以民兵和其他群众武装；把广大人民群众分别组织在工会、农会以及青年、妇女、儿童等群众团体中，积极参与和支援战争。这样，采取各种组织斗争形式，在全局范围实现无产阶级领导的以农民为主体的民族民主革命战争。党在各个战争时期的军事胜利，都与党的人民战争战略有密切关系。正如朱德所认为的，如果没有这种人民战争，也就没有了一切。

四 深入普遍的政治动员是人民战争赢得胜利的重要条件

毛泽东认为，人心、人力的对比是战争胜负的最重要的因素，人心向背对战争经常地、长远地、普遍地起作用。因此，他非常重视革命战争中的政治动员。

进行人民战争的政治动员，主要是把战争的政治目的和达到目的所要采取的基本方法、政策、有利条件和困难等告诉军民，使他们知道为什么要打仗，激起同仇敌忾的战斗激情，又明白怎样去争取胜利，从而同心协力地同敌人进行斗争。总之，通过广泛深入的政治动员，能使武装的和非武装的人民群众充分认识革命战争的正义性、必要性，从而对所从事的事业充满信心，充分发挥主观能动性，去争取革命战争的胜利。

第二节　人民战争的战略战术

从人民战争思想出发，毛泽东总结了中国共产党领导的人民军队作战的经验，创造性地提出了一整套人民战争的战略战术原则。

一　战略上藐视敌人，战术上重视敌人

战略上藐视敌人、战术上重视敌人，是人民战争战略战术的根本指导思想，它贯穿于战略战术的各个方面。毛泽东指出："从本质上看，从长期上看，从战略上看，必须如实地把帝国主义和一切反动派，都看成纸老虎。从这点上，建立我们的战略思想。另一方面，它们又是活的铁的真的老虎，它们会吃人的。从这点上，建立我们的策略思想和战术思想。"[①] 这就是说，一个战争指导者，一个革命者，必须在战略上，在全体上，藐视敌人，要树立敢于斗争、敢于胜利的大无畏革命精神；同时，又要在战术上，在策略上，在每一个局部上，树立善于斗争和善于胜利的思想。既敢于斗争和敢于胜利，又善于斗争和善于胜利，这是人民战争战略战术思想的根本出发点。

战略上藐视敌人，是从敌人的虚弱本质和历史发展规律出发。腐朽的没落的阻碍历史进步的反动势力，不管他们暂时怎样强大，长远地看却是必定要灭亡的，因而毛泽东称他们为"纸老虎"。从这点出发，中国共产党无论在怎样艰难困苦的条件下，都坚持在战略上、在全体上藐视敌人，不被敌人的气势汹汹所吓倒，勇于斗争勇于胜利。

战术上重视敌人，是从眼前革命力量弱小和敌人力量强大的事实出

[①]《毛泽东文集》第7卷，人民出版社1999年版，第456页。

发。反动势力必将衰亡，但不会立即衰亡。事实上在相当长的时期内，他们的力量还十分强大，还是"真老虎"和"铁老虎"，还需力量去认真对付。从这点出发，革命力量在战术上，在策略上，在每一局部和每一具体斗争问题上，还须十分重视敌人，把敌人当作"真老虎"去打。

战略上藐视敌人和战术上重视敌人是同一个问题的两个方面，它们互相依存，不可分割。战略上藐视敌人，是战术上重视敌人的前提。而战术上重视敌人，是战略上藐视敌人的保证。在战役战术上必须重视敌人，如果不采取谨慎态度，不讲究斗争艺术，就要犯冒险主义的错误。毛泽东在分析战略与战术关系时指出："我们的战略是'以一当十'，我们的战术是'以十当一'，这是我们制胜敌人的根本法则之一。"① "我们是以少胜多的——我们向整个中国统治者这样说。我们又是以多胜少的——我们向战场上作战的各个局部的敌人这样说。"② 抗日战争时期，根据中日双方矛盾的特点，毛泽东一开始就得出中国必胜的结论，同时指出战争的艰巨性和长期性，重视战争发展的每个具体环节。解放战争时期，毛泽东提出"一切反动派都是纸老虎"的著名论断，使中国共产党关于战略上藐视敌人、战术上重视敌人的战争指导思想得到系统总结。

二 实行积极防御，反对消极防御

进攻和防御是战争中两种最基本的作战方式，是实现战争目的的两种最基本的手段。毛泽东指出，中国国内战争和古今中外的战争一样，基本的形式有攻、防两种。中国共产党领导的革命战争，在相当长的历史时期内，是处于敌强我弱的条件下，处于战略防御地位。可以说，战略防御问题是民主革命时期人民军队作战中最为复杂和最为重要的问题。毛泽东从敌我双方的客观实际出发，在《中国革命的战略问题》和《论持久战》等著作中，创造性地阐明了战略防御的理论。

首先，实行积极防御，反对消极防御。毛泽东指出，在敌强我弱的条件下，军队的作战方法只能是积极防御的战略方针。"积极防御，又叫攻势防御，又叫决战防御。消极防御，又叫专守防御，又叫单纯防御。消极

---

① 《毛泽东选集》第1卷，人民出版社1991年版，第225页。
② 同上书，第228页。

防御实际上是假防御,只有积极防御才是真防御,才是为了反攻和进攻的防御。""基本的原则是承认积极防御,反对消极防御。"① 土地革命战争时期,在第一、二、三次反"围剿"中,毛泽东、朱德采取"诱敌深入"、"集中优势兵力,各个歼灭敌人"、"避其主力,打其虚弱"等方针,取得了三次反围剿的胜利,也是积极防御的胜利。相反,第五次反围剿的失败,实际上是单纯防御的结果。

其次,实行战略的持久战防御战与战役战斗的速决战进攻战,是积极防御战略指导方针。毛泽东把积极防御的战略方针具体化为"防御中的进攻,持久中的速决,内线中的外线"②的作战方针,即实行主动的、灵活的、有计划的战略防御中的战役战斗的进攻战,战略持久中的战役战斗的速决,战略内线中的战役战斗的外线作战。总之,在战略上,我军是持久战、防御战,而在战役、战斗上,我军则必须坚持外线的速决的进攻战。只有这样,人民军队才能在被动中争取主动,积小胜为大胜,逐渐改变敌我力量对比。当革命力量在全体上超过了敌人、转为战略优势时,就要采取战略进攻的方针,最终从根本上打败敌人。

综上所述,积极防御是中国革命武装斗争总的战略方针,积极防御的战略思想是毛泽东人民战争战略战术思想的核心。毛泽东把防御和进攻辩证地统一起来,把战略防御适时地导向战略进攻,即防攻结合,防中有攻,攻中有防,防是为了转入攻。这是毛泽东军事思想的伟大创造。

三 游击战、运动战、阵地战紧密配合

游击战、运动战和阵地战,是中国革命战争的三种基本作战形式。在领导中国革命战争的实践中,毛泽东对这三种作战形式及其关系进行了深入研究,发展了作战形式的理论。

游击战是小股军队分散流动作战的一种形式,它以袭击为主要手段,在保存自己力量的同时,消耗直至伺机消灭敌人。这种作战方式具有高度的机动性、灵活性、速决性和流动性的特点。一般说来,游击战只有战术作用,但在中国革命敌强我弱的形势下,它却同时有着战略作用。毛泽东

---

① 《毛泽东选集》第1卷,人民出版社1991年版,第198页、200页。
② 《毛泽东选集》第2卷,人民出版社1991年版,第484页。

指出：游击战争，是在落后的国家中，在半殖民地半封建的大国中，在长期内，人民武装为了战胜武装的敌人、创造自己的阵地所必须依靠的，因而也是最好的斗争形式。红军初创时期和抗日战争大部分时期，党领导的战争主要采取了游击战形式。

运动战是游击战发展的必然结果。"运动战，就是正规兵团在长的战线和大的战区上面，从事于战役和战斗上的外线的速决的进攻战的形式。同时，也把为了便利于执行这种进攻战而在某些必要时机执行着的所谓'运动性的防御'包括在内，并且也把起辅助作用的阵地攻击和阵地防御包括在内。它的特点是：正规兵团，战役和战斗的优势兵力，进攻性和流动性。"① 运动战是转变战争形势的主要作战方式，是歼灭敌人的主要手段。在敌强我弱的情况下，运动战可以发挥我军大步前进和后退、迅速集中和分散灵活机动的优势，在有利的时间、地点集中相当优势的兵力全歼敌人一部。无论是诱敌深入，还是外线速决的进攻，都是靠高度机动的运动战去完成。中国革命战争中曾两次把运动战作为主要作战形式，即红军四次反"围剿"时期和解放战争的大部分时间。

阵地战，就是在坚固阵地和野战阵地上进行的作战，其主要作用在于，它是最后完成战争，把敌人从他们长期盘踞的城市、交通要道驱赶和消灭掉的必要作战方式。但是中国革命战争大部分时间内，我军数量和装备远远落后于敌人，阵地战是我军弱点所决定的长期避免的作战方式。只是到解放战争后期，我军在敌我力量对比中已占明显优势时，以攻坚为主要内容的阵地战才成为我军主要的作战方式。

总之，游击战、运动战、阵地战在革命战争的不同时期所起的作用不同。但在整个战争中，这三种作战方式却是相互配合的，在实行其中一种作战形式时，不排斥有利条件下采取其他作战形式的可能。根据不同情况，灵活地运用三种作战形式，并使之紧密配合，相互补充，是毛泽东军事思想的重要体现。中国共产党独立领导的革命战争，正是根据不同时期的战争条件，选择了适合战争需要的作战形式。从土地革命战争起，到全国解放战争的胜利，党领导的中国革命战争大致经历了由游击战到运动战的两次反复，最后到阵地战这样一个过程。其间采取某种主要作战形式的

---

① 《毛泽东选集》第2卷，人民出版社1991年版，第497页。

同时，也经常根据具体情况配合以其他作战形式。

四　集中优势兵力，各个歼灭敌人

集中优势兵力，各个歼灭敌人，是人民军队的基本用兵原则，是进行战役战斗的基本作战方针。毛泽东在《中国革命战争的战略问题》、《集中优势兵力，各个歼灭敌人》和《三个月总结》等著作中，对人民军队作战经验作了科学的概括和总结，阐述了这一战争中起重要作用和具体实施的方案。

集中优势兵力，就是在主要作战方向上，以优势对劣势，以多数对少数，而在次要方向上，只以一部分兵力钳制、阻击敌人，以形成拳头，造成优势，确保胜利。"在有强大敌军存在的条件下，无论自己有多少军队，在一个时间内，主要的使用方向只应有一个，不应有两个。"① "我们的经验，分兵几乎没有一次不失败，集中兵力以击小于我或等于我或稍大于我之敌，则往往胜利。"② 集中兵力之所以必要，是为了改变敌我进退、攻防和内外线的形势，从而使自己从被动转为主动。毛泽东在"十大军事原则"中指出：每战集中绝对优势兵力（两倍、三倍、四倍，有时甚至是五倍或六倍于敌之兵力），四面包围敌人，力求全歼，不使漏网。

各个歼灭敌人，就是打歼灭战。歼灭战，就是要求消灭敌人的有生力量，即每战均要解除敌人的武装，俘虏、毙敌全部或大部人员，摧毁和缴获敌人全部或大部武器装备。歼灭敌人是我军作战的根本目的，只有打歼灭战，才能有效地打击敌人，夺取战争和战场作战的主动权。毛泽东历来主张，不战则已，战则必胜，与其击溃敌许多团，不如干净消灭敌一个团。他还形象地指出："对于人，伤其十指不如断其一指；对于敌，击溃其十个师不如歼灭其一个师。"③

中国革命战争实践证明，集中优势兵力，各个歼灭敌人，是战胜敌人的根本法则。土地革命战争时期，中国工农红军以弱小的姿态出现于内战的战场，其屡挫强敌震惊世界的战绩，证明了这一战法的功效。解放战争时期，

---

① 《毛泽东选集》第 1 卷，人民出版社 1991 年版，第 225 页。
② 同上书，第 67 页。
③ 同上书，第 237 页。

人民解放军使用这一方法，粉碎了蒋介石国民党军队的全面进攻和重点进攻，最终夺取了全国胜利。"集中优势兵力，各个歼灭敌人"，是中国共产党领导的人民军队的优良传统，是毛泽东提出的十大军事原则的核心内容。

综上所述，战略上藐视敌人和战术上重视敌人，实行持久战的积极防御战略，三种作战方式的选择与配合，是以毛泽东为代表的中国共产党人在民主革命时期实行武装斗争的基本战略。与这些基本战略相适应，毛泽东和中国共产党在战争实践中总结出一套切合中国革命战争实际情况的战术原则，如集中优势兵力各个击破、诱敌深入、打歼灭战和速决战、内线与外线的配合等。这一整套人民战争的战略战术原则，解决了马克思列宁未曾解决的半殖民地半封建国家革命战争的战略问题，极大地丰富了马克思列宁主义军事理论宝库，在实践中把中国革命引向胜利。

第三节 人民军队的本质和使命

以毛泽东为代表的中国共产党人，依据马克思主义国家学说和暴力革命原则，从中国半殖民地半封建社会的历史条件出发，对中国共产党领导的武装斗争和人民军队的实践进行深刻总结，形成了系统的人民军队建设的理论。

一 没有一个人民的军队，便没有人民的一切

依据马克思主义国家学说和暴力革命原则，军队是国家政权的主要支柱，是暴力革命的主要组织形式。早在1850年，马克思、恩格斯就深刻阐明：无产阶级为了成功地进行暴力革命以推翻现存的社会制度，必须建立自己的军队。1871年，马克思在总结巴黎公社经验的时候，进一步深刻指出，无产阶级专政的首要条件就是无产阶级的军队。工人阶级必须在战场上争取自身解放的权利。列宁在领导俄国十月革命的过程中，也多次强调，要武装无产阶级，以便战胜和剥夺资产阶级，解除这个阶级的武装。毛泽东根据中国革命的经验教训，更加鲜明地提出了"枪杆子里面出政权"的科学论断，指出，在中国革命中，"没有一个人民的军队，便没有人民的一切。"[①] 中国革命必须建立一支以农民为主体的人民军队。

---

① 《毛泽东选集》第3卷，人民出版社1991年版，第1074页。

这是毛泽东在分析了中国的特点后所得出的科学结论。

旧中国是一个内部没有民主、外部没有民族独立的半殖民地半封建国家。在这种情况下，中国革命基本不是经过长期合法斗争而进入起义和战争，武装的革命反对武装的反革命是中国革命的特点和优点之一。因此，"在中国，主要的斗争形式是战争，而主要的组织形式是军队。其他一切，例如民众的组织和民众的斗争等，都是非常重要的，都是一定不可少，一定不可忽视，但都是为着战争的。"①

同时，中国革命的军队必须以农民为主体。毛泽东认为，之所以如此，也是由中国革命的特点所决定的。在法国、德国、俄国这些资本主义国家，暴力革命以城市武装起义为中心内容，革命军队的主体是城市产业工人。而中国革命则不同，不是先占领城市后取农村，而是要走农村包围城市的道路。这就决定了中国革命军队的建立，不是以城市工人为主体，而只能是建立一支无产阶级领导的、以农民为主体的人民军队。

中国革命的胜利，离不开一支强大的革命军队。中国搞社会主义建设，同样离不开一支强大的革命军队。毛泽东指出，马克思主义国家学说认为，军队是国家政权的主要组成部分，谁想夺取国家政权并想保持它，谁就应有强大的军队。无产阶级只有掌握强大的人民军队，才能抵御外来敌人的入侵，镇压国内反动势力的反抗，巩固新生的政权。从军队在国家政权中的地位和作用来看，一支强大的人民军队，也是国家长治久安和社会主义现代化建设的必要条件。

二 全心全意为人民服务是人民军队的唯一宗旨

军队的宗旨问题就是建军方向问题，是军队阶级本质的反应。马克思主义揭示，军队是从属于一定的阶级并为一定的阶级服务的。区别一个军队的性质，最根本的就是看它把为哪个阶级服务作为自己的根本宗旨。中国共产党作为无产阶级的政党，它所创建的军队也是无产阶级性质的军队。因为它不是为少数人或狭隘集团的利益，而是为最广大人民群众的利益，为着民族的整体利益，而集合、而战斗的。这就决定了它的军队必须把全心全意为人民服务作为自己的建军宗旨。

---

① 《毛泽东选集》第2卷，人民出版社1991年版，第543页。

早在秋收起义时，毛泽东就指出，红军是工农群众的武装，要为工农群众打仗。在《井冈山的斗争》中，他明确指出：雇佣军与红军的不同，就在于"红军废除了雇佣制，使士兵感觉不是为他人打仗，而是为自己为人民打仗"。① 抗日战争时期，毛泽东更明确地指出："我们的共产党和共产党所领导的八路军、新四军，是革命的队伍。我们这个队伍完全是为着解放人民的，是彻底地为人民的利益工作的。"② 又说，中国共产党领导的军队，是真正人民的军队，每一个指战员，以至于每一个炊事员、饲养员，都是为人民服务的。在中共七大上，他把人民军队的宗旨精辟地概括为："不是为着少数人的或狭隘集团的私利，而是为着广大人民群众的利益，为着全民族的利益，而结合，而战斗的。紧紧地和中国人民站在一起，全心全意地为中国人民服务，就是这个军队的惟一的宗旨。"③ 这是无产阶级军队区别于中国旧军队的根本标准。

毛泽东阐明的这个"惟一的宗旨"，是把革命军队建设成为一支无产阶级性质的军队的首要前提，是新型人民军队本质的体现。不仅如此，它还是人民军队生存和发展的力量源泉和胜利之本。从全心全意为人民服务这一宗旨出发，人民军队始终保持着同人民群众的血肉联系，人民群众也全力支持、反哺自己的军队。这表明，全心全意为人民服务的宗旨，不仅是人民军队建设的方向和准则，是军队一切活动的出发点和落脚点，而且是战胜敌人的力量源泉，是人民军队立于不败之地的根本。新型人民军队之"新"，主要"新"在这里。

三　人民军队是执行革命政治任务的武装集团

军队作为武装斗争的支柱，它的主要任务自然是打仗。然而，中国共产党所领导的人民军队，不仅要打仗，而且还要执行革命的政治任务。毛泽东在古田会议上明确规定了红军的性质："中国的红军是一个执行革命的政治任务的武装集团"，④ 是服从于无产阶级思想领导并服务于人民革命斗争和革命根据地建设的工具。毛泽东为人民军队规定了三大任务：打

---

① 《毛泽东选集》第1卷，人民出版社1991年版，第63页。
② 《毛泽东选集》第3卷，人民出版社1991年版，第1004页。
③ 同上书，第1039页。
④ 《毛泽东选集》第86页。

仗、生产、做群众工作。他指出，人民军队不仅是一支战斗队，也是一支工作队、生产队。作为战斗队，就是消灭敌人，保护群众。作为生产队，就是利用战斗和训练的间隙，从事粮食和日用必需品的生产，达到军队自给、半自给或部分自给的目的，借以克服经济困难，减轻人民负担和改善军队生活。作为工作队，就是宣传群众、组织群众、武装群众。这三大任务是人民军队全心全意为人民服务的宗旨的生动体现。

人民军队执行战斗队、工作队、生产队的三大任务，是中国革命客观条件的要求。但在执行任务时，由于革命不同发展阶段具体情况不同，三项任务执行情况也各不相同。如，在抗日战争相持阶段，根据地严重困难局面出现的时候，生产任务就成为支持抗日战争的重要而迫切的任务；解放战争后期，为适应中国革命重心向城市的转移，全国各地相继解放而干部又严重不足的情况，毛泽东指出，人民军队随战斗任务的逐步减少，工作队的作用就增加了。必须准备把210万野战军全部地转化为工作队。

在中国革命的长期实践中，在游击战争的艰苦环境下，中国共产党领导下的新型人民军队，忠实地执行了三大任务，从而赢得了人民的拥护，为中国革命的胜利奠定了坚实的基础。正如毛泽东所说："只要我们全体英勇善战的八路军新四军，人人个个不但会打仗，会作群众工作，又会生产，我们就不怕任何困难，就会是孟夫子说过的：'无敌于天下'。"[①] 这是新型人民军队的一个重要标志。

第四节　人民军队建设的原则

以毛泽东为代表的中国共产党人在领导人民军队建设的实践中，形成了一套完整的人民军队建设原则。这是毛泽东军事理论的重要组成部分，是保持人民军队的性质和战斗力的根本保证。

一　党对军队的绝对领导是人民军队建军的根本原则

毛泽东认为，中国革命的人民军队，必须由中国共产党绝对领导。所

---

① 《毛泽东选集》第3卷，人民出版社1991年版，第929页。

谓"绝对领导",就是只有、也只能由共产党来领导;这个军队无论何时、何地都坚持党的领导。毛泽东指出:"我们的原则是党指挥枪,而决不容许枪指挥党。"①

首先,人民军队的性质决定了它必须坚持党对军队的绝对领导。人民军队是无产阶级的革命军队,必须服从无产阶级的意志。中国共产党是中国无产阶级的政党,代表着无产阶级和广大人民群众的利益,它是革命人民的领导者,也必然是人民军队的领导者。坚持中国共产党对军队的绝对领导,是人民军队区别于古今中外一切剥削阶级军队的最根本标志,也是革命军队能成为新型人民军队的决定性因素。

其次,只有坚持党对军队的绝对领导,才能使军队在长期农村环境中,不断克服各种非无产阶级的思想,保持无产阶级的革命性,而不致沦为旧式农民武装。中国革命走的是农村包围城市的道路。"讲到乡村中心的时候,还必须联系到一个问题,即农民必须由无产阶级政党领导",②必须由共产党代表无产阶级来领导农民游击战争。因为中国共产党长期在农村发展,它和军队的主要成分都是农民,如果不解决无产阶级政党对农民的领导,任凭农民和小资产阶级思想泛滥,那么其结局也难以逃脱历代农民战争的失败厄运。所以,毛泽东明确指出:"领导这个革命战争的惟有共产党,共产党已经形成了对于革命战争的绝对的领导权。共产党的这种绝对的领导权,是使革命战争坚持到底的最主要的条件。没有共产党的这种绝对的领导,是不能设想革命战争能有这样的坚持性的。"③

中国共产党对军队的领导是通过思想领导、政治领导和组织领导来实现的。思想领导,是对军队进行人民军队性质和宗旨的教育,用马克思主义思想武装广大指战员。政治领导,就是用中国共产党的路线、方针、政策统一全军将士的思想和行动,保证军队始终坚持正确的政治方向,与党中央保持高度一致,模范地完成党在各个时期的任务。组织领导,是在军队中建立健全各级党组织,把党支部建在连上,班排建立党小组,营以上单位设立党的委员会。同时,建立的党代表制度,连设政治指导员,营设

---

① 《毛泽东选集》第2卷,人民出版社1991年版,第547页。
② 《周恩来选集》(上),人民出版社1980年版,第178页。
③ 《毛泽东选集》第1卷,人民出版社1991年版,第184页。

政治教导员，团以上单位设政治委员，并在团以上单位建立政治机关——政治部，作为党在军队工作的专门机构。党的组织、党的代表和政治机关三种形式同军事组织相适应，构成军队中党的领导的完整系统。

在中国共产党对军队的思想、政治和组织领导中，思想领导是基础，政治领导是目的，组织领导是保证。只有保证党对军队这三方面的绝对领导，才能真正实现党指挥枪而不是枪指挥党。

中国革命战争的实践证明，人民军队的建立、巩固和发展，都是中国共产党绝对领导的结果。正是紧紧依靠党的领导，红军和后来的八路军、新四军、中国人民解放军才始终保持了人民军队的无产阶级性质，保持了人民军队正确的政治方向。这是新型人民军队区别于其他一切军队的根本之点，是毛泽东建军思想的核心。

二　政治工作是革命军队的生命线

政治治军是无产阶级治军的根本，军队政治工作关系到人民军队的兴衰、胜败。以毛泽东为代表的中国共产党人，在中国革命的实践中深刻地认识到，政治工作是人民军队的"生命线"，明确了军队政治工作的宗旨和目的，"是以民族民主革命的纲领教育军队，是以人民革命的精神教育军队，使革命军队内部趋于一致，使革命军队与革命人民、革命政府趋于一致，使革命军队完全服从革命政党的政治领导，提高军队的战斗力，并进行瓦解敌军、协助友军的工作，达到团结自己，战胜敌人，解放民族，解放人民的目的。"[1] 政治工作的任务是团结我军，团结友军，团结人民，瓦解敌军和保证战斗胜利。

毛泽东起草的古田会议决议，集中解决了人民军队政治治军和健全军队内部一系列民主制度问题，奠定了人民军队政治工作的基础。在此后的革命实践中，毛泽东关于军队政治工作的思想逐步系统地完善起来。在抗日战争时期，毛泽东提出了人民军队政治工作的三大原则：官兵一致，军民一致，瓦解敌军。"第一，官兵一致的原则，这就是在军队中肃清封建主义，废除打骂制度，建立自觉纪律，实行同甘共苦的生活，因此全军是团结一致的。第二，军民一致的原则，这就是秋毫无犯的民众纪律，宣

---

[1] 参见《红旗》杂志 1978 年第 8 期。

传、组织和武装民众,减轻民众的经济负担,打击危害军民的汉奸卖国贼,因此军民团结一致,到处得到人民的欢迎。第三,瓦解敌军和宽待俘虏的原则。"① 在解放战争时期,毛泽东再次强调:"在人民战争的基础上,在军队和人民团结一致、指挥员和战斗员团结一致以及瓦解敌军等项原则的基础上,人民解放军建立了自己的强有力的革命的政治工作,这是我们战胜敌人的重大因素。"②

总之,军队的政治工作,是新型人民军队区别于其他一切军队的一个重要特征,是人民军队实行人民战争的政治基础。

三　实行三大民主制度是新型军队建设的重要内容

人民军队的民主制度是它区别于旧军队的又一显著标志。旧中国是一个小生产的家长制占优势的国家,长期缺乏民主生活,这个特点在旧军队中表现尤为突出。在这样的环境中,民主建设就成为新型军队建设的一个重要内容。毛泽东指出:"中国不但人民需要民主主义,军队也需要民主主义。军队内的民主主义制度,将是破坏封建雇佣军队的一个重要的武器。"③

土地革命战争时期,红军就着手建立以官兵平等为主要内容的军队民主制度。抗日战争时期,毛泽东在为党内起草的《军队内部的民主运动》中,把军队民主制度概括为政治、经济、军事三大民主。政治民主,就是不论职务高低,官兵在政治上一律平等;经济民主,即经济公开,士兵参与经济管理;军事民主,就是战时发动士兵讨论作战计划,练兵时官兵互教互学。

三大民主是中国共产党的群众路线在军队中的体现,反映了人民军队的本质。在革命战争年代,三大民主的实行,从根本上调动了广大官兵的积极性,焕发了全体指战员最大的革命热情,人民军队的战斗力也获得极大提高。

四　"三大纪律八项注意"是人民军队的革命纪律

在人民军队建设上,毛泽东强调严明的军队纪律。他认为,加强纪律

---

① 《毛泽东选集》第2卷,人民出版社1991年版,第379页。
② 《毛泽东选集》第4卷,人民出版社1991年版,第1248页。
③ 《毛泽东选集》第1卷,人民出版社1991年版,第65页。

性，革命无不胜。1928年，毛泽东为人民军队制定了三项纪律六项注意。1929年，修改为"三大纪律八项注意"。抗日战争时期，对"三大纪律八项注意"的内容作了调整。1947年，毛泽东重新起草并颁布了"三大纪律八项注意"的训令。三大纪律是：一切行动听指挥；不拿群众一针一线；一切缴获要归公。八项注意是：说话和气；买卖公平；借东西要还；损坏东西要赔；不打人骂人；不损坏庄稼；不调戏妇女；不虐待俘虏。新中国成立后，毛泽东多次强调要重视"三大纪律八项注意"的教育。教育全军懂得，严格地遵守军事纪律、政治纪律和群众纪律是保证军队完成革命任务的重要条件。实践证明，经过严格的教育和训练，中国共产党领导的人民军队成为一支举世公认的纪律严明的军队。

总之，在长期的革命斗争中，以毛泽东为代表的中国共产党人系统地解决了以农民为主要成分的革命军队，如何建设成为一支无产阶级性质的、具有严格纪律和高度民主的、同人民群众保持紧密联系的和全心全意为人民服务的新型人民军队的问题，从而丰富了马克思列宁主义的建军学说。

第八章　党的领导和党的建设

无产阶级要想完成自己的历史使命，就必须有自己的政党的领导，这是马克思主义的一个基本观点。中国共产党作为中国工人阶级的先锋队，团结和带领中国各族人民胜利完成新民主主义革命和社会主义革命，并开始进行大规模的社会主义建设，这样一个历史进程，也充分证明了马克思主义政党学说的客观真理性。以毛泽东为代表的中国共产党人在长期的革命和建设实践中，把马克思主义党的学说与中国共产党建设的实际相结合，创造性地提出了党的建设的一系列理论原则和方针、方法，实施党的建设的伟大工程，解决了在中国的特殊环境和条件下建设无产阶级政党的一系列重大问题，丰富和发展了马克思主义党的学说。这些创新的理论，主要体现在毛泽东的《井冈山的斗争》、《关于纠正党内的错误思想》、《反对本本主义》、《反对自由主义》、《中国共产党在民族战争中的地位》、《〈共产党人〉发刊词》、《中国革命和中国共产党》、《改造我们的学习》、《整顿党的作风》、《反对党八股》、《学习和时局》、《关于健全党委制》、《党委会的工作方法》等著作中。

第一节　党的建设的伟大工程

中国共产党的自身建设，始终是毛泽东极为关注的一个重大问题，甚至可以说是一个核心的问题。毛泽东明确提出，要建设"一个全国范围的、广大群众性的、思想上政治上组织上完全巩固的布尔什维克化的中国共产党"，指出这是一个"伟大的工程"。[①] 在毛泽东的领导下，中国共产

---

① 《毛泽东选集》第2卷，人民出版社1991年版，第602页。

党人成功地实施了党的建设的伟大工程，为团结和带领人民取得新民主主义革命、社会主义革命的胜利和进行大规模的社会主义建设奠定了坚实的组织基础，并使中国共产党历经巨大历史性考验，成为始终走在时代前列的马克思主义政党。

一　中国革命必须有革命党的领导

中国近百年历史的发展表明，没有一个坚强的无产阶级政党的领导，中国人民取得民族独立和人民解放、实现国家富强和人民富裕的愿望就不可能成为现实。而中国共产党成立以后的历史也表明，不论在革命时期，还是在建设时期，中国共产党的领导始终是中国得以发展进步的根本保证。

在总结世界人民和中国人民革命斗争的历史经验时，毛泽东提出，既要革命，就要有一个革命党。"因为世界上有压迫人民的敌人存在，人民要推翻敌人的压迫，所以要有革命党。就资本主义和帝国主义时代来说，就需要一个如共产党这样的革命党。如果没有共产党这样的革命党，人民要想推翻敌人的压迫，简直是不可能的。"[①] 在中国近代史上，太平天国运动和辛亥革命两场声势浩大、轰轰烈烈的革命运动之所以最终归于失败，根本原因就在于没有一个用先进的思想理论武装起来的无产阶级政党的领导。中国人民的反帝反封建斗争是极其伟大的革命，"指导伟大的革命，要有伟大的党。"[②] "没有一个按照马克思列宁主义的革命理论和革命风格建立起来的革命党，就不可能领导工人阶级和广大人民群众战胜帝国主义及其走狗。"[③] 在中国人民反帝反封建的斗争中，在世界无产阶级的运动中，1921年，作为新型无产阶级革命政党的中国共产党成立了。这是中国开天辟地的大事件。中国共产党是马克思主义同中国工人运动相结合的产物，是中国工人阶级的先锋队，同时也是中国人民和中华民族的先锋队。自从有了中国共产党，中国就进入了共产党领导的革命历史阶段，中国革命的面目就焕然一新了。

---

① 《毛泽东选集》第3卷，人民出版社1991年版，第811页。
② 《毛泽东选集》第1卷，人民出版社1991年版，第277页。
③ 《毛泽东选集》第4卷，人民出版社1991年版，第1357页。

中国共产党在革命中的领导核心地位，首先，是由它的阶级性决定的。毛泽东在对中国社会各阶级的状况进行了深入分析之后认为，中国无产阶级是新的生产力的代表者，是近代中国最进步的阶级，具有严格的组织性、纪律性和革命的坚定性、彻底性等品格；在中国的社会各阶级和各政治集团中，只有无产阶级和共产党最没有狭隘性和自私自利性，最有远大的政治眼光和最有组织性，而且也最善于虚心学习世界上先进阶级及其政党的经验而用之于自己的事业。这种阶级性质决定了作为无产阶级先锋队组织的中国共产党必然地成为领导者。其次，是由它的先进性决定的。中国共产党既是中国工人阶级的先锋队，则必然是中国人民和中华民族的先锋队，它在思想上坚持以马克思主义为指导，并与中国革命的实际相结合形成正确的理论和路线，找到正确的革命道路；它在组织上广泛集中了工人阶级和最广大人民中的先进分子，并组织成为了严密统一的整体，具有巨大的组织优势；它在作风上坚持全心全意为人民服务的根本宗旨，始终保持同人民的血肉联系。这种先进性质也决定了作为无产阶级先锋队组织的中国共产党必然地成为领导者。再次，是在长期的革命斗争实践的考验中形成的。在领导中国革命的历程中，中国共产党人善于总结经验，坚持真理，修正错误，为民族解放、国家富强和人民幸福不懈奋斗，领导人民战胜了种种困难和风险，赢得了中国最广大人民的拥护和支持。中国人民在革命的实践考验中选择了中国共产党。

在领导中国新民主主义革命和社会主义革命取得胜利以后，中国共产党又领导人民进入了新的历史时期，展开了大规模的社会主义建设。对于中国共产党作为成功的革命党领导经济建设的能力，当时的中国社会各阶层存在着普遍的疑问乃至疑虑。中国共产党和毛泽东给予了明确而坚定的回答。早在1945年4月的中国共产党第七次全国代表大会上，毛泽东就指出，中国革命的经验，给了党和人民这样的一种信心："没有中国共产党的努力，没有中国共产党人做中国人民的中流砥柱，中国的独立和解放是不可能的，中国的工业化和农业近代化也是不可能的。"[①] 全国解放以后，中国共产党领导人民建设人民民主专政的国家政权、迅速恢复国民经济并开展有计划的经济建设的事实，向人民表明：正如中国共产党人善于

---

① 《毛泽东选集》第3卷，人民出版社1991年版，第1098页。

在战争中学习战争并取得战争的胜利一样，中国共产党人同样善于在建设中学习建设并取得建设的成就。因为建设同战争的共同之处在于，它们都是具有自己内在的规律的，中国共产党人可以而且能够在学习和实践的基础上找到并掌握和运用这些规律。因此，1954年毛泽东在第一届全国人民代表大会第一次会议上郑重申明：领导我们事业的核心力量是中国共产党，指导我们思想的理论基础是马克思列宁主义。中国共产党是有能力领导好社会主义建设的，中国的社会主义建设如果没有中国共产党的领导就不可能取得成功。1956年中国的社会主义改造基本完成以后，针对又有一些人提出要不要坚持共产党的领导的问题，毛泽东几次提出要坚持和巩固共产党的领导，并在1957年5月25日接见中国新民主主义青年团第三次全国代表大会全体代表时明确指出："中国共产党是全中国人民的领导核心。没有这样一个核心，社会主义事业就不能胜利。"[①] 这是毛泽东总结中国革命和建设的历史经验得出的一个基本结论。

二 中国共产党自身建设的特殊环境和条件

早在1939年，毛泽东就在《〈共产党人〉发刊词》中指出："统一战线和武装斗争，是战胜敌人的两个基本武器。统一战线，是实行武装斗争的统一战线。而党的组织，则是掌握统一战线和武装斗争这两个武器以实行对敌冲锋陷阵的英勇战士。这就是三者的相互关系。"[②] 毛泽东把中国共产党的自身建设作为中国新民主主义革命的三大法宝之一，而且是最主要的法宝。这是因为，在新民主主义革命时期，中国共产党的自身建设不论是在社会环境上，还是在自身状况上，都有着自己独具的特点。

首先，中国共产党在理论准备与实际斗争的实践转换上具有突出的特点。中国共产党是在俄国十月社会主义革命胜利的影响下，以俄国布尔什维克党为榜样、依照列宁提出的建党原则建立起来的无产阶级政党，在中国共产党成立前夕，又经历了马克思主义与各种非马克思主义、反马克思主义思潮的多次论战。因此，从成立之日起，中国共产党所接受的就是马克思主义的完整的科学世界观和社会革命论，就明确了自己无产阶级先锋

[①] 《毛泽东文集》第7卷，人民出版社1999年版，第303页。
[②] 《毛泽东选集》第2卷，人民出版社1991年版，第613页。

队的性质，是一个真正的马克思主义政党。这是它进行自身建设最有利的阶级和思想基础。但同时，中国共产党的特殊性在于，一方面，从马克思列宁主义传入中国并广泛传播，到中国共产党成立，仅有短短的几年时间，尽管中国早期的共产主义者在学习、宣传和掌握马克思主义基本理论上作了巨大努力，也不能避免在理论准备上的稍显不足；另一方面，在接受了马克思列宁主义之后，中国共产党人就立即投入了实际的革命斗争，面对各方面的复杂工作和各种条件限制，不可能更多地进行理论上的深入研究和实践经验上的进一步总结。再加上马克思、恩格斯、列宁等马克思主义经典作家都是欧洲人，不可能在著作中较多地有针对性地具体论述中国革命的问题，而中国社会历史状况与欧洲各国社会的历史发展有着太多的不同。这就决定了，中国共产党在把马克思列宁主义与中国实际相结合，实现马克思主义中国化，并以之揭示中国社会历史发展规律、指导中国革命实践的过程中，面临着极大的困难。因此，实现思想上、理论上和政治上的成熟，是中国共产党加强自身建设的首要任务。

其次，中国共产党所处的中国社会状况使党的构成成分上具有突出特点。中国是一个现代工业经济极其弱小的国家，农民和其他小资产阶级占人口的绝大多数。因此，中国共产党成立之时，其组织基础的最大部分是由农民和其他小资产阶级成分构成的，这就不可避免地把一些非无产阶级思想带到了党内。特别是在1927年大革命失败以后，中国共产党的工作重心从城市转移到了农村，党的组织长期地主要处于农村游击战争的环境中，党员的成分也随之发生了显著的变化，即农民和小资产阶级出身的党员占了绝大多数。据统计，1927年4月中共五大时，党员中工人出身的占53.8%，农民出身的占18.7%；到1928年7月中共六大时，党员中工人成分的占10%，农民成分已占76%；而到1930年7月中共召开全国组织会议时，党员中的工人成分只占5.5%。在这种情况下，一方面，中国农民和小资产阶级在帝国主义和封建主义的压迫之下，具有革命性的一面，中国共产党要建设一个广大群众性的党，就必须把农民和小资产阶级中的先进分子吸收到党内来；另一方面，农民和小资产阶级成分占相当大的比重，使得党内无产阶级思想同资产阶级思想的矛盾，特别是同农民和小资产阶级思想的矛盾十分突出。因此，解决好无产阶级思想领导的问题，保持中国共产党的无产阶级先锋队性质，是中国共产党自身建设面对的重大问题。

再次,中国共产党在统一战线中又联合又斗争的活动方式上具有突出特点。中国的新民主主义革命是在中国共产党多次同资产阶级结成革命统一战线,又联合又斗争的状态下进行的。正如毛泽东所指出的,无产阶级同资产阶级建立(或被迫分裂)革命的统一战线,是中国民主革命过程中的一个基本特点。这个基本特点,使得中国共产党的发展和巩固,不能不与它能否正确处理同资产阶级建立统一战线或被迫分裂统一战线,这样一个问题相联系。"中国共产党的政治路线的重要一部分,就是同资产阶级联合又同它斗争的政治路线。"① 历史证明,在中国特殊的社会条件下,中国共产党在能够正确处理这一问题时,它的发展、巩固和布尔什维克化就得以前进一步;反之,中国共产党在不能正确处理这一问题时,它的发展、巩固和布尔什维克化就会遇到挫折。因此,正确地处理同资产阶级的关系,是中国共产党自身建设上贯穿中国新民主主义革命始终的一个重要问题。

最后,中国共产党在革命战争中成长和发展的环境上具有突出的特点。中国共产党是在长期的革命战争实践中成长和发展的,这是其自身建设中最具有特色的一点。毛泽东指出:"在中国,主要的斗争形式是战争,而主要的组织形式是军队。"② "我们党的历史,可以说就是武装斗争的历史。"③ 武装斗争,是中国革命斗争的主要形式。中国共产党的胜利或失败、顺利发展或遭受挫折,都直接与它能否正确处理武装斗争的问题相联系。因此,不理解武装斗争,就不能正确理解中国共产党的政治路线和自身建设问题。同时,这种情况决定了中国共产党在中国革命军队中的组织成为党的组织的重要部分甚至主要部分,使得中国共产党的自身建设问题同新型人民军队的建设问题联系在了一起。所以,在武装斗争中进行自身建设,是中国共产党的建设与其他国家无产阶级政党建设的一大不同点,也是中国共产党在自身建设中面对的又一个重大问题。

正是由于这些突出特点的存在,中国共产党要把自己建设成为一个全

---

① 《毛泽东选集》第 2 卷,人民出版社 1991 年版,第 608 页。
② 同上书,第 543 页。
③ 同上书,第 604 页。

国范围的、广大群众性的、思想上政治上组织上完全巩固的马克思主义的无产阶级政党，才成为一项艰巨的任务，也才成为一项伟大的工程。

三　中国共产党自身建设的总目标

中国共产党把马克思主义党的学说与中国社会的具体情况相结合，从自身特点出发，历经挫折，明确了目标，实施了党的建设的伟大工程。就是在这个过程中，毛泽东的建党思想逐步形成和完善，中国共产党也不断发展、壮大起来。

1921年7月中国共产党刚一成立，不但明确提出党的纲领是"以无产阶级革命军队推翻资产阶级"，"采用无产阶级专政，以达到阶级斗争的目的——消灭阶级"，"废除资本私有制"，以及联合第三国际，而且，"因为党员少"又"几乎完全由知识分子组成"，决定集中精力组织工厂工人，要派党员到工会中去工作。这表明初生的中国共产党已经十分注意同本阶级建立密切的联系，有了自身建设的自觉。1922年7月的中共二大，更为明确地指出，"我们共产党，不是'知识者组织的马克思主义学会'，也不是'少数共产主义者离开群众之空想的革命团体'"；"我们既然是为无产群众奋斗的政党，我们便要'到群众中去'，要组成一个大的'群众党'"。[①] 但是，此时的中国共产党毕竟还处在幼年时期，是一个缺乏斗争经验的党，是一个对于中国的历史状况和社会状况、中国革命的特点和规律都懂得不多的党，也是一个对于马克思列宁主义的理论和中国革命的实践还没有较为深刻的了解的党。因此，中国共产党的领导机关中占统治地位的一部分人，缺乏对马克思主义理论与中国革命实践相互关系的正确理解，没有能够掌握正确的思想路线、政治路线和组织路线。还有重要的一点，就是当时的共产国际及其中国代表由于并不真正理解中国情况，对于中国革命提出了一些正确与错误相混杂的要求，而幼年时期的中国共产党还难以摆脱共产国际那些错误的指导思想。这一切就导致了在大革命时期和土地革命时期，先后出现了陈独秀右倾投降主义和王明"左"倾冒险主义的错误，对中国共产党的建设造成了严重损害。这与中国革命的形势发展迫切要求建立一个能够胜任在极为复杂的环境中领导革命的

[①] 胡绳主编：《中国共产党的七十年》，中共党史出版社1991年版，第32～33页。

党，存在着极大的不适应。

正是在这个时期，毛泽东在领导秋收起义并进行三湾改编、创建革命根据地的过程中。深刻总结了中国革命中的经验和教训，坚持一切从实际出发的正确方针，初步探索出了一条适合中国具体国情的无产阶级政党建设的道路。这期间，毛泽东在实践的基础上，写下了多篇涉及中国共产党自身建设的重要著作，提出了关于军队和地方党组织建设的一些重要指导思想。在《井冈山的斗争》中，毛泽东就专门论述了党的组织问题，并对军队建设中的"党代表制度"和"支部建在连上"进行了总结。特别是 1929 年 12 月在福建上杭县古田镇召开的红军第四军第九次党代表大会上，毛泽东作了报告。会议通过了各项决议案，其中最重要的是毛泽东为会议起草的关于纠正党内的错误思想的决议。决议规定，"中国的红军是一个执行革命的政治任务的武装集团"，[①] 着重强调了加强党的思想建设的重要性，分析了红四军党内各种非无产阶级思想的表现，系统地提出了用无产阶级思想进行党和它所领导的红军的建设问题。"古田会议"决议，是中国共产党和红军建设的纲领性文献，针对中国共产党处于农村环境中、以农民为主要组织成分的具体实际情况，解决了从加强思想建设入手，保持党的无产阶级先锋队性质，建设无产阶级领导的新型人民军队这个根本性问题。因此，它不但是中国人民军队建设史上的重要里程碑，也是中国共产党建设史上的重要里程碑，标志着毛泽东建党思想开始形成。

抗日战争时期，中国共产党历经艰难曲折，在失败与胜利的两次大转换中，经过遵义会议，已经在组织上形成和确立了以毛泽东为核心的党中央领导集体。同时，学习教育和实践锻炼相结合，培养了一大批堪负重任的革命的领导骨干；在革命一步步走向胜利的过程中，党的队伍也变得空前壮大起来。在这个过程中，中国共产党逐步走向成熟。表现在思想理论上，它对马克思主义的精神实质和中国革命的基本特点都有了深刻而充分的认识和把握，把马克思主义的基本原理与中国革命的具体实际相结合，已经成为全党的共识。表现在党的建设上，它克服了"关门主义"的错误，"党的组织已经从狭小的圈子中走了出来，变成了全国性的大党"，"也已经是一个群众性的党；而且就其领导骨干说来，就其党员的某些成

[①] 《毛泽东选集》第 1 卷，人民出版社 1991 年版，第 86 页。

分说来，就其总路线说来，就其革命工作说来，也已经是一个思想上、政治上、组织上都巩固的和布尔什维克化的党。"① 但是，由于党所处的环境、党所肩负的任务、党的队伍的自身状况等的变化，中国共产党的建设面临着新的挑战。

1939年10月，毛泽东发表了集中论述中国共产党建设问题的著名论著《〈共产党人〉发刊词》。在这篇标志着毛泽东建党思想走向成熟的奠基之作中，对中国共产党成立18年的斗争历史进行了回顾，对中国革命和党的建设的经验进行了系统总结，深刻透彻地阐明了中国革命的三大基本问题。毛泽东指出："统一战线问题，武装斗争问题，党的建设问题，是我们党在中国革命中的三个基本问题。正确地理解了这三个问题及其相互关系，就等于正确地领导了全部中国革命。"这"是中国共产党在中国革命中战胜敌人的三个法宝，三个主要的法宝"。② 并强调，当中国共产党的政治路线是正确地处理这些基本问题时，党的发展、巩固和布尔什维克化就前进一步；如果是不正确地处理这些问题时，党的发展、巩固和布尔什维克化就会要后退一步。就是在这篇著作中，针对新形势、新任务和党的队伍状况的要求，毛泽东明确提出了中国共产党建设的总目标，这就是：为了中国革命的胜利，迫切地需要建设一个全国范围的、广大群众性的、思想上政治上组织上完全巩固的布尔什维克化的中国共产党。

为了实现中国共产党建设的总目标，毛泽东全面总结了中国共产党在自身建设中的经验教训，完整地制定了中国共产党的政治路线、思想路线和组织路线，并创造了用整风进行党内思想教育的崭新而有效的形式。从1942年春天起在中国共产党全党范围内开展的整风运动，以"反对主观主义以整顿学风，反对宗派主义以整顿党风，反对党八股以整顿文风"③为主要任务，既是一次深刻的马克思主义教育运动，也是一次伟大的思想解放运动，对推进党的建设的伟大工程起到了关键性作用。毛泽东写下的以《整顿党的作风》、《反对党八股》为代表的一系列重要著作，中共中

---

① 《毛泽东选集》第2卷，人民出版社1991年版，第612、603页。
② 同上书，第605~606页。
③ 《毛泽东选集》第3卷，人民出版社1991年版，第812页。

央作出的关于整风的一系列决定，以及陈云的《怎样做一个共产党员》、刘少奇的《论共产党员的修养》等著作，都成为了中国共产党建设的重要文献。1945年4月，中国共产党第七次全国代表大会把毛泽东思想写进《中国共产党章程》，确立了毛泽东思想对于中国共产党的指导思想地位，成为中国共产党的基本理论。这同时也标志着毛泽东建党思想的成熟和中国共产党建设的伟大工程的基本成功。对此，邓小平曾经指出：毛泽东的建党学说，"是经过实践在延安整风时期建立起来的。毛泽东同志对于建立一个什么样的党，党的指导思想是什么，党的作风是什么，都有完整的一套。"[①]

第二节　党的建设的理论创造

中国共产党是一个极为重视理论建设的党。从诞生之日起，中国共产党就首先把马克思列宁主义确立为自己的指导思想。在中共七大上，中国共产党又把"以马克思列宁主义的理论与中国革命的实践之统一的思想"——毛泽东思想，确立为自己的指导思想。这使中国共产党具有了在思想上工作上取得一致的坚实理论基础。作为毛泽东思想重要组成部分的毛泽东党的建设思想，也是在把马克思主义党的学说与中国共产党建设的实际相结合过程中产生出来的，在诸多方面创造性地丰富和发展了马克思主义党的学说的理论宝库。

一　党的建设与党的政治路线相联系

马克思主义经典作家十分重视党的政治建设，把能否制定出正确的纲领作为评判无产阶级政党在政治上是否成熟的衡量标准。在实施党的建设的伟大工程的过程中，毛泽东历史地考察了中国共产党的发展历程，科学地总结了中国共产党建设的历史经验，在马克思主义党的学说史上第一次提出了党的建设过程"同党的政治路线密切地联系着"[②] 的论断，深刻阐明了党的建设同党的政治路线的关系，揭示了无产阶级政党建设的一个重

[①] 《邓小平文选》第2卷，人民出版社1994年版，第44页。
[②] 《毛泽东选集》第2卷，人民出版社1991年版，第605页。

要规律，为中国共产党的政治建设奠定了理论基础。

无产阶级政党的政治路线是它的纲领的体现，是它在一定历史阶段上确定的总目标和总任务。政治路线决定着党在一定历史时期的行动方向，也决定着党的建设的方向。政治路线正确与否，是关系无产阶级政党整个事业和党的建设成败的决定性因素。因此，毛泽东认为，一个政党要引导革命到胜利，必须依靠自己政治路线的正确和组织上的巩固。事实上，中国共产党发展和巩固的过程，就是正确制定和实施其政治路线的过程，也是密切联系党的政治路线加强自身建设的过程。

加强党的建设，首先要有一条马克思主义的政治路线。毛泽东曾经指出，革命党是群众的向导，在革命中未有革命党领错了路而革命不失败的。中国共产党的发展史证明，党的政治路线正确，就能够领导革命事业不断走向胜利；党的政治路线不正确，就必然导致革命事业的挫折乃至失败。而且，党的建设的各方面，包括思想建设、组织建设、作风建设、制度建设等的原则和内容，也都是由政治路线所决定着的。在这种意义上，能否确立一条马克思主义的政治路线，决定着无产阶级政党建设的全局，同时也决定着无产阶级政党全部工作的方向。

党的建设关系到党的政治路线的制定和实施。无产阶级政党的建设与其政治路线之间，是一种辩证关系。党的建设并不只是简单地消极地反映和适应政治路线的要求，而对政治路线的制定和实施有着积极的直接的影响。毛泽东认为，党的建设搞得越好，"党就能、党也才能更正确地处理党的政治路线"。[①] 党的政治路线若要制定得正确、实施得坚决，有赖于党在思想上的成熟、政治上的坚强、组织上的巩固、作风上的端正和制度上的健全。也就是说，没有一个建设得完善、成熟的党，就不可能有正确的政治路线，更不可能去实现什么。反过来说，即使有了正确的政治路线，没有一个建设得完善、成熟的党，其政治路线也不可能得到始终一贯的坚决贯彻执行。因此，必须深刻认识和正确处理二者的相辅相成、相互促进、相得益彰的关系。

党的建设要紧紧围绕党的政治路线来进行。无产阶级政党的正确的政治路线确立以后，党的自身建设的各个方面都要为实现党的政治路线服

---

① 《毛泽东选集》第 2 卷，人民出版社 1991 年版，第 605 页。

务。党的思想建设、组织建设、作风建设、制度建设，都要把全面坚持、完全实现党的政治路线作为出发点和落脚点，都要以贯彻、实践党的基本路线的实际效果作为衡量一切工作的标准。这是无产阶级政党自身建设的根本所在。

二　思想建设是党的建设的首要任务

着重从思想上建党，把思想建设放在党的建设首位，是毛泽东建党思想的重要内容和一个显著特点，也是中国共产党人对马克思主义党的学说的最重大贡献。在立足中国革命实践探索党的建设方法和途径、实施党的建设伟大工程的过程中，毛泽东特别重视并反复强调，中国共产党的党员不但要在组织上入党，而且要在思想上入党，要经常注意以无产阶级思想改造和克服各种非无产阶级思想。这成为中国共产党进行自身建设中的一条极为重要的原则。

着重从思想上建党，是由中国共产党所处的社会环境、它的队伍的自身特点和它的工人阶级先锋队性质所决定的。中国共产党成立之初，从它的阶级基础来说还相当薄弱，当时中国的工人阶级只有200多万人，而农村人口占全国人口的90%以上。特别是1927年大革命失败以后，中国共产党长期处于农村环境中，农民和其他小资产阶级出身的党员占了绝大多数。在党的阶级基础的最大部分由农民和其他小资产阶级成分所构成的情况下，各种非无产阶级思想就不可避免地进入了中国共产党内。因此，党内的最本质的矛盾，表现为无产阶级思想与非无产阶级思想特别是小资产阶级思想之间的矛盾，也即马克思主义思想与非马克思主义思想的矛盾。从根本上说，思想建设是党的其他各项建设的基础，马克思主义思想是党保持先进性的保证，而思想上的统一是实现党的组织统一的前提，党的优良作风的形成也离不开马克思主义思想的教育。这一切都要求中国共产党必须把思想建设放在首位，在党内加强马克思主义——无产阶级科学思想的教育，不断克服各种非无产阶级思想，否则，它就不能保持自己的先进性和纯洁性，不能正确执行已经确定的路线，也不能完成所肩负的政治任务。

早在井冈山斗争时期，毛泽东就明确而尖锐地指出："我们感觉无产阶级思想领导的问题，是一个非常重要的问题。边界各县的党，几乎完是农民成分的党，若不给以无产阶级的思想领导，其趋向是会要错误的。"[1] 1929年12月，毛泽东在为"古田会议"起草的决议案中，全面分析了红四军党内存在的各种非无产阶级思想的主要表现：思想上的主观主义和绝对平均主义；政治军事上的单纯军事观点、流寇思想、盲动主义思想残余；组织上的个人主义、非组织观点、极端民主化，等等。对于党内这些非无产阶级思想的来源，毛泽东认为主要的自然是由于党的组织基础的最大部分是农民和其他小资产阶级出身的成分所致，但是，党的领导机关缺乏对这些不正确的思想坚决一致的斗争，缺乏对党员进行的正确路线的教育，也是使之得以存在和发展的重要原因。因此，毛泽东强调，首先要通过思想教育，纠正党内的错误思想，解决好在农民和其他小资产阶级出身的党员成为主要成分的情况下，把红军中的党组织建设成为无产阶级的马克思主义的思想统帅和武装的党组织的问题。"古田会议"决议第一次系统总结了中国共产党成立以后在思想建设方面创造的基本经验，成为指导中国共产党建设的重要马克思主义文献。

1935年1月的遵义会议之后，毛泽东的建党思想逐渐被中国共产党全党所接受。中共中央在长征胜利后的瓦窑堡会议决议中指出，中国共产党是中国无产阶级的先锋队，应该吸收大量的工人、雇农入党，造成党内的工人骨干；同时中国共产党又是中华民族全民族的先锋队，因此一切愿意为着共产党的主张而奋斗的人，一切在民族革命与土地革命中的英勇战士，都应该吸收入党，担负起党在各方面的工作。决议还指出，由于中国是一个经济落后的殖民地半殖民地国家，农民分子与小资产阶级出身的知识分子常常在党内占大多数，但这丝毫也不减低中国共产党的布尔什维克的地位。决议强调，能否为中国共产党所提出的主张而坚决奋斗，是吸收党员的主要标准。社会成分是应该注意到的，但不是主要标准。应该使中国共产党成为一个共产主义的熔炉，把许多愿意为共产党主张而奋斗的新党员，锻炼成为有着最高阶级觉悟的布尔什维克的战士。

毛泽东关于着重从思想上建党的理论，从实践中产生又经过实践的检验，到延安整风时期系统展开并达到成熟。1945年在中共七大上，毛泽东指出："掌握思想教育，是团结全党进行伟大政治斗争的中心环节。如

---

[1] 《毛泽东选集》第1卷，人民出版社1991年版，第77页。

果这个任务不解决，党的一切政治任务是不能完成的。"① 中国共产党之所以能够不断发展壮大，领导中国人民胜利完成新民主主义革命的任务，并成为领导中国社会主义建设事业的执政党，其决定性的因素，就在于它是一个用马克思主义武装起来的思想统一的无产阶级政党。

三 组织建设的核心问题是干部问题

中国共产党是根据马克思主义建党原则建立起来的无产阶级政党。毛泽东认为，为了实现党的建设的总目标，在着重从思想上、政治上建党的同时，还必须加强党的组织建设，通过坚持民主集中制原则、实行任人唯贤的干部路线、开展积极健康的党内斗争，把中国共产党建设成为组织上完全巩固的有战斗力的统一整体。

民主集中制是马克思主义政党的根本组织制度和领导原则。党在思想上、政治上的统一，要靠在党内实行民主集中制的组织原则来巩固。在长期的建党实践中，毛泽东对民主集中制原则多次做过集中论述，并创造性地运用这个重要原则，领导制定了规范党内政治生活、处理党内关系的基本准则和具体制度，形成了中国共产党在组织建设上的突出特点。毛泽东认为，民主集中制是高度民主和高度集中的统一，是民主基础上的集中和集中指导下的民主。1937年5月，毛泽东立足于争取千百万群众进入抗日民族统一战线的任务，指出："要党有力量，依靠实行党的民主集中制去发动全党的积极性。在反动和内战时期，集中制表现得多一些。在新时期，集中制应该密切联系于民主制。用民主制的实行，发挥全党的积极性。"② 1938年10月，在中共扩大的六届六中全会上，毛泽东进一步强调："必须在党内施行有关民主生活的教育，使党员懂得什么是民主生活，什么是民主制和集中制的关系，并如何实行民主集中制。这样才能做到：一方面，确实扩大党内的民主生活；又一方面，不至于走到极端民主化，走到破坏纪律的自由放任主义。"③ 针对中国社会缺乏民主传统和中共党内长期存在家长制作风的状况，毛泽东既提出了"党内生活民主化"

---

① 《毛泽东选集》第3卷，人民出版社1991年版，第1094页。
② 《毛泽东选集》第1卷，人民出版社1991年版，第278页。
③ 《毛泽东选集》第2卷，人民出版社1991年版，第529页。

的任务,把"扩大党内民主"看作是巩固和发展党的必要步骤;又鉴于党内发生过的严重破坏纪律的行为,概括了民主集中制"个人服从组织,少数服从多数,下级服从上级,全党服从中央"的纪律原则,并且特别强调,在四项纪律当中,最重要的是全党服从中央。1945年4月,在中共七大政治报告中,毛泽东把民主集中制原则概括为在民主基础上的集中和在集中指导下的民主的结合,从而对民主集中制原则作出了更加深刻、准确、完整的解释。新中国建立以后,毛泽东又指出:"民主是对集中而言,自由是对纪律而言。这些都是一个统一体的两个矛盾着的侧面,它们是矛盾的,又是统一的,我们不应当片面地强调某一个侧面而否定另一个侧面。""这种民主和集中的统一,自由和纪律的统一,就是我们的民主集中制。"① 还提出了实行民主集中制的目标,就是要"造成一个又有集中又有民主,又有纪律又有自由,又有统一意志、又有个人心情舒畅、生动活泼,那样一种政治局面",② 以利于社会主义革命和社会主义建设,较易于克服困难,较快地建设我国的现代工业和现代农业,使党和国家较为巩固,较为能够经受风险。在1962年扩大的中央工作会议上,毛泽东重申了这个思想。经毛泽东一再阐明和充分发挥的民主集中制原则,成为了中国共产党一贯的坚持和遵循。

党的组织路线的核心问题是干部问题。在抗日战争时期,毛泽东就指出:"中国共产党是在一个几万万人的大民族中领导伟大革命斗争的党,没有多数德才兼备的领导干部,是不能完成其历史任务的。"③ 因为"政治路线确定之后,干部就是决定的因素。"④ "德才兼备"是选拔和使用干部的一个根本标准。干部之"德",主要是指政治态度、思想品德和工作作风;干部之"才",主要是指工作能力、业务水平和文化知识;"兼备"则是要求二者缺一不可,且德在首位。要成功地培养和选拔大批德才兼备的干部,离不开一条正确的干部路线。1938年10月,在中共扩大的六届六中全会上,毛泽东把中国共产党的正确的干部路线概括为"任人唯贤"。毛泽东认为,在干部使用的问题上,中国的民族历史中从来就有两

---

① 《毛泽东文集》第6卷,人民出版社1999年版,第209页。
② 《毛泽东选集》第8卷,人民出版社1999年版,第293页。
③ 《毛泽东选集》第2卷,人民出版社1991年版,第526页。
④ 同上。

条对立的路线，一条是"任人唯贤"的路线，一条是"任人唯亲"的路线；前者是正派的路线，后者是不正派的路线。随之毛泽东指出："共产党的干部政策，应是以能否坚决地执行党的路线，服从党的纪律，和群众有密切的联系，有独立的工作能力，积极肯干，不谋私利为标准，这就是'任人唯贤'的路线。"[1] 坚持实行"任人唯贤"的干部路线，同时还要有一整套识别、使用、爱护和团结干部的政策。毛泽东指出，必须善于识别干部，不但要看干部的一时一事，而且要看干部的全部历史和全部工作，这是识别干部的主要方法。必须善于使用干部，在干部政策问题上坚持正派的公道的作风，反对不正派的不公道的作风。还必须善于爱护干部，其方法是：第一，指导他们。放手让干部工作，又适时给以指示，使其能在党的路线和政策指导下发挥积极性和创造性。第二，提高他们。给干部以学习的机会，使其在理论上和工作能力上提高一步。第三，检查他们的工作，帮助总结经验，发扬成绩，纠正错误。第四，对犯错误的干部，一般地应采取说服的方法，帮助改正。第五，照顾他们的困难。所有这些，都是"任人唯贤"干部路线的具体体现，也是中国共产党干部工作的经验总结。新中国建立以后，毛泽东反复强调中国共产党作为执政党，要高度重视干部队伍建设问题。毛泽东指出，中国共产党有成百万有经验的干部，大多数是好的，是土生土长、联系群众、经受过长期斗争考验的；中国共产党有了建党时期、北伐战争时期、土地革命时期、抗日战争时期、解放战争时期，以及全国解放以后等不同革命时期的经受了考验的这样一套干部，就可以"任凭风浪起，稳坐钓鱼船"。从防止帝国主义、资本主义对社会主义中国的"和平演变"，确保党和国家长治久安的需要出发，毛泽东向全党提出了培养和造就千百万无产阶级革命事业接班人的任务。从根本上说，毛泽东认为干部问题是关系中国共产党和社会主义中国前途和命运的一个极其重大的问题，是无产阶级革命事业的百年大计、千年大计、万年大计。

党的团结是党的生命。中国共产党要求它的党员像爱护自己的眼睛一样维护党的团结。党的思想统一、组织统一和行动的有力量，是实现党的目标的保证，这有赖于党的团结；而要实现党的团结，就必须正确认识和

---

[1] 《毛泽东选集》第2卷，人民出版社1991年版，第527页。

处理党内的矛盾和斗争问题。在抗日战争时期，一方面，毛泽东指出："中国共产党内部的团结，是团结全国人民争取抗日胜利和建设新中国的最基本的条件。"① 党内的团结和党同人民的团结，党内的团结是前提和基础。另一方面，毛泽东又指出："党内不同思想的对立和斗争是经常发生的，这是社会的阶级矛盾和新旧事物的矛盾在党内的反映。党内如果没有矛盾和解决矛盾的思想斗争，党的生命也就停止了。"② 这就有一个怎样认识和处理党内矛盾的问题。在中国共产党的历史上，曾经发生过在党内斗争中"残酷斗争、无情打击"的"左"倾错误，不但伤害了同志，更重要的是削弱了党的力量。对此，毛泽东认为，党内应该有积极的思想斗争，反对无原则的自由主义，这是达到党内和革命团体内的团结使之利于战斗的武器。而在如何开展这种党内斗争、又应当坚持什么样的方针问题上，毛泽东认为，党内的矛盾和斗争就实质而言，基本上属于思想认识上的分歧，一般不具有对抗的性质，基于这种分析，就应当确立"惩前毖后、治病救人"的正确方针。"惩前毖后"，就是对过去错误的东西，一定要不讲情面地揭发出来，以科学的态度予以分析、批评乃至批判，以为后来的工作提供警示。但是，揭发错误，批评缺点，目的在于教育和挽救同志，而不是为了把人整死。对待思想上和政治上的毛病，决不能采取鲁莽的态度，而应当采取"治病救人"的态度，才是真正有效的方法。毛泽东还强调，对于人的处理问题应取慎重态度，特别是在处理历史问题的时候，不应当着重于一些个别同志的责任方面，而应着重于对当时环境的分析，当时错误的内容，当时错误的社会根源、历史根源和思想根源，借以达到既弄清思想又团结同志的目的。同时，毛泽东还认为，正确地开展党内斗争，必须坚持科学的思想方法，举凡党内斗争中出现偏差，主要地是因为主观主义的方法造成的。毛泽东提出，必须以马克思主义的立场、观点和方法来对待党内斗争，反对主观主义的斗争方法，把对待敌人和对待同志的不同方法区分开来；主观主义的斗争方法亦即机会主义的乱斗法，拿对待敌人的方法来对待同志，在党内无论大事小事一律都是"最坚决无情的斗争"，到处充满"仇恨"与"斗争的积极性"，这对于

---

① 《毛泽东选集》第2卷，人民出版社1991年版，第535页。
② 《毛泽东选集》第1卷，人民出版社1991年版，第306页。

党达到真正的团结与统一危害极大；对于那种蓄意破坏党的团结，在党内进行宗派活动、分裂活动和其他危害活动的分子，则必须进行坚决的严肃的斗争，直至将其驱逐出党。

四 作风建设的根本在密切联系群众

党的作风建设是中国共产党自身建设的一个重要组成部分。毛泽东十分重视党的作风建设问题，专门发表了一系列论著。在中共"七大"政治报告中，毛泽东对中国共产党在长期革命实践中形成的优良作风作出了精辟的理论概括："以马克思列宁主义的理论思想武装起来的中国共产党，在中国人民中产生了新的工作作风，这主要的就是理论和实践相结合的作风，和人民群众紧密地联系在一起的作风以及自我批评的作风。"① 并以此作为中共区别于其他任何政党的显著标志。

"党风"的概念，是毛泽东第一次提出和使用的。毛泽东指出："我们要完成打倒敌人的任务，必须完成这个整顿党内作风的任务。学风和文风也都是党的作风，都是党风。只要我们党的作风完全正派了，全国人民就会跟我们学。党外有这种不良风气的人，只要他们是善良的，就会跟我们学，改正他们的错误，这样就会影响全民族。"② 由党风而至民风，又至社会风气，党风建设的重要性就凸显出来。可见，党风就是党的作风，是指中国共产党作为马克思主义政党在思想、政治、组织和工作等一切方面所表现出来的一贯态度和行为。党风是由党的世界观和党性所决定的，有什么样的世界观和党性就会有什么样的党风。毛泽东创造性地把学风和党风统一起来，并揭示了学风、党风和世界观、党性的内在的联系，指出："学风问题是领导机关、全体干部、全体党员的思想方法问题，是我们对待马克思主义的态度问题，是全党同志的工作态度问题。"③ 党风不正"是党性不纯的一种表现"，而实事求是的态度，"就是党性的表现，就是理论和实际统一的马克思列宁主义的作风"。④ 党风问题的核心，是坚持全心全意为人民服务的宗旨。毛泽东认为，党风问题，归根到底，是

---

① 《毛泽东选集》第3卷，人民出版社1991年版，第1093~1094页。
② 同上书，第812页。
③ 同上书，第813页。
④ 同上书，第801页。

中国共产党能否保持先进性、保持同人民群众的密切联系的问题。党风正，就能得到人民的信任、支持、拥护，党的事业就会从胜利走向胜利；党风不正，就会从根本上损害同人民的关系，人民离心离德，党的事业就一定会遭遇挫折乃至彻底失败。

理论和实践相结合，是马克思主义理论本质的内在的要求，是马克思主义的一个最基本的原则。中国共产党发展的历史表明，马克思主义的普遍真理，只有在同中国革命的具体实践相结合的时候，才成为了中国共产党人认识世界、改造世界、战胜敌人、战胜困难的最有力的思想理论武器。把马克思主义的普遍真理同中国革命的具体实践相结合，走自己的道路，也是成熟之后的中国共产党的一贯的思想原则。正如毛泽东所指出的："马克思列宁主义的伟大力量，就在于它是和各个国家具体的革命实践相联系的。对于中国共产党来说，就是要学会把马克思主义列宁主义的理论应用于中国的具体环境。……使马克思主义在中国具体化，使之在其每一表现中带着必须有的中国的特性，即是说，按照中国的特点去应用它，成为全党亟待了解并亟须解决的问题。"[1] 只有用马克思列宁主义之"矢"，射中国革命之"的"，才能取得成功。理论与实践相结合也是中国共产党实事求是思想路线的内在要求。中国共产党是在同教条主义和经验主义的坚决斗争中成长、发展起来的。教条主义脱离具体实际，经验主义把局部经验作为普遍真理，两者都与马克思主义相对立。坚持理论与实践相结合，既要反对教条主义，又要反对经验主义。毛泽东在投身革命运动、指导中国革命的长期实践中，立足于中国实际，运用马克思主义的立场、观点和方法，进行了大量社会调查和研究，并据以解决了中国革命中的一系列根本问题。毛泽东把调查研究作为理论联系实际的根本途径，作出了"没有调查，没有发言权"[2] 的著名论断。一切从实际出发，理论联系实际，在深入实际调查研究、对实践经验进行科学总结的基础上，才有可能制定出正确的路线、方针和政策，才能带领人民沿着正确的道路前进，才能保证中国革命的胜利。

密切联系群众，是中国共产党的力量源泉。毛泽东指出："全心全意

---

[1] 《毛泽东选集》第2卷，人民出版社1991年版，第534页。
[2] 《毛泽东选集》第1卷，人民出版社1991年版，第109页。

地为人民服务，一刻也不脱离群众；一切从人民的利益出发，而不是从个人或小集团的利益出发；向人民负责和向党的领导机关负责的一致性；这些就是我们的出发点。"① 又说："应该使每个同志明了，共产党人的一切言论行动，必须以合乎最广大人民群众的最大利益，为最广大人民群众所拥护为最高标准。"② 凡属正确的任务、政策和工作作风，都是与当时当地的人民群众的要求相适合的，都是联系群众的；凡属错误的任务、政策和工作作风，都是与当时当地的人民群众的要求不相适合的，都是脱离群众的，这是中国共产党人的一条历史经验。毛泽东反复指出，中国共产党是为人民谋利益的政党，本身没有任何的私利可图。因此，党在任何时候都应当把人民群众的利益放在第一位，同人民群众保持最密切的联系，不是高居于群众之上，而是深入于群众之中；在任何时候都要相信人民，依靠人民，尊重人民群众的首创精神，善于发现和保护群众的积极性；在任何时候都要坚持群众路线，关心群众生活，注意工作方法，反对官僚主义、命令主义、尾巴主义和宗派主义；在任何时候都要坚持真理，修正错误，为人民利益坚持好的，为人民利益改正错的。一切为了群众，一切相信群众，一切依靠群众，从群众中来，到群众中去，正是中国共产党受到中国人民拥护和支持，并团结和带领人民取得革命胜利的奥秘所在。

开展认真的自我批评，是巩固党的组织、增强党的战斗力的武器，也是中国共产党独有的优良传统。因为没有任何个人的或者小集团的私利，对于自己存在着的错误，就既不怕别人指出，也勇于自我否定。毛泽东曾经把批评与自我批评比作打扫房子和洗脸："房子是应该经常打扫的，不打扫就会积满了灰尘；脸是应该经常洗的，不洗也就会灰尘满面。""对于我们，经常地检讨工作，在检讨中推广民主作风，不惧怕批评和自我批评，实行'知无不言，言无不尽'，'言者无罪，闻者足戒'，'有则改之，无则加勉'这些中国人民的有益的格言，正是抵抗各种政治灰尘和政治微生物侵蚀我们同志的思想和我们党的肌体的唯一有效的方法。"③ 在倡导批评与自我批评时，毛泽东指出，彻底的唯物主义者是无所畏惧的，希

---

① 《毛泽东选集》第3卷，人民出版社1991年版，第1094~1095页。
② 同上书，第1096页。
③ 同上。

望一切同中国共产党共同奋斗的人向它提出批评建议,因为以人民利益为出发点的中国共产党人相信自己的事业是完全合乎正义的,不惜牺牲一切甚至自己的生命去殉这个事业,难道还有什么不适合人民需要的思想、观点、意见舍不得丢掉吗?同时,毛泽东还总结提出了开展党内批评与自我批评的基本原则和方法:必须站在党和人民利益的立场上,为了坚持真理、修正错误,而不是出于个人目的泄私愤、图报复;必须从团结的愿望出发,与人为善,和风细雨,为了解决问题,而不是打击同志;必须实事求是,以事实为依据,摆事实讲道理,允许本人申辩,而不是打棍子、扣帽子、无限上纲;必须坚持两点论,不搞一点论,对人对己一分为二,全面看待、历史分析,不能以一面完全掩盖另一面。总之,要把批评与自我批评的严肃性、尖锐性和科学性结合起来,最终达到既弄清思想、纠正错误,又团结同志、共同进步的目的。历史经验证明,党内批评与自我批评开展得怎样,对于端正党的作风,改进党的工作,提高党的威信,增强党的生机和活力,都具有重要的影响,有时甚至会带来关系到党的前途命运、事业成败的后果。

第三节　党的建设的实践探索

怎样建设一个以马克思主义为指导的无产阶级政党,既是一个理论问题,更是一个实践问题。在革命和建设的长期实践中,中国共产党在毛泽东的领导下对自身建设进行了广泛的实践探索,使中国共产党成为了中国新民主主义革命、社会主义革命和大规模的社会主义建设的领导核心。

一　"支部建在连上"

经历了大革命的失败,中国共产党对于掌握武装的军队的极端重要性有了深刻的认识,在南昌起义之后的"八七"会议上,确定了进行土地革命和武装反抗国民党的总方针。毛泽东在会议发言中突出强调:"以后要非常注意军事。须知政权是由枪杆子中取得的。"[①] 1927年9月,毛泽东作为前敌委员会书记,亲自领导了秋收起义,开创了从进攻大城市转到

---

① 《毛泽东文集》第1卷,人民出版社1993年版,第47页。

向农村进军的新的革命斗争道路,成为人民革命史上具有决定性意义的新起点。而秋收起义之后在江西省永新县三湾村,毛泽东领导进行的著名的"三湾改编",不仅成为建设无产阶级领导的新型人民军队的重要开端,也成为中国共产党自身建设实践探索的一个重要里程碑。其标志,就是"支部建在连上"。

中国共产党的建设是与中国无产阶级领导的新型人民军队的建设联系在一起的。因为中国共产党的历史,就是武装斗争的历史。中国共产党在自身组织建设上的经验和教训的总结,最初自然地大多出于红色革命军队的建设当中。这是中国共产党的成长和发展的历史,不同于其他任何政党的一个显著的特点。

毛泽东指出,"中国的红军是一个执行革命的政治任务的武装集团","决不是单纯地打仗的,它除了打仗消灭敌人军事力量之外,还要负担宣传群众、组织群众、武装群众、帮助群众建立革命政权以至于建立共产党的组织等项重大的任务。"[①] 毛泽东认为,红军的打仗,不是单纯地为了打仗而打仗,而是为了宣传群众、组织群众、武装群众,并帮助群众建设革命政权才去打仗的;离了对群众的宣传、组织、武装和建设革命政权等项目标,就是失去了打仗的意义,也就是失去了红军存在的意义。因此,红军的存在不仅仅具有军事上的意义,同样重要的是它所具有政治上的意义。正因为如此,毛泽东对红军中的党组织建设始终极为重视。在创建井冈山革命根据地的过程中,毛泽东探索形成了党在军队中的建设模式:首先,在党的组织上,分为连支部、营委、团委、军委四级,连有支部,班有小组;其次,在党的领导上,加强连党代表的配备;第三,在党的队伍上,加快从积极分子中发展党员。毛泽东总结指出:"两年前,我们在国民党军中的组织,完全没有抓住士兵,即在叶挺部也还是每团只有一个支部,故经不起严重的考验。"[②] 支部建在连上,党代表的作用更为重要,既要督促进行政治训练,还要指导民运工作,同时要担任连队支部书记。同时,要在党员和非党员约为一比三的基础上,在战斗兵中发展新党员,争取达到各占一半。加强红军中党组织建设,也要加强建设军内民主制

[①] 《毛泽东选集》第1卷,人民出版社1991年版,第86页。

[②] 同上书,第66页。

度，实行官兵平等，在连、营、团建立士兵会，代表士兵利益。这也成为中国共产党建党、建军的一条重要的经验。

在总结井冈山斗争的时候，毛泽东指出："红军所以艰难奋战而不溃散，'支部建在连上'是一个重要原因。"[①] 支部建在连上，有效地扩大了党的组织基础和群众基础。这使得中国共产党的组织，成为了建立在最基本的人民群众基础上的政党组织。由于当时的红军队伍尽管以农民占多数，但仍然包含了社会的各种成分，特别是一定数量的工人成分。在经过了政治教育之后，红军中的积极分子都有可能进入党的组织中来，党组织中就包含了各种社会成分的优秀分子。随之，党在群众中的影响力必然得到增强。支部建在连上，有效地增强了党的凝聚力和战斗力。党的组织扩展到最基本的群众，党的思想、理论和路线、方针、政策，也就会深入到最基本的群众当中。一旦党的正确的思想、理论掌握了群众，党的正确的路线、方针、政策为群众所认识和理解，那么，党组织的凝聚力和战斗力就会以难以估量的力度展现、爆发出来。

"支部建在连上"这一个创造性的实践成果，为中国共产党的建设开辟了一条成功的道路，并一直在产生着重要的影响。

二 整风运动

整风，是在毛泽东领导下，中国共产党人创造的一种进行党内思想教育、纠正党内错误思想的有效的形式。

中国共产党的整风运动，开始于20世纪40年代初期。在当时，一方面，经过20多年的建设，中国共产党已经成熟起来，以毛泽东为核心的中央领导集体明确提出了党的建设的总目标，正在大力推进党的建设的伟大工程；另一方面，在20多年的前进历程中，中国共产党既有成功的经验，也受过严重的挫折，有着失败的教训，由于尚未来得及在全党范围内对党的历史经验进行系统总结，特别是没有从思想路线的高度对造成党内历次"左"倾和右倾错误的根源进行深刻的清算，党内在指导思想上仍然存在一些分歧。同时，在抗日战争中，大量的新党员进入到党的组织中，也把一些非无产阶级主要是小资产阶级的思想带到了党内，成了各种

---

① 《毛泽东选集》第1卷，人民出版社1991年版，第65~66页。

错误倾向滋生的温床。这时，正值抗日战争最困难的阶段，迫切需要实现党在思想上、政治上的统一和行动上的一致，以同心同德战胜困难，夺取抗日战争的最后胜利。开展一次整风的背景和条件就具备了。

整风是一次全党范围内的马克思列宁主义教育运动，也就是一次依据马克思列宁主义的思想原则整顿作风的运动。在党的高级干部中，主要是学习和研究党的历史，总结党的历史经验，批判王明的错误路线及其影响，在政治上分清是非，统一思想。在全党，就是"反对主观主义以整顿学风，反对宗派主义以整顿党风，反对党八股以整顿文风"。[①]

反对主观主义，是整风运动最主要的任务。在中国共产党的历史上反复出现的"左"右倾错误，从思想根源上来说都是主观主义，都表现为理论同实际相脱离，主观同客观不相符合。犯了这些错误的领导干部，对问题的认识和解决问题的方法，不是从实际出发而是从书本出发，或从主观愿望出发，或照搬外国经验，其结果都会给党带来严重危害，有的甚至几乎葬送中国的革命事业。毛泽东认为，党内的主观主义主要的有两种：一种是教条主义，一种是经验主义，而主要的危险是教条主义，因为它容易装出马克思主义的面孔吓唬人。毛泽东指出："这种反科学的反马克思列宁主义的主观主义的方法，是共产党的大敌，是工人阶级的大敌，是人民的大敌，是民族的大敌，是党性不纯的一种表现。大敌当前，我们有打倒它的必要。只有打倒了主观主义，马克思列宁主义的真理才会抬头，党性才会巩固，革命才会胜利。"[②] 毛泽东突出地强调了"实事求是"的重要性，并向全党提出了用马克思主义的立场、观点和方法研究中国的问题的要求。

反对宗派主义，是整风运动的另一个主要任务。党的思想上的统一，要靠组织上的统一来保证。在中国共产党的历史上，当主观主义思想占据统治地位时，在组织上必然实行宗派主义。因此，宗派主义是主观主义在组织上的一种表现，妨碍党内的团结和统一，妨碍党团结全国人民为共同的事业而奋斗。遵义会议之后，尽管宗派主义在党内已不占统治地位，但其残余依然存在并有所表现，主要的表现形式是山头主义、小团体主义、

---

① 《毛泽东选集》第3卷，人民出版社1991年版，第812页。
② 同上书，第800页。

闹不团结等等。毛泽东特别尖锐批评了"闹独立性"的问题，认为向党闹独立性的人，往往和个人第一主义分不开；在口头上说尊重党，实际上是把个人利益摆在第一位，把党的利益摆在第二位；为了达到个人目的，往往拉拢一些人，排挤一些人，作风很不老实。毛泽东指出："要提倡顾全大局。每一个党员，每一种局部工作，每一项言论或行动，都必须以全党利益为出发点，绝对不许可违反这个原则。"① 毛泽东要求，中国共产党一定要建设一个集中统一的党，一切无原则的派别斗争都要清除干净，要使全党的步伐整齐一致，为一个共同的目标而奋斗。

党八股是主观主义的一种表现形式，也是对全党的一种精神束缚。党八股得不到清除，就不能启发生动活泼的革命思想，不能发扬实事求是的革命精神，主观主义、宗派主义就还会有藏身之地。要彻底反对主观主义，就不能不同时反对党八股。只有坚决抛弃党八股，生动活泼、鲜活有力的马克思列宁主义文风才能得到普遍的发扬和发展，党的事业才能充满生机地向前推进。

整风的基本方法，是集中一段时间，针对党内思想、组织、作风上存在的主要问题，学习马克思主义经典作家的著作和党的文件，在提高思想认识的基础上，联系党的历史和自己的思想、工作实际，开展积极健康的批评与自我批评，实事求是地总结经验教训，以求达到弄清思想、纠正错误、团结同志、共同前进的目的。

毛泽东曾经指出，整风使党在思想基础上立于不败之地，因为它的成效"主要地是在于使我们的领导机关和广大的干部和党员，进一步地掌握了马克思列宁主义的普遍真理和中国革命的具体实践的统一这样一个基本的方向。"② 整风极大地提高了中国共产党的马克思列宁主义水平，使全党在毛泽东思想的基础上达到了空前的团结和统一，出现了生气勃勃的新局面。毛泽东关于中国共产党自身建设的思想，也经过实践在延安整风时期形成了完整的党的建设学说。

三 执政党建设

1949年10月，中华人民共和国成立，中国共产党成为执政党。面对

---

① 《毛泽东选集》第3卷，人民出版社1991年版，第821页。
② 《毛泽东选集》第4卷，人民出版社1991年版，第1252页。

从革命党变为执政党这样一个历史性的转变，中国共产党尽管在解放区也积累了一些治国安民的重要的成功的经验，但这些经验毕竟具有区域性、局部性特征，对于全面治理一个百废待兴的经济文化落后的大国来说，还是很有限的。特别是从领导革命到领导建设，工作重心从农村转向城市，中国共产党在全新的环境中将遇到大量的前所未有的新情况和新问题，面临着一系列异常严峻的考验。在党的地位、肩负的任务和客观环境的要求等等都发生了巨大变化的情况下，如何加强自身建设，经受住新的考验，是中国共产党必须直面的新课题。事实上，毛泽东对此是有着极为清醒的认识的。早在抗日战争胜利前夕，毛泽东就已经开始深入思考中国共产党成为执政党以后怎样保持自己的先进性的问题。1944年11月，毛泽东在读过《甲申三百年祭》后给郭沫若写信说："你的《甲申三百年祭》，我们把它当作整风文件看待。小胜即骄傲，大胜更骄傲，一次又一次吃亏，如何避免此种毛病，实在值得注意。"① 1945年7月，毛泽东在同爱国民主人士黄炎培谈话时，对黄炎培提出的中国共产党如何跳出中国历史上各封建王朝"其兴也浡焉"、"其亡也忽焉"的周期律的问题，毛泽东回答，中国共产党已经找到了新路，能够跳出这个周期律；这条新路，就是民主；只有让人民来监督政府，政府才不敢松懈；只有人人起来负责，才不会人亡政息。1949年3月，在中国共产党即将执政的时候，毛泽东在中共七届二中全会上的报告中，提醒全党要防止"骄傲情绪，以功臣自居的情绪，停顿起来不求进步的情绪，贪图享乐不愿再过艰苦生活的情绪"等四种不良情绪，并郑重要求全党："务必使同志们继续地保持谦虚、谨慎、不骄、不躁的作风，务必使同志们继续地保持艰苦奋斗的作风"。② 在为中共中央起草的一些决定中，毛泽东还总结经验，强调了加强党的集体领导、防止个人专断、健全党委制的制度等问题，作出了一些禁止突出领导者个人的具体规定，为中国共产党在执政以后继续加强自身建设作了必要的准备。

执政以后，以毛泽东为核心的中央领导集体把加强执政党的建设放在一切党务工作的首位，先后领导了整党、"三反"、整风等一系列行动，

---

① 《毛泽东文集》第3卷，人民出版社1996年版，第227页。
② 《毛泽东选集》第4卷，人民出版社1991年版，第1438～1439页。

采取各种措施继续加强党的自身建设。

毛泽东始终把坚持全心全意为人民服务的宗旨，密切联系群众；坚持实事求是，反对官僚主义，作为执政党建设的重点。新中国成立后，中共中央进行了多次整风，都是把反对官僚主义和反对贪污腐化放在突出位置。1951年，中共中央决定对党的基层组织进行一次普遍整顿，在全体党员中开展了共产党员必备的八项条件教育，同时在党和政府工作人员中开展了以反对贪污、反对浪费、反对官僚主义为中心内容的"三反"运动，清除了一批腐败分子，挽救了一批犯错误的同志，使全体党员受到了一次在执政条件下保持廉洁、防止腐败的现实教育。1956年，中共八大针对执政以后出现的党的组织和党的干部中普遍存在同人民群众关系紧张的状况，决定在全党范围内开展反对官僚主义、宗派主义和主观主义的整风运动。毛泽东、周恩来、邓小平等都多次对党内存在的官僚主义问题进行了严厉批评。毛泽东告诫全党，共产党就是要奋斗，就是要全心全意为人民服务，不要半心半意或者三分之二的心三分之二的意为人民服务。只有全心全意为人民服务，执政党的地位才会巩固。

毛泽东对坚持党的民主集中制，不断增强党的团结，给予了高度重视。维护党的集中统一领导，增强党的团结，是中国共产党在执政条件下面临的又一个重大问题。1953年，发生了高岗、饶漱石分裂党的严重事件，中国共产党对此及时给予了揭露。1954年2月，中共七届四中全会一致通过了《关于增强党的团结的决议》，强调党的团结是党的生命，要求全党尤其是党的高级干部必须高度自觉地维护党的团结，同一切破坏党的团结、损害中央威信、妨碍中央的统一领导的言行作坚决的斗争。中共八大进一步指出，党的团结和统一是党的建设最重要的问题之一，这不但是党的利益所在，也是全国人民的利益所在。1962年1月，为了总结领导社会主义建设经验和教训，中共中央召开扩大的中央工作会议，毛泽东、刘少奇等对工作中出现的一些失误作了自我批评，同时强调了实行民主集中制和发扬党内民主的问题。

毛泽东要求执政党的各级组织和每一个党员都要接受来自党内和党外的双重监督。1955年3月，鉴于高岗、饶漱石事件的教训，中共中央决定成立中央和地方的各级监察委员会，以加强对党员特别是高级领导干部的监督。在中共八大上，邓小平作《关于修改党的章程的报告》，着重论述了加强党内外监督的重要性，指出为了有效地反对主观主义、官僚主义等脱离群众的危险倾向，除了进行必要的思想教育，还要从党和国家的制度上作出规定，以便于对党的组织和党员实行严格的监督。在毛泽东提出的中国共产党与各民主党派"长期共存、互相监督"方针的基础上，刘少奇、邓小平都在中共八大的报告中，强调了党外人士监督的重要性问题。

毛泽东还提出了培养和造就无产阶级革命事业接班人的战略任务。加强党的组织建设和干部队伍建设，保证党的事业后继有人，是一个战略问题。在中共八大预备会议上，毛泽东提出了党的组织建设方面一个具有战略眼光的思路：因为中国革命是首先在农村取得胜利，党的领导干部中农民出身的较多，将来中央委员会的成分是要改变的；要努力造就自己的科学家和工程师，在中央委员会中应该有许多的科学家、许多的工程师。20世纪60年代，毛泽东郑重向全党提出了必须努力培养和造就千百万社会主义事业接班人的战略任务。

第九章　政策和策略思想

政策是一个国家或一个政党，在一定的历史时期，为实现其基本路线而制定的行为准则。策略则是根据形势发展的需要，为保证路线、方针和政策的正确、顺利执行，进而确定的具体的行动方针和斗争方式。历经领导新民主主义革命、社会主义革命和展开大规模的社会主义建设的过程，在长期的理论和实践探索中，以毛泽东为代表的中国共产党人制定和实施了一系列正确的政策和策略，保证了中国革命的胜利和社会主义建设不断取得新成就，并在这个波澜壮阔的历史进程中创造性地发展了马克思主义，形成了中国特色的马克思主义政策和策略思想。其主要内容，集中表现在毛泽东的《论反对日本帝国主义的策略》、《目前抗日统一战线中的策略问题》、《论政策》、《论联合政府》、《关于目前党的政策中的几个重要问题》、《关于工商业政策》、《关于情况的通报》、《不要四面出击》、《论十大关系》、《关于帝国主义和一切反动派是不是真老虎的问题》等著作中。

第一节　政策和策略是党的生命

中国共产党领导的新民主主义和社会主义革命，历尽艰难，曲折发展，在不断的失败和挫折中一步步走向胜利。正是在这个坚苦卓绝的探索历程中，中国共产党人深刻认识了作为一个政党若要取得成功，不唯其理论和路线必须正确，其政策和策略也必须正确。基于这样一个实践发展和认识深化的基础，在中国共产党领导的革命即将取得全国胜利的时候，毛泽东对这条重要经验给出了明确的总结："只有党的政策和策略全部走上正轨，中国革命才有胜利的可能。政策和策略是党的生命，各级领导同志务必充分注意，万万不可粗心大意。"①

一　正确的政策和策略具有极端的重要性

一个政党领导其事业发展、前进的过程，就是不断以实行特定的政策和策略，落实其路线和方针的过程；政策和策略的正确与否，就决定着其路线和方针能否实现，于是也就决定着其事业的兴衰成败。对一个革命政党来说，正确的政策和策略是它的领导活动得以顺利展开、其阶段目标得以顺利实现的一个重要的前提条件。而没有这一条，无产阶级的最后胜利也无从谈起。正因为如此，毛泽东才明确指出："无产阶级要取得胜利，就完全要靠他的政党——共产党的斗争策略的正确和坚决。"②"任何经验（实践），均是从实行某种政策的过程中得来的，错误的经验是实行了错误政策的结果，正确的经验是实行了正确政策的结果。"③

事实上，马克思主义经典作家在政策和策略对于无产阶级政党的重要性问题上，也多有论述。恩格斯在谈到工人阶级政党及其政策问题时，就曾说过，各地的经验都证明，要使工人摆脱旧政党的支配，最好的办法，就是在每一个国家里建立一个无产阶级的政党，并且这个政党要有它自己的政策。列宁也曾经指出，社会民主党的正确的策略口号对领导群众来说，具有特别重要的意义；在革命时期轻视原则上坚定的策略口号的意义，是再危险不过的了。无产阶级革命斗争的历史更是反复表明，不论是革命还是建设，成功与否既取决于客观条件，也受着主观条件的制约。客观条件是根据，是基础，没有客观条件的成熟，革命和建设就不可能成功。但是当客观条件具备之后，如果没有相应的主观条件，革命和建设也同样是不能成功的。正如毛泽东在《矛盾论》中所说，"外因是变化的条件，内因是变化的根据"，④ 二者缺一不可。这个客观条件就是社会内部的矛盾运动，这个主观条件就是无产阶级政党的路线和方针，而政策和策略的制定和实行，是关系着路线和方针实现的最为关键的因素，也是重要的主观条件之一。那么可以说，在革命和建设的客观条件充分具备之后，

---

① 《毛泽东选集》第 4 卷，人民出版社 1991 年版，第 1298 页。
② 《毛泽东选集》第 1 卷，人民出版社 1991 年版，第 115 页。
③ 《毛泽东文集》第 5 卷，人民出版社 1996 年版，第 74 页。
④ 《毛泽东选集》第 1 卷，人民出版社 1991 年版，第 302 页。

政策和策略是否正确，对于实现无产阶级政党的政治路线来说，就是至关重要的。对于这一点，在中国共产党领导新民主主义革命、社会主义革命和社会主义建设的实践中，成功的范例与挫折的教训，都可谓俯拾即是。

毛泽东对政策和策略对于中国共产党领导的革命和建设的重要意义，不仅有着深刻的认识，而且有着精辟的论述。

早在第二次国内革命战争时期，毛泽东就明确地把"共产党组织的有力量和它的政策的不错误"，作为中国共产党领导的红色政权能够"长期的存在并且发展"的五个基本条件之一。[①] 毛泽东清醒地看到，在完成新民主主义革命的任务之后，还要继续完成社会主义革命的任务，而"这些伟大的革命任务的完成不是简单容易的，它全靠无产阶级政党的斗争策略的正确和坚决。倘若无产阶级政党的斗争策略是错误的，或者是动摇犹豫的，那么，革命就非走向暂时的失败不可。"而且，"共产党的正确而不动摇的斗争策略，决不是少数人坐在房子里能够产生的，它是要在群众的斗争过程中才能产生的，这就是说要在实际经验中才能产生。"[②]

在抗日战争爆发以后，面对敌强我弱的斗争形势，毛泽东指出："打倒日本帝国主义和中国反革命势力的事业，不是一天两天可以成功的，必须准备花费长久的时间；不是少少一点力量可以成功的，必须聚积雄厚的力量。"因此，必须根据形势的发展变化，制定一个符合革命斗争需要的策略，这就是"赞成统一战线，反对关门主义"，建立广泛的民族革命统一战线。[③] 并在多篇论著中详细阐述了在建立统一战线过程中的政策和策略问题。

在解放战争时期，特别是在中国人民解放军转入战略反攻之后，在民主革命即将取得全国胜利的历史关头，毛泽东更加重视政策和策略问题，1948年1月到5月，在短短几个月的时间里，为中共中央起草了一系列指示和决定，如《关于目前党的政策中的几个重要问题》、《在不同地区实施土地法的不同策略》、《关于工商业政策》、《关于情况的通报》、《新解放区农村工作的策略问题》等，突出强调了政策和策略问题的重要性，

---

① 《毛泽东选集》第1卷，人民出版社1991年版，第50页。
② 同上书，第115页。
③ 同上书，第152、155页。

清晰阐明了中国共产党在土地改革、战争反攻、统一战线、政权问题、工商业等问题上的基本的政策和策略。针对某些地方的党组织违反中共中央的工商业政策，从而造成对工商业严重损害的现象，毛泽东郑重告诫："全党同志须知，现在敌人已经彻底孤立了，但是敌人的孤立并不就等于我们的胜利。我们如果在政策上犯了错误，还是不能取得胜利。具体说来，在战争、整党、土地改革、工商业和镇压反革命五个政策问题中，任何一个问题犯了原则的错误，不加改正，我们就会失败。"① 并在《关于情况的通报》中进一步指出："只有党的政策和策略全部走上正轨，中国革命才有胜利的可能。"② 这突出显示了毛泽东对正确的政策和策略对于无产阶级政党的事业的极端重要性的认识。

二　政策和策略的根本意义在于指导政党的行动

一个政党要实现自己在政治上的要求和目标，就必须在确定基本路线的基础上，对具体的行动阶段、步骤、方法等作出规划和计划，其核心就是政策和策略。没有制定、实施政策和策略的过程，这个政党的一切行动就必定都是盲目的和混乱的，就必定不能达到其行动的目的。因此，毛泽东深刻指出："政策是革命政党一切实际行动的出发点，并且表现于行动的过程和归宿。一个革命政党的任何行动都是实行政策。不是实行正确的政策，就是实行错误的政策；不是自觉地，就是盲目地实行某种政策。"③ 可见，政策和策略存在于政党的一切行动之中，作为无产阶级政党的中国共产党，在其奋斗的每一阶段上，都不能离开正确的政策和策略的指导。

政策和策略是无产阶级政党的行动准则。无产阶级政党要实现其政治理想，仅靠自身的力量是远远不够的，不仅要把本阶级的力量全部动员起来，把本阶级的成员有效地组织起来，还要尽可能地争取同盟军，建立一个在根本利益基本一致的基础上的大联盟。而不论是动员和组织本阶级的力量，还是吸引和争取同盟者、巩固彼此之间的团结和合作关系，都要求

---

① 《毛泽东选集》，第4卷，人民出版社1991年版，第1286页。
② 同上书，第1298页。
③ 同上书，第1286页。

无产阶级政党必须有一系列用以指导党及其组织起来的队伍的行动路线和行为规范，使得党和它所领导的阶级队伍、同盟集团在统一的目标之下一致行动。这样的行动路线和行为规范，就是政策和策略。恩格斯曾经把无产阶级政党的政策和策略比作一面指导无产阶级的革命斗争、统一无产阶级的革命行动的旗帜，并认为有了这样的正确的政策和策略，共产主义者们就会像一支统一在同一面旗帜下的军队一样去战斗。经过领导中国新民主主义革命、社会主义革命和展开大规模社会主义建设的创造性实践历程，毛泽东把政策和策略看作统一党员干部和人民群众思想，行动一致，共同奋斗，争取革命和建设胜利的一个重要的基本的条件。1962年，毛泽东在扩大的中共中央工作会议上指出，要取得社会主义建设的胜利，有了总路线还不够，还必须在总路线的指导下，工、农、商、学、兵、政、党各方面都有一套适合实际情况的具体的方针、政策和办法，这样才有可能说服干部和群众；只有用这些当作教材去教育干部和群众，使之有一个统一的认识和统一的行动，然后才有可能取得革命和建设的胜利。反之，如果没有适合客观情况的具体明确的政策，干部和群众得不到系统、全面的政策教育和学习，也就不可能形成统一的认识和行动，那么，革命和建设的胜利就无法得到保证。

制定、实行政策和策略也是无产阶级政党进行领导活动的基本方式。中国共产党历来坚持，党的领导主要是政治领导、组织领导和思想领导，而这些领导活动，一刻也离不开制定和实行政策和策略。制定什么样的政策和策略，怎样来制定政策和策略，如何去实行这些政策和策略，贯穿共产党联系群众、宣传群众、组织群众的始终。毛泽东指出："共产党领导机关的基本任务，就在于了解情况和掌握政策两件大事，前一件事就是所谓认识世界，后一件事就是所谓改造世界。"[1] 毫无疑问，"了解情况"是为了正确地制定政策，"掌握政策"则是为了正确地实行政策。

同时，政策和策略还是无产阶级政党及其领导的行政机关用以调节各种社会关系的重要手段。无产阶级政党是为无产阶级和最广大人民群众谋利益的政党，它团结和带领人民建立起来的社会主义国家是人民自己的国家，这就决定了它在制定政策和策略的时候，必须把实现最广大人民的根

---

[1] 《毛泽东选集》第3卷，人民出版社1991年版，第802页。

本利益作为根本立足点和出发点。党的政策和策略反映了最广大人民的利益和要求，党就会得到人民的认同和支持，人民群众就会团结在党的周围，与党同心同德，共同奋斗；反之，党的政策和策略如果为最广大人民所反对，人民群众就不会拥护党，党的事业就必定受损。因此，毛泽东一再强调，中国共产党人制定和实行政策、策略，必须从人民的利益出发，"每句话，每个行动，每项政策，都要适合人民的利益"，[①] 要把给人民群众看得见的物质利益作为党的一项"根本政策"。这也正是中国共产党之所以能够从小到大、从弱到强，最终战胜国内外一切敌人的根本原因所在。同时，政策和策略是调节社会利益关系其他关系的有效手段。在领导中国革命的过程中，毛泽东充分认识了政策和策略在调节社会各阶级、阶层的利益关系中的重要作用，十分重视利用政策和策略把各阶级、阶层的利益关系统筹兼顾、协调起来，以为革命胜利的目的服务。在抗日战争时期，毛泽东多次指出："为了团结抗日，应实行一种调节各阶级相互关系的恰当的政策，既不应使劳苦大众毫无政治上和生活上的保证，同时也应顾到富有者的利益，这样去适合团结对敌的要求。只顾一方面，不顾另一方面，都将不利于抗日。"[②] 在解放战争时期，毛泽东又指出，要按照正确的政策分配封建土地和封建财产；实行分配的最后结果，必须使一切主要的阶层都感到公道和合乎情理。新中国成立之后，为了调动一切积极因素投入大规模的社会主义建设，毛泽东不仅十分重视而且善于运用正确的政策和策略协调新的历史条件下的各种社会关系，阐明了正确处理社会主义建设过程中各种关系的基本方针和政策。

三　党的骨干分子必须成为懂得政策和策略的战士

对于一个无产阶级政党来说，既要根据形势的发展不断制定新的政策和策略，以适应新的任务的需要，又要及时有效地实行这些政策和策略，以达到自己的奋斗目标。那么，由于党员特别是党的领导干部在政策和策略制定、实施过程中的特殊地位和作用，就应当对其提出特殊的要求。因此，毛泽东明确指出："中国共产党是在复杂的环境中工作，每个党员，

---

① 《毛泽东选集》第4卷，人民出版社1991年版，第1128页。
② 《毛泽东选集》第2卷，人民出版社1991年版，第525页。

特别是干部,必须锻炼自己成为懂得马克思主义策略的战士,片面地简单地看问题,是无法使革命胜利的。"①

制定政策和策略,是党员领导干部的重要职责。无产阶级政党和社会主义国家的一切大政方针和政策、策略,都不是某一个或某几个领导者头脑中固有的,因而不是也不应当是某一个或某几个领导者拍脑袋的结果。中国共产党历来坚持正确的路线、方针和政策,都是来自最广大人民群众的创造性实践,是在总结、提炼、抽象群众鲜活实践的基础上形成的。但由于群众实践的广泛性、多样性、分散性特点,要使在群众实践中证明是正确的东西能够指导某一阶段或某一领域的普遍性行动,就必须有一个认识、考察、概括、提高,把群众的实践上升为具有明确指导意义的政策和策略的过程。这个工作主要的是由各级领导机关和领导干部来做的。这需要深入群众,深入实践,在大量调查了解群众实践情形和结果的基础上,把成功的经验化为科学的正确的合乎现实需要和发展趋势的具体政策和策略。

问题的关键在于,仅仅能够制定出正确的政策和策略还不够,还必须能够正确地贯彻和执行。无产阶级政党和社会主义国家的政策和策略,只有通过宣传群众、教育群众、掌握群众,变为最广大人民群众的现实实践,才能最终得以贯彻和执行。而党员领导干部既是这些政策和策略的制定者、执行者,又是在群众中贯彻落实这些政策和策略的组织者和领导者。这就要求党的骨干分子,一方面自己要学习、领会好党在一定历史时期的政策和策略,做执行党的政策和策略的模范;另一方面还要善于做群众的宣传和解释工作,使人民群众了解和理解党的政策和策略,并在这样的基础上组织和带领群众去贯彻和执行这些政策和策略。因此,毛泽东指出,我们的政策,不光要使领导者知道,干部知道,还要使广大的人民群众知道。"善于把党的政策变为群众的行动,善于使我们的每一个运动,每一个斗争,不但领导干部懂得,而且广大的群众都能懂得,都能掌握,这是一项马克思列宁主义的领导艺术。"②

---

① 《毛泽东选集》第 3 卷,人民出版社 1991 年版,第 793 页。
② 《毛泽东选集》第 4 卷,人民出版社 1991 年版,第 1319 页。

第二节　制定政策和策略的依据与原则

正确的政策和策略，不是从天上掉下来的，也不是无产阶级政党及其领导者与生俱来的，而是在客观的依据和科学的原则前提下制定出来的。毛泽东不仅指出了政策和策略对于无产阶级政党领导革命和建设的极端重要性，而且在长期的革命和建设实践中总结、概括、阐明了一些制定政策和策略的基本依据和原则。尤为重要的是，毛泽东认为，中国共产党制定政策和策略的根本出发点，是最广大人民群众的利益："应该使每个同志明了，共产党人的一切言论行动，必须以合乎最广大人民群众的最大利益，为最广大人民群众所拥护为最高标准。"① 这是中国共产党人制定和实行政策和策略的最根本的依据和原则。

一　一切从基本国情和具体情况出发

政策和策略的正确性，是无产阶级政党领导革命和建设走向胜利的保证。毛泽东指出："实际政策的决定，一定要根据具体情况，坐在房子里面想象的东西，和看到的粗枝大叶的书面报告上写着的东西，决不是具体的情况。倘若根据'想当然'或不合实际的报告来决定政策，那是危险的。"② 无产阶级政党的路线、方针和每一项政策、策略的形成，都是一个从群众中来、到群众中去的过程，也就是一个来自实践又回到实践的过程。舍此，就不可能制定出正确的路线、方针和政策、策略。

无产阶级政党从实际出发制定政策和策略，从根本上来说，就是一切立足于自己的基本国情。毛泽东认为，认清中国的基本国情，乃是认清一切革命问题的基本的根据，也是制定政策和策略的基本的根据。在一系列著作中，毛泽东对中国的社会性质、不同历史时期的基本形势、社会阶级关系状况、中国革命的发展前途，以及革命和建设中的战略和策略等重大问题，多次进行过深刻而具体的分析，以为制定政策和策略提供指导。从大的历史发展阶段上来说，在建党初期，中国共产党根据列宁关于殖民地

---

① 《毛泽东选集》第 3 卷，人民出版社 1991 年版，第 1096 页。
② 《毛泽东选集》第 1 卷，人民出版社 1991 年版，第 254 页。

半殖民地国家民族解放运动的理论，正确地制定了中国革命必须分两步走的战略。但在经由什么样的道路、运用怎样的政策和策略来实现这一战略构想问题上，意见并不一致，也因为一些领导人照搬苏联经验，给革命造成了重大损失。以毛泽东为代表的中国共产党人破除思想束缚，从中国半殖民地半封建的基本国情出发，制定了中国革命以土地革命为中心内容、以武装斗争为主要形式、以农村革命根据地为基本依托，农村包围城市，最后夺取全国政权的正确的政策和策略，团结和带领人民取得了新民主主义革命的胜利。在新中国成立前夕，依据对中国国情和革命胜利后中国共产党面临的形势和任务的科学分析和准确把握，在党的七届二中全会上，毛泽东全面阐述了全国解放后党在政治、经济、文化、外交等方面的一系列基本政策，并强调指出，中国共产党之所以实行这样的政策而不是实行别样的政策，完全是以当时的中国国情为基本前提的。这个国情，就是中国的工业和农业在国民经济中的比重，就全国范围来说，在抗日战争以前，大约是现代性的工业占10%左右，农业和手工业占90%左右。"这是旧中国半殖民地和半封建社会性质在经济上的表现，这也是在中国革命的时期内和在革命胜利以后一个相当长的时期内一切问题的基本出发点。从这一点出发，产生了我党一系列的战略上、策略上和政策上的问题。"①

从实际出发制定政策和策略，还必须掌握当时历史发展阶段上最广大人民群众的普遍要求。无产阶级政党的政策和策略，说到底是要由人民群众去贯彻实行的。如果这些政策和策略不能满足人民群众的物质、政治和文化利益的普遍要求，那么人民群众就会不认同，从而也就不会给予理解、拥护和支持。因此，当时当地人民群众的物质、政治和文化利益方面的意见要求，以及觉悟程度和组织程度，也是一种必须予以充分重视的"实际"。针对违背客观规律，脱离实际，脱离群众，大刮"共产风"，强搞"一平二调"的问题，毛泽东曾经指出："一定要每日每时关心群众利益，时刻想到自己的政策措施一定要适合当前群众的觉悟水平和当前群众的迫切要求。凡是违背这两条的，一定行不通，一定要失败。"② 脱离最广大人民群众各方面的利益要求，置最广大人民群众的觉悟程度和组织程

---

① 《毛泽东选集》第4卷，人民出版社1991年版，第1430页。
② 《毛泽东文集》第8卷，人民出版社1999年版，第33页。

度于不顾，想当然地制定乃至强行推行某种政策，不论从思想方法、思想路线上讲，还是从工作方法上讲，都是一种严重的脱离国情、脱离实际。

相反地，特别是在新中国建立以后的一些时期，由于错误地估计了政治、经济形势，中国共产党也制定了一些错误的政策，导致中国的社会主义建设事业遭受了严重的损失，从而给出了反面的教训。

二　注重在区别上制定政策和策略

世间任何事物都有自己独有的性质和特点，不同的事物因为各自具有不同的质的规定性，才能够在相互之间区别开来。同时，一切事物又都是随时在发展变化中的，同一事物在彼一历史时期与此一历史时期有着不同的表现和要求。因此，在区别上制定正确的政策和策略，根据事物的发展进程不断调整、制定新的政策和策略，既是从基本国情出发、从具体实际出发原则的客观要求，也是无产阶级政党制定政策和策略必须严格遵循的重要原则。

在阶级社会中，不同阶级、阶层由于各自利益的不同，其政治态度和思想倾向也不同。区别不同阶级、阶层，制定和实行不同的政策和策略，是无产阶级政党应当首先重视的。毛泽东认为，在革命的各个历史时期，无产阶级政党必须对社会各阶级的经济状况及其对革命的具体态度，进行一个基本的考察和分析，借以弄清在革命中各阶级之间的相互关系，在正确的阶级估量的基础上把不同的阶级和阶层加以区别，并"在这些区别上建立我们的政策"。[①] 在新民主主义革命中，中国共产党从中国半封建半殖民地社会的实际出发，把中国的资产阶级区分为买办资产阶级和民族资产阶级，并分别实行了不同的政策和策略。在土地革命和土地改革中，中国共产党把地主和富农区别开来，也分别采取了不同的政策和策略。历史发展证明，这样的区别对待是正确的，对中国共产党领导的新民主主义革命和社会主义革命的胜利起到了极为关键的作用。

不同的历史时期和在同一历史时期不同的发展阶段上，社会矛盾各有其特殊性。区别不同历史时期及其不同发展阶段，注意事物发展的阶段性和特殊性，在不同时期和不同阶段制定和实行不同的政策和策略，也是无

[①] 《毛泽东选集》第2卷，人民出版社1991年版，第764页。

产阶级政党应当充分注意的。对此毛泽东指出："当着革命的形势已经改变的时候，革命的策略，革命的领导方式，也必须跟着改变。"① 不仅能够从不同历史时期的基本国情和实际情况出发制定适合当时形势发展需要的政策和策略，而且能够根据变化了的客观实际适时地调整和改变政策和策略，是无产阶级政党领导革命和建设走向胜利的重要因素。在第一、第二次国内革命战争时期，面对蒋介石、汪精卫等国民党右派叛变革命后的新形势，中国共产党采取了武装反抗国民党、开展土地革命的新政策。在抗日战争爆发以后，中国共产党针对社会主要矛盾和阶级关系变化的新情况，适时调整了战略方针，确定了建立抗日民族统一战线的新政策，并对一些具体的政策进行了修改。抗日战争胜利后，中国共产党再次根据国内主要矛盾的变化，对政策和策略作了重要调整。1949年新中国成立，中国共产党作为执政党，又适应新时期新形势的需要，全面制定了国家对内对外的政策。

一国之内不同地区之间不但在自然条件上存在差异，经济、政治、文化的发展水平有差距，即使在群众的觉悟程度和组织程度上也不同。区别不同地区的具体条件，制定、实行不同的政策和策略，是无产阶级政党应有的意识。这决定了既要从全国的普遍情况出发，根据革命和建设的客观需要，制定具有普遍指导意义的政策和策略；也要区别不同地区、不同部门的不同情况和特点，在具体问题上采取某些特殊的政策和策略。否则，革命和建设的进程就有可能因为某些政策在某些地区无法实行而受到阻滞。在领导中国革命和建设的过程中，毛泽东历来十分注重区别不同地区，采取不同的政策和策略。比如，在解放战争时期的土地改革中，毛泽东多次强调，由于各解放区解放时间先后上的差异，由于面对不同的环境和条件，特别是群众觉悟程度、组织程度和领导干部力量强弱的不同，在不同的地区，贯彻土地法就不能千篇一律，而应当分为三种地区，并分别采取不同的政策和策略。实践证明，不论在革命时期还是建设时期，这种在不同地区，根据不同的具体情况采取不同的政策和策略的方法，是正确的和符合实际需要的，对于指导革命和建设的成功，具有重要意义。

---

① 《毛泽东选集》第1卷，人民出版社1991年版，第152页。

三 把握原则性和灵活性相结合

原则性和灵活性相结合，是毛泽东的一个重要的政策和策略思想，也是毛泽东的一项重要的领导艺术。毛泽东指出："我们的原则性必须是坚定的，我们也要有为了实现原则性的一切许可的和必需的灵活性。"[1] 又说："原则性和灵活性的统一，是马克思列宁主义的原则"。[2] 因此，无产阶级政党在制定政策和策略的过程中，既要有坚定的原则性，也要有极大的灵活性。

马克思主义对世界各国的革命运动具有普遍的指导意义，各国无产阶级政党在领导革命的实践中必须接受马克思主义的指导。但是由于世界各国的具体国情千差万别，进行无产阶级革命的环境和条件各有不同，把马克思主义的普遍原理完全无差别地运用于所有国家是不可能的。在这个问题上，毛泽东明确指出："马列主义的基本原理在实践中的表现形式，各国应有所不同"。[3] 在中国共产党制定政策和策略的过程中最具有代表性的是，把马克思主义的普遍原理同中国革命的具体实际相结合，把坚定的原则性和高度的灵活性相结合，开创了中国特色的革命道路。这就是既坚定地坚持了武装夺取政权的暴力革命原则，又决不照抄照搬俄国十月革命"由城市到乡村"的革命道路，而是根据中国的具体国情找到了一条"以农村包围城市，武装夺取全国政权"的崭新革命道路。当然，这也是在经历了严重挫折和不懈探索之后才在认识上愈加深刻，理论上愈加成熟，从而在实践上走向成功的。

原则性和灵活性相结合，在无产阶级政党制定政策和策略的实践中，还表现在把战略与策略、内容与形式区别开来。毛泽东认为，依照马克思主义的原则，无产阶级革命的组织形式应当服从于斗争的需要。在不同的国家，或者在同一个国家的不同地区，由于革命环境和条件的不同，或者革命发展阶段的不同，无产阶级政党面对的具体情况必定有所不同，那么，就完全可以而且应当灵活地采取不同的斗争形式。如果斗争的组织形

---

[1] 《毛泽东选集》第4卷，人民出版社1991年版，第1436页。
[2] 《毛泽东文集》第7卷，人民出版社1999年版，第332页。
[3] 《毛泽东著作选读》（下），人民出版社1986年版，第747页。

式与斗争的实际需要已经不相适应，就应当取消它并以其他的符合斗争需要的新的形式来代替。毛泽东是坚持原则性和灵活性相结合，善于根据形势的变化及时调整和灵活运用斗争方式的典范。在政治斗争中，毛泽东不断适时变换斗争的策略，革命的高潮期和低潮期有所不同，面对国际帝国主义和国内反动势力时有所不同，针对敌人的两面派手段有所不同，在新老解放区也有所不同，从而始终牢牢把握政治斗争的主动权，占据政治斗争的主导地位。在军事上，毛泽东"灵活机动的战略战术"得到了淋漓尽致的展现，在"消灭敌人，保存自己"的总原则下，把持久与速决、进攻与防御、内线与外线、后方与前方，以及阵地战、运动战、游击战、歼灭战等各种战法结合起来，灵活运用，出奇制胜，创造了一个又一个辉煌的战例。

正因为如此，从遵义会议确立了毛泽东在中国共产党领导集体中的核心地位，中国共产党人在政治上、军事上都一步步走向胜利，最终团结了最广泛的同盟者，动员了中国最广大人民群众的力量，同时最大限度地孤立和打击了主要的敌人，达到了革命的目的，夺取了全国政权。

第三节　实施政策和策略的基本方式与方法

无产阶级政党制定政策和策略的根本目的，在于到具体的实践中实行这些政策和策略，以达到革命和建设的目标。因此，正确地制定政策和策略是实现目标的基础，正确地实施政策和策略是实现目标的条件，两者具有同等重要的意义，不可偏废。中国共产党人在领导革命和建设的实践中，创造了一系列实施政策和策略的成功的方式和方法。

一　宣传群众，教育群众

政策和策略是无产阶级政党根据革命和建设的实际需要制定出来的，而贯彻落实这些政策和策略，最终要靠最广大人民群众在实践中化作具体的行动。用政策和策略宣传群众，教育群众，是无产阶级政党实施政策和策略的最重要的和根本的方法。

毛泽东认为，只有让人民群众知道了真理，掌握了真理，有了共同的目的和目标，才能形成齐心协力、共同奋斗的局面。因此，毛泽东要求，当一项重要的政策制定出来，不仅要让各级领导者知道，让一般干部知道，还要让广大的人民群众知道。用政策来宣传群众、教育群众，就是要使群众知道自己的利益，并且团结起来，为自己的利益而奋斗。要让群众"知道"，那么，这种政策和策略的宣传教育就必须注重效果，能够真正让群众"明白"。所以毛泽东强调，在宣传政策的时候应该做到，一要讲明政策。就是透彻明白、界限清楚，否则干部群众就会产生盲目的行动，执行错误的政策。二要冲破习惯力量。现状和习惯，往往是束缚人们头脑的重要因素，特别是在社会变革和政策发生重大变动时期，不能做到这一点，新的政策就不能得到很好贯彻。三要重视舆论的作用。报纸、刊物、广播等宣传媒介，都是影响群众的重要渠道，特别是党的报纸和刊物，对有关政策的问题必须大力加以广泛宣传。

用政策宣传群众、教育群众，目的在于把无产阶级政党的政策和策略变成最广大人民群众的实践行动。毛泽东提出，共产党人不但要善于制定正确的政策和策略，还要善于把党的政策和策略变为群众的行动。具体说来，就是要注意工作方式和方法，主要的是四个结合，即：一般号召和个别指导相结合。用政策来统一干部群众的思想和认识，这是一般号召；同时要注意对呈现良好发展趋势的个别进行指导，并从中总结出经验，用以考验和充实一般号召的内容。领导骨干和广大群众相结合。贯彻执行党的政策，要培养一支过硬的领导骨干队伍，在组织、引导群众中发挥作用；同时必须把激发群众的积极性放在首要位置，使之在执行政策中正确、持久并能够提高到更高级的程度。向上级负责和向人民负责相结合。党的利益和人民利益的一致性，决定了在贯彻执行政策中向上级负责和向人民负责的一致性，把二者割裂开来是错误的。贯彻执行政策和解决群众实际问题相结合。只有能够解决群众生产和生活中实际存在的具体困难，才能使群众从切身利益中感受党的路线、方针、政策是真正为自己谋利益的，从而更加自觉地拥护、支持和贯彻执行党的政策。

二 创造性地贯彻政策

政策和策略规定了无产阶级政党在一定历史时期的基本工作路线和方针，但是由于具体情况的千差万别和形势发展的千变万化，在实际执行过程中的方式的统一要求和进程的整齐划一是不可能实现的，也是不能提倡的。毛泽东历来对那些只是充当"收发室"、"传声筒",只会"讲套话"而缺乏创造性的一般化的领导持严厉的批评态度,曾经尖锐指出:"盲目地表面上完全无异议地执行上级的指示,这不是真正在执行上级的指示,这是反对上级指示或者对上级指示怠工的最妙方法。"① 所以,创造性地贯彻执行政策,是党的政策依情况的不同、形势的不同落到实处的关键。必须指出的是,真正地理解党的政策,掌握政策要点,划清政策界限,把握政策所要解决和涉及的问题,做到融会贯通,是创造性地贯彻执行政策的基础;只有在这样的基础上,才有创造性地贯彻执行政策的可能。

创造性地贯彻政策和策略,主要表现在实行政策和策略中的原则性和灵活性相结合。革命和建设的实践表明,不但制定政策中要坚持原则性和灵活性相结合,在执行政策和策略中也同样如此,这是中国共产党人的一条重要经验。从一般意义上说,无产阶级政党的政策和策略,是为了解决一定历史时期某些带有普遍性的问题,因此,在执行过程中必须坚持原则性,不能随意背离这些政策和策略的基本原则精神。否则,如果各地各部门各取所需,轻易变通执行,就会使政策目标发生偏离,从而无法达到预期的目的和效果。所以,毛泽东强调,对于中央制定的政策和策略,各地方和各部门必须严格遵守,认真执行;如果确实存在不适合各自工作实际需要的情况,可以提出调整和修改的意见,但必须经过中央同意,而不可"擅自修改中央的或上级党委的政策和策略,执行他们自以为是的违背统一意志和统一纪律的极端有害的政策和策略"。② 但是,毛泽东同时也明确反对照抄照搬中央或上级的指示。因为中央决定的政策和策略是对普遍情况而言的原则性意见,主要在于指出一个时期工作的基本的方向和一般性要求,不可能穷尽所有的特殊情况。若要使这些政策和策略落到实处,收到实效,还需经过各地各部门结合自身实际加以创造性执行的过程。对此,毛泽东指出:"不根据实际情况进行讨论和审察,一味盲目执行,这种单纯建立在'上级'观念上的形式主义的态度是很不对的。"③ 同时也必须强调,执行政策和策略中的原则性和灵活性是辩证的统一,在发挥能

---

① 《毛泽东选集》第1卷,人民出版社1991年版,第111页。
② 《毛泽东选集》第4卷,人民出版社1991年版,第1332页。
③ 《毛泽东选集》第1卷,人民出版社1991年版,第111页。

动性和创造性的时候，还要注意掌握灵活性的限度，即不能与政策和策略的原则性规定相背离。

三 在实践中检验和修正政策

无产阶级政党的政策和策略来源于实践，其是否正确，是否具有真理性，又必须再放到实践中去检验。毛泽东认为，实践是检验政策和策略正确与否的唯一标准，十分明确地指出："判定认识或理论之是否真理，不是依主观上觉得如何而定，而是依客观上社会实践的结果如何而定。真理的标准只能是社会的实践。"① 又说："所谓经验，就是实行政策的过程和归宿。政策必须在人民实践中，也就是经验中，才能证明其正确与否，才能确定其正确和错误的程度。"② 1963年，毛泽东在修改《中共中央关于目前农村工作中若干问题的决定（草案）》时，明确强调在社会实践中产生了"思想"，只有放到社会实践中去，经过实践的检验，才能证明它究竟是正确的还是错误的，除此之外再无其他的方法。

毛泽东还认为，政策和策略作为上层建筑的一部分，归根到底是由生产力决定并为发展生产力服务的，因此，是否有利于生产力的发展，是检验一切政策和策略好坏以及作用大小的根本标准。在中国共产党第七次全国代表大会的政治报告中，毛泽东明确指出："中国一切政党的政策及其实践在中国人民中所表现的作用的好坏、大小，归根到底，看它对于中国人民的生产力的发展是否有帮助及其帮助之大小，看它是束缚生产力的，还是解放生产力的。"③ 由此所决定，凡是有利于生产力发展的政策和策略，就是正确的政策和策略，否则，就是错误的政策和策略。

"人们的实践，特别是革命政党和革命群众的实践，没有不同这种或那种政策相联系的。"④ 正确的实践与正确的政策相联系，错误的实践也必然是与错误的政策联系在一起的。那么，一方面，要在实践检验的基础上肯定和推行正确的政策，否定和废止错误的政策；另一方面，也同样在实践的基础上，逐步修正尚不够完善的政策，并酝酿、制定新的符合实际

---

① 《毛泽东选集》第1卷，人民出版社1991年版，第284页。
② 《毛泽东选集》第4卷，人民出版社1991年版，第1286页。
③ 《毛泽东选集》第3卷，人民出版社1991年版，第1079页。
④ 《毛泽东选集》第4卷，人民出版社1991年版，第1286页。

的正确的政策，从而，使党和群众的实践始终走在正确的轨道上。这也就是毛泽东所强调的实践—认识—再实践—再认识的过程，经过这样一个循环往复以至无穷的认识过程，无产阶级政党的政策和策略的正确性，就能够得到可持续的保证。

中国共产党在领导革命和建设的历史发展中，积累了各方面的丰富实践经验，经由毛泽东概括和总结，形成和阐明了一系列具有普遍性和长远指导意义的政策和策略原则。这些正确的政策和策略，无一没有经历严格的甚至严酷的实践检验过程。考察中国共产党的"在战略上藐视敌人，在战术上重视敌人"、"利用矛盾，争取多数，反对少数，各个击破"、"既要善于斗争，又要善于妥协"、"不要四面出击"、"调动一切积极因素"等重要政策、策略思想的形成历史，就可以得到充分的证明。

第十章　思想政治工作

思想政治工作，是研究人的政治思想和行为的活动规律，提高人们认识世界和改造世界能力的科学。思想政治工作的对象是人，是人的思想。它是用社会主义、共产主义的思想理论体系和中国共产党的路线、方针、政策教育党员、干部和广大群众，启发他们参加革命和建设的自觉性，克服各种非无产阶级思想，逐步树立正确的世界观、人生观和价值观，提高他们认识世界和改造世界的能力，为实现党和国家各个时期的总任务而努力奋斗的科学。思想政治工作是中国共产党的优良传统，是从革命战争年代军队的政治工作发展起来的。毛泽东对人民军队政治工作和中国共产党的思想教育工作的实践经验作了理论概括，阐述了思想政治工作在革命和建设事业中的重要地位和作用，以及进行思想政治工作的基本任务和内容、原则和方法，是毛泽东思想科学体系的重要组成部分。思想政治工作是中国共产党宣传群众、动员群众、教育群众、引导群众、提高群众，调动群众的积极性和创造性，保证革命和建设事业不断从胜利走向胜利的有力武器。

第一节　思想政治工作是一切工作的生命线

解决思想政治问题是做好其他各项工作的前提和基础，卓有成效的思想政治工作是中国共产党的重要政治优势。在长期的革命和建设实践中，中国共产党一直用"生命线"来表述思想政治工作的重要地位和作用。在新民主主义革命时期，中国共产党分别提出"政治工作是一切革命军队的生命线和灵魂"，"政治工作是民族革命的生命线"等重要论断。新中国成立后，随着形势和任务的不断发展变化，中国共产党对生命线问题的认识进一步深化,开始把思想政治工作作为经济工作和其他一切工作的生命线,从而丰富和发展了辩证唯物主义的认识论和方法论。

一 思想政治工作是马克思主义的基本观点

按照马克思主义的观点,政治、思想是属于上层建筑的范畴。一定的经济基础产生一定的上层建筑;而一定的上层建筑对经济基础又具有反作用。这种反作用的大小是和一定的历史条件联系在一起的,在社会经济制度发生变革的时期,这种反作用就特别明显。人的行为要受思想支配,而思想又是由客观条件决定的。客观条件包括客观的物质条件和客观的精神条件,这两种条件对人的思想的产生和发展变化都有制约作用。

辩证唯物主义的认识论认为,社会存在决定社会意识,社会意识对社会存在具有反作用。首先,客观物质条件决定人的思想。思想属于上层建筑中社会意识的范畴,它不是天生的,也不是人的头脑里固有的,而是对客观事物的具体反映。马克思说:"观念的东西不外是移入人的头脑并在人的头脑中改造过的东西而已。"① 人们在社会实践中,当客观事物作用于感觉器官,通过神经传到大脑,经过大脑加工,才产生思想意识。思想意识同客观事物的关系是反映和被反映的关系。没有被反映者,就不会有反映。没有客观事物,就不会有客观事物的映象,就不会有人的思想。所以说,人的思想、主观意识归根结底是由客观物质条件决定的。同时,还必须承认,人的具体思想的形成,除了从根本上被物质决定以外,还受精神条件的影响和限制。如各种政治因素、精神因素等,精神因素也包括个人的种种主观因素。这些因素对人们的具体思想的产生和发展以及人们的思维方式、思维过程与思维的质和量,都有重要的制约和影响作用。

其次,人的思想对客观条件具有能动作用。列宁说:"人的意识不仅反映客观世界,并且创造客观世界。"② 这就是说人的思想不仅来源于客观世界,而且一旦产生又对客观世界具有能动作用。这种能动作用,一般是指它能积极地指导实践,去改造各种客观条件。一句话,它能够主动地认识世界和改造世界。正因为人的思想意识具有这种能动作用,所以无产

---

① 《马克思恩格斯选集》第2卷,人民出版社1995年版,第112页。
② 《列宁全集》第38卷,人民出版社1986年版,第229页。

阶级政党一贯重视思想政治工作。通过思想政治教育，提高人们的思想政治觉悟、认识水平、工作热情和创造精神，去实现党和国家的各项革命和建设任务。

二　思想政治工作是中国共产党的优良传统和重要政治优势

中国共产党一贯重视思想政治工作，认为政治工作是一切工作的生命线。中共之所以重视和强调思想政治工作，并把它比作"生命线"，这是由思想政治工作的地位决定的。进行思想政治工作，归根到底是为社会主义经济基础服务的。经济工作和其他一切工作都是由人去做的，而人所从事的一切活动都是在一定的思想指导下进行的，是有目的有意识的行为。如果人的思想符合客观实际，目的明确，就会成功；反之，就会失败。因此，经济工作和其他一切工作都是由对客观规律的正确认识作指导的。而正确思想的确立，要靠思想政治工作。只有通过思想政治工作，提高人们的思想觉悟，统一人们的思想认识，才能促使各项工作按照马克思主义的轨道发展。如果削弱或放弃思想政治工作，人们的思想就不能统一，各项工作就不能按照正确的轨道发展，甚至还会失败。由此可见，"生命线"的科学论断，正确阐明了思想政治工作与经济工作及其他工作的辩证关系，肯定了思想政治工作是经济工作和其他工作"生存和发展"的基本因素和基本条件，反映了思想政治工作不可替代的重要地位和作用。

第一次国共合作的北伐战争时期，中共就推动国民党在黄埔军校和国民革命军中建立了政治工作制度。周恩来、叶剑英、聂荣臻、李富春、林伯渠曾担任政治部领导工作和政治教育工作。毛泽东说，那时军队设立了党代表和政治部，这种制度是中国历史上没有的，靠了这种制度使军队一新其面目。中国共产党独立领导革命战争以来，政治工作得到了进一步的发展和完善。1929年12月，古田会议决议案，奠定了中共和红军政治工作的理论基础。1934年2月，在红军第一次全军政治工作会议上，明确提出了"政治工作是红军的生命线"的论断。1938年，周恩来在《抗战军队的政治工作》中又指出："以革命主义为基础的革命政治工作是一切革命军队的生命线与灵魂。"[①] 抗日战争时期，毛泽东写的《反对日本进

---

① 《周恩来选集》（上），人民出版社1980年版，第93页。

攻的方针、办法和前途》、《为动员一切力量争取抗战胜利而斗争》、《反对自由主义》、《论新阶段》、《论持久战》、《纪念白求恩》、《为人民服务》和他主持修改的《关于军队政治工作问题》的文件，以及毛泽东在中共七大的报告和讲话，是其集中体现和反映。毛泽东把党内的思想教育工作和军队的政治工作进一步展开阐述，使中共的思想政治工作更加趋于理论化、系统化、科学化。

毛泽东指出，中国共产党从它参加与领导中国民族民主革命以来，从它创建与领导为这个民族民主革命而战的革命军队以来，就创设并发展了军队中的革命的政治工作。这种革命工作的基本原则，是以民族民主革命的纲领教育军队，是以人民革命的精神教育军队，使革命军队内部趋于一致，使革命军队与革命人民、革命政府趋于一致，使革命军队完全服从革命政党的政治领导，提高军队的战斗力，并进行瓦解敌军、协和友军的工作，达到团结自己，战胜敌人，解放民族，解放人民的目的。革命军队的全部工作，就是拿这种革命的政治工作去和革命的军事工作相配合组成的。北伐战争时期，共产党人在国民革命军中所指导的政治工作是这样做的，国内战争时期与抗日战争时期，在红军中与八路军、新四军中所指导的政治工作更是这样做的。中共领导的军队能如此英勇坚持，艰苦奋斗，再接再厉，百折不挠，其根本原因就在这里。这种革命的政治工作，也不但是军队的政治工作人员做的，许多军事工作人员及其他人员也都参加了这种工作。同样，许多的政治工作人员，也都参加了军事工作。毛泽东不但阐明了政治工作是革命军队的生命线的思想，而且提出要对军队政治工作的传统要做科学分析，并不是一切传统都是好的、都是优良传统，不能把某些不好的东西都奉为天经地义，当作所谓优良传统去发扬。他指出，以内战时期来说，中共领导的军队在其初期是创造的时期，其中期是发展的时期，其后期是受到某些挫折但同时有其成绩的时期，政治工作也有其创造、发展与受某些挫折但同时有某些成绩的情形。特别是在内战初期与中期，在对敌斗争的政治工作上，在协调军党关系，军政关系，官兵关系，军民关系，上下级关系，军事工作与政治工作关系，各部分军队间友好关系的政治工作上，总之一句话，在团结自己，战胜敌人的工作上是有很多的创造。同时，毛泽东还指出了党和军队中存在的教条主义等缺点和错误，并提出了解决这些缺点和错误的方法。中国革命战争的历史经验表明，思想政治工作是中国共产党及其领导的军队的生命线是没有疑义的，这关系到党和军队的强弱、胜败、生存和发展。

在第三次国内革命战争时期和新中国成立后，随着形势和任务的变化，毛泽东关于思想政治工作的理论又有了进一步的丰富和发展。中共对生命线的认识继续深化，开始把生命线与经济工作紧密结合起来。毛泽东把"中国共产党在中国人民解放军中的政治工作是我军的生命线"亲笔写进了《中国人民解放军政治工作条例》之中。在新中国成立，中国共产党成为执政党以后，在第一次全国宣传会议上就提出，思想政治工作的必要性更加提高了，更加需要加强党的思想领导。在社会主义改造期间，毛泽东在《中国农村的社会主义高潮》的按语中创造性地明确提出："政治工作是一切经济工作的生命线。在社会经济制度发生根本变革的时期，尤其是这样。"① 的著名论断。进入全面建设社会主义的新时期，毛泽东对一些不关心祖国前途和人类的理想，不注意思想和政治，成天忙于事务，以及有些人认为马克思主义不那么行时的情况，强调"现在需要加强思想政治工作"，使人们在思想上和政治上都有进步，指出"没有正确的政治观点，就等于没有灵魂"。② 他以深刻的哲理辩证地提出"政治和经济的统一，政治和技术的统一，这是毫无疑义的，年年如此，永远如此。这就是又红又专"。③ 他还强调思想工作和政治工作，是完成经济工作和技术工作的保证。中共十一届六中全会通过的《关于建国以来党的若干历史问题的决议》，重申了思想政治工作是一切经济工作的生命线的科学论断，进一步指出："思想政治工作是经济工作和其他一切工作的生命线"。④

三　坚持思想政治工作是"生命线"的重要意义

"生命线"是"思想政治工作是经济工作和其他一切工作的生命线"的简称。中共之所以重视和强调思想政治工作，并把它比作"生命线"，这是由思想政治工作在中共所有工作中的地位和作用所决定的。"生命线"是一个复合概念，它包含着思想政治工作对广大干部和群众的引导

---

① 《毛泽东文集》第6卷，人民出版社1999年版，第449页。
② 《毛泽东著作选读》（下），人民出版社1986年版，第780页。
③ 《毛泽东文集》第7卷，人民出版社1999年版，第351页。
④ 《三中全会以来重要文献选编》下，人民出版社1982年版，第831页。

作用和对其他各项工作的保证和服务作用三层含义。"生命线"，就是要通过深入、细致的思想政治工作，用社会主义和共产主义的思想教育、引导广大干部和群众；把思想政治工作贯穿于经济工作和其他一切工作之中，为实现党的总目标、总任务服务；保证党的路线、方针、政策的正确执行，保证经济工作和其他一切工作的社会主义性质和方向，保证各项具体工作任务的顺利完成。引导、保证和服务是统一的，只有为经济建设和其他各项工作服务，才能充分发挥它的引导和保证作用。

中国共产党的思想政治工作为经济工作和其他一切工作指明了前进方向。思想政治工作从根本上保证着经济工作和其他一切工作的社会主义性质和方向。经济工作和其他一切工作，都是整个社会主义事业的组成部分，与共产主义的大目标紧密相联，都有一个坚持社会主义方向的问题。而要坚持社会主义方向，要靠党的思想政治工作来保证。毛泽东同志说："只要我们的思想工作和政治工作稍为一放松，经济工作和技术工作就一定会走到邪路上去。"[1] 中国是社会主义国家，在复杂多变的国际、国内形势下，无论是政治和经济领域，还是科学文化和意识形态领域，都呈现出复杂的矛盾和斗争，并不断涌现出许多新情况和新问题，这就要求必须进一步重视、加强和改进思想政治工作，为经济工作和其他一切工作指明正确的政治方向。实践证明，社会主义社会生产力的发展，社会主义社会物质文化生活水平的不断提高，都离不开党的正确路线、方针、政策的贯彻执行。强有力的思想政治工作，是行政手段、经济手段和法律手段所不能替代的。如果离开或者削弱思想政治工作，经济工作和其他一切工作就会偏离社会主义方向。

思想政治工作为经济工作和其他一切工作提供了有力的思想保证。社会主义社会是一个不断自我完善和发展的社会，封建主义、资本主义腐朽思想以及小生产意识还有广泛的影响；在深刻的社会变革时期，经济基础和上层建筑经历着前所未有的深刻变化，人们的价值观念、价值取向也在发生深刻变化；随着经济关系、利益关系的进一步调整，给人们带来一些实际问题和思想困惑。经济工作和其他各项工作虽然千差万别，但都是中国社会主义建设事业中的一部分，都不能离开实现社会主义现代化这个总

---

[1] 《毛泽东文集》第7卷，人民出版社1999年版，第351页。

目标。实践证明，只有做好思想政治工作，才能保证党的基本理论、基本路线和基本纲领和各项方针政策的贯彻实施，把国家的法律、法规，贯彻到经济建设和各项工作中去，防止和排除各种错误思想倾向的干扰，保证正确的发展方向；才能动员、鼓舞和团结全国各族人民，最广泛最充分地调动一切积极因素，为实现党和国家确定的经济建设和社会发展的宏伟目标而共同努力奋斗；才能妥善处理各方面的利益关系，把一切积极因素充分调动和凝聚起来，并把积极性引导好、保护好、发挥好；才能坚持党的全心全意为人民服务的根本宗旨，保证党的坚强团结，保持党同人民群众的血肉联系。

思想政治工作为经济工作和其他一切工作提供了强大的精神动力。社会主义建设的主体是人民群众。思想政治工作的巨大作用，就是教育、动员、组织和引导人民群众参加社会主义现代化建设，充分调动他们在社会主义建设中的积极性和主动性，从而为社会主义现代化建设提供强大的智力支持和精神动力。毛泽东说："提高劳动生产率，一靠物质技术，二靠文化教育，三靠政治思想工作。后两者都是精神作用。"[①] 这不仅说明思想政治工作是为经济基础服务的，而且也为经济工作和其他一切工作提供了强大的精神动力。对马克思主义的信仰，是中国革命和建设胜利的一种最重要的精神动力。实践证明，马克思主义不能自发产生，社会主义、共产主义思想只有通过灌输、学习才能获得。党的思想政治工作的根本内容和首要任务，就是用科学的世界观、人生观、价值观武装人。人民群众只有真正掌握了马克思主义，才能拥有强大的精神动力。

思想政治工作可以为经济工作和其他一切工作创造安定团结的社会环境。思想政治工作能为社会主义现代化建设提供有力的思想保证，创造良好的舆论环境。思想政治工作为社会主义现代化建设提供强大的精神动力，不仅表现在它能提供科学的世界观、人生观、价值观，能调动人民群众的积极性和主动性，而且表现在它能为社会主义现代化建设提供强大的社会舆论。通过报刊、广播、电视等舆论工具的正确宣传作用，再加上基层单位卓有成效的思想政治工作，这两个方面密切结合起来，就能形成一个强大的社会舆论力量。在社会主义革命和建设发展的过程中，出现新情

[①] 《毛泽东文集》第8卷，人民出版社1999年版，第124~125页。

况、新问题和新矛盾是不可避免的。思想政治工作在社会主义现代化建设中起到了化解矛盾和理顺关系的作用。思想政治工作以正确处理人民内部矛盾为主题，坚持实事求是、群众路线的方法，是使国家的经济建设和各项事业有一个安定团结的良好环境的重要保证。同时，思想政治工作也是促进经济工作和其他一切工作按照客观规律办事的重要保证。

在完成经济工作、技术工作和其他一切工作的进程中，必须坚持充分重视和注意发挥思想政治工作"生命线"的重要保证作用。但是，在中共历史上，在一段时期中，由于"左"的思想的影响，林彪片面鼓吹"突出政治"、"政治可以冲击一切"，使思想政治工作陷于"假、大、空"的状况，形式主义的东西越来越多，从而使思想政治工作的声誉和优良传统受到了前所未有的影响。毛泽东指出："思想工作和政治工作，是完成经济工作和技术工作的保证，它们是为经济基础服务的。"[1] 思想政治工作是中国共产党的工作的重要组成部分，正确认识思想政治工作的"保证"作用和"服务"作用是极其重要的。任意夸大精神力量作用的所谓"精神万能论"，过分夸大物质刺激的作用，以为物质可以代替精神作用的所谓思想政治工作"无用论"，都是错误的。中国革命和建设的实践一再证明，思想政治工作与经济工作以及其他一切是相辅相成、相互促进的。

第二节　思想政治工作的任务和内容

科学确定思想政治工作的目标、任务和内容，是做好思想政治工作的前提，是提高思想政治工作针对性和自觉性的关键，是保证思想政治工作有的放矢和增强其实效性的重要环节。在长期的思想政治工作实践中，中国共产党一贯重视思想政治工作目标、任务和内容的科学定位，在不同的历史时期，根据马克思主义的基本原理，围绕实现党的中心工作任务对人的素质发展提出的要求，科学地确定思想政治工作的目标、任务和内容。

一　思想政治工作的目标和任务

思想政治工作是在中共各级组织的领导下开展的，其根本目标，则是

---

[1]《毛泽东文集》第7卷，人民出版社1999年版，第351页。

由中共的工作的根本目标决定的。中国共产党的根本目标，是要领导和团结全体党员和全国各族人民建设社会主义，实现共产主义。为了实现这个总目标，必须通过思想政治工作宣传群众，教育群众，组织群众，带领群众为实现总目标而奋斗。思想政治工作的直接目标，就是帮助广大干部和群众自觉地改造主观世界，不断提高自身的思想政治觉悟和认识能力，从而更好地改造客观世界，为促进社会主义革命和建设贡献力量。目的是通过执行和完成任务来实现的。思想政治工作的任务，是随着革命和建设的需要，随着中共在不同历史时期的中心任务的变化而不断变化的。

首先，帮助人们树立科学的世界观、人生观、价值观。正确的世界观、人生观和价值观，是形成科学的理想信念的基础。人类社会发展的最终目的是实现共产主义。通过科学的世界观教育，可以使广大干部群众了解和把握马克思主义辩证唯物主义和历史唯物主义的基本观点，增强社会主义和共产主义的理想信念，明确奋斗的目标，从而自觉地顺应历史潮流，把自己的聪明才智和一切力量无私地贡献给人类的进步事业；通过科学的人生观的教育，包括人生目的、生死观、苦乐观的教育，可以使广大受教育者懂得，只有树立以国家利益、人民利益为重的为人民服务的人生观，为社会的发展、为国家的兴旺作出贡献，使自己的劳动和工作能造福于人民、造福于子孙后代，才是最有意义、最值得人们追求的人生，才是光荣的人生，闪光的人生；通过科学的价值观的教育，可以使受教育者树立以集体利益、人民利益高于个人利益的集体主义的价值观，鼓励和支持一切有利于解放和发展社会主义社会生产力的思想道德，一切有利于国家统一、民族团结、社会进步的思想道德，一切有利于追求真善美、抵制假恶丑、弘扬正气的思想道德，一切有利于履行公民权利与义务、用诚实劳动争取美好生活的思想道德。从而，引导广大党员、干部和群众为建设富强、民主、文明的社会主义现代化国家而努力奋斗。

其次，思想政治工作归根到底是要提高人的素质，推进培育一代又一代社会主义新人。人是社会一切活动的主体，社会生产力的发展，社会的全面进步，人的全面发展，都与人的素质的高低密切相关。思想政治工作，说到底，是做人的工作，是把中国共产党的基本理论、基本路线和基本方针，向党员、干部和广大人民群众进行宣传教育，并使之成为人民群众的自觉实践和自觉行动。毛泽东说：自由是对必然的认识和对世界的改造。思想政治工作必须引导人们在实践中正确认识自己，正确认识社会，不断提高改造自己和改造世界的能力，推动客观世界按照自身的规律不断发展。把经济建设搞上去，建设社会主义现代化，必须依靠科技进步和劳动者素质的提高。没有一大批具有较高素质的劳动者，社会主义现代化建设的各项任务和宏伟目标就难以实现。思想政治工作不但是提高人民群众的思想道德素质的重要手段，还能够调动人们自觉提高科学文化素质的积极性，从而推进培养一代又一代高素质的社会主义建设者和劳动者。

再次，充分发挥人民群众的积极性、主动性和创造性。马克思主义认为，推动历史发展的决定性力量是生产力，而具有一定素质的人是生产力中最积极、最活跃、起决定性作用的因素。人的积极性、主动性和创造性是人的素质的综合外在表现。思想政治工作抓住了调动人的积极性、主动性和创造性的问题，就抓住了生产力中人的因素这个关键性环节，这样就能保证社会生产力持久和稳步地发展。马克思主义还认为，人民群众是社会历史的创造者。人民群众在创造历史的过程中，表现出强烈的创造历史的主动性和主观能动性。然而，人民群众的这种积极性会受到各种不利因素的干扰和影响，而思想政治工作的主要任务就是排除干扰和影响，创造有利条件，使人民群众的积极性充分发挥出来。早在抗日战争时期毛泽东就曾说过，军队的基础在士兵，没有进步的政治精神贯注于军队之中，没有进步的政治工作去执行这种贯注，就不能激发官兵最大限度的抗战热忱，一切技术和战术就不能得到最好的基础去发挥它们应有的效力。思想政治工作对完成经济工作和其他一切工作的保证作用，就是通过调动从事这些工作的人们的积极性、主动性和创造性来实现的。

最后，保证党的路线方针政策和国家的法律法规的贯彻执行。思想政治工作要围绕中国共产党的中心任务结合各项工作来进行，这是中国共产党在各个历史时期始终坚持的一条基本方针。党的路线方针政策，是全国各族人民前进的方向，是建设社会主义现代化的思想和理论武器，是统一全党思想，提高党的凝聚力、战斗力的重要保证。通过思想政治教育，就能用党的路线方针政策统一全党的思想和行动。党的理论和路线方针政策全面反映和体现了人民的根本利益和时代发展的要求，人民从中得到了实惠。这既是党的思想政治工作的成果，又为继续做好思想政治工作奠定了基础。在加快推进社会主义现代化的历史进程中，加强和改进党的建设，加强和改进党的思想政治工作，最重要的就是通过扎扎实实的工作，保证全党坚定不移地坚持党的基本理论、基本路线、基本纲领和基本经验，坚定不移地贯彻执行党的一系列方针政策，坚定不移地走社会主义道路。实践证明，把全国人民的思想统一起来，团结起来，沿着正确的道路开拓前进，既需要依靠党的理论和路线方针政策的指引，也需要国家法律法规的保障。实行依法治国，是中国共产党提出的治国方略。思想政治工作可以为依法治国、坚持法律面前人人平等提供强有力的思想政治保证，促进有法可依、有法必依、执法必严、违法必究方针的坚持和落实。法律的贯彻实施，也就是党的主张和人民意志的贯彻实施。遵守法律，就是服从党的领导，就是服从全国人民的意志，就是维护人民的利益。

二 思想政治工作的主要内容

思想政治工作的内容是由中国共产党的思想政治工作的目的和任务来决定的，主要包括两类：一类是系统的共产主义思想体系的教育，就是进行党的基本路线的教育、马克思主义理论教育、共产主义理想和人生观教育、社会主义和共产主义的道德教育、爱国主义和国际主义教育；另一类是日常的思想政治教育，就是进行国内和国际形势教育、社会主义民主与法制教育、革命纪律教育，以及正确处理国家、集体、个人三者利益关系的教育和发扬革命传统、振奋艰苦创业精神的教育。中国共产党的思想政治工作的内容相当广泛，具体说来主要是：

一是坚持和巩固马克思主义在意识形态领域的指导地位。毛泽东说过，马克思列宁主义是全世界无产阶级的最正确最革命的科学思想的结晶，反映了全世界无产阶级实践斗争的马克思列宁主义的普遍真理，在它同中国无产阶级和广大人民群众的革命斗争的具体实践相结合的时候，就成为中国人民百战百胜的武器。在中国，以马克思主义为指导的正确的、进步的思想观念是整个社会思想的主流。中国共产党之所以把马克思主义作为自己的指导思想，是因为马克思主义是无产阶级及其政党的科学理论，是无产阶级认识世界和改造世界的强大理论武器。社会主义运动的实践证明，没有哪一种理论、学说能像马克思主义那样保持勃勃生机，对推动社会进步起那样巨大的作用，造成那样深远的影响。尽管世界不断在发生新变化，但历史的总趋势并没有越出马克思主义经典作家所揭示的基本规律。无产阶级革命斗争史和马克思主义发展史表明，马克思主义是无产阶级的严整的科学理论体系，它正确地反映和体现了无产阶级和人民大众的利益、愿望和要求，正确地说明了社会发展的客观规律，指明了实现社会主义和共产主义的道路。实践证明，坚持以马克思主义为指导，是无产阶级政党取得革命和建设胜利的根本保证。中国共产党只有用马克思主义理论武装起来，才能充分发挥工人阶级先锋队的作用，教育、动员和率领人民进行革命和建设。中国共产党之所以能在非常困难的情况下领导人民战胜千难万险取得中国革命的胜利，中国作为一个发展中的大国之所以能团结起来、组织起来，中国共产党之所以能保持强大的凝聚力、战斗力，就是因为有着马克思主义信念和共产主义理想。

二是进行无产阶级世界观、人生观教育。马克思主义是科学的世界观和方法论。毛泽东强调，要使广大干部同人民能够用马克思主义的基本理论武装起来，要用唯物论代替唯心论、用无神论代替有神论，要靠科学吃饭；号召党员特别是领导干部认真看书学习，弄懂马克思主义，掌握马克思主义"观察问题和解决问题的立场和方法"。要通过无产阶级世界观教育，使广大干部和群众了解辩证唯物主义和历史唯物主义的基本观点，坚信社会主义共产主义。要通过无产阶级的人生观教育，包括人生目的、生死观和苦乐观的教育，使广大受教育者懂得生命属于人民，价值在于贡献，为人民服务鞠躬尽瘁，死而后已。党的思想政治工作的环境和内容必须随着时代和条件的转化而不断调整、充实、完善，必须坚持和巩固马克思主义在意识形态的指导地位，把理想信念教育作为党的思想政治工作的核心内容，切实解决思想政治领域存在的突出问题。还要努力探索做好思想政治工作的规律，及时拓展和充实思想教育的内容，增强思想政治工作的感召力和渗透力，积极倡导和弘扬有利于现代化建设事业的时代精神。

三是加强理想信念教育，推进社会主义道德建设。理想信念教育一直是中国共产党的思想政治工作的重要内容。在革命战争年代，毛泽东就特别强调："红军党内最迫切的问题，要算是教育的问题。"[①] "掌握思想教

[①] 《毛泽东邓小平江泽民论思想政治工作》，学习出版社2000年版，第1页。

育，是团结全党进行伟大政治斗争的中心环节。如果这个任务不解决，党的一切政治任务是不能完成的。"① 毛泽东多次强调，中国共产党是全中国人民的领导核心，没有这个核心，社会主义事业就不能胜利。"我们应当相信群众，我们应当相信党，这是两条根本的原理。如果怀疑这两条原理，那就什么事情也做不成了。"② 毛泽东认为道德教育要从青少年抓起，强调发扬共产主义的情操、风格和集体主义的气概，提倡大家学习白求恩毫无自私自利之心的精神，学习张思德、雷锋为人民服务的精神，号召共产党员要做全心全意为人民服务的模范，这就是"全心全意地为人民服务，一刻也不脱离群众；一切从人民的利益出发，而不是从个人或小集团的利益出发"，③ 坚持以革命利益为第一生命，一贯地有益于广大人民群众，一贯地有益于青年，一贯地有益于革命。同时要引导人民遵守社会公德。1949年9月，毛泽东为《新华月报》题词："爱祖国、爱人民、爱劳动、爱护公共财产为全体国民的公德"。此后，又加上"爱科学"及"坚定正确的政治方向"，成为社会主义社会的基本道德规范。

四是正确处理国家、集体和个人三者利益关系的教育。在社会主义社会，大量存在国家、集体和个人三者的利益关系，必须正确地处理和解决好。毛泽东在《论十大关系》中强调指出，不能只顾一头，必须兼顾国家、集体和个人三个方面。在中共八大以后，又多次强调实行统筹兼顾、全面安排的方针。在读苏联《政治经济学教科书》的谈话中，毛泽东提出，要强调个人利益服从集体利益，局部利益服从整体利益，眼前利益服从长远利益；要讲兼顾国家、集体和个人，把国家利益、集体利益放在第一位，不能把个人利益放在第一位。因此，思想政治工作要坚持大道理管住小道理的观点，提高人们的全局观念，增强大局意识，切实正确处理和协调国家、集体和个人三者的利益关系。

五是发扬艰苦奋斗、勤俭建国精神的教育。艰苦奋斗、勤俭建国是毛泽东一再提倡的重要精神之一，是中国共产党的传统。思想政治工作的基本内容之一，就是要提倡艰苦奋斗、"永久奋斗"、勤俭建国。毛泽东指

---

① 《毛泽东选集》第3卷，人民出版社1991年版，第1094页。
② 《毛泽东文集》第6卷，人民出版社1999年版，第423页。
③ 《毛泽东选集》第3卷，人民出版社1996年版，第1094~1095页。

出，社会主义是艰苦的事业，对工人、农民、士兵、学生都应该宣传艰苦奋斗的精神。在新中国建立前夕，毛泽东郑重要求党的干部，务必继续保持谦虚谨慎的作风，务必继续保持艰苦奋斗的作风，保持政治本色。毛泽东认为，要根本改变国家的贫穷状态，全靠青年和全体人民在长时间内，团结奋斗，用自己的双手创造出一个富强的国家；社会主义制度的建立开辟了一条到达理想境界的道路，而理想境界的实现还要靠人民的辛勤劳动；要使国家富强起来，就要执行厉行节约、反对浪费这样一个勤俭建国的方针，不仅现在需要勤俭节约，几十年以后也需要执行勤俭的原则。

六是正确认识和处理红与专、政治与业务辩证关系的教育。毛泽东多次告诫各级党政干部要经常注意思想和政治，不仅避免成为空头政治家；而且避免成为迷失方向的经济家和技术家。思想政治工作对于广大干部保持廉政勤政，全心全意为人民服务，警惕资产阶级思想的腐蚀，抵制封建残余思想的影响，防止和克服官僚主义，是必不可少的重要保证。毛泽东曾以深刻的哲理指出，红与专、政治与业务的关系，是两个对立物的统一。红与专是相互区别又是相互联系的。所谓"红"，就是指坚持正确的政治方向，树立为人民服务的观点。所谓"专"，就是指生产技术、经济管理以及各行各业的专业知识专业能力。红不等于专，专也不等于红，二者是相互区别的。然而，红与专又是紧密联系的。一方面专不能离开红，技术不能脱离政治。没有正确的政治观点，就等于没有灵魂。另一方面红也不能脱离专，政治也不能脱离技术、业务。没有专业知识和技能，同样不能很好地坚持无产阶级的政治方向。因此，各行各业的人员特别是党的领导干部既要懂政治，又要懂业务和技术。

第三节 思想政治工作的原则和方法

中国共产党的思想政治工作和其他工作一样，也必须坚持正确的原则和运用科学的方法。中国共产党人在长期的革命和建设实践中，经过总结正确与错误两方面的经验教训，积累了丰富的思想政治工作经验，对思想政治工作的规律性认识也不断深化。毛泽东历来十分重视党的思想政治工作，强调要围绕党的中心任务结合各项工作进行思想政治工作，并提出思想政治工作应当遵循正确的原则，掌握科学的方法。

一　思想政治工作的基本原则

思想政治工作的原则，是中国共产党在长期的革命和建设过程中形成的思想政治工作历史经验的总结和概括，它既反映了思想政治工作的客观规律，又反过来给思想政治工作以科学的指导。实践证明，这些原则是正确的、有效的。

必须坚持理论和实际相结合的原则。理论和实际相结合，是马克思主义的一个基本原则，是中国共产党的三大优良作风之一。理论和实际相结合，一切从实际出发，实事求是，是毛泽东思想的精髓。在思想政治工作中，必须坚持和发扬理论和实际相结合的原则和作风，反对理论和实际相脱离的"左"的和右的错误倾向。毛泽东在《人的正确思想是从哪里来的？》中指出，人的正确思想，只能从社会实践中来。那么，思想政治工作就不能脱离实践，否则就是空洞的说教。实践是检验思想认识正确与否的唯一标准，在思想政治工作中，不能唯书唯上，而应当根据实践的检验，明辨是非，坚持真理，及时改正错误。正确的思想认识需要由实践到认识、由认识到实践的多次反复才能完成，因此思想政治工作要善于把握人的思想认识发展的规律，防止急于求成。只有坚持理论和实际相结合，思想政治工作才能有的放矢，群众也才乐于接受。坚持革命理论与群众的实际相结合，是中国共产党思想政治工作经验的科学总结。

必须坚持解决思想问题与解决实际问题相结合的原则。思想政治工作是要解决人的思想问题。思想问题主要有两个方面，即思想认识问题和思想意识问题。思想认识问题主要是指对周围人和事物的看法是否实事求是、是否符合辩证法、是否具有客观真理性。解决思想认识问题主要靠摆事实和讲道理。思想意识问题，主要是指人的思想品质、动机、理想、道德和其他意识观念等。解决人们的思想意识问题，就是要帮助人们克服各种错误的思想意识。人民群众的思想问题，除了一部分思想认识问题、思想意识问题，很多是由于实际问题、实际困难引起的。因此，在进行思想政治工作中，除了要了解和解决人们的思想问题以外，还要注重解决人们在生活上、学习上、工作上遇到的实际矛盾和问题，把解决思想问题和解决实际问题有机结合起来。如果不注意解决群众的实际问题，思想教育就会脱离群众。对此，毛泽东早在1934年1月写的《关心群众生活，注意工作方法》就指出："解决群众的穿衣问题，吃饭问题，住房问题，柴米油盐问题，疾病卫生问题，婚姻问题。总之，一切群众的实际生活问题，都是我们应当注意的问题。假如我们对这些问题注意了，解决了，满足了群众的需要，我们就真正成了群众生活的组织者，群众就会真正围绕在我们的周围，热烈地拥护我们。"①

必须坚持身教与言教相结合，身教重于言教的原则。一切干部和思想政治工作者，在进行思想教育的过程中，必须用社会主义、共产主义思想体系宣传教育群众，启发群众提高思想觉悟和认识水平，这是完全必要的。但是，仅仅靠讲道理是不够的。思想政治工作一是靠说，二是靠做，而后者更为重要。毛泽东十分重视身教与言教相结合，强调党员特别是领导者必须以身作则："共产党员的先锋作用和模范作用是十分重要的。"共产党员"应该成为英勇作战的模范、执行命令的模范、遵守纪律的模范、政治工作的模范和内部团结统一的模范。"② 毛泽东不但这样教育党员，还通过自己的模范行为去影响和带动干部群众，在革命实践中起模范和表率作用。毛泽东在全党全国人民中的崇高威望，一是靠真理的力量，二是靠人格的力量。这就要求各级领导干部和思想政治工作者，必须把言教和身教结合起来，凡要求群众做到的，自己首先做到；凡要求群众不做的，自己首先不做，言行一致。这是中国共产党的领导干部和政治思想工作人员应有的本色。

坚持从实际出发，增强针对性和实效性的原则。具体情况具体分析、具体问题具体解决，是马克思主义活的灵魂，是唯物辩证法的基本要求。思想政治工作也应坚持运用好这个活的灵魂，坚持这个基本要求。关心群众生活是中国共产党一贯的优良传统，要切实了解人民群众的思想和利益要求，掌握人民群众的情绪，研究人民群众思想观念的变化。要注意把做群众的思想工作与帮助群众解决实际问题结合起来，既讲道理又办实事，既以理服人又以情感人，在办实事中贯穿思想教育，通过解决实际问题引导群众提高思想境界。思想政治工作本质上是群众工作，要坚持走群众路线，增强思想政治工作的实效性。要老老实实地向人民群众学习，对群众

---

① 《毛泽东选集》第1卷，人民出版社1991年版，第136～137页。
② 《毛泽东选集》第2卷，人民出版社1991年版，第522页。

在实践中形成和表现出来的好思想、好品德，对基层创造出来的新鲜经验和好的做法，要及时总结推广。要注意发现和寻找群众身边的先进典型，让群众自己教育自己。要诚心诚意地为人民群众服务，要讲求春风化雨，润物无声，耐心细致，潜移默化，要力求生动活泼，群众喜闻乐见，切忌形式主义、教条主义、简单生硬。

必须坚持教育与管理相结合的原则。耐心的思想教育与严格的组织纪律管理是思想政治工作的一项主要原则。思想政治工作要坚持疏导方针，但不是取消纪律，不要法制。一定的纪律、法制是维护工作和生活正常秩序的有力保证，也是教育、改造人的有力手段。法纪与耐心说服教育的思想政治工作既有联系又有区别，相互促进，互为补充。健全有力的法纪能够约束和防止人们产生不健康的思想意识和行为，起到防微杜渐的作用，保证思想政治工作的顺利进行；而耐心细致的思想教育可以培养高尚的思想道德情操，防患于未然，提高人们遵纪守法的自觉性。实践证明，高尚思想道德的培养，良好社会风气的形成，既要靠耐心细致的思想教育，又要靠科学规范的严格管理。在实际工作中，既要反对不做耐心细致的思想政治工作，单凭组织纪律处分办事，甚至乱用组织纪律，搞所谓的惩罚主义；同时也要反对片面强调说服教育，不实行严格的纪律，甚至对于那些违反党纪国法的人，也不执行严格的纪律的错误做法。总之，思想政治工作要立足于说服教育，以理服人，同时要辅以严格的组织纪律。要把两者有机地结合起来。这是思想政治工作的一个重要原则。

二 开展思想政治工作的方法

做好思想政治工作，不仅要有正确的方针和原则，而且要有科学的工作方法和工作方式。毛泽东说过，我们不但要提出任务，而且要解决完成任务的方法问题；我们的任务是过河，不解决桥或船的问题，过河就是一句空话。不解决方法问题，任务也只是瞎说一顿。思想政治工作的方法，是为了完成思想政治工作的一定任务、达到一定目的所采取的途径、办法或手段。中国共产党在长期的革命和建设中，积累了丰富的思想政治工作经验。

说服教育，以理服人。思想政治工作要做到以理服人，首先要把道理讲得科学实在，明白透彻。正如马克思指出的："理论只要说服人，就能掌握群众；而理论只要彻底，就能说服人。所谓彻底，就是抓住事物的根本。"① 其次，要把道理讲透，还必须用充足的事实作论据，把讲道理与摆事实结合起来。毛泽东指出，凡属于思想性的问题，凡属于人民内部的争议问题，只能用民主的方法来解决，只能用讨论的方法、批评的方法、说服教育的方法去解决，而不能用强制的、压服的方法去解决。思想政治工作常用的算账对比的方法，就是摆事实、讲道理，以事论事的一种好形式。运用说理教育的方法，还需要注意说理者要先明理，要有的放矢，对症下药，真正做到解疑释惑，要启发受教育的对象通过自己的积极思考，得出正确的认识，还要注意增强知识性、趣味性、哲理性，使道理讲得开人心窍，引人入胜。

真诚相待，以情感人。人是有思想的，同时也是有感情的。要使思想政治工作取得良好的效果，除了说理教育以外，很重要的一个方面就是要调动和运用感情的因素和力量，做到真诚相待，以情感人。人的感情是区别于认识活动的心理活动的基本过程，它对认识活动可以起协调、组织、强化的作用，也可以起破坏、瓦解或阻断的作用。感情还对人的行为有直接的影响。真诚相待，以情感人，就是通过对工作对象的真诚帮助、关怀体贴，在思想政治工作者和工作对象之间建立起感情的联系纽带，培育和调动对象的积极感情，达到转变思想、调动积极性的目的。

树立榜样，典型示范。通过树立先进典型（集体或个人），或领导干部率先垂范，用他们的先进思想和先进事迹给群众以教育和影响，引导群众向他们学习，这也是思想政治工作的一种基本方法。毛泽东历来重视典型示范的作用，认为事物的发展是不平衡的，群众的思想认识和革命觉悟也是不平衡的，因此，必须善于团结少数积极分子作为骨干，并凭借这些骨干去提高中间分子，争取落后分子。树立榜样，既要有群众性又要有先进性。对于前者，毛泽东认为真正的骨干必须是从群众斗争中逐渐形成的，而不是脱离群众斗争所形成的。对于后者，认为模范人物是群众的骨干，群众的核心，他们有三个作用，一是带头作用，二是骨干作用，三是桥梁作用。白求恩、张思德、雷锋等就是不同时期毛泽东号召人们学习的榜样。有了榜样就可以学有方向，赶有目标，学起来看得见、摸得着，它

---

① 《马克思恩格斯选集》第1卷，人民出版社1995年版，第9页。

比一般地讲道理更具感染力和说服力。无论是在革命战争年代,还是在社会主义建设时期,先进人物和先进集体都为思想政治工作的开展注入了生机和活力,具有广泛持久的影响力和号召力。

表扬和批评相结合,以表扬为主。就一般来讲,每个人的思想和行为都存在着积极因素和消极因素,优点和缺点。表扬和批评,就是对积极因素、优点给以肯定的评价;对消极因素、缺点给以否定的评价。毛泽东认为,做思想政治工作的过程就是开展思想斗争的过程。共产党人之所以主张积极的思想斗争,因为它是达到党内和革命团体内的团结使之利于战斗的武器。进行党内和人民内部的思想斗争,主要是开展批评和自我批评。毛泽东在倡导开展批评和自我批评的同时,还提出了要对党内外先进的人和事及时进行表扬和鼓励的原则。通过这种评价,使积极因素得到发扬,消极因素受到抑制,发扬优点,克服缺点,激励上进。要坚持以表扬为主。在群众中,积极的因素总是居于主导的地位,即使是落后的群众,也会有某些优点和长处。思想政治工作者的责任,就是要善于发现和调动工作对象的积极因素,扶正祛邪,把消极因素转变为积极因素。特别是对处于后进状态的群众,更要注意发现他们的积极因素和点滴进步,给以肯定的评价,引导他们不断进步。

抓住两头、带动中间。在思想政治工作中,实践证明,抓住两头、带动中间是十分有效的方法之一。所谓抓住两头、带动中间,是指既要抓先进分子一头,又要抓后进分子一头。只要把这两头抓好了,中间层就能带动起来。毛泽东倡导的这一方法,是其辩证思想的具体体现。抓住两头、带动中间,一方面体现了思想政治工作应着眼于关心和教育大多数的基本思路和思想;另一方面也能促使思想政治工作者打开思想政治工作的局面。这是因为,在实际工作中,中间层往往总是占绝大多数,是绝大部分,做好这部分人的思想政治工作,就有利于提高群众队伍的整体思想觉悟和政治素质。具体说,就是这种方法既有利于中间层一部分人向先进层转化,又能促使后进层向好的方面转化。因此,抓住中间、带动两头这一方法体现了"辩证的方法"。

管理教育,实践养成。马克思主义认为,人的正确思想决不能自发形成和发展,而是在社会实践中进行教育和接受教育的过程中形成和发展的。人的正确思想在社会实践中形成,一般都要经历"实践—认识—实践"的过程。积极组织、引导群众按照一定的要求参与社会实践，使他们逐渐养成良好的思想品德和行为习惯的方法，就是实践养成的方法。列宁曾经指出，无产阶级的纪律性不是从天上掉下来的，也不是出自善良的愿望，它是从资本主义大生产的物质条件中成长起来的，而且只有这种条件才能成长起来。没有这种物质条件，就不会有这种纪律。管理教育是实践养成方法的重要内容，是一种寓思想教育于管理之中的方法。它是运用一定的组织纪律和行政措施来约束、规范和协调受教育者的行为，使他们养成良好的思想品德和行为习惯，并克服不良的思想和行为习惯的方法。它主要是通过建立、健全严格的规章制度来实现。这就要求思想政治工作者必须把严格管理和耐心教育有机地结合起来，正确处理严与爱的关系，常抓不懈，持之以恒，点滴积累，养成习惯，蔚然成风。

民主协商，双向交流。在思想政治工作中，思想政治工作者与人民群众之间是平等的。以平等身份对一些重大问题或"热点"问题展开讨论、协商，互相交流思想、交换意见的双向交流活动，是做好思想政治工作的一种重要方法，也是发扬社会主义民主的有效形式。在思想政治工作中，必须尊重人民群众的民主权利。进行民主协商，要以平等的态度交流思想，交换意见，互相帮助，互相驾驭，而决不能认为自己高明，以教育者自居，凌驾于群众之上。必须要尊重群众、相信群众、依靠群众，要着眼于正面教育，提高认识，以便达到思想政治工作的目的。要虚心听取群众的意见，正确对待各种不同的意见。要鼓励群众畅所欲言，各抒己见。不正确的意见，要通过谈心，说服引导，有时还要给以批评，但绝不能强制和压服，更不允许无限上纲，乱扣帽子，采取简单粗暴的做法。实践表明，通过讨论、协商等各种双向交流的渠道和方法，可以使领导者和群众、群众和群众之间彼此沟通，相互理解，达到统一认识，消除隔阂，正确处理和协调各种矛盾，充分调动群众的积极性的目的。

组织活动、寓教于乐。组织开展各种健康有益、积极向上、生动活泼、为群众所喜闻乐见的活动，尽可能地吸引广大群众自愿参加，把思想政治工作的内容渗透、融化于这些活动之中，使群众在参加活动的过程中，在丰富多彩的精神文化生活中，潜移默化地受到感染、熏陶和教育。这时，活动成为思想政治工作的载体，使它从"无形"变为"有形"，更加富有吸引力和感染力。这是思想政治工作的一种基本方法。群众精神文明创建活动作为思想政治工作的重要载体,是广大群众移风易俗、改造社会的一种创造,是吸引群众广泛参加、对群众进行思想教育、提高社会文明程度的有效途径,具有广泛而深入的群众基础,是做好党的思想政治工作的重要载体。它把培育社会主义公民的目标,同解决群众迫切要求解决的问题结合起来,同为群众办实事、办好事结合起来,改变了以往单纯说教的工作方法,采取了寓教于乐的方法、引导的方法、自我教育的方法、互相教育的方法,使群众在参与中受到思想教育,在实践中提高思想觉悟,在全社会推动了思想政治工作的开展。作为领导者,应当有意识地把思想政治教育的内容寓于群众的创建实践活动之中。

第十一章　国际形势和国际战略

客观准确地判断国际形势，制定正确的国际战略，是无产阶级政党建立和巩固政权的极为重要的任务之一。以毛泽东为代表的中国共产党人，把马克思主义的普遍原理同中国革命和建设的实际相结合，不断地科学分析各个时期风云变幻的国际局势和时代特征，确定了中国共产党在新民主主义革命时期和新中国社会主义建设时期的国际战略与对外方针，先后提出了建立国际统一战线、"战争与和平"、"中间地带"理论、"三个世界"理论等一系列关于国际形势和国际战略的科学论断。毛泽东有关国际形势和国际战略的思想，是毛泽东思想的重要组成部分，至今仍具有巨大的指导意义。

第一节　国际形势与时代主题

新民主主义革命时期，以毛泽东为代表的中国共产党人就十分注重对于国际形势和国际问题的观察和分析，在马克思主义基本理论的指导下，结合中国的具体国情，逐步在国际战略方面形成了一些重要的观点。特别是在新中国成立以后，毛泽东以革命家、战略家、理论家的气魄，洞察国际风云变幻，准确地把握世界局势、国际形势与时代主题，进一步深化了对于世界格局和国际战略问题的观察、分析与研究，为打开中国外交的新局面作出了重要贡献。

一　在土地革命时期，提出了"建立国际统一战线"的主张

马克思、恩格斯依据他们所处的自由资本主义时期的国际形势，为各国无产阶级提出的国际战略是：全世界无产者，联合起来，消灭剥削和压

迫，消灭阶级，解放全人类。列宁鉴于资本主义发展到帝国主义时期的新的国际形势，把全世界划分为压迫民族和被压迫民族，认为无产阶级的国际战略是全世界无产者与被压迫民族联合起来，反对帝国主义和殖民主义，实现阶级和民族解放，最终达到全人类解放。1917年11月7日，在俄国爆发了社会主义革命。列宁和布尔什维克党领导俄国无产阶级和劳动人民，推翻了地主资产阶级的反动统治，建立了世界上第一个无产阶级专政的社会主义国家，给一切被压迫民族和被压迫人民指明了解放的道路，由此开始了无产阶级革命和殖民地半殖民地民族革命的新时代。十月革命的胜利对中国革命产生了很大的影响，使中国反帝反封建的资产阶级民主革命转变为新的资产阶级民主革命，并成为世界无产阶级革命的一部分。

早在新民学会期间，毛泽东就把"改造中国"与"改造世界"联系在一起，极力主张"与全世界解放的民族携手"。① 在中国共产党创建之后，在列宁关于帝国主义和民族殖民地问题的理论影响下，毛泽东认为，第一次世界大战以后，世界格局存在着"革命和反革命两大势力"的斗争。"这两大势力竖起了两面大旗：一面是红色的革命的大旗，第三国际高举着，号召全世界一切被压迫阶级集合于其旗帜之下；一面是白色的反革命的大旗，国际联盟高举着，号召全世界一切反革命分子集合于其旗帜之下。"根据毛泽东的分析，在这种局面下，被压迫的阶级和民族除了站在革命阵营一边之外，没有其他的道路可以选择，走中间道路是行不通的。"那些中间阶级，必定很快地分化，或者向左跑入革命派，或者向右跑入反革命派，没有他们'独立'的余地。"② 后来的实践表明，这些观点和论点成为毛泽东从总体上科学把握国际局势、制定国际战略的基本出发点。

在土地革命时期，毛泽东根据对帝国主义列强在中国的不同利益和矛盾的分析，指出中国的红色政权发生和存在的重要原因之一，是由于中国是"帝国主义间接统治的经济落后的半殖民地"，有利于革命力量的发展。帝国主义所支持的不同派别的"新旧军阀"所进行的持续不断

---

① 《毛泽东早期文稿》，湖南出版社1990年版，第505页。
② 《毛泽东选集》第1卷，人民出版社1991年版，第4页。

的争夺与战争，"使一小块或若干小块的共产党领导的红色区域，能够在四周白色政权包围的中间发生和坚持下来"。① 这个结论对毛泽东提出开创农村包围城市的革命道路有重大的意义，也为他的建立国际统一战线的思想奠定了理论基础。因为，中国共产党人可以最大限度地利用帝国主义在中国的矛盾和利益冲突，建立国际统一战线，促进中国革命的进行。

1935年12月，在民族危机空前严重的形势下，中国共产党根据毛泽东提出的建立国际统一战线的思想调整了对外战略。提出："日本帝国主义单独吞并中国的行动，使帝国主义内部的矛盾达到空前紧张的程度。"因此，对待日本帝国主义以外的其他帝国主义的策略，是使他们"暂处于不积极反对反日战线的地位"；对于那些同情帮助中国抗日，或守善意中立的民族或国家，应"建立亲密的友谊关系"。② 中国共产党提出的调整对外战略，建立国际统一战线的主张，表明中国共产党人在总结以往经验教训的基础上，已经能够从中国的实际情况出发，依据其自身的革命条件和思想基础，独立地创造性地开展工作了。

1935年12月27日，在中国共产党的活动分子会议上，毛泽东依据其对帝国主义在华矛盾的独特分析第一次明确指出，差不多100年以来，"中国还保存了一种半独立的地位"，不仅是"由于中国人民反对帝国主义的斗争"，而且还由于"帝国主义国家相互间的斗争"。而"现在是日本帝国主义要把整个中国从几个帝国主义国家都有份的半殖民地状态改变为日本独占的殖民地状态"，③ 这就必然加剧日本与其他列强之间的矛盾，从而有可能建立一个包括英美在内的国际抗日统一战线。并且强调，不仅如此，英美与日本的矛盾还有可能使中国那些亲英美的政治集团在英美政策的影响下走向抗日，"美国以至英国的走狗们是有可能遵照其主人的叱声的轻重，同日本帝国主义者及其走狗暗斗以至明争的。"④ 1936年7月，毛泽东强调指出："日本帝国主义不仅是中国的敌人，同时也是要求和平的世界各国人民的敌人，特别是和太平洋有利害关系的各国，即美、英、

---

① 《毛泽东选集》第1卷，人民出版社1991年版，第49页。
② 《中共中央文件选集》第10册，中共中央党校出版社1991年版，第599、605、609页。
③ 《毛泽东选集》第1卷，人民出版社1991年版，第142~143页。
④ 同上书，第148页。

法、苏等国的人民的敌人。日本的大陆政策和海洋政策不仅指向中国，而且也指向这些国家。这样，日本的侵略就不仅是中国的问题，而且是应由太平洋地区所有国家来对付的问题。中国苏维埃和中国人民因此要同各国、各国人民、各党派和各群众组织团结起来，组成反对日本帝国主义的统一战线。"① 这是毛泽东第一次向国际社会阐明中共关于建立国际抗日统一战线的主张。1937年5月3日，在中国共产党全国代表会议上，提出了"中国的抗日民族统一战线和世界的和平阵线相结合"的任务。毛泽东提出："中国不但应当和中国人民的始终一贯的良友苏联相联合，而且应当按照可能，和那些在现时愿意保持和平而反对新的侵略战争的帝国主义国家建立共同反对日本帝国主义的关系。我们的统一战线应当以抗日为目的，不是同时反对一切帝国主义。"②

历史表明，毛泽东关于建立国际统一战线的主张是具有远见卓识的。这些不仅是中国共产党争取英美加入国际抗日统一战线的重要依据，而且也为在抗日的前提下与国民党实现第二次合作提供了重要的理论依据。尽管美国、英国在中国抗战初期一度实行"不干涉"中日战争的消极政策，而且还一度企图以牺牲中国的利益为代价同日本妥协，但随着日本偷袭珍珠港，太平洋战争的爆发，终于使中、美、英在抗日方面走到了一起。1944年7月，美国政府派美军观察组访问延安，被称为新中国"外交工作的开始"。

二 "二战"后对"战争与和平"时代主题的科学分析和战略判断

时代主题是指在一个较长的时期中世界范围内最重要、最突出、最活跃的基本矛盾和根本性问题，是国际社会面临的主要任务和主要课题，即对历史大时代、大趋势的基本内容作出的理论概括和说明。世界的时代主题是由世界的主要矛盾所决定的，反映了世界的基本特征，是对未来各国发展具有全局性战略意义的问题。对世界主题的认识，是一个国家制定对外战略和政策策略的前提和基础，对外交实践有重大的影响。随着世界矛盾和国际形势的发展变化，世界的时代主题也会发生转换。

---

① 《毛泽东文集》第1卷，人民出版社1993年版，第390~391页。
② 《毛泽东选集》第1卷，人民出版社1991年版，第253页。

20世纪前半期，马克思主义者把他们所处的时代的基本内容即主题概括为"战争与革命"。因为19世纪末开始，自由资本主义进入垄断资本主义即帝国主义阶段，战争不仅多次发生，而且规模越来越大，对人类社会的破坏也越来越惨重。尤其是在1914—1918年和1939—1945年爆发的两次世界大战，给人类带来了空前的浩劫。列宁深刻指出，资本主义垄断和经济发展不平衡规律决定了帝国主义战争是不可避免的。战争使世界上各种矛盾，主要是无产阶级与垄断资产阶级之间的矛盾、殖民地半殖民地与帝国主义国家之间的矛盾、帝国主义国家之间的矛盾大大激化，造成了政治经济危机，从而推动了革命的发展。并认为，这是由资本主义向社会主义过渡的时代特点所决定的。1918年，列宁在《社会主义与战争》中说：资本主义已经"使生产力发展到这种程度，以致人类面临这样的抉择：要么过渡到社会主义，要么一连几年内、甚至几十年地经受'大'国之间为勉强维持资本主义（以殖民地、垄断、特权和各种各样的民族压迫作为手段）而进行的武装斗争。"[①] 作出这样的判断主要是以帝国主义的本质和当时国际形势发展的现实情况为依据的。在这个阶段，世界面临着战争和革命两大问题。

对时代主题问题的认识是最高层次上的战略判断。第二次世界大战以后，战争与和平问题成为国际社会所面临的突出问题。当时有不少人对国际形势的发展持悲观的态度，认为"美苏必战"、"第三次世界大战必然爆发"等等。在这种国际形势下，毛泽东保持清醒的头脑，从分析战后世界主要矛盾入手，经过缜密的思考和探索，于1946年4月写下了《关于目前国际形势的几点估计》这一重要文稿，指出："世界反动力量确在准备第三次世界大战，战争危险是存在着的。但是，世界人民的民主力量超过世界反动力量，并且正在向前发展，必须和必能克服战争危险。因此，美、英、法和苏联的关系，不是或者妥协或者破裂的问题，而是或者较早妥协或者较迟妥协的问题。所谓妥协，是指经过和平协商达成协议。所谓较早较迟，是指在几年或者十几年之内，或者更长时间。"但毛泽东同时认为："美、英、法同苏联之间的这种妥协，只能是全世界一切民主力量向美、英、法反动力量作了坚决的和有效的斗争的结果。"这说明和

[①] 《列宁全集》第20卷，人民出版社1989年版，第325页。

平不会从天而降，只有经过世界人民的不懈斗争才能争取和维护世界和平。同时，毛泽东一再强调，国际妥协格局并不要求"各国人民随之实行国内的妥协。各国人民仍将按照不同情况进行不同斗争。"① 正是基于对当时国际局势这样的科学判断和正确分析，中国共产党人和中国人民没有受国际妥协格局的束缚和禁锢，大胆地坚决地将中国革命推向了前进，建立了全国政权。

从20世纪50年代中期起，国际上就对世界局势新动向提出了各种各样的分析和判断。毛泽东根据国际形势的发展变化，以及战争与和平这两种力量的消长，提出了战争特别是原子战争是有可能被推迟或制止，和平可以得到维持的新观点。他对新的世界大战会不会爆发历来坚持两点论，即世界大战的危险依然存在，但推迟或制止世界大战的可能性也很大。到20世纪六七十年代，毛泽东还多次谈到保持15年、20年世界和平是可能的。而当时由于美国在越南扩大了战争，苏联在北面对中国增强了军事威胁，加上印度在西边挑起了边界冲突，使中国三面受敌。在当时那种错综复杂的国际环境中，毛泽东的这些观点和论述，极大地坚定了中国人民和世界人民争取和平，制止战争的决心和信心，为中国社会主义建设赢得了宝贵的和平建设环境，同时也为中国政府继续坚持并正确实施独立自主的和平外交政策提供了重要的依据。

20世纪下半期，虽然发生了"冷战"和美苏对抗，但是制约世界大战的因素却不断增长，因而没有爆发全球性战争。以美国为中心的西方国家同社会主义国家进行了多次紧张较量，包括局部战争，结果屡遭失败。社会主义国家在朝鲜战争、越南战争中的胜利有力地压制了美国嚣张的气焰，对稳定国际局势产生了积极影响。

毛泽东晚年一度认为战争不可避免，而且迫在眉睫，在战争与和平的估计方面出现了较大的偏差，从而导致了中国国民经济多年以备战为中心，直接影响了正常的经济建设和人民生活水平的提高。政策失误不仅分散了宝贵的人力、物力、财力，更重要的是贻误了发展的时机。

---

① 《毛泽东选集》第4卷，人民出版社1991年版，第1184～1185页。

三 在社会主义建设时期，创立了著名的"中间地带"理论

在对战争与和平问题进行了科学分析之后，1946年8月，毛泽东在同美国记者安娜·路易斯·斯特朗的谈话中，提出了著名的"中间地带"理论。毛泽东针对当时美国散布的反苏战争的流言，一针见血地指出，这种宣传"是美国反动派用以掩盖当前美国帝国主义所直接面对着的许多实际矛盾，所放的烟幕"，"美国和苏联中间隔着极其辽阔的地带，这里有欧、亚、非三洲的许多资本主义国家和殖民地、半殖民地国家。美国反动派在没有压服这些国家之前，是谈不到进攻苏联的。"针对这样一种国际战略态势，毛泽东认为要抓住主要矛盾："美国人民和一切受到美国侵略威胁的国家的人民，应当团结起来，反对美国反动派及其在各国的走狗的进攻。"而且"只有这个斗争胜利了，第三次世界大战才可以避免"。① 这表明，毛泽东对战后世界发展大趋势具有深刻的认识和敏锐的洞察力、判断力。这对于即将诞生的新中国确定正确的外交方向、制定正确的外交政策意义是深远的。

20世纪50年代，面对美国提出的所谓"遏制"政策，毛泽东在1956年指出，世界上存在着"两类矛盾"，一类是帝国主义跟帝国主义之间的矛盾，即美国跟英国、美国跟法国之间的矛盾，一类是帝国主义跟被压迫民族之间的矛盾；"三种力量"，第一种是最大的帝国主义美国，第二种是二等帝国主义英、法，第三种就是被压迫民族。进入60年代，随着世界各种政治力量的进一步分化和改组，毛泽东对"中间地带"的观察与分析也日渐深入。1962年1月，毛泽东在与日本客人安井郁的谈话中指出："中间地带国家的性质也各不相同：有些国家有殖民地，如英、法、比、荷等国；有些国家被剥夺了殖民地，但仍有强大的垄断资本，如西德、日本；有些国家取得了真正的独立，如几内亚、阿联、马里、加纳；还有一些取得了名义上的独立，实际上仍是附属国。"把"中间地带"具体划分为四种类型的国家。从1963年起，毛泽东又进一步把这四类国家概括成"两个中间地带"：亚洲、非洲、拉丁美洲是第一个中间地带；欧洲、北美、加拿大、大洋洲是第二个中间地带。日本也属于第二个中间地

---

① 《毛泽东选集》第4卷，人民出版社1991年版，第1193~1194页。

带。"两个中间地带"的观点及理论，为中国进一步加强同亚非拉等"第一中间地带"国家的团结与合作，尤其是改善和发展同处在"第二中间地带"地位的西方资本主义国家的关系，奠定了理论基础和政策基础。

在这一时期，毛泽东不仅对帝国主义国家之间的矛盾作出了细致的分析与判断，并且提出了英、法等西方国家可以作为人民的"间接同盟者"的重要思想。这些论述说明，为了反对对中国和世界和平威胁最大的美国，不仅要依靠和联合以苏联为首的社会主义国家，而且还应当利用帝国主义营垒中的矛盾，积极争取和联合处在"第一中间地带"的亚非拉国家作为反对美帝国主义的主力军，甚至于把"第二中间地带"的西方国家作为"间接的同盟者"，采取区别对待的方针。中国不仅对发展与亚非拉国家的关系继续采取积极的态度，同时对建立和改善同西方国家的关系给予了某种程度的重视。1964年1月，中法两国排除障碍，正式宣布建立外交关系，这是西方大国中第一个同中国建立正式外交关系的国家，这对打破美国孤立中国的政策具有重大的意义。之后，中国又先后与意大利和奥地利达成了互设贸易机构的协议。

1965年，毛泽东把变幻未定的世界局势概括为"大动荡、大分化、大改组"。这是一个重要的论断。这一时期，美苏各为一方的两极格局虽未打破，但其各自盟国中的离心倾向却在增长，此外，由于亚非拉民族独立运动的空前高涨，第三世界的兴起已引起世人的瞩目。在这样的世界局势下，中国所面对的主要敌人仍然是美国。因为，美国不仅继续推行其敌视、封锁中国的政策，继续赖在台湾不走，还直接介入越南战争，将战火烧向中国西南边境。另一方面，中国与苏联的关系也在恶化，这主要是苏联在对华关系方面的大党、大国主义做法遭到抵制后，大肆反华，直到发展到以武力相威胁所造成的。这一时期，中国方面也确实存在某些反应过度的问题，失去了改善自身处境的某些机会。由于毛泽东逐步滋长起来的"左"倾错误思想的影响，中国的外交工作也曾出现了一些关于推进世界革命和打倒"帝修反"的"左"倾空谈。于是，中国在一段时间里实行了以"反对帝修反"为特征的"革命外交"。但是，中国在实际做法上却是谨慎的，并没有向任何国家派兵去促进其革命，这是有目共睹的事实。只是"反对帝修反"这种带有"左"倾色彩的口号，极大地限制了中国外交的回旋余地，不必要地刺激了许多国家。在这样的背景下，由于美苏这两个具有全球影响的大国都与中国为敌，就使新中国面临着建国以来从没有过的严峻的国际环境。这时，调整中国的对外战略，已经势在必行。

第二节 国际政治格局与"三个世界"理论

20世纪60年代末70年代初，国际形势发生了深刻变化。这一时期，美苏各为一方的两极格局未被打破，但是其各自盟国中的离心倾向却在不断增长。此外，由于亚非拉民主独立运动空前高涨，第三世界的兴起已引起世人的瞩目。在国际战略格局剧烈变动的重要时期，毛泽东在1974年会见赞比亚总统卡翁达时，首次全面阐述了划分三个世界的理论。这一战略，对当时维护中国的国家安全，维护世界和平与稳定具有重要意义。

一 国际政治格局及其历史演变

国际政治格局通常是指在一定的历史时期，世界范围内形成的基本政治力量（包括主权国家、国家集团、国际组织和其他国际行为主体）之间的相互联系、相互作用而形成的实际配置比例，以及它们之间以政治势力为中心而形成的相对稳定的关系结构形式。它是世界基本矛盾发展变化在特定历史时期的客观表现，也是世界上各种国际政治力量经过一段时间的组合、分化、改组以及国际关系发展演变的结果。每一阶段每一种国际政治格局的形成，都是以一定的国际体系，特别是国际经济体系的发展变化为背景的，而国际政治新秩序代替国际政治旧秩序，一般也是以国际经济新秩序的更替为前导的。因此，国际政治是国际经济的集中表现，国际政治格局的演变，其根源在于国际经济，反过来又给予国际经济以很大的影响。在世界近现代历史上，形成了19世纪以维也纳体制为基础的世界格局和20世纪以凡尔赛体制为基础的世界格局。以雅尔塔体制为基础的世界格局是在第二次世界大战的基础上建立起来的。

第二次世界大战的结果，使战前五六个帝国主义国家主宰国际事务的历史宣告结束。德国、意大利和日本均因发动侵略战争将本国经济拖到了崩溃的边缘，战败国的地位使其濒临社会政治危机，军力锐减。在反法西斯阵营中，法国作为战前的政治、军事大国，由于长期被德国占领，其实力和国际地位尚未得到恢复，很难在新的世界政治格局的形成中发挥重要作用。这样，就实力而言，美、英、苏三国能在新的世界政治格局的形成中起决定性的作用。美国战前已是世界头号经济强国，战争中本土又基本上没有遭到大规模的破坏，于是就成为西方乃至反法西斯各国的武器装备供应基地和财政经济靠山。它参战后，很快又发挥了巨大的作用。实际上，战争后期它就已主宰了西方的政治经济。英国的实力虽非昔比，但仍是仅次于美国的西方政治、军事大国，况且它在欧洲反法西斯战争中又始终发挥着重要的作用，所以在新的世界政治格局的形成中，它无疑拥有发言权。社会主义的苏联经过几十年的建设，其综合国力和军事实力已大大增强。帝国主义国家曾妄图借德国法西斯势力消灭苏联，但苏联不仅没有被消灭反而越战越强，不仅把侵略者赶出了国门，还出境作战，有力地支援了东欧各国反法西斯武装斗争，为世界反法西斯战争的胜利作出了巨大贡献，其国际地位随之大大提高。最终战胜德国法西斯和日本法西斯离不开苏联，战后新的世界政治格局的构架也离不开苏联，这是任何人也无法否认的客观现实。正是在这样的历史条件下，召开了著名的雅尔塔会议，形成了雅尔塔体系。

1945年2月4日至11日，苏、美、英三国领导人斯大林、罗斯福和丘吉尔在苏联克里米亚半岛南端城市雅尔塔举行了战时的第二次首脑会议，考虑战后世界秩序，达成了雅尔塔协议，主要内容是：对德国的处置；划定波兰边界；确定美英联军和苏联红军在欧洲分别占领的地盘和抵达的界限；关于苏联参加对日作战条件的秘密协定，以及组建联合国和大国在实质上拥有否决权的联合国安理会表决制度等等。战后两极格局就是在此决议的基础上发展演化而成的。因此，战后形成的两极体制，也叫作"雅尔塔体制"。

在"二战"中和"二战"后，在苏联红军的帮助下，欧洲先后建立了8个社会主义国家，这就是：波兰、捷克斯洛伐克、匈牙利、罗马尼亚、保加利亚、南斯拉夫、阿尔巴尼亚，以及后来建立的东德。欧洲社会主义国家和亚洲成立的蒙古、越南、朝鲜和中国等几个社会主义国家在地理上连成了一片，它拥有世界1/4以上的土地和1/3以上的人口，形成了战后以苏联为首的强大社会主义阵营。同时，第二次世界大战导致了世界民族解放运动逐渐地发展起来，它激烈地冲击着帝国主义殖民统治的旧秩序，广大亚、非、拉第三世界国家人民觉醒了。

在第二次世界大战后，世界上出现了三大股势力：即以美国为首的帝国主义阵营，以苏联为首的社会主义阵营，以及民族独立后的发展中国家。实力在构筑世界格局和国际秩序中起着决定性的作用。因此，"二战"打破以欧洲为中心的世界格局后，实际上形成了以"雅尔塔协议"为基础，以美苏为首的东西方两大阵营对峙的世界格局。苏美两极格局的真正形成，是以1955年为反对西德加入北约为契机而批准成立的华沙条约组织为标志。战后形成的两极格局的实质是，美苏两个超级大国为了各自的利益在世界范围内的对峙和争夺。战后近半个世纪的世界格局基本上是围绕着美苏关系及其本身的变化而发生演变。

20世纪60年代末70年代初，信息技术革命先是在美国，接着在日本、西欧兴起，以后逐渐席卷全球。它不仅推动了生产力的发展，而且导致全球范围内产业结构的调整，以及一些国家的兴衰，从而使世界政治格局发生变化。70年代初至80年代中期，世界政治格局的突出变化就是从两极开始向多极化发展。就总体而言，两个超级大国激烈争夺世界霸权是这一时期世界格局的主导方面。但是，两个超级大国攻守的态势互有转换。70年代苏联咄咄逼人，美国处于守势；80年代美国采取了攻势，苏联则处于弱势。由于两大军事集团的对立和两极分化，使之成为战后地区紧张局势和世界大战危险的根源，造成了不平等的国际关系和经济秩序。正是由于这样的两极秩序，剧烈的军备竞赛和全球范围内的争夺，不仅使世界始终处于世界大战的严重威胁之下，而且局部战争从未间断过。例如，50年代的朝鲜战争；60年代的越南战争等。少数资本主义国家，拥有极大的优势，奉行的是有利于它们剥削和损害广大发展中国家利益的原则，造成了国际贸易的不平等以及国际金融为少数大国对货币和资本的垄断，结果是世界范围的贫富两极分化，使得广大发展中国家陷于更加困难的境地。世界上出现了一系列的"全球性问题"，造成了前所未有的严重威胁。如，资源耗竭、工业、污染、环境恶化、制毒贩毒、恐怖活动等，人类面临着严重的生存危机。这样，两大军事集团在军事与政治领域大体势均力敌，世界各国人民也为维护世界和平而进行了不懈的斗争，使得"冷战"没有全面地变成"热战"，世界维持了40多年的相对和平。

二 "三个世界"理论及其重要影响

在国际政治领域中,世界结构是由世界上的阶级、经济和政治等因素构成的在一定时期内比较稳定的架构和体系。对于马克思主义者、对于无产阶级政党来说,它是弄清世界上敌友我的关系和阵势,制定正确的国际战略和策略的客观基础和前提,只要从资本主义向社会主义过渡的时代没有结束,对任何一个国家来说,国际上敌友我三方都是客观存在,无法抹煞,只是不同的时期表现形式和程度不同。关于世界划分,列宁把帝国主义时代的世界,划分为两个阵营也即两个民族:压迫民族和被压迫民族。第二次世界大战以后至20世纪60年代,世界形成了两个对立的阵营:社会主义阵营和帝国主义阵营。60年代末,世界格局初现多极化趋势。世界政治格局从战后的东西方两极对峙美强苏弱的局面,开始向多极化并立和美苏争霸世界、苏攻美守的局面转化。70年代前期,针对国际形势的变化和世界主要矛盾的发展,毛泽东以战略家的远见卓识,在对世界政治力量的准确分析和判断中,提出了"三个世界"划分的理论。

(一)"三个世界"理论提出的历史过程

进入20世纪70年代,两个阵营的对峙已经不复存在,代之而起的是美苏两国争霸的局面。同时,国际政治格局发生了重大的变化,其中一个重要的特征就是第三世界的崛起,即亚洲、非洲、拉丁美洲一系列民族国家的建立。第二次世界大战以前,第三世界取得独立的国家只有9个。战后,亚非拉殖民地、半殖民地的民族独立运动不断高涨,到60年代末已有104个国家获得独立,成为世界政治中不可忽视的重要力量。1955年4月举行的亚非会议,标志着第三世界的崛起。此后,又出现了不结盟运动、非洲统一组织、77国集团等国际组织,在国际事务中起着愈来愈大的作用。"国家要独立,民族要解放,人民要革命"已成为不可抗拒的历史潮流。在对世界形势发展科学分析的基础上,毛泽东经过反复、缜密的战略思考,提出了独具特色的"三个世界"的划分战略理论。

1973年6月,毛泽东在会见马里国家元首特拉奥雷时说:"我们都是叫做第三世界,就是叫做发展中国家。"1974年2月,在会见赞比亚总统卡翁达时,毛泽东说:"我看美国、苏联是第一世界。中间派,日本、欧洲、加拿大是第二世界。咱们是第三世界。"又说:"美国、苏联原子弹多，也比较富。第二世界，欧洲、日本、澳大利亚、加拿大，原子弹没有那么多，也没有那么富。但是比较第三世界要富。""第三世界人口众多。亚洲除了日本都是第三世界。整个非洲是第三世界，拉丁美洲是第三世界。"[①] 毛泽东的"三个世界"理论，不是一时的即兴之谈，而是经过了长期的观察和思考而提出的精辟论断。

1974年4月10日，邓小平在纽约举行的联合国大会第六届特别会议上，第一次正式向全世界阐明了毛泽东的"三个世界"理论。邓小平指出，从国际关系的变化看，现在的世界实际上存在着互相联系又互相矛盾着的三个方面、三个世界。美国、苏联是第一世界。亚非拉发展中国家和其他地区发展中国家是第三世界。处于这两者之间的发达国家是第二世界。邓小平的这个发言是经过中央政治局讨论通过，并报请毛泽东审阅定稿的。由于邓小平在联合国的这个著名发言，毛泽东划分三个世界的战略思想名闻天下。

(二)"三个世界"理论的主要内容

根据当时世界各种基本矛盾的发展变化，毛泽东把处在不同的政治经济地位上的国家区分为三个既互相联系又互相矛盾着的三个方面。第一，美国和苏联是两个超级大国。毛泽东认为，超级大国就是到处对别国进行侵略、干涉、控制、颠覆和掠夺，谋求世界霸权的帝国主义国家。自从两个阵营解体以后，苏美两个大国加紧了争夺世界霸权的斗争，用不同的方式都想把亚非拉的发展中国家置于它们各自的控制之下，同时还要欺负那些实力不如它们的发达国家。两个超级大国是当代最大的国际剥削者和压迫者，是新的世界战争的策源地。第二，第二世界是处于两个超级大国和发展中国家之间的发达国家。这些国家的情况是复杂的，其中不少是老牌资本主义国家。毛泽东认为，所有这些发达国家，都在不同程度上受着这个或那个超级大国的控制、威胁和欺负，其中有些国家在所谓"大家庭"的幌子下，实际上被超级大国置于附庸的地位。这些国家都不同程度上具有摆脱超级大国的奴役或控制、维护国家独立或主权的完整的意愿。第三，广大的亚非拉发展中国家构成了第三世界。广大亚非拉国家，包括大洋洲和欧洲的一些发展中国家，共有100多个。这些国家地域辽阔，人口

---

① 蒋建农：《世纪伟人毛泽东》（金霞篇），红旗出版社1986年版，第1566页。

众多，资源丰富。面积占世界总面积的2/3，人口占世界人口的3/4。毛泽东认为，它们长期遭受殖民主义、帝国主义的压迫和剥削，是推动世界历史车轮前进的革命动力，是反对殖民主义、帝国主义特别是超级大国的主要力量。因此，第三世界要联合第二世界，反对美苏争霸世界。

三个世界划分的主旨是建立广泛的反对美苏霸权的国际统一战线。毛泽东把世界划分为三个世界，是根据不断变幻的国际形势，把过去在国内运用自如的统一战线理论扩展到对外关系领域而逐步形成的一个战略观点。进入20世纪70年代，由于两个超级大国已成为造成世界动荡不安的主要根源和新的世界战争策源地，反对霸权主义的斗争成为世界各国人民，包括中国人民的共同任务和共同目标。"三个世界"理论的主旨，就是联合一切可能联合的力量建立广泛的反对美国和苏联霸权的国际统一战线。在反对霸权主义的斗争中，以反对苏联霸权主义为重点。反对霸权主义斗争的主要力量是广大的第三世界国家。毛泽东看到了第三世界人民中潜藏着巨大的能量，既是对"大国主宰论"的否定，又是对世界人民力量的热情肯定。毛泽东还看到，第二世界的发达国家所处的特殊地位，决定了它们的两面性，即对第一世界和第三世界的国家既有矛盾的一面，又有千丝万缕的联系，对广大发展中国家，也有进行压迫剥削的一面，但又能与它们一起进行反对超级大国的斗争。因此，第二世界的发达国家是第三世界国家反对超级大国斗争中的同盟军，是可以争取或联合的力量。

第三世界在国际政治中具有重要的地位和作用。毛泽东在划分三个世界时，把第三世界的地位提到空前的高度，除了认为第三世界国家受到的压迫最深，反对压迫、谋求解放和发展的要求最为强烈，是推动世界历史前进的革命动力以外，还认为这些国家已经开始在国际事务中起着愈来愈大的作用。首先，第三世界的崛起，改变了世界力量的对比。随着新独立的发展中国家的不断增多，第三世界国家已经在联合国总数中拥有2/3的席位，从而在国际政治舞台上构成了稳定的多数，这对于打破由少数大国垄断和操纵国际事务的局面，具有重要意义。其次，占世界人口3/4的第三世界国家，是反对霸权主义，维护世界和平的主要力量。20世纪70年代以来，由于两个超级大国激烈角逐，尤其是当时的苏联推行全球扩张战略，使第三世界国家的独立与安全受到严重威胁。为了维护国、家独立和主权，发展民族经济，第三世界国家加强团结、互相配合，有力遏制了霸权主义的扩张势头。总而言之，第三世界国家在争取民族解放和国家独立的斗争中，显示了无比巨大的威力，不断地取得了辉煌的胜利。由于它们的存在和发展，使一两个超级大国实行强权政治、为所欲为的局面已经很难继续下去了。而且，随着第三世界国家各种政治、经济的世界性地区性的联合组织或运动的相继形成和发展，它们在反对霸权主义，制约世界战争方面的作用必将越来越大。

中国属于第三世界。毛泽东在考虑划分三个世界时，明确把中国划归第三世界。1974年2月，毛泽东在同阿尔及利亚的布迈丁的谈话中指出，中国属于第三世界。因为政治、经济各方面，中国不能跟富国、大国比，只能跟一些比较穷的国家在一起。根据这一结论，第三世界就不再仅仅是需要中国同情、支持的国家集团，而是一个中国也置身其中的、具有共同利益的、不可分割的整体。中国是一个社会主义国家，同时也是一个第三世界国家。这是因为，首先，从经济上看，中国和其他第三世界国家一样，都是发展中国家。中国同广大第三世界国家同样都面临着一个共同的历史任务，那就是下大决心，经过长期的艰苦奋斗，循序渐进，努力把经济搞上去。唯有如此，才能巩固政治上的独立，才能自立于世界民族之林。其次，从历史的角度看，中国同广大第三世界一样，都遭受过帝国主义长期的剥削、压迫分割和蹂躏，有共同的苦难，也有共同的历史使命。中国人民在长期的革命斗争中，曾经得到过各国人民的重大帮助，中华人民共和国成立以后，把自己的命运同广大第三世界国家的命运结合在一起，积极支持第三世界国家反帝、反殖、反霸斗争。最后，中国同广大第三世界国家在反对霸权主义、维护世界和平方面有着共同的利益和要求。第三世界国家地域辽阔，资源丰富，战略地位重要，超级大国为了扩军备战，争霸世界，必然企图从政治上控制和从经济上掠夺第三世界。包括中国在内的第三世界国家面临着同样的威胁和压力。由于第三世界国家各自的政治、经济实力都不够强大，只有联合起来，形成一种合力，才能更加有效地同帝国主义、霸权主义的侵略、扩张作斗争，才能制约世界战争的爆发。这就更增加了包括中国在内的第三世界国家的凝聚力。

（三）"三个世界"理论的重要地位和影响

其一，"三个世界"的科学论断是对马克思列宁主义的重大贡献。早在19世纪后半期，由于沙俄是欧洲反动势力的主要堡垒，马克思和恩格斯把是否坚决反对沙俄帝国的侵略政策，作为划分欧洲政治力量的标准。第一次世界大战以后，列宁把世界划分为三类国家：一类是受压迫的殖民地、半殖民地国家和战败国，社会主义的俄国也是属于这一类；一类是保持原有地位的国家；一类是享受瓜分世界利益的战胜国。列宁把这种划分作为决定国际无产阶级战略策略的基本出发点。第二次世界大战后，斯大林把帝国主义划分为法西斯阵营和反法西斯阵营。毛泽东关于三个世界的划分，在理论原则上和马克思列宁主义是完全一致的，并且大大丰富了马克思列宁主义的理论，对世界人民的革命斗争有着重大而深远的影响。

其二，确定了中国外交政策的基本指导思想。在毛泽东看来，苏联在当时已经取代美国成为对世界和平的主要威胁，因此，应当抓住这个主要矛盾。毛泽东划分三个世界的战略作为中国制定和调整对外政策的一种指导思想，顺应了当时历史发展的客观需要，为中国外交增添了活力，在当时产生了积极的效果。首先，为了集中力量对付苏联霸权主义，美国就成为一支可以在相当程度上合作的力量。虽然对它还将采取又联合又斗争的策略，对它的某些霸权主义作法还将加以反对，但实际上，由于当时美国处于战略收缩态势，因而对它的斗争锋芒毕竟大大减弱了。而这对于中美关系的进一步改善和发展具有重要的意义。其次，中国对第二世界的积极评价，扩大了中国同西方发达资本主义国家的联系，增进了相互了解，为后来中国实行对外开放政策奠定了重要的基础。最后，毛泽东发展和充实了第三世界的内涵，由此确定了中国外交的立足点，同时也提高了中国在第三世界中的威信。

其三，具有重要的实践意义。毛泽东"三个世界"的理论和战略思想，明确了当时中国的对外政策和方针。针对在国际上，团结谁、争取谁、反对谁的基本问题，不再根据每个或每类国家的阶级属性，而是根据每个或每类国家在国际社会中处在什么样的经济地位，以及在国际事务中实行什么样的政策而确立的。这就摆正了中国在国际社会中的地位，并由此确立了处理国际关系的基本原则，改善了当时中国的国际环境，提高了中国在国际事务中的作用，为后来改善同美国为首的西方发达国家的关系，进一步加强同广大的发展中国家的关系，争取和平的建设环境，以及为中国后来的对外开放奠定了理论和现实基础。

第三节 反对霸权主义，维护世界和平

反对霸权主义，维护世界和平，是全世界人民的共同任务。毛泽东一贯认为，帝国主义和霸权主义是国际形势紧张和动荡的主要根源，是世界和平与安全的最大威胁，并把反对帝国主义和霸权主义，维护国家独立、主权和领土完整及世界和平作为中国外交的主要任务。

一 霸权主义是世界和平的最大威胁，必须坚决反对

霸权主义是凭借本国的经济、军事实力，推行强权政治，把本国统治集团的意志、统治方式和价值观念强加于别国，干涉、欺压和侵略别国，图谋称霸世界的一种观点和行为。霸权主义和强权政治的主要表现为：自诩本国社会制度最优越，本国的价值观最正确，强迫别国接受和照搬它的社会制度和意识形态；借口维护本国的国家利益、国家安全，利用"民主"、"人权"等问题任意干涉别国内政；霸权主义最恶劣的表现是凭借经济实力和军事力量，到处侵略、颠覆别国。霸权主义和强权政治是由西方大国的政治制度和经济实力决定的，是自由资本主义发展到垄断资本主义的产物，是垄断资本主义本性的露骨表现。

新中国成立之初，基于当时的国际国内局势，毛泽东选择了倒向社会主义一边的政策，坚定地站在"和平、民主、社会主义一边"。即使在这种情况下，毛泽东和周恩来也一再告诫大家：要用自己的脑袋思考，要用自己的腿走路。当时，中国与苏联的结盟是在特定的历史条件下采取的特殊政策，是战略上的联合，但这并不意味着中国要事事听命于苏联，服从于苏联的战略需要。从20世纪50年代中期到60年代中期，国际形势和中国对外关系发生了重大变化。朝鲜和印度支那停战后，中国周边的国际局势趋向缓和。中国共产党和中国人民希望发展这种形势，抓住机遇，加快发展国内经济。1957年初，毛泽东认为在世界范围内，存在四种力量，即：社会主义的力量，坚持战争和侵略政策的美帝国主义的力量，其他发达资本主义国家的力量，亚非拉民族独立国家和民族解放运动的力量。中国主张继续加强同苏联和社会主义各国的团结合作；积极支援被压迫民族的解放运动和争取独立的民族国家，大力发展同它们的友好关系；争取同

美国以外的资本主义国家发展关系;坚决反对美国对中国的武装侵略和威胁,同时争取与它和平共处,通过协商的方法解决两国之间的争端。但是,从50年代末期开始,国际局势日益动荡,上述四种力量的内部和相互之间的关系,发生了分化和改组。苏联领导人推行"美苏合作,主宰世界"的战略,向中国提出了在中国建立长波电台以及中苏联合建立潜艇舰队等有损主权的无理要求,当党中央和毛泽东坚决拒绝后,苏联领导人仍推行霸权主义,并威胁中国的安全,使中苏关系迅速恶化。同时,美国扩大侵越战争,也从南面形成了对中国国家安全的严重威胁。

20世纪60年代后期和70年代,苏联更是以超级大国自居,在国际社会中推行霸权主义。毛泽东继续对来自苏联的霸权主义和军事威胁进行了针锋相对的斗争。他提出了划分三个世界的战略和"一条线"、"一大片"("一条线",就是划一条纬度,从中国经日本到西欧,最后到美国,周围的国家叫"一大片")的宏大构想,把处于美苏超级大国和发展中国家之间的第二世界资本主义发达国家看作是反对霸权主义斗争中可以争取和团结的力量,把占世界人口绝大多数的第三世界国家看作是"推动世界历史车轮前进的革命动力",是反对超级大国霸权主义斗争中的主力军。于是,中国外交开始实现重大转变,促成了国际反霸统一战线的建立,有力地遏制了苏联的扩张势头。与此同时,毛泽东又对国内提出了"深挖洞,广积粮,不称霸"的思想,向全世界表明了中国永远不做超级大国,永远不称霸的鲜明立场,得到国际社会的广泛好评。面对中国周边的国际局势趋向紧张,中国面临来自多方面的侵略威胁、战争挑衅和军事压力的险恶形势。为了维护我国的国家主权、领土完整和民族尊严,毛泽东逐步改变了"一边倒"的国际战略,提出了反对美苏两霸的国际战略。中国坚持独立自主的对外政策,反对霸权主义,为维护中国的民族尊严和利益,维护中国社会主义事业的利益,维护世界和平、民族解放和社会主义事业的利益,进行了艰巨的斗争,捍卫了国家安全,并使中国逐步成为一支独立于美苏两大超级大国之外的重要国际力量。毛泽东的独立自主、反对霸权主义、永远不称霸的思想,为中国后来在世界上建立新型的国际关系提供了许多有益的启示。

世界历史表明,霸权主义和强权政治是危及世界和平与稳定的主要根源。必须坚决反对任何形式的霸权主义、强权政治和侵略扩张行为;坚决反对以大欺小、恃强凌弱、以富欺贫的不义之举；坚决反对任何国家以民族、宗教、人权等问题为借口，侵犯别国主权和领土完整，干涉别国内政。反对霸权主义和强权政治、维护世界的和平与稳定，是人类面临的共同问题，是世界人民面临的共同使命和任务。

二 维护世界的和平与稳定，为社会主义建设争取较长时期的和平环境

作为一个刚刚建立起来的社会主义国家，中国需要一个长期的、稳定的、和平的国际环境，这是进行建设的必要前提和条件。新中国成立以后，中国始终不渝地奉行独立自主的和平外交政策，目的就是维护国家独立和主权，反对霸权主义和强权政治，促进世界的和平与发展，发展与其他国家的友好合作关系，创造一个有利于中国社会主义建设和发展的国际环境。

毛泽东对于国际局势与时代主题，依据所处的不同历史阶段，进行了科学的判断和分析，坚持独立自主的和平外交政策，制定正确的国际战略，为维护世界和平与稳定，为中国社会主义革命和建设指明了前进的方向。新中国建立以后，面临着繁重的建设任务，迫切需要有一个和平稳定的国际环境。为此，毛泽东冷静分析了第二次世界大战后国际格局的客观现状，准确把握世界主要矛盾的发展变化，把争取国际局势的缓和，创造一个较长时期的和平环境，作为新中国对外政策的主要目标，提出了中国外交要为国内社会主义建设争取更多国际朋友的战略观点。切实加强了同亚非拉新兴国家的团结和互助，把交朋友的重点放在亚非拉三大洲，支持各国人民的反帝、反殖、反霸斗争，制定了中国对外援助的八项原则，坚决支持亚非拉各国人民为维护民族独立捍卫国家主权所进行的正义斗争，同时阐明了亚非拉各国人民要互相帮助、友好合作的道理。毛泽东曾多次强调，要有时间，要有和平环境，要有朋友；还认为社会主义国家是朋友，要好好团结；此外还需要团结资本主义国家的朋友。

毛泽东在确定中国的外交大政方针之时，非常注重缓和国际局势，维护世界的和平与稳定，把这看作是中国人民和世界人民的最大利益。在20世纪50年代中期，为了缓和当时远东地区的紧张局势，毛泽东甚至提出过愿意与美国签订和平条约的主张："我们要争取和平的环境，时间要尽可能的长，这是有希望的，有可能的。如果美国愿意签订一个和平条约，多长的时间都可以，五十年不够就一百年，不知道美国干不干。"[1] 毛泽东的这一设想虽然没有得到美国的响应，但也反映出中国为争取缓和国际局势所作出的努力。1955 年 5 月，毛泽东在会见印度尼西亚客人时，从历史和现实的角度，提出了"和平为上"的外交主张："就是西方国家，只要它们愿意，我们也愿同它们合作。我们愿意用和平的方法来解决存在的问题。打仗总是不好的，特别是对西方国家是没有好结果的，历史已经证明了这一点。在战争中固然双方都损失物资和生命，但是，历史证明战争有一个政治后果对西方国家是不利的。第一次世界大战后，苏俄解脱了旧有的关系；第二次世界大战后，中国和许多国家得到了解放。"毛泽东以事实告诫西方国家不要迷信自己的力量，还是用谈判解决问题为好："它们说，它们的势力大得很，那么为什么第二次世界大战之后我们都独立起来了呢？这个历史根据是很有力量的，不是造谣，也不是吓人。过去西方国家吓了我们几百年，现在到底是它们吓倒了我们，还是我们吓倒了它们呢？因此，结论是第三次世界大战最好不打，如果打，结果不是对我们不利，不是对亚非国家不利，而是对西方国家不利。如果说这是吓人，那也可以，但是我们这样说是有根据的，我们是有两次世界大战的历史作为根据的。正是考虑了这一点，我们说，用谈判来解决问题，……因此，结论还是一个：和平为上。"[2] 毛泽东的这些论点表明，尽管国际上风云变幻，各国的利益也各不相同，但是，只要本着"和平为上"的方针，在国际关系和国际交往中求同存异，用和平谈判代替军事对抗和冲突，世界各国之间就能够找到解决问题和争端的有效办法和途径，求得共同的发展和繁荣。

坚持爱国主义与国际主义的正确结合是毛泽东思想的重要内容。毛泽东说，中国共产党人必须将爱国主义和国际主义结合起来，我们是国际主义者，我们又是爱国主义者。他历来把中国人民的命运同世界被压迫人民的解放事业紧密联系在一起。在总结中国革命胜利的经验时，毛泽东曾经指出："在帝国主义存在的时代，任何国家的真正的人民革命，如果没有

---

[1] 《毛泽东外交文选》，中央文献出版社、世界知识出版社 1994 年版，第 213 页。
[2] 同上书，第 210~212 页。

国际革命力量在各种不同方式上的援助，要取得自己的胜利是不可能的。胜利了，要巩固，也是不可能的。"① 中国人民在争取民族解放的革命斗争中，曾经得到过各国人民的援助，因此，新中国成立后，毛泽东把支持亚非拉人民反帝、反殖、反霸，争取和维护民族独立的斗争看作是中国人民分内的责任。1956年9月在中共八大开幕式上，毛泽东宣布："亚洲、非洲和拉丁美洲各国的民族独立解放运动，以及世界上一切国家的和平运动和正义斗争，我们都必须给以积极的支持。"② 从20世纪50年代起，毛泽东对亚非拉三大洲正在进行的反帝、反殖斗争给予极大的关注和积极的支持。1967年12月，正当越南人民抗美救国斗争处在最为困难的时刻，毛泽东代表中国人民坚定地表示，7亿中国人民是越南人民的坚强后盾；辽阔的中国领土是越南人民的可靠后方。为了支援印度支那人民的抗美斗争，中国人民在十分困难的情况下不惜承担了最大的民族牺牲。1970年5月，美国把战火烧到了柬埔寨，毛泽东发表了著名的"五·二〇声明"，强烈谴责美国新的侵略行径，并且表明了中国人民坚决支持印度支那三国人民打到底的坚强决心和严正立场，极大地鼓舞了印度支那三国人民的斗志。

毛泽东所主张的反对霸权主义，维护世界和平是中国政府的一贯立场。中国充分尊重别国的独立主权，不干涉别国内政，也决不允许别国干涉自己的内政；永远不称霸，也决不容许任何霸权主义骑在自己头上。中国历来坚持不依附任何大国或国家集团，不屈服任何大国或国家集团的压力，不同任何大国或国家集团结盟或建立战略关系。中国一贯主张世界各国不论大小、强弱、富贫，都是主权平等的国家，任何国家都不应以大欺小、以强凌弱、以富压贫。中国坚决反对那种粗暴干涉别国内政、蹂躏别国主权、威胁别国独立和安全，甚至直接用武力侵略别国的霸权主义。对于霸权主义行径，不管是全球性的还是地区性的，都要与之进行有理、有利、有节的斗争。实践证明，中国政府反对霸权主义的立场在维护世界和平、促进世界经济发展方面起到了非常重要的作用，受到了世界上绝大多数国家，特别是广大发展中国家的赞赏和支持。

---

① 《毛泽东选集》第4卷，人民出版社1991年版，第1473~1474页。
② 《毛泽东文集》第7卷，人民出版社1999年版，第116页。

中 篇

中国的社会主义制度

第十二章　中国社会主义制度的确立

中国走上社会主义道路是历史发展的必然，同时又具有历史的特殊性，是这种必然性和特殊性相统一的结果。中国虽然没有经过资本主义的充分发展，没有资本主义所创造的高度发达的生产力基础，然而中国近现代历史发展表明中国不能走资本主义道路，只能走社会主义道路，只有社会主义才能救中国。在中国建立社会主义制度是中国人民历经艰辛所作出的正确选择，是全体中国人民共同奋斗的必然结果。中国革命经过新民主主义革命和社会主义革命两个发展阶段，并实现了由新民主主义向社会主义的转变。中国革命分两步走以及实现从前者向后者的转变是中国社会主义制度确立的特殊性。这一特殊性决定了中国社会主义制度是符合中国国情的社会主义制度，是马克思主义科学社会主义理论在中国的具体运用和发展。正是由于这一特殊性使中国社会主义制度具有极大的优越性和强大的生命力。

第一节　只有社会主义才能救中国

一切民族都将走上社会主义道路，然而一个民族以何种方式、在何时走上社会主义道路，则完全是由这个国家的历史的和现实的具体状况决定的。中国走上社会主义道路，是由于中国近代以来的民族矛盾、国内阶级矛盾以及社会各阶层在中国社会中的地位和作用所决定的。近代以来，中国人民所需要的社会制度是能够争取民族独立、国家富强以及保证社会稳定发展的社会制度。在这种社会制度下，能够保证极大地解放和发展社会生产力、人民成为社会和国家的主人、国家富强、人民幸福、消灭剥削和压迫。要实现这一目标必须推翻帝国主义、官僚资本主义和封建主义三座大山，建立社会主义制度。毛泽东根据对中国国情和中国革命的特点的分析，得出了一个科学的结论：只有社会主义才能救中国。

一　中国近代历史的发展证明，中国不能走资本主义道路，社会主义道路是中国人民的正确选择

历史唯物主义认为，人类社会的历史发展，从低级到高级依次经过原始社会、奴隶社会、封建社会、资本主义社会和社会主义社会，最终必将实现共产主义社会。只有资本主义社会在内部矛盾极度尖锐化，它在自身基础上无法再发展了的情况下，成熟了的无产阶级政党才能领导无产阶级和广大劳动人民群众战胜资本主义，夺取国家政权，取得社会主义革命胜利。而中国则不同，中国虽然没有经过资本主义的发达阶段，但是中国新民主主义胜利后却不能走资本主义道路，而必须走社会主义道路，这是历史的必然选择。因为，中国近代以来的社会状况，决定了资本主义不能挽救中国的历史命运，中国社会发展的正确道路只能是社会主义。

1840年鸦片战争以后，由于清政府的腐败无能，西方列强相继侵入，并通过签订一系列的不平等条约，使中国逐渐沦落为半殖民地半封建的国家。国家丧失了主权、独立和领土完整，人民生活陷入日益悲惨的境地。中国的先进分子开始在黑暗中寻找救国救民的出路，经过艰难的探索终于认识到，中国之所以落后挨打，不仅是由于经济上、技术上的不发达，而且还在于西方国家自16世纪开始建立的资产阶级民主制度优越于东方的封建专制制度。于是，他们试图在不根本改变封建制度的前提下，学习西方的某些长处，以此达到富国强兵，救民众于水火的目的。以康有为、梁启超、谭嗣同为代表的资产阶级改良派，于1898年实行了"戊戌变法"，幻想走日本"明治维新"的君主立宪道路，企图通过自上而下的政治和经济改革，在中国发展资本主义，达到救亡图强的目的。然而，戊戌变法不过百日便以失败而告终，从此在中国走日本式的资本主义道路的梦想也随之破灭。但是中国的仁人志士仍然在继续探索救国的道路，以孙中山为代表的资产阶级革命派，试图走欧美式的资本主义道路，认识到必须推翻封建专制制度，建立资产阶级共和国，才能达到中国革命的目的，并且于1911年发动了辛亥革命，推翻了统治中国2000多年的封建专制制度，建立起资产阶级共和国——中华民国。孙中山还制定了"三民主义"、"建国大纲"、"实业计划"等一整套建立资产阶级共和国的纲领及试图使中国实现资本主义化的设想，但是其结果也都失败了。辛亥革命的果实很快被北洋军阀的头子袁世凯所篡夺。中国仍然是一个被帝国主义、封建主义所控制的半殖民地半封建的国家，国家仍然没有独立，人民仍然在苦海中饱受煎熬。辛亥革命失败的事实，使孙中山终于看清资本主义道路在中国是行不通的，于是通过总结自己40多年的奋斗经验教训，提出了"联俄、联共、扶助农工"的新三民主义，认识到要挽救中国的命运，必须走苏俄的道路，并在中国共产党的帮助下重新改组了国民党，使国民党在失败中又一次获得了新的生机活力。这在一定程度上可以说，孙中山在其晚年已经认识到了，建立和发展资本主义并不能挽救中国的命运。孙中山逝世以后，蒋介石窃取了国民党的领导权，背叛了孙中山提出的三大政策，对外依附于美英等帝国主义，对内代表大地主、大资产阶级的利益，对人民实现专制独裁统治，对共产党员实行屠杀政策。帝国主义各国继续侵略中国，在中国划分势力范围，享有各种特权。日本帝国主义更是直接发动军事进攻侵略中国大片领土，先后占领中国东北三省，建立了伪满洲国，并进而侵占了大半个中国，成立了以汪精卫为首的汉奸政权，将中国变成殖民地、半殖民地、半封建的国家。中国人民在三座大山的压迫下，进一步陷入水深火热之中，内忧外患，民不聊生，民族工商业纷纷破产，整个中国成为一座人间地狱。在整个国民党政府统治时期，中国不仅没有走上成功发展资本主义的道路，反而使中国深受帝国主义、封建主义和官僚资本主义之害，国家没有主权独立，政治上没有民主、自由，经济上日益陷入贫困状态。事实证明，在中国发展资本主义是没有出路的，资本主义制度并不是近代以来中国人民所需要的社会制度。正如毛泽东所指出的：近代"中国人向西方学得很不少，但是行不通，理想总是不能实现。"[①]"资产阶级的共和国，外国有过的，中国不能有，因为中国是受帝国主义压迫的国家。唯一的路是经过工人阶级领导的人民共和国。"[②] 归根到底一句话，在中国近代历史上资本主义道路行不通，振兴中华民族的伟大历史使命决不能寄希望于建立资本主义制度。中国社会的历史状况决

[①] 《毛泽东选集》第4卷，人民出版社1991年版，第1470页。
[②] 同上书，第1471页。

定了中国人民只能选择社会主义制度。

总之，一部中国近代历史，就是帝国主义侵略中国的历史，反对中国独立的历史，反对中国发展资本主义的历史。资本主义不能救中国。中国要发展，国家要独立，民族要解放，人民要幸福，就必须走社会主义道路，这是历史作出的正确回答，也是中国人民经过艰难探索所得出的唯一科学结论。

二 中国民族资产阶级的软弱性决定了它不能领导中国人民进行反帝反封建的民族革命，建立独立的资本主义制度，发展资本主义

在一个国家建立什么样的社会制度，不仅取决于该国的社会生产力的发展状况，而且取决于这个国家一定历史时期社会阶级力量的发展状况。在中国建立资本主义，必须有资本主义的坚实基础，必须有坚强的资产阶级的经济基础和阶级基础。事实证明，在中国，不具有建立建设资本主义的坚强的阶级力量，中国民族资产阶级不能够担负起领导人民反对帝国主义、封建主义和官僚资本主义的历史任务。近代中国民族资产阶级缺乏坚实的经济基础，是一个极其软弱的阶级，既反对帝国主义、官僚资本主义和封建主义，同时又与其有着千丝万缕的联系；既想领导人民进行革命，同时又惧怕革命、惧怕人民。中国民族资产阶级在历史上，表现出极大的软弱性，无法掌握自己的历史命运。

中国民族资产阶级的软弱性，首先表现在它缺乏坚实的经济基础。民族资产阶级的经济基础是民族资本，中国的民族资本主义经济是在帝国主义、官僚资本主义和封建主义的夹缝中成长起来的，生存极为艰难。从产生之日起就受到外国资本、官僚资本和封建的生产关系的多重压迫，尽管在历史上也曾有过几次相对发展的时期，但却都很不充分，始终没有成为中国社会的主要经济成分，发展民族资本主义所需要的经济基础始终没有建立起来。历史资料表明，到1936年，中国的资本主义现代工业产值只占工农业总产值的10.8％，加上工场手工业产值，也只占20.5％；到1949年，由于连年战争的破坏，现代工业产值在工农业总产值中只占7％，加上工场手工业产值也只占23％。并且在这其中，民族资本所占比重又很小，不能成为产业资本的主体部分。民族工业的发展始终受到帝国主义、官僚资本主义和封建主义的限制，民族工业在国民经济中所处的地位，使民族资产阶级始终不能成为一个独立的阶级。这就决定了中国的民族资产阶级不可能独立地领导中国人民完成反帝、反封建、反官僚主义的历史重任，从而不能走独立发展的资本主义道路。

中国民族资产阶级的软弱性，还表现在它缺乏广泛的社会基础。社会基础是新的阶级产生和发展的土壤。中国民族资产阶级的发展没有广泛而肥沃的土壤，这就使它始终得不到充分发展。首先，中国民族资产阶级是在依附于帝国主义、官僚资本主义和封建主义的前提下发展起来的，始终没有得到充分发展，不能形成强大的社会力量。在社会事务、政治事务中，没有自己独立的政治经济主张，不能起到举足轻重的作用。因此，没有对全社会的强大感召力和权威作用。其次，由于民族资产阶级属于剥削阶级，它们与工人阶级、农民阶级之间始终存在着经济上的利益冲突，在社会经济结构中处于不同的地位，使剥削阶级和被剥削阶级的关系，在政治上必然出现对立、矛盾和斗争，在根本利益上是对抗的。虽然他们自以为代表了中国社会中间阶层的利益和主张，但是实际上中国的农民、城市小资产阶级在社会地位上虽然处于社会中间阶层，在政治倾向上却始终是跟着无产阶级走。因此中国民族资产阶级的社会基础始终很薄弱。最后，在半殖民地半封建的中国社会，占人口大多数的是农民阶级。无论是在地域上，还是在实际利益上，民族资产阶级与农民阶级都有较大差距。民族资产阶级无法将农民阶级联合起来，使农民阶级成为其进行革命力量的一部分；民族资产阶级不可能提出农民阶级所需要的土地革命纲领，不能真正解决农民问题，因此也就不能真正得到广大农民阶级的拥护和支持。这就使民族资产阶级在中国革命中只能是孤军奋战，其结果是不可能取得资产阶级革命的最终胜利。只有中国无产阶级才能代表最广大人民的利益，只有无产阶级及其政党才能领导中国革命并且取得胜利，只有中国共产党领导人民建立的社会主义制度才是中国社会发展的光明前途。

三 新民主主义革命的特点决定了中国只能经过新民主主义转向社会主义

要了解中国为什么必须走社会主义道路，就必须对中国革命的性质和特点有一个正确的认识。中国革命不同于其他国家革命的地方就在于，中国革命是新民主主义革命。1939年12月，毛泽东在《中国革命和中国共产党》中指出："现阶段中国革命的性质，不是无产阶级社会主义的，而是资产阶级民主主义的。""现时中国的资产阶级民主主义的革命,已不是旧式的一般的资产阶级民主主义革命,这种革命已经过时了,而是新式的特殊的资产阶级民主主义的革命。……我们称这种革命为新民主主义的革命。"① 新民主主义革命是无产阶级领导的,人民大众的,反对帝国主义、封建主义和官僚资本主义的革命。新民主主义革命的对象是帝国主义、封建主义和官僚资本主义。革命的动力是无产阶级、农民阶级和城市小资产阶级,民族资产阶级在一定程度上也能够参加革命。革命的领导力量只能是无产阶级及其政党——中国共产党。这是新民主主义革命区别于旧民主主义革命的根本标志。

中国无产阶级及其政党领导的新民主主义革命,既不同于旧民主主义革命,也不同于列宁领导的俄国无产阶级社会主义革命。在革命胜利后,前者要直接建立资本主义制度,后者要直接建立社会主义制度。中国新民主主义革命胜利后,则是要建立新民主主义社会,毛泽东指出:"中国革命不能不做两步走,第一步是新民主主义,第二步才是社会主义。"② 然而,新民主主义社会并不是一个独立的社会形态,无产阶级政党的性质和宗旨以及广大革命群众根本利益所系,都要求不能就此停止革命的步伐,而是进一步把革命推向深入,毛泽东指出:"夺取全国胜利,这只是万里长征走完了第一步。如果这一步也值得骄傲,那是比较渺小的,更值得骄傲的还在后头。"③ 在毛泽东看来,新民主主义革命的胜利,虽然使国家获得了独立、人民获得了解放,但这还是不值得骄傲的。因为国家还不富强壮大,人民还不够幸福。而要使国家真正富强壮大起来,要使人民真正幸福起来,在新民主主义制度下是不可能实现的。因此,新民主主义制度还并不是人民最终所需要的社会制度。毛泽东在《新民主主义论》中指出:"现在的革命是第一步,将来要发展到第二步,发展到社会主义。中国也只有进到社会主义时代才是真正幸福的时代。"④ 无产阶级领导的新民主主义革命胜利后,不能就此止步,必须走向社会主义,这是全中国各个社会阶层、各族人民的共同要求,也是中国革命唯一正确的出路。

---

① 《毛泽东选集》第 2 卷,人民出版社 1991 年版,第 647 页。
② 同上书,第 683~684 页。
③ 《毛泽东选集》第 4 卷,人民出版社 1991 年版,第 1438 页。
④ 《毛泽东选集》第 2 卷,人民出版社 1991 年版,第 683 页。

四 社会主义更有利于中国发展生产力

中国自近代以来之所以长期受帝国主义的侵略和压迫，就是因为中国的社会生产力极度落后，当西方大部分国家已经走上资本主义工业化道路，并实现了社会化大机器生产的时候，中国却依然处在自给自足的小农经济的手工生产时代。这就使中国社会生产力的发展水平与西方资本主义国家相比逐渐落后，经济文化也日益落后，从而为西方资本主义侵略奴役中国提供了可乘之机。近代以来中国人民进行革命的目的，就是要解放和发展生产力，富国强兵，争取民族独立和民族解放，谋得人民幸福。然而，由于历史的原因中国失去了发展资本主义的有利时期，发展资本主义的道路在中国不仅是走不通的，而且在官僚资本主义统治中国的时期里，中国社会生产力反而遭到了巨大的破坏。以蒋介石为首的国民党政府对外依附于帝国主义，对内代表大地主、大资产阶级的利益。在政治上实行独裁统治，在经济上实行残酷剥削，严重阻碍了中国社会生产力的发展，国民经济停滞不前，通货膨胀，人民生活极其贫困。从1937年6月到1949年5月的12年里，国民党政府的货币发行量增加了1445亿倍，物价上涨了4万亿倍；1949年，粮食产量为11318万吨，按全国人口平均占有量，只有205公斤；棉花44万吨，人均0.8公斤。旧中国的工业严重依附于帝国主义，并且部门残缺不全，极为落后。1949年，作为国民经济命脉的交通运输部门极其落后，铁路运输遭到严重破坏的达上万公里，三分之一的机车无法行驶；公路运输通车里程只有8万公里；内河通航里程只有7.3万公里，其中可通轮船的只有2.4万公里。重工业发展水平更为薄弱，连人民日常生活所用的铁钉和煤油都需要进口。辛亥革命虽然在政治上推翻了封建制度，建立了资产阶级共和国，但是并没有真正解放中国的社会生产力，没有使中国的社会经济得到迅速发展，人民生活水平没有也不可能得到根本改善，富国强兵的理想并没有实现。事实证明，在中国建立资本主义制度并不能够促进社会生产力的快速发展。

新民主主义革命的胜利，为中国国民经济的恢复和发展提供了新的条件和途径。但要使社会生产力得到快速、稳定、持久的发展，必须变革旧的生产关系，建立新的生产关系，并且使整个社会制度发生根本变革，也就是必须建立社会主义制度。毛泽东指出："社会主义革命的目的是为了解放生产力。农业和手工业由个体所有制变为社会主义的集体所有制，私营工商业由资本主义所有制变为社会主义所有制，必然使生产力大大地获得解放。"① 只有建立社会主义制度，才能实现生产资料的公有制，从而实现生产资料与劳动者的直接统一，才能最大限度地促进社会生产力的发展。

五 只有社会主义，才能保证中国各民族的平等和国家的统一

中国是一个统一的多民族国家，除汉族之外，还有55个少数民族。少数民族人民对进行国家经济建设，巩固国防，维护祖国统一，实现民族团结起着重要作用。因此，消除历史遗留下来的民族隔阂与民族矛盾，实现各民族的和睦相处、民族平等和国家统一，一直是整个中华民族的共同愿望。中国所要建立的社会制度就应当是能够实现民族团结、民族平等和国家统一的社会制度。

在中国历史上，在一切剥削阶级统治的社会里，统治阶级总是对少数民族实行民族剥削和民族压迫，甚至用暴力的手段把一些少数民族驱赶到自然条件恶劣、人烟稀少的边远地区，致使少数民族地区越来越封闭，越来越落后，经济文化长期得不到发展，人民生活水平得不到提高。在其他剥削社会制度中，统治阶级都是把少数民族当作统治的对象，都不能真正实现民族的平等和民族解放，在这种情况下，少数民族人民与全国人民没有统一的目标和共同的利益。因此少数民族在以往的剥削阶级社会中都成为国家不稳定的因素之一，民族分裂主义的危险始终存在，国家的统一始终存在着潜在的威胁。

只有在社会主义社会里，才能真正实现民族平等，使少数民族人民与汉族人民一样具有管理国家和社会的平等的民主权利，真正成为国家和社会的主人。毛泽东指出："国家的统一，人民的团结，国内各民族的团结，这是我们的事业必定要胜利的基本保证"。② 没有社会主义，就不可能有真正的民族平等和民族团结，就不可能有祖国的真正统一与稳定。

---

① 《毛泽东著作选读》（下），人民出版社1986年版，第717页。
② 《毛泽东文集》第7卷，人民出版社1999年版，第204页。

第二节　中国社会主义制度确立的标志

中国共产党领导中国人民经过28年的艰苦斗争，历尽千辛万苦终于取得了新民主主义革命的胜利，并于1949年10月成立了中华人民共和国。新中国的诞生标志着中国进入了新民主主义社会，完成了中国革命第一步的历史任务。与此同时，又开始了中国革命第二步的历史使命，即要完成由新民主主义向社会主义转变的历史任务。在这一时期，中国共产党要领导人民对生产资料私有制进行社会主义改造，建立社会主义的经济基础，并在此基础上建立与之相适应社会主义的上层建筑，以保证社会主义制度的健康发展。

一　新民主主义社会是向社会主义过渡的社会形态

以毛泽东为代表的中国共产党人认为，新民主主义革命胜利后，首先应当建立一个新民主主义的社会。但新民主主义社会并不是一个独立的社会，它是一个向社会主义过渡的社会，是为向社会主义转变而创造条件的社会。因此，新民主主义革命胜利后，中国共产党应当首先领导人民建设新民主主义社会，发展新民主主义经济和文化，维持新民主主义的政治、经济和文化秩序。在这一过程中，中国共产党不能急于向社会主义过渡，并且在很长的时期里也不具备向社会主义转变的条件。正因为如此，中国共产党必须在保卫革命胜利果实的前提下，积极创造条件为向社会主义转变打下牢固的经济、政治和文化等方面的基础。新民主主义社会的经济纲领是，没收封建地主阶级的土地归农民阶级所有，没收官僚垄断资本归新民主主义国家所有，保护民族工商业。新民主主义国民经济的指导方针是，必须紧紧地追随着发展生产、繁荣经济、公私兼顾、劳资两利这个总目标，来发展国家经济事业。新民主主义文化是无产阶级领导的人民大众的反帝反封建的文化，是无产阶级领导的民族的、科学的、大众的文化。其中共产主义思想在新民主主义文化中居于主导地位。只有大力发展新民主主义的经济和文化，才能为向社会主义转变创造一切必备的条件。

新民主主义社会将是一个长期的历史过程，这是中共领导人在经过充分研究中国国情以后所得出的共同结论。1945年5月，刘少奇在中共七大修改党章的报告中强调指出:"只有在这个革命(新民主主义革命——引者注)彻底完成以后,只有中国社会经济在新民主主义的国家中有了一定程度的充分发展以后,只有在经过许多必要的准备步骤以后,并且只有根据中国人民的需要和意愿,才能在中国实现社会主义的与共产主义的社会制度"。① 以毛泽东为代表的中国共产党人认为,进行新民主主义革命以及由新民主主义向社会主义转变,将是一个有步骤、分阶段的稳步发展过程。如果急于向社会主义转变,反而不利于社会主义事业的发展。在1949年召开的第一届中国人民政治协商会议期间,有些代表提议应把由新民主主义向社会主义的过渡,即把社会主义的前途写进《共同纲领》,对此,周恩来解释说,"新民主主义是一个过渡性质的阶段,一定要向更高级的社会主义和共产主义阶段发展",但是现在还不能在共同纲领中把这个前途写出来,"暂时不写出来,不是否定它,而是更加郑重地看待它。而且这个纲领中经济的部分里面,已经规定要在实际上保证向这个前途走去"。② 1950年6月,毛泽东在中国人民政治协商会议一届二次会议的闭幕词中指出:"我们的国家就是这样地稳步前进,经过战争,经过新民主主义的改革,而在将来,在国家经济事业和文化事业大为兴盛了以后,在各种条件具备了以后,在全国人民考虑成熟并在大家同意了以后,就可以从容地和妥善地走进社会主义的新时期"。③ 关于新民主主义社会需要多长的时间,毛泽东曾经讲过10年、20年、二三十年;刘少奇曾讲过几十年;周恩来也讲过10年、20年。最后形成的共识是经过15—20年,然后才能实现社会主义。后来,由于形势的发展以及其他种种原因,这一历史进程并没有按照原来的设想进行,而是被大大缩短了,提前结束了新民主主义社会的历史。1953年6月中国共产党在过渡时期的总路线公布之后,大规模的社会主义改造运动便在全国范围内展开了。

二 "三大改造"的完成标志着中国社会主义制度的确立

按照过渡时期总路线的规定,中华人民共和国的成立标志着中国进入

---

① 《刘少奇选集》(上),人民出版社1981年版,第338页。
② 《周恩来选集》(上),人民出版社1980年版,第368页。
③ 《毛泽东文集》第6卷,人民出版社1999年版,第80页。

新民主主义社会，同时也标志着从新民主主义社会向社会主义社会过渡的开始。过渡时期，先后经过国民经济恢复及社会主义改造两个阶段。在这个过程中，通过对农业、手工业和资本主义工商业的社会主义改造，逐步建立起社会主义的经济基础。到1956年三大改造的基本完成，标志着中国社会主义制度的正式确立。

（一）对农业的社会主义改造

新中国成立以后，中国共产党首先领导全国人民进行了土地改革，废除了不合理的封建土地所有制，使广大农民获得了土地，实现了"耕者有其田"的千年夙愿。土地改革后，中国农民个体经济只有两条路可走，要么发展集体经济走社会主义道路，要么发展个体经济走资本主义道路。中国共产党代表广大农民的根本利益，适时地引导农民通过合作化道路，逐步把小农经济转变成为社会主义的集体经济。

1951年9月，中共中央召开第一次农业互助合作会议，通过了《中共中央关于农业生产互助合作的决议（草案）》。《决议》认为土地改革后，中国农民的生产积极性主要表现在两个方面：发展个体经济的积极性和发展互助合作的积极性。中国共产党既不能忽视和粗暴地挫伤农民发展个体经济的积极性，又必须提倡鼓励组织起来，发展农民劳动互助的积极性。决议草案要求全国各地要有领导地大量发展劳动互助组织，有重点地发展土地入股的农业生产合作社。农业互助合作社要根据生产发展的需要和可能，按照积极发展、稳步前进和自愿互利、典型示范、国家帮助的原则，采取逐步推广的方法。1951年12月中共中央将决议草案下达地方各级党委试办以后，在全国很快展开了一个以互助组为主要内容的农业互助合作化运动。到1952年，全国参加互助合作的农户已经达到210万户，占全国农户总数的19.2%。互助合作的形式包括临时互助合作和常年互助合作两种。

1953年12月，中共中央通过了《中共中央关于发展农业生产合作社的决议》，总结并肯定了农业生产互助组的经验，号召由临时互助合作发展到常年互助合作，由互助合作组发展到初级合作社，由初级合作社发展到高级合作社，从而使中国农业逐步走上社会主义道路。此后农业生产合作社由原来的试办进入到大办合作社的发展时期。这一时期的农业合作方式首先是互助组和初级合作社。到1954年底，互助组从1951年底的400

多万个增加到近1000万个，初级合作社由1951年的300多个增加到48万个，参加互助合作的农户达7000户，占全国总农户的60.3%。到1955年春全国初级合作社发展到67万个，后来经过调整，缩减了2万个，巩固了65万个。

1953年10月，国家开始实行统一的粮食计划收购和计划供应（简称统购统销）。后来又实行了对油料、食油、棉花、棉布的统购统销。这是中国共产党在当时物资匮乏的情况下作出的一个正确选择。统购统销的实施，保证了人民的基本生活和国家建设的需要，保持了市场物价的稳定，同时也推动了农业的互助合作和对私营工商业的改造。

从1955年下半年到1956年底，开始大办高级农业生产合作社，农业合作化的进程进入高潮阶段。高级农业生产合作社取消了初级农业生产合作社的土地入股和分红制度，实行生产资料的集体所有制，社员集体劳动，按劳分配，因而具有完全社会主义性质。1955年7月31日，毛泽东在全国各省、市、自治区党委书记会议上做了《关于农业合作化问题》的报告，对中国农业合作化的历史和基本方针作了系统分析，肯定了农业合作化的成就，但是对农业合作化的形势作了不切实际的判断，批评了所谓"右倾机会主义"、"小脚女人"。10月，中共中央召开扩大的七届六中全会，会议通过的《关于农业合作化问题的决议》，继续批判"所谓右倾机会主义"。在这种政治环境下，农业合作化的速度进一步加快。到1956年底，全国加入合作社的农户达1.1亿户，占全国农户总数的96.3%，其中参加高级农业合作社的农户占全国农户总数的87.8%，这标志着中国对个体农业的社会主义改造基本完成。

（二）对手工业的社会主义改造

在领导农民开展农业合作化运动的同时，中国共产党在个体工商业中也开展了以手工业合作化为主要内容的社会主义改造。

手工业是国民经济的不可缺少的部门，在人民生活中占有重要地位。手工业者既是劳动者，又是小私有者。他们从事的是个体生产，分散经营，规模狭小，技术落后，劳动生产率低。只有把小手工业的个体私有制经济改造为社会主义集体所有制经济，才能较大规模地发展生产，适应国家经济建设和人民生活的需要。对个体手工业的社会主义改造，与对农业的社会主义改造基本相同，其方针是"积极领导、稳步前进"，对个体手工业者进行耐心说服教育，通过典型示范和国家帮助，引导他们在自愿的基础上联合起来。在组织形式上，由带有社会主义因素的手工业生产小组，过渡到半社会主义性质的手工业供销合作社，再发展到社会主义性质的手工业、生产合作社，逐步改变手工业的生产关系。在方法步骤上，采取从供销合作入手，再组织生产合作，由小到大，由低级到高级，逐步地把手工业的私有制改变为集体所有制。由于采取了正确的方针、政策、步骤和方法，1956年底，出现了全国范围的手工业社会主义改造的高潮。到年底，全国91.7%的手工业者已经组织起来，基本上实现了对手工业的社会主义改造。

（三）对资本主义工商业的社会主义改造

对资本主义工商业进行社会主义改造，是从资本主义走上社会主义道路的必经途径，也是中国共产党在过渡时期总路线的重要内容。改造资本主义工商业的目的是消灭资本主义私有制，使之转变为社会主义公有制。中国对资本主义工商业的改造是通过和平赎买的办法和国家资本主义的形式逐步实现的。

1953年，中共中央统战部向中央提出关于《资本主义工业中的公私关系》的调查报告。报告指出，国家资本主义"是我们利用和限制工业资本主义的主要形式，是我们将资本主义工业逐步纳入国家计划轨道的主要形式，是我们改造资本主义工业使它逐步过渡到社会主义的主要形式"，也是同资产阶级进行统战工作，"并改造资产阶级分子的主要环节"。[①] 随后，毛泽东在对有关文件的批示中，阐明了国家资本主义的性质、作用，指出："这种新式国家资本主义经济是带着很大的社会主义性质的，是对工人和国家有利的"。[②] 后来又指出："国家资本主义是改造资本主义工商业和逐步完成社会主义过渡的必经之路"。[③] 在充分研究的基础上，中共中央确定了经过国家资本主义改造资本主义工商业的方针，并将对资本主义工商业的政策概括为"利用、限制、改造"。这一政策的确定和统购统销的实行，加速了对资本主义工商业改造的进程。在1953年

---

① 《李维汉选集》，人民出版社1987年版，第266页。
② 《毛泽东文集》第6卷，人民出版社1999年版，第282页。
③ 同上书，第291页。

底以前，着重发展以加工订货为主的初级和中级国家资本主义形式。加工订货主要是国家同资本家在企业外部的合作。

1954年开始转入重点发展公私合营形式的高级形式的国家资本主义。公私合营分两个阶段，1955年以前是个别行业的公私合营，1955年底以后开始了实行全行业的公私合营。公私合营是社会主义成分同资本主义成分在企业内部的合作，公方占有相当数量的股权，公私双方共同经营企业，公方代表居于领导地位，其利润分配实行"四马分肥"，即国家所得税、企业公积金、工人福利费、资方红利四部分。企业利润大部分归国家和工人，基本上是为国计民生服务的。1954年和1955年公私合营的工作进展很快，公私合营企业由1953年的1036户增加到1954年的1746户，1955年增加到3193户，其产值占全国私营企业（包括已经合营的在内）总产值的49.6%。1954年12月，中共中央提出统筹兼顾、归口安排、按行业改造的方针。1955年，北京、上海、天津等城市的一部分行业先后实行了全行业公私合营。

1955年10月29日，毛泽东等中央领导人邀请全国工商业联合会执行委员会的委员召开座谈会，希望他们认清社会发展规律，掌握好自己的命运，进一步接受社会主义改造。11月，中共中央召开各省、市、自治区党委代表参加的资本主义工商业改造会议，讨论并通过了《关于资本主义工商业改造问题的决议（草案）》，决定把资本主义工商业的社会主义改造从个别行业的公私合营推进到全行业公私合营的新阶段。1956年初，全国出现了全行业公私合营的高潮。1956年1月10日，北京首先宣布全部实现全行业公私合营。1月底，天津、上海、武汉、广州等全国50多个大中城市相继宣布实现全行业公私合营。到1956年底，全国私营工业户的99%，私营商业的82.2%，分别纳入了公私合营或合作社的轨道。全行业公私合营后，资本家不再拥有企业的财产支配权、经营权和人事调配权。企业的生产资料全部由国家统一使用、管理和支配，工人成为企业的主人。经过清产核资，核定私股资产（当时估算全国资本家所有资产约24.2亿元，私股股东114万人），资本家不论企业盈亏，按年息5%提取定息。定息从1956年1月算，原定7年，后来延长到10年。至此，中国对资本主义工商业的社会主义改造基本完成。

三大改造的基本完成标志着中国社会主义经济基础已经建立起来，人民民主专政的国家主权得到巩固。人民在政治上得到解放，消灭了阶级压迫，在经济上消灭了阶级剥削，成为自己事业的主人，实现了真正的人民当家作主。从此，中国进入了社会主义社会。

第三节　中国社会主义制度的特点和生命力

中国社会主义制度的确立，是马克思主义普遍原理与中国的具体实际相结合的产物。从社会主义革命，到社会主义改造和社会主义建设都具有其他社会主义国家所没有的特殊性，这就决定了中国的社会主义制度必然带有自己的特点。也正是具有了这些特点，中国社会主义虽然历经艰难、曲折，却始终保持着强大的生命力。

一　中国社会主义制度的特点

走上社会主义的各个国家由于其历史传统不同、经济社会发展状况不同、进行社会主义革命的方式不同以及民族文化思想不同等，这就使社会主义制度在不同的国家具有不同的特点。中国社会主义制度是在东方文化的历史背景下，在半殖民地半封建社会中，经济文化比较落后的国家里，经过新民主主义革命，并实现了由新民主主义转变为社会主义社会，这就使中国社会主义制度具有自己的鲜明特点。

（一）中国社会主义经济制度的特点

中国社会主义经济制度的特点，主要体现在两个"主体"上。

一是公有制为主体。消灭生产资料私有制，建立社会主义公有制是社会主义的基本特征，是社会主义区别于资本主义的根本标志，也是社会主义的本质要求。社会主义公有制的确立，从根本上改变了社会生产关系的性质，使人们在社会生产中处于平等的互助合作关系，实现了人民当家作主。只有消灭私有制，建立社会主义公有制，才能消灭阶级剥削和阶级压迫，才能使社会主义其他方面的特征得以实现。中国从1956年基本完成了国家对农业、手工业和资本主义工商业的社会主义改造，社会主义公有制得以确立。中国的社会主义公有制经济同其他国家一样采取了全民所有制和集体所有制两种基本形式。但是，由于中国进行社会主义改造的方式和途径与其他社会主义国家不同，社会生产力发展的具体状况与其他国家有着较大的区别，因此这两种公有制成分与其他国家也有所不同。中国的社会主义公有制并没有像苏联那样采取单一的公有制形式，而是以公有制为主体，允许少量的其他所有制形式同时存在。例如在中国对资本主义工商业的社会主义改造是采用和平赎买的方式实现的，公私合营以后，公有制已经占了主体地位，国家掌握了国民经济命脉，但同时民族资本家也占有一定的股份，并根据股份领取红利；在农村，农业合作化以后，农民仍然占有一定生产自留地、自留园，大部分小型农用生产工具仍然归农民自己所有；另外，对一部分手工业的小生产仍然实行个人所有制。总之，中国社会主义所有制并不是单纯公有制，而是存在着非公有制成分。但是，社会主义公有制处于主体地位，构成了社会主义的经济基础，非公有制经济成分的存在不但不影响中国社会主义的公有制性质，而且对社会主义公有制的发展和充分满足广大人民群众的物质文化需要起到了非常重要的作用。

二是按劳分配为主体。"各尽所能，按劳分配"的分配原则，是社会主义经济制度又一个基本特征，是社会主义的根本分配制度。它是建立在社会主义生产资料公有制的基础上的，是生产资料公有制在分配领域的客观要求和具体体现。这一原则要求多劳多得，少劳少得，不劳动者不得食，这与剥削阶级社会的不劳而获、按资分配是根本对立的。这一原则可以把劳动者的劳动与个人消费品的满足直接联系起来，从物质利益上吸引广大群众热爱社会主义公有制，关心并积极投入社会生产，充分调动广大人民群众的生产积极性，促使广大劳动者自觉地遵守劳动纪律，努力学习和钻研生产技术，加速社会生产的发展，创造丰富的社会财富，推动社会主义事业的发展。中国社会主义根据中国的实际情况，在全民所有制和集体所有制经济中，实现了"各尽所能，按劳分配"的政策，达到了合理分配社会产品的目的。同时，根据中国社会主义所有制的具体状况，在坚持"各尽所能，按劳分配"总的原则下，保留了民族资本家按照其在社会经济中所占的股份领取红利的非劳动所得的分配形式；保留了小手工业者自我享受其劳动所得的形式以及农民在其各自的自留地、自留园自行劳动并自我享有其劳动产品的分配形式。这些非按劳分配形式的存在，符合中国生产力状况和社会主义所有制状况，有利于推动社会主义生产力的发展和社会主义事业的全面进步。

(二) 中国社会主义政治制度的特点

中国社会主义政治制度的主要特点是充分体现了共产党的领导和人民当家作主的社会主义民主的本质。

中国社会主义的国体是人民民主专政。人民民主专政是人民当家作主的国家政权。人民民主专政的实质是无产阶级专政，是适合中国国情的无产阶级专政的一种形式，是中国特色的社会主义的国家政权形式，它有利于人民民主权利的充分实现。中国人民民主专政把民族资产阶级划入人民的范围，这是无产阶级专政历史上的首创，是根据中国的实际情况，创造性地运用和发展了马克思主义的无产阶级专政理论的结果。由于把民族资产阶级划入人民的范围，从而使得人民民主专政成为最广泛的社会主义民主。生产资料私有制社会主义改造完成后，民族资产阶级中的绝大多数也已经成为自食其力的劳动者。人民民主专政，明确地表明了中国的阶级状况和国家政权的广泛基础，表明了中国社会主义国家政权的民主性质。

中国的社会主义政体是人民代表大会制度。人民代表大会制是中国的根本政治制度，是中国人民民主专政政权的组织形式，是按照民主集中制原则建立起来的实行人民当家作主的民主制度。人民代表大会是人民行使管理国家权力的机关。人民通过定期选举产生自己的代表组成各级人民代表大会，并通过各级人民代表大会制定宪法、法律和其他法规，组织各级人民政府、人民法院和人民检察院，并监督其工作。人民代表大会等国家权力机关和执行机关是代表人民行使权力的，是为人民服务的。各级代表与其他国家机关工作人员必须对人民负责，接受人民的监督。人民有权要求代表履行自己的职责，并依法罢免不称职的代表和国家机关工作人员，以保证人民代表大会和国家行政、司法机关真正代表人民的利益和意志，保证国家的一切权力永远属于人民。

共产党领导的多党合作和政治协商制度，是中国社会主义政治制度的一个重要特点。它是将马克思主义的政党理论和统一战线理论与中国实际相结合的产物，在中国社会主义政治建设中创造性地发展了马克思列宁主义，并且成为中国社会主义民主政治的重要内容。在这一制度下，各民主党派，都承认和接受中国共产党的领导权，参加国家事务的管理，参与国家大政方针和社会发展、经济文化建设重大问题的协商和决定。这一制度的具体实施，有利于加强中国共产党的领导，有利于中国社会的稳定与发展，有利于社会主义民主政治的建设，有利于实现祖国的和平统一，对中国社会主义现代化建设起着重要作用。

民族区域自治制度是中国各族人民在统一民族大家庭内实行平等联合，共同建设社会主义，解决国内民族问题的一项基本政策，是在废除了封建剥削制度和民族压迫制度以后，在中国实行的一种新型的政治制度。它充分体现了社会主义民主的原则。各级民族自治地方的自治机关，是民族自治和地方自治的结合，是一定的政治形式与一定的民族形式相结合的地方政权，它能保障少数民族人民当家作主、自己管理本民族内部地方性事务，充分发挥他们参加社会主义建设的积极性，按照自己民族的特点发展本地区的政治、经济和文化事业，实现人民民主专政。这一制度的贯彻实施，满足了少数民族参与国家政治生活的历史愿望，实现了少数民族当家作主，自己管理本民族本地区的各项事业的民主权利。这一制度是维护祖国统一、实现民族平等团结，达到各民族共同繁荣发展的一种最好的政治制度。

（三）中国社会主义文化制度的特点

随着社会主义经济制度和政治制度的建立，与之相适应的文化制度也逐步建立起来。中国的文化制度是通过一系列的文化事业发展的方针、政策体现出来的。这些方针、政策的实施，促进了中国政治、经济的发展，满足了人民群众的文化需要，改善了社会风气，并进一步推动了整个社会事业的发展。中国的社会主义文化制度的主要特点除马克思主义在意识形态领域居于指导地位外，还表现在以下两个方面：

一是科学文化教育的发展与社会主义事业的发展相适应。在教育发展方面，毛泽东明确提出，教育要与生产劳动相结合，教育要为社会主义建设服务的思想。教育的目的主要是培养人，是要培养对社会主义建设事业有用的人才。毛泽东指出，社会主义的教育事业应当使受教育者在德、智、体等方面都得到发展，要培养"又红又专"的社会主义建设者和社会主义事业接班人。毛泽东把祖国的未来寄托在青年一代身上，而青年一代的健康成长又靠教育事业来培养。在科学文化发展方面，中共历来提倡不同学术观点、不同艺术风格同时并存，相互促进，共同发展。毛泽东提出的"百花齐放、百家争鸣"、"古为今用、洋为中用"和"推陈出新"的思想，成为中国社会主义文化事业发展的科学指导方针。对待以往一切传统文化思想，不论是古代的还是现代的，不论是中国的还是外国的，既不能全面肯定，又不能全面否定，而是吸取其精华，抛弃其糟粕。实践证明，毛泽东倡导的这一方针，不仅是指导科学文化事业健康发展的正确方针，而且是符合社会主义发展要求的科学方针。

二是思想政治教育工作和社会主义道德建设相结合。思想政治工作是中国共产党的政治优势和思想优势，是完成党在各个历史时期任务的根本保证，是经济工作和其他一切工作的生命线。中共历来把思想政治工作摆在十分重要的地位，把提高全党和全体人民的思想政治水平看作是提高革命队伍力量以及做好各项工作的重要方法。毛泽东认为无论是革命战争还是建设，关键的因素是人的问题。而要解决好人的问题，必须搞好思想政治工作。思想政治工作搞好了就能够最大限度地团结人民，调动广大人民群众的积极性，充分发挥广大人民群众的创造性，为着共同的社会主义目标而奋发努力，并取得最终胜利。与思想政治工作相联系，中国社会主义特别重视以"为人民服务"为主要内容的社会主义道德建设在社会发展中的作用。为了使社会主义道德建设事业顺利进行，中共采取了以英雄人物为榜样的方法来引导人们树立高尚的道德。在抗日战争时期，毛泽东写了两篇著名的文章《纪念白求恩》和《为人民服务》，充分肯定了白求恩和张思德"毫不利己专门利人"、"对工作极端负责"、为了人民的利益甘愿牺牲自己生命的高尚品德，号召全党和全国人民学习他们全心全意为人民服务的精神。新中国成立以后，学习英雄，以英雄人物为榜样，树立全心全意为人民服务的社会主义道德建设活动，得到新的发展，各行各业英雄人物不断出现。从20世纪50年代开始，全国陆续涌现出了许许多多像雷锋、焦裕禄、王进喜、刘英俊、欧阳海、王杰式的英雄人物，他们大公无私，立场坚定，言行一致，公而忘私，助人为乐，奋不顾身，成为全国人民学习的榜样。这对于改善党风、民风和社会风尚，都起到了非常好的作用。

二 中国社会主义制度的生命力

中国社会主义制度建立以后，无产阶级和广大劳动人民掌握了国家政权，翻身做了主人。这一新的社会制度，比以往的一切私有制社会具有更大的优越性，更能促进生产力的发展和进步，更能充分实现人的价值，更能发挥人民群众的积极性和创造性，显示出巨大生命力。在社会主义制度下，广大人民群众真正以国家主人翁的姿态，进行社会主义建设事业。经过全国人民的共同努力，各行各业都取得了巨大成就，使中国的社会主义生产力水平有了快速增长，综合国力和人民生活水平有了很大提高。中国从一个一穷二白的落后国家发展为在工业、农业以及科学文化方面在国际上都占有相当重要地位的国家。1980年，中国工农业总产值比1949年增长13.2倍，其中工业总产值增长34.7倍，农业总产值增长近4倍。按人口平均国民收入增长4.6倍。在这期间，中国原煤产量增长18.4倍，原油增长882倍，发电量增长69倍，钢产量增长234倍，水泥增长120倍，棉布增长6.1倍，粮食增长1.8倍，棉花增长5倍。从绝对数字上看，棉纱产量占世界第1位，原煤产量占世界第3位，钢材产量占世界第5位，发电量占世界第7位，原油产量占世界第9位，粮食产量占世界第1位。中国社会主义经济发展速度远远超过同时期的资本主义国家的发展速度。从1949年到1977年，中国工业总产值平均每年增长13.5%，而在资本主义黄金时代的（20世纪50—70年代）美国、英国、法国、西德、意大利、日本等几个主要资本主义国家，工业总产值每年平均增长不过6%左右。在经济发展的同时，中国人民的生活有了很大改善，健康水平有了极大提高，人口死亡率由解放前的18%下降到20世纪70年代末的6.2%，大大低于世界中等收入国家。在此期间，中国的教育、科学、文化、卫生、体育事业也有了很大发展。特别是高科技事业从无到有，并且取得了世界瞩目的成就，原子弹、氢弹、洲际导弹试验成功，人造地球卫星成功发射，集中体现了中国高科技领域的成就，也使中国在世界高科技领域能够占重要地位。中国社会主义建设所取得的巨大成就，充分证明了社会主义制度的优越性和生命力。中国社会主义制度具有强大生命力的主要原因，除了由政治、经济、文化的基本特征所决定之外，还表现在以下几个方面：

适合中国国情，并在实践中不断发展和完善是中国社会主义制度充满生机和活力的关键。社会主义制度是人类最先进的社会制度，这是确定无疑的。但是社会主义制度的建立只有适合本国国情才能具有强大的生命力。同时，社会主义制度与其他社会制度一样，不可能一经建立就十分完善，也需要一个不断发展和完善的过程。社会主义制度不适合本国国情，势必影响其生命力；社会主义制度不在实践中发展和完善，也势必影响其生命力。中国的社会主义制度之所以具有强大的生命力，根本原因就在于它是在马克思主义指导下并结合中国的具体国情而建立起来的适合中国国情特点的社会主义制度，同时它又是在马克思主义的指导下并随着中国社会主义建设的实践而不断发展和完善的社会主义制度。

一切为了人民群众、一切依靠人民群众是中国社会主义制度的力量源泉。中国的社会主义制度是在中国共产党的领导下而建立起来的。中国共产党始终坚持马克思主义的历史唯物主义关于人民群众是历史的创作者的基本思想，在党的各项工作中始终把全心全意为人民服务放在首位，依靠人民群众自己的力量来建设社会主义。一切为了人民群众，一切依靠人民群众，中国共产党除了全中国人民的利益以外没有任何自己的私利，这是中国共产党之所以坚强有力的重要原因，也是中国社会主义制度充满生机活力的重要原因。中国共产党领导中国革命建立社会主义制度是为了人民群众得到解放，为了人民群众走上富裕、幸福的道路。社会主义事业是全体中国人民的事业，社会主义制度的本质与中国共产党的宗旨是完全一致的，与人民群众的利益是完全一致的。所以，只有坚持全心全意为人民服务，一切为了人民群众，一切依靠人民群众，才能得到人民群众的支持和拥护，才能使社会主义制度永远充满生机活力。社会主义发展的历史一再证明，社会主义国家的各项路线、方针、政策，什么时候真正代表广大人民群众的利益，社会主义事业就兴旺发达；什么时候违背了人民群众的利益，社会主义事业就要受到挫折，就会走上弯路。因为违背了广大人民群众的利益，同时也就是违背了社会主义制度的原则。

坚持独立自主的原则，以自力更生为主、争取外援为辅是中国社会主义制度充满生机活力的重要原因。中国的社会主义建设事业，必须在中国共产党的领导下，立足于本国实际，从本国的实际出发，依靠本国的革命力量和人民群众的努力，把马克思主义普遍原理与中国革命和建设的具体实践相结合，走符合中国国情的正确道路，建设中国自己的社会主义事业。这就必须坚持独立自主的原则，坚持以自力更生为主、争取外援为辅的发展模式。毛泽东历来主张，认清中国的国情，是认清一切革命问题的基本依据。中国的革命政党和人民群众最了解本国社会历史状况，最有实践经验，因而最有权决定自己走什么样的革命和建设道路。中国革命和建设当然离不开马克思主义理论的指导,也需要借鉴外国的经验,但是决不能教条式照搬,必须从本国的实际出发,独立自主地探索适合自己情况的正确道路。以毛泽东为代表的中国共产党人正是坚持了独立自主的原则,才寻找到了具有中国特点的正确道路,从而保证了革命和建设的胜利。任何一个国家的革命和建设事业,不仅要从本国的实际出发,走适合自己的发展道路,而且还必须主要依靠自己的党和本国人民的力量去进行,要把立足点放在自力更生的基础上。毛泽东指出:"我们希望有外援,但是我们不能依赖它,我们依靠自己的努力,依靠全体军民的创造力"。[①] 中国革命在各个阶段都曾得到各国革命力量的援助,这对促进中国革命的进程起了重要作用。但是中国革命的胜利,从根本上说是中国共产党坚持独立自主、自力更生的原则,依靠中国各族人民自己的力量,历经千辛万苦,战胜许多艰难险阻才取得的。进行社会主义革命是如此,进行社会主义建设更是这样。作为执政党的中国共产党紧紧依靠全国各族人民,以大无畏的英雄气概,自力更生,艰苦奋斗,克服了种种困难,主要依靠自己的力量进行了全面的社会主义建设,为中国的工业化奠定了基础。经过全国各族人民的共同努力,中国战胜了帝国主义的包围和封锁,战胜了国内敌对势力的反抗,战胜了各种自然的和人为的各种困难,巩固和发展了人民民主专政的国家政权和社会主义制度,树立了新中国在国际舞台上的光辉形象。同时,依靠本国人民自己的努力,中国摆脱了旧社会遗留下来的一穷二白的落后状况,并且逐步建立起比较完整的国家工业体系和国民经济体系,为社会主义的进一步发展创造了良好的条件。

能够充分调动一切积极因素,为社会主义服务,是中国社会主义制度充满生机活力的成功经验。社会主义事业不是少数人的事业,而是全体中国人民的共同事业,因此必须由广大人民群众共同来建设。社会主义事业能否顺利发展并最终取得成功,最重要的一点是能否调动一切积极的因素,使广大人民群众积极参加社会主义建设事业。毛泽东通过对社会主义事业建设的规律的准确把握和对历史经验的深刻认识,1956年4月,在《论十大关系》中明确指出:"要把国内外一切积极因素调动起来,为社

[①] 《毛泽东选集》第3卷,人民出版社1991年版,第1016页。

会主义服务"。① 社会主义制度的本质特征决定了它能够调动一切积极因素为社会主义服务。调动一切积极因素,为社会主义服务的基本要求是:在国内,最根本的是调动广大工人和农民的力量,确保他们在社会主义事业中的主人翁地位,充分发挥广大人民群众在社会主义建设事业中的积极性和创造性,使他们真正把社会主义事业当作自己的事业来做,这是搞好社会主义事业的关键所在。同时,要争取中间力量,团结广大知识分子为社会主义建设服务。对社会其他各阶层都要努力争取,使他们尽可能成为社会主义建设事业的积极因素。对各种消极因素也要认真做好工作,使之转化为积极因素,成为对社会主义建设事业有益的积极因素,要尽可能避免矛盾激化。在国际上,一切可以团结的力量都要团结,以得到更多的国际援助和支持。不中立的可以争取为中立,要采取灵活多样的策略,积极稳妥的方法,使之向着有利的方面转化。对于反动力量也可以进行分化和利用,要学会利用矛盾,促使矛盾向着积极的方面转化。毛泽东强调指出:"我们一定要努力把党内党外、国内国外的一切积极的因素,直接的、间接的积极因素,全部调动起来,把我国建设成为一个强大的社会主义国家"。② 调动一切积极因素,为社会主义服务是中国社会主义建设的成功经验,也是中国社会主义制度具有强大生命力的重要原因。

---

① 《毛泽东文集》第7卷,人民出版社1999年版,第23页。
② 同上书,第24页。

第十三章 中国社会主义经济制度

经济制度，指历史发展的一定阶段上生产关系的总和。从国际共产主义运动现有的实践经验来看，无产阶级取得政权，是建立社会主义经济制度的必要前提和根本保证。在中国，社会主义经济制度的建立，是1949年中国革命胜利后，在以毛泽东为核心的中共中央集体领导下，借助于人民政权的力量，通过没收官僚资本和改造民族资本的途径实现的。经过对生产资料私有制的社会主义改造，以生产资料公有制为基础的社会主义经济制度在中国确立，其基本特征是：生产资料的社会主义公有制取代了生产资料私有制；个人消费品的分配原则是按劳分配。社会主义经济运行机制是公有制基础上的计划经济体制。

第一节 社会主义公有制

社会主义生产资料公有制是社会主义生产关系的基础，是社会主义经济制度最基本的内容。它的建立，适应了社会化大生产的发展需要，消除了资本主义制度下直接生产者与生产资料相分离，以及生产资料作为资本同劳动者相对立的现象。与此同时，无产阶级和劳动人民的社会地位发生了根本的变化，成为生产资料的主人，由被剥削被压迫的阶级变为统治阶级，在无产阶级和劳动人民之间建立起同志般合作和互助关系。公有制的建立，也使劳动的性质发生了根本的变化。劳动者是为自己工作，为全社会谋福利，因而劳动成为光荣和自豪的事业。由此可见，生产资料公有制代替私有制是生产关系的伟大变革，是人类社会发展史上的大飞跃。社会主义公有制的建立，标志着社会主义经济制度的产生，它是社会主义制度区别于资本主义制度的最重要的标志。

一 社会主义公有制的基本特征

社会主义公有制的基本特征，首先表现在劳动者共同拥有生产资料，他们在对生产资料的关系上结成了一种新型的平等关系，这是社会主义政治平等和经济平等的基础。社会主义公有制的这一基本特征，意味着劳动者共同成为生产资料的主人，排除了任何人凭借生产资料所有权占有他人劳动的可能性，因而从根本上消灭了剥削制度。当然，生产资料归劳动者所有，并不意味着必须由全体劳动者共同占有、支配和使用他们共同所有的生产资料。在社会主义条件下，也会发生生产资料的占有权、支配权、使用权的相对分离，这种分离并不是对所有制的分割，它没有也不可能改变社会主义公有制的性质。

劳动者共同所有的生产资料是为劳动者的利益服务的，它不再是剥削的手段，而是劳动者为增进自己的物质利益、从事生产经营活动的基本物质条件。它不允许任何个人或单位凭借公有的生产资料来谋取个人的私利。社会主义公有制的这一基本特征，意味着生产者的利益、消费者的利益同所有者的利益形成一体，劳动者在生产过程中的地位发生了根本的变化，他们共同为社会、为自己劳动，共同创造和分享所生产的劳动产品。由此决定了社会根据劳动者的整体利益和长远利益分配产品。

在劳动者共同拥有生产资料的基础上，劳动者之间建立起同志式的互助互利关系。生产资料公有制是社会主义经济关系的基础。在生产资料公有制的基础上，形成了人们在生产、分配、交换和消费诸方面的社会主义互助互利关系。这种新型的社会主义关系，既是由社会主义公有制决定的，又是社会主义公有制在经济上的具体体现。社会主义公有制的这一基本特征，意味着劳动者之间虽然还有非对抗性的局部利益的矛盾，但不存在根本的利害冲突和阶级对抗，这为社会主义国家实现劳动者的共同利益，按照统一的计划组织和调节社会生产提供了可能。

社会主义公有制的基本特征表明了它比资本主义私有制具有巨大的优越性。这种优越性集中表现为：能够容许生产力以旧社会所没有的速度迅速发展，因而生产不断扩大，因而使人民不断增长的需要能够逐步得到满足的这样一种情况。

二 社会主义公有制的基本形式

中国 1975 年宪法和 1978 年宪法规定：中华人民共和国的生产资料所有制形式，现阶段主要有两种，即社会主义全民所有制和社会主义劳动群众集体所有制。

（一）社会主义全民所有制经济

社会主义全民所有制，就其本意来说，是指生产资料归社会主义国家全体成员共同所有和支配，为全体成员谋福利的一种公有制形式，是同社会化大生产，特别是同现代工业的高度社会化大机器生产和经营活动相适应的一种公有制。它构成了社会主义社会的主要经济基础，决定着社会主义生产的本质。在社会主义全民所有制的范围内，全社会劳动者在生产资料所有关系上是平等的，是这些生产资料的共同的主人。在这个范围内，生产资料不仅不再是剥削手段，而且排除了由于生产资料所有权的差异所引起的人们生活富裕程度上的差异。社会主义全民所有制为在全社会范围内组织有计划的生产、流通、分配和消费提供了最基本的经济条件。但是，由中国社会主义当时的生产力状况所决定，实践中建立的全民所有制还不是完全意义上的全民所有制，而是一种不成熟的、不完善的全民所有制。全民所有制的不成熟和不完善性，从外延上看表现在，不是由社会占有全部生产资料，而是在社会只占有一部分生产资料条件下的全民所有制，与全民所有制并存的还有大量的集体所有制和其他所有制。这样，作为全民所有制主体的全体人民在同全民所有的生产资料的关系上并不完全相同，他们中有的人同全民所有的生产资料直接结合，有的并不同全民所有的生产资料真正结合，而是同集体所有及个人所有的生产资料结合，即所谓的"全民不全"。全民所有制的不成熟和不完善性，从内涵上看表现在，不是完全的、没有局部利益的全民所有，而是包括了企业局部利益的全民所有制。在社会主义社会，劳动还是个人谋生的手段，劳动者的劳动还有获得个人物质利益的要求，由这种带有个人物质利益要求的个别劳动联合完成的企业联合劳动，同样要求获得企业集体的物质利益。这样，企业所创造的纯收入就不能全部归社会统一支配，用来为社会的共同利益服务，而必须承认企业的局部利益，把企业的物质利益同其经济效益挂起钩来。既然全民所有制的各个企业客观上要为本企业集体谋取利益，这就表明全民所有制中还有某种程度的不完全和不成熟性。

全民所有的生产资料,包括矿藏、河流,属于全民所有的土地、森林、草原、滩涂和其他海陆自然资源,以及属于全民所有的工厂、农场、国有交通运输业、银行、邮电、国有商业和国家兴办的科技文教事业的资产等。全民所有制经济对中国社会主义经济的发展起着决定作用。(1) 全民所有制经济是保证中国国民经济沿着社会主义方向前进的经济基础。社会主义全民所有制经济在我国整个经济体系中占绝对优势,在社会主义生产和流通等环节中能控制社会主义的发展方向,保证社会主义生产目的的实现。(2) 社会主义全民所有制经济拥有现代化的大工业和比较先进的科学技术及装备,它的巩固和发展,为整个国民经济的技术改造和加快中国现代化建设提供了强大的物质技术基础。(3) 社会主义全民所有制经济是保证满足人民生活需要的主要物质基础。全民所有制生产性企业为满足劳动人民的物质文化需要提供绝大部分消费品;全民所有制企业,沟通着城乡之间、地区之间的物资交流,调节着全国的商品流通,对满足人民需要起着重要作用。(4) 社会主义全民所有制经济在国家资金积累中发挥着特别重要的作用。全民所有制企业上缴的税金和利润,占全国财政收入的绝大部分,中国国民经济建设所需的资金,绝大部分是全民所有制经济提供的。

实践中的全民所有制一开始都采取了国家所有制形式,即由社会主义国家代表全体人民作为一个整体来掌握用于全民所有的生产资料。全民所有制之所以采取国家所有制形式,首先是由全民所有制的历史形成过程所决定的。中国的全民所有制在历史上主要是通过两条途径产生的,一条是通过国家对资本主义私有制的剥夺(包括没收官僚资本和改造民族资本),另一条是通过国家直接投资。无论从哪一条途径来看,全民所有制的财产都是借助于国家政权而获得和建立的,因此,国家也就自然成了全民所有的生产资料的所有者。其次,作为全民所有制的企业有几万甚至几十万个,而全体社会成员也有几千万,甚至十几亿,因而不可能由每一个社会成员直接行使对全民所有制生产资料的所有权。

(二) 社会主义集体所有制经济

社会主义集体所有制是部分劳动群众共同占有生产资料的一种公有制形式,它是与农业、手工业、工业、建筑业、运输业、商业、服务业等部门中社会化程度较低的生产和经营活动相适应的一种社会主义公有制形式。中国的集体所有制经济，主要是通过合作化道路对个体农业、个体手工业和小商贩的社会主义改造建立起来的，形成农村集体所有制经济和城镇集体所有制经济两个部分。集体所有制是社会主义公有制的一种形式，是在一个劳动者集体范围内的公有制。在一个集体范围内，劳动者共同支配、使用属于集体公有的生产资料，在国家计划指导下，按照有利于社会和集体的原则，组织产品的生产和交换活动，生产的产品也在集体范围内进行分配，其中属于个人消费的部分，则按照按劳分配原则分给社员个人支配。在经营管理方面，集体所有制经济实行独立经营、自负盈亏、等价交换、按劳分配。不同的集体所有制企业，在经济上存在着比较明显的差别。劳动者个人的经济利益，直接依存与劳动者集体的经营状况和生产成果。因此，生产资料的集体所有制带有明显的合作生产的性质和特征，是合作生产的最典型的形态。

在社会主义社会里，集体所有制是社会主义性质的经济，是由两方面的因素决定的。一方面，集体所有制内部实现了生产资料占有关系上的平等，劳动者与生产资料的直接结合，完全消除了剥削关系，劳动者之间建立了平等的互助合作关系；另一方面，集体所有制外部又受社会主义国家和全民所有制的领导，以确保它按照社会主义原则进行经营管理，沿着社会主义方向前进。

社会主义集体所有制和社会主义全民所有制都是社会主义公有制，它们之间既有相同点又有重大区别。它们的共同点是：生产资料公有，劳动者与生产资料直接结合，消灭了人剥削人的制度，实行各尽所能、按劳分配的原则，生产目的是为了满足劳动者的需要。不同点在于：集体所有制的生产资料只是在一个集体经济组织范围内的公有化，而不是在全社会范围内的公有化。在一个集体经济内部，劳动者在生产资料的占有关系上是平等的，而在不同的集体经济组织之间，劳动者所拥有的生产资料的数量和质量，是并不相等也不可能相等的。集体所有制经济中积累和消费的比例以及劳动者的劳动报酬标准不是由国家统一规定，而是根据集体单位的生产经营状况和收入水平自己决定，劳动报酬标准不仅与全民所有制不同，而且在不同的集体经济之间，劳动者也不可能实行同工同酬。

集体所有制经济既然是同农业和手工业等部门中社会化程度较低的生

产和经营活动相适应的一种社会主义公有制，那么，一个国家原来的经济越落后，社会生产力水平越低，个体农业和个体手工业的比重越大，则在它们走上社会主义道路后，集体所有制经济在整个国民经济中的比重及其重要性也就越大。中国原有社会生产力水平很低，个体农业和个体手工业的比重很大，在社会主义建设中，集体所有制经济在整个国民经济中居于重要的地位。

集体所有制经济是中国农业中的主要经济形式。由于农业是国民经济的基础，农村集体经济，对整个国民经济的发展起着重要的作用。全国人民生活所需的粮食、经济作物、各种农副产品的绝大部分都是集体经济提供的。而且，由于中国原来是一个小农经济占绝对优势的国家，无产阶级取得政权后，如何引导个体农民走社会主义道路，把个体小农经济变为社会主义公有制经济，是一个十分重要的问题。根据马克思主义基本原理和中国具体实际，根据生产力的不同发展水平，把个体小农经济组成公有化程度不等、大小各异的集体所有制经济。是实现农业向现代化前进的不可动摇的基础。

集体所有制的手工业和工业经营灵活、适应性强，可以根据市场变化，灵活的组织和调整生产，为满足城乡人民物质和文化生活需要服务，为农业生产服务，为大工业服务。集体所有制的交通运输业、商业和服务性行业对于发展农村商品经济、促进工业和整个国民经济的发展，对于增加农民的收入，改善城乡人民的生活也具有重要的意义。

(三) 社会主义条件下的个体所有制经济

尽管中国社会主义条件下的生产资料所有制形式主要是全民所有制和集体所有制，但作为社会主义公有制经济的补充的劳动者个体经济也是一直存在着的，并受到法律的保护。中国1978年宪法规定：国家允许非农业的个体劳动者在城镇或者农村的基层组织统一安排和管理下，从事法律许可范围的、不剥削他人的个体劳动。允许个体所有制经济作为社会主义公有制经济的补充而存在和发展，是中国社会主义经济制度的一个明显特点。

生产关系一定要适合生产力发展的规律，要求社会主义公有制的范围和公有化的程度，必须同生产社会化的程度相适合。只有这样，才能发挥出促进生产力发展的积极作用。由于中国经济落后，而且不同地区、不同部门以及同一地区、同一部门内部的不同企业之间，生产社会化的水平也相差悬殊，极不平衡。在这种情况下，在生产资料公有制占绝对优势的经济条件下，允许个体所有制经济在一定范围内存在和发展是非常必要的。

中国社会主义改造完成以后的个体经济是与社会主义公有制相联系的，不同于和资本主义私有制相联系的个体经济。个体经济的特点是劳动者个人或其家庭直接支配和使用归他们自己所有的生产资料，劳动者个人或其家庭就是生产和经营的主体。从其经营的范围、规模、方式到原料来源、销售价格、收费标准等方面，个体经济都受社会主义公有制的制约和影响，都要接受政府有关部门的领导和管理。因此，它是同社会主义公有制相联系的，是从属于社会主义经济的，离开社会经济条件去孤立评价个体经济的优劣、把个体经济同资本主义私有制混同起来都是错误的。个体经济对于发展社会生产、方便人民生活、扩大劳动就业具有不可代替的作用，它的存在和发展是社会主义经济必要的有益的补充。中国的城镇个体经济，在社会主义改造基本完成的1956年有104万个，经过"文化大革命"，到1978年被砍成15万个，中共十一届三中全会后又得到迅速恢复和发展。

第二节　社会主义按劳分配

社会主义国民收入经过分配和再分配，其中有一部分作为个人消费品分配给劳动者。个人消费品是指社会总产品中作了各项社会扣除之后，剩下的归个人生活消费的那部分消费资料。在中国社会主义制度下，个人消费品的分配原则是"各尽所能，按劳分配"。其基本内容是：凡有劳动能力的人都应尽自己的能力为社会提供劳动，而社会则将社会总产品作了各项扣除之后，以劳动作为分配个人消费品的尺度，按照每个劳动者向社会提供的劳动的数量和质量分配个人消费品，实行等量劳动领取等量报酬，多劳多得，少劳少得，不劳动者不得食。简称为"按劳分配"。它所说的劳动的数量是指劳动时间的长短和劳动强度的大小；而劳动的质量就是指劳动的复杂程度和技术的熟练程度。

一　社会主义经济制度下实行按劳分配的客观必然性

在社会主义条件下，个人消费品必须按照劳动者向社会提供劳动的质量和数量来分配，而不能按照别的标准分配，是由社会主义经济条件决定的，具有客观必然性。

生产资料的社会主义公有制是按劳分配原则存在的基本前提。人类社会发展的历史表明，生产资料归谁占有，谁就支配着生产过程并占有生产成果，生产资料所有制的性质决定着个人消费品按照什么原则进行分配。正如马克思所说："消费资料的任何一种分配，都不过是生产条件本身分配的结果"。① 在社会主义社会，由于生产资料的社会主义公有制代替了生产资料的私有制，劳动者成为生产资料和生产过程的主人，他们既是生产者，又是生产资料的占有者，因此，劳动的产品也就自然而然地归劳动者共同占有，并按照有利于劳动者的利益进行分配。同时在生产资料公有制的条件下，正如马克思所指出的，"除了自己的劳动，谁都不能提供其他任何东西。"② 这就决定了只有劳动才能成为衡量人们对社会贡献大小和领取个人消费品的尺度。社会主义公有制为实行按劳分配提供了根本经济前提，按劳分配则是劳动者共同占有生产资料的必然结果。没有社会主义公有制，是根本不可能产生按劳分配原则的。但是，同样是在生产资料公有制并且劳动者除了自己的劳动也不能为社会提供其他任何东西的条件下，在共产主义高级阶段，个人消费品却是实行按需分配而不是按劳分配，说明生产资料的社会主义公有制是按劳分配原则存在的根本前提条件，但还不是唯一的条件，还应该有其他的条件。

社会主义社会生产力虽有一定的发展，但发展水平还不够高，社会产品还没有极大的丰富，不能按照需要分配个人消费品，这是按劳分配原则存在的物质前提。恩格斯曾经指出："分配方式本质上毕竟要取决于有多少产品可供分配，而这当然随着生产和社会组织的进步而改变，从而分配方式也应当改变。"③ 这就是说，由于生产力的发展水平不同，可分配的产品数量不同，同样是生产资料公有制，个人消费品的分配方式也会不相同。比如，原始社会，生产资料归公社成员共同占有，但是由于生产力水平极端低下，可分配的产品数量极少，而且毫无保障，人们从事围猎、采

---

① 《马克思恩格斯选集》第3卷，人民出版社1995年版，第306页。
② 同上书，第304页。
③ 《马克思恩格斯选集》第4卷，人民出版社1995年版，第691页。

集、耕作、畜牧，只能勉强维持公社成员最低水平的生存需要，有时甚至连这种最低水平的生存需要也不能维持。在这种条件下，对于个人消费品只能采取平均分配，才能让所有公社成员都活下去，采取任何别的分配办法，都是行不通的。到共产主义社会，社会生产力高度发展，可分配的产品极大的丰富，那时，人们完全可以按照满足自己物质文化生活的需要去取得消费品，使自己获得完全的、充分的发展，这就是"各尽所能，按需分配"。社会主义社会生产力虽然有了一定的发展，每个劳动者生产出来的产品数量，已经超出为维持自己生存所必需的基本生活需要之上，可以为社会提供剩余产品，但是，由于生产力发展水平还没有达到使社会产品极大丰富的程度，可分配的产品数量还没有达到充分满足劳动者的物质和文化生活需要的程度，还不具备实行"按需分配"的物质条件，只能以劳动者提供的劳动为尺度分配个人消费品。在这种条件下，只有实行按劳分配，才能调动广大劳动群众的生产积极性。

在社会主义条件下，旧的社会分工还没有消失，劳动还存在重大差别，劳动还是个人谋生的手段，这是按劳分配原则存在的直接依据。马克思主义关于分配问题的一个重要观点，就是只要分配为纯粹经济的考虑所支配，它就将由生产的利益来调节，而最能促进生产的是能使一切社会成员尽可能地全面发展，保持和运用自己能力的那种分配方式。这就是说，分配方式的确定必须是有利于促进生产的发展，其中最重要的是要能充分发挥劳动者的生产才能，调动他们的生产积极性。由于社会主义社会是脱胎于旧社会，生产力发展水平还不够高，它在经济、政治、道德和精神等方面都还带有它脱胎出来的那个旧社会的痕迹；劳动者个人还没有得到全面发展，绝大多数人还被固定在某种职业上，还存在脑力劳动和体力劳动、简单劳动和复杂劳动的差别；还存在着旧的社会分工，存在着工农差别；生产力的发展还受到很大限制，人们还不可能根据自己发展的需要从社会取得消费品。所有这些因素都决定了在社会主义社会劳动还具有个人的性质，还必须默认个人天赋和劳动能力的天然特权，还必须承认劳动的差别。在这种情况下，对个人消费品实行按劳分配，即以劳动者为社会提供的劳动的数量和质量，作为分配个人消费品的依据和尺度，将有利于调动劳动者的劳动积极性，促使劳动者努力学习科学技术，提高劳动技能，从而促进生产力的迅速发展，逐步创造消灭旧的社会分工的条件。因为依据按劳分配规律分配个人消费品,劳动者个人物质文化生活需要的满足,在很大程度上取决于他为社会提供的劳动量的多少,这就能够把劳动者的个人物质利益同整个社会生产发展的利益有机地结合起来。

社会主义条件下,劳动的个人谋生性质,是实行按劳分配原则的深层原因。在社会主义社会,由于生产力水平未能高度发达,劳动作为征服自然的人类活动,在相当大程度上还是劳动者的一种负担。劳动者参加劳动,通常不是由于劳动本身所带来的乐趣,而是由于劳动者个人谋生的需要。这种劳动的个人谋生性质,促使劳动者产生劳动要与报酬相联系的要求,又迫使社会承认劳动者等量劳动领取等量报酬的经济权利。

由此可见,在社会主义条件下,对个人消费品实行按劳分配,是社会主义自身许多因素决定的历史必然,是不以人们意志为转移的社会主义特有的经济规律。

二 社会主义按劳分配的基本内容

按劳分配是以劳动作为分配个人消费品的尺度,因而在劳动者为社会提供的劳动量(扣除为社会基金进行的劳动),和他从社会领取的个人消费资料之间,便存在着直接的数量相一致的关系,要求报酬量与劳动量相一致。这就是马克思所说的:"每一个生产者,在作了各项扣除之后,从社会领回的,正好是他给予社会的。他给予社会的,就是他个人的劳动量。……他以一种形式给予社会的劳动量,又以另一种形式领回来。"[①]这样,一个劳动者为社会提供的劳动量越多,他从社会取回的劳动报酬量就应该越多,这就是多劳多得,少劳少得。

按劳分配原则以劳动作为分配个人消费品的尺度,是以承认不同劳动者提供的劳动量有差别为前提的,这种差别是客观存在的脑力劳动与体力劳动、复杂劳动与简单劳动的差别形成的。如果人们提供的劳动量都是完全一样的,按劳分配原则就失去了存在的意义和依据。劳动者为社会提供的劳动量有差别,他们所取得的消费资料即劳动报酬的数量也必然有差别,这是按劳分配原则本身的要求。

因为按劳分配是以劳动作为分配个人消费品的尺度,所以社会上任何

---

① 《马克思恩格斯选集》第 3 卷,人民出版社 1995 年版,第 304 页。

有劳动能力的人，为了获得个人消费品就必须参加劳动，不参加劳动就不得食。就这点来讲，按劳分配原则本质上是反对剥削、反对不劳而获的。

按劳分配原则要求劳动者从社会领取个人消费资料，必须以他们向社会提供的劳动为尺度，这样就把生产和分配紧密地联系起来了。一方面，劳动者从社会领取的个人消费资料是他为社会提供的劳动，即从事生产的结果，这使分配具有牢靠的物质基础；另一方面，劳动者为社会提供的产品越多，可供分配的物质基础就越雄厚，他们从社会领取个人消费资料的数量也就相应地增多。劳动者想取得富裕的消费资料就必然要为社会多提供劳动，从而有利于促进生产的迅速发展。从这点来讲，按劳分配原则本质上是促进生产力发展的。

上述按劳分配原则四个方面的特点和要求，是有机地联系着的。它的核心是要求报酬量同劳动量相一致，等量劳动领取等量产品，或者如列宁说的劳动平等，报酬平等。

三 社会主义按劳分配的特点

马克思设想中的按劳分配，是不存在商品货币关系条件下的按劳分配。中国所实行的社会主义按劳分配，由于不是同单一的社会所有制条件下的产品经济相联系，而是同以公有制为主体的多种经济成分和多种经营方式并存条件下的有计划的商品经济相联系，所以，实现按劳分配的主体、范围及其具体形式必然有其自身的特点。

等量劳动获得等量报酬的原则，还不可能在全社会范围内按照统一标准实现。中国的社会主义公有制还存在着多种形式和多种经营方式。由于各个企业所占有的生产资料和生产技术条件不同，劳动生产率和经营管理水平不同，对国家的贡献不同，在根本利益一致的前提下，又存在着物质利益的矛盾和差别。因此，就不可能在全社会范围内按同一标准进行一次性的直接分配，而只能首先根据各个企业提供给社会的有效劳动量，在各企业之间进行分配，由各个企业根据等量劳动领取等量报酬的原则，对本企业的劳动者进行分配。这就决定了不同企业劳动者的同工不同酬现象。

按劳分配还不能直接以每个劳动者的劳动时间为尺度，而只能以商品交换实现的价值量所计算的劳动量为尺度。按照马克思的设想，由于不存在商品货币关系，"个人的劳动不再经过迂回曲折的道路，而是直接作为总劳动的组成部分存在着。"① 在计划经济条件下,每个劳动者所提供的劳动,不是作为直接的社会劳动存在,而是作为个别劳动存在的。而个别劳动是千差万别的,它必须把耗费在商品中的个别劳动时间转化为社会必要劳动时间,即把所生产的商品通过市场交换实现了价值形态,得到社会承认以后,才能转化为社会劳动。所以按劳分配只能以商品交换实现的价值,作为计量劳动者劳动提供量和取得报酬的尺度。因此,企业技术设备的先进程度,劳动者劳动技能的熟练程度以及经济信息是否灵通,产品是否适销对路,对所实现的有效价值和实际收入影响都是很大的。

按劳分配还必须通过商品货币关系来实现,受制于价值规律作用的影响。在社会主义商品经济条件下,也只能通过商品货币形式来实现,即劳动者以货币形式取得报酬,再用货币到市场购买个人消费品。但在现实生活中,由于价值规律的作用,供求关系的变化,同样数量的货币工资在不同时间、不同地点所购买的消费品数量不一定完全相等,所以,在现阶段,按劳分配中等量劳动相交换原则的实现,还不能通行于一切场合,按劳分配原则在现实生活中还只能近似地实现。

四 社会主义按劳分配的作用

按劳分配是人类历史上分配制度的一次深刻的革命,它比起"劳而不获,获者不劳"的人剥削人的分配制度来说,是最大的平等和划时代的巨大进步。按劳分配是社会主义本质特征之一,是社会主义制度的重要组成部分。正确的贯彻执行按劳分配原则,对于建设社会主义具有极为重要的作用。

按劳分配有利于调动劳动者的积极性和创造性,促进社会生产力不断发展。按劳分配要求每一个有劳动能力的社会成员,都必须为社会提供劳动,才能从社会得到个人消费品,不劳动者就不得食。同时,按劳分配还要求,"按等量劳动领取等量产品",多劳多得,少劳少得,使劳动成为人们改善生活状况,提高生活水平的重要条件。这样,劳动同劳动者的切身利益紧密地联系在一起了,劳动者要想取得更多的个人收入,提高自己的生活水平,就必须勤奋劳动,积极钻研和掌握现代科学技术,努力提高

---

① 《马克思恩格斯选集》第 3 卷,人民出版社 1995 年版,第 303 页。

自己的科学文化水平和劳动技能，革新和创造生产工具，提高劳动生产率，为国家和集体多作贡献。对国家和集体的贡献越大，劳动者自己得到的劳动报酬才能相应地增多，生活也才能相应地改善。劳动者收入的增加，生活的改善，又会进一步激发他们的劳动积极性，进一步改善他们发展自己的劳动技能的条件，提高劳动生产率，为国家和集体作出更大的贡献。这种生产和需求相互推动、相互促进的过程就是社会主义社会生产力不断发展的过程。按劳分配推动劳动者多劳，首先是使国家和集体能够多得，其次才是劳动者个人多得。国家和集体多得了，积累也就多了，扩大再生产也就有了可靠的物质基础，这样又为劳动者个人多得创造了前提。所以，坚持按劳分配对国家、集体和个人都有利，既可以充分调动广大劳动群众的社会主义积极性，又可以促进技术创新和技术革命，为社会主义生产力的不断发展提供取之不尽的力量源泉。

按劳分配有利于促进企业改善经营管理。实行按劳分配的核心内容是把劳动作为分配的尺度，等量劳动领取等量报酬。这就必然要求企业对每个劳动者提供的劳动数量和质量进行科学的计算和统计，要求企业必须要有严格的经营管理制度。而且，劳动者的报酬不仅取决于个人劳动的成果，还取决于企业生产经营的效益。因此，实行按劳分配可以使劳动者以主人翁的态度爱护公有财产，关心并监督企业的经营管理，积极同贪污盗窃、挥霍浪费以及破坏劳动纪律等不良行为作斗争，从而提高企业的经营管理水平。

按劳分配有助于巩固和发展社会主义公有制。按劳分配是公有制在分配领域中的实现，也是社会主义制度的一个基本经济特征。按劳分配从生产活动的最终结果方面否定了任何人不劳而获的剥削权利，使劳动者尽可能地参加社会劳动，从物质利益上关心社会生产的发展，自觉地监督产品的生产和分配，保证公有制的巩固和发展。

按劳分配有利于清除剥削阶级思想的影响，树立崇尚劳动的社会风气。人类社会的进步不仅取决于生产力的发展，而且还有赖于人的素质和思想精神境界的提高。实行按劳分配，要求每个有劳动能力的人都必须尽自己的能力为社会提供劳动，"不劳动者不得食"。这种经济利益上的强制，迫使老的剥削分子参加劳动，使那些好逸恶劳的懒汉以及一切企图不劳而获的人在劳动中逐步改造成自食其力的劳动者。同时，这也有利于树立劳动光荣、勤劳致富、艰苦创业、开拓进取的新风尚。

第三节　社会主义计划经济体制

计划经济是指在生产资料社会主义公有制基础上有计划地发展国民经济的一种社会经济制度。新中国成立后，在完成对农业、手工业和资本主义工商业的社会主义改造之后，在社会主义公有制的基础上，为使社会主义生产能够有计划按比例地发展，逐步建立起了计划经济体制。在一定历史时期，它对社会主义中国的经济发展起到了积极的促进作用，但随着经济社会的发展，其弊端也逐步暴露出来。

一　新中国实行计划经济的客观必然性

第一，新中国实行计划经济是由当时特定的社会历史条件决定的。新中国成立后，内部经济基础薄弱、工业凋敝、百废待兴，需要尽快恢复生产，发展国民经济；外部正面临着资本主义的封锁和包围，缺乏资金和技术支持。在这种情况下，国家通过集中的计划，可以对整个国民经济的发展作出统一的、全面的安排，以达到迅速发展生产力，改变国家落后经济面貌的目的。

第二，新中国实行计划经济是由社会主义经济建设理论上的局限性决定的。社会主义作为一种崭新的社会制度，其经济发展在理论上还十分不完备。马克思、恩格斯对于社会主义的经济还只是提出了理论上的设想，没有经过实践的验证。而列宁的社会主义经济思想，又是立足于十月革命胜利以后俄国的具体国情的。新中国进入社会主义经济建设阶段，不可避免地出现把马克思、恩格斯和列宁的理论绝对化的倾向，把他们关于社会主义经济的论述当成唯一现成的理论指导。

第三，新中国实行计划经济还是由社会主义经济建设实践上的探索性决定的。特别在20世纪50年代中期以前，苏联经验是社会主义经济建设实践的唯一借鉴。而那时苏联模式的弊端还没有充分暴露，被认为是建设社会主义应该普遍遵循的成功模式。从而，苏联所实行高度集中的计划经济模式及一整套计划管理的具体办法，不仅被新中国，也被其他各社会主义国家几乎全盘照搬。

二 社会主义计划经济的主要表现

社会主义计划经济是通过编制、执行国民经济和社会发展计划，对整个国民经济和社会各项事业实行统一的计划领导和管理来组织实施的。

计划的编制是国民经济计划管理的起点和首要环节。在中国，国民经济和社会事业发展计划，在主观上，是按照自下而上、上下结合、综合平衡、互相衔接的要求进行的。综合平衡是社会主义国家计划工作的根本任务，也是计划工作的根本方法。陈云说："所谓综合平衡，就是按比例；按比例，就平衡了。"[①] 这就是说，综合平衡就是统筹安排各方面的比例关系，使国民经济和社会协调发展。具体说。包括四个方面的内容：

安排社会生产的发展速度和规模，主要包括工农业总产值、国民收入所达到的水平和增长的速度。

安排生产领域中关系国民经济全局的各种比例关系。主要包括社会生产两大部类之间的比例，农、轻、重之间的比例，工业内部的比例，农业内部的比例，工农业生产与能源生产的比例，现行生产与基本建设之间的比例，工农业生产与交通运输的比例等。

安排分配领域中关系国民经济全局的各种比例关系和平衡关系。主要包括积累与消费的比例，经济建设需要与科学、教育、文化、体育、卫生事业建设需要的比例，劳动力资源与需要之间的比例，生产资料需要量与供给量之间的平衡，社会商品供应量与社会购买力之间平衡，财政收支平衡，信贷收支平衡以及财力与物力之间的平衡等。

安排和处理关系国民经济全局的地区经济关系及其平衡。主要包括中央和地方的关系，沿海和内地的关系，生产力的合理布局和地区经济的综合平衡等。

可以看出，综合平衡要求的是整个国民经济的全局平衡。它是在地区平衡和部门平衡的基础上，从国民经济整体出发，进行各个部门、各个地区和社会再生产各个环节的平衡。这是社会主义经济有计划、按比例发展的基本要求。进行综合平衡，是社会主义计划经济的具体体现。

---

① 《陈云同志文稿选编》，人民出版社1981年版，第211页。

三 社会主义计划经济体制的演变

在中国社会主义经济发展进程中,随着实践的深入和认识的深化,计划经济体制在中国有一个演变过程。

从中华人民共和国成立到1956年社会主义改造时期的计划经济体制。这是中国从新民主主义到社会主义的转变时期。这个时期,中国在国民经济的调节机制上,从国家计划控制与指导下广泛存在市场调节,逐步向单一的指令性计划管理过渡。新中国成立初期,随着国家财政经济工作的统一和国营经济对市场领导力量的加强,开始形成了国家通过国营经济控制经济命脉,掌握关系国计民生的重要商品物资,利用价格、税收、信贷、货币吞吐、商品购销等经济杠杆,有计划地领导和管理国民经济的体制。同时,由于以私有制为基础的商品生产和自给性经济的存在,市场需要和自给需要也发挥着较大的调节作用,集中调节方式运用得较好。随着"一五"计划建设的开展,中国开始学习苏联集中的计划管理体制,由国家对国营企业层层下达指令性生产指标,直接掌握主要生产资料的调拨与分配,指令性计划调拨与分配的品种范围也不断扩大。同时,为了保证工业化建设和人民生活需要,国家从1953年开始,先后对粮食、油料与棉花实行统购统销,以后又逐步把生猪、蛋品、烤烟等主要副食品和经济作物纳入统一收购和派购的范围。与此同时,国营商业对主要轻工业产品实行统购统销。这样,国家的指令性计划逐渐扩展到整个社会经济。

1956—1957年对社会主义计划经济体制的科学探索。这个时期,毛泽东和陈云提出了一些重要的经济思想,对于探索中国的社会主义计划经济体制具有重要的意义。1956年4月,毛泽东在《论十大关系》中论述了"国家、生产单位和生产者个人的关系"、"中央和地方的关系",抓住了社会主义计划经济体制中最重要的问题。毛泽东认为:"把什么东西统统都集中在中央或省市,不给工厂一点权力,一点机动的余地,一点利益,恐怕不妥。中央、省市和工厂的权益究竟应当各有多大才适当,我们经验不多,还要研究。从原则上说,统一性和独立性是对立的统一,要有统一性,也要有独立性。"[①] 他还指出:"应当在巩固中央统一领导的前提

[①] 《毛泽东著作选读》下册,人民出版社1986年版,第727页。

下，扩大一点地方的权力，给地方更多的独立性，让地方办更多的事情。这对我们建设强大的社会主义国家比较有利。……我们不能像苏联那样，把什么都集中到中央，把地方卡得死死的，一点机动权也没有。"① 陈云在计划管理体制方面也指出："全国工农业产品的主要部分是按照计划生产的，但是同时有一部分产品是按照市场变化而在国家计划许可范围内自由生产的。计划生产是工农业生产的主体，按照市场变化而在国家计划许可范围内的自由生产是计划生产的补充。"② 这些都对探索适合中国的经济体制作出了贡献。

1958—1960 年的计划经济体制。在 1958 年的"大跃进"运动和农村人民公社化运动中，中国的计划经济体制也进行了变革，其主要特点就是进行了以扩大地方权限为主要内容的改革。1958 年为了改变原有计划经济体制中央集中过多，束缚地方与企业积极性的弊端，实行了以扩大地方管理权限为主要内容的体制改革。在企业的隶属上，把绝大部分企业下放给地方管理，中央只保留了少数极为重要的和作为"试验田"的企业；在计划管理上实行"上下两本账"，使地方对本地区经济发展拥有较大的决策权；在计划上实行"双轨制"，即由中央主管部门制定本行业的全国统一计划，由地方制定本地区的全面计划；在物资管理上将大部分统配物资下放给地方管理，实行以地区平衡为主的差额调拨制；在财政体制上也扩大地方财政，中央以 1957 年预算为基数，对地方实行"以收定支、五年不变"的体制，地方多收可以多支，等等。这些改革调动了地方的积极性，使地方经济有了迅速发展。但是，不加区别地实行管理权限下放，造成了宏观经济决策的地方化和分散化，削弱了中央综合平衡、统筹安排的能力。因此从 1959 年下半年开始，又陆续收回下放的权力，一直到确定以调整为中心的"八字方针"后，又回到了中央高度集权的管理体制。

1961—1965 年经济调整时期的计划经济体制。1960 年冬，中共中央和毛泽东开始纠正农村工作中的"左"倾错误，并且决定对国民经济实行"调整、巩固、充实、提高"的方针，中国的计划经济体制又发生了变化。这时重新强调中央集中管理，收回了下放给地方的权力。下放企业

---

① 《毛泽东著作选读》下册，人民出版社 1986 年版，第 729 页。
② 《陈云同志文稿选编》，人民出版社 1981 年版，第 5 页。

大部分收回由中央主管部门管理；计划管理上强调"上下一本账"，注意综合平衡，在国民经济计划中，将几个省属大城市单列指标，以加强集中管理；物资调拨权也绝大部分收回中央；下放的财权也大部分收回，中央与地方分成比例由5年一定改为1年一定；基本建设投资由中央严格控制与审批；招工指标与工资指标高度集中；对企业取消利润分成和"全额信贷"，恢复了奖励基金、四项费用拨款和流动资金分口管理，等等。总之，基本上恢复到1957年前的管理体制，为了克服当时的困难，某些方面的集中程度甚至更高。集中管理体制的恢复，再次表现了它在统一性方面的优点。在经济工作指导思想正确的前提下，它有利于国民经济的综合平衡，有利于集中力量保证重点需要和克服全局性的困难，并有利于制止经济生活的混乱局面。

"文化大革命"中的计划经济体制。1966年至1976年的"文化大革命"中，中国的计划经济体制变革主要是：从1970年起进一步扩大地方权限。主要内容是：再次将绝大部分中央直属企业，包括鞍钢、大庆油田等这样的大型骨干企业，下放给省市管理；实行物资大包干，即"在国家统一计划下，实行地区平衡，差额调拨，品种调剂，保证上缴"的管理体制；试行财政大包干，1974年改为"收入固定比例"办法，1976年又改为"收支挂钩、总额分成"。在计划管理上实行"由下而上，上下结合，以块为主，条块结合"的办法，等等。这次改革改善了中央与地方的关系，调动了地方管理和发展本地区经济的积极性，促进了地方工业的发展。但是，全国统一计划的作用削弱，生产建设难以合理布局，重要产品的供销平衡难以控制，促使部门、地方自成体系，重复生产，重复建设，造成很大浪费。

总之，在特殊的社会历史条件下，计划经济对于国家有效地控制国民经济中最重要的经济活动，掌握关系国计民生的重要产品的生产和分配，具有重要意义。由于计划经济体制下实行直接的指令性计划管理，如果国家的计划决策是正确的，国家对国民经济的行政控制是有力的，那么，在一定时期（如工业化初期和国民经济出现严重比例失调时）和一定范围内（如重点工程建设和供需严重不平衡的、同国计民生有重大关系的产品的生产和销售），直接管理形式的计划机制可以起到良好的作用。中国第一个五年计划时期以及1958年"大跃进"后和国民经济调整时期，直接管理形式的计划机制在组织社会生产和纠正严重比例失调方面，都曾有力地显示了它的作用。但是，无限提高计划管理的集中程度，企图建立无所不包的、直接控制一切宏观与微观经济活动的计划管理体制，必然使计划脱离实际，使整个国民经济失去活力，不能充分调动一切积极因素，不能满足人民多种多样的生活需要。随着社会生产的发展，社会分工与经济联系的扩大，计划经济体制过分集中的缺陷也日益暴露出来。中共十一届三中全会后，中国开始了对计划经济体制的全面改革。

第十四章 中国社会主义政治制度

以毛泽东为代表的中国共产党人，在领导中国革命和建设的过程中，坚持把马克思主义的民主理论和中国的具体实践相结合，在马克思主义民主观的指导下，对在中国将建立一个什么样的政治制度进行了理论和实践的双重探索，逐步形成了中国的社会主义民主政治制度。

第一节　人民民主专政[①]

人民民主专政是中国的国体。所谓国体，就是指社会各阶级在国家中所处的地位，是国家的阶级本质，也是民主的阶级本质。即国家政权掌握在哪个阶级手中，为哪个阶级服务，哪个阶级联合一些阶级来统治和镇压另一些阶级。社会主义国家的国体是作为新型民主与新型专政相统一的无产阶级专政的国家政权。马克思恩格斯在《共产党宣言》中指出，无产阶级革命的第一步就是使无产阶级上升为统治阶级，争得民主。这里所要建立的国家政权就是无产阶级专政的国家政权。作为国体的无产阶级专政是社会主义民主制度的本质内容。以毛泽东为代表的中国共产党人，创造性地将马克思主义的无产阶级专政理论与中国革命的具体实践结合起来，提出了人民民主专政的理论，并成功建立了人民民主专政的社会主义制度。这是对马克思主义关于无产阶级专政理论的丰富和发展。

一　人民民主专政的建立

人民民主专政的建立是由中国革命的特殊历史条件决定的。旧中国是

---

① 关于人民民主专政的基本理论，本卷第三章有专门论述，这里仅从制度角度略加说明。

一个半殖民地、半封建的国家,在内部没有民主制度,在外部没有独立性。在社会阶级状况方面,有以下几个突出的特点:一是无产阶级人数较少,产业工人只有200万左右,现代工业产值只占国民经济总产值的10%;二是农民占人口总数的80%;三是经济命脉和国家主权完全控制在官僚资产阶级手中;四是中国的民族资产阶级是一个具有两面性的阶级。

中国社会的历史条件决定了中国革命的道路及革命胜利后的国家政权,既不能照搬马克思主义的教条,也不能模仿列宁领导的十月革命道路,建立苏维埃式的国家政权。中国共产党从中国的国情出发,把马克思主义关于无产阶级专政的基本原理同中国革命的具体实际结合起来,创造性地、科学地解决了中国革命的道路和政权问题。在革命道路问题上,确立了民主革命和社会主义革命分两步走的战略步骤;在政权建设问题上,提出了建立人民民主专政的主张。这种新民主主义的、人民民主专政的国家政权,既不同于资产阶级专政的共和国,也不同于无产阶级专政的共和国,而是以工人阶级为领导的、以工农联盟为基础的几个革命阶级联合专政的共和国。这是一种特殊的国家形态。在自身发展过程中,随着革命形势的发展、阶级关系和革命任务的变化,它在不同的历史阶段上,所担负的任务是不同的。

中国的人民民主专政经历了新民主主义革命、社会主义革命和社会主义建设两个时期,是由革命根据地的工农民主政权,到抗日根据地的抗日民主政权,到解放区的人民民主政权逐步发展而来的。在革命根据地建立的工农民主政权和在抗日根据地建立的抗日民主政权,都是民主革命阶段的人民民主政权。它们的共同特点是:(1)领导权都掌握在工人阶级的手中;(2)参加这个政权的主要是工人阶级、农民阶级和小资产阶级,在抗日战争时期,又联合了民族资产阶级,容纳了一切反帝、反封建的其他社会阶层和分子;(3)这个政权所担负的民族民主革命任务,就是反帝反封建;(4)这个政权的发展前途是继续担负社会主义革命和社会主义建设的任务。

在革命根据地和抗日根据地时期,"人民民主专政"这个概念还没有明确提出,但事实上已经积累了丰富的经验,并为人民民主专政的建立作了理论上和实践上的准备。1948年9月,毛泽东在中共中央政治局会议的报告中明确提出了"人民民主专政"的概念,并于1948年12月30日《将革命进行到底》的新年献词中,首次公开使用"人民民主专政"的概念。后来,毛泽东在中共七届二中全会的报告中和《论人民民主专政》等文章中,对人民民主专政问题,进行了系统的理论论述,形成了完整的思想。毛泽东指出:"对人民内部的民主方面和对反动派的专政方面,相互结合起来,就是人民民主专政。"[①] 其主要内容有以下几个方面:(1)工人阶级(经过共产党)是人民民主专政的领导力量,它要建立两个联盟,其一是工人阶级和农民阶级的联盟,即劳动人民内部的联盟;其二是工人阶级和民族资产阶级以及其他非劳动阶级的联盟,即劳动人民同可以合作的非劳动人民的联盟。(2)人民民主专政是对人民实行民主和对敌人实行专政的相互结合,并对"人民"进行了科学的定义,肯定了人民内部包括民族资产阶级,确定了专政的对象是人民的敌人。(3)人民民主专政国家政权的根本任务是保护和发展社会生产力,实现农业社会化和国家工业化。

1949年9月中国人民政治协商会议通过的《中国人民政治协商会议共同纲领》规定:中华人民共和国为新民主主义即人民民主主义的国家,实行工人阶级领导的、以工农联盟为基础的、团结各民主阶级和国内各民族的人民民主专政。这标志着人民民主专政的国家政权的正式建立。

新中国成立以后,随着从新民主主义向社会主义的转变,依然采用了人民民主专政的国家政权形式。1954年9月召开的第一次全国人民代表大会通过的第一部新中国的宪法,又以根本大法的形式对这种新型国家政权作了最有力的法律保障。宪法规定:中华人民共和国是工人阶级领导的、以工农联盟为基础的人民民主专政国家。

人民民主专政经历了一个由民主主义性质的各革命阶级的联合专政转变为无产阶级专政的过程。生产资料私有制社会主义改造完成后,民族资产阶级作为一个剥削阶级已被消灭,其绝大多数成员已改造成自食其力的劳动者。人民民主专政已成为实质上的无产阶级专政,是中国特色的无产阶级专政。但是,在三大社会主义改造基本取得胜利后,中国开始出现了无产阶级专政的提法,并在此后的1975年宪法和1978年宪法中得到了确

[①] 《毛泽东选集》第4卷,人民出版社1991年版,第1475页。

认。直到1982年宪法根据中国的国情又重新恢复了人民民主专政的提法。

二 人民民主专政的职能

人民民主专政的国家政权是维护无产阶级与广大人民群众利益和最终实现无产阶级历史使命的工具。在中国社会主义初级阶段，人民民主专政的国家政权的职能，主要表现在以下几个方面：

第一，保障人民民主的职能。保障人民民主是人民民主专政的重要职能。人民民主在本质上就是社会主义民主，实行人民民主就是要根据宪法和法律的规定，实现人民的各项民主权利和自由。在这些权利和自由中，体现人民当家作主地位的主要是选举权、被选举权以及其他政治权利和自由，同时还包括对国家机关及其工作人员的监督、罢免、控告、申诉、检举等权利。在中国，这些权利将随着人民民主专政的巩固和发展以及社会主义民主政治建设和经济建设的发展，而不断扩大。人民民主专政通过各项政治制度和各项法律、法规的形式来确保人民的各项民主权利能够得以实现，对侵害人民的民主权利的现象坚决予以制止，并且人民民主专政以政治制度的形式将人民的民主权利予以确定下来。

第二，对社会主义的敌人实行专政的职能。人民民主专政的国家政权必须把对人民实行民主和对敌人实行专政结合起来。但是，国家政权的专政对象不是一成不变的，而是随着国家的政治、经济形势的变化而变化。在中国，生产资料所有制的社会主义改造完成之后，虽然社会的主要任务已经不再是阶级斗争，可是由于国内外各种因素的影响，阶级斗争还将在一定范围内长期存在，在某种条件下有时还可能激化。这不仅是因为国内敌视、破坏社会主义制度的分子和严重破坏社会秩序的刑事犯罪分子还存在，而且还因为国际上存在着敌视社会主义的反动势力，他们还经常企图分裂、颠覆中国的社会主义制度。因此，为了维护社会主义制度、维护社会稳定、维护人民的阶级利益、维护人民的民主权利等不受侵害，人民民主专政的国家政权还必须采取各种措施对各种敌对分子实行专政。但是，必须注意的是在对敌对分子和敌对势力进行斗争时，要保持适度，避免阶级斗争扩大化。只有对社会主义的敌对分子和敌对势力进行坚决有效的斗争，才能真正确保人民的民主权利的实现。

第三，组织社会主义经济建设的职能。无产阶级革命的根本目的就是为了消灭剥削阶级和剥削制度，使无产阶级和广大劳动人民获得解放，解放和发展社会生产力，用社会主义代替资本主义，为最终实现共产主义准备条件。因此，人民民主专政的国家政权，必须积极组织社会主义经济建设，创造出丰富的物质财富，充分满足人民的需要，提高广大人民群众的物质文化生活水平，提高社会主义的综合国力。人民民主专政国家政权的经济职能主要包括：一是通过政权力量，建立和完善社会主义经济制度，为社会主义经济的快速发展提供经济制度保障；二是领导和管理社会主义经济建设，搞好宏观调控微观管理，确保社会主义经济事业的顺利发展；三是加强与其他国家的经济贸易往来，促进社会主义经济事业的快速发展。

第四，组织社会主义文化建设的职能。社会主义文化建设是社会主义建设的一个重要组成部分。社会主义文化事业是无产阶级和人民大众的文化事业，组织社会主义文化建设，不仅同组织社会主义经济建设分不开，而且也同加强社会主义精神文明建设密切相联系。发展社会主义文化事业就是不断满足人民精神生活的需要，这是社会主义国家政权的一项重要任务。国家组织社会主义文化事业的建设，主要是通过政府决策和立法来规定文化事业的发展方向，制定有利于繁荣社会主义文化事业的正确政策和法规，促进社会主义文化事业的发展。

第五，抵御外来侵略，保卫国家的独立和安全的职能。中国人民民主专政的国家政权担负着保卫祖国，抵御外来侵略和颠覆的威胁，保障人民和平劳动和生活的历史重任。人民民主专政的这一职能是由国际社会的实际状况决定的，国际上不仅存在着国家之间的本质差异和矛盾，而且存在着不同社会制度的对立。社会主义自从诞生之日起，国际敌对势力就企图把它扼杀在摇篮之中，帝国主义始终没有放弃对社会主义的和平演变和武力威胁。

第二节 人民代表大会制度

人民代表大会制度，是指中国各族人民按照民主集中制的原则，定期选举产生自己的代表，组成各级人民代表大会，作为人民行使国家权力的机关，并由人民代表大会组织其他国家机关，以实现人民民主专政历史任务的政权组织形式，也就是中国的政体。政体必须与国体相适应，国体决定政体。一种国体可以采用不同的政体，任何国体都必须有与其相适应的政体。在历史上，奴隶制国家曾采用君主制和共和制政体；封建制国家一般采用君主专制政体，个别国家也采用过君主立宪的形式；资产阶级国家大多采用三权分立的民主共和制，有的也采用君主立宪制，在共和制中又有议会制、总统制等；无产阶级专政的国家都是民主制政体，但是也出现过多种具体形式，如巴黎公社式、苏维埃式、人民代表大会式等。中国社会主义采用人民代表大会制的政体，这种形式能够充分体现中国人民民主专政的国体的需要，能够充分实现人民的民主权利。因此，人民代表大会制是中国根本的政治制度。

一 人民代表大会制度的建立

中国的人民代表大会制度是由革命根据地的工农兵苏维埃代表大会，到抗日根据地的参议会，到解放区的人民代表会议逐步发展而来的。在土地革命时期，革命根据地采取了工农兵苏维埃代表大会制的政权组织形式。《中华苏维埃共和国宪法大纲》规定，中华苏维埃共和国之最高政权，为全国工农兵苏维埃代表大会。在大会闭会的期间，全国苏维埃临时中央执行委员会为最高政权机关。在中央执行委员会下组织人民委员会，处理日常政务，发布一切法令和决议案。全国工农兵苏维埃代表大会由各省、中央直属市、直属县工农兵苏维埃代表大会和红军选出的代表组成，其主要职权是：颁布和修改宪法；对外订立各种条约和批准国际公约；决定外交、内政重大方针政策；颁布民事、刑事诉讼法和劳动法；制定度量衡、币制、国民教育一般原则；制定经济建设计划，确保税率并征收国家捐税；审查批准预算、决算，发行公债；选任和撤销人民委员会委员及主席，撤销和变更下届中央执行委员会委员。全国工农兵苏维埃代表大会每两年召开一次，必要时可延期举行，若经中央执行委员会的提议，得召集非常会议。中央执行委员会由全国苏维埃代表大会选举产生，对全国苏维埃代表大会负责，向代表大会报告工作，每6个月召集一次会议。中央人民委员会为最高行政机关，由中央执行委员会选举产生。

在抗日战争时期，为了适应抗日民族统一战线的需要，陕甘宁边区和其他各抗日根据地普遍采取了参议会制的政权组织形式。由于战争环境和分割状态，各抗日根据地不可能建立统一级别的参议会，但一般都设有边区、县、乡三级参议会。边区参议会是边区的最高权力机关，由选举和聘请相结合的方式产生的参议员组成，但聘请的参议员不能超过总数的10%。边区参议会设议长1人和副议长1—2人，主持会议工作。休会期间，由其选出的常设机构负责处理日常事务。其职权是：选举和罢免边区主席、副主席、政府委员及高等法院院长；监督和弹劾各级政府、司法机关工作人员；议决边区的单行法规和法令；批准关于民政、财政、粮食、建设、教育及地方军事等各项计划；通过边区政府提出的预算，并审查其决算；决定征收、废除或增减地方捐税，决定发行公债；议决边区主席、政府委员会等提交的审议事项；决定边区应兴应革事项。县参议会是县的最高权力机关。其产生的原则、方式、程序与边区参议会大体相同。设正副议长各1人。休会期间，由其常设机构负责日常工作。其职权是：选举、罢免县长、副县长、县政府委员、地方法院院长；监督、弹劾县政府、地方司法机关工作人员；决定本县地方经费收支事项；批准县政府的各项行政计划和军事计划；决定本县应兴应革事项。乡参议会是乡的最高权力机关，由选民直接选举产生，不设正副议长，不设常设机构，开会时推举3人组成主席团主持会议。其职权是：选举或罢免乡长、乡政府委员；监督和弹劾乡政府工作人员；议决并执行本乡兴革事项；议决本乡财政收支事项。抗日根据地的参议会制度与土地革命时期的工农兵苏维埃制度的主要区别，除了参加人员比较广泛外，在边区和县两级形式上不是完全"议行合一"的。边区与县参议会虽是边区和县的最高权力机关，但由它们选举产生的政府按规定却是与它们平行的机关。这是工农兵苏维埃代表大会制下所没有的。同时边区和县政府是同级参议会休会时的最高权力机关，而参议会的常务委员会则只是参议会的日常事务管理机关；政府可自行决定、执行辖区内的重大事务，颁布单行法规，而参议会的常务委员会对此则只起监督、建议和询问作用，无权审查、批准、变更或撤销。

在解放战争时期，为了适应形势发展的需要，解放区采取了人民代表会议制的政权组织形式。抗日战争时期，为了团结一切赞成抗日又赞成民主的人们，各根据地抗日民主政权一般采取了参议会的组织形式。但当蒋介石国民党集团发动大规模内战，退出统一战线，封建地主阶级和官僚资产阶级已成为革命对象时，过去的参议会形式显然就不适应新形势的需要了。事实上，在抗战胜利之初，一些地方在建立民主政权时，就开始采用一种新的组织形式，即人民代表会议制度。1946年4月陕甘宁边区第三届参议会第一次会议通过的《陕甘宁边区宪法原则》就明确规定：边区、县、乡人民代表会议（参议会）为人民管理政权机关。人民普遍直接平等无记名选举各级代表，各级代表会选举政府人员。各级政府对各级代表会负责，各级代表对选举人负责。乡代表会即直接执行政务机关。这种制度是抗日民主政权制度的发展，为以后新解放区建立政权制度提供了范例。但在新解放区建立政权的过程中，普遍实行人民代表会议制度则经历了一个过渡性阶段，而且由于各地情况和条件不同，过渡的形式也不一样。在城市一般以各界代表会议作为向人民代表会议过渡的形式。即由各界代表会议协助政府工作，为召集普选的人民代表大会准备条件，一旦条件成熟，这种代表会即可执行人民代表大会的职权，成为全市的最高权力机关，选举市政府。在解放战争中，凡是解放了的城市，大都采用了这种形式，过渡到人民代表会议制度。在乡村是由贫农团和农会作为向人民代表会议过渡的形式。在农村进行土地改革的过程中，是以贫农团为骨干组织的农会作为临时性的基层政权，并在贫农团和农会的基础上正式建立起区、村（乡）两级人民代表会议，作为区、村（乡）两级的权力机关。毛泽东曾指出：这是一项极宝贵的经验，"在一切解放区，也就应当这样做。在区、村（乡）两级人民代表会议普遍建立起来的时候，就可以建立县一级人民代表会议。有了县和县以下的各级人民代表会议，县以上的各级人民代表会议就容易建立起来了。"[①] 人民代表会议制度是中国共产党领导民主建设的新经验和新发展。各解放区在普遍建立起村（乡）、区、县和城市人民代表会议后，随着解放区的扩大，也将这种制度实用于省政权及大行政区政权。

1949年9月中国人民政治协商会议第一届全体会议通过的《中国人民政治协商会议共同纲领》规定：中华人民共和国的国家政权属于人民。人民行使国家政权的机关为各级人民代表大会和各级人民政府。各级人民代表大会由人民用普选方法产生之。各级人民代表大会闭会期间，各级人民政府为行使各级政权的机关。在普选的全国人民代表大会召开以前，由

---

① 《毛泽东选集》第4卷，人民出版社1994年版，第1309页。

中国人民政治协商会议的全体会议执行全国人民代表大会的职权。在普选的地方人民代表大会召开以前，由地方各界人民代表会议逐步地代行人民代表大会的职权。凡在军事行动已经完全结束、土地改革已经彻底实现、各界人民已有充分组织的地方，即应实行普选，召开地方的人民代表大会。

1952年底，在全国进行普选、召开各级人民代表大会的条件已经基本具备。12月24日，周恩来在政协全国委员会常委会（扩大的）第43次会议上，代表中国共产党提出了召开全国和地方各级人民代表大会的建议。1953年1月13日，中央人民政府委员会第20次会议作出关于召开全国及地方各级人民代表大会的决议。会议决定成立以毛泽东为主席的宪法起草委员会，以周恩来为主席的选举法起草委员会。同年2月11日，中央人民政府委员会第22次会议通过了中国第一部《全国人民代表大会及地方各级人民代表大会选举法》。1953年至1954年春，全国开展了第一次普选。在此基础上，逐级召开了乡、县、省（市）人民代表大会，选举产生了地方各级国家机关。

1954年9月15日第一届全国人民代表大会第一次会议在北京召开。会议通过了中国历史上第一部社会主义类型的宪法——《中华人民共和国宪法》。《宪法》规定：中华人民共和国的一切权力属于人民。人民行使权力的机关是全国人民代表大会和地方各级人民代表大会。会议还通过了《全国人民代表大会组织法》《国务院组织法》等重要组织法，进一步确立了国家机构组织和活动的规范。第一届全国人民代表大会的召开和中华人民共和国宪法的颁布，标志着中国人民代表大会制度的正式建立。但1957年以后，由于"左"的思想的影响，人民代表大会制度出现了削弱的趋势。特别是10年"文化大革命"期间，人民代表大会制度遭到了严重破坏。直到"文革"结束，特别是中共十一届三中全会后，人民代表大会制度才得到了不断完善和加强。

二　人民代表大会制度的内容和特点

人民代表大会由全国人民代表大会和地方各级人民代表大会构成。1954年宪法，对全国人民代表大会和地方各级人民代表大会的组成、任期及职权等作出了具体而明确的规定。

全国人民代表大会是最高国家权力机关，是行使国家立法权的唯一机关。全国人民代表大会由各省、自治区、直辖市、军队和华侨代表组成。其代表名额和代表产生办法，包括少数民族代表的名额和产生办法，由选举法规定。全国人民代表大会每届任期4年（以后的几部宪法都规定为5年），每年举行一次会议，由全国人民代表大会常务委员会召集。如果全国人民代表大会常务委员会认为必要，或者有1/5的代表提议，可以临时召集全国人民代表大会会议。全国人民代表大会举行会议时，选举主席团主持。全国人民代表大会行使以下职权：一是立法权。即修改宪法和制定法律的权力。宪法的修改由全国人民代表大会以全体代表的2/3的多数通过，法律和其他议案由全国人民代表大会以全体代表的过半数通过。二是决定权。具体包括：决定国民经济计划；审查和批准国家的预算和决算；批准省、自治区和直辖市的划分；决定大赦；决定战争和和平问题。三是任免权。即选举、罢免和决定国家机关领导人的权力。具体包括：选举中华人民共和国主席、副主席；根据中华人民共和国主席的提名，决定国务院总理的人选，根据国务院总理的提名，决定国务院组成人员的人选；根据中华人民共和国主席的提名，决定国防委员会副主席和委员的人选；选举最高人民法院院长；选举最高人民检察院检察长。全国人民代表大会有权罢免由它选举或决定的上述人员。四是监督权。即监督宪法的实施和国家机关的工作的权力。其中包括听取和审查全国人民代表大会常务委员会、国务院、最高人民法院、最高人民检察院的工作报告。

全国人民代表大会常务委员会是全国人民代表大会的常设机关，由全国人民代表大会选举出委员长、副委员长若干人、秘书长和委员若干人组成，对全国人民代表大会负责并报告工作。全国人民代表大会有权罢免其常务委员会的组成人员。全国人民代表大会常务委员会行使以下职权：一是解释法律和制定法令的权力。二是决定权。具体包括：决定驻外全权代表的任免；决定同外国缔结的条约的批准和废除；规定军人和外交人员的衔级和其他专门衔级；规定和决定授予国家的勋章和荣誉称号；决定特赦；在全国人民代表大会闭会期间，如果遇到国家遭受武装侵犯或者必须共同履行国际间共同防止侵略的条约的情况，决定战争状态的宣布；决定全国总动员或者局部动员；决定全国或者部分地区的戒严。三是任免权。具体包括：在全国人民代表大会闭会期间，决定国务院副总理、各部部长、各委员会主任、秘书长的个别任免；任免最高人民法院副院长、审判员和审判委员会委员；任免最高人民检察院副检察长、检察员和检察委员会委员。四是监督权。具体包括：监督国务院、最高人民法院和最高人民检察院的工作；撤销国务院的同宪法、法律和法令相抵触的决议和命令；改变或者撤销省、自治区、直辖市国家权力机关的不适当的决议。五是主持全国人民代表大会代表的选举和召集全国人民代表大会会议。六是全国人民代表大会授予的其他职权。

为了更有效地行使国家权力，宪法规定全国人民代表大会设立民族委员会、法案委员会、预算委员会、代表资格审查委员会和其他需要设立的委员会。民族委员会和法案委员会，在全国人民代表大会闭会期间，受全国人民代表大会常务委员会的领导。同时，宪法还规定：全国人民代表大会认为必要的时候，在全国人民代表大会闭会期间全国人民代表大会常务委员会认为必要的时候，可以组织特定问题的调查委员会。

宪法规定省、直辖市、县、市、市辖区、乡、民族乡、镇设立人民代表大会和人民委员会（即人民政府）。地方各级人民代表大会都是地方国家权力机关。省、直辖市、县、设区的市的人民代表大会代表由下一级的人民代表大会选举；不设区的市、市辖区、乡、民族乡、镇的人民代表大会代表由选民直接选举。地方各级人民代表大会代表名额和代表产生办法由选举法规定。省人民代表大会每届任期4年，直辖市、县、市、市辖区、乡、民族乡、镇的人民代表大会每届任期2年。1975年宪法和1978年宪法规定省、直辖市的人民代表大会每届任期5年，县、市、市辖区的人民代表大会每届任期3年，人民公社、镇的人民代表大会每届任期2年。地方各级人民代表大会的职权主要有：一是保证、保护、维护、保障权。地方各级人民代表大会在本行政区域内，保证法律、法令的遵守和执行，保护公共财产，维护公共秩序，保障公民权利，保障少数民族的平等权利。二是决定权。地方各级人民代表大会依照法律规定的权限通过和发布决议。民族乡的人民代表大会可以依照法律规定的权限采取适合民族特点的具体措施；规划地方的经济建设、文化建设和公共事业；审查和批准地方的预算和决算。三是选举和罢免权。地方各级人民代表大会选举并且有权罢免本级人民委员会的组成人员。县级以上的人民代表大会选举并且有权罢免本级人民法院院长。1978年宪法规定，县和县以上的人民代表大会选举并且有权罢免本级人民法院院长和本级人民检察院检察长。四是监督权。地方各级人民代表大会审查和听取本级人民委员会和人民法院、人民检察院的工作报告，有权改变或者撤销本级人民委员会的不适当的决议和命令。县级以上的人民代表大会有权改变或者撤销下一级人民代表大会的不适当的决议和下级人民委员会的不适当的决议和命令。

宪法还对人民代表大会代表的权利和监督作出了明确规定。全国人民代表大会代表有权向国务院或者国务院各部、各委员会提出质问，受质问的机关必须负责答复。全国人民代表大会代表，非经全国人民代表大会许可，在全国人民代表大会闭会期间非经全国人民代表大会常务委员会许可，不受逮捕或者审判。全国人民代表大会代表受原选举单位的监督。原选举单位有权依照法律规定的程序随时撤换本单位选出的代表。省、直辖市、县、设区的市的人民代表大会代表受原选举单位的监督；不设区的市、市辖区、乡、民族乡、镇的人民代表大会代表受选民的监督。地方各级人民代表大会的选举单位和选民有权依照法律规定的程序随时撤换自己选出的代表。

中国的人民代表大会是按照民主集中制的原则建立起来的。所谓民主集中制，就是它既是民主制，又是集中制。而民主是在集中指导下的民主，集中又是在民主基础上的集中，即实行高度民主和高度集中相结合的原则。其在人民代表大会制度上的具体表现是：第一，在人民和人民代表大会的关系上，全国人民代表大会和地方各级人民代表大会都由民主选举产生，对人民负责，受人民监督。就是说人民是国家的主人，拥有国家的一切权力，人民代表大会必须由人民选出的代表组成，并服从人民的意志，按照人民的意志办事，否则人民有权依照法律随时撤换自己选出的代表。第二，在人民代表大会这个国家权力机关和国家其他机关的关系上，国家行政机关、审判机关、检察机关和军事机关都由人民代表大会产生，对它负责，受它监督。就是说，只有人民代表大会才是人民行使国家权力的机关，其他机关都是它的执行机关，其他机关的工作人员如果不按照人民代表大会的规定办事，人民代表大会有权依法罢免这些人员。第三，在中央和地方的国家机构职权的划分上，遵循在中央的统一领导下，充分发挥地方的主动性、积极性原则。就是说，从作为国家权力机关的全国人民代表大会和地方各级人民代表大会的关系来讲，一方面，各级人民代表大会及其常委会都要分别行使宪法规定的职权；另一方面，还要加强全国人民代表大会及其常委会与地方各级人民代表大会及其常委会的联系，做到既要充分发挥全国人民代表大会及其常委会对地方各级人民代表大会及其常委会在工作上的指导作用，又要充分发挥地方各级人民代表大会及其常委会在职权范围内的首创精神。因此，实行民主集中制，既能保证人民享受广泛的民主和权利，又能保证行使国家权力的统一和集中，充分体现中国人民民主专政的国家性质，并有可能防止和克服官僚主义和分散主义倾向。同时，民主集中制又是人民代表大会的活动原则。作为活动原则，民主集中制主要体现在国家机关的决策过程中。任何国家机关都必须充分发扬民主，在广泛民主的基础上集中正确的意见，从而制定出法律、法规或作出决议，然后再贯彻到人民群众中去。但民主集中制在不同国家机关的决策中，具体表现形式有所差别。一是在国家权力机关中，对一切重大问题必须经过充分讨论，然后付之表决，按照少数服从多数的原则作出决议；二是在国家行政机关中，对于一切重大问题进行充分民主讨论后，行政首长有权采纳正确意见，作出最后决策。

人民代表大会作为中国人民民主专政政权的组织形式，具有以下几个方面的特点：第一，国家的一切权力属于人民，这是人民代表大会制度的政治基础和根本原则。人民为了有效地运用权力，通过定期选举产生自己的代表，并且由他们组成各级人民代表大会；各级人民代表大会作为人民行使国家权力的机关，集中人民的意志和智慧，制定宪法、法律和其他法规，组织各级人民政府、人民法院和人民检察院，并监督其工作。人民代表大会等国家权力机关和执行机关是代表人民行使权力，为人民服务的政权组织形式，因此，各级代表与其他国家机关工作人员必须对人民负责，接受人民的监督。人民有权要求代表履行自己的职责，并依法罢免不称职的代表和国家机关工作人员，以保证人民代表大会和国家行政、司法机关真正代表人民利益和意志，保证国家的权力永远属于人民。第二，人民代表大会制是中国革命经验的总结。它是人民在革命斗争中所创造的。中国共产党根据中国革命的历史经验，根据中国政权建设的实际需要，不断总结提高和概括，从而确立了人民代表大会制度。它也是中国共产党把马克思主义的国家学说创造性地运用到中国政治制度中的具体表现。第三，人民代表大会制度所贯彻的民主集中制原则，与资本主义国家的"三权分立"是根本不同的。在人民代表大会的代表机关的组织机构上，它采用一院制的形式，而不是复合结构的两院制的形式。第四，人民代表大会制度所包括的范围不仅是人民代表大会本身的体系、结构等组织形式问题，而且包括了全部国家机构的组织形式问题。具体说，它包括：国家权力分为几个部分，相应地设立行使不同权力的机构；这些机构如何产生；以及各机构的相互关系等。第五，人民代表大会制度在中国的政治生活中具有重要的地位和作用。它反映着中国政治生活的基本内容，表示了国家政治力量的源泉，是中国根本的政治制度。因此，人民代表大会制度是否完善，它在国家政治生活中的作用如何，直接关系到"一切权力属于人民"的宪法原则能否得到实现。人民代表大会制度越发展、越完善，社会主义民主也就越发展、越完善。

第三节 政治协商制度

政治协商制度，是指在中国共产党的领导下，各政党、各人民团体、少数民族和社会各界的代表，以政治协商会议为组织形式，经常就国家的大政方针进行民主协商的一种制度。政治协商制度是中国社会主义政治制度的重要组成部分。

一 政治协商制度的建立

中国共产党与其他各政党和各人民团体及社会各界代表的政治协商始于第一次国共合作时期，发展于抗日战争时期。1935年华北事变后，中华民族面临生死存亡的深重危机，为了停止内战，共同抗日，中国共产党确立了建立广泛的抗日民族统一战线的策略方针。为了抗日反蒋，瓦窑堡会议后转为逼蒋抗日，并最终建立起广泛的抗日民族统一战线，中国共产党与其他各政党和各人民团体及社会各界代表进行了经常性协商。1935年8月，中共中央在发表的《为抗日救国告全国同胞书》（即《八一宣言》）中申明，中国共产党愿意立刻同各党派，各团体（工会、农会、学生会、商会、教育会、新闻记者联合会、教职员联合会、同乡会、致公党、民族武装自卫会、反日会、救国会等等），各名流学者、政治家以及一切地方军政机关，就抗日问题进行谈判。1936年4月中共中央在发给中国国民党及中国国家主义青年党、中华民族革命大同盟、中华民族解放（行动）委员会、中国大众生产党、上海各界救国联合会等全国各党各派的《为创立全国各党各派的抗日人民阵线宣言》中提议创立抗日的人民阵线，以抵御日本帝国主义盗匪们的长驱直入，以反对汉奸卖国贼丧心病狂的无耻行为，并欢迎各党各派的中央与地方组织能接受中共中央的提议，互派代表同中共中央与中共的地方组织共同协商具体进行办法，组织各党各派的中央的与地方的行动委员会，以创立中央的与地方的抗日的人民阵线。毛泽东还致信杜斌丞、邵力子、宋庆龄、章乃器、陶行知、沈钧儒、邹韬奋、蔡元培、李济深、蒋光鼐、许德珩、何香凝等爱国领袖和知名人士，并派代表给他们送去中共的文件，解释和传达中共的方针政策，征求他们的意见和要求。周恩来在武汉办事处的一段时间内，几乎每周都到汉口中央银行楼上同救国会的沈钧儒、史良、邹韬奋、李公朴，国社党的张君劢，青年党的左舜生等聚商国是，向他们介绍国共谈判的情况，分析政治形势，听取他们对时局的意见。周恩来在重庆所住的曾家岩50号，也是沈钧儒等人常来商谈国是之地。同时，周恩来等也经常前往各中间党派负责人的寓所探望、拜访，坦率交换意见。

为了抨击国民党的一党专政，争取民主宪政，1939年8月8日和15日，中共南方局领导人曾两次同张澜、沈钧儒等党派代表和民主人士聚会，讨论参政会的提案问题。

1944年中国共产党提出的成立民主联合政府的主张，也是在与广大民主党派协商的基础上而提出来的。8月17日，毛泽东电告在重庆的中共代表董必武与张澜、左舜生等党派代表人物商谈组织各党派联合政府问题。8月18日，周恩来又致电董必武等了解中共如提出建立联合政府主张，能否引起各民主党派的响应和同情。9月4日，林伯渠等向中央电告与各民主党派商谈的结果是：民主党派赞成林伯渠在参政会的报告中以个人名义顺便提出改组政府主张，达到鲜明的向全国人民提出我们今后争取的目标。正是由于各党派的支持，中共才能在第三届三次国民参政会上公开提出建立联合政府的主张。毛泽东在中国共产党第七次全国代表大会上所作的《论联合政府》的政治报告中也指出："为着打败日本侵略者和建设新中国，为着防止内战，中国共产党在取得了其他民主派别的同意之后，于一九四四年九月间的国民参政会上，提出了立即废止国民党一党专政、成立民主的联合政府一项要求。"①

为了团结、争取中间势力，进一步阐明中国共产党的政治主张，1945年6月18日，中共复电黄炎培等人，邀请他们访问延安，商谈国是。7月1日，褚辅成、黄炎培、冷遹、傅斯年、左舜生、章伯钧等6人在王若飞的陪同下飞抵延安。毛泽东、朱德、周恩来、林祖涵、吴玉章等中共重要领导人到机场欢迎。从7月2日至4日，毛泽东、朱德、周恩来、刘少奇、林祖涵、张闻天、任弼时、王若飞等中共领导人与6位参政员举行了三次会谈，彼此都持坦诚的态度，各抒己见，畅所欲言，就国是问题广泛地交换了意见。在最后一次会议上，毛泽东拿出整理的会议纪要慎重地分送6位参政员，并逐字逐句地进行了解释。纪要提出6位参政员和中共方面同意的下列两点：一是停止国民大会进行，二是从速召开政治会议。同时，纪要还详细记录了中共方面的5点建议。这充分体现了中国共产党求同存异的精神，既肯定了中共与6位参政员反对国民党包办的国民大会，召集有民主实质的政治会议的共同要求，又阐明了中共的立场和具体建议。

抗日战争胜利后，中国共产党与其他政党和各人民团体及社会各界代表的政治协商得到进一步的发展。为了团结各民主党派共同力争和平民主的前途，中国共产党在《中共中央对目前时局的宣言》中声明：共产党愿意与中国国民党及其他党派努力求得协议，以期各项紧急问题得到迅速解决，并长期团结一致，彻底实现孙中山先生的三民主义。1945年8月中国共产党决定派毛泽东、周恩来、王若飞赴重庆与国民党进行和平谈判。10月10日国共双方签订了《政府与中共代表会谈纪要》（即《双十协定》）。在协定中，国民党当局表示承认"和平建国的基本方针"，允诺召开政治协商会议，"邀集各党派代表及社会贤达协商国是"。在重庆谈判期间，毛泽东、周恩来等利用谈判之余与社会各界代表人士广泛地接触会晤，特别是与民盟领导人张澜、沈钧儒、黄炎培、章伯钧等人进行了多次会谈。毛泽东在会谈中向民主人士宣传我党的政治主张及关于实现和平、民主、团结的基本方针，并在一系列重大问题上与他们进行了开诚布公的交谈和切磋，一起寻求解决办法。1945年11月9日，周恩来、王若

---

① 《毛泽东选集》第3卷，人民出版社1991年版，第1051页。

飞邀请沈钧儒、黄炎培等民主人士商谈动员各界人士，揭露国民党的内战阴谋。12月29日，周恩来、董必武以中共代表团的名义分别宴请沈钧儒、陶行知、邓初民、李公朴、史良、章伯钧等人，进一步沟通对政协会议的看法。为了使政治协商会议能朝着有利于人民的方向发展，1945年12月5日，中共中央指示南方局即刻着手邀集各民主党派无党派及会外活动分子准备政协提案，研究共同纲领及宪法草案。中共政协代表团还宴请会晤了民盟政协代表团及在重庆的常委张澜、梁漱溟、张东荪，青年党曾琦，救国会沈钧儒，第三党章伯钧等人，就政协问题交换意见。在多次协商的基础上，中共与民盟进一步订立了关于对重大问题事先交换意见，以便互相配合的"君子协定"。1946年1月10日，由国民党、共产党、其他党派和无党派人士的代表参加的政治协商会议（即"旧政协"）在重庆召开。为了达成有利于人民的协议，根据中共中央的指示，中共代表团每天都要与民盟代表团进行会前会后的磋商，统一看法，以便在会议上采取共同行动。由于伪国大的召开，使得政协决议被彻底破坏。

新中国成立前夕，中共就召开新政协的有关问题与各民主党派、人民团体和民主人士进行了充分的协商。1948年4月30日中共中央发布的《纪念五一劳动节口号》中提议：各民主党派、各人民团体、各社会贤达迅速召开政治协商会议，讨论并实现召集人民代表大会，成立民主联合政府。5月1日，毛泽东亲自致函在香港的民革主席李济深和实际主持民盟事务的民盟中央常委沈钧儒，并派当时在香港的中共华南分局负责人潘汉年拜访他们，征询他们的意见。5月2日和7日，中共中央连续给中共上海局和中共华南区分局发出指示，要求他们与真诚反美反蒋的各民主党派、人民团体和社会知名人士交换意见，并将各方反应报告中央。6月13日，中共中央又电示中共上海局、华南分局并告潘汉年，就召开新政协会议的时间、地点、召集人、代表名额等问题征询民主党派、人民团体和无党派民主人士的意见。10月初，中共中央统战部与符定一、周建人等民主人士商讨后，拟定了《关于召开新的政治协商会议诸问题》草案。这个草案经毛泽东修改后，中共中央又指示东北局的高岗、李富春约请在哈尔滨的民主人士沈钧儒等商谈。之后，中共中央又通过华南分局征求了在香港的各民主党派负责人和无党派民主人士的意见。在反复交换意见的基础上，中共中央代表高岗、李富春与在哈尔滨的各民主党派和民主人士的代表达成了《关于召开新的政治协商会议诸问题的协议》，确定新政协筹备会由中共及赞成中共"五一口号"第五项内容的包括民革、民盟、民建、民进、农工、救国会、民联、民促、致公及无党派民主人士在内的23个单位的代表组成，由中共负责起草新的政协筹备会的组织条例。1949年6月15日，新政协筹备会在北平召开了第一次会议，会议通过了《新政协筹备会组织条例》，并根据条例选出了21人组成的常务委员会，推举毛泽东为筹备委员会主任，周恩来、沈钧儒、郭沫若、陈叔通为副主任，李维汉为秘书长。9月17日，新政协筹委会召开第二次全体会议，宣布新政协会议经由新政协筹委会决定改名为"中国人民政治协商会议"，并通过了《中国人民政治协商会议共同纲领草案》。同时，经过3个多月的各方面的反复协商，最终确定参加新政协的代表共分五类，即党派代表、区域代表、军队代表、团体代表和特邀代表。前四类共45个单位，正式代表510名，候补代表77名，特邀代表75名，共计662名。共同纲领在起草过程中，也充分体现了共同协商的精神，是共同协商的结果。

1949年9月12日，中国人民政治协商会议第一届全体会议在北平召开。会议通过了起临时宪法作用的《中国人民政治协商会议共同纲领》和《中国人民政治协商会议组织法》、《中华人民共和国中央人民政府组织法》以及中华人民共和国首都、纪年、国旗、国歌等决议案。《共同纲领》规定：中国人民政治协商会议为人民民主统一战线的组织形式。其组织成分，应包含有工人阶级、农民阶级、革命军人、知识分子、小资产阶级、民族资产阶级、少数民族、国外华侨及其他爱国民主分子的代表。在普选的全国人民代表大会召开以前，由中国人民政治协商会议的全体会议执行全国人民代表大会的职权，制定中华人民共和国中央人民政府组织法，选举中华人民共和国中央人民政府委员会，并付之以行使国家权力的职权。在普选的全国人民代表大会召开以后，中国人民政治协商会议得就有关国家建设事业的根本大计及其他重要措施，向全国人民代表大会或中央人民政府提出建议案。中国人民政治协商会议的召开和《共同纲领》及《中国人民政治协商会议组织法》的通过，标志着中国政治协商制度的正式创立，也表明了这一制度创立之初曾担负起协商筹建中华人民共和国的重任。

以中国人民政治协商会议为组织形式的政治协商制度建立之后，在团结全国各族人民，推动各种社会力量完成社会主义改造，发扬人民民主和活跃国家政治生活，调整统一战线内部关系和调动一切积极因素为社会主义建设服务等方面，发挥了应有的作用，作出了重要的贡献。但自1957年起，由于"左"的思想的影响，政协工作受到了干扰，政治协商制度出现了曲折。特别是10年"文化大革命"期间，各级政协陷入了瘫痪，政治协商制度遭到了严重破坏。直到"文革"结束后，各级政协才开始恢复工作。中共十一届三中全会以后，以中国人民政治协商会议为组织形式的政治协商制度进入了一个不断加强、发展和完善的新时期。

二 人民政协的性质、组织原则、组织体系和职能

中国人民政治协商会议（简称人民政协）作为政治协商制度的组织形式，其性质、组织原则、组织体系、职能，集中体现了政治协商制度的内容。1949年9月人民政协第一届全体会议通过的《中国人民政治协商会议组织法》和1954年12月人民政协第二届全国委员会第一次全体会议通过的《中国人民政治协商会议章程》对这一制度的具体内容作了明确规定。

（一）人民政协的性质和特点

人民政协在第一届全国人民代表大会召开之前，它以全体会议的形式执行全国人民代表大会的职权。第一届全国人民代表大会召开之后，它就成为团结全国各民族、各民主党派、各人民团体、国外华侨和其他爱国民主人士的人民民主统一战线组织。它既不是国家权力机关，也不是一般的人民团体，而是各党派的协商机关。毛泽东在人民政协第二届全国委员会一次会议前召开的有关人士的座谈会上讲过，人大是权力机关。有了人大，并不妨碍成立政协进行政治协商。人大已包括了各方面，代表性当然很大，但它不能包括所有方面，所以政协仍有存在的必要，而不是多余的。当时有人问，政协既然这样重要，是否可以把它搞成国家机关？毛泽东明确地回答：不能搞成国家机关。因为人大和国务院是国家权力机关和国家行政机关，如果把政协也搞成国家机关，岂不成了二元论了吗？这样就重复了、分散了，民主集中制就讲不通了。要实事求是，政协不仅是人民团体，而且是各党派的协商机关，是党派性的机关。这不等于不重视它，而恰恰是重视它。共产党就是党派，也不是国家机关，但它的价值并不因此而降低。

人民政协具有以下几个特点：一是广泛性。人民政协团结面广，容纳量大，是中国最广泛也是最重要的统一战线组织形式。参加政协的有中国共产党、国民党革命委员会、民主同盟、民主促进会、民主建国会、农工民主党、致公党、九三学社、台湾民主自治同盟以及无党派人士；工会、共青团、妇联、青年联合会、工商业联合会、归国华侨联合会和台胞联谊会等人民团体；少数民族；文化艺术界、科学技术界、社会科学界、农林界、体育界、教育界、新闻出版界、医药卫生界、对外友好团体、社会福利团体、宗教界以及台湾、港澳同胞和归国华侨等各界代表，还有一部分特邀人士。人民政协参加单位和个人的广泛性，是其他任何组织所不可比拟的。这对于推进社会主义建设，对于统一祖国和振兴中华，都有着非常重要的作用。二是党派性。这是人民政协的最大特点。中国统一战线中的组织很多，如妇联、侨联、台联、科协等，参加这些团体的各党派成员都不是以党派的身份参加的；参加人民代表大会国家权力机关的各民主党派成员都不能以党派的名义进行活动，而是按各地方代表团进行活动的；在政府各部门任职的各民主党派成员，遇事也不能按本党的意见进行处理，更不允许各民主党派在政府部门内设立党组。而政协则不同，各党派一开始就是以党派名义参加的，是以党派名义活动的，是代表党派的。三是协商性。人民政协是一个协商机关，是各政党、各人民团体、少数民族和社会各界代表协商国家大政方针和重要事务的组织形式。它的作用是代表统一战线各方面成员的意见和要求，对政府工作提出批评和建议，但它无权制定、颁布宪法和其他法令，不具有国家权力机关那种监督、检查、质询、弹劾的权力。它的作用还在于广泛联系各方面的人民群众，充分反映他们的意见和批评、建议。这种民主监督不具有法律约束力，但同样受到党和政府的重视。民主协商是人民政协的基本原则。参加政协的单位和人选，不是经过选举而是由协商产生的。它的决议是经过协商取得的，内部关系也是由协商确定的。

（二）人民政协的组织原则

人民政协以各民主党派、各人民团体为基础组成。1949年9月通过的政协组织法在总则中规定：人民政协旨在经过各民主党派及各人民团体的团结，去团结全中国各民主阶级、各民族，共同努力，实行新民主主义，反对帝国主义、封建主义及官僚资本主义，推翻国民党的反动统治，肃清公开的及暗藏的反革命残余力量，医治战争创伤，恢复并发展人民的经济事业及文化事业，巩固国防，并联合世界上以平等待我之民族及国家，以建立及巩固由工人阶级领导的以工农联盟为基础的人民民主专政的独立、民主、和平、统一及富强的中华人民共和国。承认此总则的民主党派及人民团体，经全国人民政协委员会协商同意，得参加中国人民政协；个人经人民政协全国委员会协议邀请者，亦得参加人民政协的全体会议。1954年12月制定的政协章程在总纲中规定：参加人民政协的单位和个人必须遵守以下准则：一是拥护中华人民共和国宪法，全力贯彻宪法的实施。二是巩固工人阶级领导的、以工农联盟为基础的人民民主制度；加强社会主义经济力量在国民经济中的领导地位。三是协助国家机关，推动社会力量，实现国家关于社会主义工业化和社会主义改造的建设计划。四是密切联系群众，向有关国家机关反映群众的意见和提出建议。五是在全国人民中加强团结工作，发扬爱国主义精神，提高革命警惕性，保卫国家建设，坚持对国内外敌人的斗争。六是增进中国同一切爱好和平国家的友谊，加强中国人民同全世界爱好和平的人民的友谊，反对侵略战争，保卫世界和平，维护人类的正义事业。七是在自愿的基础上学习马克思列宁主义的理论，积极学习国家的政策，提高政治水平，展开批评和自我批评，努力进行思想改造。人民政协全国委员会全体会议和常务委员会会议的决议，地方委员会全体会议和常务委员会的决议，以全体委员的过半数通过。各参加单位和个人对会议通过的决议，都应当遵守和实行。如有不同意见，可声明保留，待下次会议讨论，但应当根据少数服从多数的原则执行决议，不得违反；如果对重要决议根本不同意，有声明退出人民政协的自由。人民政协全国委员会的参加单位和个人如果严重违反了人民政协章程和全国委员会的决议，由全国委员会依据情节严重的程度分别给以警告、撤销委员资格或撤销单位参加资格的处分。人民政协地方委员会的参加单位和个人如果严重违反了人民政协章程、全国委员会全国性的决议或者地方委员会的决议，由地方委员会依据情节严重的程度分别给以警告、撤销委员资格或者撤销单位参加资格的处分。被处分的单位和个人如果对处分不服，可以请求复议；地方委员会被处分的单位和个人并且可以向上级委员会提出申诉。人民政协全国委员会和各级地方委员会之间，是指导关系，上下之间有指导和被指导、指示和被指示、报告和接受报告的关系。地方委员会对全国委员会的全国性的决议和号召，都有遵守和实行的义务，但又要因地制宜，便于地方根据实际情况开展当地的统一战线工作。

（三）人民政协的组织体系

人民政协由全国委员会和地方委员会构成。

人民政协全国委员会由各民主党派、各人民团体推出的代表组成，有必要的时候可以邀请个人参加。少数民族和华侨应当有适当的名额。每届全国委员会的参加单位、名额和委员人选，由上届全国委员会常务委员会协商决定。每届全国委员会任期内，有必要增加或者变更参加单位或名额和决定委员人选的时候，由本届全国委员会常务委员会协商决定。人民政协全国委员会根据人民政协章程的总纲，就有关国家政治生活和人民民主统一战线的重要事项进行协商和工作。人民政协全国委员会设名誉主席、主席、副主席若干人和秘书长；设常务委员会主持会务；每届任期4年（1982年新政协章程中改为5年）。常务委员会由全国委员会的主席、副主席若干人、秘书长和常务委员若干人组成。人民政协全国委员会全体会议每年举行一次，由常务委员会召集。常务委员会认为有必要的时候，可以提前或延期召集。人民政协全国委员会设副秘书长若干人，由常务委员会选任；设秘书处，并可以根据工作需要设若干组，在秘书长领导下进行工作。每组设组长、副组长若干人，由常务委员会指定。人民政协全国委员会主要职权是：（1）保证实行人民政协全国委员会的决议；（2）协商并提出对中央人民政府的建议案；（3）协助政府动员人民参加人民民主革命及国家建设的工作；（4）协商并提出参加人民政协的各单位在全国人民代表大会选举中的联合候选人名单；（5）协商并决定下届人民政协的参加单位、名额及代表人选；（6）指导地方民主统一战线工作；（7）协商并处理其他有关人民政协内部合作的事宜。人民政协全国委员会的下列3项职权必须由全体会议共同行使。即：修改人民政协章程；推举全国委员会名誉主席，选举全国委员会主席、副主席、秘书长和常务委员；听取和审查常务委员会的工作报告。

1949年通过的政协组织法规定：在中心城市、重要地区及省会，经人民政协全国委员会决议，设中国人民政协地方委员会，为该地方各民主党派及人民团体的协商并保证实行决议的机关。1954年12月制定的政协章程规定：省、直辖市和市设人民政协的省委员会、自治区委员会、直辖市委员会和市委员会。其他地方有必要的时候也可以设地方委员会。人民政协地方委员会由当地各民主党派、各人民团体推出的代表组成，有必要的时候可以邀请个人参加。当地少数民族应当有适当的名额。每届地方委员会的参加单位、名额和委员人选，由上届地方委员会常务委员会协商决定。每届地方委员会任期内，有必要增加或者变更参加单位或名额和决定委员人选的时候，由本届地方委员会常务委员会协商决定。人民政协的省委员会、自治区委员会每届任期4年，直辖市、市委员会和其他地方委员会每届任期2年。（1982年新的政协章程规定地方各级政协委员会任期为5年）。人民政协地方委员会设主席、副主席1人或若干人，并且可以按照需要设秘书长；设常务委员会主持会务。常务委员会由地方委员会的主席、副主席1人或若干人、秘书长（设秘书长的地方）和常务委员若干人组成；可以按照需要设工作机构，或者只设若干工作人员。设秘书长的地方委员会可以按照需要设副秘书长1人或若干人。人民政协地方委员会的全体会议由常务委员会召集，每年至少举行一次。人民政协地方委员会的主要任务是：遵守和实行人民政协的章程，推行人民政协全国委员会的全国性的决议和号召，协商和进行地方的人民民主统一战线工作。人民政协地方委员会的下列职权必须由全体会议行使：选举地方委员会主席、副主席、秘书长（设秘书长的地方）和常务委员；听取和审查常务委员会的工作报告。

（四）人民政协的主要职能

人民政协的主要职能是政治协商和民主监督。政治协商主要是指政协内部的协商，也就是政协内部的各党派、各人民团体、少数民族和社会各界的代表的协商。协商的内容可以是各党派之间的共同性事务、人民政协内部的重要事务以及有关统一战线的其他重要问题，也可以是国家和地方事务以及人民生活的重大问题，特别是国家的大政方针问题。协商的主要形式是政协全国委员会的全体会议、政协常委会的各种会议、各种专门委员会会议，以及根据需要召开的各党派、人民团体、少数民族人士和各界爱国人士代表座谈会。上述各种会议对国家的大政方针、有关国计民生的重要问题,进行协商,取得协议,然后再提交国家权力机关或政府。协商的结果虽然不具有法律效力,但对国家的决策能起到重要的咨询和参谋作用。1956年12月《中央统战部关于加强地方政协委员会工作的意见》中指出:"各地政协除了对中央交议的重要的政治问题和法律法令草案等应当进行协商外,对于当地人民委员会的重要措施、指示、条例和单行法规的草案,各项有关的名单,当地各民族之间和民主党派、人民团体、民主人士之间相互关系中的重要问题,政协成员提出的提案、建议和报告,人民来信中的重要问题等等,凡是需要向各方面党外人士征求意见和进行协商的问题,一般地都应当提到政协适当的会议上进行讨论和协商。"①

民主监督主要是指对国家宪法、法律和法规的实施,对重大方针政策的贯彻执行,对国家机关及其工作人员,通过建议和批评所进行的监督。人民政协对国家事务的监督,其实质是有组织地反映统一战线各方面群众的意见。这种监督既包括民主党派、民主人士对中国共产党和国家机关的工作的监督,也包括中国共产党对民主党派、民主人士的监督。监督的基本方式是提出批评和建议。监督的主要形式是政协全国委员会全体会议、常委会会议或主席会议向中共中央、国务院提出建议案,各专门委员会提出建议,以委员视察、委员提案、委员举报等形式提出批评和建议,政协成员参加党和国家有关部门组织的调查和检查活动。1956年12月《中央统战部关于加强政协地方委员会工作的意见》中指出:"政协的各种机构和各种会议,应当充分反映民主人士的意见,开展自由争论。应当培养大胆提出不同意见和批评的民主空气。这样做,对我们并无坏处,只有好处。经验证明,民主人士往往能够对我们提出许多中肯的批评和意见,对我们的工作很有帮助,即使是反对的意见,对我们的不满、牢骚和怨气,也可以促使我们更全面地考虑问题,保持清醒头脑。"②

作为"政治协商、民主监督"的人民政协的主要职能,是由历史的经验和中国的社会制度所决定的。在新民主主义革命时期,中共正是通过政治协商把各民主党派及其代表的民族资产阶级、城市小资产阶级以及同这些阶级相联系的知识分子和其他爱国民主人士团结在自己的周围。在社

---

① 《历次全国统战工作会议概况和文献》,档案出版社1988年版,第303页。

② 同上书,第305页。

会主义时期，在坚持社会主义根本利益的原则下，应当适当照顾到各方面的利益和特点，中共坚持协商办事的传统，广泛而又诚恳地同各方面人士商讨国家政治、经济、文化和人民生活中的重大问题。只有这样，才能集思广益，吸收他们有益的意见和建议，使中共和政府的决策更加民主化、科学化。新中国成立后，人民政协在其发展过程中，充分发挥了政治协商和民主监督的职能。从1954—1966年"文化大革命"前的12年时间里，人民政协的第二、第三、第四届全国委员会都根据政协章程的规定，对一些国家大事进行了积极的协商，并广为宣传，积极认真实施。如在改造资本主义工商业方面，除对政府有关方针政策进行充分讨论外，还推动民族资产阶级参加全行业公私合营和接受社会主义改造。在国民经济建设方面，协商和讨论过许多重大问题，为贯彻执行国民经济"调整、巩固、充实、提高"的方针，促进社会主义建设，向全国各族人民作了号召和动员。自1959年4月政协第三届全国委员会第一次会议起，全国政协会议与全国人大会议同时召开，政协委员列席人大会议，和人大代表一起共商国是，使人民政协的职能作用得到了更加充分的发挥。

第十五章 中国社会主义法律制度

社会主义法律是无产阶级领导的广大人民群众意志的体现，是实现无产阶级专政和建设社会主义的重要工具。中国的社会主义法律制度是马克思列宁主义一般原理与中国革命具体实践相结合的产物，是在废除国民党政权旧法制的基础上建立起来的新法制，是从中国实际出发、符合中国国情的新型法制。

第一节 社会主义法律制度的建立

新中国社会主义法律制度的创建，是中国共产党领导中国人民完成的伟大历史创造，是中国法制史的重大转折。它在中国人民反对帝国主义、封建主义和官僚资本主义的革命斗争中孕育，在社会主义国家建立之后正式确立，并在社会主义建设过程中逐步发展起来。

一　中国社会主义法律制度建立的历史特点

社会主义法的产生有着相同的规律。第一，无产阶级夺取政权是社会主义法产生的前提。一个阶级能否把本阶级的意志上升为国家意志，关键在于能否掌握国家政权。恩格斯曾指出："从某一阶级的共同利益中产生的要求，只有通过下述办法才能实现，即由这一阶级夺取政权，并用法律的形式赋予这些要求以普遍的效力。"[①] 所以，无产阶级要建立体现自己意志的法律，就必须首先取得政权。社会主义法正是由无产阶级运用国家政权的力量积极创建的，是实现无产阶级专政和建设社会主义的重要武

---

① 《马克思恩格斯全集》第21卷，人民出版社1965年版，第567~568页。

器。第二，废除旧法体系是社会主义法产生的基础。正如马克思所说："旧法律是从这些旧社会关系中产生的，它们也必然同旧社会关系一起消亡。"[①] 无产阶级在夺取政权后，也必须摧毁旧法体系才能建立起社会主义的法制。因为，旧法建立在以私有制为核心的经济基础和社会关系之上，新法则建立在以公有制为核心的经济基础和社会关系之上，二者在本质上是根本对立的。中国社会主义法律制度的建立正是遵循了这样的规律。与此同时，中国的独特国情和中国革命所走的独特道路，决定了中国社会主义法的产生必然有着自己的特点。

中国社会主义法是革命根据地法的继续和发展。中国共产党领导中国人民进行武装斗争，在各个革命时期和各个革命根据地都积极开展法制建设，先后制定了许多适合当时、当地情况的法律法规——国家法、人权法、土地法、婚姻法以及刑事、劳动、财政经济、诉讼、治安保卫与人民调解等方面的法律等等；并建立了新民主主义的司法制度，借以巩固人民政权、保障人权、打击敌人、发展经济和进行土地改革。如在第二次国内革命战争时期，先后制定了《湖南工农兵苏维埃政府暂行组织法》、《中华苏维埃共和国宪法大纲》、《中华苏维埃共和国土地法》、《中华苏维埃共和国惩治反革命条例》等。抗日战争时期，陕甘宁边区作为抗日民主政权法制建设的集中代表，制定了《陕甘宁边区施政纲领》、《陕甘宁边区政府保障人权财产条例》、《陕甘宁边区土地条例》等法律法规。解放战争时期，除制定了适用于全国解放区的《中国土地法大纲》外，各解放区还制定了自己的施政纲领和单行法规。这些法律法规主要服务于民主革命的各项任务，内容比较简单，带有一定的局限性，但却为新中国社会主义法制建设积累了丰富的经验。社会主义法制正是在总结这些经验的基础上产生的，是新民主主义革命时期革命根据地法制的继续和发展。

中国社会主义法是在迅速彻底地废除国民党旧法的基础上创立的。废除旧法制是社会主义法产生的共同规律。但是，由于革命特点和法制背景的差异，各社会主义人民民主国家在废除旧法的时间和程度上有所不同。如苏联十月革命胜利后，先是有条件地引用旧法，不久后就全面废止旧法。新中国在废除国民党旧法制方面有自己的特点。新中国成立前，各革

---

① 《马克思恩格斯全集》第6卷，人民出版社1961年版，第292页。

命根据地制定了大量法律法规，积累了丰富的法制建设经验，为革命取得胜利后迅速废除国民党旧法制创造了条件。1949年元旦，中共中央在《关于接管平津司法机关之建议》中就明确指出：国民党政府一切法律无效，禁止在任何刑事民事案件中，援引任何国民党的法律。1949年1月14日，毛泽东在《关于时局的声明》中明确提出必须废除国民党的伪宪法和伪法统。1949年2月，中共中央又在《关于废除国民党的六法全书与确定解放区的司法原则的指示》中强调指出：在无产阶级领导的工农联盟为主体的人民民主专政政权下，国民党的六法全书应该废除，人民的司法工作不能再以国民党的六法全书为依据，而应该以人民的新的法律作依据。在这些文件精神指导下，新生的人民政权在极短的时间内彻底废除了国民党旧法，为中国社会主义法律制度的建设开辟了道路。

社会主义法经历了从新民主主义法向社会主义法的过渡。中国革命经历了新民主主义革命和社会主义革命两个阶段，这一革命的性质和特点决定了无产阶级夺取政权后，国家需要由新民主主义转向社会主义。因此，新中国法制也须经历从新民主主义法向社会主义法的过渡。从1949年新中国成立到1956年生产资料私有制的社会主义改造基本完成，是国家的过渡时期。过渡时期的法主要反映工人阶级领导下的广大人民的意志，同时也反映一部分非劳动人民（包括民族资产阶级等）的意志。这一时期的法不是完全的社会主义法。随着新民主主义社会向社会主义社会转变的完成，新民主主义法也完成了向社会主义法的过渡，完全的社会主义法正式诞生。

二　中国社会主义法律制度建立的曲折过程

1949年，中国共产党领导的新民主主义革命取得了伟大胜利，中国发生了翻天覆地的变化。社会主义制度的建立，为社会主义法制建设创造了条件。中国共产党充分借鉴新民主主义革命时期法制建设和苏联社会主义法制建设的成功经验，在废除国民党六法全书和一切反动旧法的基础上，开始了社会主义法律制度的创建。这是一个艰难曲折不断发展的过程，大体分为五个时期：

第一个时期，从1949年10月中华人民共和国成立到1954年9月《中华人民共和国宪法》颁布。

新中国成立后，中共和国家领导人为建立社会主义法制指明了方向，即必须废除国民党反动的六法全书和一切旧法及司法制度，通过制定保护人民的法律，建立新型的人民的法制和司法制度，使新法制成为国家的有序化模式和权威机制。正如董必武所言："建立新的政权，自然要创建法律、法令、规章、制度。我们把旧的打碎了，一定要建立新的。否则就是无政府主义。如果没有法律、法令、规章、制度，那新的秩序怎样维持呢？因此新的建立后，就要求按照新的法律规章制度办事。"[①] 新法制建立的基本原则是：第一，以马克思主义国家与法的理论和毛泽东人民民主专政理论为指导，坚持实事求是的马克思主义思想路线和动员、依靠群众的群众路线。第二，新法制要建设和巩固新型人民政权，保护人民利益。第三，新法制应实现人民的人权，确认和保障人民所享有的各种政治权利和自由权等。第四，实行法律面前人人平等原则。第五，要强化人民的司法武器，打击敌人，保护人民。

1949年9月，中国人民政治协商会议召开，会议制定了起临时宪法作用的《中国人民政治协商会议共同纲领》。《共同纲领》第十七条规定：废除国民党反动政府一切压迫人民的法律、法令和司法制度，制定保护人民的法律、法令，建立人民的司法制度。根据共同纲领建立了中央国家机关和地方各级人民政府，开展了全国范围的法制建设工作。这一时期的工作主要有以下方面：

第一，开始立法工作。中国人民政治协商会议第一届全体会议和中央政府制定和批准了一批法律、法令，涉及政权建设、选举制度、镇压反革命、"三反"、"五反"、婚姻家庭、土地改革、劳动人事、财政税收、民族外事等各个方面。这些法律、法令，是新生革命政权建立初期所急需的，对于建立各级人民政权，维护革命秩序，保护人民利益，摧毁旧制度，保障各项民主改革运动，以及促进国民经济的恢复和发展，发挥了重要作用。但这一时期，为了最大限度地组织、调动全国人民的积极性，新中国开展了大规模的群众运动，很多法律、法令和条例是在总结原来指导运动的政策、指示、命令施行的经验基础上制定的，大都具有纲领性、原则性和暂行性的特点。

---

① 《董必武政治法律文集》，法律出版社1986年版，第41页。

第二，建立司法制度。创建和强化人民司法组织和其他法律组织是新中国初期法制建设的重要内容。1950年11月3日政务院《关于加强人民司法工作的批示》指出：人民司法是"人民政权的重要工具之一"，其基本任务是保护人民民主革命的胜利，镇压反革命活动，巩固新社会秩序和保障人民合法权益。为此，新中国陆续设立了各级人民法院和人民检察署、公安部、法制委员会以及指导民政、公安、司法行政、法院、检察等法律部门工作的政治法律委员会，并形成相应的制度。这一时期，为配合新中国成立初期的"三反"、"五反"和抗美援朝运动，还特别成立了"三反"、"五反"人民法庭，审判了新中国第一起大贪污案，刘青山、张子善被判处死刑。在当时特定的历史环境下，司法工作还采取了一些尝试性的作法，如政法机关（政法委员会、司法、法制委员会、人民法院和人民检察署）合并办公、人民法院在无法律时依据政策审判案件、党委审批案件制度等。

第三，开展司法改革运动。1952年，司法改革运动全面开展。目的是划清新旧法律的界限，从政治、组织、思想作风上整顿各级司法机关，逐步建立、健全人民的司法制度，肃清旧法观点对法律教育工作的影响，改革大学的法学课程，以适应培养新中国政法干部的迫切需要。司法改革运动历时9个月，从组织上、政治上和思想作风上纯洁了司法干部队伍，标志着新中国初步完成了司法干部队伍建设。但是，这次运动也出现了一些问题，即大量未受过专门法律训练的人被补充到司法队伍中，使司法队伍的业务素质和专业水平大为下降；过分强调司法活动直接为运动和政治服务，往往酿成错案；一些不懂法的人单纯以过分的阶级感情和政治办案，出现刑讯逼供等违法现象，破坏了民主法制原则。这是一个深刻的教训。

总之，新中国成立后的5年中，新中国的法制逐步发展起来，全面取代了国民党旧法制。但是，这个时期的新法制更多地是根据组建新政权和进行各种群众运动的需要形成的，是一种过渡型的法制，它所创建的制度、组织、程序等基本上是探索性和暂时性的，社会主义法制原则并未确立下来。

第二个时期，从1954年9月新中国第一部宪法颁布到1957年。1954年的中国，激烈的阶级斗争已经过去，国家的基本任务是保护和发展生产力，实现人民的基本权利，巩固已经建立起来的政权和社会秩序。因此，新中国面临着法制的大转换，即由主要不依靠法制转到依靠法制、大力加强法制建设上来。1953年底，中央人民政府委员会第二十八次会议讨论通过的《关于政治法律工作的报告》提出了初步转换政法工作的设想，并规定了政法工作的四项基本任务：第一，健全人民民主的法制，保障经济建设顺利进行；第二，进一步健全人民民主制度，加强自上而下的群众性监督与批评；第三，保护人民的民主权利；第四，保护国家财产，依法严厉制裁一切贪污和盗窃分子。依据这一报告制定了《1954年政法工作的主要任务》，该指导性文件把立法工作放在首位，并规定从立法、司法、检察、公安、民政等方面加强法制。

1954年9月第一届全国人民代表大会第一次会议的召开，使上述认识得到进一步深化。会议通过了《中华人民共和国宪法》，对新中国的政治制度、经济制度、对外政策、国家机构、司法制度、公民的基本权利和义务作出了重要规定。新宪法的制定，意味着新中国国家制度和法制基础已正式确定，社会主义法制建设全面开始。这次会议上还通过了其他基本法，如《全国人民代表大会组织法》、《国务院组织法》、《人民法院组织法》、《人民检察院组织法》及《地方各级人民代表大会和地方各级人民委员会组织法》等。在一次会议上通过这么多的重要法律是新中国成立以来所没有的。这次会议，不仅认识到了实行社会主义法制原则的极端重要性，而且进一步清晰了社会主义法制建设的理论模型。刘少奇在《关于宪法草案的报告》中认为，宪法给了中国共产党领导的目前的奋斗以根本的法律基础，因此，宪法是全体人民和一切国家机关都必须遵守的。董必武也在这次会议上指出，现在国家进入了有计划的建设时期，新中国的宪法已经公布，今后不但可能而且必须逐步制定比较完备的法律，以便有效地保障国家建设和保护人民的民主权利。

1956年9月，中国共产党第八次全国代表大会召开。会议全面系统地总结了新中国成立以来经济建设和民主法制建设的经验教训，明确提出了扩大人民民主、完备社会主义法制的方针。完备法制的主要任务是巩固人民民主专政，保卫社会主义建设的秩序，保障人民的民主权利，惩治反革命分子和其他犯罪分子。董必武在会议上提出了"有法可依，有法必依，执法必严，违法必究"这一著名的法制原则，并指出依法办事是进一步加强法制的中心环节。

在上述理论的指导下，这一时期还以宪法为依据制定了其他重要的法律、法令，如《逮捕拘留条例》、《关于劳动教养问题的决定》、《治安管理处罚条例》、《兵役法》以及多种经济法规等。据统计，1954年9月至1957年的三年间，全国人民代表大会、全国人民代表大会常务委员会、国务院制定的法规和国务院各部、委制定的较重要的法规性文件共731件。① 除大量的立法外，这一时期还开始进行司法体制的正规化建设，即设置了比较合理的司法组织机构；确认了人民法院独立审判原则；人民检察院实行垂直领导体制；建立律师队伍，设立辩护制度；建立公开审判、回避、合议制等各种司法制度等。这一时期的社会主义法制建设，对于保护公民人身权利，维护公共秩序，保证社会主义改造的顺利进行，促进第一个五年计划的提前完成，起到了重要作用。

总之，这一时期是新中国法制建设的伟大时期，法制建设从"过渡期"进入"成型期"，从运动式发展进入稳定正规发展的道路。社会主义中国的基本政治制度、立法制度、司法制度以及社会主义法制原则得以确定，为新中国社会主义法制奠定了基础。

第三个时期，从1958到1966年。

这一时期，国家领导人在多种场合表示要加强法制。1957年1月，毛泽东要求所有的人都遵守革命法制，不要破坏革命法制。1957年7月第一届全国人大第四次会议认为，新中国已经有可能在总结过去经验的基础上制定社会主义的各种法律，并进一步健全各种审判制度和检察制度。毛泽东在1962年强调：不仅刑法要，民法也需要，现在是无法无天。没有法律不行，刑法、民法一定要搞，刘少奇亦强调：法制不一定是指专政方面的，人民内部也要有法制，国家工作人员和群众也要受公共章程的约束。立法方面，制定了《治安管理处罚条例》、《户口登记条例》、《农业税条例》和《商标管理条例》等；刑法、民法和刑事诉讼法等基本法的草拟活动也在20世纪60年代初期开始恢复。司法方面，初步正规化的司法体制也曾在一段时间内不同程度地运行。

但是，总体而言，1957年开始的反右运动和随之而来的长达10年之久的法律虚无主义思潮，使新中国的法制建设进入了低谷时期。主要表现

---

① 蓝全普：《30年来我国法规沿革概况》，群众出版社1980年版，第4页。

在：第一，"公民在法律面前一律平等"的宪法原则和"法律至上"观念受到错误批判。第二，立法速度放慢。刑法等几部已有相当基础的重要法典在20世纪50年代中期陷入停顿，其他有关经济建设、行政管理和公民权利方面的法律、法令的创制也受到影响。第三，宪法确立的合理的司法体制出现不正常的变革和削弱。许多县一级的公安机关、检察院和法院实行了组织合并，地区和省两级的公、检、法机关则实行联合办公。1959年4月，司法部被撤销，地方各级司法行政机关也随即撤销。1960年11月，最高人民法院、最高人民检察院和公安部联合办公。同时，通过非修宪程序否定了宪法确立的司法独立原则和垂直领导体制。第四，体现民主化的辩护制度基本上被废除，相应的律师制度也基本上被取消。

第四个时期，从1966—1976年。

1966年5月16日，中共中央发出《5·16通知》，"文化大革命"正式开始。10年"文化大革命"使社会主义法制建设遭到最严重的破坏和践踏。主要表现在：第一，政治体制完全背离1954年《宪法》和各种组织法的规定。作为国家法定立法机关的全国人民代表大会，在"文革"前期几乎完全停止工作。"革命委员会"作为非宪性权力机构，在各级党政部门集党、政、军、法大权于一身，包揽行政、司法、党务等各项职能工作。第二，社会主义法制原则被否定。1975年宪法除规定公民遵守宪法和法律的义务外，完全取消了"国家机关依法活动"及"法律面前人人平等"的法制原则。第三，司法组织体系遭到破坏。1967年7—9月间，全国各地出现了"砸烂公检法"的口号；1969年人民检察院被取消；1975年宪法规定，"检察机关的职权由各级公安机关行使"，使侦查权和起诉权合二为一，并实际上取消了对侦查权和审判权的检察监督。一系列社会主义司法原则和诉讼、调解制度受到攻击和否定，1975年宪法明确宣布取消司法独立原则和辩护制度、公开审判制度、人民陪审员制度。

第五个时期，从1976年10月到1978年底。

1976年粉碎"四人帮"后，中国社会主义法制开始恢复和发展。第十七次全国公安会议、第八次全国人民司法工作会议和第三次全国治安工作会议相继召开，人民检察机关开始重建。特别是1978年2月第五届全国人民代表大会第一次会议的召开，标志着社会主义法制建设进入了新的时期。会议公报指出：为了保障人民民主，必须加强社会主义法制，使民主制度化、法律化，使这种制度和法律具有稳定性、连续性和极大的权威，做到有法可依，有法必依，执法必严，违法必究。从现在开始，应当把立法工作提到全国人民代表大会及其常务委员会的重要议程上来。从此，中国社会主义法制建设进入了新的阶段。

中共十一届三中全会对1975年宪法进行修改，废止了1975年宪法的某些错误规定，恢复了1954年宪法的部分正确内容，并在五届人大第二次、第三次会议上先后两次通过决议进行修改。接着，又修订了《地方各级人民代表大会和地方各级人民政府组织法》、《全国人民代表大会和地方各级人民代表大会选举法》、《人民法院组织法》、《人民检察院组织法》、《婚姻法》；制定了《刑法》、《刑事诉讼法》、《中外合资经营法》、《森林法》、《环境保护法》、《国籍法》、《中外合资经营企业所得税法》、《个人所得税法》和其他一些单行法规。五届人大常委会第十二次会议还通过了关于新中国成立以来制定的法律、法令效力问题的决议。同时，恢复了"文革"期间被破坏的司法机构和法学的教学、研究机关，展开全民性的法制教育。所有措施都有力地保护了人民的利益，保证了政治局面的安定团结和经济建设的顺利进行。

综上看来，社会主义法制建设在新中国成立近30年中所走过的道路是不平坦的，它经历了建立—曲折—恢复和发展的过程。之所以这样，原因是多方面的：一是缺乏经验，不善于运用社会主义法制工具；二是没有正确总结反对旧法制的经验，犯了从反对旧法制发展到盲目反对一切法制甚至革命法制的错误；三是封建思想的影响也是一个重要原因。从而导致这一时期社会主义法制建设走了一条曲折的道路。

第二节　社会主义法律制度的基本内容和特点

社会主义法律制度从无到有，经过近30年的发展，初步确立起基本格局。虽然缺少如民法、刑法这样的大法典，但制定颁布的单行法律、法规和法规性文件，涵盖了政治、经济和社会生活的各个方面。它们在维护政权稳定、促进国民经济发展、保护人民权益方面发挥了重要作用。

一　社会主义法律制度的基本内容

中国社会主义法律制度主要包含以下内容：

（一）宪法法律制度

宪法是国家的根本大法，是建设社会主义法律体系的基础。新中国第一部宪法于1954年9月20日由第一届全国人民代表大会通过，后经历了1975年第四届全国人民代表大会第一次会议的第一次修改和1978年第五届全国人民代表大会第一次会议的第二次修改。

1954年宪法主要规定了以下内容：其一，国家性质。中华人民共和国是工人阶级领导的、以工农联盟为基础的人民民主国家。其二，国家政治制度。中华人民共和国的政治制度是人民代表大会制度。其三，建立社会主义社会的目标。建立社会主义社会的总目标和具体步骤为：实现社会主义工业化，优先发展全民所有制的社会主义经济；发展合作社经济，组织个体农民、个体手工业者和其他个体劳动者走合作化道路，变个体经济为劳动群众集体所有制的社会主义、半社会主义的经济；对资本主义工商业采取利用、限制和改造的政策，通过国家资本主义的过渡形式，逐步以全民所有制代替资本家所有制。其四，实行民族区域自治。其五，中华人民共和国公民的权利和义务。公民享有广泛的自由和权利，如言论、出版、集会、结社、游行、示威的自由，宗教信仰的自由，居住和迁徙的自由，劳动的权利，受教育的权利等。同时，公民也要承担一定的义务，如遵守宪法和法律、遵守劳动纪律和公共秩序、纳税、服兵役等。其六，国家机构。全国人民代表大会是国家最高权力机关，是行使国家立法权的唯一机关。国务院为最高国家权力机关的执行机关。地方各级人民代表大会是地方各级国家权力机关。地方各级人民政府是地方各级人民代表大会的执行机关。人民法院为国家审判机关，人民检察院为国家的法律监督机关。

1975年宪法将1954年宪法的106条改成30条。有关社会主义民主和法制方面的修改主要有：取消公民在法律面前一律平等和自由迁徙的规定；取消公民控告违法失职国家机关工作人员和取得赔偿的权利；取消人民法院独立审判制度和人民陪审员制度、公开审判制度、辩护制度；甚至取消人民检察机关，检察机关的职权由公安机关行使等等。其他方面的修改还有：国家性质中加入无产阶级专政的内容；国家机构中取消国家主席的设置；公民的权利义务中增加公民有罢工的自由；在所有制方面将原有的4种所有制（国家所有制，即全民所有制；合作社所有制，即劳动群众集体所有制；个体劳动者所有制；资本家所有制）改为两种所有制，即社会主义全民所有制和社会主义劳动群众集体所有制等。

1978年宪法从1975年宪法的30条增加到60条，恢复了1954年宪法的许多条文。主要修改内容为：确定了全国人民在新时期的总任务，即在20世纪内把中国建设成为农业、工业、国防和科学技术现代化的伟大的社会主义强国；恢复各级人民检察院机构；增加"惩办新生资产阶级分子和其他坏分子"内容。

（二）刑事法律制度

刑法是规定什么行为是犯罪、对犯罪行为应处以什么刑罚的法律。这一时期，我国没有颁布刑法典，刑事单行法规及其他有关刑事问题的规定组成了刑事法律制度的主要内容。其中涉及的犯罪主要包括以下方面：

关于反革命犯罪。中华人民共和国中央人民政府于1950年7月23日发布《关于镇压反革命活动的指示》，1951年2月21日又颁布《中华人民共和国惩治反革命条例》，这是新中国成立后第一个刑事单行法规。该条例规定，凡以推翻人民民主政权、破坏人民民主事业为目的的各种反革命罪犯，都按条例定罪。为了彻底消灭反革命，公安部于1952年公布《管制反革命分子暂行办法》，对罪恶程度较轻不须逮捕判刑的反革命分子的管制问题作了规定。

关于贪污犯罪。1952年1月8日中华人民共和国政务院人民监察委员会作出《关于反贪污、反浪费、反官僚主义斗争的指示》；1952年3月11日政务院公布了中央纪律检查委员会《关于处理贪污、浪费及克服官僚主义错误的若干规定》；同年4月21日，中央人民政府根据《共同纲领》第18条严惩贪污的规定，公布了《惩治贪污条例》。条例规定了对贪污犯罪的认定和处罚，不仅惩治贪污罪犯，也惩治行贿的不法资本家，保障了"三反"、"五反"运动的胜利。此外，关于贪污犯罪的规定，还散见于其他条例、法令中，如《铁路奖惩暂行条例》等。

关于妨害国家货币犯罪。为保护国家货币，维护金融稳定，1951年4月19日，政务院发布《妨害国家货币治罪暂行条例》，对妨害国家货币的犯罪行为作出规定。

除上述单行刑事法规对犯罪问题作出规定外，其他法规中也有涉及刑事犯罪的规定。这些规定虽然分散且零碎，但对于打击敌人、惩罚犯罪发挥了重要作用。这些犯罪主要有：关于危害公共安全的犯罪，如交通事故罪、火灾事故罪、厂矿责任事故罪和破坏电讯设备罪等；关于破坏社会经济秩序的犯罪，如走私罪、投机倒把罪、偷税罪、漏税罪、抗税罪、伪造票券罪、假冒商标罪等。关于侵犯财产方面的犯罪有盗窃罪，如侵占财产罪；其他还有妨害社会管理秩序方面的犯罪、妨害婚姻家庭方面的犯罪和渎职罪等。

作为刑事法律方面的重要法典，《刑法》从1950年开始起草，到1963年10月先后写出了33稿，但由于受到各种运动的冲击，最终未能公布。

（三）民事法律制度

新中国成立后，曾于20世纪50年代初和60年代初两次起草民法典，均因政治运动而中断。近30年的时间里，只是颁布了《婚姻法》、《机关、国营企业、合作社签订合同契约暂行办法》以及有关人身、财产的保险条例、损害赔偿等单行法规。中华人民共和国宪法和上述单行法规包含了以下民事法律内容：

关于生产资料和生活资料所有权的保护。由于没有制定民法，国家对生产资料和生活资料所有权的保护主要规定在宪法中。（1）对生产资料所有权的保护。1954年宪法中规定了国家所有制（即全民所有制）、合作社所有制（即劳动群众集体所有制）、个体劳动所有制和资本家所有制四种生产资料所有制形式。这一规定反映了过渡时期的经济特点，即社会主义和资本主义并存。1956年社会主义改造基本完成后，中国生产资料所有制形式主要有两种，即社会主义全民所有制和社会主义劳动群众集体所有制。国家保障这两种所有制经济的巩固和发展，宣布社会主义的公共财产不可侵犯。同时，国家允许非农业的个体劳动者从事法律许可范围内的不剥削他人的个体劳动，允许农民经营少量的自留地或自留畜及家庭副业。（2）对生活资料所有权的保护。宪法规定，保护公民的合法收入、储蓄、房屋和各种生活资料的所有权。宪法还规定，国家可以依照法律规定的条件，对土地实行征购、征用或者收归国有。《国家建设征用土地办法》（1958年）对国家征用土地范围、原则、审批程序和征用补偿作了规定。

关于婚姻家庭的保护。1950年4月颁布《中华人民共和国婚姻法》，这是新中国成立后颁布的第一个大法，属于民法范围，是民法的重要组成部分。该法规定了男女婚姻自由（包括结婚自由和离婚自由）、一夫一妻制、夫妻经济权利和政治权利平等、保护妇女的合法权益和保护子女合法权益等内容；该法还对结婚条件、父母子女间关系、夫妻间和父母子女间相互继承遗产权利等内容作了规定。为进一步推动新婚姻法的贯彻实施，1951年12月25日，最高人民法院、司法部、内务部发出了《关于纠正几个有关婚姻问题的错误的指示》，列举了某些县、区、村干部和法院干部的6点错误做法并提出纠正措施。根据婚姻法的精神，1955年6月1日，内务部发布《婚姻登记办法》，进一步保障自主自愿婚姻原则的实现。

关于合同关系的调整。主要包括以下方面：（1）关于机关、国营企业、合作社签订的合同契约的管理。为顺利执行计划经济，促进上述单位间的正常业务往来，1950年9月27日，政务院财政经济委员会公布了《机关、国营企业、合作社签订合同契约暂行办法》，对签订合同的类别、合同的担保和担保人的责任、合同的履行、不履行合同的诉讼等做了规定。（2）关于经济合同的执行。1963年12月10日，中共中央、国务院作出《关于严格执行经济合同的通知》，规定国民经济各部门必须严格执行经济合同，不执行经济合同造成对方的损失的，应负经济责任。（3）关于工矿产品订货合同和国营工厂集体合同的管理。（4）关于保险合同。保险方面的法规较多，主要有财产强制保险条例、船舶强制保险条例、铁路车辆强制保险条例、轮船旅客意外伤害强制保险条例、铁路旅客意外伤害强制保险条例、飞机意外伤害强制保险条例以及公民财产自愿保险办法等，这些条例就保险对象、保险责任、保险金额和保险费、投保单位的义务、赔款处理、争执的裁决等做了规定。但是，在1967年，国内保险业务全部停办。

关于损害赔偿。损害国家、集体、个人财产和他人人身权利要负赔偿责任，这是民事法律的重要内容。这一时期，有关损害赔偿的内容主要散见于相关法规中，缺少系统全面的规定。其中主要有：（1）专利方面：

1950年《保障发明权与专利权暂行条例》规定，非得专利权人许可，他人不得采用其发明，违犯者应依法赔偿专利权人之损失。（2）海损方面：1959年《关于海损赔偿的几项规定》规定了因船上服务人员职务上的过失和因承运人的责任所造成的海损事故的赔偿责任。

关于财产继承。财产继承方面的规定散见于有关法律法规中，如1954年《宪法》第12条规定，"国家依照法律保护公民的私有财产的继承权"；1950年《婚姻法》规定，"夫妻有互相继承遗产的权利"、"父母子女有互相继承遗产的权利"；1950年《保障发明权与专利权暂行条例》规定，发明权人"得将发明权作为遗产，继承此项遗产者，得领取奖金"。

（四）经济法律制度

经济法的调整对象主要是国家在对经济进行宏观调控过程中的经济关系。新中国成立近30年来，中国实行的是计划经济体制，对国民经济进行调控和管理是国家的重要职能之一。严格地说，这种管理含有更多行政管理的成分，而不是经济管理的方法。经济管理方面的法律法规很多，随着国家经济建设的发展，补充、修改亦较多，变化频繁，主要的内容有如下方面：

关于工业管理。工业管理方面最重要的法规是1957年公布的《国务院关于改进工业管理体制的规定》。该规定的主要精神是在国家统一计划的前提下，适当地扩大地方政府在工业管理方面的权限和企业主管人员在企业内部的管理权限。为适应这种管理体制改进的情况，1958年又发布了关于改进计划管理体制和改进物资分配制度的规定。1978年，各地各部门试行《中共中央关于加快工业发展若干问题的决定（草案）》（简称《工业三十条》），对于提高企业管理水平有着重要意义。

关于基本建设管理。基本建设是指固定资产扩大再生产的新建、改建、恢复工程及与它连带的工作。基本建设管理方面的法规较多，对基本建设的基本准则、工程审批、基本建设资金的管理、基建施工管理等作了详细的规定。

关于交通运输管理。交通运输包括铁路运输、水上运输（海上运输和内河运输）、航空运输和汽车运输等。铁路运输方面的法规主要就铁路军运、铁路留用土地、铁路沿线路植树木的管理等作了规定；水上运输方面的法规主要就航务和港务管理、轮船业管理、航行安全规则和海损事故等作了规定；汽车运输方面法规主要包括公路建设、公路养护和汽车管理内容。另外，这些法规还就如何合理运输、降低商品流转费用作了规定。

关于工商行政管理。工商行政管理包括对国营企业、合作社集体所有制企业、公私合营企业、个体工商业者的管理。这方面的法规主要规定企业公股公产清理办法、国营企业清理资产核定资金、工商企业登记管理办法以及商标注册管理等内容。

关于金融、税收管理。金融管理方面的法规，主要包括中央金库管理、货币管理、国家机关现金管理和妨害国家货币治罪等内容。税收管理方面的法规数量较多，修改也较频繁。1950年发布的《全国税政实施要则》是统一全国税政、建立新税制和加强税务工作的重要法规。《实施要则》规定了14种税，在此要则的基础上制定了各税的暂行条例。1958年又就税收管理体制作了规定。

关于农业和林业的管理。农业在中国国民经济中处于基础地位，国家十分重视农业的发展。近30年来，国务院和农业管理部门发布了一系列关于发展农业生产的指示、规定，内容包括作物种植、耕作管理、兴修水利、水土保持、品种改良、养猪积肥、改良土壤、保护耕畜、防风治沙、防涝抗旱、防治病虫害、农场垦殖、丰产奖励、土特产品、副业生产、农业机械化和推广新式农具等。此外，还就粮食、棉花等农产品的统购统销制度和粮食管理体制发布了一系列法规法令。我国也十分重视林业的生产建设。国务院和林业管理部门就植树造林、防火护林、严禁滥砍滥伐、保护幼林等发布了许多指示和规定。

关于劳动管理。新中国成立以来，国务院和劳动管理部门发布了大量关于劳动工资、劳动保护、劳动保险、劳动就业的法规法令。

（五）行政法律制度

行政法是有关国家行政管理活动的法律规范的总和。行政管理法规在中国法规中占有很大的比例，涉及面也很广，主要包括以下方面：

关于国家治安保卫。(1) 组织机构。治安保卫组织机构方面的法规主要有《中华人民共和国人民警察条例》（1957年）、《公安派出所组织条例》（1954年）和《治安保卫委员会暂行组织条例》（1952年）。上述条例对人民警察、公安派出所和治安保卫委员会的职责和权限等作了具体规定。(2)治安管理。《中华人民共和国治安处罚条例》(1957年)对违反治安管理行为的认定、处罚措施的种类、案件管辖分工等作了规定，它对维护正常的工作秩序、生产秩序和社会秩序发挥了作用。《中华人民共和国国务院关于设置和使用无线电台的管理办法》(1963年)对设置和使用无线电台行为的监督和管理机关作了规定。(3)户口管理。户口管理方面的法规主要有三个：《城市户口管理暂行条例》(1951年)、《关于建立经常户口登记制度的指示》(1955年)和《中华人民共和国户口登记条例》(1958年)，规定了户口登记的管理机构、经常户口登记制度、户口登记制度等内容。除上述内容外，国家治安保卫方面的法规条例，还涉及到消防管理、交通管理、边防管理、出入境和外侨管理、劳动改造和劳动教养等方面。

关于民政管理。民政管理机关是指中华人民共和国民政部(过去称内务部)和地方各级民政部门，民政机关负责管理政权建设、农村救灾和城市社会救济、优抚、地政、行政区域、人事、民工动员、移民、婚姻登记、社团登记等事务。其中，优抚方面的条例共有五个，可概括为对烈属军属的优待、对革命军人和革命工作人员及民兵致残或牺牲(病故)的抚恤等。救灾方面的法规主要有《中央救灾委员会组织简则》(1957年)，规定了中央救灾委员会的任务，大大加强了救灾工作。复员安置方面，为妥善安置转业、退伍军人，曾根据各时期的不同情况制定了一系列法规和法规性文件。另外，在国家机关工作人员的任免和奖惩方面、在行政区划的权限管理方面都有相关的法规和法规性文件。

关于司法行政管理。新中国成立后设立了司法部，管理司法行政工作。1959年司法部被撤销，1979年又重新设立。1950年到1956年，司法部颁布了多项法规，涉及司法工作的加强、律师收费、人民陪审员制度、公证收费等内容。

(六) 诉讼法律制度

诉讼程序法是有关诉讼程序的法律规范的总和，其任务是从诉讼程序方面保证实体法的正确实施，保护当事人的合法权益。诉讼法包括刑事诉讼法、民事诉讼法和行政诉讼法等。1950年11月3日，政务院《关于加强人民司法工作的指示》中指出：司法机关在工作中应力求贯彻群众路线，推行便利人民、联系人民和依靠人民的诉讼程序与各项审判制度。

1954年9月，根据《宪法》的规定，制定了《人民法院组织法》、《人民检察院组织法》。但是，中国传统的法制观念一直是重实体法而轻程序法。新中国成立后虽然批判了这一观念，但重实体轻程序的观念仍然束缚着人们，程序的法制建设一直是薄弱环节。民事诉讼和行政诉讼方面几乎为空白，只是在刑事诉讼方面有所规定。

刑事诉讼法是从司法程序方面保证刑法正确实施的法律，它就人民法院、人民检察院和公安机关的相互关系、办理刑事案件的基本原则、办案程序和诉讼参与人的权利义务等作出具体规定。1954年12月公布的《逮捕拘留条例》，是刑事诉讼方面的一个单行法规。该条例规定了逮捕人犯要经人民法院决定或者人民检察院批准，由公安机关执行；规定了在紧急情况下公安机关可以采取先行拘留措施的范围；还对搜查、讯问等作出了具体规定。在未制定刑事诉讼法的情况下，《逮捕拘留条例》在打击犯罪、保护人民方面发挥了重要作用。

二 社会主义法律制度的特点

总体来看，新中国成立30年形成的法律制度的基本内容涉及范围比较广泛，但是其系统性和规范性尚显不足，以下特点尤为突出：

第一，法律的形式以法规、条例、指令为主。这一时期，法规、条例、指令是主要的法律形式，几乎没有大的法典。尽管新中国有着无比雄厚的新民主主义法律基础，但是，新中国成立后，并没有开展起大规模的立法活动，特别是法典化运动。这一特点的形成，与当时的社会环境有关。一是新中国成立初期，国民党旧法制被彻底废除，但是，在新法尚未完全制定出来的情况下，为维护社会秩序、发展经济而开展的各种社会改革运动，主要是以政策作为准则，有些法律、法令和条例是在总结指导运动的政策、批示、命令基础上制定的，难免带有纲领性、原则性和暂行性的特点。二是近30年的时间里，法制建设的鼎盛时期却只有三五年的时间，1957年后兴起的"法律虚无主义"和1966年开始的10年"文革"，使得立法工作严重受阻，像民法、刑法等法典的起草工作几经波折，最终陷入停顿之中。

第二，法律的内容以行政管理方面法律为主。这一时期法律制度的一个重要特点是行政管理方面的法律较多。公有制经济是社会主义国家的重要特征，管理经济是社会主义国家的职能之一，但是，新中国成立30年来，在理论上和实践上都没有解决好经济管理体制的问题，所以，自1956年社会主义三大改造基本完成以来，国家对国民经济的管理，都是按行政系统管理企业，而不是经济管理的方法。与此相适应，中国的经济管理法规，绝大多数是行政法规，数量很大，而且根据国家经济建设的发展，补充、修改较多，变化频繁。相比之下，调整公民财产关系的法律较少。没有制定专门的民法，宪法中有关于保护公民生活资料所有权的规定，另在婚姻法等法律、条例中，有关于继承、赔偿等方面的简单规定。

第三，法律对敌专政的功能受到重视和强化。注重对敌专政的功能，忽视公民权利的保护是这一时期法制的一个特点。完备的法制的主要任务是巩固人民民主专政，保卫社会主义建设的秩序和保障人民的民主权利，惩治反革命分子和其他犯罪分子。这是在1956年9月召开的中共第八次全国代表大会上所确立的重要任务。但是，1957年反右扩大化使这一法制建设的指导思想受到冲击，"忽视对敌专政，片面强调保护人民民主权利"的思想被当作右派观点加以批判。自此，法制的功能仅限于对敌专政和惩罚犯罪分子。对于人民内部矛盾，强调以整风的方法加以解决，保护公民权利的功能被弱化。

第四，重实体法，轻程序法。这一时期的法律多为实体法，程序法几乎为空白，仅在刑事诉讼方面有关于逮捕拘留的程序规定。这一特点，首先源于中国长久以来所形成的重实体轻程序的法律传统。其次，这一时期特殊的政治环境也导致了对程序法的轻视。新中国成立初期，司法体制尚不健全，为了及时处理大批各种类型的案件，成立了一种临时性的群众司法组织，即人民法庭。这一做法体现了人民司法的群众工作路线，但是，一定程度上也助长了人们不尊重法律和法律程序的风气。20世纪50年代中后期以后，司法机关不仅要服从中共中央和地方党委的方针政策的领导，而且还要服从各级党委对审判具体案件的指示。至20世纪60年代中期，更发展为从捕人到审判均由党委或政法党组作出决定方能执行。这些做法，直接导致程序法失去作用，因而程序法律的空白也就不足为怪了。

第三节 社会主义法律制度的实施

法的实施是指法律在社会生活中的具体运用和贯彻落实，具体包括守法、执法、司法、法律监督等法律活动。确保法的实施有两个重要条件，一是要求一切国家机关、社会组织和公民严格遵守法律，法律面前人人平等；二是要求国家的执法机关和执法人员正确适用法律，并对违法者实行法律制裁。

一 守法

守法，也即社会主义法律的遵守，是指中华人民共和国的一切国家机关、社会组织和公民严格按照法律的要求履行法律义务和行使法律权利。守法是法的实施的一种基本形式。只有得到普遍、广泛遵守的法律，才是有价值的法律。

守法包括依法行使权利和依法履行义务两个方面，即人们行使的权利必须是法律授予的权利，必须采取正当合法的方式和手段行使权利，而不得在行使自己权利时侵害他人的合法权利；同时人们也必须按照法律的要求作出或不作出一定的行为。守法的两个方面是密切联系、不可分割的有机统一体。

遵守社会主义法律，是巩固人民民主专政和社会主义制度的需要，是保障人民群众充分享受社会主义民主和自由的需要，是进一步发展安定团结、维护良好社会秩序的需要。只有人人守法，才能充分发挥社会主义法制的作用。在社会主义国家，不仅要求人民群众守法，更要求领导干部与执政党守法，任何人都不享有超越宪法和法律的特权。毛泽东在1957年提出：一定要守法，不要破坏革命的法制。我们要求所有的人都遵守革命法制。

守法是每个公民应尽的义务。权利和义务是不可分割的一个整体，没有无义务的权利，也没有无权利的义务。国家既保障公民享有合法的权利，又要求公民履行应尽的义务。因此，在社会主义社会，人民要享有充分的民主权利，就必须严格遵守国家的法制。中华人民共和国宪法规定，遵守宪法和法律是中华人民共和国公民应尽的义务。社会主义法律是最广大人民意志的体现，代表着人民的根本利益，所以社会主义法律能够被人民自觉地遵守。但是，新中国成立之初，在培养人民群众守法方面存在着一定的困难：一是少数工人、农民认为人民既然已经当家作主了，就用不着遵守法律了；二是一些人对旧的反动法律存在着仇视和不信任的心理，对于按自己的革命意志建立起来的法律秩序怀有轻视的心理；三是新中国成立初期开展的各种群众运动，是以中国共产党的政策作为指导，而不是以法律作为引导和约束，一定程度上形成了人们对法律的漠视心理。这些观念和做法是与社会主义法制原则根本对立的，国家十分注重培养人民群众的守法思想。董必武在1954年5月28日《关于党在政治法律方面的思想工作》的讲话中指出："我们的人民民主专政的政权要想办法使人民从不信法、不守法变成为信法、守法，这虽然是比较困难的任务，但是我们必须完成这个任务。"[1] 毛泽东认为在强调自觉遵守法制的同时，必须广泛地宣传法制，广泛宣传法制是正确实施法制的前提。1954年宪法公布后，在毛泽东领导下进行了广泛的法制宣传教育工作，让人民群众了解法、接受法从而自觉遵守法，群众的法律意识得到普遍提高。

领导干部要带头遵守法律，是中国共产党的优良传统，也是中共和国家领导人一贯坚持的原则。领导干部带头遵守法律，做遵守法律的模范，才有利于要求和带动人民群众遵守法律，从而使法律得以顺利实施。但是，新中国成立后，一些党员干部存在着法律上的封建特权思想，主要表现为：一是"法律只管老百姓"思想，认为"大人物""大干部"可以不遵守法律。二是"功臣特殊"思想，认为自己过去有"功劳"，党和国家应该允许他们超于法律之外。三是"党员特殊"思想，认为党员只要遵守党的纪律和政策就行了，不遵守法律不要紧。四是"国家机关特殊"思想，有人认为国家机关可以违法。[2] 上述特权思想，导致部分领导干部不重视和不遵守法律，违背了社会主义法制原则和法律面前人人平等原则。为此，加强领导干部守法意识是当时的一项重要工作。毛泽东在《关于中华人民共和国宪法草案》讲话中说过，宪法通过以后，全国人民每一个人都要实行，特别是国家机关工作人员要带头实行，首先在座的各

---

[1] 董必武：《论社会主义民主和法制》，人民出版社1979年版，第78页。
[2] 王人博、程燎原：《法治论》，山东人民出版社1998年版，第307页。

位要实行。不实行就是违反宪法。董必武在1954年5月28日《关于党在政治法律方面的思想工作》的讲话中指出:"教育人民守法,首先就要国家机关工作人员守法。"①刘少奇在《关于中华人民共和国宪法草案的报告》中指出,宪法是全体人民和一切国家机关都必须遵守的,一切国家机关都是为人民服务的机关,他们在遵守宪法和保证宪法实施方面,就负有特别的责任。1956年,中共第八次全国代表大会号召一切国家机关严格遵守法律。1958年2月中共中央发布的《工作方法六十条》,提倡党的干部学点法学。因而,20世纪50年代中期,党员干部和国家机关守法意识有所增强,严格依法办事也成为自觉的行动。但是,50年代后期,随着反右的严重扩大化和法律虚无主义思潮的泛滥,尤其10年"文革"的爆发,领导干部的法律意识有所淡薄,将个人权力凌驾于法律之上、以言代法等现象有所抬头。

　　中国共产党作为执政党,必须在宪法和法律范围内活动,并在遵守宪法和法律过程中起模范带头作用。共产党必须守法是由党的性质决定的。宪法和法律是由中国共产党领导人民制定出来的,党是人民的一部分,是由人民中最有觉悟的分子组成的,是工人阶级的先锋队,所以党更应该带头遵守法律。刘少奇曾说:"每一个党员,不只是应该遵守党的纪律,而且应该模范地遵守革命政府的一切法纪……。"②这里,应该注意坚持中国共产党的领导与遵守社会主义法律的关系。中国共产党是执政党,法律是在党领导下制定的,但法律体现的是人民的意志,共产党的领导是政治、思想、方针、政策上的领导,绝不是包办和代替一切,更不是以党代法,党法应该分开,当党的决定与法律规定不一致时,应该服从法律而不是党委的决定。但是,从20世纪50年代后期开始,过分强调党的一元化领导,一切权力集中于党委,对新中国社会主义法制造成了严重的损害。党委个别人权力太大,往往不大愿意守法和依法办事。邓小平对此曾尖锐地指出:"有些属于法律范围的问题,由党管不合适。党干预太多,就会妨碍在全体人民中树立法制观念。党要管党内纪律的问题,法律范围的问题应该由国家和政府管。""总之,法律范围的事由党来管,这不利于在

---

① 董必武:《论社会主义民主和法制》,人民出版社1979年版,第86页。
② 刘少奇:《论党》,人民出版社1980年版,第55页。

全体人民中树立法制观念。"① 党法不分、以党代法是那个时期的独特现象，也是一个深刻的教训。

二 执法

执法即法律执行，有广义和狭义两种理解。狭义的执法，仅指国家行政机关、法律授权或委托的组织及其公职人员在行使行政管理权的过程中，依照法定职权和程序贯彻实施法律的活动。广义的执法，不仅包括行政机关行使行政管理权的活动，还包括司法机关行使司法权的活动。在这里，取狭义的执法概念，仅指行政执法。

国家权力机关制定的法律和其他规范性文件，主要是通过国家行政机关的日常职务活动来贯彻执行的。行政机关通过执法活动管理国家事务和社会公共事务，行政执法在社会主义法制建设中占有极为重要的地位。中国的行政执法具体包括政府的执法、政府各部门的执法和法律授权的社会组织的执法。

政府的执法。政府执法是中国执法体系中最重要的执法，包括中央人民政府的执法和地方各级人民政府的执法。根据1954年宪法的规定，国务院即中央人民政府是最高国家权力机关的执行机关，是最高国家行政机关。中央人民政府的执法主要是宏观方面的执法，即制定行政法规，规范行政行为，从而贯彻执行宪法、法律，其执法的范围及于全国。地方各级人民政府是地方各级权力机关的执行机关，是地方各级国家行政机关。地方各级人民政府的执法既包括执行国家宪法、法律、行政法规，也包括执行地方性法规，其效力及于本行政区域。新中国成立以后，国务院制定了大量的行政法规。据统计，1949年10月至1984年底，经国务院（含原政务院）发布或批准发布的行政法规和法规性文件3298件。中国政府法制机构还多次开展法规清理工作。1956年，在周恩来总理的指示下，原国务院法制局在国务院各部门协助下，有重点地对原政务院制定发布和批准发布的250多件法规进行了认真清理，保障和促进了政府工作的开展。

政府各部门的执法。政府工作部门是各级人民政府的下属机构，包括中央人民政府即国务院的下属机构和地方各级人民政府的下属机构。并非

---

① 邓小平：《建设有中国特色社会主义》（增订本），人民出版社1987年版，第135～136页。

所有政府工作部门都是执法主体,只有在有法律规定时,政府工作部门才有权执行法律。新中国成立近30年,中国各部门的执法情况主要为:(1) 工商行政管理。为加强对城乡工商企业的管理,1954年经第一届全国人民代表大会常务委员会第二次会议批准,建立了中央工商行政管理局和地方工商行政管理部门,专门管理工商行政事务。该部门在保护合法经营、取缔非法活动、维护生产和市场秩序方面发挥了作用。(2) 公安机关。公安机关作为政府工作部门,依法负责维护国家安全和保障社会秩序。公安机关自1951年开始在全国范围内开展了镇压反革命运动,打击惯匪、惯窃等严重危害社会治安的犯罪分子,查禁吸毒、贩毒、卖淫嫖娼等丑恶现象,对反动阶级分子和其他反动分子进行了大规模的改造工作。20世纪50年代后期至60年代初,中国的社会治安秩序出现了前所未有的大好局面。(3) 司法行政机关。新中国成立初期的10年里,各级司法行政机关和广大司法行政干部,在改革旧的司法制度、建立健全地方各级人民法院、建立律师公证制度、创办政法院校、培养法律专门人才、培训司法干部、开展法制宣传等方面做了大量的工作。新中国成立初期,劳改、劳教工作由司法行政机关领导。1956年创办的劳动教养制度是中国社会主义法制建设的一个创举,它是对有轻微违法犯罪行为的人采取强制性教育改造的行政处罚措施。劳动教养机关成功地教育改造了一批轻微违法犯罪分子,受到国内外的高度赞扬。(4) 民政管理机关。民政部(过去称内务部)和地方各级民政部门是民政管理机关。原内务部根据1953年《选举法》在全国范围内组织选举产生基层人民代表大会,并由此建立了基层人民政府。民政管理机关还在抗灾救灾、社会福利、优抚安置、婚姻登记等方面做了大量的工作。此外,税收、林业、农业、水利、交通、铁路、劳动、教育等部门的执法工作也取得较大的成绩。

法律授权的社会组织的执法。根据法律授权行使行政职能的社会组织,如民间治安保卫组织、仲裁组织等,可以在一定范围内执行法律。1952年,经中央人民政府政务院批准,公安部发布了《治安保卫委员会暂行组织条例》,对治安保卫委员会作了专门规定。治安保卫委员会是群众性的治安保卫组织,在基层政府和公安保卫机关领导下进行工作,在协助人民政府和公安机关肃清反革命、防奸、防谍、保卫国家和公众治安方面起到了重要作用。

三 司法

司法，也称法律适用，是法的实施的重要方式之一。它是国家司法机关依据法定职权和法定程序，具体应用法律处理案件的专门活动。司法机关包括人民法院和人民检察院。

(一) 司法体系和司法职权

1. 人民法院。根据《共同纲领》和《中央人民政府组织法》，中央人民委员会于1951年9月3日制定了《人民法院暂行组织条例》，1954年9月，第一届全国人民代表大会第一次会议通过了《人民法院组织法》，对人民法院的组织机构、工作职能、活动原则等作了明确的规定。

人民法院的任务。人民法院的任务主要是审判刑事案件、民事案件以及通过审判和其他活动教育公民自觉遵守宪法和法律。

人民法院的机构设置和审级制度。1951年的《暂行组织条例》规定，中华人民共和国设立县级人民法院、省级人民法院和最高人民法院，另外还有专门人民法院。审判案件基本上实行三级两审制。1954年的《人民法院组织法》修改了审判组织机构，将地方各级人民法院分为基层人民法院、中级人民法院和高级人民法院，将三级两审制改为四级两审制。基层人民法院是一审法院，最高人民法院、高级和中级人民法院既是二审法院也是一审法院，最高人民法院的判决（无论是一审还是二审判决）都是终审判决。同时还设专门人民法院，即军事法院、铁路运输法院、水上运输法院。但在1957年，铁路运输法院和水上运输法院被撤销。

人民法院的组织和活动的基本原则。1951年的《暂行组织条例》规定了人民法院审判案件以颁布的法律、法令、决议、命令的规定（无规定者依政策）为依据的原则、审判公开原则和上诉制度、人民陪审员制度。1954年《人民法院组织法》的制定标志着人民司法制度日臻完善。司法基本原则主要有：审判独立原则，即人民法院审判案件只服从法律，不受任何机关、团体和个人的干涉；适用法律一律平等原则；审判公开原则，即除涉及国家机密、个人隐私和未成年人的犯罪案件外，一律公开进行；辩护制度；人民陪审员陪审制度。另外还有回避、合议、上诉、审判监督、两审终审等制度。

2. 人民检察院。检察院是国家的法律监督机关。1951年9月3日，中央人民政府委员会制定了《中央人民政府最高人民检察署暂行组织条例》和《各级地方人民检察署组织通则》。1954年，第一届全国人民代表大会第一次会议通过了《人民检察院组织法》，规定了人民检察院的组织机构、职权范围、工作路线和方法。

人民检察院的任务。主要包括法纪监督、司法监督（侦查监督、审判监督和劳改监督）、提起公诉等。

人民检察院的组织机构。1951年，人民检察署分为最高人民检察署及其分署、省（行署）及中央或大行政区直辖市人民检察署。省人民检察署在专区设分署，县（市）人民检察署。1954年《人民检察院组织法》将署改为院，分为最高人民检察院、地方各级人民检察院和专门人民检察院。

上下级检察院之间的关系。1954年宪法和人民检察院组织法均规定检察院的上下级之间为领导关系。1975年宪法则取消了检察机关，其职权由公安机关行使。1978年宪法恢复人民检察机关，但将检察院上下级关系规定为监督关系。

各级人民检察院同权力机关的关系。1951年《检察署组织通则》规定各级地方人民检察署受双层领导，即受上级人民检察署的领导和同级人民政府委员会的领导。1954年改为地方各级人民检察院只受上级人民检察院的领导，独立行使职权，不受地方国家机关的干涉，最高人民检察院对全国人民代表大会负责并报告工作。1978年宪法规定地方各级人民检察院对本级人民代表大会负责并报告工作。

（二）司法活动

在中国的司法体系中，法院行使审判权，检察院行使检察权和法律监督权。法院和检察院之间存在着分工负责、互相配合、互相制约的关系，即法院依法独立行使审判权，但审判过程和结果要受到检察院的监督；刑事案件的批准逮捕、提起公诉等由检察院决定；国家机关工作人员的渎职案件和贪污贿赂案件由检察院负责侦查；检察院对叛国案、分裂国家案以及严重破坏国家的政策、法律、法令、政令统一实施的重大犯罪案件，行使检察权；对刑事案件判决、裁定的执行和监狱、看守所、劳动改造机关的活动是否合法实行监督。

新中国成立之后，人民法院和人民检察院互相配合，依照国家法律和政策，同反革命和其他刑事犯罪行为作斗争，审判各类刑事案件。从1950年到1953年，各地法院配合土改、镇反、三反、五反等各项社会改革运动，通过审判活动，严厉惩处了土匪、恶霸、特务、反动党团骨干分子，以及杀人、抢劫、强奸、流氓、赌博、诈骗、贩毒、贪污、盗窃、投机倒把等严重刑事犯罪分子和严重经济犯罪分子，保卫了新生的人民政权，稳定了社会秩序。20世纪50年代，鉴于国家机关少数基层干部利用职权违法乱纪，人民检察院依法查处了一批非法拘禁、诬告陷害、刑讯逼供等案件，保护了公民的人身自由和民主权利。1956年6月至8月，最高人民法院依据国际法准则，严正审判了日本侵华战争罪犯，维护了中国主权和世界和平。从1959年到1975年，最高人民法院和各高级人民法院根据宪法和全国人大常委会发布的特赦令，对确实改恶从善的蒋介石集团、伪满洲国和蒙疆自治区政府的战争罪犯依法实行特赦，体现了惩办与宽大相结合的政策。在民事审判方面，配合1950年婚姻法的颁布和1953年的贯彻婚姻法运动，人民法院审理了大量的婚姻案件，为建立和巩固社会主义婚姻家庭制度奠定了良好基础。人民法院还审理了大量财产权益纠纷案件，从1950年到1956年审理公私企业之间的经济合同案件就达16万余件。

除上述成绩外，中国的司法制度也有深刻的教训。新中国成立初期，由于司法体制尚不健全，中国曾采用了一些过渡性或临时性做法，如党委审批案件制度。20世纪50年代中期以后，新中国进入法制建设的快速发展期，建立了较为成型的司法体制，实行人民法院独立审判原则，取消了党委审批案件制度。但是，1957年7月，中央规定地方司法机关向地方党委负责，司法机关不仅服从党中央和地方党委的方针政策的领导，而且服从各级党委对具体案件审判的指示。至60年代中期，从逮捕到审判均由党委或政法党组作出决定方能执行，司法机关成为党委的执行机关。这种党法不分、司法受党委绝对领导的作法，不利于司法体制的建设和发展。对此，刘少奇在1962年曾批评指出："法院独立审判是对的，是宪法规定了的，党委和政府不应该干涉他们判案子。""不要提政法机关绝对服从各级党委的领导。它违法，就不能服从。"[①]

[①] 《刘少奇选集》（下），人民出版社1985年版，第452页。

四　法律监督

关于法律监督，通常有广义和狭义两种解释。狭义的法律监督，是指专门的法律监督机关即人民检察院依法行使职权，对国家机关及其工作人员、社会组织、公民个人等贯彻执行法律的活动所给予的监察和督导。广义上则指国家机关、各政党、各社会团体及公民等对法律的运转过程所给予的评价和督导。在这里，取广义上的法律监督概念。

法律监督的意义在于保障法律的稳定和实现，对违法失律的行为进行矫正与惩处。具体来讲就是维护法律的统一和尊严、保障法律的实施。法律监督是提高国家机关的立法、执法、司法行为的合法性程度的重要保障。

新中国成立后，中国参照苏联的法律监督制度建立了自己的法律监督制度。具有临时宪法性质的《中国人民政治协商会议共同纲领》和《中央人民政府组织法》在确立中国基本政权结构的同时，也为中国的法律监督制度确立了基本模式。这是一个以全国人民代表大会为最高监督机关、以检察院为主要监督主体、以人民监督为基础的监督体制。1954年第一届全国人民代表大会通过的一系列国家机关组织法使这个体制更加明晰，后虽经历了1957年以后行政监察机关和检察机关的撤而复设等曲折，但是，法律监督制度的基本框架始终未变。

国家权力机关的监督。国家权力机关的监督是指各级人大及其常委会所进行的监督。国家权力机关的监督包括两个方面：一是立法监督。所采用的方式主要有批准、备案、发回、宣布无效、改变或撤销等；二是对宪法和法律实施的监督。其处理方式包括宣布违宪的法律、法规和其他决定、命令无效。此外，还可通过听取行政机关和司法机关的工作报告、提出质询案、对重大问题组织调查委员会进行调查处理等方式实施监督。

检察机关的监督。宪法规定，检察机关是专门的法律监督机关。人民检察院依法对有关国家机关及其公职人员执法、司法活动的合法性和刑事犯罪活动进行监督。毛泽东的人民民主专政理论是建设中国特色的检察制度的基础。应该正确认识检察机关的法律监督与人民民主专政的一致性。法律监督的任务在于保障法律的正确实施，以便依照法律发扬民主和实行专政。法律监督越有力，法律越能得到正确统一的实施，人民民主专政就越巩固。反之，取消法律监督就是取消党和人民维护社会主义法制的有力武器，其结果必然是削弱人民民主专政。中国的检察机关历经设立、削弱直至取消的过程，实际也就是社会主义法制的创立、削弱直至根本不起作用的过程，人民民主专政的力度也随之发生相应变化。

人民民主监督。毛泽东十分重视人民在历史发展进程中的作用。毛泽东认为人民是实行民主监督的主体力量，监督对象是政府及其工作人员。让人民来监督政府，政府才不敢松懈。毛泽东在"三反"斗争中明确指出："应把反贪污、反浪费、反官僚主义的斗争看作如同镇压反革命的斗争一样的重要，一样的发动广大群众包括民主党派及社会各界人士去进行……"[①]毛泽东还提出了实行人民民主监督的途径和方法。其一，建立人民代表大会和政治协商会议制度。人民是最高权力的主人，通过人民代表大会行使最高立法权，通过政治协商会议使各界代表人士直接参政议政。其二，建立共产党领导的多党合作制度。各党派之间长期共存，互相监督。其三，提倡群众监督、舆论监督、各民主党派和无党派民主人士的监督，充分发挥人民监督的力量。其四，重视人民来信，建立信访制度，倾听群众的呼声，密切党和政府与人民群众的联系。人民信访制度至今仍是具有中国特色的民主监督方式。

---

① 《毛泽东文集》第6卷，人民出版社1999年版，第191页。

第十六章　中国社会主义文化制度

新中国成立以后，在毛泽东为核心的中共中央领导集体的领导和毛泽东思想指导下，形成了一系列较为完善的社会主义文化制度，确定了中国社会主义文化建设的指导思想，阐明了中国社会主义文化的战略地位，规定了中国社会主义文化建设的根本任务，确立了中国社会主义教育、文艺领域的基本方针。

第一节　中国社会主义文化建设的指导思想

新中国文化建设的根本指导思想同整个社会主义现代化建设事业的指导思想是完全一致的，这就是马克思主义和毛泽东思想。这一指导思想的形成和发展，具有深厚的理论依据和重大的现实意义。

一　中国社会主义文化建设指导思想的形成和完善过程

在社会主义革命时期，以毛泽东为代表的中国共产党人创立了新民主主义理论，比较系统地阐述了新民主主义的经济、政治和文化建设思想。毛泽东在《新民主主义论》中指出，新民主主义的政治、经济、文化，由于都是无产阶级领导的缘故，就都具有社会主义的因素，而且是起决定作用的因素，但就整个政治情况、经济情况和文化情况来说，却还不是社会主义的，而是新民主主义的；由于现时的中国革命是世界无产阶级社会主义革命的一部分，因而现时的中国新文化也是世界无产阶级社会主义新文化的一部分，是它的一个伟大的同盟军；由于现时中国革命不能离开中国无产阶级的领导，因而现时中国新文化不能离开中国无产阶级文化思想的领导，即不能离开共产主义思想的领导。当作国民文化的方针来说，居于主导地位的是共产主义思想。在这里，毛泽东虽未将马克思主义作为建设中国新文化的指导思想，但已提出了用共产主义思想领导新民主主义文化，这为中国共产党确立社会主义文化的正确指导思想奠定了理论基础。

新中国成立以后，随着对旧中国科技、文艺、教育及封建思想道德、资产阶级思想道德的改造，社会主义文化制度逐渐被确立起来，马列主义、毛泽东思想在中国社会主义文化建设中的指导地位也逐渐得到巩固。

为了确立马列主义、毛泽东思想在社会主义文化建设中的指导地位，在中共领导下开展了几次大的思想改造运动。一是知识分子的思想改造。知识分子的思想改造，是中国在各方面彻底实现民主改革和逐步实现工业化的重要条件之一。据此，中共先是组织广大教师进行理论学习，后逐渐扩展到各界知识分子中，成为全国规模的知识分子思想改造运动。时间从新中国成立初到1952年底。1951年，周恩来向北京、天津高等学校的教师作了《关于知识分子的改造问题》的报告，着重阐明知识分子进行思想改造的必要性和目的，强调要分清敌我，批判帝国主义、封建主义和官僚资产阶级的思想影响，勉励一切有民族思想、爱国思想的知识分子进一步站到人民的立场上来，并力争更进一步站到无产阶级立场上来。通过这次思想改造运动，广大知识分子不断克服旧思想，接受新思想，马克思主义、毛泽东思想逐渐深入人心。二是在思想文化领域开展了"五大批判"。这就是对孙渝编导的电影《武训传》的批判，对俞平伯红学思想的批判，对胡适思想的批判，对胡风文艺思想和梁漱溟思想的批判。这些批判存在简单化、片面化的弊端，往往用政治批判代替学术批判，用政治手段压制学术民主，并过分夸大了中共党内资产阶级思想，但也有力地批判扫除了各种唯心主义、封建地主阶级思想和资产阶级思想，进一步确立了马克思主义在思想文化领域的指导地位。三是马克思主义的宣传启蒙教育运动。新中国成立初期，中共在全国人民首先是知识分子中间广泛深入地开展了一场学习和宣传马克思主义的启蒙教育运动。这场启蒙教育运动，从学习社会发展史入手，帮助人０们清理头脑里的各种剥削阶级旧的思想观念，树立马克思主义一系列科学观点。此间，《实践论》和《矛盾论》等著作的重新发表，进一步激发了全国人民学习马列主义、毛泽东思想的热情，巩固了毛泽东思想在社会主义文化领域的指导地位。

经过解放初期的思想改造运动，加上后来一系列的社会主义思想文化建设实践，马克思列宁主义和毛泽东思想逐渐被确立为中国社会主义文化建设的指导思想，并作为一项根本文化制度明确下来。1975年颁布的《中华人民共和国宪法》指出，马克思主义、列宁主义、毛泽东思想是中国指导思想的理论基础。1978年颁布的《中华人民共和国宪法》明确指出，中华人民共和国的指导思想是马克思主义、列宁主义、毛泽东思想，并规定，国家坚持马克思主义、列宁主义、毛泽东思想在各个思想文化领域的领导地位。这就正式将马列主义、毛泽东思想确立为中国社会主义文化建设的指导思想。

二 坚持中国社会主义文化建设指导思想的重大意义

始终坚持以马克思列宁主义和毛泽东思想作为中国社会主义文化建设的指导思想，这是中国社会主义文化的根本制度，已经写进了党章，写进了党和国家的有关决议。坚持马克思主义在中国社会主义文化建设中的指导地位，具有极其重大的现实意义。

首先，它是中国社会发展的客观要求。新中国成立之初，由于封建思想的束缚，资产阶级思想的侵蚀，人们的思想状况呈现复杂多样的特点。一直到"文化大革命"结束，由于中国的社会主义尚未走向成熟，社会上还存在着各种消极落后乃至腐朽的思想。思想文化的多样性尽管一定程度上体现了人们独立性自主性的增强以及思想的解放和更新，它可以为社会主义建设增添活力。同时，多样化的存在也为不同思想文化的相互交流、相互借鉴、相互融合、相互补充提供了必要性和可能性。但是，思想文化的多样性也会对社会发展造成消极影响。思想文化的复杂化和多样性不利于团结人心、凝聚人心和统一意志；有时它还会为消极落后文化乃至腐朽文化的滋生蔓延提供土壤，为外来文化的入侵提供可乘之机；有时它还会带来人们思想的混乱、离散，导致一些人对马克思主义产生怀疑乃至否定，削弱马克思主义的指导地位。为了克服思想文化复杂性和多样性不利的方面，化消极因素为积极因素，中国共产党认为，必须坚持用马克思主义武装广大干部群众的头脑，坚持社会主义意识形态的一元化领导，并以此指导社会主义文化建设实践。

其次，这是由社会主义制度的性质和共产党的执政地位所决定的。一方面，中国实行的是社会主义制度，这客观上要求以马克思主义来指导文化建设。经过社会主义改造和合作化运动，社会主义基本制度在中国基本确立起来。在经济制度上，中国坚持以公有制为主体；在政治制度上，中国实行人民民主专政制度；在文化制度上，中国在科技体制、文艺体制、新闻出版体制、教育体制等领域虽实行了一系列改革，但总体上坚持以社会主义为主导。作为对中国经济、政治、文化在观念形态上的反映，社会主义文化建设和文化制度只能由居于支配地位的马克思主义加以指导。中国社会主义基本制度本身是依据马克思主义理论构建起来的，它的健康发展需要马克思主义为指导。另一方面，中国社会主义文化建设之所以要坚持以马克思主义为指导，也是由共产党的执政地位所决定的。在中国，虽然存在多种政党，但共产党是执政党，其他党则为参政党、议政党。中国共产党从诞生之日起，就把马克思列宁主义确立为自己的指导思想。中共七大又将毛泽东思想确立为指导思想。在马克思主义、毛泽东思想的指引下，中国共产党不仅领导无产阶级和人民大众夺取了政权，取得了执政地位，也领导全国人民取得了社会主义事业的巨大成就。可以说，只要中国共产党执政，那么中国的社会主义文化建设就必然将马克思主义作为指导思想而占据主导地位。

最后，这是由马克思主义理论的本质所决定的。马克思主义是无产阶级和劳动人民认识世界和改造世界的强大思想武器，是指导中国革命和建设的行动指南。毛泽东思想同马克思主义一脉相承，它是对马克思主义继承和发展的科学结晶。以毛泽东为核心的第一代中央领导集体带领中国共产党坚持把马克思列宁主义基本原理同中国具体实践紧密结合，形成了毛泽东思想。这一理论成果，是中国化的马克思主义，既体现了马克思列宁主义的基本原理，又包含了中华民族的优秀思想和中国共产党人的实践经验。这一理论成果作为整体的中国化的、科学的马克思主义，决定了它必定是中国共产党人立党立国的根本指导思想，是中国各族人民团结奋斗的共同理论基础。

为了巩固马克思主义在社会主义文化建设中的指导地位，中国共产党采取了许多行之有效的保证措施。这就是：有力回击极少数右派分子对社会主义和马克思主义的进攻；努力用马克思主义理论武装广大干部群众，积极开展大众学哲学等活动；大力开展对封建文化和资产阶级文化的清理和批判，用马克思主义去占领意识形态和社会主义思想阵地；积极造就一支忠诚于马克思主义思想的理论队伍；致力于理论创新，提出了一系列适合中国国情的社会主义建设理论，不断丰富和发展马克思主义。为了保证马克思主义在社会主义文化建设中的指导地位，中国共产党始终坚持马克思主义的主导地位、主流作用和"主心骨"功能，坚持指导思想的一元化。面对各种错误思想文化的腐蚀，面对一些人对指导思想一元化的疑惑和动摇，有中国特色社会主义的文化，必须以马克思列宁主义、毛泽东思想为指导，不能搞指导思想的多元化。

第二节 中国社会主义文化建设的战略地位

从新中国成立到改革开放前，中国共产党就社会主义文化的战略地位、历史作用和重大意义等问题，在一系列报告、决议、文件、讲话和论著中作了系统阐述，归纳起来，大致表现为以下两大方面：其一，发展社会主义文化是社会主义社会的重要特征和社会主义制度的重要体现；其二，社会主义文化建设是中国四个现代化的重要目标和重要保证。

一 社会主义社会的重要特征和社会主义制度优越性的重要体现

社会主义文化同社会主义及其基本制度是完全一致的，它对于社会主义的发展具有举足轻重的作用。

首先，建设社会主义文化是社会主义的本质要求。社会主义的本质，是解放生产力，发展生产力，消灭剥削，消除两极分化，最终实现共产主义社会。中国共产党领导中国人民推翻三座大山，建立社会主义新中国，进行社会主义四个现代化建设，其根本目的是解放和发展生产力。解放和发展生产力，既包括解放和发展物质生产为，也包括解放和发展精神生产力、科技生产力、教育文艺生产力等；要充分体现社会主义这一本质，不仅要建设高度的物质文明，也要建设高度的精神文明。可见，社会主义文化也是社会主义本质特征的必然要求。而且，中国实行的是社会主义经济、政治制度，与之相适应，中国也必须大力发展社会主义先进文化。

其次，社会主义精神文明是社会主义社会的重要特征。对社会主义社会的基本特征，科学社会主义的创始人马克思恩格斯曾作出描述。马克思恩格斯认为，社会主义同资本主义的根本差别，就在于它是在公有制基础上组织生产、生产力的巨大增长和高度发展，社会实行按劳分配等。列宁在论述社会主义特征时，主要强调了社会主义时期无产阶级专政的必要性、劳动生产率的提高。其实，社会主义社会的主要特征不仅体现在物质文明、政治文明上，也体现在精神文明上。剥削制度的消灭和生产资料的公有，按劳分配，国民经济有计划按比例地发展，以及工人阶级和劳动人民的政权，高度发达的生产力和比资本主义更高的劳动生产率，这些无疑都是社会主义的重要特征。但是还不足以完全包括社会主义的特征。社会主义还必须有一个特征，就是以共产主义思想为核心的社会主义精神文明。

最后，它是社会主义制度优越性的重要体现。一方面，社会主义文化影响着社会主义制度优越性的充分发挥。整个社会主义社会的经济、政治和文化之间是相互作用、相互影响的。要充分发挥社会主义制度的优越性，没有社会主义文化的良好发展，是不可想象的。如果忽视或放松社会主义文化建设，不去代表先进文化的前进方向，任由消极落后文化乃至腐朽文化泛滥成灾，势必使经济变质，势必冲击社会主义政治文明，势必把社会主义社会的发展引向邪路。任何制度都是靠人来实现的。没有人民群众较高的思想道德素质和科学文化素质，即使社会主义制度再优越也难以充分展现出来；另一方面，社会主义文化也体现了社会主义制度的优越性。物质贫乏不是社会主义，精神空虚也不是社会主义。社会主义之所以优越于其他社会制度包括资本主义制度，就在于它开创了人类精神文明的新局面、新阶段。可见，作为文化主要内容的社会主义精神文明，不仅体现了社会主义的制度本质特征，也事关社会主义制度的实现和完善。

二 社会主义现代化和经济社会发展的重要保证

新中国成立以后，为了适应和推动政治变革和经济建设，中国共产党一方面大力加强社会主义思想道德建设和科学文化建设；另一方面则致力于对旧的科学教育事业乃至整个旧的文化事业进行变革。这些大大推动了中国社会主义建设事业的发展。社会主义文化建设的根本作用之一，就在于它为中国社会主义社会经济发展提供重要保证条件。例如，就知识分子的思想改造来说，它的重要意义正如毛泽东所指出的，"是我国在各方面彻底实现民主改革和逐步实行工业化的重要条件之一"。①

第一，社会主义文化为社会经济发展和进步提供强大的精神动力。按照历史唯物主义的基本原理，生产力和生产关系、经济基础和上层建筑的基本矛盾是社会发展的根本动力，阶级斗争是阶级社会的基本动力之一。社会发展除了各种物质动力外，还有精神动力。人的各种各样的社会实践活动固然是推动社会历史发展的重要条件，可它们本身也要受一定的愿望、动机和思想支配，因而人类社会发展离不开精神动力的作用。所谓精神动力，即是推动现代化建设和社会经济发展的主体精神力量。如果说人的社会需要和利益是社会发展和人类社会实践的动因的话，那么，人的观念、理想信念、时代精神、道德义务感等就是精神动力。作为精神动力的社会主义思想道德其主要内容大致有：科学的世界观，合理的人生观，正确的价值观，代表先进文化方向的时代精神，坚定而又崇高的共产主义理想信念，坚强的革命斗志和意志，高贵的人格操守，道德自律精神，等等。邓小平在总结社会主义革命经验时明确指出："对马克思主义的信仰，是中国革命胜利的一种精神动力。"② 他还说，为什么中国共产党人过去能在非常困难的情况下奋斗出来，战胜千难万险使革命胜利呢？就是因为有理想，有马克思主义的信念，有共产主义的信念。在社会主义建设新时期，社会主义现代化建设同样需要社会主义思想道德提供精神推动力量。在从1949年到1978年近30年的社会主义建设时期，中国经济建设虽然一度遭受严重挫折，但从总体上还是取得了很大成绩，奠定了较为扎实的工农业基础，同时广大干部群众大干社会主义现代化的积极性也是空前高涨。这些在很大程度上就来源于广大人民群众对社会主义事业必胜的坚定信念，来源于对中国共产党的坚定信任，来源于广大干部群众具有较高的思想道德觉悟。

第二，社会主义文化为社会经济发展与进步提供强大的智力支持和文化条件。社会主义文化建设通过大力发展科学技术，发展教育文化事业，努力提高广大人民群众的科学文化知识素质，可以为社会主义现代化提供

---

① 毛泽东在中国人民政治协商会议第一届全国委员会第三次会议的开幕词，《人民日报》1951年10月24日。

② 《邓小平文选》第3卷，人民出版社1993年版，第63页。

强有力的智力支持。发展中国社会主义文化，能够大力开发人的智力资源。人是现代化的主体，是一切社会活动的主体。在一个文盲、半文盲充斥的社会，是难以实现社会主义现代化的。然而，要培养高素质的劳动者，要为社会主义建设提供智力支持，就必须加快科学教育文化事业的发展。教育是培养人才的基础，是智力资源开发的摇篮。而科技知识和水平是人的智力的基本要素，人的智力水平的提高，取决于科学文化水平的提高。正是基于对科技的重视，1956年1月，周恩来在中共中央召开的关于知识分子的会议上指出，在社会主义时代，比以前任何时代都更加需要充分地提高技术，发展科学和利用科学知识；科学是关系国防、经济和文化各方面的有决定性的因素；现代科学技术正在一日千里地突飞猛进，人类正面临着一个新的科学技术和工业革命的前夕，我们必须奋起直追，"向现代科学进军"①。毛泽东也在这次会议上发表讲话，提出要进行技术革命、文化革命，革技术落后的命，革没有文化、愚昧无知的命，号召全党努力学习科学知识，同党外知识分子团结一致，为迅速赶上世界科学先进水平而奋斗。

第三，社会主义文化为社会主义现代化提供思想保证。社会主义文化建设对现代化的思想保证作用主要体现在两大方面。一是确保正确的政治方向，保证中国的现代化沿着社会主义方向前进。加强社会主义思想道德建设，有助于巩固马克思主义在中国意识形态领域里的指导地位，有助于强化人们的共产主义理想信念，有助于培养社会主义道德品质和提高精神境界，有助于人们树立爱国主义、社会主义和集体主义的思想观念，从而抵制落后、腐朽资产阶级思想道德的侵蚀，确保中国的经济建设乃至整个现代化事业沿着社会主义轨道前进。二是确保正确的精神方向。不论是传统的革命精神还是新的时代精神，都对中国的现代化建设起到保证作用。这种保证作用不仅表现为作为精神力量而激励、推动人们积极投身于社会主义建设，还表现为它们能够引导中国特色社会主义事业朝着正确方向发展。

---

① 《周恩来选集》（下），人民出版社1984年版，第185页。

第三节　中国社会主义文化建设的根本任务

新中国成立之后，随着社会主义各项事业的发展，中国共产党和中央人民政府逐渐从不同方面提出和明确了社会主义文化建设的主要任务。早在 1949 年，中国人民政治协商会议通过的《中国人民政治协商会议共同纲领》在讲到文化教育政策时提出，中华人民共和国的文化教育为新民主主义的，即民族的、科学的、大众的文化教育；人民政府的文化教育工作，应以提高人民文化水平，培养国家建设人才，肃清封建的、买办的、法西斯主义的思想，发展为人民服务的思想为主要任务。这里诚然讲的是新民主主义文化教育的任务，但由于社会主义同新民主主义是一脉相承、根本一致的，所以它在某种意义上也是对社会主义文化教育任务的规定。1955 年 3 月，中共中央发出《关于宣传唯物主义思想批判资产阶级唯心主义思想的指示》，强调指出，为了实现中国的社会主义建设和社会主义改造，中国共产党在思想工作中的任务，就是宣传唯物主义思想，反对唯心主义思想，使广大干部群众脱离资产阶级思想的影响，提高社会主义觉悟。把这些有关社会主义文化建设任务的规定，同新中国社会主义建设具体实践结合起来，可以概括出新中国成立近 30 年中国社会主义文化建设的主要根本任务是：提高人民群众的思想道德觉悟和文化水平，培养社会主义建设人才。

一　正确认识和把握社会主义文化建设的根本任务

中国共产党关于新中国社会主义文化建设任务的规定，分为总任务和具体任务两个层次。社会主义文化建设包括思想道德建设和科学教育文化建设两个方面。因为有时也将科学教育文化建设统称为文化建设，而将思想道德建设相对分成思想建设和道德建设两部分。这样，社会主义文化建设实际上包含三大建设，即思想建设、道德建设和文化建设。社会主义文化建设的这些不同领域，都承担着相应的任务。在整个社会主义历史时期，加强思想政治教育，用科学的理论武装人，提高社会主义"四有"新人的思想政治水平，提高整个中华民族的思想政治素质，是中国社会主义思想建设的基本任务。用高尚的精神塑造人，培养社会主义道德新人，造成良好的道德风尚和道德环境，是中国社会主义道德建设的基本任务。创造优秀的精神产品，满足广大人民群众日益增长的精神文化需求，创造良好的文化环境，则是社会主义文化建设的基本任务。社会主义文化建设不同领域、不同方面要完成的基本任务，是社会主义文化建设总任务、总要求的具体体现，两者是完全一致的。不过，就总体来说，社会主义文化建设是以人为对象的，归根到底是做人的工作，因而其根本任务是培养具有较高思想道德觉悟和文化水平的社会主义公民。以毛泽东为核心的第一代中央领导集体尤其重视发挥社会主义文化在塑造社会主义新人中的作用。在新中国成立之初，毛泽东就对青年提出了"身体好、学习好、工作好"的要求，后来又提出又红又专的无产阶级接班人的要求，提出"使受教育者在德育、智育、体育几个方面都得到发展，成为有社会主义觉悟的有文化的劳动者"的教育方针。

二 深刻认识社会主义文化建设根本任务提出的重要意义和理论依据

提高全民族的思想道德素质和科学文化素质，从根本上说是中国社会主义现代化建设的根本需要。文化就是"人之化成"，就是"人化"，因而它就是对人们素质的培养和塑造。人的素质是历史的产物，又给历史以巨大影响。在社会主义条件下，努力改善全体公民的素质，必将使社会劳动生产率不断提高，使人和人之间的新型关系不断发展，使整个社会的精神面貌发生深刻的变化。这是中国社会主义现代化事业获得成功的必不可少的条件。列宁认为，发展教育、科学和文化事业，提高全体劳动人民和领导干部的文化素质，对于建设社会主义国家具有重大意义。他说，在一个文盲充斥的国家内，是建成不了共产主义社会的，"必须取得全部科学、技术、知识和艺术。否则，我们就不可能建设共产主义社会的生活。"[1] 列宁特别重视农民文化水平在俄国农村合作化中的作用："完全合作化这一条件本身就包含有农民（正是人数众多的农民）的文化水平的问题，就是说，没有一场文化革命，要完全合作化是不可能的。"[2] 新中国成立之后，由于政治经济文化条件落后，中国存在大量的文盲半文盲，

---

[1] 《列宁全集》第36卷，人民出版社1985年版，第48页。
[2] 《列宁选集》第4卷，人民出版社1995年版，第773页。

人们受教育程度比较低。为了给社会主义现代化建设提供大批合格的劳动者，中国共产党和中央人民政府采取了许多措施努力提高全民文化素质，例如坚持开展扫盲，举办扫盲班和各种文化补习学校、夜校，普及中小学教育。毛泽东也十分重视提高人民群众的知识水平。他在《中国农村的社会主义高潮》的按语中指出，中国现在文盲这样多，而社会主义的建设不能等到消灭了文盲以后才去开始进行，这样产生了一个尖锐的矛盾；这个严重的问题必须在农业合作化的过程中加以解决。在《关于正确处理人民内部矛盾的问题》一文中，毛泽东也强调，中国艰巨的社会主义建设事业，需要尽可能多的知识分子为它服务。社会主义文化建设不仅为中国社会主义现代化提供智力支持，还可以为它提供思想保证和道德力量。所以，以毛泽东为核心的第一代中央领导集体高度重视社会主义思想道德建设，努力提高广大人民群众的社会主义思想道德觉悟。毛泽东站在社会主义革命和建设的战略高度，在领导中国社会主义建设的施政过程中，积极号召全社会向张思德、白求恩、刘胡兰、雷锋等先进模范人物学习，大力倡导各种崇高的时代精神，用社会主义的思想道德教育干部群众。这些举措为新中国社会主义建设提供了强有力的精神动力、道德规范和政治保证。经济落后，生产力发展水平低，科学、教育、文化不发达，文盲众多，这是新中国的历史起点。新中国成立以后，中国很快就建立起了社会主义制度，加快了社会主义现代化建设的步伐，社会风气明显好转，人们大干社会主义的积极性被激发出来。但是文化落后状况没有根本改变。"文化大革命"更是充分暴露和助长了中国长期封建社会所形成的种种愚昧、落后现象。落后的文化不仅严重阻碍了中国的社会主义现代化步伐，甚至还使之遭受严重挫折。这些从反面说明了加强社会主义文化建设对于社会主义现代化的重要性。

培育具有社会主义觉悟的新人关系到社会主义事业的前途命运，因而是社会主义文化建设的根本。人的素质是一个综合性概念，包含的内容十分广泛，既有智力、知识、才能、体质、气质等方面的素质，也有理想、道德、政治等方面的素质。其中，培养社会主义思想道德素质最为重要，它直接关系到中国社会主义事业的兴衰成败。个人和整个社会的思想阵地，社会主义如果不去占领，资产阶级就会去占领。而在国际上，思想文化领域中的矛盾和斗争伴随着中国新生社会主义政权的巩固和发展一直没有停止，西方资本主义对社会主义国家的思想文化渗透和"和平演变"的政治图谋从未停止，他们把和平演变的希望寄托在中国的第三代、第四代身上，并加紧向中国推销西方的思想文化。为了抵制资产阶级和封建残余思想的侵袭，为了培养一代又一代社会主义事业的接班人，中国开展了一系列思想改造和社会主义思想教育运动，甚至采用了"文化大革命"的极端的完全错误的政治形式。解放后近30年，中共在社会主义文化建设过程中，虽然出现过失误，尤其是极"左"做法一度盛行，例如搞"精神万能""政治挂帅""思想领先"，但是努力提高全体人民的社会主义觉悟以保证社会主义江山不丢失，这一大方向却是完全正确的。对这一点，马克思主义经典作家也有过重要论述。社会主义社会作为共产主义的第一阶段，作为人类历史上一种崭新的社会制度，一经建立就必然要求造就与之相适应的一代新人。马克思、恩格斯指出，未来社会主义社会是一种以每个人的全面而自由发展为基础的社会形态，它需要一种全面发展的新人。《共产主义原理》在描绘废除私有制的未来时，就曾科学预言："由整个社会共同经营生产和由此而引起的生产的新发展，也需要一种完全不同的人，并将创造出这种人来"。[①] 列宁的著名演说《共青团的任务》可以说是培养社会主义一代新人的战斗纲领。他指出，对青年一代训练和教育的目的，是培养有知识、有道德、有纪律的共产主义者；只有用人类创造的全部知识来丰富自己的头脑，才能成为共产主义者。因此，应该站在社会主义事业兴衰成败的高度来充分认识培养又红又专的无产阶级事业接班人的重大意义，应该把社会主义文化建设放在共产主义事业的大局上来把握它的战略地位。

第四节　中国社会主义教育方针

百年大计，教育为本。教育是培养现代化人才的摇篮，是提供科学文化知识、精神动力、智力支持和文化规范的基地。新中国成立以来，中国共产党和中央人民政府一贯重视教育，始终把教育作为关系社会主义建设全局和社会主义历史命运的一件大事来抓。根据对教育在社会主义建设中

[①] 《马克思恩格斯选集》第1卷，人民出版社1995年版，第242页。

重要地位和作用的认识，随着社会历史的发展，以毛泽东为代表的第一代中央领导集体在长期的革命和建设实践中，围绕各个时期的中心任务，结合中国政治和经济的要求和教育实际，规定了中国共产党在不同历史时期的教育方针。中国共产党的教育方针，是毛泽东教育思想的集中体现。

一 教育方针的演变过程

从1949—1978年，中共关于社会主义教育方针的规定大致经过了以下几个发展阶段。

一是新民主主义革命时期。虽然从时间上来说，中共对新民主主义教育方针的规定不能纳入社会主义教育方针范畴，但它却为中共关于社会主义教育方针的规定作了重要思想准备。在投身革命的早期，毛泽东就十分重视对教育的研究。他把培养人才、实现富国强兵作为教育的总目标，认为为达此目的，教育方针不能不十分讲求。毛泽东认为，新的教育方针，应体现以下特点：首先现实主义的。就是要使学生立足于现实，教育要为解决现实社会人生实际问题服务，教育应与生产劳动结合起来，因而应把学校教育与社会教育联系起来。其次平民主义的。毛泽东指出，要使少数阶级专制的黑暗社会，变为全体人民自由发展的光明社会，"见于教育方面，为平民教育主义"，全体国民都要有受教育的权利，要破除少数人对学问垄断，破除学术的神秘性，这一方针要求学校为平民教育尽力，诸如办夜学、识字班等，均为学校的义务。再次做到德、智、体全面发展。毛泽东指出，古代称"智、仁、勇"为三大德，今日的教育方针可配德、智、体三者，德智为体，身体为用，体用一致，方为完善。最后"自教育"，就是要自动地、主动地学习和研究问题，自己掌握一定的学习方法，养成独立研究的能力。在接受马克思主义以后，毛泽东运用马克思主义的教育学说，使之与中国共产党领导的教育实践相结合，在不同历史时期，提出了不同的教育方针。在土地革命时期，毛泽东在苏维埃代表大会上提出了革命根据地的教育方针：以共产主义精神来教育广大劳苦民众，使广大中国民众都成为享受文明幸福的人。在这些教育思想指导下，革命根据地呈现出人民充分享受教育的新局面，男女老少踊跃参加各种形式的学习，人人受教育的情景在中国历史上前所未有。抗日战争时期，毛泽东提出伟大的抗战必须有伟大的抗战教育运动与之配合，并规定了抗战的教育方针：坚定正确的政治方向，艰苦奋斗的工作作风，灵活机动的战略技术。为使教育为长期的抗日战争服务，毛泽东认为必须改变教育的旧制度、旧课程，实行以抗日救国为目标的新制度、新课程。

二是过渡时期。从1949年新中国成立到1956年社会主义改造完成的过渡阶段，伴随着中国社会的急剧转型和经济政治建设高潮的到来，中国的教育文化变革和建设也有了极大发展。中共和中央政府大力改革和发展高等教育，废除原来的反动政治教育，建立和加强革命的政治教育，实行国家对学校的领导管理，建立全国统一的教育制度，逐步形成了人民教育的新制度。中共还提出了新的教育要求：教育要向广大工农群众打开大门，大力开展扫盲运动，发展中小学并扩大吸收工农子弟入学，创建工农速成中学、工农干部补习班和技术进修班。

三是全面建设社会主义时期。这一时期中国社会主义教育事业在曲折中有着一定的发展。社会主义改造基本完成、社会主义制度基本确立之后，毛泽东1957年在《关于正确处理人民内部矛盾的问题》中提出："我们的教育方针，应该使受教育者在德育、智育、体育几方面都得到发展，成为有社会主义觉悟的有文化的劳动者。"[1] 这条教育方针对社会主义教育的性质、任务、目标作了高度概括，集中体现了毛泽东的教育思想。它既符合中国国情，又符合马克思主义教育基本原理，因而对中国社会主义教育事业长期起着指导作用。1961年，为了同经济工作调整相配合，中国的文化工作也进行了调整。在邓小平主持下，中宣部和教育部起草了《教育部直属高等学校暂行工作条例（草案）》，9月发布试行。条例针对教育部门中出现的生产劳动过多、社会活动过多以及拔"白旗"、批"白专"道路等混乱现象，提出学校应以教学为主，学生以学习为主的要求。

四是"文化大革命"时期。这一时期中国的社会主义教育事业遭到了很大破坏。"文化大革命"首先从教育"开刀"，引发了教育的动乱。学生停课"闹革命"，干部和教师被揪斗，学校行政和党、团、教学组织全部瘫痪，各级教育行政部门工作停顿。期间，制定了培养又红又专、德智体全面发展的教育方针，把学生的生产劳动放在了突出位置。1975年

---

[1] 《毛泽东文集》第7卷，人民出版社1999年版，第226页。

通过的《中华人民共和国宪法》强调,文化教育必须为无产阶级政治服务,为工农兵服务,与生产劳动相结合。但这一方针在实际中并未得到很好执行。

五是粉碎"四人帮"之后两年的过渡时期。粉碎"四人帮"以后,中共彻底推翻了"文革"期间对教育战线的"两个估计"。1977年8月8日,邓小平在全国科学和教育工作座谈会上明确地指出:"对全国教育战线十七年的工作怎样估计?我看,主导方面是红线。"① 中共中央在1978年初又召开了全国教育工作会议,全面纠正了在教育问题上的"左"倾错误观点,确定了发展教育的指导方针。在会上,邓小平发表讲话指出,学校应当永远把坚定正确的政治方向放在第一位,但这并不排斥学习科学文化,要把毛泽东提出的培养德智体全面发展、有社会主义觉悟的有文化的劳动者方针贯彻到底,更好地贯彻教育与生产劳动相结合的方针。1978年颁布的《中华人民共和国宪法》再次重申社会主义教育方针,指出,教育必须为无产阶级政治服务,同生产劳动相结合,使受教育者在德育、智育、体育几方面都得到发展,成为有社会主义觉悟的有文化的劳动者。

二 全面贯彻社会主义教育方针

中国的社会主义教育方针,其实质是中国共产党关于教育工作的总方针,是关于教育政策的总纲。在中国,教育方针的核心是社会主义人才的培养目标,也就是使受教育者在德智体等方面全面发展。围绕社会主义教育方针,从新中国成立一直到改革开放,中共提出了一系列科学的教育改革和发展的战略方针。

要积极贯彻中国共产党已经确立的教育方针,就必须把德育、智育、体育、美育等有机地统一在教育活动的各个环节中。学校教育不仅要抓好智育,更要重视德育,还要加强体育、劳动技术教育和社会实践,使诸方面教育相互渗透、协调发展,促进学生的全面发展和健康成长。

首先,重点抓好德育。加强德育工作是社会主义思想道德建设的极其重要环节,它包括思想政治教育和思想品德教育。思想道德素质是人的素质中的核心和灵魂。因此,在"三育"并重前提下,以毛泽东为核心的

---

① 《邓小平文选》第2卷,人民出版社1993年版,第49页。

第一代中央领导集体特别强调重视德育，强调把革命意识的培养放在首位，强调政治教育是学校中心工作的一环。在解放后的近30年的社会主义教育实践中，突出加强了对青年学生进行马克思主义教育，辩证唯物主义和历史唯物主义教育，突出学生科学的世界观和人生观的教育；有针对性地开展爱国主义、集体主义和社会主义教育，中华民族优秀文化传统和革命传统教育，理想、伦理道德以及文明习惯养成教育，中国近现代史、基本国情、国内外形势教育和民主法制教育；并把发扬中华民族优良传统同积极学习世界上一切优秀文明成果结合起来。

其次，改进智育工作。智育的根本目的是向广大受教育者传播科学文化知识，使之掌握必要的基本技能，提高思维水平和智力水平。以毛泽东为代表的第一代中央领导集体高度重视智育工作，认为智育是养德的基础，搞好了智育，青年一代才能掌握一定的科学文化知识，才能理解无产阶级的思想政治观点和行为准则。为此，中共中央反复强调学生要以学习为主。

最后，努力强化体育。健康体魄是青少年为祖国和人民服务的基本前提，是中华民族旺盛生命力的体现。毛泽东特别反对旧教育"偏于智"轻视体育的观点，认为体育是智育、德育的物质保证。新中国成立以后，针对学生学习负担过重的问题，毛泽东指示学校要注意"健康第一，学习第二"，并告诫教育工作者应该把青少年的体育活动看得比什么都重要。根据毛泽东重视体育的指示精神，各级党委、政府和教育部门，切实加强体育工作，努力使学生掌握基本的运动技能，养成坚持锻炼身体的良好习惯；确保学生体育课程和课外体育活动时间，规定不准挤占体育活动时间和场所；举办多种多样的群体性体育活动，培养学生的竞争意识、合作精神和坚强毅力；地方各级人民政府统筹规划，为学校开展体育活动提供必要条件；培养学生的良好卫生习惯，使他们了解科学营养知识。

为了全面贯彻社会主义教育方针，新中国成立后，中共多次提出了必须坚持教育与生产劳动相结合。无疑，教育与生产劳动相结合是培养全面发展的人才的重要途径。教育同生产劳动相结合，也是马克思主义教育理论的一个重要内容。马克思认为，教育与生产劳动相结合不仅是提高社会生产的一种方法，而且是造就全面发展的人的唯一方法，并把它看作改造现代社会最有力的手段之一。列宁也认为，没有年轻一代的教育和生产劳动的结合，未来社会的理想是不能想象的。以毛泽东为代表的中国共产党人依据马克思主义教育的基本原理，把教育与生产劳动相结合视为造就全面发展的新人的根本途径，视为逐步消灭体力劳动与脑力劳动差别的重要措施。1934年在中央苏区时，毛泽东把"教育与劳动联系起来"作为教育方针的重要内容。刘少奇、周恩来等也多次强调教育与生产劳动相结合，指出这既可以为革命造就理论联系实际、体脑并用的新型人才，又能克服战时的财政困难，自力更生地发展教育事业。新中国成立后，在大规模的社会主义建设中，中共中央反复强调，教育工作要为工农服务，为生产建设服务，主张学校办工厂，工厂办学校；半工半读，勤工俭学；一切中等技术学校和技工学校一律办工厂或者农场进行生产；一切高等工业学校要在可以进行生产的实验室和附属工厂尽可能地进行生产；农村的中小学除了同当地农业合作社订立合同参加劳动外，还应利用假期、假日或课余时间，让学生回到本村参加生产；等等。

为了正确落实社会主义教育方针，中国共产党强调社会主义教育必须为无产阶级政治服务。教育的阶级属性，决定了无产阶级的教育要为无产阶级政治服务。毛泽东说过，没有正确的政治观点，就等于没有灵魂。中国共产党人非常注意发挥教育作为无产阶级专政工具的作用，在各个时期所制定的教育方针中，都规定了教育的政治方向。教育为无产阶级政治服务的实质，首先就是为人民服务，为广大人民群众的根本利益服务，而不是为少数领导者的个人意志或人为的政治运动服务。只有把教育与民族的兴盛、国家的繁荣、人民的幸福连在一起，教育为无产阶级政治服务才落到了实处。其次，在社会主义时期，教育为无产阶级政治服务，还表现在必须坚持教育的社会主义方向。以毛泽东为核心的中央领导集体根据马列主义的教育学说，结合中国的实际指出：工、农、商、学、兵、政、党这7个方面，党是领导一切的；中国的教育必须以共产主义思想作指导，必须由共产党领导；只有加强共产党对教育的领导，才能保证教育方针、改革的正确制定和实施，才能保证教育的社会主义方向不偏离。

第五节 中国社会主义文艺方针

社会主义文艺作为社会主义文化事业的重要组成部分，在文化建设中占有极其重要的地位。它承担着培养新人，激励人民团结奋进，满足人民日益增长的精神文化需求的庄严职责。文艺在社会主义现代化建设中的作用，就是通过有血有肉、生动感人的艺术形象，真实地反映丰富的社会生活，反映人们在各种社会关系中的本质，表现时代前进的要求和历史发展的趋势，并且努力用社会主义思想教育人民，给他们以积极进取、奋发图强的精神。中共结合时代发展的要求，根据社会主义文艺自身的特点，确立了中国社会主义文艺的方针原则。这些方针原则充分体现了社会主义文艺的发展规律，是促进社会主义文艺健康进步的根本保证。

一 坚持文艺为人民服务、为社会主义的方向

早在延安时期，毛泽东就对革命文艺为人民服务的性质和方向作了较为系统的阐述。在《新民主主义论》中，毛泽东以历史唯物主义作指导，指出，新民主主义文化的性质是无产阶级领导的人民大众的反帝反封建的文化，亦即是民族的科学的大众的文化，"这种新民主主义的文化是大众的，因而即是民主的。它应为全民族中百分之九十以上的工农劳苦民众服务，并逐渐成为他们的文化。"[①] 革命文艺是新民主主义文化的有机组成体系，所以要求新民主主义文化为工农劳苦大众服务，也就意味着革命文艺必须为劳苦大众服务。《在延安文艺座谈会上的讲话》中，毛泽东提出了革命文艺的中心问题是"为群众的问题和如何为群众的问题"。他还对"人民大众"作了界定，指出，最广大的人民、占全人口90%以上的人民，是工人、农民、兵士和城市小资产阶级。他进一步强调，中国共产党领导下的文学艺术都是为人民大众的，首先是为工农兵的，为工农兵而创作，为工农兵所利用的。新中国成立以后，毛泽东关于革命文艺方向的思想得到了坚持和发展。《中国人民政治协商会议共同纲领》强调指出，提倡文学艺术为人民服务，启发人民的政治觉悟，鼓励人民的劳动热情。1975年颁布的《宪法》也要求文学艺术必须为无产阶级政治服务，为工农兵服务。1978年通过的《宪法》则规定：各项文化事业必须为工农兵服务，为社会主义服务。1982年颁布的《宪法》明确指出：国家发展为人民服务、为社会主义服务的文学艺术事业、新闻广播电视事业、出版发

[①] 《毛泽东选集》第2卷，人民出版社1991年版，第708页。

行事业、图书馆博物馆文化馆和其他文化事业。这样,社会主义文艺的"两为"方向获得了明确、科学的规定。

《在延安文艺座谈会上的讲话》还提出了"文艺是从属于政治的"论断,提出了文艺批评的两个标准:一个是政治标准,一个是艺术标准。"文艺从属于政治"的论断,在特定的历史条件下有其产生的合理性,它反映了无产阶级文艺的党性原则。但把"文艺从属于政治,并反转来给予伟大影响于政治"看作文艺的普遍规律,就必然导致忽视文艺题材、手法的多样性,导致文艺批评变成"政治批判",导致文艺创作上的公式化、概念化,最终对社会主义文艺的发展造成严重损害。在"文化大革命"中,中国的社会主义文艺一度被绝对化,甚至以"文艺从属于政治"口号将文艺当作政策、方针的图解,用强迫命令的方式要求文艺为一时的、具体的、直接的政治服务,使得中国的文艺领域"高、大、全"模式盛行,8个"样板戏"一统舞台,就是证明。这给中国的社会主义文艺事业发展留下了极为深刻的教训。

为人民服务,是中国社会主义文艺必须始终坚持的根本方向。为人民服务的文艺方向,充分体现了中国共产党全心全意为人民服务的宗旨,体现了代表最广大人民群众根本利益的要求,体现了社会主义制度的优越性,体现了文艺需要人民、人民需要文艺的统一关系。首先,文艺需要人民。人民生活是文学艺术取之不尽、用之不竭的源泉。充分反映人民群众的伟大社会主义实践,体现人民群众的意愿和心声,是广大文艺工作者义不容辞的历史使命。同时,只有在人民的历史创造中进行艺术的创造,在人民的进步中造就艺术的创造,给人民以信心和向上的力量,才能实现以优秀的产品鼓舞人的任务,使人民群众不断增长的精神需求得到满足。其次,人民也需要文艺。人民群众对文艺产品具有丰富多样的精神文化需要,具有文化享受和发展需要。这就要求广大文艺工作者创造出为人民群众所喜闻乐见的文艺作品。

社会主义文艺为人民服务、为社会主义服务,一是要坚持马克思主义在文艺事业中的指导地位;二是要服务于社会主义现代化事业,积极主动地去歌颂现代化建设取得的伟大成就;三是坚持社会利益第一的原则,坚持为绝大多数人民的根本利益服务;四是要深入群众、深入生活、深入基层,同广大人民群众打成一片,与之保持血肉联系,通过对广大人民群众生产生活实践的真实反映与深刻表现，来表达普通民众的思想、感情、要求和愿望；五是要根据广大人民群众多层次、多种类、不断变化着的多样化文化需要，以更优质的文化产品和各种健康有益的文化活动，去鼓舞人民、满足人民、奉献人民。

二 坚持"百花齐放、百家争鸣"的方针

"百花齐放，百家争鸣"的社会主义文艺方针，是由毛泽东提出并逐渐完善起来的。早在1942年10月，毛泽东给延安平剧院的题词是"推陈出新"。1951年9月在为中国戏剧研究院题词时，毛泽东在"推陈出新"前又加上了"百花齐放"。1956年4月28日，毛泽东在中共中央政治局扩大会议上提出：艺术问题上的百花齐放，学术问题上的百家争鸣，应该成为中国共产党领导文艺工作的一个方针。同年5月2日，毛泽东又在最高国务会议第七次会议上正式提出"双百"方针：现在春天来了嘛，一百种花都让它开放，不要让几种花开放，还有几种花不让它开放，这就叫百花齐放。并指出，在中华人民共和国宪法范围内，各种学说思想，正确的，错误的，让他们去说，不去干涉他们。1956年5月26日，中共中央宣传部长陆定一向科学家、医学家、文学家和艺术家作了题为《百花齐放，百家争鸣》的讲话，系统阐述了党中央和毛泽东提出的"双百"方针。1957年1月，毛泽东在省市自治区党委书记会议上的讲话中指出："百花齐放，百家争鸣。这个方针，是在批判了胡风反革命集团之后提出来的，我看还是对的，是合乎辩证法的。"[①] 而在同年2月《关于正确处理人民内部矛盾的问题》的讲话中，毛泽东又专门系统阐述了"双百"方针。1978年颁布的《宪法》则明确提出：国家实行百花齐放、百家争鸣的方针，以促进艺术发展和科学进步，促进社会主义文化繁荣。

"双百"方针完全符合艺术的特点和规律，是繁荣和发展社会主义文艺事业的指南。社会生活是多样化的，人民群众的精神文化需要也是多样化的，这就决定了社会主义文艺在反映现实生活上必须是"百花齐放"。文艺工作者具有不同的创作个性，文艺的发展也需要广大文艺工作者发挥个人的创造精神和艺术个性。多种题材、样式、风格既可以相互竞争、相

---

① 《毛泽东文集》第7卷，人民出版社1999年版，第192页。

互促进，又可以相互借鉴、相互学习，这有利于增强社会主义文艺活力。实行"双百"方针，学术上、艺术上的是非得失，通过自由讨论、自由竞争去解决，通过艺术实践和科学探索去解决，可以防止偏差，有利于新的艺术样式的发展。

坚持"双百"方针，必须发扬艺术民主和提倡学术自由。精神产品的生产是一项非常复杂的劳动，需要专家、学者和文艺工作者发挥个人的创造精神。坚持"双百"方针，就是在艺术创作上提倡不同形式和风格的自由发展，在艺术理论上提倡不同观点和学派的自由讨论。实行"双百"方针，要求充分发扬艺术民主和学术民主，鼓励文艺工作者进行不倦的探索和创造。无论是提高艺术表现力，还是判断艺术的优劣高下和学术上的是非，都不能靠行政命令，而要靠艰苦的艺术实践，靠平等的争鸣。要在努力探求客观规律和维护人民群众利益的基础上进行同志式的讨论，支持学术上、艺术上的不同形式、不同风格的自由发展和竞赛，使不同学术观点、不同艺术观点之间，能够相互了解、相互切磋、取长补短、共同进步。毛泽东指出：艺术上不同的形式和风格可以自由发展，科学上不同的学派可以自由争论。利用行政力量，强制推行一种风格，一种学派，禁止另一种风格，另一种学派，我们认为会有害于艺术和科学的发展。艺术和科学中的是非问题，应当通过艺术界科学界的自由讨论去解决，通过艺术和科学的实践去解决，而不应当采取简单的方法去解决。总之，坚持"双百"方针，一要靠民主，二要靠争鸣和讨论，三要靠实践。历史事实也表明，对文学艺术和哲学社会科学中的是非曲直，应采取慎重的态度，提倡平等、民主、摆事实、讲道理的态度和方法，实行创作自由、讨论自由和批评与自我批评自由，并在实践的检验中加以解决。

第十七章 中国社会主义政党制度

当代世界几乎所有的国家都是由政党来领导的,从而形成了形形色色的政党制度。所谓政党制度,就是指政党领导或控制国家政权,干预政治的一种制度。在多党存在的国家里,它不仅包括各个政党同政权的关系,而且也包括政党与政党之间的关系。在当代中国,除共产党外,还有中国国民党革命委员会、中国民主同盟、中国民主建国会、中国民主促进会、中国农工民主党、中国致公党、九三学社和台湾民主自治同盟等8个民主党派。中国的政党制度,概括起来说就是中国共产党领导的多党合作和政治协商制度。它是马克思主义政党理论和统一战线理论与中国的实际相结合的产物,是符合中国国情、具有中国特色的社会主义政党制度。

第一节 中国社会主义政党制度建立的历史前提和过程

在中国,实行中国共产党领导的多党合作制度不是偶然的。它是在新民主主义革命时期,由中国共产党与各民主党派的长期亲密合作关系发展而来的,是由中国具体的社会历史条件和革命发展道路所决定的,具有客观必然性。

一 中国社会主义政党制度建立的历史前提

中国共产党与各民主党派在新民主主义革命时期的合作和团结是中国社会主义政党制度建立的历史前提之一。

旧中国是一个半殖民地半封建的社会,帝国主义、封建主义和官僚资本主义的势力十分强大。这就决定了中国革命的异常艰巨性和复杂性,单凭任何一个阶级的力量都无法完成中国革命的任务。中国社会的主要矛盾是中华民族同帝国主义的矛盾、人民大众同封建主义的矛盾。广大的工人、农民、城市小资产阶级以及民族资产阶级深受帝国主义、封建主义和官僚资本主义的压迫和统治,他们有着不同的反帝、反封建、反官僚资本的政治要求。这就决定了这些阶级有参加民族革命的可能性。旧中国又是一个落后的农业国,工业不发达,产业工人力量薄弱。到五四运动前夕,产业工人总人数只有200万左右。中国无产阶级虽然人数不多,但集中程度较高,组织纪律性较强,是中国新的生产力的代表,是中国近代最进步的阶级,是革命的主力军和领导者。而投靠帝国主义的买办阶级、大地主、大资产阶级,代表着反动腐朽的政治势力,是旧的生产关系的代表,是革命的敌人。中国社会成员的大部分是农民、城市小资产阶级、民族资产阶级和同这些阶级相联系的知识分子,以及从封建地主阶级中分化出来的其他爱国民主分子,属于中间阶级和阶层。这就形成了两头小、中间大的特殊社会阶级结构。这种阶级结构的特点决定了无产阶级在领导革命斗争时,其他阶级有可能成为革命的同盟军。同时也决定了无产阶级要想取得革命的胜利,就必须和其他阶级、阶层结成广泛的联盟,以彻底孤立和集中打击最主要的敌人。由于民族资产阶级的软弱性和小资产阶级的散漫动摇性,决定了他们不可能形成强大的政治力量,不可能担负起领导中国革命的重任,完成反帝、反封建的任务。资产阶级改良派领导的变法维新运动和革命派领导的辛亥革命的失败就充分说明了这一点。但由于他们身受三座大山的压迫,一般具有强烈的爱国之心和反帝反封建的革命要求。当他们要摆脱三座大山的压迫,求得自身生存和发展时,就必须向工农阶级、无产阶级政党寻求支持与合作。这就奠定了中国革命必须由无产阶级政党——中国共产党领导,并联合其他阶级及其代表的政治力量,建立合作关系的社会条件和社会基础。

1922年中共二大根据列宁关于民族殖民地问题的理论,提出了建立民主联合战线的政策,但由于中国共产党当时缺乏革命斗争的实践经验,并没有充分认识到它的重要性。1923年"二七"大罢工遭到北洋军阀吴佩孚的残酷镇压后,中国共产党才真正认识到中国革命单靠无产阶级的单枪匹马是不行的,而应尽可能地和一切革命的同盟军合作,建立广泛的革命统一战线。经过革命的实践和共产国际的帮助,中国共产党从思想上接受了列宁关于民族和殖民地问题的理论,对中国社会和革命的性质逐步有了明确的认识，并于1924年1月实现了第一次国共合作，揭开了中国共产党与其他政党、党派合作的序幕。第二次国内革命战争时期，由于王明的"左"倾主义，不要统一战线，把中间势力当作最危险的敌人，采取"一切斗争""否认联合""打倒一切"的孤立政策，把广大可以合作的爱国力量、爱国党派赶到敌人一边，使革命遭到严重挫折。抗日战争时期，中国共产党根据国内时局的变化，提出了"停止内战、一致抗日"的主张，表示愿同一切愿意参加抗日救国的党派、团体、人士共同成立国防政府，组成全国抗日统一战线。各民主党派、各人民团体和民主人士纷纷响应。1936年12月，中国共产党对西安事变的和平解决，促进了国共两党第二次合作的实现。抗日战争的胜利，是中国共产党联合工人、农民、小资产阶级、民族资产阶级以及其他爱国抗日力量共同抗战的结果。抗日战争胜利后，为挫败蒋介石发动的内战，推翻蒋介石国民党的独裁统治，取得新民主主义革命的最后胜利，建立联合政府，实现中国的和平、民主与独立，中国共产党继续加强了同各被压迫阶级、各民主党派、各人民团体、各少数民族、海外华侨和其他爱国民主人士的合作。

作为代表民族资产阶级和城市小资产阶级的8个民主党派，是在抗日战争时期和抗日战争胜利后的反蒋抗日的斗争中建立和发展起来的。中国各民主党派成立时的政治纲领，主要是反帝、爱国和要求民主，其指导思想基本上是孙中山的新三民主义，属于民族资产阶级的思想范畴。孙中山的新三民主义同中国共产党的最低纲领，即在新民主主义革命时期的纲领，基本上是一致的。这是各民主党派能够与中国共产党团结合作的政治基础。因而各民主党派从成立的时候起，就在中国共产党统一战线的影响下，同中国共产党建立了程度不同的合作关系，并在革命发展过程中逐步发展了这种关系。尽管各民主党派中也曾有少数人反对接受中国共产党的领导，标榜"中间路线""第三条道路"，幻想在中国建立资产阶级民主共和国，但在国民党的一党专制和蒋介石的独裁统治之下，在中国共产党的团结、教育、争取之下，各民主党派的大多数成员都在中国两条道路、两种前途决战的历史关头，毅然走上了新民主主义道路。

民主党派在新民主主义革命时期自觉接受了中国共产党的领导是中国社会主义政党制度建立的历史前提之二。

中国的民主党派不是单一阶级的政党，更不是单一的资产阶级政党。

民主党派的阶级基础是广泛的，成分是复杂的，其主要组成人员有三部分：一是民族资产阶级和上层小资产阶级及其知识分子，其中包括早年追随孙中山进行革命斗争的资产阶级民主主义革命家；二是其他爱国民主人士，包括爱国华侨、国民党统治集团内部分化出来的反对派、民主派，一些带资产阶级色彩的地主买办阶级的代表人物；三是知识分子，主要是进步学者、教授、专家、新闻工作者。此外，还有少数共产党员参加。这种构成说明了中国的民主党派主要是由资产阶级、小资产阶级和它们的知识分子所组成的阶级联盟，因而它们比单纯的资产阶级政党更多一些革命性、人民性。中国的民族资产阶级没有形成单一的资产阶级政党，广大的小资产阶级也不能在政治上组成统一的政党，只有在政治上坚强、能代表广大人民的利益和代表先进生产力的工人阶级才能组成统一的政党与代表大地主、大资产阶级利益的国民党进行坚决的斗争。在中国这种政治、经济环境和阶级结构的条件下，众多的中间阶级、阶层不可能在国共两大政党之间形成第三大政党。但由于它们的经济和社会地位所决定，它们有反帝、反封建、反专制的爱国心，有实现民主的政治要求，因此它们结成了阶级联盟性质的政党。中国民主党派的这一特点，决定了它们自产生之日起，就面临着确立自己的立场，政治上作出抉择的任务。

爱国主义是民主党派的主要旗帜，团结抗日、争取民族独立是民主党派政纲的重要内容，这决定了民主党派必然与共产党一道前进。在民主革命时期，爱国主义和新民主主义是一致的。一切捍卫民族尊严，期望中国繁荣昌盛的坚定的爱国者，都会赞同新民主主义革命并转向社会主义。民主党派在成立之初以至相当长的一段时间，并不承认共产党是唯一领导革命的政党，不承认马克思主义为指导中国革命胜利之根本，不承认只有社会主义才能救中国。但是，正是它们具有的爱国主义和反帝、反封建的思想基础，才使它们看清了国民党和蒋介石的反动本质并与之决裂；正是它们从爱国主义立场出发，才使它们与中国共产党走到了一起，并最终接受了中国共产党的领导。

实现民主是各民主党派成立之初就确立的宗旨。但国民党、蒋介石的独裁统治，不允许民主力量的存在和发展。各民主党派在争取民主、自由的斗争中，不断地遭到国民党反动派的镇压。而中国共产党在任何时候都愿意帮助民主力量发展，对民主党派的发展给予尽可能的支持。民主革命时期的政治斗争表明，谁要求民主谁就要反对国民党蒋介石的独裁专制，就要接受新民主主义的政治。否则，就没有人民的民主，就没有民主党派存在的余地。正如周恩来所指出的那样：企图在国共两党对立的纲领之外寻找第三条道路，是不可能的，"一接触到实际斗争，尤其是内战重起，就使他只能在靠近共产党或靠近国民党中选择道路，而不能有其他道路"。① 各民主党派实现民主的宗旨，决定了它们在争取政治民主化的斗争中必然要与共产党合作，必然要接受共产党的领导，必然要走上新民主主义的道路。

1948年4月30日中共中央发布了"五一"劳动节口号后，各民主党派纷纷响应。中国国民党革命委员会发表声明称：今日之中国，只有革命或反革命两条道路，即爱国与卖国之分、民主与反民主之分，其间绝无中立徘徊之余地。中国农工民主党发表宣言指出：中共中央"五一"号召的主张是实现新中国的正确途径。民革中央委员会负责人谭平山指出：领导的责任，不能不放在中国共产党的肩上，这是历史的发展不容放弃的任务。这表明了各民主党派都自觉接受了中国共产党的主张，自觉接受了中国共产党的领导。

各民主党派在新民主主义革命中所发挥出的历史作用是中国社会主义政党制度建立的历史前提之三。

各民主党派在新民主主义革命斗争中发挥了积极作用。1927年大革命失败后，民主党派有的坚持反蒋斗争，有的则在国民党内坚持民主原则，不附和蒋介石的反共政策。1931年"九一八"事变后，在中华民族危机空前严重的时刻，它们坚决反对国民党、蒋介石的"攘外必先安内"的反动国策，起而为团结御侮、抗日救亡大声疾呼，掀起了救亡运动。全面抗战爆发后，它们支持中国共产党的主张，坚持抗战、团结、进步，反对国民党顽固派的妥协、投降、分裂政策，积极团结和推动它们所联系的阶级、阶层，使它们在政治上脱离反动派的影响倒向革命人民一边，为抗战胜利作出了贡献。抗战胜利后，它们提出了民主统一、和平建国的口号，同中国共产党一起为反对蒋介石的内战、独裁方针，争取和平民主，不惜流血牺牲。国共和谈和旧政协期间，它们在自己内部也展开了与某些

---

① 《周恩来选集》（上），人民出版社1980年版，第284页。

混进民主党派内部带有投降国民党的错误倾向的人作坚决的斗争。中国共产党发布"五一"劳动节口号后,各民主党派不仅积极响应,而且还在国统区积极开展各种形式的活动和斗争,配合人民解放军推翻国民党政权解放全中国,许多民主党派成员为此献出了生命。

二 中国社会主义政党制度建立的过程

1948年春,人民解放军的胜利进军,土地改革的顺利进行,国统区爱国民主运动的迅猛发展和各民主党派政治态度的重大变化,不仅使中国共产党获得了足以战胜一切敌人的最基本的条件,而且也为召开新政协准备了深厚的群众基础和政治基础。4月30日,中共中央发布"五一"劳动节口号,提出各民主党派、各人民团体、各社会贤达迅速召开政治协商会议,讨论并实现召集人民代表大会,成立民主联合政府。各民主党派纷纷发表宣言、声明,拥护共产党的号召。这表明,各民主党派基本接受了中国共产党的新民主主义革命纲领,明确承认了中国共产党在中国革命中的领导地位。

在共商建国大计的过程中,中国共产党为同民主党派沟通思想,加强团结合作,做了大量深入细致的工作。1948年11月,中共中央代表在哈尔滨与各民主党派和民主人士达成了《关于召开新的政治协商会议诸问题的协议》,确定新政协筹备会由中国共产党及各民主党派、人民团体和无党派民主人士等23个单位组成。1949年1月22日,中共中央专门发出指示,要求有关党委以彻底坦白与诚恳的态度,向他们解释政治的及有关党的政策的一切问题,积极地教育和争取他们。毛泽东、周恩来、刘少奇等亲自就重大政治问题出面同民主党派和无党派民主人士代表直接商谈,充分交换意见。同时,中共中央还通过政策教育、时事报告、组织参观等形式,帮助各民主党派和无党派民主人士加深对中国共产党的各项方针政策以及解放区的理解和认识。通过上述活动,民主党派和民主人士代表对中国共产党的政策有了进一步的了解,增强了对中共的信任,在重大问题上与中共取得了一致认识。

1949年3月,中共中央召开了七届二中全会。会议批准了由中共发起并协同各民主党派、人民团体及民主人士召开没有反动分子参加的新的政治协商会议及成立民主联合政府的建议。同时强调了统一战线政策的重要性以及与民主党派长期合作的必要性。针对党内一些同志流露出来的"共产党打天下,民主党派坐天下"等不利于党派合作的言行,毛泽东在会议上批评说,这是关门主义作风,是对待党外人士的不正确态度。这种态度只会使中国共产党陷于孤立,使人民民主专政不能巩固,使敌人获得同盟者。并要求全党对这个问题必须有认真的检讨和正确的认识,必须反对右的迁就主义和"左"的关门主义或敷衍主义两种倾向,而采取完全正确的态度。毛泽东强调,为了革命的彻底胜利和新中国的建设事业,中国共产党同党外人士长期合作的政策,必须在全党思想上和工作上确定下来。毛泽东的这些重要思想,奠定了中国共产党关于多党合作的理论基础,成为中国共产党处理党派关系的基本指导方针。

1949年6月,经各方协商,决定成立新政协筹备会。参加新政协筹备会的党派代表有中国共产党7人、中国国民党革命委员会7人、中国民主同盟7人、中国民主建国会5人、无党派民主人士6人、中国民主促进会4人、中国农工民主党5人、中国人民救国会5人、三民主义同志联合会5人、中国国民党民主促进会4人、中国致公党4人。经过各方三个多月的反复协商,最后确定参加新政协的代表分为5类,共计662名。在662名代表中,共产党员占44%,各民主党派成员占30%,工农和各界无党派代表占26%。其中,参加新政协的党派14个:中国共产党、中国国民党革命委员会、中国民主同盟、中国民主建国会、无党派民主人士、中国民主促进会、中国农工民主党、中国人民救国会、三民主义同志联合会、中国国民党促进会、中国致公党、九三学社、台湾民主自治同盟、中国新民主主义青年团。这实际上肯定了民主党派的斗争历史和现实存在,同时也是对当代中国党派关系的基本格局的确定。

1949年9月21日,中国人民政治协商会议第一届全体会议在北平召开。会议通过了起临时宪法作用的《中国人民政治协商会议共同纲领》和《中华人民共和国中央人民政府组织法》、《中国人民政治协商会议组织法》。《共同纲领》规定了新中国的国家政权是工人阶级领导的、以工农联盟为基础的、团结各民主阶级和国内各民族的人民民主专政,是由中国工人阶级、农民阶级、小资产阶级、民族资产阶级和其他爱国民主分子组成的人民民主统一战线政权;规定了新中国的政权组织形式是人民代表大会,在普选的全国人民代表大会召开以前,由中国人民政治协商会议的全体会议执行全国人民代表大会的职权；规定了新中国人民所享有的广泛的民主权利和应尽的义务以及新中国经济、文化、教育、民族、外交等各项政策的基本原则。《共同纲领》既体现了中国共产党的路线、方针、政策和奋斗目标，又体现了全国人民、各民主党派的共同愿望和利益，是多党合作的政治基础。

会议选举产生了180人组成的中国人民政治协商会议全国委员会，其中各民主党派成员60多人。毛泽东当选为政协主席，周恩来、李济深、沈钧儒、郭沫若、陈叔通为副主席。选举产生了由63人组成的中央人民政府委员会。毛泽东当选为主席，朱德、刘少奇、宋庆龄、李济深、张澜、高岗当选为副主席。在56名政府委员中，民主党派和无党派民主人士27人。这充分体现了中国共产党领导的多党合作的政治格局。

政协一届全会的召开，标志着中国共产党领导的多党合作制度的基本建立。这是中国近百年来民族民主革命特别是中国共产党领导的新民主主义革命胜利的必然结果，是历史形成的政治格局。

第二节 中国社会主义政党制度的基本内容

中国共产党领导的多党合作制度的内容是十分广泛的。其中，有的内容是长期性的，这将长期坚持下去；有的内容则是阶段性的，这在不同的历史时期是有所不同的。概括起来说，中国共产党领导的多党合作制度的基本内容主要有以下几个方面：

一　政治协商

政治协商，就是中国共产党与各民主党派就国家的大政方针进行协商，以便达成统一意见，采取一致行动。中国共产党与民主党派的政治协商具有优良的传统。在新民主主义革命时期，中国共产党就与各民主党派在团结抗日、反对分裂投降、反对国民党的独裁统治、争取和平民主等重大问题上进行过充分的协商。第一届全国政协从筹备到召开以及《共同纲领》的制定和参加政协的党派、人员名单等，都是中国共产党与各民主党派协商的结果。新中国成立后，中国共产党与民主党派的政治协商被作为多党合作的一项重要内容而制度化、固定化下来，并在实践中得到了长期有效的坚持。

李维汉在第一次全国统战工作会议上的讲话中指出,建立党与非党人士合作的正确关系的中心问题之一是同党外人士沟通政策观点。人民政府虽有共同纲领为基础,但在实际政策上,党外人士中会不可避免地同中共发生原则分歧或发生不同意见的。在这种情况下,中共应该正视分歧和意见,加以适当处理。处理的办法是积极同党外人士协商,耐心倾听他们的意见,然后加以认真的分析,正确的,接受过来,不妥当的,加以解释,错误的,加以批驳。既不先怀成见,也不以人废言。只要中共坚持了这种原则态度,就能集思广益.丰富政策领导,又能影响党外人士,帮助他们提高政策观点。新中国成立后,中国共产党与民主党派在土地改革、出兵援朝、镇压反革命、资本主义工商业的社会主义改造、国家领导人的人选等一系列重大问题上进行了充分协商。

二 民主监督

民主监督,就是中国共产党与各民主党派互相提出批评、意见和建议。作为执政党的中国共产党,要确保党和国家的大政方针的正确,就必须充分发挥民主党派的监督作用。对于民主党派的缺点和错误给予适当的批评,也是帮助民主党派进步所必须的。在1949年3月中共中央机关离开西柏坡前,毛泽东与周恩来有一段关于进京"赶考"的对话。毛泽东形象地把进北平称之为进京"赶考"去。周恩来答道:"我们应当都能考试及格,不要退回来。"毛泽东充满信心地说:"退回来就失败了。我们决不当李自成,我们都希望考个好成绩。"[①] 中国共产党要经受住执政的考验,需要参政的民主党派的通力合作。在中共七届二中全会上,毛泽东指出,对于党外民主人士要从团结他们出发,对他们的错误和缺点进行认真的和适当的批评或斗争,达到团结他们的目的。对于他们的错误或缺点采取迁就态度,是不对的。对他们采取关门态度或敷衍态度,也是不对的。

1951年1月,毛泽东在与参加全国统战工作会议的各中央局、大城市党委统战部领导人谈话时指出,要让民主党派、民主人士前去参观、视察土地改革。他说,民主人士到各地去视察,各地不要以此为累赘。让他

[①] 张忆军主编:《风雨同舟七十年》,学林出版社2001年版,第402页。

们去听听农民的诉苦,看看农民的欢喜,中国共产党的工作中有些什么缺点和错误,也可以让他们看看,这是一件有益的事情。有话应当让他们说,写万言书也好,可以给大家看看,好的接受,不好的解释。对民主人士要进行教育,并让他们参加活动。3月30日,他又进一步批示,对土改、镇反两项工作,也必须使各民主党派民主人士参加,越多越好。只要他们愿意去,就要欢迎他们去。不要怕他们去,不要向他们戒备。因为他们不是反动派。好的坏的都让他们去看,让他们纷纷议论,自由发表意见,只有好处没有坏处。

多党合作的民主监督,主要是在人民代表大会、人民政治协商会议和政府机关、学校、企业以及人民团体内的各种会议上畅所欲言,通过批评、争论和提意见、建议以及通过视察、检查工作、检举、控告等方式、方法进行。1956年《中央统战部关于民主党派工作的几个问题的指示(草案)》中指出,为了发挥民主党派对共产党的监督作用,党的各级组织和部门,必须充分发扬民主,造成欢迎监督的气氛。要认真实行"言者无罪、闻者足戒"的原则,使民主党派敢于和乐于自由地无拘束地进行批评和争论;对于各种批评和建议,要认真地加以分析和处理,务使都能有着落、有交代。对于一切正确的有益的意见应当虚心采纳。对于错误意见,应当善于引导民主党派自己采用分析和说理的方法,经过反复讨论来明辨是非;只要社会主义的总的方向一致,应当容许民主党派发表不同的和反对的意见,不要去制定许多清规戒律,限制了监督作用的发挥。

三 合作推动新民主主义向社会主义的过渡

合作推动中国社会由新民主主义向社会主义的过渡,是新中国成立之后一段时期内多党合作的一项重要内容。具体表现在以下几个方面:

一是合作开展三大运动。新中国成立后,为彻底完成新民主主义革命的全部历史任务,恢复和发展长期遭受战争破坏的国民经济,为逐步向社会主义过渡创造条件,中国共产党与民主党派团结合作,于1950年至1952年在全国范围内开展了土地改革、抗美援朝和镇压反革命运动。

1950年6月,中共中央提出的《土地改革法》(草案)通过后,各民主党派中央纷纷召开会议,发布拥护、支持土地改革的指示和决议,号召和动员各民主党派成员认真学习和遵守政府的土地改革政策法令,积极支持和参加土改运动。中共中央对民主党派参加土改工作十分重视，并且作了周密安排。周恩来亲自致电各地军政委员会，通报关于各民主党派参加土地改革工作的协议。中共中央还发出了关于各民主党派成员参加土地改革的指示。在中国共产党的组织领导和人民政协及各级人民政府的支持和帮助下，民主党派成员普遍参加和参观了各地农村的土改工作，一些民主党派无党派人士还担任了土改工作团和参观团的领导工作。仅在1951年5月，京津两地就有民主党派无党派民主人士689人参加和参观土改。民主党派参加土改运动，对顺利完成土地改革起到了积极推动作用，同时对民主党派成员个人也是一种锻炼。

朝鲜战争爆发后，应朝鲜劳动党和政府的请求，中共中央作出出兵援朝的决定。各民主党派联名发表了抗美援朝、保家卫国的《各民主党派联合宣言》，宣告各民主党派全力拥护全国人民的正义要求，拥护全国人民在志愿的基础上为着抗美援朝保家卫国的神圣任务而奋斗，并分别召开中央会议，对参加抗美援朝运动作出政治决议和内部指示，动员和号召各自成员及其所联系的阶级阶层人民群众，积极投入抗美援朝运动。各民主党派组织参加了抗美援朝保家卫国的示威大游行，组织开展订立爱国公约活动，积极参加了捐献飞机大炮运动，并成立了捐献委员会和组成专门班子动员自己的成员踊跃捐献，还选派代表分别参加历次赴朝慰问团到朝鲜前线慰问志愿军将士。民主党派为举国一致争取抗美援朝的最后胜利作出了积极的贡献，其成员也受到了一次生动的爱国主义教育。

1951年2月，中央人民政府颁布《中华人民共和国惩治反革命条例》后，各民主党派中央有的组织召开了"拥护镇压反革命运动，加强党内思想教育"大会，有的发布了惩治反革命条例学习提纲和有关指示，有的发出关于积极进行镇压反革命的通告。民主党派各级组织积极组织成员学习和宣传有关文件，发动群众检举和控诉反革命分子，并号召其成员利用社会关系，规劝特务和反动党团分子自新登记，协助当地政府监视和防止特务活动。各民主党派在镇压反革命运动中表现了很大的积极性和主动性，做了大量工作，使镇压反革命运动取得了重大成果，保障了土地改革和抗美援朝的顺利进行。

二是合作开展"三反"、"五反"运动和知识分子思想改造运动。1951年，中共中央决定开展全国性的"三反"（反贪污、反浪费、反官僚主义)、"五反"(反行贿、反偷税漏税、反盗窃国家资财、反偷工减料、反盗窃国家经济情报)运动。目的是打击资产阶级的非法行为,划清合法与非法的界限。重点是打击极少数五毒俱全、完全违法的反动资本家。中国共产党对于引导民主党派认识"三反"、"五反"的意义,帮助各民主党派动员其社会联系对象参加这场运动,进行了深入细致的工作,还专门制定了关于民主建国会工作的要点。毛泽东亲自约请黄炎培谈话,阐述中国共产党关于民主建国会的性质及其代表性,以及在"三反"、"五反"运动中的作用,希望民建注意两件事:一是帮助资本家去掉五毒,二是好好学习共同纲领。这也是对民主党派提出的共同要求。各民主党派对于"三反"、"五反"运动作出了积极的响应。民盟总部发出了关于开展增产节约,反贪污、反浪费、反官僚主义运动的指示。民革中央常委会也发出指示,要求民革成员充分认识这一运动是打退资产阶级进攻,巩固人民民主专政的阶级斗争。"三反"、"五反"运动,打退了违法资产阶级的进攻,巩固了工人阶级和国营社会主义经济的领导地位,也使各民主党派受到了教育。

　　知识分子思想改造学习运动是 1951 年夏季从北京大学起源的,后被教育部推广到京津两市所有学校。10 月 23 日,毛泽东在全国政协一届三次会议上高度评价了知识分子的思想改造学习运动。同日《人民日报》发表了题为《认真展开高等学校教师中的思想改造学习运动》的短评。此后这场思想改造学习运动扩展到全国各个高校和其他各界知识分子。民主党派积极参加思想改造运动。民建召开常委扩大会议,决定有步骤地开展会员和工商界的思想改造。民盟召开了全国组织宣传工作会议,把推动思想改造作为中心工作之一。九三学社发出了《关于开展社员思想改造学习的指示》,提出了加强本社社员的思想改造学习运动为本社今后重大的中心任务。新中国成立初期的思想改造运动取得了重要成果,知识分子的精神面貌发生了质的变化,各民主党派的思想认识也有了很大提高。

　　三是合作恢复国民经济。新中国成立初期,面对一穷二白的烂摊子,中共中央和人民政府决定要在 3 年内集中力量恢复和发展国民经济,争取国家财政经济状况的根本好转,并为有计划的经济建设和全面开始向社会主义过渡准备条件。各民主党派密切配合中共中央和中央人民政府,协助落实恢复国民经济的各项措施,并把动员一切力量,迅速恢复和发展生产事业，协助政府争取国家财政状况的根本好转，加速新中国的工业化和文化建设作为自己的总任务和奋斗目标。在恢复和发展国民经济的活动中，各民主党派指导思想明确，积极主动，多方努力，成为当时活跃在经济战线上的十分重要的力量，特别是在调节公私关系和劳资关系、参与组织物资交流活跃城乡市场方面，发挥了积极作用。

四是合作对资本主义工商业进行社会主义改造。对资本主义工商业进行社会主义改造，消灭资本剥削，是建立社会主义经济制度和向社会主义过渡的基本条件。为此，中共决定通过国家资本主义的道路对资本主义工商业进行社会主义改造，过渡到社会主义，并制定了"利用、限制、改造"的方针，同时还提出了要充分发挥民主建国会和工商联在利用、限制和改造资本主义工商业中的作用。李维汉在第四次全国统战工作会议上指出，统战部门要善于利用民建会和工商联的力量，凡是中国共产党对资产阶级的公开政策、号召和要求，都应当向工商联和民建会的领导人物和有关行业的代表人物进行交代和商量，经过协商取得一致，要他们负责协助推行。各民主党派积极响应和协助中国共产党实现过渡时期的总路线，积极参加对资本主义工商业的社会主义改造。主要联系工商界的民主建国会，在教育培训其成员成为工商界中的骨干分子，宣传总路线，以及带头实行公私合营方面做了大量工作，为完成对资本主义工商业的社会主义改造发挥了重要作用。在社会主义改造过程中，民主党派实际上成为在中国共产党领导之下向资产阶级人们进行团结教育改造工作的重要纽带和桥梁。

四　合作进行国家建设

从 1953 年起，中国开始执行国家建设的第一个五年计划。这是新中国开始的第一次大规模经济建设。

进行大规模的经济建设，实现国家工业化，有赖于现代先进的技术，需要各种专门的人才。民主党派及其社会联系在这方面具有各种高级专家、知识人才荟萃的独特优势。据 1955 年统计，全国教授、副教授 7499 人中，民主党派成员有 2110 人，占总数的 28%。在全国高校正副校长、系主任以上负责人中，民主党派成员占了 1/3。为了充分发挥民主党派在国家建设中的作用，1952 年中共中央统战部提出了要协助民主党派找出参加和配合国家各项建设工作的办法。毛泽东充分肯定了这一方针,并且指出,一个政治团体不谈工作,是无法维系成员的,也势必永远陷入人事纠纷中。各民主党派的成员包括一大批拥有现代科学技术的专家学者和企业经营管理人才,是中国社会主义建设的宝贵财富。1953年周恩来在中共中央统战部招待民革和民盟的会议代表时分别发表讲话,就民主党派在中国共产党领导下积极参加国家建设,提出了具体的意见。他指出,民革有很大数量的成员在国家机关工作,对国家建设将有很大的贡献。在国家建设中,每个螺丝钉都有作用。各民主党派要动员自己的成员在各自的岗位上保证完成国家的建设任务,要他们身体力行,起模范带头作用,在共产党领导下一道前进。民主党派的责任,就是推动自己的成员积极地参加各自的岗位上的建设工作,而不是由每个党派都直接领导建设。民主党派在机关、企业、学校的基层组织的任务,就是要推动自己的成员在这个机关、企业、学校里面起积极分子的作用,同共产党合作,并且教育推动它所联系的群众跟共产党一起前进。

根据中共的意见,各民主党派相继召开了中央会议,都确定以参加国家建设为各自政党的中心工作。民盟有61%的盟员从事文教工作,其中在高校的有19.3%,在中学的有26.7%,在小学的有12.7%,在其他教育部门的有2.3%,此外还有在政府文教机关工作的。因此,民盟便把通过文教建设来为经济建设服务作为重要的工作;民进有82.5%的会员从事文化教育工作,其中大部分是中小学教职员。因此,民进便决定在参加国家建设中,主要参加国家文教建设工作,而其中以中小学的工作为重点;农工党的党员主要在文教和财经部门工作,其中文教部门的教育工作者、科学工作者和医药卫生工作者,占全党总数的37.73%。因此,农工党便把文教和财经部门的工作作为参加国家建设的重点。

进入社会主义时期后,各民主党派都成为为社会主义服务的政党。1956年上半年各民主党派相继召开全国代表大会或中央会议,确定自己在社会主义时期的任务。民革确定的主要任务是动员团结全党成员及所联系的群众为社会主义建设、社会主义改造和反对内外敌人而斗争;民盟提出了"一切为了社会主义"的口号,并作为民盟工作的总方针、总任务,以此团结教育从事文化教育工作的中上层知识分子,发挥他们的社会主义积极性和创造性;九三学社确定的主要任务是团结教育从事科学、教育、文化、卫生工作的中上层知识分子，充分贡献力量，不断提高觉悟，协调各方，培养进步分子，积极参加社会主义建设事业和社会主义改造事业；致公党的主要任务是全力以赴协助政府贯彻华侨政策，团结教育所能联系的华侨、侨眷，及时了解研究反映他们的意见和要求，使他们更能够发挥爱国主义积极性，与祖国人民一道，为祖国伟大的社会主义建设共同努力。

在整个国家建设过程中，各民主党派与中国共产党紧密合作，在中国共产党的领导下，充分发挥各自所独有的人才优势，团结和教育广大知识分子积极参加社会主义建设，为国家的繁荣昌盛和中华民族的振兴作出了突出的贡献。

第三节　中国社会主义政党制度的基本特征

中国共产党领导的多党合作制，不仅从本质上不同于西方资本主义国家的多党制或两党制，而且从形式上也不同于其他社会主义国家的一党制。它是马克思列宁主义同中国革命和建设具体实践相结合的一种新创造，是一种新型的政党制度。它具有以下基本特征：

一　共产党在多党合作制中居于领导地位

中国共产党是社会主义事业的领导核心，是执政党。各民主党派是各自所联系的一部分社会主义劳动者和一部分拥护社会主义的爱国者的政治联盟，是接受中国共产党领导的，并与其通力合作，共同致力于社会主义事业的亲密友党。这是中国社会主义政党制度的最基本的特征，也是区别于西方各国的多党制或两党制的根本之点。

中国共产党对民主党派的领导地位不是自封的和随意决定的，是在长期的革命历史进程中自然形成的。由于中国的社会性质、阶级状况和革命的特点所决定，同时也被中国革命的历史所证明，除无产阶级及其政党外，其他任何阶级及其政党都不可能领导中国革命走向胜利。中国革命只能由无产阶级及其先锋队中国共产党来领导才能取得成功。在民主革命时期，各民主党派在中国共产党统一战线政策的指导下，与中国共产党团结合作，共同奋斗，并逐步接受了共产党的领导，为民主革命的胜利，为新中国的建立作出了重要贡献。新中国成立后，各民主党派接受共产党的政治纲领，走社会主义道路，在社会主义革命和建设中发挥了重要作用。

中国共产党在多党合作制中的领导地位，也是中国共产党的性质和特点所决定的。中国共产党是工人阶级的先锋队，是中国人民利益的最忠实的代表。它集中了全国工人阶级的精华，在革命和建设的各个历史时期，在各条战线上的绝大部分共产党员都起着先锋模范作用和骨干作用。中国共产党以马克思列宁主义为指导，具有科学的世界观和高度的组织纪律性，能够把握历史发展的规律，能够制定出革命和建设的正确的路线、方针和政策。因此，在多党合作制中只能由共产党来实行领导。如果没有中国共产党的领导，中国的民主革命就不可能取得胜利，中国的社会主义现代化建设就不可能取得成功，国家和民族就必将四分五裂。

各民主党派接受中国共产党的领导，是自觉自愿的，不是被迫的、强加的。在民主革命时期，各民主党派接受共产党的领导也经历了一个历史过程。它们也曾经对国民党存在过幻想，也幻想过走中间道路，但由于国民党实行一党专政镇压民主党派，而共产党对民主党派实行了正确的争取和团结的方针，随着民主党派对国民党本来面目的认识及中国共产党的成长壮大，随着革命形势的迅速发展，在国共两党的对立斗争中，最终选择了共产党，站到了共产党一边，公开宣布拥护中国共产党的政策和主张，并以实际行动支持和帮助共产党推翻国民党的反动统治。在社会主义革命和建设时期，各民主党派自愿接受中国共产党的领导，自觉地作为中国共产党的合作伙伴而紧密地团结在中国共产党的周围。特别是在生产资料所有制的社会主义改造基本完成后，各民主党派已不再是阶级、阶层联盟性质的政党，而变成了各自所联系的一部分社会主义劳动者和拥护社会主义的爱国者的政治联盟，都是在中国共产党领导下为社会主义服务的政治力量。

中国共产党对多党合作制度的领导是政治领导，主要是政治原则、政治方向、重大方针政策的领导。政治原则的领导，是指多党合作必须坚持共产党领导的政治原则；政治方向的领导，是指多党合作制度必须始终不渝地坚持社会主义方向；重大方针政策的领导，是指共产党依据马克思列宁主义毛泽东思想的基本原理，从中国的具体实际出发，确定国家发展的总前景，制定社会主义政治经济发展总规划，为各民主党派和全国人民提出明确的任务和奋斗目标。中国共产党对民主党派的政治领导,并不意味着中国共产党有超越民主党派之上的权力,可以把民主党派当做附属的团体,可以去命令、控制或者干涉它们。因为民主党派都有它们组织上的独立性,它们同中国共产党之间是平等的友党关系。中国共产党对民主党派的政治领导,主要体现在经过对民主党派的宣传教育工作和政治协商,使民主党派自愿地接受中国共产党的政治主张,从而确定民主党派自己的行动。至于民主党派自己的各种事务,从方针政策到具体措施,都由民主党派自己独立处理。

二 民主党派具有法律赋予的参政权

中国的民主党派是参政党,不是在野党,更不是反对党。民主党派参政权的主要体现是:参加执掌国家政权,参加国家大政方针和国家领导人的协商,参加国家各种事务的管理,参与国家方针、政策、法律、法规的制定、执行。具体表现为:

一是中国共产党与各民主党派之间进行政治协商。主要是通过政治协商会议、双周座谈会、最高国务会议、协商座谈会等形式,对中共中央提出的大政方针问题进行协商,或中共中央通报、交流重要情况,传达重要文件,听取民主党派、无党派人士提出的政策性建议,或讨论某些重要专题。中共中央领导人与民主党派负责人保持经常性联系,中共各级统战部门负责协助党委同民主党派保持密切联系,了解情况,协调关系,贯彻中共中央的方针政策,帮助民主党派解决工作中的实际问题。

二是发挥民主党派、无党派人士在人民代表大会中的作用。人民代表大会是我国人民行使国家权力的机关,也是民主党派、无党派民主人士参政议政、发挥监督作用的重要机构。民主党派、无党派人士中的人大代表在人大中以人民代表的身份,依照有关法律进行活动。中共中央专门作出决定,要保证民主党派、无党派人士在全国各级人大代表、人大常委会委员中占有适当比例。

三是举荐民主党派成员、无党派民主人士担任各级政府及司法机关的领导职务。

四是发挥民主党派成员在人民政协中的作用。人民政协是各党派、各人民团体、各界代表团结合作、参政议政的重要场所。在政协的各种会议上，充分保障政协委员提出批评的自由和发表不同意见的权利。保证民主党派和无党派人士在政协常委和政协领导成员中占有一定比例。

三 中国共产党和各民主党派都拥有在宪法允许范围内的政治自由、组织独立、法律平等的权利

中国的民主党派不是非法和半非法的政党。中国共产党领导的多党合作制的运行，是以法律来规范的，是具有法律保障的。各政党依法进行的一切活动都受法律的保护。

就政治自由而言，各民主党派都拥有宪法赋予的政治上的自由权。一些政治主张与见解，即便是错误的，只要不违背共产党的领导和社会主义的原则，就允许有保留的自由，或允许讨论，相互交换意见，帮助提高认识。在人大、政协、政府等机关和部门的各种会议上，民主党派成员与中共成员享有同等的权利。

就组织独立而言，各民主党派有权对自己组织内部事务作出决定，包括人事安排、干部任免与管理。其他党派可以提出建议，可以进行帮助，但不能代替、干涉，更不能控制。各民主党派有权根据自己的章程吸收新党员。发展组织是根据已协商和确定的范围和对象，以大中城市、有一定代表性的人士为主。

就法律地位而言，中国各党派，无论是大党还是小党，无论是处于领导地位的党还是处于被领导地位的党，都是平等的，相互尊重的。各民主党派成员在参政议政活动中，享有同中共成员平等的权利。它们依照《宪法》、《全国人民代表大会组织法》和各级人民政府组织法等一系列法律进行活动，任何人不得超越法律进行干涉。

四 多党合作形式的多样性

中国共产党领导的多党合作制度不仅具有广泛的合作内容，而且具有丰富多彩的卓有成效的合作形式，这是密切中国共产党与民主党派关系，充分发挥民主党派作用的重要保证。

一是双周座谈会。这是新中国成立初期建立起来的中国共产党和各民主党派、无党派人士进行政治协商的重要形式之一。自1950年3月，一届政协全国委员会工作会议一次会议决定举行各民主党派座谈会每两周一

次起，至"文化大革命"开始后止，共召开双周座谈会116次。双周座谈会活动的主要形式有两种：一是报告会，二是座谈会。活动的主要内容：听取政府有关部门的形势报告和工作报告；座谈时事政策问题；协商有关单位提出的问题和由政协全国委员会工作会议提出的问题。双周座谈会的参加人员以北京为限，各民主党派、无党派民主人士及人民团体出席双周座谈会代表的人数由各参加单位协商决定，但每一单位至多不超过5人。双周座谈会的主席由中共和总部设在北京的各民主党派及无党派民主人士依政协次序轮值。每次座谈会由轮值主席召集。1951年11月开始设双周座谈会，主席团主持双周座谈会的一切工作，并轮流担任讨论会和报告会主席。双周座谈会对加强共产党领导的多党合作，引导各民主党派走社会主义道路并在社会主义革命和建设中发挥积极作用，特别是密切共产党与各民主党派之间的关系，保持在政治活动中的一致，起了重要作用。

二是最高国务会议。这是宪法规定的一种重要会议，也是"文革"前体现共产党领导的多党合作的一种重要的组织形式。1954年宪法规定：中华人民共和国主席在必要的时候召开最高国务会议，并担任主席。最高国务会议对于国家重大事务的意见，由中华人民共和国主席提交全国人大、全国人大常委会、国务院或者其他有关部门讨论作出决定。中华人民共和国主席、全国人大常委会委员长、国务院总理是最高国务会议的当然参加者，同时吸收有关人员参加。最高国务会议从1954年10月举行第一次会议起，到1964年12月止，共举行会议20次。主要是围绕着国家重大事务和现行政策，听取报告和座谈讨论。最高国务会议不是中共中央、国务院、全国人大和全国政协的联席会议，也不是共产党直接召开的政治协商会议，它是多党合作制度的一种新形式。虽然民主党派负责人和无党派人士占参加会议人数的一半以上，但他们不是以民主党派负责人和无党派人士的身份参加的，而是作为国家部门的领导人参加会议。最高国务会议在中国政治生活中发挥了重要作用。

三是协商座谈会。这是建国初期建立的中国共产党同民主党派就共产党和国家的大政方针直接进行政治对话的重要形式。它不受时间、地点和参加人员规格、多少的限制，比较机动灵活，针对性强。它可以由中共中央邀请各民主党派和无党派人士举行民主协商会，就中共中央将要提出的大政方针问题以及党和国家重要的人士安排，进行协商，广泛听取民主党派的意见和作相应的调整。中共中央和省、自治区、市党委主要领导人也可根据形势需要，不定期地邀请民主党派中央和地方组织领导人和无党派人士举行高层次、小规模的协调会，就共同关心的问题沟通思想，交换意见。新中国成立初期，中国共产党和各民主党派及无党派人士还举行过联席会议，就确定的议题进行正式协商，达成协议，作出相应的决定。从1950年至"文革"前，这种协商座谈会共召开过34次。这种多层欢、多渠道的协商座谈会，不仅充分体现了政党平等的原则和国家政治生活公开的程度，并且也有利于加强共产党对多党合作制度的领导，增进各政党之间的共识与合作。

四是中国人民政治协商会议。人民政协是各党派、团体和社会各界代表团结合作、参政议政的重要场所，也是共产党领导的多党合作的主要形式。人民政协不是权力机关，但它有权向人民代表大会或人民政府提出建议、批评，有权作出有关决议，发表对某一问题的意见。政治协商、民主监督是人民政协的基本职能，也是中国发扬和实现社会主义民主的重要方法和渠道。共产党和人民政府可以通过人民政协这条渠道，进行多层次的协商对话，宣传解释共产党和国家的方针政策，吸引和推动各党派、团体及各界人士积极参加国家大政方针的协商，参加国家和社会事务的管理，并通过建议和批评发挥民主监督作用，从而促进上下沟通，理顺关系，缓解矛盾，巩固和发展爱国统一战线，加强全国各族人民的大团结。

五是在国家政权中合作共事。在国家政权中坚持实行中国共产党同民主党派和无党派派人士的合作共事，是中国共产党的一项长期的根本政策，是中国政治制度和政权建设的一个显著特点。在国家政权机关中，各政党之间的协商与合作，主要表现为各政党在人民代表大会中的协商合作及在人民政府中的合作共事。这是由中国国家政权的阶级结构特点所决定的。新中国成立后，中国共产党成为领导全国政权的党。但根据中国的历史条件，中国的国家政权采用了人民民主统一战线的政权形式，在国家政权中，有相当数量的民族资产阶级代表人物、各民主党派负责人和无党派人士担任重要领导职务。在地方各级人民政权中也安排了大批民主党派和无党派人士担任领导职务。1954年第一届全国人民代表大会召开之后，国家政权仍然保持了阶级联盟的形式，一大批民主党派成员和无党派人士担任领导职务。中共十一届三中全会以后，共产党和民主党派及无党派人士的合作共事进入了一个新的历史阶段。合作共事的性质发生了变化,已成为在根本利益一致基础上的社会主义同志式的合作共事关系。合作共事的奋斗目标已转到为社会主义现代化建设服务的轨道上来,共同担负统一祖国、振兴中华的重任。

第四节　中国社会主义政党制度的丰富和发展

中国共产党领导的多党合作制度建立之后,大体经历了1949—1956年的顺利发展时期、1957—1966年的曲折发展时期、1966—1976年的严重破坏时期和1977年以后的大发展时期。尽管中国的多党合作制度遭到了10年"文化大革命"期间的严重破坏,但此前的17年间,这个制度还是得到了较大的丰富和发展。

一　对民主党派性质和作用的新认识

对民主党派性质和作用的认识是中国共产党确定对民主党派的方针政策的依据。新中国成立之后,针对民主党派的性质和作用问题,中共党内存在着不同的看法。为了统一全党的认识,经中共中央批准,中央统战部于1950年3月召开了第一次全国统战工作会议。统战部长李维汉在会上作了题为《人民民主战线的新形势与新任务》的报告。报告是经中共中央和毛泽东审阅同意的。其中对民主党派的性质和作用作了全面阐述。李维汉指出,各民主党派均对一定的阶级或阶层,主要对民族资产阶级、城市小资产阶级和它们的知识分子有不同程度的联系和代表性,但都不是单一阶级的政党,都具有阶级联盟的性质。它们有过不同程度的参加民族民主运动及同中共合作的历史,中国人民政治协商会议召开后,它们都参加了民主联合政府,都宣告以共同纲领为自己的纲领,并接受中共领导。这说明了它们基本上都是新民主主义性质的政党。过去,由于争取了民主党派同中共合作,对争取中间力量,壮大人民阵营,孤立革命敌人,起了重要作用。今后,继续巩固这种合作,在肃清国内残敌,反对帝国主义侵略,巩固人民民主专政,建设新中国的革命事业上,同样具有重要的意义和作用。认为民主党派可有可无,或者忽视民主党派的历史作用,都是错误的。

李维汉的报告中有关民主党派问题的部分，引起许多争论。有的认为对民主党派不应在政治上去抬高它们，在组织上去扩大它们，给中共自己找麻烦；有的认为民主党派是为争取民主而成立的，现在有了民主，其任务已尽；有的认为民主党派只不过是"一根头发的功劳"。对此，毛泽东在听取会议情况汇报时指出：对民主党派及非党人物不重视，是一种社会现象，不仅党内有，党外也有。要向大家说清楚，从长远和整体看，必须要民主党派，政权中要有他们的代表才行。认为民主党派是"一根头发的功劳"，一根头发拔去不拔去都一样的说法是不对的。从他们背后联系的人们看，就不是一根头发，而是一把头发，不可藐视。

周恩来在会上所作的报告中，对民主党派的性质和作用问题也进行了充分的论述。他指出："各个民主党派，不论名称叫什么，仍然是政党，都有一定的代表性。但不能用英、美政党的标准来衡量他们。他们是从中国的土壤中生长出来的。""民主党派在人民民主统一战线中起着相当重要的作用。有一种看法，认为没有他们，岂不少些麻烦？这是不对的。我们人民民主专政的国家，现阶段是四个民主阶级的联盟，工人阶级在任何地方都可以碰到其他阶级的人，问题只是有组织和无组织罢了。事实说明，有组织比没有组织更好。我们已经把工、农、妇、青组织起来。同样，把上层政治活动分子组织起来也有必要。组织起来好处很多，便于他们学习，便于他们把各个阶级的意见反映给我们，在政治上他们也能够更好地同我们合作和配合，有些工作他们去做有时比我们更有效，在国际上也有影响。民主党派的成员在我们的帮助和教育下，愿意同我们一道进入社会主义，我们多了一批帮手；这不是很好嘛！"[①]

1956年社会主义改造基本完成以后，中国的民族资产阶级作为一个阶级已被消灭，其成员的大多数成为自食其力的劳动者，民主党派的性质也发生了质的变化。中国共产党对民主党派的性质和作用也有了一个新的认识。1956年2月第六次全国统战工作会议通过并经中央批准的《一九五六到一九六二年统一战线工作的方针》（简称《七年方针》）中指出，各民主党派已经基本上成了为社会主义服务的政治团体。1956年10月第七次全国统战工作会议形成的《中央统战部关于民主党派工作的几个问

[①] 《周恩来统一战线文选》，人民出版社1984年版，第171~172页。

题的指示（草案）》中指出，各民主党派参加了国家事务的管理，对于国家政治生活中的重大事件，参加了协商、决定和执行。它们督促和帮助它们的成员和所联系的群众积极为社会主义建设和社会主义改造的事业服务，在团结和动员它们可能团结和动员的积极力量方面，起了重要作用。它们代表了它们所联系的阶级、阶层的利益，反映了这些阶级、阶层的人们的意见和要求，便利于共产党察觉这些阶级、阶层的动向，调整当前的阶级关系。它们通过人民民主统一战线内部开展的批评和自我批评，对于共产党和国家机关的工作起了监督作用。有利于中国共产党和中央人民政府避免和改正缺点和错误。它们推动和帮助了它们所联系和代表的人们通过上述各种活动和实践，并且通过政治的、理论的学习，通过批评和自我批评，进行自我教育，有利于改造他们的绝大多数成为劳动人民。

应当说，从1950年到1956年期间，中共对民主党派性质和作用的认识是符合客观实际的，从而有力地推动了中国多党合作制度的发展。但1957年反右扩大化后，中共对民主党派性质和作用的认识却出现了反复。1957年8月29日人民日报发表《各民主党派的严重任务》的社论推翻了"各民主党派已经基本上成了为社会主义服务的政治力量"的判断，9月召开的中共八届三中全会再次认定民主党派的阶级属性仍然是资产阶级性质。1962年5月，中共中央书记处在听取中央统战部工作会议情况汇报时，对民主党派的性质问题给予了明确的指示，中共中央书记处同意这样讲：第一，一般不再叫资产阶级政党；第二，民主党派是为社会主义服务的政治力量。然而在9月召开的中共八届十中全会上，党内对民主党派性质的认识又回到了资产阶级政党的提法上。从此，民主党派一直戴着资产阶级政党的帽子，直到1978年中共十一届三中全会以后才纠正过来。1979年6月，邓小平在全国政协五届二次会议上对中国各民主党派的性质和作用作了新的认定。邓小平指出："我国各民主党派在民主革命中有过光荣的历史，在社会主义改造中也作了重要的贡献""现在它们都已经成为各自所联系的一部分社会主义劳动者和一部分拥护社会主义的爱国者的政治联盟，都是在中国共产党领导下为社会主义服务的政治力量。"[①]

---

① 《邓小平文选》第2卷，人民出版社1994年版，第186页。

二 采取了一系列有利于多党合作的政策措施

为了正确处理与民主党派的关系，加强与民主党派的团结合作，充分发挥民主党派的作用，中共采取了一系列有利于多党合作的政策和措施，有力地推动了多党合作制度的发展。

一是使担任领导职务的民主党派人士有职有权。这是多党合作制度的一个重要原则。周恩来在1950年全国统战工作会议上的讲话中指出：非党人士要有职有权；有职、有权、有责，自然会发挥他们的积极性。李维汉在这次会议上的讲话中提出，建立党与非党人士合作的正确关系的中心问题之一，是使他们有职有权；党外人士既然担任了一定的职务，即应有与其职务相当的权力，履行与其职权相当的责任。在1956年第六次全国统战工作会议上的总结讲话中，李维汉指出，有职有权，不是在北京提出的，是在延安就提出来的；毛主席在延安陕甘宁边区参议会上的讲话中，说过要使党外人士有职有权；有职有权，这是个原则，不能动摇。

二是对民主党派人士给予适当安排。这是多党合作制度的一项根本政策。1953年中央批转的《全国统战工作会议关于实行人民代表大会制时安排民主人士的意见》中指出，凡已经同中共合作的民主人士，仍应根据具体情况，用各种方式从各个方面分别地加以适当安排。1954年中央批发了《关于各省、市人民代表大会和省、市人民政府委员会中民主人士安排方案的意见》。其主要内容是：中央、大区和省、市的各方面的民主人士，应以全国人民代表大会，省、市人民代表大会，省、市人民政府委员会，政协全国委员会，省、市政协委员会等五个方面通盘考虑，适当安排。省、市人民代表大会中，民主人士在总名额中的比例，省可占到30％，市可占到35％。省、市人民政府委员会中民主人士所占比例，可较其当地省、市人民代表大会中所占比例适当提高。在县、市和市辖区的人民代表大会和人民政府委员会中，也要注意适当安排民主人士。1955年，中共中央又专门作出了《中央关于统一战线工作的指示》，对省、市政府厅、局长和各级政协委员中的党外人士安排作出了具体规定：①国务院各部、委正职中非党人士占37.2％，省、市厅局长正职和副职中非党员的比例一般以1/4或1/5左右为宜。②政协全国委员会委员中党员约占27％；常委中党员约占1/3。在政协地方委员中，党员同党外人士的比例大体与此相近。

三是帮助民主党派发展组织。这是长期实行多党合作的重要措施。新中国成立初期民主党派的组织不纯和领导机构不健全的情况非常严重，而且人员较少。到1950年底，只有11000余人。这种状况与民主党派的参政地位很不相适应。共产党必须帮助民主党派尽快改变这一状况。毛泽东说，去年说要巩固，今年说要发展，如果今年还是一个巩固，那是不行的。因为社会上有民主党派的阶层和人物存在，所以就应当发展。这个问题应该写出几条指示发到各地去。周恩来指出，中国这样的大国，有47500万人口，在有500多万党员的共产党的旁边，各个民主党派成员太少了，就很不相称。为了更好地帮助民主党派发展组织，中共中央于1951年召开了第二次全国统战工作会议。会议的一个重要议题就是帮助民主党派发展组织问题。经认真分析和讨论，最后拟定了《1951年协助民主党派发展党员的建议》。中央统战部经与民主党派协商，确定民主党派的组织发展以社会的中上层为主，以大中城市为主，并且不在军队、公安、情报、外交和少数民族地区发展党员。到1953年4月，民主党派成员达到32000人，较之1950年底的11000人，发展了2倍。到1957年反右斗争前，民主党派成员达10万人左右。

四是尊重民主党派的组织独立性。这也是多党合作制度的一项重要政策和原则。1956年3月《中央统一战线工作部关于帮助民主党派工作的意见》中指出，共产党承认和尊重各民主党派的组织独立性，它们自己的事务由它们自己处理，不加干涉。1956年10月《中央统战部关于民主党派工作的几个问题的指示（草案）》中指出，为了彻底纠正不尊重民主党派独立平等地位的错误做法，改进同民主党派的关系，必须：第一，切实尊重民主党派独立处理它们自己事务的权利。不要代替它们确定方针政策、修改文件草稿或者对它们的会议作结论；不要干预它们的选举和人事安排；不要干涉它们发展组织的工作；不要干涉它们内部的人事纠纷；不要代替它们管理机关干部；它们机关内部的肃反和审干工作也应当由它们自己负责。第二，彻底纠正那种通过少数分子把持控制民主党派事务的作法。凡需同民主党派协商的重大问题，应当由中共党委或统战部门的负责同志同民主党派的负责人进行协商，同时，还应当注意左、中、右各方面商量。第三，采取积极、诚恳、友谊的态度，给民主党派以必要的帮助。

必须认识：尊重民主党派独立平等地位同对民主党派工作采取消极的、不负责任的态度，毫无共同之处。中共应当同民主党派负责人员以及它们的各方面代表人物保持经常的联系，从政治上、思想上加强对他们的帮助，同时取得他们对中共的帮助。中共应当及时了解和研究民主党派的政治思想动态、它们的方针政策和工作经验、它们的人物情况和干部情况，以便当它们征求中共的意见时，或者中共认为有必要向它们提出意见时，给以适当的帮助。

三　提出了共产党同各民主党派"长期共存、互相监督"的方针

1956年4月25日，毛泽东在中共中央政治局扩大会议上作了《论十大关系》的重要讲话，提出一定要努力把党内党外、国内国外的一切积极的因素，直接的、间接的积极因素，全部调动起来，把中国建设成为一个强大的社会主义国家。在党与非党的关系方面，毛泽东指出："究竟是一个党好，还是几个党好？现在看来，恐怕是几个党好。不但过去如此，而且将来也可以如此，就是长期共存，互相监督。""在我们国内，在抗日反蒋斗争中形成的以民族资产阶级及其知识分子为主的许多民主党派，现在还继续存在。在这一点上，我们和苏联不同。我们有意识地留下民主党派，让他们有发表意见的机会，对他们采取又团结又斗争的方针。一切善意地向我们提意见的民主人士，我们都要团结。……就是那些骂我们的，……我们也要养起来，让他们骂，骂得无理，我们反驳，骂得有理，我们接受。这对党，对人民，对社会主义比较有利。"①

1956年6月，李维汉在全国人大第三次会议上，根据《七年方针》和毛泽东《论十大关系》的精神，作了发言。这篇事先经毛泽东、邓小平审阅的发言提出了"共产党和各民主党派长期共同存在、互相监督，首先是对共产党起监督作用"的方针。同时指出，中国一切民主党派和人民团体在法律上处于平等地位。彼此间在政治上有互相协商、互相帮助和互相监督的传统。中共应当继续发扬这个传统，应当严格地尊重各民主党派和人民团体在宪法赋予的权利义务范围内的政治自由和组织独立性，任何党派和团体对其他党派和团体的这种自由和独立性都没有权利加

---

① 《毛泽东文集》第7卷，人民出版社1999年版，第34~35页。

以干涉。

1956年7月，中共中央在批转《中央统一战线工作部关于帮助民主党派工作的意见》的批语中指出，各民主党派在社会主义建设和社会主义改造事业中，不仅做了不少工作，在工作中取得了成绩，获得了锻炼和提高，而且在某些方面对中共和国家起了一定的监督作用。根据中国的情况，民主党派在新民主主义革命阶段已经和中共结成了统一战线，当中国进入社会主义革命阶段时又积极拥护社会主义革命，因此，他们在社会主义社会里，还应当继续存在下去，并且继续发挥积极作用。这不仅不妨碍人民民主专政的实现，而且对人民民主专政的巩固和社会主义建设的成功很有益处。

1956年9月，中共第八次全国代表大会以决议的形式确立了中国共产党同各民主党派"长期共存，互相监督"的方针。刘少奇在政治报告中指出："在今后，我们认为，应当采取共产党和各民主党派长期共存、互相监督的方针。"[①] 邓小平在修改党章的报告中指出："这些党外的民主人士，能够对于我们党提供一种单靠党员所不容易提供的监督，能够发现我们工作中的一些我们所没有发现的错误和缺点，能够对于我们的工作作出有益的帮助。在社会主义改造取得了决定性的胜利以后，在他们的立场和我们的立场比以前更加接近以后，他们可以给我们的帮助只有越来越多。"[②]

"长期共存、互相监督"作为中国共产党对民主党派的方针的提出是1956年的事情，但这一思想实际上早就存在了。毛泽东在《关于正确处理人民内部矛盾的问题》的讲话中指出："'长期共存、互相监督'这个口号，也是我国具体的历史条件的产物。这个口号并不是突然提出来的，它已经经过了好几年的酝酿。长期共存的思想已经存在很久了。到去年，社会主义制度已基本建立，这些口号就明确地提出来了。"[③] 和党外人士长期合作，接受党外人士的监督，是中国共产党的一贯主张。早在1949年3月中共七届二中全会上，毛泽东就提出，中国共产党同党外民主人士长期合作的政策，必须在全党思想上和工作上确定下来。1949年12月中

---

① 《刘少奇选集》（下），人民出版社1985年版，第246页。
② 《邓小平文选》第1卷，人民出版社1994年版，第225页。
③ 《毛泽东文集》第7卷，人民出版社1999年版，第234~235页。

国人民救国会宣布解散。民盟、农工、民促、九三学社等民主党派也有人提出要求解散，并且九三学社已着手草拟解散宣言。毛泽东于1950年2月从苏联回国后，听到救国会解散时，很为惋惜地说：救国会是进步团体，不应当解散。当他听说九三学社也要解散，当即表示不同意，并委托有关中央领导人向九三学社传达这个意见。在1950年6月第二届政协会议上，毛泽东指出，只要谁真正为人民效力，在人民还有困难的时期内确实帮了忙，做了好事，并且是一贯地做下去，并不半途而废，那么，人民和人民的政府是没有理由不要他的，是没有理由不给他以生活的机会和效力的机会的。这些都表明，中国共产党在着手建立新中国之时和建立新中国之初就准备和各民主党派长期合作。

"长期共存、互相监督"的方针，是马克思主义政党理论与中国具体实际相结合的产物。它符合中国的客观实际，符合社会主义建设的需要。首先，民主党派还有其存在的社会基础和客观需要。周恩来指出："党派的存在与否，不取决于任何政党或个人的主观愿望，而是由客观的历史发展所决定的。"① 在社会主义改造完成、资产阶级消灭以后，这些阶级和阶层的成员将变成劳动人民的一部分。在这一部分劳动人民当中，资产阶级思想残余还会拖得很长，还会存在与其他劳动人民有所不同的利益和要求。各民主党派还需要在一个很长的时间内继续联系和代表它们可能联系和代表的一部分劳动人民，帮助他们进行自我教育。其次，各民主党派在民主革命时期就有和中国共产党合作过的历史。新中国成立后，它们接受共产党的领导，采取了为社会主义服务的政治路线。因此，没有理由不让它们继续存在下去。最后，实践证明，在中国的具体条件下，各民主党派和共产党长期共存，能够起着互相帮助、互相监督的作用，有利于人民民主专政的巩固和加强。

"长期共存、互相监督"方针的提出，极大地丰富和发展了中国共产党领导的多党合作制度。但是这一方针提出后不久，中共在指导思想上开始犯"左"的错误。1957年反右扩大化伤害了一批党外人士。10年"文化大革命"期间，这一方针名存实亡。直至1978年中共十一届三中全会后，这一方针才得以重申和发展。

---

① 《周恩来统一战线文选》，人民出版社1984年版，第347页。

第十八章 中国社会主义民族、宗教政策

民族、宗教政策是中国社会主义政策的重要内容和不可缺少的组成部分。中国共产党自成立以来，就十分注重民族和宗教问题，在理论和实践中对社会主义民族、宗教政策进行不懈的探索。新中国成立之时，社会主义民族、宗教政策基本上得以确立。随着新中国社会主义建设事业的全面展开，社会主义民族、宗教政策逐步走向完善和发展。

第一节 社会主义民族、宗教问题的重要性

民族、宗教问题自伴随着民族、宗教产生而产生以来，就贯穿于人类社会发展的历程之中，并以其特有的性质，在国家的统一兴旺、社会的稳定发展之中，占据着举足轻重的地位，发挥着至关重要的作用。在社会主义历史时期，民族、宗教问题依然具有长期性、普遍性、重要性、复杂性、敏感性，民族、宗教问题依然是影响国家长治久安、社会发展进步的重要因素。

一 社会主义民族问题的重要性

民族作为人类社会发展到一定阶段而产生的社会历史现象，从狭义上是指"人们在历史上形成的有共同语言、共同地域、共同经济生活以及表现于共同的民族文化特点上的共同心理素质这四个基本特征的稳定的共同体。"[1] 从广义上是指国家民族或地区民族，即以国家或地区为单位对一个国家内或某一地区内各个狭义上的民族进行的综括。例如，人们常常

---

[1] 《斯大林全集》第11卷，人民出版社1955年版，第286页。

把中国包括汉族在内的56个民族统称为"中华民族",把坦桑尼亚境内126个民族统称为"坦桑尼亚民族",把广大的阿拉伯地区的民族统称为"阿拉伯民族"。社会主义制度的建立,消灭了民族问题得以产生的社会制度基础,但民族问题产生的经济、文化等原因却依然存在,因而,民族问题在社会主义历史时期仍具有长期性、重要性。

(一)民族问题关系国家的兴衰存亡

民族与国家之间始终存在着密不可分的联系:一方面,国家在民族的形成、发展中具有重大的推动作用;另一方面,民族问题总是关涉国家的大事,成为影响国家兴衰存亡的重要因素。任何一个人在民族消亡以前总是属于一定的民族,都具有民族和国家双重身份,既是某一国家的成员,又是隶属于某一民族的成员,这双重身份就如一个人的影子,挥不去、抹不掉,因而,不同民族之间的关系、不同民族成员之间的关系、民族及民族内部成员的发展等问题,总是与国家大事紧密相连,民族问题总是表现为国家问题。在一个多民族的国家,国家的繁荣和富强离不开国内各民族的生命力、凝聚力、创造力,离不开国内各民族的共同发展和进步。特别是跨界民族在社会主义历史时期依然存在。虽然跨界民族成员生活在不同的国家,但民族历史发展中所形成的民族意识和民族情感依然使之彼此关怀和牵挂,同一民族成员在一个国家受到不公正的待遇时,会引起相关国家同一民族成员的关注和对相关国家的抗议与反对,因而,跨界民族的存在使周边相关国家的一举一动都直接影响着国家的边防安全和巩固,影响着国家的统一、民族的团结。

民族问题影响国家的统一和独立。对于社会主义国家而言,只有处理好民族问题,搞好内部各民族的团结,做到各民族和睦相处,组成一个不可分割的统一整体,铸就各民族大团结的钢铁长城,才能抵制住国内外民族分裂势力的侵略和破坏,才能最大限度地维护国家的主权和领土完整。如果民族问题处理不好,国家内的各民族之间不能团结,那么,其结果不但会影响国家的独立和统一,而且还会危及各民族自身的生存和发展。古今中外的理论和实践皆以铁的事实证明,在复杂多变的国际环境中,只有切实做好民族工作,处理好各种民族问题,才能搞好民族团结,不给各种民族分裂势力以可乘之机,才能用铁的事实粉碎国内外敌对势力企图破坏国家统一的预谋,维护国家的统一和独立,实现民族的振兴和崛起。

民族问题影响国家的繁荣和富强。只有处理好民族问题，搞好民族团结，才能提供国家发展所需要的稳定的社会氛围与环境，集中一切人力、物力和财力，为国家的繁荣和富强提供坚实的基石。一方面，只有处理好民族问题，才能保证社会的稳定和各民族人民安居乐业，才能凝聚民力，使人们同心同德，心往一处想，劲往一处使，为国家的繁荣与富强奉献自己全部的力量。也正是在这个意义上，我们说没有稳定就没有国家的发展，稳定是国家发展的前提条件；另一方面，只有处理好民族问题，搞好民族团结，才能使国家有限的资源得到最充分的利用，提高劳动生产率，促进生产力的发展。

民族问题影响国家的综合实力和发展后劲。只有处理好民族问题，加快国内少数民族地区经济、文化的发展，才能实现国内各民族在经济、政治、文化上的真正平等，实现国内各民族的共同发展和繁荣，促进国内各民族的团结，增强国家的综合实力。国内各民族的生命力、凝聚力和创造力已成为影响国力强弱和发展后劲的重要因素。振奋民族精神，增强国内各民族的凝聚力，提高国内各民族的整体素质，是实现民族腾飞和国家强盛的关键。

民族问题影响国家的对外关系和国际声誉。除了经济、科技等方面以外，民族问题在世界上是观察一个国家综合实力及其形象的重要窗口。一个国家只有在发展经济、科学技术等的同时，处理好国内的民族问题，增强国内各民族的团结，才能提高国家的国际声誉，增强国家的国际影响力，创造有利于国家发展的大环境。因而，处理好国内的民族问题，充分保障国内少数民族的平等和发展的权利，对发挥社会主义制度的优越性，对提高社会主义国家的国际声誉和国际地位，具有重要的意义。

（二）民族问题影响社会的治乱进退

民族关系是社会关系的重要组成部分，民族问题是社会问题的重要内容，民族问题持续产生和不断得到解决的过程，就是社会获得不断进步和发展的过程，民族问题解决得是否恰当，影响社会的稳定、进步与发展。

人是社会关系的总和，在一定的社会关系中生产和生活是人类的本质特征。民族作为隶属于社会的低一层次的社会群体即社会子系统，自产生以来，就具有独特的维系自身生存与发展的内部交往关系和对外交往关系。不论是不同民族之间的关系，还是不同民族成员之间的关系，都是在社会这一大系统内发生的，因而，民族关系是社会关系的重要组成部分。

社会发展主要表现为社会生产方式的发展，民族关系作为社会关系的重要组成部分，对社会生产力和生产关系以及二者之间的矛盾运动，都发生重要的影响。平稳、和谐的民族关系是社会稳定与快速发展的前提与条件，但由于不同民族之间存在着不同的风俗习惯、宗教信仰、利益差别，由于同一民族内部不同成员之间对自己民族的发展方向及发展策略等问题存在着不同的观点，由于国际社会不合理的政治经济秩序和民族主义浪潮的不良影响，因而，由矛盾冲突所造成的不和谐音符及暴风骤雨必然出现于世界民族关系的舞台上，民族问题不可避免地贯穿于民族发展的始终，并对民族自身的生存与发展、对整个社会的和平、稳定、进步与发展产生较大的影响作用。

在社会主义阶段，民族问题是社会主义革命和建设的一部分。在社会主义国家，生产资料公有制的建立已使国内各民族之间的关系发展为劳动人民之间的关系，国家利益与各民族的利益根本上是一致的，因而，民族矛盾和冲突的社会制度根源已不复存在，但这并不意味着民族问题已经消失。由于历史上遗留下来的文化差别和经济差别依然存在，由于民族隔阂、民族偏见仍然没有得到彻底的消除，由于国际上依然存在着民族欺压现象，国内外敌对势力还会利用一切机会进行分裂民族、分裂国家的活动，因而，民族问题依然长期存在，而且在一定时期表现的还较为严重，民族问题还在较大程度上影响着社会的稳定，影响着社会主义国家赶超世界先进国家的进程。

社会主义时期的民族问题从本质上讲主要表现为发展问题，即落后民族的经济发展和文化繁荣问题成为制约社会稳定、进步与发展的主要瓶颈。从国际社会上看，国内各民族经济、文化发展的巨大差别很容易导致各民族的民族分裂情绪，引发严重的民族问题。因此，只有实现经济、文化落后地区民族的发展，实现各民族的共同进步和繁荣，才能保证国内各民族的共同利益，促进各民族之间的相互信任，从根本上铲除民族问题产生的土壤，实现各民族的平等团结和社会的稳定统一，使社会主义制度的先进性得以充分体现和发挥。正如周恩来所说：社会主义历史时期"最根本的问题是帮助少数民族发展生产，改善生活。如果少数民族在经济上不发展，那就不是真正的平等。所以，要使各民族真正平等，就必须帮助少数民族发展经济。"①

一 社会主义宗教问题的重要性

宗教是与对超自然力量的信仰相对应的社会历史现象，这种社会现象不仅仅是一种宗教信仰和情感，而且还是一种拥有大量信徒、组织和活动作为其外在表现的社会体系。在社会主义历史时期，由于贫穷和愚昧在一定程度上依然存在，由于从宗教中获得情感、心理上的一定满足依然为许多人所需要，由于宗教文化传统的影响较难抗拒，由于宗教自身具有较强的适应性，因而，宗教信仰依然十分普遍，宗教问题依然是一个非常普遍、非常复杂、非常重要的问题。

（一）宗教问题影响民族团结和国家统一

从积极方面看，宗教能够增强民族的凝聚力，充当密切民族关系、促进民族团结的纽带和桥梁。宗教具有强烈的民族性。任何民族自产生以来，皆信仰一种宗教或多种宗教。在中国的汉族人口中，佛教、伊斯兰教、基督教、道教等多种宗教就为许多不同的人所信仰。宗教总是以民族文化或民族亚文化的形式广泛存在于各民族的社会生活中，成为标志民族文化独有特征的重要因素，而且，在某些情况下，宗教信仰还是划分不同民族的重要标志。相同的宗教信仰以及在共同的宗教信仰基础上产生的强烈的认同意识，能够使同一民族形成一个统一的、不可分割的整体，特别是在民族国家遭受外来侵略和蹂躏而面临被瓜分的危急关头，相同的宗教信仰能成为维护民族生存和国家统一的强大力量。

宗教作为一种文化媒介，能够沟通不同民族成员之间的情感交流，增强不同民族成员之间的友谊，化解不同民族利益集团之间的冲突和矛盾，因而，宗教能成为增进不同民族之间友谊和团结的桥梁。

从消极方面看，宗教会引起民族冲突，破坏民族之间的和谐关系，破坏国内各民族的团结和国家的统一。特别是在阶级社会里，宗教常常被统治阶级所利用，成为统治阶级对内进行民族剥削与统治、对外进行殖民扩张和侵略的工具，而这种统治和扩张必然会给广大劳苦大众带来灾难，引起民族隔阂、民族矛盾和民族冲突。

---

① 《中国共产党主要领导人论民族问题》，民族出版社1994年版，第123页。

在社会主义历史时期，由于阶级斗争在一定范围内仍然存在，因而，宗教问题常常成为国内外反动势力分裂民族、对社会主义国家进行渗透和颠覆活动的突破口。反动势力往往通过删改教义、散布反动言论、做出对宗教信仰不尊敬的过激行为等手段，煽动宗教狂热，挑拨不同教派之间的关系，进而造成信仰不同宗教的民族之间的分裂。

不同宗教之间以及同一种宗教内部不同派别之间的矛盾和武装冲突，常常成为某些民族矛盾与冲突的导火索。宗教习俗等的差异与冲突，有时会引起不同宗教之间以及同一宗教内部不同教派之间的矛盾、斗争和武装冲突，而这些矛盾、斗争和冲突最终会表现为信仰不同宗教的民族之间的矛盾、斗争和冲突。牵涉佛教、基督教、伊斯兰教等世界性宗教的宗教纷争，对民族关系的和谐发展所产生的负面影响将更为复杂、严重。随着教徒遍及世界各个角落，佛教、基督教、伊斯兰教已发展成为世界性宗教，而世界性宗教的形成使一个国家内的宗教纷争和民族矛盾往往越出国界，在国际社会上引起一系列消极的连锁反应。

（二）宗教问题影响国家的富强和社会的发展

首先，宗教影响国家繁荣富强和社会发展所需要的稳定的社会环境。从正面看，宗教正常的、平和的发展能够提供国家繁荣和社会发展所需要的稳定的社会环境。宗教能够规范人们的思想信念与行为，起到调控社会的作用。宗教为教徒们描绘出一个具有相当吸引力的独特世界，并通过教规、教律对教徒们的行为提出一定的要求和规范，从而在社会控制方面发挥较大的作用。宗教所特有的伦理道德方面的内容，能够陶冶人们的道德情操，能够减少社会的暴力、色情等犯罪行为，有利于社会的安宁。教徒对极乐世界的执着信仰和追求能够增强他们抵抗风险、挫折等险途逆境的心理承受能力，有助于他们保持心理平衡和情绪安宁，有利于社会的稳定。关于这一点，马克思、恩格斯在分析宗教社会作用的两重性时曾强调指出：宗教作为压迫者的利益的代表，确实起到了反动的、落后的作用，但另一方面，宗教作为"被压迫生灵的叹息"，作为对不公平事情的"精神慰藉"，在其起作用的特征上作为被压迫者的意识形态，也发挥了某种积极的社会作用。从反面看，宗教作为重要的社会意识形态形式，是影响社会稳定的事件的多发领域。由于信教的人较多、牵涉面较广，由于宗教的凝聚力强，由于宗教常常成为分裂分子分裂民族、分裂国家的重要突破口，因而，宗教问题常常成为影响社会稳定的重要问题。宗教事件的多发性和后果使得国家在对社会稳定的维护中，对宗教问题来不得丝毫马虎和松懈。

其次，宗教影响国家和社会的发展速度。一方面，宗教对国家和社会的发展有一定促进作用。某些宗教所倡导的节俭、吃苦耐劳的伦理精神，不但有利于抑制现实中的享乐主义、奢侈、贪污腐化等社会习气和行为，而且有利于社会生产资金的累积，促进社会的发展。另一方面，宗教又对国家的发展和社会的进步起着牵制作用。宗教作为一种颠倒的世界观，作为一种有灵论和有神论，必然会在一定程度上阻碍某些人科学的世界观、正确的价值观、革命的人生观的确立，从而使这些人的认识与行为呈现出较大的盲目性和狭隘性；在一定程度上阻碍民族整体素质和国家综合实力的提高，阻碍社会的发展速度。例如，不杀生的宗教信条可能会影响某些农民对危害农作物的病虫害的彻底防治，影响人们对所饲养的动物的屠宰，影响动植物良种的选择和培育。频繁的宗教活动和对寺庙、教堂的大规模修缮，必然会造成社会物质财富的巨大浪费，影响社会生产资本的积累、扩大。

第二节　社会主义民族政策的主要内容和特点

中国共产党自成立时起，就一直把解决国内的民族问题作为自己不可推卸的历史使命，在领导社会主义革命和建设的过程中，自始至终注重把马克思列宁主义关于民族问题的基本原理与中国民族工作的实际相结合，制定和实施了一系列相互联系、适合中国国情的社会主义民族政策。

一　社会主义民族政策的主要内容

社会主义民族政策主要体现于中国共产党党纲、国家宪法以及中共的一系列民族工作的路线、方针和指导思想之中，其内容主要包括以下多个方面：

（一）实施和完善民族区域自治的政策

民族区域自治不仅是社会主义民族政策的核心内容，而且是社会主义基本政治制度之一。

1938年，毛泽东在中共六届六中全会上所作的报告《论新阶段》中，详细阐述了民族区域自治的核心问题——民族自治权问题，论述了国家统一与民族区域自治的关系，明确提出了在统一的国家内，实行民族自治的政策：允许蒙、回、藏、苗、瑶、彝各民族与汉族有平等权利，在共同抗日原则之下，有自己管理自己事务之权，同时与汉族联合建立统一的国家；各少数民族与汉族杂居的地方，当地政府需设置由当地少数民族的人员组成的委员会，作为省、县政府的一个部门，管理和他们有关的事务，调节各民族间的关系，在省、县政府委员中应有他们的位置。

1945年，毛泽东在《论联合政府》中，正式把民族自治作为中国共产党的纲领提了出来：改善国内少数民族的待遇，允许少数民族有民族自治的权利。

1949年，新中国成立前夕所召开的中国人民政治协商会议通过了具有临时宪法性质的《中国人民政治协商会议共同纲领》，用法律形式明确把实行民族区域自治确定为解决国内民族问题的基本政策：各少数民族聚居的地区，应实行民族的区域自治，按照民族聚居的人口多少和区域大小，分别建立各种民族区域自治机关；凡民族杂居的地方及民族自治区内，各民族在当地政权机关中均应有相当名额的代表；少数民族具有武装权利，中华人民共和国境内各少数民族，均有按照统一的国家军事制度，参加人民解放军及组织地方人民公安部队的权利。

1952年8月，《中华人民共和国民族区域自治实施纲要（草案）》颁布，对民族区域自治的性质、地位，自治区和自治机关的建立原则及其自治权利、自治区内的民族关系以及上级人民政府的领导原则等，都做了较为明确的规定。

1954年9月，《中华人民共和国宪法》诞生，宪法中有关民族自治的内容，比《共同纲领》规定更为具体，并从国家政治制度的高度对民族自治作了确认。《中华人民共和国宪法》明确规定：民族区域自治是在中华人民共和国之内的、在中国共产党和中央人民政府统一领导之下的、遵循宪法规定的总道路前进的、以少数民族聚居区为基础的区域自治，即一切实行民族区域自治的地方，都是中华人民共和国不可分离的部分；我国民族区域自治的性质，是工农为主体的少数民族人民的自治；自治机关是我国人民民主专政在少数民族地区的具体形式，是国家统一领导下的一级地方政权；一切民族自治地方必须遵循国家宪法规定的总原则、总路线，贯彻执行国家的政策、法令，履行自己对国家的义务和责任；一切聚居的少数民族（可以构成一级自治单位的）都有权实行民族区域自治，设立自治机关，管理本地区、本民族的内部事务。

1955年12月，国务院颁发了《关于更改相当于区的民族自治区的指示》和《关于建立民族乡若干问题的指示》。这一系列的政策法规统一了大家对民族区域自治的认识，消除了人们的许多疑虑，极大地推动了少数民族区域自治工作的开展。

各民族自治地方根据国家的上述政策法规，相继制定了一系列地方条例，国务院所属各部委也陆续制定了一些法规，从而使中国的民族区域自治逐渐走向完善和发展。

（二）保障散居、杂居少数民族平等权利的政策

散居、杂居少数民族主要包括两部分，一是分布在自治地方以外的少数民族；二是居住在自治地方但不实行自治的民族。如藏族。如果居住在西藏自治区或其他藏族自治地方就属于聚居少数民族，而不是散居、杂居少数民族，但居住在藏族自治区或藏族自治地方以外的地方，这些地方即使是少数民族地方如内蒙古、新疆，也不是聚居少数民族，而是属于散居、杂居少数民族。

中国共产党自成立以来，对散居、杂居的少数民族的平等权利自始至终非常重视，先后在这方面制定和实施了一系列与民族区域自治政策相互统一、相互补充的政策：

1949年颁布的《中国人民政治协商会议共同纲领》规定：凡各民族杂居的地方，各民族在当地政府中均应有相当名额的代表。

1952年2月22日，中央人民政府政务院颁布了《关于地方民族民主联合政府实施办法的决定》，指出在少数民族杂居地区，均可建立民族民主联合政府，在政府中的会议代表和委员名额中，少数民族人员应占一定的份额。

1952年2月23日，中央人民政府政务院又相继颁布了《关于保障一切散居的少数民族成员享有民族平等权利的决定》，对散居的少数民族的选举权、被选举权、宗教信仰自由权利作出了具体的规定，对散居少数民族在遭受歧视、压迫或侮辱的时候所具有的向人民政府控告的权利，作了

尤为详细的规定:

一切散居的少数民族成分的人民,均与当地汉族人民同样享有《共同纲领》规定的各种权利,任何人不得加以歧视;一切散居的少数民族成分,依法享有选举权和被选举权;一切散居的少数民族成分,无论在社会上,在工厂、学校、机关、团体和部队中,均有自由保持或改革其本民族生活方式、宗教信仰和风俗习惯的权利,别人不得干涉,并须加以尊重和照顾;一切散居的民族成分,有分别加入当地各种人民团体及参加各种职业的权利,各人民团体及各种职业部门,不得因其民族成分的关系而加以拒绝或歧视;凡散居的民族成分,有其本民族语言、文字者,有权在法庭上以本民族语言进行诉辩;一切散居的少数民族成分,如遭受民族歧视、压迫或侮辱,有向人民政府控告的权利,各级人民政府对此种控告须负责予以处理;对于歧视、压迫或侮辱行为严重者,应依法予以惩治。

《中华人民共和国宪法》规定:中华人民共和国年满18周岁的公民,不分民族、种族、性别、职业、家庭出身、宗教信仰、教育程度、财产状况、居住期限,都有选举权和被选举权;全国人民代表大会中,各少数民族都应有适当名额的代表。自治区、自治州、自治县的人民代表大会中,除实行区域自治的民族的代表外,其他居住在本行政区域内的民族也应有适当名额的代表。

(三) 促进少数民族地区经济发展的政策

社会主义民族问题主要表现为少数民族地区与内部发达地区经济、文化发展的差距,要解决社会主义民族问题,就必须加快少数民族地区经济、文化的发展。大力帮助和促进少数民族地区经济发展,是社会主义民族政策的重要内容和根本目的。周恩来指出:"我们对各民族既要平等,又要使大家繁荣。各民族繁荣是我们社会主义在民族政策上的根本立场。"[1]

慎重稳妥地进行少数民族地区的社会改革。由于历史的原因,中华人民共和国成立之初,在少数民族地区还存在着封建地主所有制、奴隶主所有制和原始公社所有制。落后的社会制度特别是经济制度严重阻碍着少数民族地区经济、文化的发展,为此,中共本着少数民族地区的改革由少数

---

[1] 《周恩来选集》(下),人民出版社1984年版,第263页。

民族自己来进行的原则，采取了"稳、宽、长"即"在幅度上要稳妥、在政策上要从宽、在时间上要放长"的改革方针，对少数民族地区的社会制度进行有区别的改革：在封建地主制地区进行土改，在奴隶制和封建农奴制地区进行和平协商方式的民主改革，在少数民族牧区进行"三不两利"（不分、不斗、不划阶级和牧工、牧主两利）的和平改革，在处于原始公社制末期的少数民族中大力帮助群众发展生产，建立集体经济，直接引导他们向社会主义过渡。

在财政、金融、税收、贸易等方面向少数民族地区实行倾斜。《中华人民共和国宪法》明确规定：国家根据少数民族的特点和需要，帮助各少数民族地区加速经济和文化建设。国家从财政、物资、技术等方面帮助少数民族加速改善生活，解决温饱问题，发展经济建设和文化建设事业。大力发展民族贸易。健全民族贸易机构，加强对少数民族地区农牧土特产品的收购和少数民族特殊需要商品的组织生产和供给，对边远山区、边远牧区民族贸易企业在资金、利润和价格补贴等方面给予照顾，对少数民族地区的交通条件、民族贸易机构和人员等问题予以改进。1958年，国家贸易部和中央民委联合召开了第一次全国民族贸易会议，会议确定了民族贸易工作的指导方针：依据各民族地区的特点和需要，通过物资交流，以增进民族团结，促进少数民族生产发展和生活改善。在安排国家重点项目建设时优先考虑少数民族地区。例如，20世纪50年代国家"一五"计划的156项重点建设项目，有相当一部分安排在了中西部少数民族地区，在这些地区建成了包钢、青铜峡电站、新疆石油勘探和兴安岭林区开发等一批重点项目。60年代，国家"三线建设"又在少数民族地区建设了一大批大中型工业企业和高科技基地，仅西部八省区就有1400多家。

充分利用少数民族地区的资源优势，发挥少数民族地区多种从业结构的经济优势，宜农则农，宜牧则牧，农牧结合，多种经营。

国家帮助和各民族自力更生相结合。一方面，中共中央和毛泽东多次指示：帮助各少数民族，让各少数民族得到发展和进步，是整个国家的利益，发达地区要从整个国家的利益出发，用平等的态度，积极帮助和支持少数民族地区的政治、经济、文化发展；另一方面，中共和中央政府十分注重调动少数民族地区自身发展的活力和潜力，积极培育少数民族地区自身的造血功能。在谈到西藏地区的发展时，毛泽东强调指出：西藏政治、经济、文化、宗教的发展，主要靠西藏的领袖和人民自己商量去做，中央只是帮助。

（四）大力培养和任用少数民族干部的政策

中共对民族工作的领导是通过少数民族干部来实现的，少数民族干部的状况是衡量一个民族发展水平的重要标志。因而，建设、培养一支能够担当重任的、经得起风浪考验的高素质的少数民族干部队伍，是社会主义民族政策的重要内容，是中国共产党干部工作的重要组成部分。

增加少数民族干部的数量。1949年11月，毛泽东强调指出："要彻底解决民族问题，完全孤立民族反动派，没有大批从少数民族出身的共产主义干部，是不可能的。"① 同年12月，毛泽东指示：一切少数民族存在的地方的党委，都应办少数民族干部培训班或干部培训学校。1950年11月24日，中央人民政府根据毛泽东的指示，颁布了《培养少数民族干部试行方案》和《筹办中央民族学院试行方案》，提出了"普遍而大量地培养少数民族干部""既培养少数民族出身的干部，又要培养适当数量的从事民族工作的汉族干部"的方向和原则。1952年颁布的《中华人民共和国民族区域自治实施纲要》对培养和选拔民族干部作了具体规定：自治机关应以实行区域自治的民族人员为主要成分组成，上级人民政府应帮助各民族自治区自治机关有计划地培养热爱祖国的、与当地人民有密切联系的民族干部。1954年颁布的《中华人民共和国宪法》规定：国家帮助民族自治地方从当地民族中大量培养各级干部、各种专业人才和技术工人。1958年1月，中共中央发出指示：为了使少数民族能够更快地发展成为现代民族，使他们在社会主义事业中更充分地发挥积极作用，一切在少数民族地区工作的汉族干部，都必须首先努力培养少数民族干部，并且改进自己的工作方法。

提高少数民族干部的素质。新中国成立后，中共和中央人民政府颁布的《培养少数民族干部试行方案》，确定了以"培养普通政治干部为主、迫切需要的专业与技术干部为辅"的原则，即在培养少数民族的政治干部以外，还必须以极大的努力在少数民族中加速培养科学技术干部和理论干部。中共中央遵照毛泽东关于培养少数民族多方面人才的指示，根据少

---

① 《中国共产党主要领导人论民族问题》，民族出版社1994年版，第42页。

数民族干部的实际情况和民族地区建设的需要，在《关于少数民族整风情况和今后在民族问题方面的任务》中作出指示：今后在少数民族干部工作方面的主要任务是进一步实现民族干部的共产主义化，并且根据社会主义生产建设发展的需要，继续培养一批少数民族出身的又红又专的政治干部和文化、科学、技术干部。在《西北地区第一次民族工作会议纪要》中又提出：必须大力加强对少数民族干部的培养教育工作。在培养政治干部的同时，注意培养为发展农、牧业生产所迫切需要的技术干部以及医药卫生干部。

努力拓宽培养少数民族干部的渠道。在少数民族干部的培养方面，中共反复强调要尽力创造条件、想一切办法。在实践中，主要采取了以下几种方法来培养少数民族干部：设立民族学院、民族干部学校和民族干部培训班；选派少数民族干部到发达地区和中央国家机关挂职锻炼，等等。

（五）加快少数民族地区文化教育事业发展的政策

少数民族文化教育在少数民族地区乃至整个国家的发展中占据重要的地位和作用，因而，中共非常重视少数民族地区文化教育事业的发展，把加快少数民族地区文化教育事业的发展作为加快少数民族地区发展的前提条件，坚持从少数民族的特点和少数民族地区的实际出发，制定和实施了许多有利于少数民族地区文化教育发展的政策：

从财力上给予大力支持。从1950年起，专门设置了少数民族教育专项补助经费；多渠道增加民族教育经费，坚持国家扶持和少数民族地区自力更生相结合的原则，调动各级政府和广大人民群众的积极性，争取社会各方面的支持，多渠道增加少数民族文化教育投入。

设立少数民族文化教育的领导和管理机构。1952年，中央人民政府政务院颁布了《关于建立民族教育行政机构的决定》，对即将设置的民族文化教育机构的职责进行了详细的规定。决定颁布后，教育部设立了民族教育司，全国28个省、自治区、直辖市分别设立了不同级别的民族教育行政机构，配备了干部或指定专人，负责管理民族教育工作。各有关市、专署、县人民政府的教育局、处、科内也分别设立了民族教育机构或指定专人负责，加强对民族教育的领导和管理。1951年9月和1956年6月，国家分别召开了第一、第二次全国民族教育会议，对少数民族地区教育事业的发展做出了详细安排。1958年7月，中央民委党组上报党中央，提出通过编辑出版《民族自治地方概况》、各民族《简史》《简志》等民族文化书籍，挖掘、介绍、弘扬民族的社会文化。

大力创办各级各类民族学校和民族班。在少数民族地区大力兴办各级各类民族学校，专门招收少数民族地区学生，大力创办民族院校、民族班、寄宿制民族中、小学，重点办好基础教育，民族学校实行民族语文教学和双语教学的教育模式。

对少数民族学生给予特殊照顾。在普通高等学校、中等专业学校招生考试中，国家对少数民族考生实行特殊的招生政策，放宽少数民族考生的报考年龄限制，放宽录取分数标准，准许少数民族学生使用民族语文进行考试。

加强少数民族师资队伍建设。大力发展少数民族师范教育，加强在职教师的培训和提高工作；提高少数民族教师的待遇；加强内地支援少数民族地区的师资队伍工作。1956年教育部在《关于内地支援边疆地区小学师资问题的通知》中，要求四川、陕西等内地省市对接邻边疆省、区的师资进行支援，后来，又要求内地各省、市都参加对边疆少数民族地区师资的援助工作。

（六）尊重少数民族的风俗习惯的政策

尊重少数民族的风俗习惯，承认和坚持各民族都有保持或者改革本民族风俗习惯的自由，是中共对少数民族风俗习惯所采取的一贯政策。

中共把尊重少数民族的风俗习惯，看作是民族平等和团结的重要表现与途径而对其倍加重视。早在1936年中华苏维埃中央政府对内蒙古人民和回族人民发表的两个宣言中，就作出了"各民族相互尊重风俗习惯"的指示，强调各民族按自主的原则自己管理自己的风俗习惯，自己解决有关的问题，谁也没有权力用暴力加以干涉。

1938年，毛泽东在中共六届六中全会上再次指出：尊重各少数民族的文化、宗教、习惯。

1945年，毛泽东在中共七大上所作的《论联合政府》的报告中又指出：少数民族的言语、文字、风俗、习惯和宗教信仰，应被尊重。

1949年，在中央人民政治协商会议第一届全体会议上通过的共同纲领以及在1954年后的历届全国人大代表大会通过的宪法中，都明确规定"各少数民族均有保持或改革本民族风俗习惯的自由"。

新中国成立后,中央人民政府陆续颁布了一些文件,对尊重少数民族的风俗习惯问题作出了具体的规定。例如,政务院于1950年颁布了《关于伊斯兰教的人民在其三大节日屠宰自己食用的牛羊应免征屠宰税并放宽检验标准的通令》,对少数民族生活特需商品的生产和供应、民族节假日制度等作了专门规定和安排。

改革旧的、落后的少数民族风俗习惯,既是少数民族自身发展的需要,也是整个社会进步的需要,为此,中共和中央政府规定:对少数民族的风俗习惯进行改革,但改革必须尊重少数民族群众的意愿,改与不改,何时改和怎样改,均由少数民族的干部和群众自己决定,别人不能越俎代庖,更不能强迫命令。对此,毛泽东指出:少数民族的风俗习惯是可以改革的,但是,这种改革必须由少数民族自己来解决。周恩来也强调指出:风俗习惯的改革,要依靠民族经济基础本身的发展,不要乱改。

(七)尊重少数民族语言文字的政策

少数民族语言文字是少数民族文化的重要组成部分,少数民族对于自己的语言文字具有深厚的情感,因而,如何对待少数民族的语言文字是一个关系民族平等和团结的大问题。中国共产党从中国民族语言的实际出发,从有利于国家统一和民族发展、尊重文化发展的客观规律的角度,确立和实施了正确的语言文字政策:

保障各民族语言平等。1938年毛泽东在中共六届六中全会的报告中就指出:尊重各少数民族的文化、宗教、习惯,不但不强迫他们学汉语,而且应赞助他们发展用各民族自己语言文字的文化教育。全国解放后,《中国人民政治协商会议共同纲领》和《中华人民共和国宪法》都明确规定:"各民族都有使用和发展自己的语言文字的自由。"

保障和促进各民族语言文字的发展。在这方面,中共和中央政府所采取的政策主要有:发展民族语言的教育;为没有文字或文字不健全的少数民族创制、改革和完善文字,发展民族语言的新闻、广播、出版、翻译、印刷等事业,利用民族语言文字进行群众性的扫盲运动。为扶持少数民族文字的创制和改进,国务院1956年发布了《关于各少数民族创立和改革文字方案的批准程序和试验推行分工的通知》,1957年颁发了《关于少数民族文字方案中涉及字母的几项原则》。1958年,周恩来在《当前文字改革的任务》中对少数民族文字改革的原则、方案进行了阐述:"今后各民族创造或者改革文字的时候，原则上应该以拉丁字母为基础，并且应该在字母的读音和用法上尽量跟汉语拼音方案取得一致。"①

鼓励各民族互相学习语言文字。在少数民族地区工作的汉族干部要学习当地民族的语言文字，少数民族也可以学习汉语文字或其他适用的民族语言文字。

（八）巩固和发展与少数民族的统一战线政策

"统一战线政策是社会主义民族策略的重要内容，坚持统一战线政策，坚持同民族上层人士团结合作，是中国共产党取得社会主义革命胜利和社会主义建设辉煌成就的重要法宝和策略。

抗日战争期间，毛泽东指出：日本帝国主义侵略中国，强迫中国政府签订了许多不平等的条约，把中国变成了一个半殖民地半封建的社会，从而使帝国主义和中华民族的矛盾成为近代中国社会的主要矛盾，在这种情况下，要搞好民族团结，结成最广泛的抗日民族统一战线。

解放战争期间，毛泽东针对国民党反动派对国民党统治区人民的欺压，号召全国人民为了"中国人民和中华民族的解放"，必须联合工农兵学商各被压迫阶级、各人民团体、各民主党派、各少数民族、各地华侨和其他爱国分子，组成民族统一战线。

新中国成立后，毛泽东主张：要和各民族讲团结，不论大的民族小的民族都要团结，例如鄂伦春族还不到2000人，也要和他们团结，只要是中国人，不分民族，凡是反对帝国主义、主张爱国和团结的，都要和他们团结。各个少数民族对中国的历史都作出过贡献，少数民族在政治、经济、国防方面对整个国家和整个中华民族有很大的帮助，中国没有少数民族是不行的。说中国地大物博，人口众多，实际上是汉族"人口众多"，少数民族"地大物博"。汉民族要与少数民族搞好关系，要用平等态度和各个少数民族接触，使日益亲善密切起来，同时禁止任何对他们带侮辱性与轻视性的言语、文字与行动。要认真贯彻"长期共存、互相监督、肝胆相照、荣辱与共"的方针，充分发挥少数民族中民主党派参政议政和民主监督的作用。统一战线的原则有两个：第一个是团结，第二个是批评、教育和改造。

---

① 《中国共产党主要领导人论民族问题》，民族出版社1994年版，第191页。

为了保证统一战线的巩固，发挥统一战线的作用，中国共产党采取了在革命原则允许的范围内妥善地照顾少数民族上层人士的政治待遇和经济利益的政策。例如，1956年4月，中共中央指示：党和中央人民政府对少数民族的上层人士（包括宗教上层分子）一贯坚持团结教育的政策，在那些进行民主改革的地区，改革的时候和改革之后都不改变这个政策，而且中央人民政府将采取办法使他们的政治地位和生活水平不至于降低。

二　社会主义民族政策的主要特点

社会主义民族政策形成发展的历史表明，民族平等与团结、中华各民族共同繁荣和发展，始终是中共制定、实施民族政策的出发点和归宿，是贯穿于其中的主线。概括起来，社会主义民族政策的特点主要包括以下几个方面：

创造性。社会主义民族政策是中共在把马列主义的普遍原理与中国民族问题的实际相结合的基础上进行创造的产物，是中国共产党人集体创造的结晶。马列主义经典作家虽然形成了比较丰富的民族理论，这些理论具有一般性，但在中国社会主义革命和建设的过程中却不能照抄照搬，正如毛泽东所说："形式主义地吸收外国的东西，在中国过去是吃过大亏的。中国共产主义者对于马克思主义在中国的应用也是这样，必须将马克思主义的普遍真理和中国革命的具体实践完全地恰当地统一起来，就是说，和民族的特点相结合，经过一定的民族形式，才有用处，决不能主观地公式地应用它。"[①] 中国特色的社会主义民族政策以马克思列宁主义民族理论为指导，以中国社会民族问题的实际为依据，参考和借鉴了世界其他国家处理民族问题正反两方面的经验教训。它符合民族问题发展变化的客观规律，反映了中国民族问题的实际和广大少数民族群众的愿望与利益。多年来中国民族工作所取得的实际表明，中国的民族政策和民族工作是成功的。

连续性和发展性的统一。一方面，民族问题具有长期性，因而，社会主义民族政策具有相对的稳定性和连续性。毛泽东指出："我们的政策是比较稳定的，是比较得到少数民族赞成的。"[②] 另一方面，民族问题随着

[①] 《毛泽东选集》第2卷，人民出版社1991年版，第707页。
[②] 《中国共产党主要领导人论民族问题》，民族出版社1994年版，第120页。

时间的推移而变化,随着地点的不同而有所差别,决非固定不变,为此,党和国家在社会主义革命和建设中随着民族问题的变化发展而不断地对民族政策加以调整、充实和完善。例如,在解决民族问题的基本制度方面,在理论和实践中,中共都经历了一个不断探索和发展完善的过程。自1921年成立到1945年中共七大,中国共产党根据马克思列宁主义的民族理论和苏维埃的经验,一直强调民族自决基础上的联邦制和民族区域自治,在领导中国社会主义革命的过程中逐渐发觉:中国的情况与苏联不同,不适合实行联邦制和民族自决,因而,在新中国成立的前夕,中共不再强调民族自决和联邦制,而是把民族自治确定为新中国解决民族问题的基本制度。

第三节 社会主义宗教政策的主要内容和特点

宗教在社会主义历史时期具有长期性、重要性、复杂性,因而,中国共产党自成立起就十分重视宗教政策的制定和实施工作。宗教的民族性决定了社会主义宗教政策不仅是社会主义政策的重要内容,而且也是社会主义民族政策的重要组成部分。

一 社会主义宗教政策的主要内容

在尊重宗教发展的客观规律的基础上,中共始终把"尊重和保护公民的宗教信仰自由"作为社会主义宗教政策的核心内容,并以此为基础,进一步制定和实施了"政教分离"等一系列具体的政策。

（一）尊重和保护公民的宗教信仰自由

1945年中共七大明确规定：信教自由,解放区容许各派宗教存在。不论是基督教、天主教、回教、佛教及其他宗教,只要教徒们遵守人民政府法律,人民政府就给以保护。信教的和不信教的各有他们的自由,不许加以强迫或歧视。

1945年10月,中共晋察冀中央局提出：在遵守政府法令的前提下,各宗教团体均有传教的自由,人民依自愿有选择宗教信仰的自由,保护寺庙、清真寺、教堂等。

《中国人民政治协商会议共同纲领》和《中华人民共和国宪法》相继

用法律的形式，把"公民有宗教信仰自由"规定为党和国家处理宗教问题的基本政策：尊重和保护人们的宗教信仰自由包括尊重和保护人们信仰宗教的自由和不信仰宗教的自由两个方面。每个公民既有信仰宗教的自由，也有不信仰宗教的自由；有信仰这种宗教的自由，也有信仰那种宗教的自由；在同一种宗教里，有信仰这个教派的自由，也有信仰那个教派的自由；有过去不信教现在信教的自由，也有过去信教而现在不信教的自由。任何国家机关、社会团体和个人不得强制公民信仰宗教或者不信仰宗教，不得歧视信仰宗教的公民和不信仰宗教的公民，信教公民与不信教的公民享有同等的权利和义务。任何强迫不信教的人信教或者强迫信教的人不信教的行为，都是侵犯了公民宗教信仰自由权利的违法行为。

1952年，毛泽东在接见西藏代表团时指出：在社会主义时期，中国继续坚持对宗教的保护政策，信教的和不信教的，信这种宗教的和信那种宗教的，一律加以保护，尊重其信仰，今天对宗教采取保护政策，将来也仍然采取保护政策。

（二）实行政教分离

政教分离政策最早提出于新中国成立前夕。1949年，彭德怀在《关于青海现状及对藏民工作意见的报告》中指出："慢慢做到政教分离，把喇嘛和土司的统治权力分开。"① 此建议被中共所采纳。

新中国成立后，中共的政教分离政策得到了进一步的完善，国家规定：一切宗教不得干预政治，不得干预政府事务，不得利用宗教从事反对共产党的领导、反对社会主义制度、破坏民族团结、社会稳定和国家统一的活动，也不得利用宗教干预学校教育和公共教育，妨碍国家教育制度的实施，也不得恢复已被废除的宗教封建特权和宗教压迫剥削制度。

当然，实行政教分离原则，并不排除宗教界人士参与国家大事的协商与管理，宗教界代表人士与其他社会各界代表人士一样，有权利参加各级人大、政协，并在国家事务中发挥相应的作用。

（三）巩固和扩大同宗教界的爱国统一战线

政治上团结合作，信仰上互相尊重，是中国共产党处理同宗教界人士之间关系的原则，为此，要团结广大的信教群众，争取、团结和教育宗教

---

① 《民族问题文献汇编》，中共中央党校出版社1991年版，第1283页。

界人士，不断巩固和扩大社会主义时期的爱国统一战线。

要支持和帮助爱国宗教团体办好宗教院校，有计划、有组织地培养一支爱国、爱教、爱社会主义、接受共产党领导、维护祖国统一和民族团结，有宗教学识并能联系信教群众的宗教教职人员队伍，有计划地培养年轻的爱国宗教教职人员。

要充分发挥宗教爱国团体的积极性和应有的作用，使他们真正成为中共和中央政府争取、团结宗教界人士的桥梁。各级党委和政府要加强与爱国宗教团体的联系，经常倾听他们关于宗教方面的意见和建议，涉及宗教方面的重大问题，要同他们充分协商，要支持和帮助他们解决好自己的问题。

二 社会主义宗教政策的主要特点

社会主义宗教政策立足于民族团结和平等，坚持社会主义方向、坚持中国共产党的领导，服务于社会主义革命和建设的宏伟目标，具有科学性与合理性、稳定性与能动性。

科学性与合理性。社会主义宗教政策以马克思列宁主义的宗教观为其理论生长点。马克思主义认为，宗教的产生、发展与消亡是一个长期的历史过程，宗教有其产生、发展和消亡的规律。在现实中必须尊重和遵循这一规律，不能在宗教消亡的条件尚不成熟的情况下，强制人们不信教，用粗暴的方法和行政的命令禁止、取消宗教。向宗教宣战是一种愚蠢的举动，这种举动反而有利于提高人们对宗教的兴趣、妨碍宗教的真正消亡，因而是非常有害的。

社会主义宗教政策以新中国宗教的实际情况为其实践生长点。新中国成立后，仍然存在道教、佛教、基督教、伊斯兰教等多种宗教，信教人数较多，牵涉层面大。

稳定性。在社会主义历史时期，宗教的存在基本上源于满足群众宗教信仰和宗教情感的需要，宗教问题基本上属于人民内部矛盾。长期性、群众性、民族性、国际性、复杂性，是社会主义历史时期宗教状况的基本特性。因而，中国社会主义宗教政策以中国宗教问题的事实为依据，尊重宗教长期存在和发展的客观规律，自始至终强调要尊重和保护公民宗教信仰自由的权利。

能动性。宗教的长期存在并不意味着人们在宗教面前束手无策，无产阶级政党完全可以通过自己的努力，如消灭私有制、发展社会生产力、提高群众的觉悟，帮助人们确立马克思主义的世界观、正确的价值观、革命的人生观等，来抑制宗教发展的负面影响，为宗教的自行消亡创造条件。因而，社会主义宗教政策的内容是积极的、主动的，具有高度的能动性。

第十九章 中国社会主义的外交政策

社会主义制度在中国建立之后，就存在着作为社会主义国家的中国如何对待复杂的国际关系、如何在国际事务中处理与其他国家关系的问题。这既是关系到中国人民切身利益的问题，又是关系到国家的政权巩固与独立发展的重要问题。因此，在国际交往中，怎样才能最大限度地保证中国人民的利益，保持国家独立，维护世界和平，主持正义，就成为新中国外交政策的重要内容，也是摆在新中国政府和人民面前的一项艰巨而复杂的任务。以毛泽东为代表的中国共产党人，以马克思主义的基本原理为指导，从中国的具体情况及当时所处的特定的历史环境出发，探索出了适合自己特点的中国社会主义独立自主的和平外交政策。在这些正确的外交政策的指导下，中国社会主义外交事业经受住了严峻考验，取得了巨大成就。中国按照这些外交政策处理国际事务，顶住了帝国主义的压力，维护了国家的独立、主权和尊严，并得到了世界爱好和平与自由的人民的支持和拥护。中国政府所倡导的和平共处五项原则，已经成为当今世界各国处理复杂的国际关系的共同原则。中国坚决支持世界人民反对帝国主义、殖民主义和霸权主义的斗争，对争取民族独立、捍卫世界和平、促进人类解放的进步事业，作出了重大贡献，同时也为中国的社会主义建设事业创造了一个和平稳定的良好的国际环境。

第一节 中国社会主义外交政策的重要性

中国是一个历史悠久的文明古国，对人类社会的进步作出了突出的贡献，对世界文明的发展起了巨大的推动作用。但是，自从1840年鸦片战争以后，中国逐渐沦落为半殖民地半封建国家，饱受西方列强的欺凌与掠夺，国家丧失了主权独立和领土完整，在世界上处于十分低下的地位。1949年，中华人民共和国的成立，结束了旧中国屈辱的历史，中国人民从此站起来了。中国是世界人口最多的国家，其人口总数占世界人口的1/4，对世界事务有着重要影响。中国社会主义制度的建立，是20世纪世界历史上最重大的历史事件之一。它打破了帝国主义的东方战线，缩小了资本主义的世界市场，使社会主义在欧亚大陆联成一片，改变了国际力量的对比。由于中国与广大的殖民地、半殖民地国家和人民有着共同的历史遭遇，面对着共同的社会发展问题，中国社会主义所奉行的独立自主的和平外交政策不仅对本国的社会主义建设事业具有重要意义，而且对整个世界历史的发展进程特别是广大第三世界国家人民的革命、建设和发展，都具有十分重要的现实意义。

一 中国外交关系的历史进程及外交政策的形成与发展

新中国的成立，开创了中国外交关系的新时代。中国人民开始摒弃旧中国的和资本主义的外交关系，探索新中国社会主义外交关系的发展道路。新中国的外交关系，在不同的时期经历了不同的阶段，在不断发展着的外交关系的过程中，逐渐形成了中国社会主义的独立自主的和平外交政策。中国社会主义外交关系，从新中国成立到中共十一届三中全会，大致经历了三个阶段。

第一阶段：从1949年中华人民共和国成立到20世纪50年代末。

这一时期中国外交政策的战略核心是联合苏联，反对美国帝国主义。从这一时期确定并开始长期奉行独立自主的和平外交政策，实行了"另起炉灶"、"打扫干净屋子再请客"、"一边倒"三项对外基本方针。三项基本方针的实施，巩固了国家政权、维护了国家的独立，保证了中国社会主义在国际上良好形象，为社会主义建设事业争取到了一个较为有利的国际环境。

独立自主。在建国前夕召开的中国人民政治协商会议上通过的具有临时宪法性质的《中国人民政治协商会议共同纲领》之中，以法律的形式确定，中国将长期奉行独立自主的和平外交政策。毛泽东强调指出："中国必须独立，中国必须解放，中国的事情必须由中国人民自己作主张，自己来处理，不容许任何帝国主义国家再有一丝一毫的干涉。"[①] 要从本国人民和世界人民的根本利益出发，根据形势的发展变化和事情的是非曲直，调整和决定自己在国际事务中的立场、方针、政策，决不看别人的眼色行事，决不屈服于任何大国或大国集团的压力，决不容忍任何超级大国在中国的外交政策上打下印记，这是中国独立自主外交政策的重要特征。这一政策既维护了祖国的主权与独立，又充分体现了人民当家作主的愿望。

"另起炉灶"。即新中国的人民政府不承认国民党政府同各国建立的一切旧的外交关系，而要在新的基础上同各国另行建立新的外交关系。不承认国民党时期的任何外交机关和外交人员的合法地位；对驻在旧中国的各国使节，当作普通侨民看待，不当作外交代表看待；对旧中国同外国签订的一切条约和协定逐一加以审查，按照其内容分别予以或承认或废除或修改重订，在互相尊重领土主权和平等互利的基础上同世界各国建立新的外交关系。"另起炉灶"的含义，归根到底是，一定要同旧中国近百年来屈辱的外交历史彻底决裂，一定要同剥削阶级的不平等的外交政策彻底决裂，在新的基础上建立新的外交关系。这一政策充分体现了新中国要以全新的面貌站立于世界舞台。

"打扫干净屋子再请客"。新中国的成立必须清理旧中国残留的对外关系遗迹，建立国内的良好环境，以全新的面貌建立、发展同其他友好国家的关系。因此，必须先肃清帝国主义在华的特权、势力和影响，然后再谈建立外交关系的问题。有了新的国内秩序，陈设好了，再请外国客人进来，防止帝国主义混杂进来捣乱。"打扫干净屋子再请客"，保证了中国社会主义外交关系的纯洁性和革命性。

"一边倒"。即在社会主义与资本主义同时存在的情况下，中国只能倒向社会主义阵营一边。中国近百年来屈辱的外交历史，就是因为帝国主义的侵略和压迫，要实现国家独立，必须彻底摆脱帝国主义。因此在第二次世界大战以后所形成的两大阵营中，当时中国只能倒向社会主义阵营一边。毛泽东在《论人民民主专政》中指出："一边倒，是孙中山的四十年经验和共产党的二十八年经验教给我们的，深知欲达到胜利和巩固胜利，

---

① 《毛泽东选集》第4卷，人民出版社1991年版，第1465页。

必须一边倒。……中国人民不是倒向帝国主义一边，就是倒向社会主义一边，绝无例外。"① 我们只能倒向社会主义一边，而不能倒向帝国主义一边，这是中国人民总结近百年来的历史经验所得出的科学结论。

这三大决策符合中国人民实现国家安全、独立和维护世界和平的根本利益，为独立自主的新中国外交关系奠定了基础。尽管20世纪50年代与苏联的结盟是迫不得已的，产生了一些负面影响，但在当时情况下是必要的，利大于弊。中国在朝鲜、台湾地区和印度支那地区这三条战线同美国的侵略政策和战争政策进行了坚决的斗争，取得了重大胜利。1953年，中国政府提出了以"互相尊重主权和领土完整、互不侵犯、互不干涉内政、平等互利、和平共处"为主要内容的和平共处五项基本原则。以和平共处五项基本原则为基础，中国先后同许多民族国家建立了平等的外交关系，扩大双边合作的领域，促进了双方经济贸易的发展，并且在国际舞台上树立起了自己爱好和平的形象。

第二阶段：从20世纪60年代初到70年代初。

这是中国外交事业经受严峻考验的阶段。适应国际形势的变化，中国的外交战略重心由"一边倒"调整为"两个拳头打人"，即由联合苏联反对美国，转变为既反对美国霸权主义又反对苏联霸权主义，同时支持民族解放运动，坚持睦邻友好，维护中国的主权和领土完整，维护世界的进步与和平。

面对美苏两个超级大国的霸权主义，中国政府进行了针锋相对的斗争。1956年苏共二十大以后，中苏两党之间的分歧逐渐上升导致两国之间关系的恶化，并最终使中苏关系逐渐破裂，两个社会主义国家成为世界上的两大敌对国家。苏联从大党主义、大国主义逐步发展为对外奉行霸权主义政策，1969年3月出兵侵占中国领土珍宝岛，在中苏、中蒙边境大量增兵，苏共中央政治局甚至讨论了对中国使用核武器的问题，这些都对中国的社会主义建设事业构成严重威胁。中国政府不畏强暴，进行了有理、有利、有节的斗争，使苏联霸权主义的阴谋未能得逞。在此期间，美国继续推行敌视中国、敌视社会主义的遏制政策，在台湾海峡公开挑衅，大搞"两个中国"的阴谋，企图分裂中国，并在印度支那三国发动战争，

---

① 《毛泽东选集》第4卷，人民出版社1991年版，第1472~1473页。

对中国进行封锁与威胁。中国人民解放军从 1958 年 8 月 23 日开始炮轰金门、马祖,粉碎了美国分裂中国、孤立中国、遏制中国的阴谋;中国给印度支那三国以大力支持,使三国人民极大地提高了抵御美帝国主义侵略的能力。美国在印度支那地区陷入进退两难的境地,不能自拔,使美国在国际关系中陷入被动局面,美国高层政坛出现危机。

这一时期,中国大力支持被压迫民族和国家争取民族独立的斗争,奉行睦邻友好政策,积极推进不同社会制度国家关系的发展,并先后与周边国家签订边界协定和建立了友好关系。1968 年 12 月,周恩来总理应邀访问了亚非一系列国家,推进了亚非国家的友好合作关系,与许多国家建立了友好关系,其中与法国建交影响最大,这是西方阵营分化的重要表现,也是美国孤立中国政策的破产。中国政府不仅顶住了两个超级大国的压力,维护了国家安全,拓展了与周边国家的睦邻友好关系,迎来了新中国第二次建交高潮,而且为世界和平、进步作出了新的贡献,国际地位大大提高。

第三阶段:从 20 世纪 70 年代初到 80 年代初。

这是中国外交关系发展的时期,战略重心是联合美国,反对苏联霸权主义,推行"一条线"的战略方针。针对美苏争霸全球的升级,特别是苏联霸权主义的猖獗,毛泽东在 1974 年 2 月会见赞比亚总统卡翁达时提出了三个世界划分的思想。按照这一思想,第一世界,是指美国和苏联两个拥有最强的军事和经济力量,在世界范围内推行霸权主义的超级大国;第三世界,是指亚洲、非洲、拉丁美洲和其他地区的发展中国家;第二世界,是指处于这两者之间的发达国家。毛泽东号召联合起来共同反对霸权主义,特别是反对苏联霸权主义。

这一时期,中苏关系继续恶化。美国鉴于中国国际地位的不断提高和国际影响的增大,为了摆脱在亚洲的困境,开始调整对华政策,中美关系得到改善。中国政府为了摆脱同美苏两面对抗的局面,有效抵御来自苏联方面的严重威胁,也为了实现台湾与大陆的和平统一,作出了改善中美关系的决策。经过多方努力,1972 年美国总统尼克松应邀访华,并于 2 月 28 日中国和美国发表了《上海联合公报》,这成为中美两国发展双边关系都必须遵循的准则。从此,中美两国关系朝着正常化的方向发展。中美关系的解冻,带动了新中国对外建交的第三次高潮。中国与西方主要大国都逐渐建立了外交关系。与此同时在1971年第26届联大上恢复了中国在联合国的合法地位，并将国民党代表驱逐出联合国。到1978年中国已经与125个国家建立了外交关系，中国在世界战略格局中的地位有了新的提高。

二　中国社会主义外交政策的重要性

中国是一个发展中的社会主义大国，在国际舞台上的地位日益提高，在国际事务中所起的作用也越来越大。再加上中国在历史上同广大的第三世界国家有着共同的遭遇，在感情上互相同情，在道义上互相支持，在发展经济文化过程中又面临着许多共同需要解决的问题和任务。这就使中国社会主义的外交政策不仅对本国的社会主义现代化建设具有重要意义，而且对广大的第三世界各国人民，对局部地区稳定与发展，乃至对全世界的和平、稳定与发展都是至关重要的。从中国社会主义的外交事业发展来看，其外交政策的意义关系到国际国内的许多重大事务，涉及到政治、经济、文化和人民生活等各个领域的各个方面。

中国社会主义外交政策的形成和发展丰富了马克思主义的理论宝库。中国独立自主的和平外交政策的提出，是对马克思主义理论的丰富和发展，开拓了人类社会外交历史的新篇章。马克思恩格斯没有看到社会主义国家的建立，列宁虽然领导了建立了世界上第一个社会主义国家，但其外交关系的实践尚未充分展开，因此他们都不可能对社会主义的外交政策进行具体的有针对性的论述。在当时，他们都较为强调各国无产阶级及其政党的国际主义团结、联合和国际范围的统一集中，强调全世界无产者联合起来共同反对帝国主义的斗争。虽然如此，马克思主义的创始人同时也一贯认为，无产阶级国际主义离不开各国独立自主的原则。恩格斯指出："国际联合只能存在于国家之间，因而这些国家的存在、它们在内部事务上的自主和独立也就包括在国际主义这一概念本身之中。"[①] 到了帝国主义时代，列宁从各个方面顶住了第二国际机会主义特别是德国社会民主工党的压力，独立自主地开创出了一条适合俄国实际情况的革命道路，成功地领导了十月革命并取得了社会主义的胜利。同时，列宁认为，东方民族

---

① 《马克思恩格斯全集》第39卷，人民出版社1974年版，第84页。

殖民地国家的共产党所遇到的是欧洲各国所没有的特殊而且困难的任务，解决这些任务的方法，必须"根据自己的经验来解决这个任务"。可是，列宁去世以后，这一正确的思想未能得到继续贯彻执行。斯大林时期大搞大党主义和大国主义，力图把苏联经验强加于其他社会主义国家，致使第二次世界大战以后建立起来的东欧等一系列的社会主义国家都无法独立自主地实现自己的外交政策，甚至在国内政策方面也要受到苏联的制约。中国共产党人在以毛泽东为核心的中央集体领导下，根据领导中国人民革命和建设中"自己的经验"，根据本国的实际情况，努力探索适合中国特点的外交道路。一方面，在中国革命的各个阶段上，始终坚持无产阶级及其政党的独立自主，正确处理国内各个阶级、各种社会力量之间的关系；另一方面，在国际共产主义运动中，始终坚持各国共产党的独立自主，正确处理与外国共产党之间的关系。新中国成立以后，中国共产党将独立自主的原则，不仅运用于解决各国共产党之间关系、各个社会主义国家关系之中，而且还运用于处理不同社会制度的国家关系问题上，毛泽东指出："任何外国政府，只要它愿意断绝对于中国反动派的关系，不再勾结或援助中国反动派，并向人民的中国采取真正的而不是虚伪的友好态度，我们就愿意同它在平等、互利和互相尊重领土主权的原则的基础之上，谈判建立外交关系的问题。中国人民愿意同世界各国人民实行友好合作，恢复和发展国际间的通商事业，以利发展生产和繁荣经济。"[①] 周恩来也指出："我们对外交问题有一个基本的立场，即中华民族独立的立场，独立自主、自力更生的立场"。[②] 这些论述为新中国的外交政策奠定了理论基础，并且在社会主义的实践中逐渐发展完善起来，形成了适合中国特点的外交政策。实践证明，中国共产党提出的在国际事务中坚持独立自主的对外政策这一基本原则，是完全正确的，是对马克思列宁主义关于社会主义外交理论的丰富和发展。

中国社会主义的外交政策对于巩固社会主义国家政权起到了重要作用。新中国成立之初，新生的人民政权面临着严峻的挑战。以美国为首的西方资本主义国家对中国采取了封锁和遏制政策，孤立中国；逃亡台湾的

---

① 《毛泽东选集》第4卷，人民出版社1991年版，第1466页。
② 《周恩来选集》（上），人民出版社1980年版，第321页。

国民党残余势力以及国内的敌对分子也千方百计地想颠覆人民民主专政的国家政权。对此，中共充分认识到要巩固中国的社会主义国家政权，除了要充分做好国内的各项工作之外，还必须要有一个和平稳定的国际环境，制定正确的社会主义外交政策。首先，必须同社会主义国家建立友好外交关系，签订友好同盟互助条约，争取其他社会主义国家的支持和援助。1949年10月2日，苏联第一个承认新中国，并与中国互派了大使。接着中国先后与保加利亚、罗马尼亚、匈牙利、朝鲜、捷克斯洛伐克、波兰、蒙古、德意志民主共和国、阿尔巴尼亚、越南、南斯拉夫建立了正式外交关系。1950年2月，中苏签订了《中苏友好同盟互助条约》、《关于苏联贷款给中华人民共和国的协定》、《关于中国长春铁路、旅顺口及大连的协定》等，与此同时也与其他一系列社会主义国家签订了同盟互助条约，这些条约和协定对于保障当时双方的安全，维护远东和世界和平，加强各国人民的友谊，促进双方的社会主义建设事业都具有重大意义。这就是中国实行的"一边倒"政策在当时所起到现实作用。其次，中国还积极发展与周边国家和西欧国家之间的关系。从新中国成立到1956年底，经过谈判，中国先后同亚洲的印度、缅甸、巴基斯坦、阿富汗、尼泊尔、叙利亚、阿拉伯也门，与欧洲的瑞典、丹麦、瑞士、芬兰、挪威等国家，建立了大使级外交关系，与英国、荷兰建立代办级外交关系。由于采取了正确的外交政策，中国人民的正义事业得到了越来越多的国家和人民的支持，为巩固中国的社会主义国家政权起到了积极的作用。正是由于新中国确立了正确的社会主义外交政策，并且得到了正确的实施，使美国等帝国主义国家孤立中国的阴谋破产，使国内敌对势力欲借助外国帝国主义势力之手颠覆新中国社会主义国家政权的企图遭到了失败。从而使国内的敌对势力失去了依靠，使其力量受到了削弱，这就为中国巩固人民民主专政的社会主义国家政权创造了有利条件，为进行大规模的社会主义建设争取到了和平稳定的国际环境。同时，由于采取了正确的外交政策，中国与其他各国经济贸易交往也越来越频繁。所有这一切，都为中国社会主义政权的巩固、发展和完善奠定了基础。历史的经验证明，社会主义国家外交政策的正确与否直接关系到社会主义事业的成败，制定正确的外交政策，加强同不同性质的国家之间的联系与合作，是社会主义国家的重要任务。

中国社会主义的外交政策对于反对帝国主义、殖民主义和霸权主义具有重要作用。中国政府一贯奉行独立自主的和平外交政策，坚决反对帝国主义、殖民主义和霸权主义，坚决支持殖民地和半殖民地国家人民的民族解放事业和正义斗争。中国在历史上是一个半殖民地半封建的国家，深受帝国主义、殖民主义的欺凌，深感国家丧失主权的痛苦。因此，同情广大殖民地、半殖民地国家人民的不幸遭遇，并且认为有义务在道义上和物质上帮助广大殖民地半殖民地国家的人民摆脱殖民统治和殖民压迫。中国人民与广大的第三世界人民有着共同的利益和愿望，实现国家独立和民族解放，建设富强繁荣的国家是广大第三世界国家人民的一致要求。十月革命的胜利，突破了帝国主义的世界殖民体系，在世界上建立起第一个社会主义国家，大大削弱了帝国主义的力量。新中国成立以后，打破了帝国主义的东方战线，使帝国主义的殖民统治陷入更加艰难的境地。中国积极推行社会主义国家独立自主的和平外交政策，支持和促进亚、非、拉国家人民反对帝国主义和殖民主义的正义斗争，并积极援助广大殖民地和半殖民地人民争取民族解放运动。经过各国人民的共同努力，终于促使帝国主义的殖民体系瓦解。亚洲、非洲和拉丁美洲的广大殖民地和半殖民地国家的人民纷纷走上了民族独立、自由和解放的道路，与此同时，中国在国际舞台上的地位日益提高，在联合国等国际性组织的作用越来越大，摆脱了殖民统治的殖民地半殖民地国家的人民真正成为自己国家的主人。帝国主义独霸世界和压迫广大第三世界国家的时代已经一去不复返了。中国社会主义独立自主的和平外交政策和所倡导的和平共处五项原则，在近代世界外交历史上开创了真正平等、自主外交活动的新时代，结束了几百年来帝国主义殖民统治的不平等的外交历史，对世界发展和人类历史进步起到了积极推动作用。

中国社会主义的外交政策对中国的社会主义现代化建设具有重要意义。在新中国成立初期，中共坚持独立自主、自力更生的方针，进行了具有自己特点的社会主义改造，在中国建立了社会主义制度。同时，中国按照独立自主的原则，积极发展与其他友好国家之间的关系，首先是发展与社会主义国家的友好关系，得到了来自社会主义国家的政治上、经济上和科学技术上的支持和援助。在苏联等社会主义国家的帮助下，中国坚决依靠自己的力量，顺利完成了第一个五年计划和第二个五年计划，在旧中国的废墟上，迅速地恢复了国民经济，摆脱了经济上的困难，改善了人民生活水平，而且建立起了独立的比较完整的工业体系和国民经济体系，使中国在任何情况下都不需要依附于其他国家，为社会主义经济、文化和科学技术事业的进一步发展奠定了坚实的基础。中国还广泛发展了与其他非社会主义国家之间的友好关系，在道义上得到了它们的支持，使帝国主义孤立中国、遏制中国、封锁中国、颠覆中国的阴谋最终彻底破产。中国人民不仅在政治上站了起来，获得了翻身解放，而且在经济上、科学技术上站了起来。在社会主义现代化建设过程中，中国始终坚持独立自主方针，以自力更生为主，争取外援为辅，将二者紧密结合起来，使之相辅相成，共同发挥在社会主义建设中的积极作用。实践证明，中国所奉行的独立自主的和平外交政策是完全正确的，有利于中国社会主义事业的稳定与发展。

第二节 中国社会主义外交政策的基本原则

社会主义外交政策的基本原则，是社会主义国家对外交往活动的根本准绳，是无产阶级在社会主义革命和社会主义建设的实践中，积极探索出来的处理对外关系的根本依据。中国在对外交往过程中，逐渐探索出了对外交往的一系列准则，并成为社会主义国家对外交往的指南。在社会主义国家的对外交往活动中，确立正确外交政策的准则，并且严格按照这一政策准则办事，既有利于维护世界和平和稳定国际环境，又有利于社会主义国家内部的政治、经济和科学文化事业的建设。

一 爱国主义和国际主义相结合是社会主义国家对外关系的一般原则

社会主义国家在处理对外关系时，必须把爱国主义和国际主义结合起来，把本国人民的根本利益和前途与世界人民的根本利益和前途融为一体，在爱国主义的基础上坚持国际主义，在国际主义的前提下坚持爱国主义。早在民主革命时期，毛泽东就明确指出："中国共产党人必须将爱国主义和国际主义结合起来。我们是国际主义者，我们又是爱国主义者。"[1]按照马克思主义的基本原理，一个国家的社会主义革命和建设，一方面离不开世界无产阶级和革命人民的支援和帮助；另一方面每一个国家社会主

---

[1] 《毛泽东选集》第2卷，人民出版社1991年版，第520页。

义革命的胜利又是对世界社会主义革命事业的有力支持。爱国主义和国际主义相结合是社会主义革命和建设自身发展的客观要求。

世界各国的无产阶级有着共同的利益和总目标。无产阶级的国际主义是指各国无产阶级从共同的革命利益出发，实现国际团结，反对共同敌人，在全世界消灭一切剥削和压迫，最终实现共产主义的理想和行动准则。马克思、恩格斯根据对资本主义经济发展规律的深刻分析，认为资本主义开辟了世界市场，资本主义在国际事务中形成为统一的整体。资产阶级为了保证其共同的利益，结成了反对无产阶级革命的统一联盟，任何国家的无产阶级革命事业都必然遭到联合起来的资产阶级的共同镇压。社会主义事业是世界性的共同事业，无产阶级只有联合起来，共同进行反对资产阶级的斗争，才能最终推翻资本主义制度，取得社会主义和共产主义的胜利。所以马克思、恩格斯在《共产党宣言》中强调指出，国际无产阶级的联合行动，是无产阶级获得解放的首要条件之一。为此，马克思、恩格斯号召："全世界无产者，联合起来！"① 无产阶级革命的胜利只能是建立在无产阶级的国际主义的基础上，如果没有全世界无产阶级的联合行动，无产阶级的革命斗争就不能取得最终胜利。

资本主义发展到帝国主义阶段，由于帝国主义对外侵略扩张，对内残酷压迫广大劳动人民，使世界划分为人数极少的压迫民族和人数众多的被压迫民族。资本主义国家的无产阶级和无数的殖民地、附属国都成了国际垄断资本主义的奴隶，他们处于共同的被剥削被压迫的地位，推翻国际垄断资本是他们的共同目标。西方无产阶级革命有助于东方被压迫民族的解放事业，东方被压迫民族的解放斗争又可以促进和支持西方无产阶级革命运动的发展。国际无产阶级的革命斗争和被压迫民族的民族解放运动更加紧密地联系在一起了。在这种新的历史条件下，列宁认为，国际无产阶级只有与广大被压迫民族联合起来，共同斗争，才能取得革命胜利。因此，列宁提出了一个新的战斗口号——全世界无产者和被压迫民族联合起来，把无产阶级革命斗争与民族解放运动联系起来，从而丰富发展了马克思主义的无产阶级国际主义的思想。据此，毛泽东考察中国革命新的特点得出

---

① 《马克思恩格斯选集》第1卷，人民出版社1995年版，第307页。

结论，指出：中国革命"属于世界无产阶级社会主义革命的一部分了"。[①]坚持国际主义是中国无产阶级领导人民在取得革命胜利后的应尽义务，也是确保中国社会主义顺利发展的重要条件。

社会主义的爱国主义反映了社会主义国家的公民与祖国之间的关系。爱国主义是长期形成的对自己祖国的人民、山河、文化以及民族的历史和优秀传统的深厚感情。这种感情集中表现为对祖国的忠诚和热爱，具有民族自尊心和自信心，它是维系民族、国家生存发展的世代相传的思想和行为准则。在不同的历史条件下，在不同的国家和不同的阶级中，爱国主义有着不同的具体内容。历史上，一切剥削阶级的爱国主义，都是以建立和维护剥削阶级的统治地位为前提的，如果广大劳动人民群众起来进行争取解放和自由的革命斗争，威胁到他们的统治地位时，他们就很快从爱国主义转向卖国主义，与国家和人民的敌人联合起来，共同镇压人民的革命运动。与此不同，无产阶级的爱国主义是从本国人民和世界人民的共同利益出发，既为祖国的独立和解放而斗争，又反对本国资产阶级对其他民族的剥削与压迫，支持其他国家人民争取独立解放的正义斗争。社会主义的爱国主义，对外反对帝国主义的侵略，捍卫祖国的领土完整和独立；对内维护国家政权的发展和积极参加社会主义建设，把对祖国的热爱同争取社会主义革命与建设事业的胜利结合起来，把祖国的兴衰成败与社会主义、共产主义的光明前景联系起来。它是人类历史上最高类型的爱国主义。

无产阶级的爱国主义和国际主义是统一的。爱国主义和国际主义是马克思主义民族观不可分割的两个方面。首先，无产阶级国际主义是与爱国主义相统一的国际主义。各国人民的革命和建设事业是相互依存、相互支持的，各民族的利益必须是和整个人类解放事业的整体相联系的。每一个国家的无产阶级首先取得本国革命的胜利，然后必须支持和援助其他国家人民的革命斗争。各个国家只有把本国的事情搞好了，才能更好地支持其他国家人民的革命斗争，为履行国际主义义务做出自己的贡献。其次，无产阶级的爱国主义是与国际主义相统一的爱国主义。每一个国家的社会主义革命的胜利并不是最终目的，只是完成了世界社会主义革命的一部分。因此，无产阶级在进行本国革命斗争和社会主义建设的同时，应当积极援

---

① 《毛泽东选集》第2卷，人民出版社1991年版，第667页。

助和支持其他国家无产阶级和广大劳动人民的革命斗争,这是各国无产阶级和广大劳动人民应尽的义务,也是最终支持了本国无产阶级自己。

各个社会主义国家对外政策的经验表明,把社会主义的爱国主义与国际主义结合起来,制定对外政策,处理对外关系,首先必须建立和发展与社会主义国家的友好合作关系。这一政策,既有利于社会主义国家自身的发展,又有利于国际无产阶级解放事业和人类进步事业的发展。特别是在社会主义革命胜利之初,坚持这一政策是保证社会主义革命的胜利果实,巩固社会主义国家政权,确保社会主义事业胜利发展的重要条件,同时还是社会主义国家联合起来反对帝国主义、霸权主义和殖民主义的重要途径。

二 独立自主是中国社会主义外交政策的根本原则

坚持独立自主,既是中国社会主义外交的根本点,也是中国对外政策的基本原则立场。中国始终把维护本国的独立、主权和领土完整、反对任何形式的外来侵略和干涉作为一项基本原则。新中国成立以后,毛泽东和周恩来等为中国制定的对外关系的基本原则就是坚持独立自主。毛泽东在新中国成立前夕就指出:新中国要"走上独立、自由、和平、统一和富强的道路"。[1] "中国必须独立,中国必须解放,中国的事情必须由中国人民自己作主张,自己来处理,不容许任何帝国主义国家再有一丝一毫的干涉"。[2] 这是因为,没有国家的独立,民族的解放,就不可能建设一个繁荣富强的社会主义新中国。任何一个国家的革命和建设问题都只能依靠本国人民的力量去解决,适合中国情况和特点的道路,也只能由中国人民自己去寻找、去创造、去选择。作为社会主义国家,只有立足本国的实际,把马克思主义的普遍原理同本国具体实际结合起来,才是取得革命和建设胜利的唯一正确途径。并且中国社会主义也只能按照以独立自主原则的要求,来对待其他国家,建立与发展同其他国家的外交关系,决不能把自己的主张强加于其他任何国家。

坚持独立自主的基本原则,也是由社会主义制度的性质和任务所决定

---

[1] 《毛泽东选集》第4卷,人民出版社1991年版,第1464页。

[2] 同上书,第1465页。

的。其一，坚持独立自主是为了维护民族利益，民族尊严和民族自信。在世界上还存在帝国主义和霸权主义的情况下，一个国家能否执行独立自主的对外政策，是衡量这个国家和民族是否真正获得民族独立的标志。社会主义国家在处理对外关系的时候必须首先真正代表本国人民的根本利益、维护本民族的尊严和提高本民族的自信心和自豪感。否则，便只能依附于大国或大国集团，屈服于它们的压力，成为它们的附庸，这就必然要伤害广大人民群众的民族尊严和民族感情。只有坚持独立自主，才能真正维护社会主义国家的民族利益、民族自尊心和民族自信心，才能使社会主义事业站稳脚跟，并不断发展。其二，独立自主是社会主义革命和建设取得胜利的重要原则。任何一个国家的革命和建设都需要学习和借鉴其他国家的经验、学习外国的先进科学技术、争取其他国家的援助。但是，马克思主义认为，事物变化的根本原因在于事物的内因，外因只是事物发展变化的条件，内因才是事物变化的根据，是第一位的原因，外因只有通过内因才能起作用。这就要求在社会主义革命和建设中，始终把独立自主、自力更生作为立足点，本国的事情必须依靠本国人民自己来做。只有这样，社会主义事业才充满希望，才具有顽强的生命力。其三，只有坚持独立自主，才能贯彻和执行国家对外关系的其他原则。独立自主是中国外交关系的基本原则，它直接影响着国际主义和爱国主义、和平共处五项原则的贯彻和执行。如果丢弃了独立自主的原则，屈服于帝国主义、霸权主义的压力，那就不能维护国家的独立和人民的利益，也就不能维护世界人民的革命利益，也就谈不上所谓爱国主义和国际主义问题，和平共处五项基本原则就不可能实现。独立自主地发展同其他国家的友好关系是中国的一贯方针。作为一个社会主义大国，中国珍惜自己来之不易的独立主权，反对任何形式的霸权主义和强权政治；同时也尊重各国人民独立自主的权利，决不搞霸权主义与强权政治；从不干涉别国内政，也不容许其他国家干涉自己的内政；中国不依附于任何大国或大国集团，不屈从它们的压力。在国际事务中，一切从中国人民和世界人民的根本利益出发，根据事物本身的是非曲直，按照是否有利于世界和平、发展同各国的友好关系、促进世界经济繁荣的标准，独立自主地作出判断，决定自己的立场和政策。

总而言之，独立自主是马克思主义的一项基本原则，是中国共产党人把马克思主义普遍原理与中国革命和建设的具体实际相结合所得出的科学结论。国际共产主义运动的历史经验证明，凡事坚持独立自主的原则，就能走出一条符合自己国情的正确道路；违背这一原则，对内必然使本国的社会主义事业受到挫折，对外必然使其他国家的社会主义事业受到挫折，使国际共产主义运动遭受失败。

三　和平共处五项原则是中国处理与一切国家关系的基本准则

中国政府在处理与其他国家的关系问题上，历来遵循"互相尊重主权和领土完整、互不侵犯、互不干涉内政、平等互利、和平共处"五项基本原则。这一原则是中国政府1953年在同印度政府就两国在中国西藏地方的关系的谈判中首次提出、1954年由中、印、缅三国共同倡导的，并已经成为世界各国解决国际争端和处理国际性问题的基本准则。这一原则的提出和实施，结束了历史上长期存在的在处理国际关系问题上不平等的状况，对于推进世界和平进程和保证国际局势的稳定起了重要作用。

在历史上，长期以来在国际关系问题上存在着不平等和没有和平的现象。资本主义开辟了世界市场，同时也开始了对世界落后国家和落后民族的侵略扩张的历史，它们把大量的中小落后国家变为它们的殖民地或半殖民地。帝国主义国家通过一系列的不平等条约，把对大量的中小落后国家实行经济剥削和政治统治予以"合法化"。大国欺负小国、强国欺负弱国、西方欺负东方成为几百年来外交关系史上的共同现象。资本主义所一再强调的平等、民主和自由、博爱，只不过是欺骗人民的谎言，资本主义的本性就是对外侵略扩张，为了获得更多的使用价值和剩余价值，为了维护它们的既得利益，就必须维持不合理的外交关系。所谓平等，只是帝国主义国家之间共同掠夺殖民地半殖民地人民的过程中的机会均等，在其分赃时的平等，是资本主义强国之间的所谓平等。广大被压迫民族的领土和主权受到践踏，处于帝国主义强国的奴役之下，人民生活极为困苦。广大被压迫民族和国家的人民日日盼望和平、独立与平等，但是在资本主义统治整个世界的情况下，这种理想是不可能实现的。

1917年，十月革命胜利后，苏联社会主义处于世界资本主义的包围之中，为了保卫苏维埃政权，为了维护国际正义，列宁提出了关于社会主义国家在处理与不同社会制度国家关系方面实行和平共处的政策思想。这一思想在当时得到一定程度上的实现，对于捍卫新生的苏维埃政权起到了积极作用。中国共产党在20世纪三四十年代也曾就国家主权问题阐述过自己的观点。1931年11月通过的《中华苏维埃共和国宪法大纲》宣布中华民族完全独立，不承认帝国主义在华的一切特权。中国共产党中央委员会主席毛泽东在1945年4月中共七大政治报告《论联合政府》、1949年6月《在新政治协商会议筹备会议上的讲话》和《论人民民主专政》，以及中国人民政治协商会议通过的《中国人民政治协商会议共同纲领》中，都明确宣布中国同各国建立外交关系必须以平等、互利和互相尊重领土主权为基础。在这一思想的指导下，周恩来在1953年12月31日接见印度代表团时第一次提出了处理不同社会制度国家之间关系的和平共处五项原则。1954年4月29日中国和印度缔结的《关于中国西藏地方和印度之间的通商和交通协定》的序言，以及同年6月中印、中缅总理分别发表的联合声明中，都正式确认和倡议将和平共处五项原则作为指导处理国际关系的基本准则。第二次世界大战以后，亚洲、非洲的原殖民地和半殖民地国家纷纷独立，但是在国际关系旧秩序条件下，它们的独立自主地位得不到应有的尊重，在国际交往中依然处于不平等的状况，世界和平仍然没有保障。广大亚非国家普遍要求建立互相尊重国家主权、加强团结合作、维护国际和平的新的国际关系准则。1955年4月，在亚非国家召开的万隆会议上，和平共处五项原则得到出席国家的代表的一致支持，在会议通过的《关于促进世界和平和合作的宣言》中提出的十项原则，是在承认五项原则基础上对其进行了进一步引申和发展。从此，和平共处五项原则逐渐为世界各国所公认。联合国通过的决议和宣言，如1970年的《国际法原则宣言》、1974年的《各国经济权利和义务宪章》等，都确认了和平共处五项原则的基本内容，从而成为处理国际事务和国际争端的共同原则。

正确理解和平共处五项原则的内容是十分必要的。中华人民共和国政府提出的"和平共处五项原则"并不是各项原则的简单相加，而是一个完整的国际关系体系，它的内容各部分之间有着严密的逻辑关系。五项原则是以主权国家一律平等为根本出发点，以互相尊重主权和领土完整为最基本的原则。所谓主权，就是任何一个国家都有权按照自己的意志，独立自主地解决其内部和外部事务而不受他国干涉的权利。主权还意味着任何一个国家的主权受到他国侵犯时，有权采取措施捍卫本国的主权和独立。主权独立和领土完整是紧密相连的，尊重一个国家的主权，就意味着尊重该国的领土完整,侵犯他国的领土,就是破坏他国的主权。和平共处五项原则的其他几项原则都是以此为基础的,是这项最基本原则的补充和保障,五项原则构成一个统一的不可分割的整体。因此,如果只强调某一项原则,把它单独拿出来作为独立的原则来使用,这是对和平共处五项原则的歪曲,这就要求必须完整科学地把握和运用和平共处五项原则。

在现代社会,世界上各个不同民族、不同地区的国家,不分大小、贫富强弱、历史状况如何、社会制度如何,都是国际社会大家庭当中的平等一员,都应当在和平共处五项原则的基础上处理其相互关系。国际关系发展的实践表明,和平共处五项原则不仅适用于处理社会制度不同的国家之间的关系,同时也适用于处理相同社会制度国家之间的关系,包括社会主义国家之间的关系。只要遵守和平共处五项原则,社会制度不同的国家可以相互信任和友好合作;反之,社会制度相同的国家也可能发生尖锐对抗和冲突。和平共处五项原则之所以也是处理社会主义国家关系的准则,这是因为社会主义各国虽然在社会性质和根本利益上是一致的,但它们又是各不相同的主权国家,有着各自不同的特殊利益,从而使社会主义国家之间有可能产生这样或那样的矛盾,所以处理社会主义国家的关系也必须坚持和平共处五项原则。总之,只有坚持和平共处五项原则,反对殖民主义和霸权主义,才能维护各国的正常关系,发展各国之间的和平友好合作。和平共处五项原则已经成为当代国际关系的基本准则,也是当代国际法的基本原则。中华人民共和国把和平共处五项原则作为与世界上一切国家发展友好合作关系的根本准则,有利于同其他国家的和平相处,有利于为社会主义现代化建设争取和平稳定的国际环境。

第三节 中国社会主义外交政策的宗旨与目标

社会主义国家外交政策的宗旨与目标,是其对内政策的继续是与社会主义国家发展方向相一致的。因此,社会主义国家外交政策的宗旨与目标,是为巩固社会主义国家政权服务的,是为维护人民的利益服务的。这是由社会主义国家自身发展的任务所决定的。社会主义的根本任务就是发展生产力,创造丰富的物质财富和精神财富,充分满足广大人民群众的物质文化需要。马克思、恩格斯在《共产党宣言》中指出:无产阶级夺取国家政权以后,"将利用自己的政治统治,一步一步地夺取资产阶级的全部资本,把一切生产工具集中在国家即组织成为统治阶级的无产阶级手里,并且尽可能快地增加生产力的总量"。① 十月革命胜利后,列宁也明确指出:"无产阶级取得国家政权以后,它的最主要最根本的需要就是增加产品数量,大大提高社会生产力"。② 社会主义的根本任务要求其外交政策的宗旨和目标,是积极与世界各国人民建立和发展和平合作的友好关系。这种关系必须是能够为社会主义生产力的发展,建设富强、民主、文明的社会主义强大国家服务;为社会主义国家发展经济文化创造良好的国际环境,调动一切积极因素为社会主义建设服务。

一 在和平共处五项原则基础上建立与世界各国的友好合作关系

社会主义国家自身的发展离不开良好的国际环境和其他友好国家的支持与援助。社会主义自建立之日起就处于帝国主义的包围之中,从十月革命胜利到新中国的成立,帝国主义始终想扼杀社会主义于摇篮之中。社会主义国家是在与资本主义既斗争又合作情况下发展起来的。并且在今后很长的时期里,社会主义与资本主义都还将同时存在。因此,积极与不同社会制度的国家建立友好关系,最大限度地减少敌对的方面,增加共同合作的方面,这是确保社会主义事业健康发展的重要条件。

中华人民共和国成立以后,帝国主义不仅对中国进行包围和封锁,而且发动了侵朝战争,还竭力挑拨中国与邻国之间的关系。毛泽东等中共领导人充分认识到越是在这种情况下,越是要积极发展与不同社会制度国家的友好合作关系。因此,中国一直按照和平共处的原则来处理同各国的关系,并且积极寻求发展国际关系的正确途径。早在新中国成立前夕,毛泽东就向全世界郑重宣布:"任何外国政府,只要它愿意断绝对于中国反动派的关系,不再勾结或援助中国反动派,并向人民的中国采取真正的而不是虚伪的友好态度,我们就愿意同它在平等、互利和互相尊重领土主权的原则的基础之上,谈判建立外交关系的问题。中国人民愿意同世界各国人

---

① 《马克思恩格斯选集》第 1 卷,人民出版社 1995 年版,第 293 页。
② 《列宁选集》第 4 卷,人民出版社 1995 年版,第 623 页。

民实行友好合作,恢复和发展国际间的通商事业,以利发展生产和繁荣经济。"[①] 1955年,周恩来代表中国政府在万隆会议上倡导了著名的和平共处五项原则,并得到亚洲和非洲广大国家认同。和平共处五项原则是中国对外政策的一贯思想,它的实质是反对帝国主义和霸权主义,尊重各个国家和人民的独立自主权利,维护世界和平,为中国社会主义现代化建设事业争取良好的国际环境。

和平共处五项原则在最初实施时,就显示出了巨大的作用。中国根据和平共处五项原则,首先在较短的时间里就与周边国家建立了友好的合作关系,顺利地解决了边界问题,妥善消除了帝国主义遗留下的纠纷,并先后与世界绝大多数国家建立了外交关系,保证了中国巩固人民民主专政的国家政权和社会主义建设的需要。实践证明,和平共处五项原则经受住了时间的考验,越来越显示其强大的生命力,被越来越多的国家认为是国际关系中最合理的准则。它不仅适用于指导社会制度不同的国家之间处理外交关系,而且也适用于指导社会制度相同的国家之间和平相处,包括社会主义国家之间的和平相处。

中国不仅是和平共处五项原则的倡导者,也是忠实的维护者和积极的践行者。在和平共处五项原则的基础上,积极发展同世界各国的关系和经济文化往来。到20世纪80年代以前,中国已经与100多个国家建立了外交关系,同更多的国家和地区发展了经济贸易往来和文化交流;积极参加国际组织,开展了各个领域的民间国际合作活动;同周边国家和东欧社会主义国家的关系得到了巩固和发展;同亚非拉许多发展中国家紧密合作,互相支援,发展了各方面的合作。中国在外交方面所取得的巨大成就,为中国各项事业发展创造了良好的国际环境。同时,中国的国际地位也有了很大提高,在国际政治舞台上发挥着越来越重要的作用。

二 反对帝国主义、霸权主义,维护世界和平

社会主义国家必须与全世界各国人民团结一致,反对帝国主义、霸权主义和殖民主义,维护世界和平,这是历史赋予社会主义国家的使命,也是社会主义国家应尽的国际义务。列宁和斯大林在领导世界上第一个社会

---

① 《毛泽东选集》第4卷,人民出版社1991年版,第1466页。

主义国家的革命和建设过程中,就是这样严格规定和坚决履行苏维埃社会主义国家在这方面的对外任务的,这为后来的社会主义国家树立了典范。中国社会主义制度建立之初就把它作为对外关系的根本任务之一。新中国成立前夕,周恩来就指出新中国的对外政策是:"保障本国独立、自由和领土完整,拥护国际的持久和平和各国人民间的友好合作,反对帝国主义的侵略政策和战争政策。"① 这就明确规定了中国社会主义外交政策的主要目标。

帝国主义的本质就是对外侵略,就是争夺世界霸权。第二次世界大战以后,旧的帝国主义殖民体系瓦解了,但是它的残余势力仍然存在。自20世纪70年代,又出现了新的苏联霸权主义,对世界和平构成严重威胁。美苏两个超级大国极力推行侵略扩张政策,实行霸权主义,投入了庞大的军费,进行大规模的军备竞赛,以其强大的军事实力,在全世界展开了争夺世界霸权的斗争。美国在全世界各地建立军事基地,到处挑起事端。苏联也到处挑起和支持局部性的侵略战争,在许多地方制造地区性的不稳定。超级大国之间的争夺是形成世界不安定的重要根源。因此,反对帝国主义、霸权主义,维护世界和平,就成为全世界人民的重要任务,也是社会主义国家对外政策的重要任务。

反对帝国主义和霸权主义,维护世界和平,既是全世界人民的深切愿望,又是社会主义国家自身发展的需要。社会主义国家由于消灭了剥削制度和阶级压迫,它的发展不需要也不应该依靠侵略别的国家,实行扩张主义来实现。社会主义国家的发展只能是依靠本国人民的勤奋劳动来创造物质财富和精神财富,依靠大力发展社会生产力来提高社会主义国家的综合国力和改善人民生活水平的。为了保证社会主义现代化建设的顺利进行,就必须有一个持久和平的国际环境。只有在这样的国际环境下,社会主义国家才能集中力量进行经济文化建设,才能开展正常的国际经济交往和科学技术交流。十月革命胜利后的第二天,列宁领导苏维埃政权颁布的第一个法令就是"和平法令"。法令号召各国工人同苏维埃国家一起,"把和平事业以及使被剥削劳动群众摆脱一切奴役和一切剥削的事业有成效地进

---

① 《周恩来选集》(上),人民出版社1980年版,第371页。

行到底"，① 并退出了帝国主义战争。此后，列宁和布尔什维克党领导苏维埃俄国，为求得和平的国际环境，与敌视苏维埃政权的资本主义各国进行了不懈的斗争，为社会主义事业的发展，争取了和平的国际环境。

新中国成立以后，中国共产党和中国政府一贯把反对帝国主义、霸权主义、殖民主义，维护世界和平，作为外交政策的一项重要任务。新中国成立初期，就克服了种种困难，进行了抗美援朝、保家卫国的战争，与朝鲜人民一道挫败了美国的世界战争计划，对实现朝鲜半岛的和平作出了重大贡献。对于美帝国主义称霸世界的图谋，毛泽东提出了"一切反动派都是纸老虎"② 的论断，提出只要各国人民团结起来是完全可以打败帝国主义，实现世界和平的，中国积极支援殖民地半殖民地国家的人民反对帝国主义、殖民主义和霸权主义的斗争，大力支援了印度支那三国人民的抗美救国战争，尽了自己的国际主义职责；中国一贯反对超级大国的军备竞赛，主张禁止使用和彻底销毁核武器；中国不仅反对超级大国所准备的世界战争，而且反对由它们所挑起的一切局部性战争。毛泽东于20世纪70年代提出的"三个世界"划分的理论，其主要宗旨就是要团结一切爱好和平的力量，反对霸权主义，争取世界和平。中国政府对世界人民承诺永远不做超级大国，永远不称霸；永远不首先使用核武器，尤其是不对无核国家使用核武器。这一切表明中华民族是爱好和平的民族，中国的外交政策是反对帝国主义和霸权主义的和平外交政策。事实证明，中国为战后世界能够保持一个长期的和平局面，作出了自己的贡献。

争取世界的持久和平是一个长期的任务，是社会主义国家的最终目标，也是全人类的美好理想。世界上只要还存在帝国主义、霸权主义，还存在着剥削制度，战争就不可避免，就不可能有世界真正持久的和平。只有全世界人民团结起来与帝国主义、殖民主义斗争并最终消灭它们，世界的持久和平才能到来。

三 加强同第三世界各国的团结与合作，支持各国人民的正义斗争

第二次世界大战以后，特别是中国革命的胜利，有力地推动了民族解

---

① 《列宁选集》第3卷，人民出版社1995年版，第342页。
② 《毛泽东著作选读》（下），人民出版社1986年版，第606页。

放事业，亚非拉广大殖民地、半殖民地国家纷纷独立。在世界民族解放运动中，有近百个前殖民地、半殖民地先后摆脱了殖民统治，取得了政治上的独立与解放，并在此基础上逐步形成了一个拥有100多个国家的发展中国家群体。毛泽东把亚非拉占世界人口大多数的经济文化落后的国家划分为第三世界国家。第三世界国家长期遭受帝国主义、殖民主义的侵略与掠夺，领土主权遭到践踏，经济文化十分落后。进入独立发展时期后，由于旧的国际政治经济格局没有改变，仍然受到不公正、不平等的国际秩序的束缚，发展经济文化，摆脱贫困的任务仍然十分艰巨。因此，巩固民族独立，发展民族经济和文化，争取建立公正合理的国际政治经济关系新秩序，维护世界的和平与稳定是广大第三世界国家所面临的共同任务。中国是一个发展中的社会主义国家，属于第三世界国家，与其他第三世界国家的根本利益是一致的，在处理各自的国内问题方面有许多共同的经验和方法，在处理国际问题和对世界局势的看法上有许多共识，能够互相支持。坚决支持被压迫民族和被压迫人民的正义斗争，加强与第三世界国家的团结与合作，不仅是中国人民应尽的国际主义义务，也是中国政府外交政策的基本立足点。

中国政府本着对世界人民负责的态度，积极主持国际正义，支持第三世界国家人民的革命斗争。在亚非拉国家人民争取独立的一切正义斗争中，中国政府和人民都给予了坚决的支持，并且竭尽全力，甚至不惜承担最大的民族风险和民族牺牲。在抗美援朝战争中，中国人民付出了巨大的代价，保卫了中朝两国的独立和政权的巩固，维护了远东地区的和平与安全。在抗美援朝斗争的同时，1953年，中国还派军事顾问团支援越南人民的抗法斗争。20世纪60年代以后，中国曾全力支援越南和印度支那人民的抗美救国斗争，并同他们生死与共，团结奋斗。中国一贯支持亚非拉各国人民争取和维护民族独立的斗争，并给予广大非洲国家以极大的经济援助。1956年，中国支持埃及把苏伊士运河公司收归国有以及抗击武装侵略的正义斗争；大力支持阿尔及利亚人民反对法国殖民统治，争取民族独立解放的斗争；支援撒哈拉以南非洲各国人民反对殖民主义和种族主义，争取独立的斗争。1959年，中国人民全力支持古巴人民反对美国干涉的斗争。中国一贯把发展同第三世界国家的经济合作，放在自己对外政策的重要地位，除了进行平等互利的贸易往来以外，还向许多第三世界国家提供了经济技术援助，帮助它们逐步走上独立发展的道路。中国还不断探讨扩大同第三世界各国互利合作的新途径，由单纯的经济援助转向互利合作。中国支持第三世界国家人民的独立斗争和经济文化发展，但是并没有把自己的观点强加于其他国家，而是尊重和维护各国人民独立自主地选择自己的政治制度和社会发展道路，不干涉别国内政。中国共产党十分注意把国与国的政府关系同与该国共产党的关系区别开来，从来不强迫其他国家接受中国的意识形态。

实践证明，中国把加强同第三世界国家的合作，支持它们的革命斗争和独立发展，作为社会主义外交政策的宗旨与目标，既有利于维持世界正义，又能赢得广泛的国际伙伴，确保了中国在国际事务中的主动性，提高了中国在国际上的地位。

下 篇

社会主义在多国胜利时期的世界社会主义运动

第二十章　东欧各国和古巴的社会主义

第二次世界大战后，南斯拉夫、匈牙利、罗马尼亚、波兰、捷克斯洛伐克、保加利亚、民主德国、阿尔巴尼亚和古巴等获得独立的国家，都在本国共产党的领导下，相继走上了社会主义的发展道路，使社会主义制度越出了苏联和蒙古的范围，由两国发展到多国，从而大大改变了世界政治经济力量的对比，大大鼓舞了亚非拉人民争取民族独立和发展的信心。

第一节　东欧各国和古巴社会主义的产生和形成过程

南斯拉夫、匈牙利、罗马尼亚、波兰、捷克斯洛伐克、保加利亚、民主德国、阿尔巴尼亚等 8 个东欧国家和古巴，在获得独立建立了人民民主政权后，都先后进行了土地改革和社会主义改造运动，最终使社会主义制度在这些国家得以确立。

一　东欧各国社会主义的产生和形成过程

第二次世界大战期间，东欧各国人民在共产党或工人党的领导下，以及在苏联的帮助下，经过浴血奋战，打败了德意法西斯，结束了地主资产阶级的统治，于 1944—1949 年相继建立了无产阶级领导的人民民主政权，并先后进行了生产资料所有制的社会主义改造。到 20 世纪 50 年代中期，东欧各人民民主国家基本上完成了生产资料所有制社会主义改造的任务，公有制经济在整个国民经济中居主导地位，社会主义经济制度得以确立。

(一) 南斯拉夫社会主义的产生和形成

南斯拉夫地处素有"欧洲火药桶"之称的巴尔干地区，战略地位极其重要，1941年被德意法西斯侵占。南斯拉夫的人民进行了英勇的斗争，并于1941年夏天举行了大规模的武装起义，在乌日策城创建了南斯拉夫第一个解放区，成立了名为"人民解放委员会"的人民政权。在反法西斯战争中，南斯拉夫各族人民团结一致，在共产党的领导下，在苏联军队的支援下，长期坚持武装斗争，终于在1945年5月15日获得解放。同年11月29日，南斯拉夫立宪会议庄严宣告南斯拉夫联邦共和国成立。1963年改名为南斯拉夫联邦社会主义共和国，由6个社会主义共和国（波斯尼亚和黑塞哥维那、黑山、克罗地亚、马其顿、斯洛文尼亚、塞尔维亚）以及两个社会主义自治省（伏伊伏丁那和科索沃）组成。

南斯拉夫是东欧国家中国有化开展最早的国家，还在战争期间，就将德国和意大利资本家在南斯拉夫境内的财产全部没收，将一些投敌分子的工业企业没收，到1945年，国内的主要大工业企业已基本上国有化。战争结束时，人民政权已掌握了80%左右的工业企业和银行。

建国之后，政府对私人资本主义工商业的社会主义改造又采取了进一步的措施。第一步是将具有全共和国意义的工业企业一律国有化。如：大型建筑企业、银行和保险组织等。截至1946年底，大型企业的100%和地方企业的70%已转到国家手中。国有化的第二步是将中等企业收归国有。南斯拉夫人民政府于1948年颁布的一项法令规定，将应收归国有的中等企业和事业单位也收归国有。经过两次国有化，生产资料的国家所有制在国民经济各部门（农业除外）占了绝对统治地位。

在城市进行社会主义改造的同时，南斯拉夫也于1945年开始进行土地改革。1945年8月23日公布的土地法规定，无偿地没收大土地占有者的土地，将其中的51%无偿地分给无地和少地的农民，49%转为国家所有。私人占地的限额在25—35公顷，超过部分一律没收。法令还规定，工业公用事业的土地以及地下资源、森林和河流归国家所有。1946年6月18日颁布了合作社法令，开始进行合作化运动。

经过对资本主义工商业的两次国有化和土地改革及对农业的合作化运动，到1948年，南斯拉夫的社会主义制度已基本建立起来。1948年7月，南共五大提出了建设社会主义的新任务。但是，南斯拉夫联邦议会于

1950年6月通过《关于劳动集体管理国家经济企业和高级经济联合组织的基本法令》，决定实行"工人自治"，并开始探索以社会所有制形式代替国家占有形式。在农村，解散了那种仓促建立起来的、缺乏群众基础的合作社。在继续对农业实行社会主义改造的过程中，更加注意贯彻自愿原则，并探索新的符合农民要求和现代化生产需求的联合劳动形式。

（二）匈牙利社会主义的产生和形成

匈牙利共产党通过自己的努力和在苏联的帮助下，取得了反法西斯战争的胜利，建立了自己的新兴的无产阶级政权，为农业和资本主义工商业的社会主义改造以及社会主义制度的确立打下了坚实的基础。

第二次世界大战期间，匈牙利的霍尔蒂反动政府加入德意日"三国同盟"，成为希特勒德国的仆从国。苏联红军于1944年10月解放了被希特勒占领的匈牙利东部。1945年4月4日，匈牙利临时政府在苏军的帮助下，解放了匈牙利全境。小农党的领导人蒂尔迪·佐尔坦组成了各党派的联合政府。1946年2月1日，国民议会宣布废除帝制，成立匈牙利人民共和国，但是政权却被小农党把持。1946年12月，由共产党掌管的保安机关查获了一起颠覆共和国的阴谋案，从此，小农党威信扫地，而匈牙利共产党成为最强大的政党。随后，匈牙利共产党于1948年6月与社会民主党合并，成立了匈牙利劳动人民党。1949年8月20日，匈牙利人民共和国通过了宪法，摧毁了反动派的势力，终于建立了自己的新型无产阶级政权。

革命政权建立后，匈牙利政府对农业和资本主义工商业进行了社会主义改造。匈牙利城市私人资本主义企业的国有化是分期分批完成的。从时间上来说，可分为以下三个阶段：

第一阶段开始于1945年12月。匈牙利国会首先将煤矿收归国有。在1946—1947年间，又将几家大公司收归国有。到1947年底，匈牙利国营企业就业人数已占大型工业企业就业人数的一半左右。有些部门甚至更高，如矿井为95%。但是轻工业部门、私营企业就业人员仍占该部门就业总人数的70%左右。就全国而言，国营企业职工人数已占工业、交通业等部门职工总人数的2/3。

第二阶段开始于1948年3月。匈牙利政府颁布的一项法令规定，职工人数超过100人的私营企业一律收归国有，法令颁布的当年，国营企业职工人数占职工总人数的比重为80%左右。

第三阶段开始于1949年12月。政府颁布的新法令规定,就业人数超过10人的私营企业也收归国有,同时,外国人在匈牙利开设的企业也转为匈牙利财产。

匈牙利农业上的社会主义改造,从时间上来说,可分为以下三个阶段:

第一阶段是进行土地改革。1945年3月15日颁布的土地改革法规定,投靠德国人的内奸、叛徒和军人的土地全部没收。同时还规定,占地超过100霍尔特(1霍尔特相当于0.431公顷)的土地所有者的土地均予以没收。经过土地改革,共没收了560万霍尔特的土地。结果有65万户农民(其中有11万户贫民)分得了土地,还有26万个农业工人也分得了土地。从此消灭了农村的封建的土地所有制关系,中农成了农村的主要角色,他们的耕地面积相当于全国耕地面积的70%。农村民主改革的任务顺利完成。

第二阶段是1948年,匈牙利农村开始成立农业生产合作社,国营农场的数量不断增加。但是,这一阶段的农业社会主义改造,在促进农业生产的发展和农民生活水平提高方面没有取得应有的成果,挫伤了农民的生产积极性。

第三阶段是1958年底,继续开展农业的社会主义改造工作。这一阶段,匈牙利政府总结了前一阶段农业社会主义改造的经验教训,根据国情,调整了农业政策并取得了很好的效果。至此,匈牙利的社会主义公有制的经济基础已得到确立和巩固。

(三) 罗马尼亚社会主义的产生和形成

第二次世界大战期间,罗马尼亚安东尼斯库反动政权参加了德意日法西斯同盟。罗马尼亚共产党领导人民进行反对德国侵略者和本国法西斯统治者的斗争。1944年8月,苏军突破罗境内德军防线并包围了顽抗的德军和罗马尼亚仆从军,罗共利用这一有利时机,在首都发动武装起义,解放了布加勒斯特,推翻了安东尼斯库政权,使罗马尼亚转入反法西斯战争。1945年3月,反动的资产阶级政府被推翻,代之以彼·格罗查为首的民主政府。1947年12月30日废除王室,成立了罗马尼亚人民共和国,完成了建立人民政权的第一步。在1948年2月,罗马尼亚共产党实现了

"人民阵线"内部的共产党、社会民主党、农民党的合并，组成了罗马尼亚工人党。1948年4月，国会通过了新宪法，确立了共产党的领导地位，使无产阶级专政得到了最终确立和巩固。

罗马尼亚对城市私人资本主义经济的改造从人民政权建立后就着手进行。1947年罗马尼亚政府宣布银行国有化。1948年6月，大国民会议颁布的一项法令规定，全国的自然资源、绝大部分工业企业、铁路、交通运输和建筑企业属于国家所有。与此同时，宣布对外贸易由国家垄断。在有色冶金、纤维素、造纸、纺织等工业部门，所有的私人企业均收归国有。此外，收归国有的还有10条私营铁路、4家私营航运组织、15家私营保险组织。通过国有化措施，国营经济在工业、交通运输业等部门占了绝对统治地位。到1950年，批发商业完全转到国家手中。至此，生产资料的国家所有制在国民经济部门（农业除外）占了压倒性的优势。

罗马尼亚在农村首先进行了民主改革。民主改革的重要内容就是消灭封建的土地所有制关系。1945年3月23日，罗马尼亚人民政权颁布的土地改革法规定，土地所有者超过50公顷的部分以及同希特勒勾结的人的土地，无偿地没收。经过土地改革，从地主那里没收的土地总共为146.8万公顷，其中有110.9公顷分别给了40万无地的农户和50万少地的农户，并属于耕者所有。

从1949年3月开始，农业走向了合作化。到1960年夏，农业社会主义成分拥有全国农户和耕地面积的81%以上。1962年，罗马尼亚大国民议会宣告全国合作化进程已经胜利完成。当年年底，社会主义农业单位拥有的农地面积占整个农地面积的94%，耕地面积的96.5%。至此，社会主义制度得以确立。

（四）波兰社会主义的产生和形成

1939年9月希特勒德国侵占波兰，波兰人民对德国法西斯的民族仇恨爆发出来，纷纷积极参加起义。1942年5月，波兰工人党组成了人民近卫军进行反法西斯的游击战。1943年底，又同其他民主党派联合发展成为统一的波兰人民军。他们在苏军的支持和配合下，把德国法西斯赶出本国领土。1944年7月22日宣告波兰人民民主新国家的诞生。1947年普选后，资产阶级分子被排斥出内阁，工人党和社会党居支配地位。1948年12月波兰工人党与社会党合并，改名为统一工人党。

波兰对城市私人资本主义经济的社会主义改造工作开展得比较早。人民政权一建立，一些大的工业企业、银行和交通运输等组织就被收归国有。波兰政府1946年1月3日颁布了《国民经济主要部门向国家所有制过渡》的法律，规定把德国和投敌分子所属的一切财产无偿收归国有。属于民族资产阶级的大企业和中等企业，也收归国有，但给予一定的补偿。用补偿方式国有化的企业约占全部工业企业的25%左右。非国有化的只是一些轻工、食品工业部门的小企业。该法律实施之后，国营工业的比重达到了86.3%。生产资料的国家所有制在工业、交通运输业和其他重要部门中占了统治地位。

波兰农村的土地改革是从1944年9月6日颁布的土地改革法以后开始的。法令规定，凡占地超过50公顷（西部个别地区占地超过100公顷）以上的农户的多余的土地一律没收。同时，给原土地占有者一定的补偿，同时农民要为分得的土地支付一定的报偿，报偿量一般为所分土地的一年收获量，而且分10年至20年付清。但实际上无论是赎买和收费都未真正实行。但总的来说，经过土地改革，波兰农民共分得610万公顷的土地，这就极大地调动了农民建设社会主义的积极性。

波兰从1947年起开始实行三年经济恢复计划。从1950年起，波兰开始执行发展经济和建设社会主义基础的六年计划。六年计划的主要任务是消灭城市里的资本主义经济；在农村则要把大部分小农改变为集体经济（生产合作社），同时大力发展工业生产。到1955年，社会主义经济基础基本得以确立。

（五）捷克斯洛伐克社会主义的产生和形成

1939年3月，希特勒德国武装占领捷克斯洛伐克，捷克和摩拉维亚地区被并入德国，斯洛伐克成立了傀儡的"独立国"。捷克共产党开展了各种形式的反法西斯抵抗活动。1944年夏，苏军和捷共哥特瓦尔德领导的部队攻入捷克境内。同年8月，在斯洛伐克爆发了反对法西斯德国的民族起义。1945年5月，布拉格人民发动武装起义，并在苏联红军的配合下，于5月9日解放了首都布拉格。不久，捷克斯洛伐克全境获得解放。1946年5月举行战后第一次国民议会选举，捷共领导的新的联合政府宣告成立。1948年捷共同社会民主党合并，仍称捷克斯洛伐克共产党。1960年7月，改名为捷克斯洛伐克社会主义共和国。

随着社会主义革命的不断发展，捷政府对城市私人资本主义经济的社会主义改造也逐步完成。人民政权建立后采取措施，没收了投靠德国法西斯的资本家和战犯的财产。同时宣布大型工业企业、银行和保险组织归国家所有。结果电力、采矿、冶金和军事等工业企业均转到国家手中。到1948年初，全国2/3的工业企业、所有的银行和保险组织都收归国有。

捷克斯洛伐克建国后，经过多次土地改革，才完成了民主革命任务。由于战后国内阶级力量对比关系，人民政府成立后并未立即剥夺地主的土地。开始只是没收了投靠希特勒德国的所有者和战犯的土地，这些土地被分给30.3万户无地和少地的农民。1946年通过的一项法令对土地所有者的数量做了限制。结果又从一部分土地所有者手中没收了12.7万公顷的土地。1947年，捷克斯洛伐克政府又规定，土地所有者拥有的土地超过50公顷的部分由国家征购。政府还规定，留在土地所有者手中的50公顷土地，只能由土地所有者本人耕种，不得雇佣他人耕种，否则亦属于征购之列。经过上述改革，总共从大土地所有者那里没收或征购了440万公顷的土地，其中一部分土地分给了无地和少地的农民，另一部分收归国有，用于组织国营农场。整个土地改革充满了激烈的阶级斗争。但是在强大的无产阶级专政的铁拳下，地主资产阶级的疯狂反扑终于被镇压下去，农村的民主改革取得了圆满的胜利。

捷克斯洛伐克从1949年起开始施行第一个五年计划。到1951年，全国基本上消灭了资本主义经济成分，形成了以国营企业为主体的经济体制。从1955年底开始，捷克斯洛伐克重新进行农业合作化运动，到1960年基本完成，95%的农业用地已归国营农场和农业合作社所有。社会主义制度最终得以确立。

（六）保加利亚社会主义的产生和形成

第二次世界大战期间，以国王鲍里斯为首的反动统治集团加入了德意日法西斯军事同盟。保加利亚共产党领导人民积极开展游击战争。1944年9月苏联红军越过保加利亚边境，保共趁机武装起义，解放了首都索非亚，推翻了国王鲍里斯三世政权，成立了祖国阵线政府，宣布对德作战。法西斯德国战败后，1946年9月在苏联的支持下，举行了全民投票，废除君主政体，9月15日保加利亚人民共和国正式成立。

战争结束后，保加利亚就采取了一系列措施对城市私营经济进行社会主义改造：宣布没收同德国人勾结的资本家的财产；对在国民经济中占有重要地位的企业实行强制性赎买；将原有的国营企业也变为国家财产，同时对其余的资本主义企业则实行工人监督；等等。1947年12月4日颁布了新宪法，规定消灭生产资料的私人占有制，没收私人资本主义企业，结果有6094个私营企业转为国营企业。到1952年，社会主义企业占98.2%、资本主义企业占1.8%，社会主义经济成分在国民经济中占了绝对优势。

1946年3月12日，保加利亚人民议会通过了劳动者土地所有制法。保加利亚政府依次进行改革。这项法令规定，保加利亚农村私人占地最高限额为20公顷（个别地区为30公顷）。结果，从大土地所有者手中征收了5万公顷土地，从教堂和其他土地所有者手中征收了18万公顷土地，有13万无地或少地的农民总共分得了14万公顷的土地。到1948年底，国营农场达到86个，占有耕地7.7万公顷；劳动合作农场发展到1100个，由7.6万个农户组成，占耕地32万公顷，农业合作化得到进一步发展。

保加利亚对农业的社会主义改造用了10多年的时间。到1958年，入社土地已占全国土地的93.2%，农业劳动生产合作社达3290个，入社农户124.4万家，胜利完成了农业社会主义改造的任务。

（七）民主德国社会主义的产生和形成

"二战"战败后，德国被苏、美、英、法四国分区占领，首都柏林也由四国分区管辖。1947—1948年，英、美、法先后将三国占领区合并，1949年9月成立了德意志联邦共和国。1949年10月，在苏占区也成立了德意志民主共和国；1950年10月举行普选后，正式成立德意志民主共和国政府和议会。

人民政权建立后，民主德国进行了社会主义改造。政府针对不同性质的企业，采取了不同的措施：将纳粹分子、战犯和所有垄断资本家的财产全部收归国有；通过国家资本主义形式对非垄断资本主义企业进行社会主义改造；通过公私合营等办法对中小资本主义企业进行社会主义改造；等等。随着社会主义改造的深入发展，国家将这些企业转为全社会主义性质的企业，完成了城市生产资料所有制的社会主义改造任务。到1950年，国营工业产值已占全国工业总产值的76.5%。

1945年的秋天，民主德国颁布了土地改革法。法令规定，反动军人、纳粹分子和容克地主超过100公顷的那部分土地，将一律收归国有。在1945年之后的5年多的时间里，总共没收了330公顷的土地，约占全国耕地面积的1/3。这些土地一部分无偿地分给了贫苦农民。另一部分收归国有，用于建立国营农场。土地改革任务完成后，民主德国便开始了农业的社会主义改造。

民主德国从1956年开始执行第二个五年计划。任务是进一步完成农业的社会主义改造。"二五"计划末期，民主德国最终完成了向社会主义的过渡，全面确立了社会主义的生产关系。

（八）阿尔巴尼亚社会主义的产生和形成

在反法西斯战争中，阿尔巴尼亚与来犯之敌进行了殊死的斗争。主要依靠自己的力量建立了社会主义政权，并在阿共的领导下很快进行了城市私人资本主义经济的社会主义改造和土地改革。

1939年4月，阿尔巴尼亚被意大利军队占领。1941年11月8日，阿尔巴尼亚共产党成立。阿共领导人民开展武装斗争，打退了意大利军队一次又一次的进攻。1943年9月，意大利军队投降后，德国军队又占领了阿尔巴尼亚的所有大城市和港口。阿尔巴尼亚解放军不畏强暴，击退了德军的多次进攻，并于1944年初解放了全国2/3的国土，11月彻底驱逐德寇，解放了全国的领土。1946年1月11日，制宪会议宣布阿尔巴尼亚人民共和国正式成立。1976年12月改名为阿尔巴尼亚社会主义人民共和国。

从1945年起，阿尔巴尼亚先后将银行、主要工业企业、交通运输和通讯机构、批发商店和一部分零售商店收归国有，对外贸易也由国家统一经营。到1946年底，阿尔巴尼亚国营工业企业的产值已占工业总产值的87%，城市社会主义改造取得基本胜利。

1945年8月25日通过的土地改革法规定，没收地主的土地，并将一部分土地分给贫苦的农民。经过土地改革，总共从地主手中没收了17万公顷的土地，约占全国耕地面积的70%，有7万多农户无偿分得了15.5万公顷的土地，从而实现了他们"耕者有其田"的愿望。

为了彻底改变农业的落后状态，阿尔巴尼亚坚持走农业集体化的道路，把农业纳入社会主义的道路。以没收的意大利农场和畜牧场为基础，按照苏联国营农场方式建立起13个国营农庄；在2万公顷的土地上办起了90个农业合作社。到1960年，农业集体化耕地已达87%。

二 古巴社会主义的产生和形成

古巴原为西班牙的殖民地，1898 年后被美国控制。1953 年古巴革命前，美国扶植的巴蒂斯塔实行独裁统治，全国各地不断爆发反对巴蒂斯塔独裁统治的武装起义。1953 年 7 月 26 日，菲德尔·卡斯特罗率领 150 多人攻打圣地亚哥市的蒙卡达兵营，但由于力量悬殊，起义遭到失败，多人被杀，卡斯特罗本人也被俘入狱。1953 年 10 月卡斯特罗在法庭上为自己辩护时，发表了著名的《历史将宣判我无罪》，提出了古巴民主革命的纲领、路线和目标。1955 年 5 月，卡斯特罗因大赦获释后与其弟劳尔·卡斯特罗等人流亡墨西哥。1956 年 3 月，卡斯特罗领导成立了革命组织"7·26 运动"，该组织成为古巴革命的领导核心。1956 年 11 月 25 日，卡斯特罗率领 80 多名战友乘"格拉玛"号游艇由墨西哥前往古巴，同年 12 月 2 日在奥特连省南岸登陆，但遭到了政府军的伏击，损失惨重，只剩下 12 个人，撤退到了马埃斯特腊山区。卡斯特罗在马埃斯特腊山区成立了起义军，开展游击战，在贫困农民的支持下，不断取得胜利，到 1958 年，起义军已经解放了马埃斯特腊山区的西部。同时，古巴由青年学生、知识分子为主体的革命组织"3·13 革命指导委员会"和古巴人民社会党也在古巴各地领导了各种反抗和暴动活动，并支持卡斯特罗和"7·26 运动"开展的武装斗争。1958 年 7 月，"7·26 运动"等革命组织实现了革命的联合，建立了以卡斯特罗为起义军总司令的"革命民主公民阵线"。此后，起义军在战场上不断取得胜利，革命根据地不断扩大，到 1958 年 11 月，起义军占领了古巴中部中央公路上的城镇，12 月攻克中部重镇圣克拉拉，并继续向西挺进，直指首都哈瓦那。1959 年 1 月 1 日，巴蒂斯塔逃亡国外，起义军胜利进入哈瓦那，推翻了独裁政权，古巴革命取得了胜利。

1959 年古巴革命取得胜利之后，古巴选择什么样的发展道路就成为世人非常关心的问题，因为古巴革命不是由共产党领导、而是一场小资产阶级领导的资产阶级民主革命。无论是革命前，还是革命胜利之初，卡斯特罗都强调，古巴革命是"橄榄绿的人道主义革命"。1959 年 5 月，卡斯特罗在一次电视讲话中指出："我们的革命事业，既不同于资本主义，也不同于社会主义，古巴革命将和古巴音乐一样，具有自己的本色，即以人道主义为特征，在色彩上，它不是红色的，而是橄榄绿色的。"[①] 但是，随着革命形势的发展和古美关系的恶化，特别是美国的威逼，古巴选择了社会主义的发展道路，并采取了一系列的由民主革命向社会主义革命转变的措施。1961年4月16日，卡斯特罗强调，古巴革命是贫苦人的、由贫苦人进行的、为了贫苦人的社会主义民主革命。同年5月1日明确宣布古巴革命是社会主义革命，古巴宪法是社会主义宪法，古巴是社会主义国家。1961年7月将原有的"7·26运动"、人民社会党和"3·13革命指导委员会"合并成古巴革命统一组织，1962年改名为古巴社会主义革命党，1965年改名为古巴共产党。与此同时，从1959年到1963年对生产关系进行了社会主义改造。一是1959年5月和1963年10月先后两次颁布了土地改革法令，在农村进行土地改革。1963年的第二次土地改革，消灭了农村中的富农经济，基本完成了对农业的社会主义改造。在农村中出现了国营农场、农牧业合作社和个体小农三种土地占有形式；二是搞国有化运动。从1959年3月到1963年，古巴政府将美国在古巴开设的工商业和银行等400多家工厂收归国有，同时宣布国内383家私营工商业和银行收归国有，从而使国家掌握了国民经济的命脉。这样，古巴建立了社会主义制度，走上了社会主义的发展道路。

第二节　东欧各国社会主义的历史成就

第二次世界大战前，东欧社会主义各国大都是贫困落后的农业国，外国资本家控制了国民经济命脉，劳动人民生活贫困，经济增长率低，落后的生产关系严重阻碍了生产力的发展。在"二战"中，各国经济又遭到了严重的破坏。这些国家解放后，相继走上了社会主义建设的道路，并依靠先进的社会主义制度动员各国内部力量并相互支援，开始了以实现工业化为核心的、大规模的社会主义建设。当然东欧各国的社会主义建设也经历了很多挫折，走了一些弯路，但总的来说，还是取得了巨大的成就，各国的政治经济面貌发生了深刻的变化。

---

① 政学：《卡斯特罗》，内蒙古人民出版社1997年版，第218页。

一　生产力得到极大的提高，国民经济发展迅速

南斯拉夫在第二次世界大战前是欧洲最落后的国家之一，实行社会主义自治制度30年，经济建设迅速发展，成为"二战"后经济发展最快的国家之一。从1953年到1980年，社会总产值年平均增长率为6.9%；社会总产值中工农业比重发生明显变化。从1953年到1980年，工业总产值占社会总产值的比重，由20.5%上升到39%，1955年与1980年的农业总产值相比增长99.8%；年固定资产投资在社会产值中的比重一直高达30%—40%，因此，拥有较雄厚的经济潜力。

匈牙利的劳动生产率也有了显著提高，1977年的劳动生产率比1968年提高了57%。工业部门的职工创造的产值从20世纪60年代下半期的3%左右提高到1975年的6.3%，居经互会国家之首。农业劳动生产率也已达到世界先进水平。农产品在满足国内供应的同时，有40%用于出口。国民经济蓬勃发展，1978年的国民收入比改革前的1966年增长了80%，年平均增长率为6%；工农业生产增长86%，年平均增长率为7.1%；农业生产增长36%，年平均增长率为3%。1984年与1950年相比，工业生产总值提高了9倍，农业生产总值增加了2.2倍，运输量增加了5倍，外贸增加了27倍。1981年匈牙利每人平均国民收入按美元计算约为2250美元。国民经济结构也趋于合理。首先是改变了农业生产落后的局面；其次是轻工业得到了较快发展，并且高于重工业的发展速度。匈牙利农、轻、重在国民经济中所占的比重已趋于合理。

在罗马尼亚，从1945年到1980年的35年间，罗马尼亚的工业产值增长了49倍，农业产值增长了近2.5倍，国民收入增加了14倍，机械设备的自给率已达85%，大田作业已全部实现机械化。罗马尼亚在1961—1980年的20年内，实现了国民经济发展的主要指标翻了一番、两番和三番。1960年工农业总产值为1595亿列伊，1970年增加到3758亿列伊，用了15年的时间翻了一番。1976年这一数字增加到7707亿列伊，即又用了6年时间翻了第二番。也就是说，罗马尼亚用了16年的时间便使工农业总产值翻两番。在这一时期，工业总产值翻了三番。第一番用了6年，第二、第三番各用了7年的时间。农业总产值只翻了一番，用了18年的时间。国民收入翻两番各用了9年和7年。国民总产值翻了两番，各

用了 8 年。人均国民收入在 20 年中翻了两番半，由 1960 年的 250 美元左右增加到 1980 年的 1500 美元。从而大大缩小了同发达国家的差距并且已经超过了发展中国家的水平。

波兰解放前是个落后的农业国，经过人民的努力，已发展成为一个工业—农业国。城市人口已接近总人口的 60%，农村人口在总人口中仅占 40%。国民收入比解放前增长了近 20 倍，工业总产值增长了近 30 倍。从国民生产总值看，在东欧国家中仅次于民主德国。

保加利亚在解放之后的 40 多年中，国民生产总值增长 8.7%，国民收入增长 12 倍。从 1960 年到 1980 年，社会总产值翻两番，已经跨入中等发达国家的行列。

捷克斯洛伐克国民经济也是稳步增长的。同 1970 年相比，1985 年国民收入增长了 81%，工业产值增长了 97%，农业产值增长了 33%，实现了粮食和主要产品自给。还清了外债，人民生活水平有了很大提高。捷克斯洛伐克的经济生活仅次于东德。

二 文化教育和医疗卫生事业有了较大发展

南斯拉夫从 1953 年到 1979 年，共建造了文化教育设施 1000 多万平方米。近 30 年内，中学增加了一倍，中学生增加了两倍半，大专院校从 76 所增加到 349 所，大学生从 5.7 万人增加到 44 万人，与解放前文盲占全国人口 40% 的情况相反，解放后逐渐普及了八年制小学的义务教育，90% 的小学毕业生可升入中学，28% 的中学毕业生可以升入大专院校。1939 年每万人中，只有 11 名大学生，而 1979 年达到 180 多人，居世界前列。医疗卫生事业也发展很快。1977 年共有病床 13 万张，平均每千人 6 张。使用药品的 96% 为国产货，全国 77% 的居民都能享受公费医疗。由于生活水平的提高和医疗条件的改善，人的平均寿命 1977 年妇女为 70 岁、男子为 66 岁。人的精神面貌也得到了大大改善。

罗马尼亚政府十分重视文化教育事业。在 20 年中，对文化、教育、科学事业的拨款平均约占支出总额的 12%—13%。罗马尼亚的文化艺术发展很快，创造了一大批思想和艺术水平都相当高的好作品。罗马尼亚全部教育免收学费。大中学生根据法律规定的条件，可享受国家和企业提供的助学金或其他形式的物质补助。罗马尼亚政府培养了一批优秀的科学家和专业科研人员，使科学技术在国内经济的发展中发挥了重大的作用。

波兰自建立社会主义国家之后，科学文化事业有了迅速发展。全国共有89所国立高等院校，在校大学生有37万人。共培养出150多万毕业生。人民普及了八年制义务教育。97%的小学生能够升入中学。波兰培养的从事科研和技术发展工作的人员达23.8万人。同时干部的文化素质也有了很大提高。地方干部中受过高等教育的人占26.7%。95.9%的中央一级领导干部受过高等教育。

在阿尔巴尼亚，20世纪70年代中期，在校学生有70万人，几乎有1/3的阿尔巴尼亚人在求学。随着教育的普及和文化的提高，文学艺术作品也显著地增多。大多数以民族解放战争和社会主义建设为主题。音乐、戏剧、艺术和电影也有所发展。广播和电视基本上得到了普及。

三　人民的生活水平显著提高

在南斯拉夫，人民的实际收入有了极大的提高，由1945年的平均260美元上升为1360美元。1952年到1980年间职工个人收入增加了两倍多，29年间年平均增长率为4%。个人收入的提高也引起了消费结构的变化。人均住房面积1961年平均每人8.7平方米，1981年已达到15平方米。1968年8%的居民拥有小汽车，1978年达到29%。另外，家务开支中用于食物的费用由1952年占家庭开支的64%降为1979年的39%。除个人消费基金增长以外，社会消费基金的提高也保证了人民生活水平的改善。

在匈牙利，从1966年至1975年，职工平均收入增长99%，农民平均收入增长119%，电冰箱等耐用消费品已普遍使用，1/3的家庭有小汽车。1980年匈牙利职工平均工资为1960年的2.56倍，为1970年的1.85倍。人均消费肉73公斤、牛奶和奶制品162.5公斤。居民1980年比1970年多消费23%的肉、48%的牛奶和奶制品。

罗马尼亚人民的生活水平也有了很大的提高。1984年职工的月平均报酬达3000列伊（合人民币500元），农民的实际收入增长12%。人均住房达12.5平方米。

在波兰，1979年，人均占有粮食122公斤，土豆163公斤，肉制品73公斤，奶制品264公斤，食糖43.9公斤。1979年人均住房面积14.7

平方米。人均18人有1辆小汽车。其经济发展水平略低于民主德国和捷克斯洛伐克，高于东欧其他国家。

在保加利亚，人均国民收入1983年为2530美元。人均住房面积从1944年的5平方米增加到1981年的15平方米。

民主德国是东欧国家中生活水平最高的国家。人均国民收入达6400多美元，远远超过苏联（3660美元）。人均住房面积26平方米，每百户居民中有小汽车42辆，电视机11台，电冰箱118台，成为世界上十大工业强国之一。

当然，东欧各国也存在着许多问题，特别是照搬苏联社会主义建设的模式，给社会经济的发展埋下了隐患。

第三节 东欧各国社会主义改革的探索

纵观东欧各社会主义国家的历史，可以清楚地看到，社会的进步和发展与改革息息相关。但是由于各个国家、各个民族都有其独特的历史渊源与文化传统，有着各不相同的时代氛围，从而使其自身的改革呈现出与众不同的特点。分别了解各国建设社会主义的理论与实践，分析其经验教训，对于探讨共产党执政国家的社会主义建设具有重大意义。

一 南斯拉夫社会主义改革的探索

胜利之初，南斯拉夫用中央集权制进行社会主义建设。但在5年之后，南斯拉夫毅然抛弃了苏联的模式。南斯拉夫的改革首先从理论上开始了突破，为改革寻找依据，并以此为指导，在实践中大胆地开拓，勇敢地探索，进行了举世瞩目的"南斯拉夫试验"，形成了一套完整的政治经济体制，为其他社会主义国家的改革提供了有益的启示。

（一）南斯拉夫的经济体制改革

南斯拉夫的经济体制分为工人自治、社会自治和联合劳动自治三个阶段逐步进行，每一阶段都有不同的目标和特征。

1. 1950—1963年的"工人自治"时期。这个时期经济体制改革的主要内容在于改革企业的管理制度。1950年6月26日，南议会通过了《关于劳动集体管理国家经济企业和高级经济联合组织的基本法》即工人自治法令，这标志着南斯拉夫正式开始实行自治，标志着南斯拉夫战后建立的高度中央集权的经济体制开始为整个社会政治经济制度分权化和民主化的进程所代替。工人自治"基本法"规定企业的组织形式和管理体制都必须进行根本改革。1950年10月，南斯拉夫共有6319个企业建立了工人委员会。但在1953年以前，工人自治的权利还不是很大，只能起到咨询的作用。从1950年到1953年间，企业的管理形式和实际内容发生了很大变化。工人委员会进一步扩大了自己的权力。企业领导人由国家任命改为招聘，但是这并没有从根本上突破旧体制的束缚。国家仍然掌握大部分积累和扩大再生产的决定权，大约2/3的企业利润要以投资基金税的形式上交国家。1961年南斯拉夫试图对经济体制进行根本性改革，但是改革仅仅涉及到经济组织与国家之间净产值的分配问题，而经济体制的其他领域却依然如故，为此南共进行了进一步的改革。

2. 1964—1970年的"社会自治"时期。1964年4月，南斯拉夫议会通过了《关于进一步发展经济制度的基本方向的决议》。1965年开始进行全面改革。

一是"工人自治"的权限进一步扩大。例如，扩大企业对扩大再生产基金的支配权，把原来国家掌握的社会基金转归银行管理。减少税收，实行新的价格政策，扩大市场机制，发展企业之间的自由竞争等等。改革虽然大多局限于财政经济方面的行动，较少触及生产关系，但它确是1950年实行工人自治以来对经济体制进行的根本性改革的开始。此后不久，对计划体制进行了改革，将原来的比例计划体制改为实行指导性的中期和长期社会计划，取消年度计划。对国民经济的发展起预测和指导作用，国家计划与企业经营完全脱钩。

二是"自治"超出工厂范围，扩大到除党和军事机构外所有的国家和社会事业单位，各地区普遍建立了自治利益共同体，管理各地区的事务。这次改革由于步子太大，过分削弱了国家对经济的干预，过分强调市场的作用，经济生活出现了紊乱现象，比例失调，通货膨胀。这样，促使南共从1968年开始总结改革的经验教训，寻求通过自治方式解决上述矛盾的途径。

3. 从1971年到剧变前的"联合劳动"时期。1971年5月，南自治者第二次代表大会要求建立和发展联合劳动组织，使劳动者有权支配扩大再生产的基金，坚决克服银行对资本的垄断，通过社会契约和自治协议，努力协调各企业、部门、地区和共和国之间的利益加速经济部门的自治联合。1974年5月制定的新宪法和1976年通过的《联合劳动法》对经济部门的组织形式、相互关系以及生产单位与社会事业单位之间的关系作了一系列的新的规定。以此为标志，南斯拉夫完全确立了联合劳动原则。南斯拉夫经济体制发生了重要变化，在经济组织中建立和健全了各种形式的联合劳动组织。联合劳动基层组织相当于小工厂，是基本核算单位，独立经营、自负盈亏。联合劳动组织相当于大工厂，由若干联合劳动基层组织联合而成，负责协调所属各基层单位的发展计划和相互关系，但无权直接干预基层组织的活动。联合劳动复合组织由若干生产同类产品的联合劳动组织联合而成。同时，南斯拉夫也对计划体制进行改革，加强计划性。

总之，一方面社会自治体制正是在社会主义自治体制与旧的中央集权体制之间的矛盾冲突中不断发展成长而最终确立；另一方面也由于改革的"实验"性质，引发了一系列问题，而解决这些问题就需要进一步的改革，从而使社会主义自治体制逐步完善。

(二) 南斯拉夫的政治体制改革

在改革的第一阶段，即工人自治阶段，对政治体制也进行了逐步改革。主要内容是在各地区建立人民委员会；废除党政合一、以党代政、党包办一切的政治领导体制，实行党政分开，同时也加强了民主化进程。改革的第二阶段，即社会自治阶段，政治改革迈出了较大的步伐。改革的主要内容是推进党和国家政治生活的民主化、改革联邦制度。改革的第三阶段即联合劳动自治阶段，政治体制改革方面实行了代表团制。具体来讲，包括以下主要内容：

一是实行集体领导体制，以加强民主化、改变以党代政、党政不分，政企不分的领导体制。南斯拉夫首先实现党的集体领导体制，撤销原来的书记处，选举产生了南共联盟主席团，以加强集体领导。第二步就是实行联邦主席团的集体领导。主席团由9人组成（即每个共和国和自治省各选派1人加入南共联盟）。联邦主席团主席和副主席的任期为1年，由各委员按排定的顺序轮流担任。这样避免了党和国家的主席集中于某一个共和国或某一个人的身上，能够充分发扬党内民主和人民民主。

二是实行干部的轮换制度。南宪法明确规定，国家重要领导职务的连选连任一般只能 1 次；规定干部必须实行定期交流和轮换制；限制党政干部兼职。这样有利于实现国家政治生活的民主化和避免权力过分集中。

三是改革联邦制度。联邦制度由忽视民族自决权的自治联邦发展为民族自决和人民自决的联邦制。各共和国和自治省的共盟代表大会先于联邦代表大会召开，可以制定自己共盟的章程，推选本共和国（自治省）参加共盟中央机构的人选。这样，共和国（自治省）代表大会就可以对联邦代表大会施加巨大影响。

四是改变党的领导作用为引导作用。随着自治民主制度的形成和发展，南共联盟改变了过去的党政合一，以党代政的作法，党已不再作为国家和社会生活的直接领导者。早从 20 世纪 50 年代初开始，南共就把党的领导作用改为引导作用，但这并不意味着南共联盟在国家政治生活中没有它的特殊作用和地位。具体表现为：南共联盟对国家重大问题确定原则性立场并予以指导；南共联盟主席是国家最高权力机构；南共联盟可以通过基层组织和盟员去推动其方针政策的实现；一旦战争爆发，党还要发挥直接的领导作用。每个组织既不是南共联盟的传送带，也不是同南共联盟争权的平行组织。引导的目的是要发挥它们的自主性。

五是实行代表团制。南斯拉夫各级政府都实行代表团制，目的在于使得尽可能多的广大劳动者直接管理企业、国家和社会事务。各个代表团在出席各种会议前，要对各项重大问题进行充分讨论，取得较一致的认识。代表只能根据代表团的意志行事，不得自行其事，若有违背群众要求或代表团决定的言行将被召回或取消其代表资格。代表任期 4 年，不脱产活动于群众之中，随时反映群众的意愿，受人民推选、监督和罢免。

二　匈牙利社会主义改革的探索

匈牙利早在 20 世纪 50 年代中期就开始进行经济体制改革，到 60 年代中期再次掀起改革的浪潮。匈牙利在 1966 年通过改革的决议之后，经过两年的酝酿和准备，于 1968 年 1 月 1 日正式实行新体制。匈牙利的改革方案是相当激进的。它是在综合研究了苏联和南斯拉夫两种体制的优缺点的基础上，结合本国的特点而制定的。匈牙利改革的重点是在经济领域，并取得了一定成绩，人民生活水平明显提高，匈牙利的改革曾一度被视为成功的范例。

(一) 匈牙利的经济体制改革

经济体制改革的起始阶段。卡达尔上台后科学地总结了十月事件的原因和教训，决定采取稳健的方针，缓和社会矛盾。其中主要有：减少国家的指令性计划，扩大企业的自主权，贯彻按劳分配的原则。这一阶段在农业中也采取了一定的措施，主要是改变农产品的价格制度，取消了农产品的义务交售制，代之以合同收购制，同时还提高了农产品的收购价格。在组织农民入社时，强调自愿原则。这一阶段的局部改革为经济体制的全面改革创造了条件。

经济体制的全面改革阶段。匈牙利从1968年开始，对传统的经济体制进行了全面改革。改革的基本原则是在生产资料社会主义所有制基础上把国民经济按计划发展的中央管理和商品关系、市场积极作用有机联系起来。具体的改革措施包括以下四个方面。

第一，计划制度的改革。计划制度的改革是计划管理中最主要的组成部分。这次改革是计划体制的根本性改变，取消了国家直接向企业下达指令性计划的做法，而更多地采用经济手段，制订计划的程序也发生了变化，由国家直接制订国民经济计划变为上下结合共同制订计划。国家计划的内容主要是解决宏观问题，确定经济发展的主要问题，企业生产什么，生产多少由企业自行决定。

第二，价格调节制度。它是匈牙利整个经济体制改革中的一项关键性的内容。经济体制改革前，匈牙利的产品价格一律由国家规定，产品价格同生产成本和市场供求关系不大。1968年的改革要求对价格体制作相应的改革，把单一价格改变为多种价格并行的价格体制。价格分别由国家直接决定，由生产单位决定，或者由国家与生产单位协商决定。这有利于扩大企业的定价权，促进劳动生产率的提高和产品成本的降低。

第三，企业收入调节制度。改革前，匈牙利企业利润要全部上交国家。企业在收入分配方面的自主权很有限，结果使企业的简单再生产都难以维持。匈牙利将企业的物质利益和职工的个人收入都与企业的利润联系起来，企业的收入和利润部分上交、部分留用，这样企业的财权有所扩大，因而有利于调动企业创利润的积极性，又把企业引向符合国家利益的方向。

第四，改革工资制度。改革前，工资由国家统一规定，实行的是平均工资制。改革后,把中央必要的控制同企业的自主权结合起来,把劳动者工资的变化同他的生产成绩结合起来。为了更好地贯彻按劳分配原则,职工除基本工资外,还有浮动工资。匈牙利对企业高级领导人实行年度奖惩办法。经过调整,工资可以更好地起到对企业经营活动的调节作用和对职工的物质鼓励作用。

除了上述改革外,还对投资信贷调节制度、产品流通调节制度、外贸调节制度等进行调整。从1979年后匈牙利的改革逐步向纵深发展。匈牙利政府在总结前一阶段改革经验的基础上,又采取了一些比较重要的措施。由于在经济管理体制中作了相应的调整,匈牙利撤销了18个托拉斯,并且合并了政府的一些部门。通过组织制度的改革,有效地克服了经济领导工作中的官僚主义。匈牙利政府还采取措施扩大企业的自主权,鼓励和发展城乡个体经济,把它作为社会主义经济的有益补充。

(二) 匈牙利政治体制改革的主要内容

实行联盟政策。匈牙利在民主革命基本胜利,人民自己的政权建立以后,党和国家的领导人拉科西却坚持了一条错误的路线,提出了"谁不和我们在一起,谁就是我们的敌人"的口号。这样就混淆了阶级阵线,打击了依靠力量,激化了社会矛盾。卡达尔上台后把拉科西的错误口号改为"谁不反对我们,就是和我们在一起",社会上的团结面也因此大为扩大。为了巩固工农联盟,政府免除了农民产品征购制,提高了收购价格,注意发挥中农在生产中的重要作用,取消了过去的阶级划分,在合作社内不再按过去的阶级地位,而是根据在集体劳动中的表现和成果,来评价社员给以报酬,从而在农村中消除了政治对立;同时匈牙利政府还注意团结知识分子,知识分子被列为一个劳动阶级,在社会上有了应有的地位,聪明才智得以发挥;匈牙利还实行了不同世界观的政治联盟,改善了政教关系。卡达尔认为,如果阶级斗争的剧烈程度减弱,阶级斗争的形势不甚尖锐,这对人民有好处。因此,对过去的剥削阶级也实行了宽容政策。

改革领导体制,实行彻底的党政分工。匈党吸取了以前党包办一切,以党代政的教训,认为党的领导方式主要是说服,是用马克思列宁主义方法解释自己的使命。党组织只管政治思想工作,不具体干预生产和业务,实行党政分权。匈党还认为在实践上应努力扩大各级政权机关、社会团体、群众组织的作用,实行中央和地方分权、党内外分权。

三 波兰社会主义改革的探索

战后初期，波兰工人党哥穆尔卡为首的"国内派"明确提出了"波兰式道路"的设想，积极探寻符合波兰国情的社会主义道路。20世纪50年代中期，哥穆尔卡又重新举起了"波兰式道路"的旗帜，领导波兰人民进行了改革的尝试。

（一）1957—1970年的第一次改革

以坚决维护波兰的独立地位，要求建设波兰型的社会主义而享有很高威信的哥穆尔卡在1957年5月提出波兰社会主义建设的发展形式可以遵循以下方针：建立工人委员会，扩大厂矿企业中的工人民主，扩大人民代表会议的权力；发展各种不同的农民自治的经济形式。

在经济方面的改革：在城市，各工业企业从解放初期就设有工人委员会。1948年后，它的权力不断被削弱，现在又重新确认，工人委员会有权同经理一起讨论决定工厂计划、生产定额、工资等问题。设立工人基金，扩大社会主义民主，但此项工作后来没有真正贯彻下去。为了进一步推进改革，成立了以奥斯卡·兰格为首的经济改革委员会，研究改革方案。在农村，哥穆尔卡于1956年10月20日建议，办得不好的合作社可以解散，结果在10月到12月的3个月中，80%的合作社瓦解，留下的也成为松散的联合体。同时重申农业合作运动的自愿原则。政府把国营农场、合作社个体农户的义务交售额减少1/3，把收购价格提高1倍。整顿了党和政府的领导机构，改组了19个省党委中的11个。哥穆尔卡还扩大议会的权力，提高各民主党派的地位，放松对宗教的限制，取消书报检查。

遗憾的是，由于受苏军对捷克的占领和国际环境的影响，以及国内习惯势力的干扰，改革并未取得理想的结果。1970年12月北方沿海工人大罢工事件爆发，哥穆尔卡也因此被迫"辞职"由盖莱克接任新职。

（二）1971—1980年的第二次改革

由于盖莱克认为波兰所处的是"发达社会主义"阶段，因此上任后马上进行了经济改革，提出实行高速度、高积累和高消费的"三高"政策。初期虽然取得了一定成效，但由于过多地西方贷款和引进外国技术，造成外债激增和大量进口的机械设备被搁置的现象。新建立起来的大型企业形成不了出口能力，加之高消费造成工人工资大幅度增加，加剧了市场供求关系的紧张，盖莱克政府采取了提高物价的办法，结果引起了人民的强烈不满，终于铸成了1976年的"六月事件"，总理雅罗谢维齐被迫辞职，1980年又出现了范围空前壮大的"团结工会事件"，盖莱克也因此下台。

四 捷克斯洛伐克社会主义改革的探索

捷克斯洛伐克在解放前是一个资本主义发展水平较高的国家，经济上最发达，还有资产阶级民主制。这样的国家如何进行社会主义建设和改革应当有自己的特点。

（一）1958—1968年的第一次改革

1958年2月，捷克斯洛伐克共产党中央全会通过了《关于实行管理、计划和财政体制》和《提高国民经济管理体制的经济效率的原则》，这是捷克斯洛伐克第一次经济体制改革。其主要思想是：解决企业和经济单位的自主权问题。主要措施是改组工业管理体制，原来的中央部属总管局由生产经济单位确定，部不再直接管理企业。这次改革由于未能触动集中计划体制，加上1958年起又批判南斯拉夫的修正主义，因而改革在1959年就停止了。作为这次改革的继续1960—1968年又进行了一次经济改革，以解决上次改革留下的问题。经过保守派和改革派的激烈斗争，1965年1月，捷共中央批准公布《关于改进国民经济计划管理体制》。1966年4月又通过了《关于加速实施新管理体制的原则》，要求做到党政分开，简政放权，发挥市场调节作用，进一步扩大企业自主权，企业实行自治。改革促进了经济的发展，但也出现了不少问题。结果，从1965年开始的改革1966年就停止了。

这段时期的改革断断续续，走走停停，改革的步子也不是很大。真正有影响的是杜布切克为首的捷共的全面改革。

（二）1968—1980年的第二次改革

1968年1月，改革派不顾苏共领导的压力，解除了诺沃提尼的职务，由杜布切克取而代之。改革的力量终于在党内取得了统治地位，一月全会标志着捷克斯洛伐克国内局势的重大转折。1968年4月，捷共中央全会通过了《行动纲领》，宣布"将进行试验"，创立一个新的、适合捷克斯洛伐克情况的、具有人道面貌的社会主义模式。这是一次全面的改革，也是最激进的一次改革。

在经济管理体制方面，《纲领》主张，扩大企业自主权，建立工人委员会，实行职工委员会，管理委员会和工会三方组成的企业民主管理体制，企业的经营管理是独立的，工人委员会有权指定经理，处理企业的利润分配和职工福利等重大问题。要恢复社会主义市场经济的积极作用，把计划与市场结合起来，通过税收、利润、利率、价格等经济手段指导生产。同时尊重客观存在的商品货币关系，发展商品生产以积累社会财富，满足人民的物质文化需要。另外，取消国家的外贸垄断权，企业有权自营进出口。

在政治体制方面，《纲领》认为党的领导作用是毋庸置疑的，但党的目标并不是要使自己成为社会万能的管理者。党的路线不能通过发布命令来贯彻，而只能通过党员的工作和自己的理想所具有的说服力来贯彻。《纲领》决定从根本上改变党政不分、以党代政、党内领导权过分集中的现象。《纲领》指出，要确保宪法规定的各项公民权利和自由，使人民能够运用这些权利自由监督党和政府，参与国家管理企业。《纲领》指出，社会每个阶级、阶层和集团都应有自己的政治代表，在政治上都有发言权。社会主义的政治体制应该是多元化的，但它不是西方多党制的议会民主，而是在共产党的领导下建立在社会主义纲领基础上的民族阵线。

在对外政策方面，《纲领》主张在继续同苏联和其他社会主义国家保持友好关系的同时，发展同所有国家包括同发达资本主义国家的互利关系。

这次中央全会无论在思想上，还是在组织上都给改革以巨大的推动，使"布拉格之春"的改革运动进入了一个新的阶段。捷共新的各项政策得到国内各阶层的广泛支持和拥护，但苏捷关系却日益紧张。苏联开始是施加各种压力，进而发展到1968年8月21日率领"华沙条约国"的五国军队，分兵18路，越过边界进入捷克斯洛伐克境内，一夜之间，占领了捷克斯洛伐克的全部领土。杜布切克总书记、切尔尼克总理等主要领导人被绑架解往苏联。捷克斯洛伐克的改革由于苏军的蛮横干涉而中途夭折了。

五　保加利亚社会主义改革的探索

日夫科夫当选为保共中央第一书记后，开始破除苏联模式，探索本国的建设道路。保共认为今后的主要任务是改组国家和经济领导，加速发展国民经济，提高人民的生活水平。从此，迈开了经济政治体制改革的步伐。

（一）保加利亚的经济体制改革

1959—1962年，开始了保加利亚的第一次经济体制改革。这次改革的核心是将国民经济的管理权下放到州，实现中央和地方分权。由原来的条条管理变为块块管理。撤销主管经济的中央各部，将国民经济的管理权移交各州人民委员会，从而使国民经济的领导重心转移到地方，中央成立若干新的委员会，以协调各经济部，各企业之间的经济联系，在州人民委员会设立工业管理局和农业管理局，分别管理本国范围内的工业和农业。这次改革，虽然解决了中央和地方分权问题，但没有解决企业的自主权问题。这段时期保加利亚国民经济的增长速度不但不快，反而下降。

1963—1977年进行了第二次经济体制改革。这次改革首先于1963年放弃了以地区为主的管理原则，恢复了部门管理。1965年12月通过《国民经济计划和领导工作新体制》的基本条例。在中央计划经济管理下，减少指令性指标，合理利用人力、物力和财力有效地发展生产力，加强物质鼓励，注意利用经济杠杆的作用等。在农村开始建立农工综合体，到1972年全国建立了172个。但由于新体制中央政府的干预和控制的现象仍然过多和过细，结果未能解决经济增长速度和低效率的问题。

（二）保加利亚的政治体制改革

在进行经济体制改革的同时保政府也加快进行政治体制改革，并在实践上进行探索。

一是由无产阶级专政的国家变为全民国家。1971年，保共宣布进入建设发达社会主义阶段，无产阶级专政的国家正在向"全体人民的国家"转变。保加利亚的国家职能是建设职能。完善社会主义政治体制，一方面要完善间接民主制，另一方面是发展直接民主制。

二是共产党由"工人阶级先锋队"变为全体人民的先锋队——全民党。保共十一大指出在建设发达社会主义的进程中，共产党逐渐变为全民党。保共十二大提出党的社会历史作用已发生质的变化，保共不单是工人阶级而且是全体人民的政治先锋队。因此，保共提出了改革党的机关和其他机关重叠的问题以及党的机关代替政府职能的问题，保证社会团体独立自主地去进行工作。

三是对干部制度也进行了改革。每3年对干部的工作成绩、专业能力等进行评价，以决定其升降、任免。对一般的业务干部实行招聘竞选制。保加利亚使用干部还特别注重干部的文化水平和知识修养。

四是扩大社会自治。20世纪60年代后，保加利亚十分重视发挥人民群众和社会团体在参加国家管理中的作用，将国家的某些职能转交给社会团体，扩大社会自治。

当然，在东欧国家中，罗马尼亚、阿尔巴尼亚、民主德国三国虽然在其他国家的影响下，也对各自的经济政治等政策作过不同程度的调整，特别是民主德国也推出过某些改革措施，但从总体上看，这些国家是反对改革的，其经济政治体制越来越僵化。

第四节　古巴社会主义的历史发展

从1959年古巴革命胜利到1979年的20年间，古巴社会主义的发展经历了从巩固革命政权到社会主义革命和建设再到社会主义改革的过程，大体上可分为三个阶段。

第一阶段：从民主革命向社会主义革命的转变（1959—1963年）。这个阶段的最大特点是古巴选择了社会主义的发展道路。

第二阶段：寻求古巴式的社会主义发展道路（1964—1970年）。这个阶段的最大特点是社会主义建设过于理想化。

从1964年开始，古巴进入探索社会主义建设道路的新时期。在经济发展战略问题上，古巴认为要在短时间内改变畸形单一的经济结构不现实，古巴的优势是蔗糖，要集中力量发展蔗糖生产，为今后工业化积累资金。所以，古巴提出了集中发展糖业的新的经济发展战略。在社会主义经济建设的道路和体制问题上，1964—1966年古巴领导层内曾展开辩论。以当时工业部长切·格瓦拉为代表的一方，主张实行财政预算制。他们认为，革命者在社会主义建设中的首要任务是加速消灭市场经济和商品生产，其根本途径是实行生产资料的全盘集体化和政治经济的高度集中化，通过国家财政拨款来发展生产；建设资金不足，可以向友好国家借款；分配上，以精神鼓励为主，反对物质刺激，逐步实行按需分配和平均主义。

他们认为，只有这样，才能推动社会生产力的发展，培养一代社会主义新人，加速向共产主义过渡，这是古巴社会主义革命和建设的新路。而以当时全国土改委员会主席卡洛斯·拉斐尔·罗德里格斯为代表的另一方，主张实行经济核算制。他们认为，社会主义经济建设中，价值规律将继续发挥着有益的作用，国家应自觉利用这个规律来调节社会主义计划经济；通过财政、信贷、价格、市场等经济杠杆调节社会经济生活；企业应有自治权，应以自筹资金发展生产；贯彻按劳分配原财，通过劳动定额制度和物质刺激来提高劳动生产率。结果，格瓦拉的观点占了上风，古巴实行了一种不同于当时其他社会主义国家的冒险的、理想主义的经济模式。1968年3月，古巴发动了"革命攻势"，接管了几乎全部小商小贩和小企业，消灭了城市中的私营经济。与此同时，扩大了免费的社会服务，取消了工资级别，用精神鼓励代替物质刺激；取消了贷款利息和包括甘蔗收割税在内的对农民征收的所有税收等等。制订了过高的经济计划指标，1970年蔗糖的生产指标是1000万吨，而1969年实际产量才427万吨。由于这种探索脱离了古巴的实际，不仅计划指标没实现，而且造成国民经济结构严重失调，经济形势恶化。

第三阶段：全面进行社会主义建设（1971—1979年）。这个阶段的最大特点是照搬苏联模式形成了所谓"古巴方式"的"经济领导和计划体制"。

面对1968年"革命攻势"造成的困难和1970年生产1000万吨蔗糖计划的失败，古巴党和政府总结了过去的经验教训，从1971年开始对"革命攻势"时期的政策进行调整，探索经济管理的新体制和加强制度化建设，由社会主义建设之初的探索自己的道路转向全面学习照搬苏联模式。早在1970年就成立了苏古政府间的经济技术合作委员会，1972年正式加入了"经互会"，苏古两国之间签订了一系列的经济合作协议，协调两国的国民经济计划，经济上实行全面合作。1975年12月古巴共产党召开第一次全国代表大会，卡斯特罗在大会报告中承认，过去"我们做出了一项极为错误的决定，就是要创造一种新的体制"，"想搞出一套自己的办法来"，"看起来我们当时好像在向共产主义的生产方式和分配方式日益靠近，实际上背离建设社会主义基础的正确道路愈来愈远"。他指出，"我国历史上的一个崭新阶段正在开始"，"现在已经到了建立一种更好的经济领导体制来推动经济发展势头的时候了"，要"吸取其他早在我国之前就进行社会主义建设的国家的丰富经验"。① 大会提出古巴现阶段的目标是：巩固和扩大社会主义生产关系，使之逐步成为唯一的生产关系；发展生产，满足人民日益增长的物质和精神生活的需要；改善党作为整个社会生活最高领导的作用，完善国家的民主体制等。其中大力推进社会主义物质基础建设，实现工业化，是经济发展的中心任务。大会确定了1976—1980年的五年计划，通过了新的宪法草案。1976年2月24日，社会主义新宪法获得全体公民投票通过，12月2日召开了第一届全国人民代表大会，成为国家的最高权力机关，结束了革命政府独掌政权的时代，完成了国家的制度化建设。1976年重新划分了行政区域，缩小了各级领导与基层之间的距离。在经济领域按苏联模式开始建立新体制。1976年成立了经济计划和管理体制全国执行委员会、全国建设委员会、物价委员会、能源委员会等机构。1977年开始进行扩大企业自主权的试验，主要是扩大生产计划权。1978年又进一步扩大企业的财政权；从11月起允许个体经营者出售穿着商品。1978—1979年在500家从事生产、贸易、进口和服务性行业的企业实行了经济核算制。到1979年古巴按苏联模式基本形成了所谓的"古巴式"的"经济领导和计划体制"。同时，也形成了对苏联和东欧社会主义国家的极度经济依赖。

在整个20世纪70年代，古巴的经济发展是比较好的，人民的生活水平也有所提高。但问题也日益暴露出来，主要是对苏联和东欧的依赖性过大、建设规模过大、建设工程周期长效益差。

进入20世纪80年代以后，古巴开始制定和实施了新的政策。主要是：收缩建设规模，讲究效益；放宽政策，活跃市场；进一步改革和完善经济体制，下放给企业一定的自主权；承认价值规律和商品市场作用，运用经济杠杆，推行企业经济核算，改革价格体制和工资体制；发展对外贸易，寻找更多的贸易伙伴。

20世纪90年代以后，古巴开始进入了改革开放和建设"有古巴特色社会主义"的新时期。

---

① ［古］菲德尔·卡斯特罗：《在古巴共产党第一、二、三次全国代表大会上的中心报告》，人民出版社1990年版，第86~93页。

第二十一章　亚洲各国的社会主义

第二次世界大战以后，中国、蒙古、朝鲜、越南和老挝等亚洲国家，在本国共产党的领导下，走上了社会主义的发展道路，与苏联、东欧国家的社会主义一道形成了世界"社会主义阵营"，使社会主义实现了由一国到多国的发展，世界社会主义运动进入了一个新的阶段。

第一节　亚洲各国社会主义的产生和形成过程

蒙古、朝鲜、越南、老挝等国家社会主义的产生和形成，既是这些国家的共产党领导本国人民长期斗争的结果，也是"二战"后世界政治格局大动荡、大分化、大重组和世界社会主义运动高涨的结果。从这四国社会主义产生和形成的过程来看，各国又具有鲜明的特点。

一　蒙古社会主义的产生和形成

蒙古是在苏俄的帮助和影响下走上非资本主义发展道路的，这是蒙古社会主义产生和形成的最大特点。

（一）人民共和国的建立和非资本主义发展道路的确立

蒙古原属中国一部分的外蒙古，1911年在沙俄的策划下宣布"自治"。1921年7月在十月革命影响下，得到苏俄的帮助而独立，成立了有蒙古人民革命党人参加的君主立宪政府。1924年11月废除君主立宪制，建立了蒙古人民共和国，由苏联支持的蒙古人民革命党执掌政权。蒙古人民革命党（原名蒙古人民党）是在第三国际的直接领导和苏联共产党的支持下，于1921年3月成立的，并在成立大会上通过了其第一个党纲——《蒙古人民党告全体人民书》，向蒙古人民提出了反帝反封建的民主革命的 10 项基本任务，即建立一个国家，实行自治；实现蒙古人民的主权；建立蒙古国家政权；若出现另有宗旨的政党，而且有可能支持蒙古人民党实现自己的任务，则同它们达成临时协议，实行合作；对宗教问题，予以适当的解决；同以平等原则建立人民政权的中国、俄国和其他各国的政党建立友好合作关系；对弱小国家的正义事业给予支持，等等。1924 年 8 月，蒙古人民革命党第三次代表大会确立了蒙古沿着非资本主义道路发展的总路线，指出这是蒙古社会发展的唯一道路，并写进了蒙古人民共和国的第一部宪法。1925 年蒙古人民革命党第四次代表大会通过的党的纲领进一步指出，资产阶级和无产阶级的产生，他们之间斗争的尖锐化，是未来局势的发展趋向。消灭已停滞不前的资本主义制度，建立共产主义制度是工人阶级和真正劳动人民肩上的使命。大会进一步明确了在蒙古实现非资本主义发展道路的基本任务。为此，从 1925 年到 1940 年，蒙古采取了许多措施，如加强人民政权的建设；没收封建地主财产，彻底摧毁封建地主阶级的经济基础；排挤外国资本，限制本国资本主义因素的发展，增加公有制成分；发展劳动阿拉特的个体经济，等等。

（二）为向社会主义过渡创造条件和社会主义在蒙古的最终形成

1940 年 3 月，蒙古人民革命党第十次代表大会指出，蒙古人民革命党给蒙古人民开辟了非资本主义发展道路，党的政策是保证使蒙古沿着非资本主义的道路发展，为进入社会主义社会作好准备。蒙古在新的发展阶段要彻底消灭国家经济中的封建主义残余，同人们意识中的旧社会残余进行斗争，建设社会主义的基础。同年 6 月大呼拉尔通过的蒙古新宪法宣布，蒙古的阶级结构和社会经济结构发生根本变化，蒙古社会从此进入了沿着非资本主义道路发展并为向社会主义过渡创造条件的新时期。当然，从 1940 年到 1947 年，是蒙古"千方百计地支援苏联人民反对希特勒主义的斗争"时期，"坚决与苏联人民同舟共济、齐心协力，共同捍卫自由、独立和伟大的十月社会主义革命的成果"。

1947 年 12 月，蒙古人民革命党第十一次代表大会通过了 1948—1952 年的第一个五年计划，蒙古进入了建设时期。1953 年到 1957 年又实施了第二个五年计划。在两个五年计划期间，着重加强了对农牧业的社会主义改造和国民经济各部门社会主义生产关系的建立。到 1957 年，在整个工业中国营工业和合作社工业的产值占到全部工业产值的 98%，工业已基本上是完全社会主义性质的经济了。1958年3月蒙古人民革命党第十三次代表大会强调，要从根本上发展农牧业的所有部门，只能是对农牧业进行社会主义改造。要对个体农牧户进行社会主义改造，建立大型集体经济，在3年内使大多数个体牧户在自愿的原则基础上实现合作化。到1959年，98%的牧户加入了合作社，实现了牧业合作化，基本建立了牧业的社会主义生产方式。工业和牧业中公有制经济的建立，标志着蒙古社会主义制度的最终建立，蒙古进入社会主义建设的新时期。

1960年7月通过的新宪法规定，蒙古人民共和国是以工人阶级、合作化牧民联盟为基础的，工人、合作化牧民与劳动知识分子的社会主义国家，宣布蒙古人民共和国的任务是完成社会主义建设，进而建设共产主义社会。1961年蒙古人民革命党第十四次代表大会也指出，1960年通过新宪法后，蒙古已进入一个新的发展时期，即"建成社会主义时期"。

二 朝鲜社会主义的产生和形成

朝鲜是在北南分裂对峙、战胜美帝国主义武装干涉的背景下走上社会主义发展道路的，这是朝鲜社会主义产生和形成的最大特点。

（一）朝鲜劳动党和朝鲜人民民主共和国的建立

朝鲜民主主义人民共和国位于朝鲜半岛的北半部，国土面积为12.2万多平方公里，人口约2300万。朝鲜1910年沦为日本帝国主义的殖民地。1925年成立的朝鲜共产党领导人民开展了反对日本帝国主义的斗争，后因日本帝国主义的镇压和党内派系斗争被迫解散。从20世纪30年代起，以金日成为首的朝鲜共产主义者，在中国东北和朝鲜北部先后创建抗日游击队和朝鲜人民革命军，与中国人民一道打击日寇，坚持了15年的抗日武装斗争。1945年8月15日朝鲜从日本殖民统治下获得解放的同时，美国和苏联两国的军队在"国际托管"的名义下进驻朝鲜，以北纬38度线为界，美国驻扎在朝鲜半岛的南部，苏联驻扎在朝鲜半岛的北部，从此作为一个民族统一国家的朝鲜被一分为二，处于分裂状态。

为了实现祖国统一的任务，1945年10月，在金日成的主持下，成立了"朝鲜共产党北朝鲜组织委员会"。同年12月，朝鲜共产党北朝鲜组织委员会召开第三次扩大会议，推选金日成为责任书记，领导北朝鲜人民进行政权建设和民主改革。1946年北朝鲜共产党和南朝鲜新民党合并，成立了北朝鲜劳动党。同年，北方举行了广泛的民主选举，成立了朝鲜临时人民委员会即中央政府，并选举金日成为委员长。1948年8月为了回击半岛南部美国操纵下的"选举"以及成立的大韩民国，朝鲜北部进行了最高人民会议选举。9月9日在平壤召开了具有历史意义的最高人民会议第一次会议，宣布了朝鲜民主主义人民共和国的成立。这样，朝鲜"作为伟大的社会主义阵营的成员登上了国际舞台"。1949年南北朝鲜劳动党也合并为统一的朝鲜劳动党，成为朝鲜祖国统一、社会主义革命和建设的领导者。

南北政权建立后，双方处于两大阵营对立的前哨，都宣称自己是唯一合法政府，视对方为不共戴天的敌人，视朝鲜半岛的统一为己任，加紧备战，双方关系恶化，都作出了要越过"三八线"的军事姿态。特别是南方在美国的支持下，竭力主张武力统一朝鲜。李承晚曾讲，要结束南北分裂，就必须用战争来解决，并坚信能够在3天之内占领平壤，声称要在1950年实现南北统一。北方也不甘示弱，提出要在朝鲜南部进一步发展革命斗争，以争取朝鲜革命在全国的胜利。这样，双方在"三八线"上不时发生流血冲突，以至于在1950年6月25日爆发了全面内战。经过1950—1953年的朝鲜战争，进一步加剧了南北的对立和仇恨，也使南北以"三八线"为界的分裂、对峙最终确立。

（二）社会主义改造的完成和社会主义制度的确立

朝鲜战争结束以后，1953年8月，朝鲜劳动党召开了中央委员会第六次会议，制定了战后恢复和发展国民经济的总路线，指出，要按照保证优先恢复和发展重工业，同时发展轻工业和农业的方向进行战后的经济建设。提出在农业上要走一条先合作化后机械化的道路，在北方进行农业的社会主义改造，使个体农民经济逐步走合作化。会后，朝鲜开始恢复和重建被战争破坏的国民经济，并于1954年4月由最高人民会议通过了《1954—1956年恢复发展国民经济三年计划》，提出要使工农业生产达到并超过战前水平。对农业的社会主义改造也同步进行，1953年7月在各地开始试办农业合作社。1954年3月朝鲜内阁作出《关于加强和发展农业合作化的若干措施》，对如何从经济上、组织上加强和发展合作社作了具体规定。同年11月，朝鲜劳动党中央委员会会议决定要群众性地发展农业合作化运动。1955年农业合作化运动在全国全面展开。1955年4月朝鲜劳动党召开中央全会，金日成发表了《一切为了祖国的统一独立和共和国北半部的社会主义建设》的讲话，提出了社会主义基础建设的设想，指出，在向社会主义过渡的过渡时期的现阶段，摆在朝鲜劳动党面前的基本任务，是进一步加强工农联盟，同时依靠在恢复和发展战后国民经济的斗争中所取得的成就，来建设社会主义的基础。必须在国民经济的一切领域，对小商品经济形态和资本主义经济形态进行社会主义改造，以进一步扩大和加强社会主义经济形态的统治地位；必须进一步发展生产力，以奠定社会主义的物质技术基础。

1956年4月，在国民经济恢复任务基本完成的情况下，朝鲜劳动党召开了第三次全国代表大会，提出了社会主义建设的中心任务，即在坚持优先发展重工业，对国民经济进行技术改造，进一步促进工业化的基础，提高劳动生产率的基础上，保证国民经济各部门的高速发展，全面地完成对个体农业、个体手工业和资本主义工商业的社会主义改造，提高人民的物质文化生活水平，为实现祖国的和平统一奠定坚定的物质基础。大会制订了1957—1961年的第一个国民经济五年计划，其基本任务是进一步巩固朝鲜北部的社会主义经济基础，基本上解决人民的衣食问题。1956年12月朝鲜劳动党召开中央全会，提出要走自立民族经济道路，加速社会主义经济建设，使朝鲜由落后的农业国变成工业农业国，要"在社会主义建设中掀起革命大高潮"。正是在这种背景下，从1957年开始朝鲜开展了"千里马运动"，各行各业都要求高速度，大会战，金日成本人也认为，"千里马运动"是"有力地推进社会主义建设的共产主义前进运动"，"是我们党的社会主义建设的总路线。"工业上的"千里马作业班运动"、农业上的"青山里精神和青山里方法"等都是这种高速度发展运动的代表。1958年朝鲜完成了对农业、手工业和资本主义工商业的社会主义改造，从生产关系层面上完成了建设社会主义基础的任务，社会主义制度最终确立。

三 越南社会主义的产生和形成

人民共和国建立后，经历两次大的印度支那战争，社会主义制度的确立在北方和南方不同步，这是越南社会主义产生形成的最大特点。

（一）越南共产党领导下的民族解放斗争

越南社会主义共和国地处亚洲中南半岛的东部，是连接亚洲大陆和东南亚诸岛国的跳板，被称为东南亚的门户，战略位置非常重要。国土面积329566平方公里，人口7600万。越南在1884年沦为法国的殖民地后，以潘佩珠为首的越南民族主义者就开始了救亡图存的民族主义运动，提出了"建立越南共和国"的口号。随着工农革命运动的不断高涨，工人阶级成为独立的政治力量，越南出现了许多共产主义小组。1930年胡志明对这些共产主义小组进行改造和合并，成立了越南共产党，同年10月改名为印度支那共产党。党成立以后，领导人民掀起了反抗法国殖民主义者的1930—1931年革命高潮，一度建立了"义静苏维埃"地方政权。从1940年开始，日本帝国主义逐步占领了越南，越南人民在印度支那共产党的领导下，进行了坚苦卓绝的抗日反法斗争，在北越边境一带建立了根据地。1941年成立了以赶走日本帝国主义、实现民族独立为宗旨的越南独立同盟。1944年印度支那共产党又成立了解放军宣传队。1945年8月13日，印度支那共产党召开全国代表会议，决定举行全国总起义，并选举了以胡志明为首的临时政府。"八月起义"取得了胜利。1945年9月2日，胡志明代表临时政府在河内巴亭广场宣读了独立宣言，宣告越南民主共和国成立。

1946年法国殖民主义者在美国的支持下卷土重来，重新占领了越南，越共领导人民展开了抗法斗争。1950年越南在中国的帮助下，开展边界战役，建立了北越根据地。1951年2月越共召开第二次全国代表大会，强调越南民族和人民民主革命的主要任务是：赶走帝国主义侵略者，争取民族完全独立和统一，废除封建和半封建制度残余，实现人民民主，不经过资本主义社会发展阶段，进而进行社会主义革命和社会主义建设。1952—1954年越共先后完成了整党、整军工作，并开始进行土地改革。1954年5月取得奠边府大捷，7月关于印度支那问题的日内瓦会议胜利闭幕，越南北方获得独立。在苏联和中国的帮助和影响下，越南开始走上社会主义道路。

越南北方独立后不久，美国又发动了侵越战争，越共一方面在北方恢复国民经济，进行社会主义改造和建设，一方面领导人民进行抗美救国战争。1975年4月越南南方获得解放，1976年7月实现了南北统一，改国号为越南社会主义共和国。

(二) 越南社会主义生产关系的建立

1958年越南北方全面推行以农业合作化为核心的社会主义改造,由多种所有制经济成分并存的经济体制向集体和国家两种所有制经济体制过渡。到1960年,有85.6%的农户加入了合作社;有80%以上的手工业者参加了合作社或生产组,100%的资本主义工业、99.4%的资本主义商业和99%的资本家经营的交通运输业得到改造。1960年9月,越共三大提出了北方社会主义过渡时期的总路线,即团结全民、发扬人民的爱国热情、辛勤劳动和英勇奋斗的传统,同时增强同以苏联为首的社会主义阵营各兄弟国家的团结,推动北方快、猛、稳地走向社会主义,建设北方的温饱、幸福生活,并把北方建设成为实现和平统一国家斗争的牢固基地。提出要在1961—1965年完成社会主义改造,初步实现社会主义工业化。从1960年开始私人经济所占的比例也越来越小,1960年占社会总产值的33.4%,1965年为9.9%,1971年为8.1%。

1975年越南南方解放以后,1976年越共四大指出:为了建立经济上的集体作主,必须取消资本主义私有制,改造农民和手工业者的个体所有制,通过适当的方法与步骤,确立两种形式的社会主义所有制:全民所有制和集体所有制;必须大力发展日益强大的国营经济;迅速建设集体经济,进行农业合作化并使农业走向社会主义大生产。根据国家计划的方向和任务使用社会一切主要生产资料,为整个社会的利益服务。大会强调,南方的社会主义改造要想方设法使南方的中央和地方国营经济迅速扩大,在生产、流通、分配中占优势。1978年南方社会主义改造全面展开,仅用3年多的时间,使64.7万农户加入到了1286个合作社,68.5万户加入到15309个生产集团。到1980年,南方90%以上的私人企业被没收或合并,87%的农户和78%的土地被集体化。这样,社会主义生产关系在越南完全建立起来了。

四 老挝人民革命党与老挝社会主义的产生

在亚洲的社会主义国家中,老挝目前仍处在民主革命阶段,其社会主义的产生和形成更具特殊性。

(一) 老挝人民革命党与人民民主共和国的建立

老挝建于公元749年，1893—1940年沦为法国殖民地，1940—1945年被日本占领。1946年3月再度被法国占领。为获得民族独立，老挝人民革命党领导老挝人民进行了长期的斗争。老挝人民革命党成立于1955年3月，原名是老挝人民党，1972年改为现名。其前身是1934年9月建立的印度支那共产党老挝地方委员会。印度支那共产党老挝地方委员会1940年开始领导老挝的抗日斗争，1945年领导老挝人民起义，10月12日老挝宣布独立。1946年起领导老挝抗法战争。1949年1月建立寮国战斗部队（现老挝人民军前身），1950年8月成立寮国抗战政府和伊沙拉阵线（老挝爱国战线和现老挝建国阵线前身）。经过长期的斗争，迫使法国在1954年日内瓦协议上签字，承认老挝独立。

然而，日内瓦协议签订不久，美国培植傀儡，控制了老挝。老挝人民革命党又领导老挝军民进行抗美救国战争。1956年成立老挝爱国战线，团结一切爱国、爱和平的力量，通过武装斗争，反对美国的侵略。随后，老挝党积极整编和训练军队，广泛开展游击战争，巩固和扩大根据地，恢复党的组织和活动。1972年老挝爱国战线领导的武装力量已解放了全国3/4的土地，1/2的人口，解放区南北连成一片，并建立了各级民主政权。1972年老挝人民革命党召开第二次全国代表大会，提出在全国完成民族人民民主革命，为不经过资本主义发展道路而进入社会主义准备必要的条件。1973年2月爱国战线同各爱国力量一起与当时的万象政府签署《关于在老挝恢复和平和实现民族和睦的协定》，并于1974年4月成立第三次联合政府。1975年利用柬埔寨、越南抗美救国战争相继取得胜利的大好时机，老挝党领导人民奋起开展夺权斗争，相继建立各级革命政权。同年12月召开第一届全国人民代表大会，宣告废除君主制，建立老挝人民民主共和国。老挝人民革命党也公开执政。老挝党的领导人凯山·丰威汉宣布：老挝已完成了民族民主革命，开创了走向独立、自由和社会主义的新纪元。

(二) 社会主义生产关系的建立

1975年老挝人民民主共和国成立后，老挝人民革命党召开了二届三中全会，宣布：老挝已经完成了民族民主革命，并开始不经过资本主义发展阶段直接进入社会主义阶段。按照1972年党的第二次全国代表大会通过的政治纲领，即：在全国完成民族民主革命，为不经过资本主义发展道路直接进入社会主义准备一切条件，把老挝建成一个和平、独立、民主、统一和繁荣的国家，开始了社会主义改造和建设时期。认为这个时期的主要任务是进行"三大革命"即生产关系革命、科学技术革命和思想文化革命，"彻底改造和消灭资产阶级"，解决"社会主义与资本主义两条道路谁胜谁负的问题。"从1976年开始，对私营工商业进行社会主义改造，把原王国政府控制的私营工厂企业实行国有化或公私合营。老挝党和政府为打击资本主义势力和建设社会主义经济体制，对商业实施了统购统销政策，禁止私商收购、贩运和销售农副产品和其他商品，禁止私人商号进口和出口商品，也禁止农民到市场上出售粮食和其他农产品，私商的经营活动和经营范围也受到严格限制。在农村，老挝政府对农民的余粮实行国家收购政策，规定农民的余粮不得在市场上出售，要如数卖给国家。由于老挝是一个典型的农业国，引导农民走合作化道路是社会主义改造的主要内容。1976年1月，老挝负责经济工作的副总理冯萨万表示：寻求农民进行公社式劳动的道路是十分必要的。1977年老挝人民革命党中央委员会通过4号决议，强调要使农民逐步走上集体化生产和社会主义道路。1978年5月，老挝部长会议通过了《在全国开展农业合作化运动的决议》，6月颁布了《关于农业合作化的暂行规定》，在全国开展了农业合作化运动。老挝党总书记凯山·丰威汉在中央政治局扩大会议上强调，农业合作化运动必须在1980年基本完成。本来原计划分四步走进行合作化改造，由于要限期完成，结果各地采取了强迫或变相强迫的方式让农民入社。到1979年底全国成立农业合作社2800个，占全国农户的25%，村数的24%，乡数的52%。

第二节 亚洲各国社会主义的发展道路

蒙古、朝鲜、越南、老挝等国社会主义制度建立以后，在社会主义革命和建设中，努力把马克思主义普遍原理与本国的具体国情相结合，寻找具有本国特点的社会主义发展道路。虽然各国的社会主义在改革前从总体上看，都具有苏联模式的特征，但由于国情和社会主义发展的进程不同，各国的社会主义也各有特点。

一 蒙古社会主义的发展道路

蒙古社会主义的发展受苏联的影响比较大,照搬苏联模式,建立了高度集中的政治、经济体制。

1961年蒙古人民革命党第十四次代表大会指出,蒙古已进入建成社会主义时期,这个时期的主要任务就是,全面完成建设社会主义物质技术基础的工作,实现国家工业化和机械化,使蒙古由农牧业工业国变成工业农牧业国。1966年蒙古人民革命党召开第十五次全国代表大会,总结了蒙古过去走非资本主义道路,由封建主义社会过渡到社会主义社会的经验和成就,认为在蒙古人民共和国,社会主义真正变成了现实。大会进一步提出了建设社会主义的任务,即发展社会主义物质技术基础;提高劳动人民物质生活水平和开展文化建设;完善社会主义的社会关系与经济管理,加强对劳动人民的共产主义教育,等等。在建成社会主义的过程中,蒙古按苏联模式建立了过度集中的经济政治体制。

随着1965年苏联推出"新经济体制",蒙古也从1966年开始不断推出改革经济体制的举措。1966年党的十五大提出要不断完善国民经济有计划的管理体制。1968年蒙古人民革命党中央和部长会议作出了《关于在经济部门试行计划与经济鼓励新体制的决议》,规定从1968年到1980年全部实行新体制,其主要内容是扩大企业自主权,重视经济杠杆的作用,重视物质鼓励,将劳动报酬与劳动成果挂钩。

二 朝鲜社会主义的发展道路

朝鲜从1961年开始全面建设社会主义,经过多年探索,逐步形成了以"主体思想"为指导、以中央集权为特征的"朝鲜式的社会主义"发展道路。

1961年9月,朝鲜劳动党召开第四次全国代表大会,宣布朝鲜社会主义进入全面建设时期,党和人民的中心任务是,进一步加速社会主义建设,把朝鲜建设成为具有现代工业和发达农业的社会主义工业国。1970年11月,朝鲜劳动党召开第五次全国代表大会,宣布在朝鲜实现了"社会主义工业化"。大会总结了社会主义建设的经验,提出了革命和建设的任务,大会报告指出,摆在朝鲜劳动党面前的迫切任务是:在革命和建设业已取得的成就的基础上进一步巩固和发展朝鲜的社会主义制度，争取早日实现社会主义的完全胜利。因此，社会主义建设的中心任务是进行技术、思想和文化革命。从1961年起，朝鲜开始实施国民经济七年计划，对如何建设适合自己国情的社会主义发展模式进行了长期的探索。

在经济方面，一是从1961年开始在工业管理体制上创建了大安工作体系，把工厂企业的经营管理置于党委的集体领导之下，政治工作先行，上级负责帮助下级，科学、合理地经营和管理经济，认为大安工作体系是符合社会主义制度本质的优越的经济管理体系；二是从1961年到1966年在农业管理中建立了以郡合作农场经营委员会为基于的农业领导体系，用企业式方法领导农业，大力开展农业的水利化、电气化、机械化和化学化建设。同时提出要正确解决有关全民所有制和集体所有制的相互关系和工业、农业的联系的问题，要把集体所有制不断提高到全民所有制水平；三是从1964年起建立"一元化"和"细部化"的计划工作体系，逐步形成从中央到地方和工厂企业统一进行国民经济计划工作的一元化体系，使所有的计划具体化。党的四届十六中全会和十八中全会提出要从根本上改进和加强劳动管理工作。

在政治方面，朝鲜劳动党四大提出要胜利地建设社会主义和共产主义，就必须随着革命和建设的深入发展进一步加强党的领导和无产阶级专政。1964年6月，党的四届九中全会研究了群众团体在社会主义中的地位、作用及任务问题。1964年12月，党的四届十中全会研究了干部的党性、工人阶级性和人民性以及工作方法和工作作风问题等。1967年5月，金日成发表《从资本主义到社会主义的过渡时期和无产阶级专政》的文章，就朝鲜的过渡时期和无产阶级专政问题作了阐述，强调要坚持和加强无产阶级专政。1972年12月，制定和通过了社会主义的第一部宪法，规定了朝鲜社会主义的政治、经济、文化领域的各项原则和公民的基本权利与义务，政治制度建设进入一个新的阶段。

在思想文化方面，一是把主体思想确立为党的唯一指导思想。1964年首次将1955年提出的主体思想概括为思想上的主体、政治上的自主、经济上的自立和国防上的自卫。1967年朝鲜劳动党四届十五中全会讨论了关于树立党的唯一思想体系问题。1970年11月，朝鲜劳动党五大把主体思想写进了新的党章。1972年12月，将主体思想写进新的宪法；二是从 1964 年开始在农村开始进行思想、技术和文化三大革命，认为这是朝鲜社会主义、共产主义发展的客观要求。1970 年 11 月，朝鲜劳动党五大又号召在全国各行各业广泛开展三大革命，提出要思想革命先行和建设社会主义民族文化；三是发展教育事业。1969 年 12 月，朝鲜劳动党四届二十次全会专门讨论了学校教育工作。1977 年 9 月，朝鲜劳动党五届十四中全会通过了《社会主义教育提纲》，提出了新的条件下发展社会主义教育的方向和措施。这样，经过多年的探索和发展，朝鲜逐步形成了具有自己特点的社会主义发展模式。

三 越南社会主义的发展道路

从 1955 年北方的经济恢复到 1986 年革新开放前，越南社会主义改造和建设是在北方和南方不同步、建设与战争相交织的背景下进行的，越南社会主义发展道路极其坎坷复杂，从总体上看，走了一条苏联式的高度集中的社会主义发展道路。

（一）北方的社会主义改造与建设时期（1955—1976 年）

这个阶段的社会主义改造和建设带有明显的战时特征和苏联模式的特点。

1955 年抗法战争结束后，越南利用 3 年时间进行经济恢复和土地改革，到 1957 年底完成了民族人民民主革命的任务。1958 年 11 月，越共中央召开二届十四中全会，制订了发展经济、改造经济和发展文化的三年计划（1958—1969 年），提出对农民个体经济成分、手工业者和私营资本主义经济进行社会主义改造。特别强调农业合作化是引导北方农民走社会主义的唯一正确的道路，是北方进行社会主义改造的中心环节。于是，越南按照苏联模式，并参照中国的做法，在北方全面开展了对农业、手工业和资本主义工商业的社会主义改造，到 1960 年农业合作社发展到 4.14 万个，手工业合作社发展到 2760 个，将北办的 729 个私营企业改造成为 661 个公私合营企业和 68 个合作社。社会主义改造取得巨大成就，社会主义和半社会主义经济成分在国家的经济构成中占据了主体地位。1960 年 9 月，越共三大提出了北方社会主义过渡时期的总路线，即"团结全民、发扬我国人民的爱国热情、辛勤劳动和英勇奋斗的传统，同时增强同以苏联为首的社会主义阵营各兄弟国家的团结，推动北方快、猛、稳地走向社会主义，建设北方的温饱、幸福生活并把北方建设成为实现和平统一国家斗争的牢固基地，为加强社会主义阵营，保卫东南亚和世界和平做出贡献"。① 确定了越南革命的两个战略方针，即"在北方进行社会主义革命；把南方从美帝国主义及其走狗的统治下解放出来，实现国家的统一，在全国完成民族人民民主革命。"② 大会制订了第一个五年计划（1961—1965年），提出这一时期要初步实现社会主义工业化，初步建立社会主义的物质和技术基础，同时完成社会主义改造。这样，优先发展重工业就成了经济建设的重中之重。但由于美国1964年向北方发动了侵略战争，越南的第一个五年计划被迫中断，社会主义建设转入了战时经济。

1965年3月，越共召开了三届十一中全会，提出北方的急迫任务是：及时进行思想和组织的转变，及时进行经济建设的转变，加强国防力量使之与新的形势相适应，要由和平建设转入战时经济轨道。党在这一时期的方针是，保卫生产，发展生产，随时准备战斗并夺取战争胜利。在这一时期越南采取了许多"服务战争高于经济"的政策和措施。例如，实行生产的计划化和管理的集中化；疏散大型工厂以防空袭；大力发展农业和小手工业；大力发展地方经济；采用平均分配和定量供应制，等等。1973年1月，关于在越南结束战争、恢复和平的巴黎协定签订后，越共又及时作出了关于1973—1975年经济恢复的主要任务的决议，要求把生产恢复到或超过战前水平，强调要在发展农业和轻工业的基础上，合理地优先发展重工业，迅速增加社会总产品和国民收入，以满足社会消费，在国营和集体两个领域进一步巩固和完善社会主义管理。

（二）全国统一后的社会主义建设时期（1976—1979年）

这个阶段北方的建设和南方的社会主义改造同时进行，苏联模式在全国得到确立和强化。

1976年越共第四次全国代表大会，制定了新阶段社会主义革命的总路线和建设路线，勾画了越南社会主义建设和发展的蓝图。新阶段社会主义革命的总路线是：掌握无产阶级专政，发挥劳动人民当集体主人的权利，同时进行三大革命——生产关系革命、科学革命、思想和文化革命，

---

① 《越南劳动党第三次全国代表大会文件》，世界知识出版社1961年版，第341页。
② 中共中央对外联络部：《各国共产党总览》，当代世界出版社2000年版，第52页。

其中以科学技术革命为关键,大力促进社会主义工业化是整个社会主义过渡时期的中心任务;建立当社会主义集体主人的制度,建立社会主义大生产,建立新文化,培养社会主义新人,消灭人剥削人的制度,消灭贫穷和落后,不断提高警惕,经常地巩固国防,维持政治安全和社会秩序;成功地建设和平、独立、统一和社会主义的祖国越南;为世界人民争取和平、民族独立、民主和社会主义的斗争作出积极的贡献。新阶段社会主义建设的路线是:逐步实现社会主义工业化,使经济从小生产走上社会主义大生产。在大力发展农业和轻工业的基础上合理地优先发展重工业,把全国工业和农业建设结合起来。使之成为一个现代化的工农业经济体系;既建设中央经济,又发展地方经济,在统一的国民经济体系中把中央经济和地方经济结合起来;把发展生产力与建立和完善新的生产关系结合起来;把经济和国防结合起来;在维护独立、主权和互利的基础上争取同社会主义兄弟国家和其他国家扩大经济关系;使越南成为一个拥有现代化的工农经济、先进的文化和科学、强大的国防、拥有文明和幸福生活的社会主义国家。越共总书记长征在大会上指出,越南社会主义革命的目标是在南方促进社会主义改造,在北方完善和巩固社会主义生产关系,发展社会主义生产力,在全国彻底解决"谁战胜谁"的问题,促进国家社会主义工业化,建设社会主义物质技术基础,以便在这个基础上前进,在越南完整地建设社会主义。大会提出要用20年的时间基本完成国家经济"从小生产走上社会主义大生产的过程"。①为实现四大的规划,越南采取了一系列冒进的政策和措施。在南方,为了迅速"使南方走向社会主义大生产,使北南两方的经济早趋一致",不顾南方与北方的差距,按照北方的模式对南方强行进行社会主义改造。②到1979年底,有647500户加入到1286个合作社,685600户加入到15309个生产集团。到1980年,南方90%以上的私人企业被没收或合并,87%的农户和78%的土地被集体化,约1/3的城市人口迁往"新经济区"开垦荒地。在北方,继续完善社会主义生产关系,依据"一大二公"的原则,对所有制结构进行"升级"。同时制订和实施第二个五年计划。这样,越南在全国确立了苏联式的社会主义模式。

---

① 赵和曼:《越南的经济发展》,中国经济出版社1995年版,第90~91页。
② 罗荣渠:《东亚现代化:新模式与新经验》,北京大学出版社1997年版,第215页。

（三）社会主义建设的政策调整时期（1979—1986年）

这个阶段在传统社会主义模式的框架内采取了某些新的经济政策，尝试寻找越南社会主义发展的出路。

由于苏联式的高度集中的社会主义体制的弊端日益暴露，加上越南党的某些脱离实际的政策和措施，特别是对南方社会主义改造的失误，越南全国社会主义建设开展不久就陷入了严重的困境之中：粮食严重不足，从1976—1980年每年缺粮300万—400万吨，最困难时每人每月只有8公斤粮食；商品奇缺，通货膨胀率高，人民生活水平大幅下降，1979年城市居民每人只供应3尺布，人均年收入75美元，大量难民外逃；外贸逆差剧增，财政赤字扩大，等等。面对严峻的形势，越南共产党从1979年下半年开始，不得不对某些政策进行调整，陆续推出了某些新的经济政策。1979年9月越共召开了四届六中全会，提出促进生产，稳定和保证人民生活，是全党全民的紧迫任务，要大胆修改和完善各种现行政策，并对农业、工商业、各种经济成分的发展和南方的社会主义改造提出了指导性意见。有的越南学者称这次会议是自我抛弃官僚集中统包机制、转为按经济核算和社会主义经营原则的社会主义新型经济管理机制的转折点。1982年3月，越共五大承认党未能认清从小生产走上社会主义大生产的困难和复杂性，过去五年中，在领导和管理经济、管理社会方面的缺点与错误是很严重的。提出农业是首要战线，要集中力量发展农业，尽快推进消费品的生产。但大会仍宣布"继续执行四大的路线"，越南的两个战略任务是"成功地建设社会主义；随时准备战斗，牢固地保卫社会主义祖国越南。"[①] 1984年越共五届六中全会提出，要克服官僚主义，发展生产，提高管理水平，要研究市场、分配和价格等问题。1985年6月，越共五届八中全会作出了关于价格、工资、货币实行同步改革的决议，在全国进行了价格改革。由于各种政策调整的不配套，更由于对社会主义的认识没有什么大的突破，没有从根本上动摇旧体制，1985年开始的价格改革引发了更大的危机，1986年的通货膨胀率高达774%，越南的社会主义再一次面临着新的抉择。

---

① 中共中央对外联络部：《各国共产党总览》，当代世界出版社2000年版，第53页。

四　老挝社会主义的发展道路

老挝对社会主义理论和实践的探索经历了一个由脱离国情超越阶段地向社会主义过渡，到重新认识国情，调整政策，逐步走上革新开放，为向社会主义过渡创造条件的过程。从1979年社会主义改造的基本完成到1986年革新开放前这段时期，老挝是以苏联模式和越南经验为榜样来进行社会主义建设的。

建国后，冒进的社会主义改造造成了经济状况的恶化，促使老挝党对其所执行的政策进行反思，在反思中对本国国情和社会主义有了初步的认识。在1979年11月召开的老挝人民革命党二届七中全会上，凯山·丰威汉指出，在进行生产关系革命中，要"考虑到目前老挝生产力的发展状况和水平"，"急于消除资产阶级私有经济将造成生产力下降"。[1] 同月在回答国外记者的问题时，凯山强调，在走向社会主义的整个过渡时期，老挝存在着五种经济成分。同年12月他在一次会议上讲，老挝的私营经济，对生产和生活仍然是有用的，必须继续利用它。针对前一时期所采取的限制商业活动的政策造成的不良结果，凯山·丰威汉指出："任何政党，如果禁止人民交换商品，从事贸易，都是不合适的，实际上是愚蠢的。一个政党如果实行这种政策就等于自杀。"[2] 此后，老挝对许多政策进行了调整，放宽了各种政策。1980年1月，政府决定放宽对私商从事商业活动的限制。1981年2月发表《关于进出口业务的公告》，对由国家垄断经营的进出口商品作了明确规定。1980年6月发布《关于整顿农业合作化运动中若干问题的紧急指示》，要求各地农业社严格遵守"自愿"、"国家、集体、个人共同受益"和"民主管理"三项原则，把原定在1980年底基本实现合作化的计划推迟到1985年，把原定要求70%—80%的农户入社，降低为平原地区入社农户占60%—70%，山区占30%—40%。从1984年起，陆续解散一些合作社，让农民以家庭为单位进行生产。1985年11月，凯山·丰威汉提出了把责任与劳动成果挂起钩来，实行承包制

---

[1] 谭荣邦：《走向全面革新的老挝》，载《科学社会主义》2001年第1期，第70页。
[2] 《老挝人民革命党对社会主义的认识与实践》，载《国外社会主义研究动态》1995年第19期。

的主张,并开始在部分农业社进行承包试点。1985年老挝政府颁布了《国营企业管理暂行条理》,开始对国营企业进行改革试点。同时还进行了货币、价格、工资方面的调整。但是这些政策调整并没有从根本上摆脱旧的模式,高度集中、官僚主义和行政补贴式的管理体制仍居主导地位,社会主义发展的总体思路也没有变。1982年召开的老挝党三大,虽对老挝国情有了初步认识,认为老挝经济"具有自然性质的小生产",向社会主义过渡"起点太低"。但大会所确立的过渡时期的总路线,却仍没有摆脱急于过渡的思维模式,指出不断巩固和加强无产阶级专政,使各族劳动人民紧密地团结起来,保证他们做国家的主人、做社会的主人的权利;同时进行三项革命(其中,生产关系的革命具有为发展生产力开辟道路的性质,科学技术革命是关键,而文化思想革命则必须先行一步);以一切为了建设社会主义为宗旨,最大限度地挖掘和发挥国家的一切潜力,从农林业起步,以发展农林业作为发展工业的基础,改造自然经济,逐步把小生产引向社会主义大生产;逐步地有重点实现工业化;以社会主义工业化为过渡时期任务的中心,其目的在于发展生产力,建立和巩固社会主义生产关系,把我国建成一个具有发达农业、林业和工业的国家。这条总路线仍带有单纯从政治上和经济成分上过渡到社会主义的倾向。

第三节 中国与亚洲各国社会主义

中国社会主义的胜利,不仅鼓舞和帮助了亚洲其他国家社会主义的发展,而且与亚洲其他国家的社会主义一道,为社会主义由一国向多国发展时期世界社会主义运动的高涨和科学社会主义理论的发展作出了重大贡献。同时,中国和亚洲各国的社会主义也是"同中有异,异中有同"。

一 中国社会主义对亚洲各国社会主义的影响

虽然中国社会主义的产生与亚洲各国的社会主义属于同一时代,但中国社会主义一经产生,就成为亚洲社会主义运动的中坚,中国社会主义不仅为朝鲜、越南、老挝等社会主义的产生、生存和发展提供了道义上的支持和物质上的无私帮助,甚至军事上的援助,而且对这些国家社会主义的探索提供了经验和启发。"二战"结束以后,美国等西方国家,一方面支持韩国李承晚集团对朝鲜民主主义共和国的武装挑衅，以至于在朝鲜战争爆发后直接派兵武装入侵；另一方面纵容法国重新占领越南和老挝，并发动了侵越战争。面对美国的侵略行径和朝鲜、越南、老挝等民主共和国和人民的危险处境，中国年轻的社会主义共和国不仅谴责美国等帝国主义的侵略行径，从道义和精神上支持这些国家的反侵略战争，而且直接给予了这些国家巨大的经济和军事援助。1950年10月，中国人民志愿军入朝作战，支持金日成主席领导的朝鲜人民军抗美救国战争。在朝鲜战争期间，入朝作战的中国人民志愿军共有200多万人，最多时在朝人数达130余万。经过中朝两国人民的并肩作战，迫使美国在停战协议上签字，朝鲜战争以中朝两国人民的胜利而告终。中国为朝鲜民主主义共和国的生存和朝鲜社会主义的发展作出了巨大的贡献，在朝鲜战争中中国人民志愿军共伤亡了36.6万人，毛泽东主席的儿子毛岸英也献出了年轻的生命。中国是世界上第一个承认越南民主共和国并与之建交的国家，1949年10月中华人民共和国成立，1950年1月18日就与越南民主共和国建交。在1950—1975年越南的抗法战争和抗美战争中，中国人民更是给予了极大的支持和帮助。不仅提供了总计达200多亿美元的军事和经济无偿援助，而且先后派遣专家、顾问达2万多人，帮助越南训练干部和部队，有32万工程兵和防空部队到越南支援作战，中华人民共和国成为越南人民的坚强后盾和可靠后方。中华人民共和国于1961年4月25日与老挝正式建交，对老挝爱国战线领导下的抗美救国斗争也给予了有力支持和无私的军事、经济援助。可以说，中国为亚洲社会主义的生存和发展作出了贡献。

二　中国和亚洲各国社会主义对世界社会主义运动的贡献

中国和亚洲各国社会主义制度的确立、发展，对世界社会主义运动和科学社会主义的发展有着巨大的贡献。

首先，中国和亚洲各国社会主义制度的建立，在世界上最终形成"社会主义阵营"，打破了资本主义一统天下的局面，实现了社会主义由一国向多国的发展。1917年俄国十月革命的胜利，虽然使社会主义由理论变为现实，实现了社会主义由理论到实践的飞跃，开辟了世界历史发展的新纪元。但是，在从1917年到"二战"前长达30多年的时间里，苏联社会主义一直受到帝国主义的武装干涉和入侵，先是1918—1920年英国、法国、美国、日本等帝国主义纠集14国的军队武装干涉，企图扼杀苏联的社会主义，后是1941—1945年德国法西斯的武装进攻，苏联社会主义就像一个孤岛，被包围在资本主义的汪洋大海中，社会主义的物质和组织力量显得非常的薄弱。"二战"后，在东欧诸社会主义国家出现之后，中国和亚洲各国社会主义的先后胜利，使欧亚社会主义连成一片，社会主义制度越出苏联一国范围，形成一个地域毗连、拥有世界1/3人口和1/4土地、包括十几个社会主义国家的强大的世界社会主义体系。尤其是拥有世界人口1/4、有着960万平方公里的中国社会主义制度的建立，极大地增强了世界社会主义的力量。

其次，中国和亚洲各国社会主义制度的建立，不仅推动了世界民族解放运动的发展，而且鼓舞了某些亚非拉独立国家作出"社会主义选择"，使世界社会主义出现了新局面。中国和亚洲各国民主革命的胜利和社会主义制度的确立，冲破了帝国主义殖民体系在东方的战线，沉重打击了帝国主义的殖民统治，极大地鼓舞了殖民地、半殖民地人民的民族解放斗争，使帝国主义殖民体系处在全面瓦解之中。战后，亚非拉新出现了一大批独立国家，尽管这些国家的民族解放运动是由资产阶级和小资产阶级民族主义政党所领导，但由于受到欧亚社会主义国家的影响和支持，纷纷作出了"社会主义选择"。他们要么打起社会主义旗号，宣传社会主义，要么以社会主义为发展方向和目标，提出各种社会主义主张，进行社会主义实验。像坦桑尼亚、印度国大党、印尼的苏加诺等都是在中国的影响下宣布搞社会主义的，中国在毛泽东时代也对争取民族解放和宣布走社会主义发展道路的亚非拉国家给予了大量的无偿援助。

第三，中国和亚洲各国社会主义的建立，从落后的东方国家的视角证明了科学社会主义的真理性，在一定程度上坚持和发展了马克思主义的科学社会主义。马克思、恩格斯在创立科学社会主义的时候，首先是以发达的西欧国家为研究对象，并得出社会主义同时胜利的结论。马克思和恩格斯晚年都比较关注东方落后国家的革命发展道路，并认为东方国家在发达国家无产阶级革命的帮助下，可以跨越资本主义"卡夫丁峡谷"，走向社会主义，但他们没有机会看到这种设想的实现，无法证明这一理论是否正确。列宁根据帝国主义发展不平衡的规律，提出了"一国首先胜利"的理论，领导俄国人民取得了十月社会主义革命的胜利，初步证明和发展了马克思主义东方革命的理论。但是，俄国一国社会主义革命的胜利，还带有一定的特殊性，还不能足以证明落后国家取得社会主义革命胜利具有普遍性。而欧亚一系列社会主义国家的诞生，特别是同属于东方落后的殖民地、半殖民地的中国和亚洲各国社会主义的建立，在更大范围上令人信服地证明了马克思主义科学社会主义的正确性和真理性，有力地促进了马克思主义科学社会主义在世界东方和其他地区的传播。

中国和亚洲各国的社会主义从总体上看，虽然都带有苏联模式的特征，但都坚持了科学社会主义的基本原则，都试图结合本国的具体国情发展马克思主义的科学社会主义，使马克思主义本国化。例如中国在探索中国式的工业化道路的进程中，提出了许多有价值的东西，使毛泽东思想最终形成。朝鲜形成了金日成的"主体思想"，走了一条"朝鲜式"的社会主义道路。越南也逐步形成了胡志明思想。这些都丰富和发展了科学社会主义。

第四，中国和亚洲各国社会主义的初步实践和取得的成就，初步显示了社会主义制度的优越性。中国社会主义制度的建立，改变了旧中国贫穷落后的面貌，在一穷二白的基础上逐步建立起了比较完整的工业体系和国民经济体系，经济总量大幅度增长，人民生活水平大幅度提高，经济发展速度大大高于资本主义国家。朝鲜是在一片废墟上开始建设社会主义的，但取得了巨大的成就。1953—1986年间，电力由10.2亿度增至520亿度，煤炭由71万吨增至7800万吨，钢由0.4万吨增至673万吨。1978—1984年间工业生产的年平均增长率为12.2%。1953—1984年间，粮食也由232.7万吨增至1000万吨。实现了农业电气化和水利化，机械化和化学化也有很大进步。在整个20世纪60年代，朝鲜的经济发展比韩国好得多，1960年时，韩国GDP与人均GDP仅是朝鲜的40%和55%，1975年时分别是朝鲜的90%和84%。越南在法国殖民统治结束时，是一个十分落后的农业国，几乎没有什么工业，绝大部分工业品要从外国进口，北方社会主义改造和建设的进行，初步改变了这种落后状况。到1960年越南北方已有国营企业205家，地方管理的国营企业近800家，而1954年中央管理的国营企业仅有20家。在1961—1965年第一个五年计划期间，工业总产值平均每年递增14%，与1955年相比，电力增长10倍，燃料增长6.7倍，机电增长22倍，化工增长30倍，建材增长36.8倍，木材增长 5.4 倍，粮食食品增长 6.6 倍。虽然在越南战争期间，经济遭到严重破坏，但到 1975 年，越南北方工业生产已达到或超过 1965 年的水平，工农业产值已达到 72 亿吨，其中，工业产值占 55%，粮食产量达到 560 万吨，煤炭产量达到 510 万吨，发电量近 13 亿度。1975 年前的老挝经济更是落后，随着老挝向社会主义的迈进，其经济也有一定的发展。当然，在 20 世纪六七十年代，中国和亚洲各国的社会主义从总体上讲都照搬了苏联模式，在社会主义改造和建设中也都不同程度地犯过教条主义和左的错误，在一定程度上压抑了人民群众的积极性，阻碍了社会主义生产力的发展，使社会主义制度的优越性没能得到显现和发挥。

三 中国与亚洲各国社会主义的异同点

在这里主要是将中国、越南、朝鲜、老挝 4 国社会主义发展的国情和历史条件、社会主义的思想理论体系和体制特征上的一些异同点加以简单概括。

其一，社会主义革命前都是殖民地、半殖民地国家，但分属于不同的殖民国家。中国自 1840 年鸦片战争开始进入了半殖民地、半封建社会，英国、法国、俄国、日本等帝国主义列强不断入侵和掠夺中国。越南、老挝是法国的殖民地。朝鲜是日本的殖民地。殖民国家不同，殖民统治的时间不一。中国从 1840 年到 1949 年经历了长达 100 多年的半殖民地半封建社会，越南、老挝受法国的殖民统治近百年，朝鲜受日本殖民统治近 40 年。这些国家社会主义建设的经济基础都比较差，起点低，但程度也有所不同。

其二，社会主义建设的外部环境都比较差，都受到美国的干涉和封锁，但状况有所不同。这 4 个国家从走上社会主义道路之日起，就受到了以美国为首的西方资本主义国家的敌视和封锁，它们从政治、经济、军事、文化等各方面向这些国家展开进攻，企图消灭这些国家的社会主义。就军事入侵和干涉来讲，美国在越南、老挝挑起了第二次印度支那战争，迫使越南、老挝奋起抗美，打了 10 年战争。在朝鲜半岛支持南方李承晚集团制造事端，结果爆发了 1950—1953 年朝鲜战争，美国亲自出兵参战，进一步加剧了朝鲜南北双方的分裂和对立。尤其是以美国为首的资本主义国家对中国、越南、老挝、朝鲜等国家实行长期的经济封锁，割断了这些国家与整个世界的经济联系，使之不能很好地利用国内国际两个市场、两种资源，经济发展缓慢，落后面貌长期得不到改变，严重影响了社会主义优越性的发挥。当然，中国在20世纪70年代与美国建立了外交关系，虽然在社会制度、意识形态上分歧仍严重，但国家关系已经正常化，社会主义建设的外部环境相对宽松。越南、老挝是在20世纪90年代初才与美国等西方国家实现了关系正常化。而朝鲜至今仍面临着美国的政治敌对、军事威胁、经济封锁和文化渗透，外部环境仍很严峻。

其三，都是"二战"后走上社会主义道路的，但时间有先有后，经验和成熟程度不同。中国从1949年后不久，开始进行社会主义改造，到1956年社会主义制度就完全确立起来。朝鲜于1953年朝鲜战争结束后，将恢复经济、社会主义改造和社会主义建设三大任务同时进行，虽然南北分裂对峙，但朝鲜社会主义建设从没间断。越南虽然在1945年独立，成立民主共和国，但北方真正进行社会主义建设是从1955年开始，而全国性的社会主义建设是从1975年全国统一后才开始的。老挝从1975年开始向社会主义过渡，进行社会主义改造。

其四，都以马克思列宁主义为指导，但各国的思想体系不一样。各国的社会主义理论都属于马克思主义范畴，都强调以马克思列宁主义为指导，认为马列主义是本国社会主义建设的理论来源和基础；都认为社会主义是一种比资本主义优越、人民当家作主、过着自由幸福生活的理想社会；都提出要把马列主义与本国具体国情相结合。但各国在把马克思列宁主义本国化的过程中形成了不同的思想体系。在中国早就形成了"毛泽东思想"；在越南产生了"胡志明思想"；在朝鲜形成了金日成的"主体思想"。这些思想体系都不同程度地反映了各国社会主义发展的理念，具有不同的特点。

其五，社会主义建设受苏联的影响都比较大，但受影响的程度和结果有所差别。这些国家的社会主义建设一开始都不同程度地得到了苏联的支持和帮助，也因此受到很大影响。一是得到苏联大量的经济和军事援助，对这些国家抗击外来入侵、改变落后面貌、改善人民生活、稳定社会局势，起到了重要作用；二是在社会主义发展上受苏联模式的影响比较大，大都以苏联模式为榜样，建立了高度集中的社会主义体制。在经济援助上，越南得到苏联的援助比较大。朝鲜和老挝受苏联的直接援助相对来说少些，从20世纪60年代起苏联就逐步减少了对朝鲜援助，朝鲜走上了自立的民族经济的发展道路。老挝接受苏联的援助仅仅是一部分，大量的援助来自苏联以外的国家。在受苏联模式影响上，中国在开始从总体上是苏联式的社会主义，但毛泽东较早就提出了走中国式现代化道路的思想。越南受苏联模式的影响比较大，在社会主义改造和建设中几乎全盘照搬了苏联模式。老挝是间接学习苏联模式，主要是从越南那里学。朝鲜开始也学习照搬苏联模式，但从20世纪60年代以后，在中苏论战的年代，逐步走上了"主体"的社会主义发展道路，虽然这也是一种高度集中的社会主义模式，但与传统苏联模式有所不同。

第二十二章　发达国家共产党的科学社会主义[①]

第二次世界大战后，发达资本主义国家的政治、经济、社会、阶级结构发生了很大的变化。与此同时，发达国家共产党的情况也随之发生了变化，意大利、法国和西班牙等国共产党奉行"欧洲共产主义"理论，反对大党大国主义，坚持独立自主，在国内政治舞台上具有十分重要的影响，美国、希腊、葡萄牙、日本等国共产党亦有不同程度的发展。这些国家的共产党在曲折的经历中积累了经验教训，为探索走向社会进步和社会主义作出了努力。

第一节　发达国家共产党建设的历史道路

在"二战"中，西欧、北美等国的共产党人在国家民族危亡之际，挺身而出站在反法西斯斗争最前列，动员群众同法西斯势力进行了不屈不挠的斗争，作出了巨大的牺牲和贡献，因而赢得了群众的拥护，壮大了革命力量。1945年1月至6月，法共党员人数从38.7万增至54.5万，1947年12月又猛增至90.8万，达历史最高峰。意共1943年仅有党员15000人，1945年党员人数就增至170万人。1939年，资本主义国家的共产党党员总数约180万人，1945—1947年间增加到450万人。在共产党领导或影响下的工人、农民、青年、妇女组织也得到了很大的发展。

世界反法西斯战争的胜利为发达资本主义国家的共产主义运动的发展

[①] 本章主要是指从"二战"后至20世纪70年代末这一时期各发达资本主义国家的共产党对社会主义道路的探索。

创造了有利的条件。战后，这些国家的大多数共产党从反法西斯的武装斗争（有的是地下斗争）转向合法的和议会的斗争。不少国家的共产党和社会党曾一度合作，共同参加了政府。1946年法共大选得票28.2%，在议会中占有166个议席，成为法国第一大党。卢森堡共产党战后也获得选票15.5%，长期在议会有议席。比利时共产党1946年得票率为12.7%，拥有23个议席，并一直在议会待了39年。

但是自1947年下半年起，随着国际上美苏之间同盟的瓦解和"冷战"的开始，以及国内阶级矛盾的发展，各发达资本主义国家共产党的处境明显恶化，党的威望和影响大幅度降低，党员和支持者、同情者也日益减少，共产党在政府中的执政地位几乎不复存在，有些国家共产党的代表先后被亲美反动势力排挤出政府（丹麦和挪威共产党人参加政府只延续到1945年秋，冰岛统一社会党代表于1946年10月就被迫退出政府）。20世纪40年代末美国政府大肆迫害美国共产党人，1947年和1948年两次非法审讯美共领导人。1954年8月，美国众议院和参议院先后通过《共产党活动管制法》，实际上使美国共产党处于半合法的地位。

20世纪50年代中期，苏共二十大和波匈事件，使多数国家的共产党产生思想混乱和大批党员退党现象。60年代中苏两党的大论战，使得发达国家各国共产党在指导思想上出现了分歧，形成了三个不同的派别。第一类是以法共、意共、西共为代表的，以"欧洲共产主义"为指导思想的西欧共产党。这类信奉"欧洲共产主义"的各国共产党，比较注意把马克思主义的基本原理同本国的具体情况相结合，注重总结资本主义发展变化着的客观实际，努力探索实现社会主义的新途径、新形式。正因为如此，欧洲共产主义于20世纪七八十年代盛极一时，以欧洲共产主义为指导思想的西欧共产党一度产生巨大的影响力。第二类是以葡萄牙共产党、希腊（国外派）、美国共产党等为代表的"老共产党"，这些共产党具有长期革命斗争传统，是在共产国际的推动下和马列主义指导下建立起来的。第三类就是"新共产党"，是指从20世纪60年代国际共产主义大论战以来，直至70年代，在资本主义国家里先后从老的共产党中分裂出来的一些共产党人成立的新组织，他们自称为马列左派共产党，宣布以马克思列宁主义、毛泽东思想为指导思想，把中国革命作为样板，把社会主义、共产主义作为直接目标。新共产党是以法共马列党、挪威工人党

(马列)、瑞典共产党、比利时马列共产党、联邦德国共产主义联盟等为突出代表。

第二节 共产党的"欧洲共产主义"理论与实践

第二次世界大战后,尤其是在20世纪70年代中期,以意大利、法国、西班牙三国共产党为代表的发达资本主义国家的若干共产党人,面对发达国家在政治经济形势、阶级关系和国际环境发生的新变化,在独立自主地探索实现社会主义革命道路和建设社会主义模式的过程中,形成了普遍相同的理论共识,并据此进行了大胆的探索。"欧洲共产主义"就是这种新探索的表现。"欧洲共产主义"是当代国际共产主义运动中出现的一个重要思潮、派别和运动,它代表了20世纪七八十年代西方国家科学社会主义运动的主流。

一 欧洲共产主义的由来与含义

"欧洲共产主义"(以下简称"欧共")一词最先出现是在1975年。1975年6月26日,出生在南斯拉夫的意大利记者弗拉内·巴尔别里,在为米兰《新日报》撰写的社论《勃列日涅夫的期待》中,首次使用了这个概念。他在社论中这样写道:"近来,圣地亚哥·卡里略阐明的欧洲共产主义这一思想越来越定型了。它以西欧集团为支柱,而不那么符合莫斯科的战略意向。"[①] 此后,这一概念相继在西方的一些报刊流行,但意、法、西三国共产党的总书记开始时认为它并不正确并反对使用。然而,时隔不久,1976年1月,意共总书记贝林格在法共为他在巴黎举行的一次欢迎会上的讲话中,第一次采用了这一概念。同年6月30日,他在柏林举行的欧洲"共产党和工人党代表会议"上正式使用了"欧共"一词,他说:"人民把这些新的谈论和结论称之为'欧洲共产主义'。这个名称显然不是我们创造的,但是它如此广泛流传的事实本身就正好说明,人们对于在西欧国家确定和实行社会主义意义的社会改造的新型解决办法的要

---

① 沃尔夫冈·莱昂哈德:《欧洲共产主义对西方的挑战》,人民出版社1980年版,第1页。

求是何等深广。"① 西班牙总书记卡里略、法国共产党总书记马歇在这次会议上也正式使用了这一概念,并初步概括出"欧共"的基本思想。1977年3月贝林格、卡里略、马歇在马德里发表了联合声明。联合声明声称三党要在国内实行通过民主方式走向民主社会主义的战略方针,在国际共运方面,三党"将在各党独立自主、全力平等、互不干涉、尊重在自由选择符合各国情况的、争取和建设社会主义的独特道路的基础上,发展国际主义团结和友谊。"② 西方称这个声明为"欧洲共产主义宣言"。

1978年4月,西班牙共产党第九次代表大会确定党的基本路线是通过民主道路走向社会主义;1979年3月30日—4月3日举行的意大利共产党第十五次代表大会重申要采用走向社会主义的民主道路;1979年5月,法国共产党第二十三次代表大会也是明确决定要走一条通向社会主义的民主道路。从此,"欧共"正式成为这些党的纲领和路线,在国际共产主义运动中成为一种不可忽视的思潮和流派。

对于"欧共"的含义,按照贝林格的说法,"所谓'欧洲共产主义',就是从欧洲资本主义的特殊条件出发,寻求社会主义的道路。它不同于欧洲社会民主党所走的道路,也不同于苏联东欧已有的模式。它是在欧洲发达的工业国家通过民主途径、寻求所有社会主义的力量——工人、民主和进步力量的团结,实现社会主义的变革。"③ 卡里略则指出:"欧洲共产主义是一种产生于独特经验和具体现实之中的一种自立的战略。它按照发达资本主义国家的经济、社会和政治特点,在国际共运中制定一条革新的路线。它的根本特点在于西欧各国共产党独立于苏联,并在理论和实践上表明一条真正的民主道路。"他还强调"欧洲共产主义就是使革命的马克思主义同欧洲各国具体情况相结合。"④ 用马歇的话来说,"欧共"就是通过民主道路走向真正的、自由的社会主义。

因此,可以这样归纳"欧共"的含义:它是以意大利共产党、法国共产党和西班牙共产党为代表的西欧一些共产党人把马克思主义的基本原

---

① 赵明义主编:《当代国外社会主义的问题纲要》,山东人民出版社1987年版,第234页。
② 同上书,第234~235页。
③ 贝林格1980年4月22日在北京中外记者招待会上的讲话,《人民日报》1980年4月23日。
④ 卡里略:《"欧洲共产主义"与国家》,商务印书馆1982年版,第147、751页。

则同发达资本主义国家实际相结合,独立自主地探索适合本国国情的社会主义革命道路和社会主义模式的一种学说,是当代国际共产主义运动中的一个派别和独立自主的运动。

二 欧洲共产主义的形成发展过程

"欧共"的形成经历了一个长期的曲折历程,大体经历了三个阶段:

第一阶段是"欧共"酝酿阶段(1920—1956年)。

从1919年共产国际创立到1956年苏共二十大这个较长的时期里,西欧的共产主义运动基本上遵循"一个中心"、"一条道路"、"一个模式"发展。表面上,国际共运是统一的,但实际在20世纪20年代西欧革命风暴被扑灭以后,西欧一些共产党人便开始酝酿独立自主地把马克思主义创造性地运用于各国实际,选择适合本国国情的独特革命道路。30年代初,葛兰西在总结20年代西方革命失败经验和革命发展不起来的原因时,就提出东、西方应有不同的革命道路,在西方,大多数国家的社会主义革命应走与俄国"运动战"道路不同的持久的"阵地战"道路,要在政治、经济,特别是在意识形态领域内通过一个一个地摧毁资产阶级的"内部堡垒和工事"来夺取阵地,建立无产阶级统治。这些理论对欧洲共产主义的理论和路线的形成具有重大作用。

20世纪30年代中后期欧洲一些国家人民阵线的胜利提供了"联合执政"的启示,为"欧共"的形成提供了理论和实验的经验。1934年7月,法共在共产国际尚未允许的情况下,根据反法西斯斗争的新形势自行同社会党订立了关于共同行动的同盟,同年10月,莫里斯·多列士第一次提出了建立反法西斯的人民阵线的构想,意共等很快就积极响应。1935年共产国际第七次代表大会批准和支持了这条路线,把反对关门主义、建立反法西斯统一战线作为共产国际的主要方针。七大的这一方针受到绝大多数共产党的热烈欢迎。1936年1月,法国人民阵线正式成立,产生了以社会党人勃鲁姆为首的人民阵线政府。1935—1939年,西班牙共产党也参加了人民阵线政府,并担任了教育部长和农业部长。各国共产党的力量和影响得到很大发展。1936年,陶里亚蒂以西班牙革命为例,总结了反法西斯人民阵线的经验,提出建立"新型民主制"的设想,即反法西斯斗争的目标既不是建立无产阶级专政,也不是单纯恢复资产阶级民主制,而是建立中间型的"新型民主制"。但是由于1939年8月苏德条约的签订，欧洲一些共产党被迫放弃反法西斯人民阵线旗帜达两年之久，从而使欧洲各党的威信大大下降。由于德意法西斯的武装镇压，人民阵线失败了。这促使各国共产党进行独立思考。人民阵线民主政府的经验，为"欧共"的形成奠定了实践基础。有人认为，欧洲共产主义正是人民阵线政策的继续。

1943年5月共产国际解散，促进了西欧各国共产党的独立发展。战后，西欧共产党的力量和影响有很大发展，根据国际国内新的形势，意共、法共等试图采用和平、民主手段，争取建立"新型民主制"、"改革社会结构"，逐步走向社会主义。如意共参加了七届政府，法共参加了五届政府。在芬兰、冰岛、比利时、丹麦、挪威、瑞典、荷兰等国，共产党在议会选举中也取得重大成功。但是好景不长，1947年5月，"冷战"开始了，西方大资产阶级在美帝国主义的资助下，把意、法等西欧各国共产党相继排挤出联合政府。从此，意、法等国共产党采用和平、民主办法走向社会主义的第一次尝试遭受挫折。但陶里亚蒂认为这是"暂时的挫折"，和平民主政治之路"绝不是什么权宜之计"。它"依然是有效的和现实的"。①

第二阶段是"欧共"的初步形成阶段（1956—1968年）。

1956年召开的苏共二十大，在国际共运史上是一次举足轻重的事件，赫鲁晓夫在会上作的秘密报告充分暴露了苏联社会主义模式的种种弊端。各国共产党在震惊之余，纷纷总结自己的经验与教训，审视性地重新认识苏联模式。在国际共运内部，独立自主地探索社会主义革命新道路的思想再次活跃起来。在苏共二十大召开后不久，陶里亚蒂就相继提出了"多中心论"和"结构改革论"。1956年5月，陶里亚蒂在和铁托会谈之后，提出了"多中心"思想。1956年12月，"意共召开第八次代表大会，陶里亚蒂在大会上系统地提出了"结构改革"的理论和路线，八大确定"结构改革"为党的基本路线。结构改革和多中心思想的基本内容是：第一，否定"世界中心"，主张在各党之间发展平等互助的双边关系；第二，否定苏联模式是唯一的模式，主张走独立的通向社会主义的意大利道

---

① 高放主编：《当代世界社会主义新论》，云南人民出版社1998年版，第332~333页。

路;第三,主张首先在宪法规定的范围内实行"结构改革",结构改革本身并不是社会主义,但是它可以为向社会主义前进开辟道路;第四,实行阶级联盟政策,争取实现工人力量、人民民主力量和社会主义力量的团结;第五,要求共产党保持和巩固它的群众性政党的性质,广泛地吸引工人、妇女、青年到党内来。[1] 这一理论的提出,很快就得到西欧大多数共产党的认同。1959年11月,西欧17个国家的共产党的代表在罗马开会,听取陶里亚蒂的"结构改革论"报告,并发表罗马宣言,强调把争取民主斗争作为共产党的战略方针,提出要通过限制垄断组织对整个经济生活和政治生活的有效统治,实现国家政治经济的结构性改革,推进民主进程,进而实现向社会主义过渡。1964年陶里亚蒂在《雅尔塔备忘录》中再次阐明了独立自主和结构改革的理论。《雅尔塔备忘录》成为意共走向欧洲共产主义的一个重要标志,而陶里亚蒂也被人们称为"欧洲共产主义新路线的开拓者"。应该说,在这一时期,西欧共产党无论在思想上、理论上还是在实践上都已日益走向独立自主的发展道路,欧洲共产主义已经开始形成。

第三阶段是"欧共"最终形成阶段(1968—1979年)。

1968年春,捷克斯洛伐克掀起的民主改革浪潮得到西欧主要国家共产党的肯定与支持。但捷克斯洛伐克的改革却因苏联为首的华约组织的军事干预被迫中断。苏联的侵略行径引起了西欧各国共产党的强烈不满,意、法、西等17国共产党发表声明,强烈谴责苏联出兵捷克斯洛伐克的霸权主义行径。这是"欧共"各党第一次公开抗苏,也是"欧共"的独立自主路线形成的标志。正如卡里略所说:西班牙共产党走独立自主道路的高潮,是随1968年苏联对捷克斯洛伐克的占领到来的。进入20世纪70年代,西欧各国共产党经常就共同关心的国际局势和国际共产主义运动中的重大问题举行双边和多边会谈,彼此交换意见,就西欧共产主义运动面临的形势及发展前景得出了相同或相近的结论,他们在国际共运的活动中逐渐靠拢,实际上形成一支与苏联大党主义和霸权主义政策相抗衡的独立自主的力量。

1974年1月,西欧21个国家的共产党在布鲁塞尔举行会议,就对付

---

[1] 赵明义主编:《当代国外社会主义的问题纲要》,山东人民出版社1987年版,第245页。

资本主义危机的战略策略及西欧各国走向社会主义的道路问题达成一致意见，在会议声明中提出，要形成广泛的人民运动以便从资本主义转变为社会主义。1975年6月，意共总书记贝林格与西共总书记卡里略举行会晤，并联合发表声明，重申两党"在和平与自由民主中走向社会主义"路线方针。同年11月，意共与法共签署联合声明，确认意共、西共联合声明中提出的原则和路线方针。两个联合声明的签署，标志着以意共、西共和法共为代表的欧洲共产主义正式形成。1976年6月，欧洲共产党在东柏林举行会议，贝林格、马歇和卡里略在大会上发言，公开打出"欧共"的旗帜，阐明"欧共"的理论和政策。会议文件反映了"欧共"的要求，这标志着"欧共"党联合反对苏联控制斗争的重大胜利，它已登上欧洲的政治舞台，成为一股不可阻挡的抗击霸权主义的洪流。

1977年3月，贝林格、卡里略和马歇三人在马德里举行了第一次举世瞩目的"欧洲共产主义"开拓者会晤。会后三党发表的被誉为"欧洲共产主义宣言"的联合声明，首次提出了西欧国家"在民主、自由中实现社会主义"的纲领，并确定了有关"欧洲共产主义"的一系列基本主张：第一，各党有权选择符合本国国情的走向社会主义的独特的道路，自主地制定自己的方针政策；第二，建立多党制的民主社会主义；第三，同各种民主力量、教会力量进行对话，争取谅解与合作；第四，三党将在独立自主、权利平等、互相尊重的基础上发展国际主义团结和友谊；第五，反对军事集团，争取建立一个和平、民主、独立、没有军事基地的欧洲。这些原则的确立，表明欧洲共产主义的基本理论和路线正式形成。马德里的会晤，向世界正式宣告了欧洲共产主义的诞生。

三　欧洲共产主义对社会主义道路的探索

"欧共"作为国际共产主义运动中的一种社会主义思潮，根据发达资本主义国家生产力高度发展和具有悠久民主传统等特点，独立自主地对社会主义道路作了新的探索。

（一）坚持以马克思主义基本理论为指导，但有的党不提列宁主义

"欧共"坚持马克思主义，但主张创造性地加以运用，反对把马克思和列宁的思想视为一成不变的教条。特别是对列宁主义作出新解释。它认为列宁主义是马克思主义同俄国实际相结合的产物，其使用范围有一定局

限性。列宁主义不能再被认为是当代的马克思主义,随着西欧经济政治条件的变化,列宁关于无产阶级革命和无产阶级专政的一些重要论断"已被超越"。为了更好地强调理论的生气勃勃和正在发展的特点,所以不再使用"列宁主义"的提法。西班牙共产党改用"马克思主义"或"革命的马克思主义";意共改提"马克思思想"、"恩格斯思想"、"列宁思想"、"葛兰西思想"、"陶里亚蒂思想"等,有时也提"马克思主义";法共和日共采用"科学社会主义"。但是荷共不同意"列宁主义已经过时",表示坚持马列主义原则;英共明确提出该党是"建立在马列主义基础之上的"。希共(国内派)主张以马克思主义和列宁主义作为党的理论基础,但又认为最好还是不用马克思列宁主义的提法。瑞典左翼党(共产党人)则认为"党的基础是科学社会主义,即马克思、列宁的理论"。①

(二)主张用和平手段取得政权,但不排斥必要时采用暴力革命

"欧共"在承认社会主义道路多样性的前提下,提出西欧各国既不能走俄国十月革命的道路,也不能走社会党的改良主义道路,必须选择一条"独特民主道路"走向社会主义。贝林格说:"我们正在努力走一条既不同于苏联的模式,又不同于传统的社会主义道路。"② 法共二十四大决议说:通往社会主义"必然走民主和自治的道路。我们的选择很明确:民主每发展一步,就是法国向社会主义迈进一步。"③ 卡里略在西共九大开幕词中说"所有的西欧共产党,包括我们党在内,在政治实践中接受了一条民主的道路。在西方民主国家的条件下,我们放弃了武装起义夺取政权的原则、放弃了'占领冬宫'的思想。"④

"欧共"强调可以充分利用和改造现有的民主制度,依靠大多数群众的支持,通过选举,取得议会中的稳定多数,和平地夺取政权,并把国家改造成建设社会主义的工具,而不是用暴力把它打碎。但是,如果敌人使用暴力堵塞和平发展道路,也不排除用革命暴力去对付反革命暴力的可

---

① 王兴斌主编:《战后世界共产主义运动(1945—1985)》,广西人民出版社1987年版,第366页。
② 唐德武主编:《当代国外社会主义》黑龙江教育出版社1989年版,第165页。
③ 《建设法国色彩的社会主义》,人民出版社1984年版,第106页。
④ 卡里略:《西班牙共产党第九次代表大会开幕词》(1978年4月),转引自唐德武主编:《当代国外社会主义》,黑龙江教育出版社1989年版,第165页。

能性。

(三) 主张建立"政治民主基础上的社会主义"模式

"欧共"认为社会主义制度应有多种模式，西欧国家无产阶级夺取国家政权后，不能照搬苏联东欧的社会主义模式，而应实行民主社会主义模式。这一模式的主要内容有：第一，以工人阶级的领导权代替无产阶级专政。"欧共"认为，无产阶级专政是同暴力、独裁、一党制的概念相联系的，不符合"欧共"的道路和目标。他们认为"专政"就是暴力，就是"独裁"，就是对民主的否定。专政不由得使人想起法西斯政权。无产阶级专政和暴力革命一样，曾经是历史上不可避免的需要。虽然在一些不发达国家，无产阶级专政可能仍是需要的，但它不是发达资本主义民主国家的劳动力量和巩固领导权的途径。因此，"欧共"各党相继从自己的党纲上取消无产阶级专政的提法，而以新的提法来取代。意共采用葛兰西的"无产阶级领导权"的概念；西共提出"要建立一个得到广大人民群众拥护的、以工人阶级为主体的、由劳动力量和文化力量联盟所领导的新政权"；法共提出要建立"工人阶级和城乡各类劳动者和脑力劳动者的政权"；芬共主张建立"工人政权"。第二，实行全面高度民主，使人民真正当家作主。"欧共"认为，充分的民主和真正的自由，是社会主义的基本特征和主要标志。法共总书记马歇说，我们作出了坚定不移的抉择，这就是实现法国式的社会主义，民主的自治的社会主义。我们在实现社会主义时，需要自由，就像呼吸时需要空气一样。而民主是变革的中心。它是走向社会主义的最终目标，也是实现这一目标的手段。高度全面的民主要体现在政治、经济和社会各个领域，并使所有劳动者成为国家管理者和真正的主人。第三，建立多元化的社会主义。这种多元化主要表现就是实行多党制，建立多党联合政府。"欧共"认为，根据社会主义多年来的经验和教训，社会主义能不能确保人民的自由和民主，不在于国家的意识形态，而在于能否实行多党制。意共十五大提出，多党制的观点不是策略性的权宜之计，民主的走向社会主义的概念就包括多党制，这是基本的一条。第四，建立以公有制为主体的多种所有制并存的"新经济模式"。即在公有制经济占优势的基础上，充分发挥私人经济的积极作用，经过一个长时间的过渡时期，逐步实现社会主义公有制。

(四) 主张建设一个"群众性、人民性和民主性"的"新型党"

"欧共"认为，在西欧多党制的条件下，实现民主社会主义的道路，只有得到人民大多数的支持才有可能，而只有新型的、群众性的政党，才能担负起改造社会的领导作用。为此，意共取消了党是"工人阶级和所有劳动者的先锋队组织"的提法，只提意共是"为实现社会主义和和平的理想而斗争的工人、劳动者、知识分子和公民"的组织。希共（国内派）认为自己是代表工人阶级利益的，但不自称为工人阶级先锋队。法共和西共虽然仍认为自己是工人阶级的"先锋队"和"先进分子"，但法共强调自己是"民主和革命的先锋队"，西共强调自己是"革命、民主的党"。"欧共"宣布，他们要改变过去那种只以少数"职业革命家"为核心的建党做法，把党建成以工人阶级为核心的广大劳动人民参加的群众性的新型党。凡是拥护党的政策和纲领的人，不论信仰如何，均可申请加入共产党。在坚持党的民主集中制的原则下，强调充分发扬党内民主，允许不同观点充分展开讨论。在执行多数人的决议时，允许少数人保留意见。除了革命的战略和政治策略问题外，理论、文化和艺术的不同见解和流派可以在党内共存，不强求一致。它们还认为社会民主党、社会党或工党也是工人阶级政党，主张同这些党及其他政党共存。承认工、青、妇等群众组织的独立性，不强调它们必须服从党的领导。只要求在这些组织中的党员贯彻党的意图。

(五) 主张各党各国之间独立自主、完全平等，不允许出现任何领导党、老子党来干涉各国党的内部事务

据此，"欧共"各党严厉斥责苏联1968年8月入侵捷克斯洛伐克、扼杀"布拉格之春"的霸权主义行径，并于20世纪70年代初就此问题与苏共展开激烈论战，此举颇得欧洲舆论的好评。"欧共"各党还一再拒绝勃列日涅夫提出的关于召开世界共产党、工人党代表大会的建议，指责其试图（尽管是在形式上）重建"苏联中心"，以致直到勃列日涅夫去世，该大会也未能开成，此后更无人再重新提及。为了彻底反对"国际共运中心论"，"欧共"声称自身也不存在中心，也不是国际共运的任何形式上的新中心，而且主张放弃"无产阶级国际主义"的口号，并代之以"新国际主义"的口号。他们认为，苏联把对自己的态度作为衡量无产阶级国际主义的试金石，使这个口号成为维护苏联僵化模式和苏联控制

国际共运的工具,现在再沿用这个口号,已不利于西欧共产党新革命战略的推行,不利于同所有民主力量联合起来。他们所主张的"新国际主义",是以各党独立自主为基础的,是没有国际中心和超越国际共运范围的国际主义。其目的是要在尊重各自差异、反对任何霸权企图的条件下,把世界上所有为争取和平、民族独立、正义、社会进步而斗争的力量联合起来。

综上可见,"欧共"的实质就是要使马克思主义同西欧各国具体实践相结合,它的兴起既打击了苏联的大党大国主义,壮大了独立自主的力量,也探索了发达资本主义国家走向社会主义的道路,符合历史潮流,促进了国际共运的发展。

第三节 葡共、希共、美共等老共产党的社会主义理论与实践

在西欧、北美、大洋洲等发达资本主义国家,还有一部分具有长期革命斗争传统的老共产党,他们自称坚信并实行科学社会主义。这一类共产党有葡萄牙共产党、希腊(国外派)共产党、卢森堡共产党、爱尔兰共产党、丹麦共产党、美国共产党、奥地利共产党、加拿大共产党、新西兰共产党、西班牙人民共产党、德国共产党、马耳他共产党、土耳其共产党。其中葡共、希共、美共在国内力量和影响力较大,是发达资本主义国家共产主义运动中一支重要力量。

一 葡萄牙共产党的社会主义理论与实践

葡萄牙共产党(以下简称葡共)成立于1921年3月6日,经历了长达近半个世纪的反法西斯独裁统治的斗争。该党无数党员为争取民主自由、推翻独裁统治献出了宝贵的生命,该党前总书记库尼亚尔在独裁统治时期曾多次被捕入狱。葡共在1974年4月25日葡萄牙法西斯独裁政权垮台前,一直处在非法状态,党员只有5千人。独裁政权倒台后,葡共在国内取得了合法地位,并参加了临时政府。党员队伍也迅速扩大,1975年党员发展到5万人,1976年增至115000人,1979年达187000人。葡共1974年参加临时政府,总书记库尼亚尔任不管部长。在左翼军人执政下,

葡共力量迅速发展，在军队和政府中有相当大的影响，1975年4月在制宪会议选举中获12.5%的选票，在议会250个议席中占30席，控制了一些工会、宣传机构和政府机构，并推动左翼军人政府实行国有化和土改。1975年11月，葡共支持极左军人政变未遂，葡共被排挤出政府，成为在野党。该党力量虽有损失，但它的影响仍在不断扩大。

葡共的社会主义理论与实践表现在：

（一）始终坚持以马克思列宁主义和无产阶级国际主义作为党的指导思想和理论基础。强调马克思列宁主义是一个整体，是不能分割的。但马克思列宁主义并不是一个僵化的理论，要不断地丰富马列主义，这是整个国际共运和工人运动的共同任务。

（二）主张通过和平道路走向社会主义，但也不排除采取非和平的道路实现社会主义。1957年9月，葡共第五次代表大会根据对国内外形势的分析，制定了"争取和平解决葡萄牙政治问题"的路线。大会就这一问题通过的决议认为："考虑到国内和在全世界发生的力量对比有利于和平、民主、反萨拉查力量的变化，第五次代表大会认为和平解决国家政治问题是可能的和适宜的，可以使我国人民免受巨大的损失。"[①] 但同时它又提出，不排除采取非和平的道路实现社会主义。"如果统治集团拒绝满足人民的愿望和意志，那么民主力量和人民就不得不用暴力回答政府暴力和专横。"[②]

（三）主张建立一个无产阶级起领导作用的政权，取消无产阶级专政的提法。1974年10月举行的葡共七大党纲就删去了暴力革命和无产阶级专政的提法。葡共认为，无产阶级专政是比资产阶级民主的形式还要民主的制度，但是由于法西斯独裁统治了葡萄牙约50年，再继续使用无产阶级专政的提法会引起人们对葡共政策的误解并对民主力量和群众产生消极的后果。国家组织形式可以多样化，社会主义政权可以具有不同的方式和特点，可以是"多党制"或"革命社会力量统一的政治组织"，但是，如果"不建立一个无产阶级起领导作用的政权，就不可能建设社会主义"。[③]

---

① 《葡萄牙共产党第五次代表大会》，莫斯科1959年俄文版，第255页。
② 高放主编：《当代世界社会主义概论》，中国人民大学出版社1990年版，第326页。
③ 同上书，第329页。

（四）坚持民主集中制，提出集中与民主的关系要随党在不同时期进行斗争的具体条件发生变化。在1974年四月革命前的地下活动时期，为了对付反动派的残酷镇压，党不得不加强集中领导而限制党内民主。1974年四月革命后，党获得了合法活动的可能，必须加强党内民主。集中是建立在党内民主基础上的。党内民主的最高表现形式是集中领导和集体工作。禁止党内派别和派别活动并不意味着禁止不同意见和禁止批评。

（五）主张进行民族民主革命，争取建立"救国民主政府"，实行"民主替代"政策。葡共在1965年召开的第六次代表大会上确定葡革命性质是民族民主革命，提出走"人民武装起义"的道路，推翻法西斯政权，建立民主制度。1974年4月25日，葡中下级激进军人发动政变，推翻了法西斯政权，葡共取得了合法地位，参加了临时政府。葡共认为在"4·25"胜利和法西斯垮台后，民族民主革命目标有些已经"全部或部分地"实现，有些目标只有到"革命的最后阶段"才能实现。同年10月，葡共七大重申现阶段革命仍是民族民主革命，并强调要将民族民主革命进行到底，建立民主国家，剥夺垄断资本和大庄园主的权力，摆脱帝国主义的操纵，对社会进行改革。但是自1975年11月政变失败后，葡共被排挤出政府。葡共不再提"人民运动和武装部队运动的联盟"的口号，而以捍卫1974年四月革命后的民主改革成果作为主要任务。葡共在1979年举行的九大提出了"民主替代"纲领。强调遵守1976年制定的共和国宪法是解决国内问题的任何方案的主要前提。"民主替代"纲领的提出实质是为了保卫和巩固民主制度以及四月革命的成果，维护劳动人民和各阶级、阶层的利益，阻止垄断势力和大庄园主卷土重来。

（六）支持苏联对外政策和苏共的"国际共运路线"。葡共在重大国际问题上的观点、立场与苏联始终保持一致。它曾支持苏联1968年出兵捷克斯洛伐克和1979年出兵阿富汗，认为这是履行无产阶级国际主义的义务。它对欧洲共产主义持有异议，认为那是一种"暂时的时髦"，会削弱社会主义力量，并表示不参加制定"西欧共产主义统一方针的行动"。

二 希腊共产党（国外派）的社会主义理论与实践

希腊共产党（以下简称"希共"）是一支有着光荣革命传统的共产主义队伍，在极端困难的条件下，仍然坚持马克思列宁主义，坚持共产主义理想，坚持共产党的宗旨和奋斗目标，引起人们的关注。

在俄国十月革命的影响下，希腊最早的一批马克思主义者，于1918年11月17日成立了希腊社会主义工人党，1924年改为现名，并加入共产国际。希共成立后积极开展革命的宣传和组织活动。20世纪30年代初期，力量有较大发展，有党员2万人，在1936年的大选中获15个席位。尔后遭残酷镇压。第二次世界大战期间，该党倡议组建民族解放阵线和火民解放军，组织领导开展了反对意、德法西斯占领希腊的武装斗争，解放了大片国土。1944年9月，民族解放阵线参加了民族团结政府，获得6个部长职位。同年12月，为抗议政府限期解散希共武装部队而退出政府。1946年2月，希共发动了反对右派政府的武装斗争。1949年8月武装斗争失败，大批党员和领导人流亡国外，中央机构也移往国外，党在国内处于非法状态。1959年希共解散了在国内的地下党组织，其成员全部加入统一民主左翼党。1961年希共第八次代表大会通过了《通过和平道路取得民族和民主自由》的纲领。1968年2月，因党内意见分歧，希共发生分裂，一部分人于1969年2月另建希腊共产党（国内派），使党的力量有所削弱。1974年，希腊法西斯军人政权倒台后，希共（国外派）中央机构由国外迁回国内，重新取得合法活动的权利。在1974年的议会选举中，有5人当选为议员。1977年希共在议会选举中得票48万张，11个议席。在1978年的市政选举中，获得31个市长的职位。

希共（国外派）社会主义理论观点和政策可以概括为以下几个方面：

（一）始终主张把马克思列宁主义科学理论作为党的一切行动的指导思想，并赞同无产阶级专政，反对欧洲共产主义的理论，说它是借口发达资本主义国家的特点而否定社会主义革命的普遍规律，追求一种特殊的共产主义，妄图歪曲共产主义含义。

（二）提出革命分两个阶段的理论，即反帝、反垄断的人民民主阶段和社会主义阶段。1973年希共九大提出希腊的革命进程分为两个阶段。希共认为，希腊是一个中等发达的资本主义国家，其社会主要矛盾是本国富翁、帝国主义特别是美帝国主义同其他阶级、阶层和社会团体之间的矛盾。一方面，战后希腊国家垄断资本主义的发展过程中，在政治、军事、经济和外交等方面进一步加深了对帝国主义的依附，损害了希腊民族利益的民族屈辱政策；另一方面，迫切要求摆脱帝国主义控制、争取民族独立已成为全体希腊人民的共同呼声。因此，党在反帝、反垄断人民民主革命阶段中将要完成诸如在希腊建立民主制度、摆脱对外依附、争取民族独立、实现国家政治生活和社会生活民主化等任务，为进入社会主义革命阶段创造条件。

（三）主张用和平的方式争取民族解放和民主自由。1973年希共九大提出，将酌情采用和平与非和平的斗争方式来实现党的奋斗目标的主张。1978年希共总书记弗洛拉基斯在十大报告中强调，"和平道路完全符合劳动人民的利益和我们理想中的人道主义，党将尽力通过和平道路来达到自己的目的。"①

（四）主张各国党之间应保持平等、独立和不干涉内政。希腊自称是国际主义的党，坚持《共产党宣言》中宣布的无产阶级国际主义原则，努力把民族主义、爱国主义的任务同国际主义任务结合起来。它认为各党有权寻求本国最有效的革命道路和建设社会主义的最有效的革命形式。但希共又紧跟苏共，称苏联是社会主义的全民国家，是一切为争取和平而斗争的支柱，声称苏联入侵捷克和阿富汗是"履行其国际主义原则所承担的义务"，认为对苏联和所有社会主义国家态度是衡量无产阶级国际主义的标准。

三 美国共产党的社会主义理论与实践

美国共产党（以下简称"美共"）成立于1919年9月1日。1919年8月31日—9月1日，从美国社会党分裂出来的两支左派力量分别成立了"美国共产主义劳工党"和"美国共产党"，1921年5月，两党合并，沿用"美国共产党"的名称。由于该党成立初期就被宣布为非法，遭当局大逮捕，因而在建党初期发展十分缓慢。1935—1939年期间，美共根据共产国际关于建立人民阵线的决议，积极组织领导工人运动和开展群众斗争，党员人数由20世纪30年代初的7000多人激增至7万多人。但与此同时，白劳德主义也在党内同时形成，在其影响下，美共在第二次世界大战中取消了全部工厂支部和党在南方的工作。1944年5月美共二十大通

---

① 帅能应：《发达资本主义国家共产党的历史与现状》，中国人民大学出版社1990年版，第194页。

过了白劳德的提议,解散了美共,另立非党的美国共产主义政治协会,白劳德任会长。在福斯特领导下,1945年6月共产主义政治协会通过了批判白劳德机会主义的决议,7月召开紧急代表大会,恢复了美共。1946年白劳德被开除出党。战后,美国政府加紧了对美共的镇压,1947年的《塔夫脱—哈特莱法》首先实行政治高压政策,取消了共产党或亲共产党的人领导下的工会集体谈判的权利,紧接着把美共全国和各州的主要领导人逮捕入狱,并把他们从工作岗位上集体解雇,随之把共产主义者列入黑名单。美共经历这次劫难后元气大伤,至1956年初仅剩下党员2万人。在1956年苏共二十大和波匈事件后,美国党内思想极度混乱,陷入严重危机,党内以福斯特、丹尼斯和盖茨为代表分成三派。党的力量又一次受到冲击,至20世纪50年代末,党员人数下降至约1万人。1958年1月盖茨退党。1959年12月,美共召开十七大,刚释放出狱不久的葛斯·霍尔当选美共总书记,丹尼斯当选为党的主席,福斯特为党的名誉主席。20世纪60年代初,又有几批党员由于对党的政策不满而先后退党。1965年以后,美国当局放松了对美共的公开限制,美共活动增多,1975年第二十一次代表大会后,美共把产业工人和黑人作为群众工作的重点,同时也参加了一些争取和平的活动,但实际影响并不大。

战后,美共的社会主义理论观点和政策主张有:

(一)坚持以马列主义为理论基础。美共宣称,它是工人阶级的政党,致力于维护所有劳动人民和受压迫人民的利益,宗旨是建立社会主义。

(二)主张和平、民主地走向社会主义。美共反对暴力革命,主张和平过渡,由来已久。早在1938年美共十大通过的党章就取消了暴力革命和无产阶级专政的主张。1957年,美共十六大通过的新党纲规定:美共将通过美国人民在发展着的宪法程序的范围内,进行政治斗争和经济斗争,争取和平和民主地走向社会主义的道路。把建立一个以劳工为首的人民反垄断联盟,选举一个反垄断联合政府,作为战略目标。1975年美共二十一大重申十六大的和平过渡的纲领,更明确地指出,要建立一个由与垄断集团有利害冲突的所有各阶级和社会阶层组成的人民联盟,以此达到限制垄断资本的权力,并开辟一条对社会主义改造的道路。1979年,美共二十二大通过的纲领指出,美共的目标是通过和平道路彻底战胜国家垄断资本主义和建设一个社会主义的美国,继续主张建立反垄断联盟,并积极参加议会选举活动。

（三）主张加强国际共运团结，坚持无产阶级国际主义。美共在十六大的会议上明确声称，共产党之间的关系必须基于科学社会主义、无产阶级国际主义以及为本国人民的最大民族利益服务，从而为全体进步人类的共同利益服务，它们在共同商讨解决问题时应保持平等和独立，但有权利和义务提出同志般的批评。它一贯紧跟苏联，称苏联是全世界革命运动的"活样板"。全面攻击中国共产党。它还公开指责欧洲共产主义，说法共和意共在同苏共的关系上犯了白劳德主义的错误。

第四节　新共产党的社会主义理论与实践

新共产党，是指从20世纪60年代国际共产主义大论战以来，直至70年代，在西欧、北美、大洋洲和日本等发达国家老共产党中分裂出来的共产党人成立的新组织，它们自称为马列左派共产党。这些党的名称又不尽相同，有的称共产党（马列），有的称马列主义共产党。这些党在国内外的力量虽然有限，但作为当代世界社会主义的一个派别在国际和国内事务中还是有一定的影响。

新共产党的社会主义理论与实践主要表现在：

（一）多数新党宣布把马克思列宁主义、毛泽东思想作为指导思想，把中国革命道路当作革命的样板，把社会主义、共产主义作为直接目标。澳大利亚共产党（马列）在1978年11月第四次代表大会上就提出：澳大利亚共产党（马列）"以马克思主义、列宁主义、毛泽东思想作为它的指导思想的理论基础。"① 美共（马列）在1977年建党代表大会上也提出："美共（马列）是以在帝国主义和无产阶级革命时代指导我们的理论基础，即马克思主义、列宁主义、毛泽东思想这一科学武装起来的。我们的路线以伟大的共产主义领袖马克思、恩格斯、列宁、斯大林和毛泽东的教导为基础，这些领袖揭示并创造性地发展了共产主义这一科学到目前的水平。马克思列宁主义是惟一能够领导美国工人阶级彻底推翻资本主义，

---

① 《澳大利亚共产党（马列）临时总纲草案》，转引自高放、张泽森、曹德成主编：《当代世界社会主义文献选编》，中国人民大学出版社1990年版，第567页。

建立社会主义和作为通向共产主义通道的无产阶级专政的理论。"① 但是，这些新党在实践斗争中都是"惟我独革"，把其他共产党看成是修正主义的党。

（二）主张通过暴力革命夺取政权，拒绝合法斗争和议会斗争。多数新党认为革命的中心任务是"通过暴力革命，武装起义，打碎资产阶级国家机器，建立无产阶级专政"。如法国马列共，在1971年一大党章中就提出："法国革命应在马列主义政党领导下，建立工人和贫农的联盟，通过暴力革命，建立无产阶级专政"。1976年二大上进一步指出："无产阶级在斗争中将体验到，为了打倒资产阶级，必须采取革命暴力和进行武装起义。"② 挪威工人共产党（马列），在1976年第二次代表大会上也指出："在挪威，通向无产阶级专政的惟一道路是发动武装的人民起义以粉碎资产阶级军队和资产阶级国家机器的其余部分。历史上从来没有哪一个社会主义革命不经过武装起义或不首先用武力击败反动派就取得胜利的。"③ 美国共产党（马列），在1977年建党大会上指出："党绝对不依靠和平斗争或议会斗争来结束资本主义制度，而是依靠群众的革命武装来推翻资本主义。"④ 澳共（马列）抵制参加议会选举，认为参加议会竞选将增强人民对议会的幻想，并指出"当前目标是摆脱帝国主义以实现澳大利亚的彻底独立和建立工人阶级领导的人民反帝民主专政。"⑤

（三）不能独立自主地决定自己对国际重大事务的立场和主张，而是围着某国的外交政策转。长期以来，把工作重点和主要精力放在国际事务和国际争端上，而忽视扎根国内做深入细致的争取群众的工作。

总之，多数新党在政治上不够成熟，严重地脱离本国革命实际，脱离

---

① 《美国共产党（马克思列宁主义）纲领》，转引自高放、张泽森、曹德成主编：《当代世界社会主义文献选编》，中国人民大学出版社1990年版，第560页。

② 《法国马克思列宁主义革命共产党纲领》，转引自高放、张泽森、曹德成主编：《当代世界社会主义文献选编》，中国人民大学出版社1990年版，第554页。

③ 《挪威工人共产党（马列）原则纲领》，转引自高放、张泽森、曹德成主编：《当代世界社会主义文献选编》，中国人民大学出版社1990年版，第558页。

④ 《美国共产党（马克思列宁主义）纲领》，转引自高放、张泽森、曹德成主编：《当代世界社会主义文献选编》，中国人民大学出版社1990年版，第560页。

⑤ 《澳大利亚共产党（马列）临时总纲草案》，转引自高放、张泽森、曹德成主编：《当代世界社会主义文献选编》，中国人民大学出版社1990年版，第567页。

群众，未能提出符合本国国情的、能为群众所接受的正确的政治路线和政策，以至不能适应资本主义社会各种新变化的要求。20世纪70年代以后，多数新党发生变化，许多党自行解散，有的党与老党合并，有的已改变了政策，采取比较实际的战略策略，有的党在理论上不再提以"马列主义毛泽东思想为指导"，而只是提科学社会主义，有的党也不再提无产阶级专政。

第二十三章　发展中国家共产党的科学社会主义[①]

第二次世界大战后，发展中国家共产党领导的社会主义运动，在一些国家中一度有所发展。曾在反法西斯战争中为本民族的独立和解放作出过贡献的一些国家的共产党，如亚洲的马来西亚共产党、缅甸共产党、菲律宾共产党，拉美的委内瑞拉共产党、智利共产党、乌拉圭共产党以及非洲的南非共产党等，在国内政治生活中具有一定的影响。尤其是在印度、印尼等国，社会主义力量形成了较大规模。但总的来说，共产党领导的社会主义运动发展较为缓慢，甚至长期处于低潮。

第一节　发展中国家共产党建设的历史概况

从第二次世界大战后到20世纪70年代末这个时期，在50多个发展中国家有共产党组织，有的国家有两个或更多个共产党组织。总的来说，这些共产党的力量较弱，党员人数不多，共产党在大多数国家政治生活中缺乏足够的号召力和影响力。相对而言，亚洲和拉丁美洲各国共产党的力量较强些。在某些国家的某个时期，共产党有较大影响。非洲许多国家还没有共产党，即便有共产党，它们也长期处于非法状态，受到各国的压制，直到20世纪80年代才有苏丹、阿尔及利亚、南非等国共产党的合法化。由此，共产党在大多数非洲国家力量较小。

---

① 这里所叙述的不包括中国、老挝、朝鲜、越南、古巴等社会主义国家的共产党组织。同时本章主要是指从"二战"后至20世纪70年代末这一时期各发展中国家的共产党对社会主义道路的探索。

1956年初，在苏共二十大赫鲁晓夫发表秘密报告及随后发生波、匈事件后，发展中国家各国共产党的力量有所下降，大批党员退党。1968年捷克斯洛伐克事件对各国共产主义运动又是一次大冲击，从而导致各国共产党的力量进一步下降。并且，随着国际共产主义阵营的破裂，各国共产党在指导思想上也出现了分歧，形成了两个不同的派别。第一类是以印度共产党、印尼共产党、阿根廷共产党、智利共产党、缅甸共产党、马来西亚共产党、菲律宾共产党、泰国共产党等为代表的"老共产党"，这些党具有长期的革命斗争传统，它们都是在十月革命后到第二次世界大战前后成立的；第二类"新共产党"是20世纪60年代中苏两党大论战公开化以后，直至70年代，从老党分化出来的或新成立的组织，他们自称马列派。这类共产党以印度共产党（马克思主义）、委内瑞拉争取社会主义运动、巴西共产党、秘鲁的共产党（红旗）、哥伦比亚共产党（马列）等为典型代表。

从主张斗争的方式来讲，"老共产党"可分为两种类型：一类是主张以和平的斗争方式过渡到社会主义，另一类是主张以武装斗争的方式来探索社会主义前进的道路。

在相当一部分亚非拉国家中，武装斗争的条件并不具备或不可能进行，它们只能通过各种形式的和平、合法斗争不断壮大自己的队伍，扩展自己的影响和力量。和平斗争的方式大致有以下几种：第一，议会斗争，即积极参加议会选举，利用议会斗争扩大力量及影响。印度共产党、塞浦路斯劳动人民进步党（即原塞共）、哥斯达黎加人民先锋党（即原哥共）都持此路线。印度共产党曾经在西孟加拉邦、喀拉拉邦、普拉特里邦等地方政府取得执政的地位。它们希望在更多的邦取得议会斗争的胜利。塞浦路斯共产党在1959年得到合法地位后也积极参加议会选举，并在工会、青年、妇女组织中扩大自己的影响。该党在1976年大选中获30%选票和议会中9个席位，力量有所发展。哥斯达黎加共产党在1974年获得合法地位后，也投身于议会斗争，并在1982年获得4个席位。该党宣称要"坚定不移地参加选举"。第二，与执政党合作，争取参政、执政的机会，以此和平地推进社会主义事业。如留尼汪共产党主张与法国联盟，并在此基础上实现留尼汪"内部自治"，它支持法国社会党政府的海外分权政策，成为留尼汪主要参政党之一。塞浦路斯共产党1982年起决定同执政的民主党合作,并支持民主党领导人竞选总统,积极争取参政的机会。印度共产党在地方选举和组织邦政府的过程中,也争取同国大党等有力量的党派联合,目的也在于扩展自己的力量。第三,同其他左翼政党合作,争取大选胜利,形成议会中多数,实现执政或参与执政。拉美许多国家共产党都采用这一战略,典型例子为智利共产党和哥斯达黎加共产党。智利共产党与智利社会党于1970年建立六党联盟并获取大选胜利。阿连德政府垮台后,智共还在左翼政党中活动,以期取得新的胜利。哥斯达黎加共产党主张同一切左派联合,组成反帝民主阵线,以期取得执政地位。第四,积极利用其他合法组织和社会组织开展活动,稳步、渐进地推进社会主义事业。如苏丹共产党1971年被取缔后,就是通过几个合法组织继续开展活动,保持自己的影响。这类斗争方式,大多是已无法进行公开活动的共产党所采取的。有的党改换了名称,以合法组织的名义继续开展活动。总之,这些主张和平道路、议会斗争的党,虽然大多数争得了合法地位,有参加竞选的权利,并且有的在议会中也争得了几个席位,但是,它们对国内政治生活没有重大影响,往往被孤立于重大的政治事件之外。它们提不出有别于改良主义政党的方针、路线和口号来,争取不到广大群众的支持。

还有一部分亚非拉国家的共产党,根据其国情的需要,强调武装斗争是无产阶级政党及社会主义事业生存和发展的基本条件,认为离开了武装斗争,就没有共产党的任何地位。如缅甸共产党的情况就是如此。缅甸共产党(以下简称"缅共")成立于1939年。1942年日军占领缅甸后,缅共积极领导人民开展抗日武装斗争,1944年8月举行抗日总起义,日本投降后转为公开活动,党员发展到2000人。1948年3月,吴努政府宣布缅共为"非法组织",于是缅共又转入地下,进行旨在推翻政府的武装斗争。在20世纪40年代和50年代初,缅共武装斗争曾得到蓬勃发展,在全国各地的游击队占领过一些大中城市和一些农村地区。此后,缅共力量因执行土地归还地方的政策而削弱,加上吴努政府的三次围剿,缅共武装退出所有城镇。1955年底,缅共欲与政府和解,停止内战,但是未被响应。1964年9月,缅共中央确定了"赢得战争,夺取政权"的路线。嗣后在一些地区开展游击战争。缅共前主席德钦丹东和德钦辛先后于1968年和1975年战死沙场,以身殉职,缅共遭到了重大损失。1975年5月,缅共选出了以德钦巴登为主席的新领导班子，继续进行斗争。这类政党虽然开展武装斗争，但是往往缺乏群众运动的配合，也缺乏广泛的群众基础。

总之，"老共产党"大都主张以马列主义为指导思想，承认十月革命的普遍意义和一般原则，认为革命分两个阶段进行：先完成民族民主革命，再转变为社会主义革命。它们承认阶级和阶级斗争以及无产阶级专政，主张建立巩固的工农联盟和广泛的统一战线。

从主张斗争的方式上讲，"新共产党"也可分为两种类型：一类是主张用和平的方式，通过议会斗争和群众运动夺取政权。这类共产党以印度共产党（马克思主义）和委内瑞拉争取社会主义运动为典型代表。由于这两党能够从各自的国情出发，制定比较符合本国实际的方针政策，因而取得了较大成效，如以印度共产党（马克思主义）为首的左翼阵线从1977年始就确立了在印度西孟加拉邦的执政地位。另一类共产党虽则主张武装斗争，但由于缺乏群众基础，影响有限。

"新共产党"一般主张以马列主义、毛泽东思想为指导思想，承认中国革命经验的普遍意义和借鉴作用，强调把马列主义、毛泽东思想与本国的实际情况结合起来，强调要建设一个真正用马列主义、毛泽东思想武装起来的革命先锋队，实际上往往照搬中国以往的一些做法。这类党承认阶级和阶级斗争，承认建立无产阶级专政和建立巩固的工农联盟以及广泛的统一战线的必要性，争取一切可以争取的力量。它认为革命的首要目标是帝国主义、封建主义和大资产阶级，并且强调革命要分两个阶段进行：民族民主革命和社会主义革命。

第二节　印度共产党、印尼共产党的社会主义理论与实践

亚洲各发展中国家过去长期是英国、法国、荷兰和美国等帝国主义的殖民地。第二次世界大战后，各国人民掀起了民族解放斗争的新高潮，先后赢得了独立，走上了发展民族经济的道路。这些国家的共产党站在反帝斗争的前列，为本国民族的解放事业作出了巨大的贡献。其中，印度共产党和印度尼西亚共产党是亚洲发展中国家共产党中影响较大的政党。

一 印度共产党（马克思主义）的理论与实践

印度共产党成立于1920年10月17日。从成立至1934年被宣布非法为止，印度共产党只在工人中工作，不抓农民运动。从1935年至1950年，印度共产党搞过武装斗争，但都被反动当局镇压下去。1951年10月，高士任总书记，放弃了武装斗争，主张通过投票箱来击败国大党。1957年印共在喀拉拉邦选举获胜并成立邦政府，于是便开始宣扬"喀拉拉道路"。从20世纪50年代中期起，党内就存在以孙达拉雅、南布迪里巴德为首的一派与以丹吉、拉奥为首的另一派的斗争，丹吉等人主张印度革命是民族民主革命，应由代表民族中产阶级的国大党领导，孙达拉雅等人认为应由无产阶级掌握领导权。两派斗争导致印共组织分裂，1964年以孙达拉雅为首的一派同丹吉集团决裂，成立了印度共产党（马克思主义）下简称印共（马），起初仍沿用印度共产党名称，1966年改为现名。

印共（马）的社会主义理论与实践主要概括为以下几个方面：

（一）主张将马克思主义与印度的具体情况相结合，并在此基础上提出了一整套的路线、方针和策略。印共（马）认为，印度独立后，印度革命的第一个阶段即反帝阶段已宣告结束，"印度革命已进入了第二个阶段。这个阶段的任务是彻底废除封建和半封建制度，把土地无代价地分配给农业工人和贫苦农民，把英国资本收归国有，并消除外国垄断资本对印度经济的掠夺性控制。""印度现阶段革命的性质从根本上说是反封建、反帝和反垄断资本的民主革命。这一革命不是资产阶级领导的旧式的民主革命，而是工人阶级领导的新式的人民民主革命。"[①]

（二）为了完成人民民主革命，主张必须建立人民民主阵线。这个阵线必须由无产阶级政党领导，核心和基础是工农联盟。"农民的不同阶层在革命中起着不同的作用。占农户70%的农业工人和贫农是工人阶级的基本同盟者。中农是民主阵线的可靠同盟军。富农大体上也可以成为人民民主革命的同盟者。中等阶级能够成为、也会成为民主阵线的同盟者。"至于民族资产阶级，由于"它们同外国垄断资本完全没有联系，或者没

---

① 《印度共产党（马克思主义）纲领》，转引自高放、张泽森、曹德成主编：《当代世界社会主义文献选编》，中国人民大学出版社1990年版，第799～800页。

有牢固联系，它们本身不是垄断资本，而且受到外国垄断资本的种种损害，因此它们客观上是乐于完成反封建反帝革命的主要任务的，它们可以参加人民民主阵线。"但是，必须记住"这些阶级具有两面性，它参加革命与否取决于若干具体条件，取决于阶级力量对比的变化，取决于帝国主义、封建主义与人民之间的矛盾的尖锐程度，取决于大资产阶级领导的资产阶级—地主政权与民族资产阶级其余阶层之间的矛盾的深刻程度。必须尽一切努力把它们争取到民主阵线方面上来。"①

（三）力求通过和平手段来实现人民民主和社会主义改造，但不排斥暴力革命。1964年印共（马）第七次代表大会通过的纲领中明确指出："力求通过和平手段来实现人民民主和社会主义改造"。但它不同意赫鲁晓夫在二十大提出的"和平过渡"的理论，而是采用1957年和1960年莫斯科宣言和声明中关于和平和暴力两种可能性的提法。印共（马）积极参加议会斗争。它把参加议会斗争仅看成是一种策略。它既反对把参加议会斗争看成是议会迷，也反对只依赖议会斗争进行和平过渡主张，主张参加议会斗争要服从夺取政权的整个战略目标。

1968年12月，印共（马）召开第八次代表大会，重申1951年《政策声明》仍基本适用于印度，主张印度革命既不能走"俄国道路"，也不能走"中国道路"，而应走"适用于印度情况的列宁主义，道路"，即城乡武装斗争相结合的道路。但它认为武装斗争只是一种"远景"。印共（马）认为，将来究竟以什么方式夺取政权，是武装斗争还是和平手段，现在很难预料。但是，"始终需要记住的是，统治阶级决不会自动放弃它们的政权。它们总要设法抗拒人民的意志，采取非法手段和暴力来改变人民的意志。因此，革命力量必须保持警惕，摆正自己的工作方向，以便应付一切突然事变。"

（四）在处理对外关系上坚持独立自主的立场。它认为一个马列主义的党，不应当人云亦云，不加分析地照抄别国经验，或跟着外国党的指挥棒转。在1968年八大、1972年九大、1977年十大上均重申了这种"独立自主的政治路线。"它公开声明，它不"亲苏"，也不"亲华"，而是

---

① 《印度共产党（马克思主义）纲领》，转引自高放、张泽森、曹德成主编：《当代世界社会主义文献选编》，中国人民大学出版社1990年版，第801页。

"亲社会主义"。它坚持无产阶级专政和无产阶级国际主义的原则,相信阶级斗争必然导致无产阶级专政;坚持"社会主义阵营"和"帝国主义阵营"的提法,反对称苏联是"社会帝国主义",认为苏联犯了右倾改良主义和修正主义的错误,仍是社会主义国家。

二 印度尼西亚共产党的社会主义理论与实践

印度尼西亚共产党(以下简称印尼共)在20世纪五六十年代曾是印尼最强大的政党。印尼共成立于1920年5月23日,原名东印度共产主义联盟,1924年改为现名。1926—1927年,印尼共领导了印尼历史上规模最大的武装起义,失败后,印尼共转入地下从事抗日活动。战后印尼共的革命活动发生了两次严重挫折。一是茉莉芬事件。1948年9月18日,驻茉莉芬市的支持印尼共的军队和反动军队发生冲突,前者控制了城市。哈达政府以此为由指控共产党是"发动政变",随即调动军队包围该市,对共产党进行武力镇压,制造了"茉莉芬事件"。几天后,革命武装3万人几乎全部被消灭,上万名共产党员和慕梭、沙利佛尔等7名政治委员惨遭杀害。这次事件使印尼共武装力量几乎全部损失,且丧失了合法地位,经受了战后的第一次大挫折。二是"9·30"事件。1965年8月,在美国中央情报局的策动下,成立了以国防部长纳苏蒂安和苏哈托为首的"将领委员会",准备发动推翻苏加诺政府的军事政变,消灭共产党。结果,阴谋尚未得逞计划却先泄露。以总统警卫部队为首的陆军内部的爱国力量采取了先发制人的军事行动,于9月30日晚逮捕并处死了"将领委员会"的6名军官,占领了电台和其他重要机关,宣布成立"印尼革命委员会"。10月1日晚,苏哈托调动大量部队进行反扑,控制了雅加达,发动了政变。此时军人集团以镇压"9·30"运动分子为名,实行白色恐怖,有20多万共产党人和人民群众惨遭杀害,30多万印尼人民被监禁,印尼共中央领导几乎全部牺牲。这是"二十世纪最严重的大屠杀之一"。"9·30"事件,使印尼共遭到极大破坏,革命受到又一次沉重打击,给了印尼共和印尼人民以惨痛的教训。从此,印尼共在印度尼西亚的影响日益缩小。

印尼共的社会主义理论与实践表现在:

(一)主张以马列主义、毛泽东思想为指导原则和理论基础。1967年11月,印尼共争取印度尼西亚人民民主纲领中指出:"苏哈托、纳苏蒂安法西斯军人战争和美帝国主义,一定能够被彻底打败,印尼人民一定能够取得胜利,因为马克思列宁主义、毛泽东思想这颗明亮的星照耀着印尼革命的道路。"①

(二)主张建立人民民主专政。提出要"彻底摧毁美帝国主义、封建地主阶级、官僚资本家和买办资本家的总代表苏哈托、纳苏蒂安法西斯专政的整个国家机器,建立人民民主专政。印尼人民民主专政是工人阶级领导的以工农联盟为基础的工人阶级、农民、城市小资产阶级、革命知识分子和其他民主阶层的联合政权。印尼人民民主专政是掌握在印尼人民手中的工具,人民用它来保护自己的根本利益,彻底消灭帝国主义、封建主义和官僚资本主义,建立一个走向社会主义的自由、民主的印尼社会。"②

(三)坚持武装斗争是共产党得以生存和发展的基本的斗争方式,但是,并不等于说,在环境和条件改变的时候,还要坚持武装斗争。1948年8月,印尼共召开了政治局扩大会议,会议总结了党在政治上和组织上的经验教训,通过了《印尼共和国的新道路》的决议,提出武装斗争、建立工农联盟的政治主张,从而赢得了广大群众的积极响应,纷纷起来为彻底摆脱殖民枷锁而斗争。1948年"茉莉芬事件"后,印尼共重建了党中央。1951年1月,中央政治局改组,艾地当选为第一书记,制定了新的党纲、党章。新党纲把党的工作重点转到议会斗争上。1955年印尼共参加大选,成为议会中第四大党,1956年6月,艾地提出印尼革命道路存在着和平与非和平的两种可能性。1959年9月,印尼共召开第六次代表大会,会上通过的党纲和党章指出,党要竭尽全力通过和平道路、议会道路来实现人民民主制度,后又进一步强调"议会道路确实是一种可能性,必须竭尽全力把这种可能性变为现实"。③ 但是自1965年的"9·30"事件后,印尼共遭到极大损失,被迫转入地下。1966年9月,印尼共中央政治局召开会议,通过了《自我批评》,指出在"9·30"事件前的1951年到1965年时期,印尼共犯了右倾机会主义的错误,而在"9·30"

---

① 《印度尼西亚共产党争取印度尼西亚人民民主纲领》,转引自高放、张泽森、曹德成主编:《当代世界社会主义文献选编》,中国人民大学出版社1990年版,第808~809页。
② 同上书,第806页。
③ 《印度尼西亚共产党中央政治局五篇重要文件》,钟清清主编:《各国共产党总览》,当代世界出版社2000年版,第806页。

事件中犯了冒险主义错误。文件提出了建设马列主义的党、进行人民武装斗争和建立革命统一战线的"三面旗帜"的新路线。

第三节 委内瑞拉争取社会主义运动和智利共产党的理论与实践

俄国十月革命后，拉美建立了第一批共产党组织，到20世纪40年代末，共产主义思想曾一度在拉美广泛传播。战后，由于美苏争霸、中苏公开论战和卡斯特罗主义的影响，使拉美各国共产党受到较大冲击，发生了剧烈的分化改组。拉美各国共产党原隶属第三国际，长期追随苏联共产党。在20世纪50年代以前，它们都主张通过武装斗争夺取政权，苏共二十大后，则转向工人运动、学生运动和议会竞选等活动。20世纪60年代以后，在拉美共产主义运动中"游击中心主义"盛行，使拉美各国党的形象受到损害。随后，大部分国家都先后重建或改建了各自的无产阶级政党和组织，并且重视了彼此之间的联系和协调。在拉美各国共产党中，委内瑞拉争取社会主义运动和智利共产党颇有影响。

一 委内瑞拉争取社会主义运动的理论与实践

委内瑞拉争取社会主义运动目前是委内瑞拉有影响的政党之一。从1971年成立之后，该党力量迅速增长，在1988年的全国大选中共获选票71万张，占全部选票的10.27%，在参众两院中共占有21个席位。这比上届大选几乎增加一倍。

委内瑞拉争取社会主义运动是从委内瑞拉共产党内分化出来的。因在武装斗争和苏联侵略的问题上，庞佩约·马盖斯、特奥多罗·佩特科夫等人与委内瑞拉共产党主要领导人发生了严重的分歧，1970年庞佩约等人发表了告人民书，脱离委共，并于1971年1月19日正式成立委内瑞拉争取社会主义运动，马盖斯任总书记。

委内瑞拉争取社会主义运动理论与实践表现在：

（一）坚持以马列主义为指导思想，同时又指出不应当把马克思主义当成教条，当成固定不变的、僵化的公式。对此，马盖斯曾指出："我们以马克思主义为启示，又承认其他思潮对人类的进步做出的贡献。马克思主义不能垄断真理及社会变革，马克思主义不是判断一切真正的社会主义革命主张的惟一标准。今天，尽管马克思主义是争取社会主义运动的主要理论源泉，但像我们这样一个当代清醒的、反教条主义的运动面临的一切问题，并不能在马克思主义中得到全部解决。""争取社会主义运动不把马克思主义作为一种信仰的声明，一种正式的理论，也不规定争取社会主义运动的党员都必须遵循并绝对无可争辩地承认马克思主义。争取社会主义运动的大门向一切要求在我国搞社会变革的委内瑞拉人拉开。""在教条主义的范畴内寻求委内瑞拉道路的尝试，曾使我们处于完全不利的形势，因为那些模式一般意味着照抄其他国家的一些结论，其分析忽视了民族的特点，忽视了本民族发展和历史演变的特点。"[1]

（二）主张建立一个民主的、多元的、人民自治的、委内瑞拉式的社会主义。这种社会主义首先要建立一个为绝大多数人服务的政府，实行以人民民主制度为基础的民主，"其中立法机构——国会和立宪大会，市政委员会和市民委员会及从上到下的司法机构——能以完全不同于目前的方式进行工作，它应代表绝大多数人，人民可以自由地选举。""它认为民主就是人民的管理，为人民的管理，同人民一起管理。"这种民主"完全尊重公民权利，但同时又要创造物质条件使这些权利得以实施；尊重多元制，允许在法制范围内活动的各种政治流派和宗教派的存在；重视工会组织和各群众组织的作用，并使他们参与各级决策；不使社会主义成为独裁、专制主义、官僚集权主义的同义词；也不使它成为集体主义的国家主义的同义词，因为那里的所有制形式只是国家所有制。"[2]

争取社会主义运动所希望的社会主义是多元的，多元制就是指"应当有性质不同的多种现象或因素存在，它们之间不相一致，也不局限于一个共同的公式。"该党主张改造资产阶级的民主体制，但"并不意味着取消多元制和对人权的保障，也不意味着把民主局限于一个党、一个中央委员会或很少一部分人的执政。"它认为"一个人、一个党实行专政是一些特殊的历史条件造成的结果，在任何情况下都不能把它当作取代资产阶级

---

[1] 庞佩约·马盖斯：《委内瑞拉争取社会主义运动的理论理想》，转引自高放、张泽森、曹德成主编：《当代世界社会主义文献选编》，中国人民大学出版社1990年版，第851~852页。

[2] 同上书，第854页。

民主的进步选择和社会主义的解决办法。革命党的领导作用就是领导权，它可以说是某个社会力量集团对某个特定的社会各个方面具有的占压倒优势的影响，它是不能由通过行政和警察实行的专制统治来取代的。"①

（三）主张实行社会化、多种所有制，反对实行国有化、国家对某种所有制的控制。它认为应由农民、工人和知识分子管理自己的企业和各种事务，使社会自治成为一种占统治地位的制度。这样做就能"防止和抑制官僚集权制，防止和抑制最终埋没人民积极性并在实际上否认实施社会主义民主的国家所有制形式。"②

（四）主张要掌握政权必须争取新的多数和新的社会政治领导。"在通向政权的道路上，我们要以各种形式组织群众，使人民在各种水平上联合起来，提高他们的战斗性和觉悟，这是一项关键的任务。不争取到新的多数就无法取得政权，而要争取到新的多数，日常斗争是最好的方式。在争取社会主义政权的斗争中，在委内瑞拉当前这个历史时期，必须在议会机构：国民议会、立宪大会和市政议会中进行一系列活动，要为这些机构的改革及其在国家管理中的作用的扩大而斗争。""决定胜利的是创建一支足够取得政权的强大社会政治力量。决定这个政权能否巩固和发展的是这支力量要成为多数，要有人民的支持，要有为政权的发展而服务的武装力量，以实现未掌权时作为目标而提出的变革。"③

（五）在处理对外关系上坚持独立自主的方针路线。它借鉴世界各国革命的经验，但拒绝承认有任何国际中心的存在，不照抄别国的经验和模式。它承认自己有点像"欧洲共产主义"，但是不愿意加入任何国际，认为"欧洲共产主义"是一种探索革命道路的有意义的尝试。

二 智利共产党的社会主义理论与实践

智利共产党是1912年6月4日由工人领袖路易斯·雷卡瓦伦创建的。初期称社会主义工人党。1922年改为现名，并加入第三国际。当时智共是智利的合法政党，参加国会选举。1927年1月，智共第八次全国代表

---

① 庞佩约·马盖斯：《委内瑞拉争取社会主义运动的理论理想》，转引自高放、张泽森、曹德成主编：《当代世界社会主义文献选编》，中国人民大学出版社1990年版，第854页。
② 同上书，第855页。
③ 同上书，第852~853页。

大会宣布:"党将加强布尔什维克化的过程。共产党人进入国会并不是为了献身于资本主义制度,而是为了破坏它。无产阶级的解放不是用民主方式,而是用革命方式来实现的;无产阶级的解放并不是靠国会能做到的,而要靠苏维埃。"[1] 同年智共被伊巴涅斯政权宣布为非法,仍坚持领导工人阶级和全国人民,进行总罢工,开展反独裁斗争。1932 年重新取得合法权利,宣布该党从此走上了"合乎宪法的选举道路"。但是,在 1946 年,智共参加了魏地拉政府,不久被所谓"保卫民主法"宣布为非法。党的领导人遭流放、监禁和迫害,党转入地下。1958 年,政府对该党的禁令取消后,智共重新恢复了合法地位。从 1960 年起,智共又参加全国国会和市议会的选票,得票率逐渐上升,在 1967 年的市议会选举中,平均得票率为 15.1%,在 1967 年的全国国会选举中,得票率为 15.7%。智共组织在 20 世纪 70 年代也有较大发展。该党公布 1973 年的党员人数为 20 万,其中工人占 65.3%,农民占 13.6%。党的领导机关是一个 75 人的中央委员会。它的常设机构是由 9 人组成的政治委员会和由 7 人组成的书记处。1973 年 9 月,智利军人在美国支持下发动政变后,智共被取缔,许多领导人被杀害或遭监禁。被监禁的领导人直至 1976 年下半年才陆续恢复自由。

从"二战"后至 20 世纪 70 年代末前,智共的社会主义理论与实践主要表现在:

(一)主张以马克思列宁主义为理论指导。智共宣称自己是"工人阶级的革命政党",它认为马克思列宁主义是不断发展的、变革的,是智共的行动指南。

(二)主张用合法的议会选举和和平斗争方式夺取政权。1956 年 4 月智共召开第十次代表大会,肯定了苏联共产党第二十次代表大会的"和平过渡"路线,称要"在智利打开一条和平道路",提出智利现阶段的革命是"人民民主的、民族解放的、反帝反封建的革命",而这个革命可以"通过和平道路"实现。[2] 1958 年智共恢复合法地位后积极参加总统选举,尽管 1958 年、1964 年大选中支持社会党总统候选人阿连德竞选均告

---

[1] 赵明义主编:《当代国外社会主义的问题纲要》,山东人民出版社 1987 年版,第 365 页。
[2] 《智利共产党第十次代表大会报告》,转引自钟清清主编:《各国共产党总览》,当代世界出版社 2000 年版,第 730 页。

失败，但是在 1964 年议会选举中议员从 20 席增加到 23 席。1970 年智共与社会党、激进党、社会民主党等组成人民团结阵线，再次支持阿连德竞选总统并获胜。阿连德就任总统后，智共参加了内阁，取得 3 个部长、6 个省长和 1 个大市市长职位。在众议院 150 个议席中占 25 席，参议院 50 个席位中占 6 席。后来，许多国家的共产党，把阿连德通过竞选获得成功而达到执政目的的方式称为"智利道路"，并把智利视为"和平进入社会主义的样板"。此时智共党员猛增到 19.5 万人。1973 年智利军人发动政变，推翻了阿连德政府，宣布取缔智共，并实行白色恐怖，使智共组织损失惨重，被迫转入地下。尽管如此，阿连德政府的建立，确实是智共通过和平道路掌握政权的一次尝试，为当代国际共产主义运动提供了新鲜经验。

（三）主张团结一切力量，实现广泛的联盟政策。智共自建党以来，多次联合其他党派组成人民团结阵线，开展反独裁斗争。1936 年 3 月智共同激进党、社会党、激进社会党、统一民主党等组成"人民阵线"，进行总统竞选，并在 1938—1946 年的三次大选中连续获胜。1958 年，智共与人民社会党、智利社会党、人民民主党、智利民主党、劳工党组成"人民行动阵线"，主张大赦所有政治上受迫害的人，没收美国公司占有的资源，实行土地改革等等。但在大选中失败。1970 年，智利共产党和社会党、社会民主党、激进党、统一人民行动运动、独立人民行动运动等 6 个党派组成"人民联盟"，提名社会党人阿连德为总统候选人。大选结果，人民联盟获胜，阿连德出任总统。进入 20 世纪 80 年代后，智共仍坚持团结一切可以团结的力量的主张，1984 年底，智共同左派革命运动等组织组成人民民主运动，经常开展反政府的各种斗争。

第四节　南非共产党的社会主义理论与实践

"二战"后，非洲的民族解放运动蓬勃发展，民族独立国家纷纷建立。由于受经济发展水平的制约，非洲各国工人阶级尚未成长壮大起来，马克思主义还没有得到广泛传播。这种政治上、组织上不成熟的状况，形成非洲只有少数几个国家才存在无产阶级政党，而且力量弱小，影响也有限，尚不能在国家政治生活中居主导地位。但是，有的国家的无产阶级政党，在建立后就积极投入争取民族解放的斗争，力量不断壮大。其中南非共产党是非洲大陆第一个马克思主义政党。

一　南非共产党

南非共产党（以下简称"南非共"）建立于1921年7月，原名"南非的共产党"，1953年改为现名。南非共是在南非白人左翼劳工运动的基础上产生的，它是非洲至今唯一坚持武装斗争的党。1945年，南非共同非洲人国民大会、印度人大会和非欧洲人工会一起，组织了一次规模浩大的示威游行，反对南非的法西斯主义，从而扩大了南非共的影响，党员人数增至4000人。但南非当局把共产党看作是推行种族隔离政策的主要障碍，于是1950年通过了《镇压共产主义条例》，禁止共产党活动。此后3年里，大多数党员不是被限制参加任何形式的政治活动就是加入到其他组织，如非国大。于是一批党员决定以地下形式开展活动，从而使南非共发展成一个建立在严密组织结构和民主集中制原则基础上的秘密组织。1960年"民族之矛"成立并开展武装斗争，第一批高级指挥官主要来自非国大和南非共的领导人，如考文·姆贝基、曼德拉等，从一定意义上说，这是建立非国大和南非共联盟的里程碑。但由于"民族之矛"的许多党员相继被捕，非国大和南非共在国内的力量遭削弱。

二　南非共产党的社会主义理论与实践

（一）提出党的指导思想是马克思列宁主义原则，主张把马列主义的普遍原理同本国的实际情况相结合。承认马列主义是科学社会主义的唯一思想，科学社会主义才是真正的社会主义。它否认有其他马克思主义的存在，表示要以马列主义为指导。1984年南非共在第六次代表大会上通过的党纲中就指出："党的最终目的是在马列主义原则指导下建立共产主义社会。"南非共产党要致力于"最广泛地传播和解释马克思列宁主义意识形态，并将其运用于南非国情。"①

（二）主张通过武装斗争过渡到社会主义。南非共在实践中逐渐认识到武装斗争的重要性。1961年12月建立了"民族之矛"武装组织，并在

---

①　《南非共产党第六次代表大会》，转引自高放、张泽森、曹德成主编：《当代世界社会主义文献选编》，中国人民大学出版社1990年版，第847页。

全国范围内进行一系列反抗活动。1962年南非共通过了新党纲，明确宣布非暴力斗争已不能再被看作是唯一手段。但不排除"非暴力过渡的所有前景"。

（三）主张革命应分两步走，即民族民主革命和社会主义革命。革命的最终目标是建立一个没有人剥削人的社会。南非共在第六次代表大会上通过的党纲中指出："组织、教育和领导工人阶级首先争取实现民族民主革命这一更加近期的目标。民族民主革命的主要内容是使非洲人取得民族解放，摧毁种族主义统治阶级的经济与政治权力，建立人民政权的联合国家，在这个国家中，工人阶级是居于统治地位的力量，它将持续不断地为实现社会解放和彻底消灭人剥削人的现象而努力。"①

（四）主张广泛联合民主力量，组成以南非非洲人国民大会为首的解放阵线，反对南非独裁政权及其所奉行的种族统治和种族隔离制度。1979年11月，南非共中央扩大会议上提出：党的当前任务是建立包括一切爱国力量和反种族主义力量的广泛阵线，加强党同群众的联系。并强调，党是以非洲人国民大会为首的争取民族解放的革命联盟的重要组成部分。

（五）认为南非是"特殊形式的殖民主义"的国家，是"资产阶级统治形式的变种"。这一思想最早在1950年南非共的中央委员会报告中提出。其核心思路是：南非不是一个殖民地而是一个主权国家。一方面，南非是"白人的南非"，它具有资本主义最后阶段的帝国主义国家之一切特征，即高度发展的工业垄断集团，工业和金融资本的融合，资本主义农场，雇佣工人及信用社等；另一方面，南非是"非白人的南非"，具有殖民地的所有特征，即当地人忍受着极度的民族压迫，贫穷和剥削，缺少民主权利，由一个一切服从于强化欧洲特权的集团控制着政权。"非白人的南非"正是"白人南非"的殖民地，这是帝国主义和殖民主义的最坏特点在一国范围内的结合，它决定了南非政治体制的特殊性。1969年非国大在《非国大的战略和策略》中采纳了"特殊形式殖民主义"的基本原则。从而使它不仅对南非民族解放进程发挥了指导作用，而且奠定了非国大和南非共合作的理论基础，并为南非20世纪60年代末的武装斗争提供了依据。

---

① 钟清清主编：《各国共产党总览》，当代世界出版社2000年版，第529页。

第二十四章 20世纪50—70年代世界民族解放运动及独立国家的发展道路

第二次世界大战后，在世界反法西斯战争胜利的鼓舞和推动下，亚非拉广大地区殖民地半殖民地国家迅速掀起了民族解放运动的高潮，不断地荡涤和瓦解着帝国主义的殖民体系，并逐步形成了颇具力量的"第三世界"，与世界社会主义运动遥相呼应，改变着世界的政治格局，打破了资本主义一统天下的局面。独立后的亚非拉国家，根据不同的历史和国情，走上了不同的发展道路。

第一节 世界民族解放运动的概况、性质和特点

从1945年第二次世界大战结束到20世纪70年代末，民族解放运动的浪潮席卷了亚非拉广大地区，并且一浪高过一浪，瓦解了帝国主义的殖民体系，沉重打击了世界资本主义。

一 世界民族解放运动概况

（一）从二战结束到20世纪50年代中期，是战后世界民族解放运动的第一次高潮，民族解放运动的中心在亚洲

1945年8月日本投降，东亚和东南亚被统治、被压迫国家首先爆发了民族解放运动。先是中国、朝鲜、越南等国家在共产党的领导下取得了革命的胜利，建立了民主共和国，给了亚洲和其他地区被压迫民族极大的鼓舞。

在菲律宾，爆发了1944—1946年的民族独立斗争。菲律宾原是西班

牙殖民地，1898年转让给美国，1941年被日本占领。菲律宾人民在共产党的领导下奋起抗日，虽然1944年光复祖国，但美国重返菲律宾后，对共产党和抗日人民军采取高压政策，并予以解散，引起人民的极大不满，要求独立的呼声高涨。1945年9月23日，有6万工人和农民在马尼拉举行游行示威，要求独立、民主和土地。同年12月，马尼拉举行6万人的群众大会，抗议美国企图"延缓"宣布菲律宾独立的"泰丁斯－麦克杜菲法"。1946年，菲律宾共产党领导了49次工人罢工。在人民群众斗争的强大压力下，美国政府被迫同意菲律宾于1946年7月4日独立，菲律宾民族解放斗争取得了胜利。

马来亚（现为马来西亚）和新加坡，1946年也相继独立。

在印度尼西亚，1945年日本投降后，8月15日印度尼西亚共产党和青年革命组织的领导人在雅加达秘密集会，作出了立即宣布独立的决定，并派代表与民族主义的领袖苏加诺、哈达协商，要求他们出面宣布独立。8月17日，印度尼西亚的苏加诺发表《独立宣言》，宣告印度尼西亚共和国成立，"八月革命"取得胜利。但重新统治印尼的荷兰采取了各种方式进行破坏，印度尼西亚与荷兰殖民统治者又进行了长达4年的斗争和谈判，于1950年8月15日成立了统一的印尼共和国。

在缅甸，1945年日本被赶出缅甸后，英国政府颁布了关于缅甸问题的白皮书，宣布在缅甸实行总督领导下的自治，阻挠缅甸独立，引起缅甸反法西斯人民自由同盟的不满，该组织于8月19日通过著名的《尼杜迎宣言》，要求立即建立临时政府，强调新政府在对外政策、财政、经济、国防、国内安全等方面应享有全权，拉开了缅甸民族独立斗争的序幕。1946年初，缅甸反法西斯人民自由同盟提出，要在普选的基础上召开制宪会议。9月缅甸总督任命了包括昂山等知名人士在内的新的行政委员会。1947年1月签定了"昂山－艾德礼协定"，英国承认缅甸有完全独立的权利。1947年9月缅甸制宪会议通过了缅甸联邦宪法，宣布缅甸是一个主权独立的共和国。1948年1月4日缅甸正式宣布独立，结束了英国在缅甸的殖民统治。

在印度，两次世界大战期间，民族资产阶级就领导了两次非暴力不合作运动，试图摆脱英国的殖民统治走向独立。"二战"结束后，印度民族独立运动出现新的高潮，1945年印度共发生848次罢工，参加人数达

782192 人。1946 年第一季度发生罢工 426 次。1946 年 2 月 18 日孟买印度水兵举行起义，21 日，全部印度海军人员加入了这场反英斗争。孟买市 20 万工人罢工声援。在这种形势下，英国政府被迫让步，1947 年 6 月 3 日，印度总督公布了"蒙巴顿方案"，宣布实行印巴分治。6 月 17 日英国议会通过了这一方案。1947 年 8 月 14 日巴基斯坦宣布独立，8 月 15 日印度宣布独立。1950 年 1 月 26 日印度正式宣布为独立自主的印度共和国。

1956 年 3 月 23 日，巴基斯坦正式宣布为巴基斯坦伊斯兰共和国。

印度独立成为这一时期亚洲民族解放运动的一大标志性成就。

此外，1948 年锡兰（今斯里兰卡）取得了独立。1953 年柬埔寨获得独立。

在中东地区，1946 年 3 月英国承认约旦独立，同年 4 月叙利亚和黎巴嫩分别获得了独立。以色列也在 1948 年成立。在中东最有影响的当属 1952 年埃及革命及其成立的共和国，它沉重打击了英帝国主义在中东地区的势力。

在非洲，虽然 1952 年肯尼亚掀起反对英国殖民统治的武装斗争"茅茅运动"，1954 年 11 月爆发了阿尔及利亚反对法国殖民统治的武装斗争，但非洲的反帝、反殖民族解放运动还处在酝酿起步阶段。在拉美，维护民族独立主权、反对美国干涉掠夺，成为这一时期各国民族解放运动的主要内容，其中以 1952 年推翻亲美独裁政权的玻利维亚人民起义和 1950—1954 年危地马拉反美解放斗争最为突出。

总之，"二战"后的世界民族解放运动主要集中在亚洲，特别是东亚、东南亚和南亚等地区，亚洲民族解放运动与非洲、拉美相比较，不仅开始较早，成就突出，在瓦解帝国主义殖民体系过程中起到了先锋作用，而且在巩固独立、发展民族经济方面，亚洲一些新兴独立国家也对拉美国家起到示范效应。到 20 世纪 50 年代中期，亚洲有 31 个国家先后获得了独立，亚洲成为民族解放运动的中心。

（二）从 20 世纪 50 年代中期到 60 年代末，是战后世界民族解放运动的第二次高潮，民族解放运动的中心在非洲

这个时期的民族解放运动空前高涨，民族解放运动在非洲和拉丁美洲广泛展开，民族解放运动的中心由亚洲转向非洲；民族解放运动出现了联合发展的新局势，第三世界作为一支反帝、反殖、反霸的政治力量登上国

际政治舞台。1955年由印度、印度尼西亚、缅甸、锡兰和巴基斯坦5国总理发起的在万隆召开的亚非会议,标志着世界民族解放运动进入了一个团结斗争、联合发展的新时期。29个亚非国家的340名代表参加了这次会议,特别是中国代表团团长周恩来在会上提出了著名的"求同存异"原则,与各国代表一起排除了西方国家的许多干扰,会议通过了《亚非会议最后公报》,提出了各国和平共处、友好合作的十项原则,增进了亚非各国的相互了解和尊重,促进了相互的团结和合作,有力推动了民族解放运动的蓬勃发展。

在万隆亚非会议的鼓舞下,亚非拉民族解放运动掀起高潮。

亚洲以苏伊士运河战争为开端形成了阿拉伯国家的反帝反殖浪潮,伊拉克、阿拉伯也门共和国、也门民主共和国、科威特等相继独立。

20世纪60年代的非洲更是出现了由北向南的独立高潮。1954年开始的阿尔及利亚民族解放斗争进一步发展,到1958年民族解放军发展到13万人,武装斗争发展到全国3/4的地区。1958年9月19日,阿尔及利亚临时政府在开罗宣布独立。1960年6月法国被迫与阿尔及利亚就独立问题进行谈判,并于1962年签定了《埃维昂协议》,7月3日阿尔及利亚正式宣告独立。1960年是非洲的"独立年",有17个国家获得独立。喀麦隆在人民联盟的领导下,民族独立运动空前发展,1958年迫使法国政府同意其于1960年独立,1960年1月1日喀麦隆共和国成立。多哥是法国的殖民地,1958年在议会选举中获胜的奥林匹领导的多哥统一委员会,提出了实现完全独立的要求。经过与法国政府的多次谈判,法国被迫同意多哥独立。1960年4月27日多哥正式宣布独立,成立共和国。马达加斯加在1947年爆发了席卷全国的反法武装起义,迫使法国实行"宪法改革"。1958年成为法兰西共同体内的自治共和国。1960年6月26日宣告独立,成立共和国。刚果(扎伊尔)于1960年6月30日正式宣布独立,1964年改为刚果民主共和国,1971年改为扎伊尔。索马里在战后分为英属索马里和意属索马里,前者于1960年6月26日独立,建立索马里兰共和国,后者于1960年7月1日独立,建立索马里亚共和国。就在1960年7月1日索马里亚共和国成立的当天,索马里兰和索马里亚两国议会举行联席会议,宣布两国合并,成立索马里共和国。此外,加纳、达荷美(贝宁)、尼日尔、上沃尔特（布基纳法索）、象牙海岸（科特迪瓦）、乍得、乌班吉沙立（中非）、刚果人民共和国、毛里塔尼亚、塞内加尔、马里、尼日利亚等国家，从 1960 年的 7 月到 11 月，也相继独立，成立共和国。在 1955 年万隆会议之前，非洲只有 4 个独立国家，而 20 世纪 60 年代获得独立的国家就达 32 个，非洲民族独立解放运动取得了辉煌成就。

在拉美地区，在反美反独裁运动深入发展的同时，加勒比地区也出现了民族独立的高潮，1959 年古巴革命取得了胜利，牙买加等 4 个加勒比地区国家宣告独立。

这样，20 世纪从 50 年代中期到 60 年代末前后，亚非拉又有 45 个国家获得独立。

1961 年由南斯拉夫的铁托、埃及的纳赛尔、印度的尼赫鲁、加纳的恩克鲁玛和印度尼西亚的苏加诺发起召开了第一次不结盟运动国家首脑会议，进一步推进了联合反帝、反殖、反霸的斗争，"第三世界"由此崛起，迅速登上了国际政治舞台。

（三）从 20 世纪 70 年代开始，世界民族解放运动向纵深发展，帝国主义世界殖民体系在亚非拉民族解放运动的阵阵冲击下已告土崩瓦解

在亚洲，1973 年中东战争中，阿拉伯人民以"石油武器"震撼了全世界。先后被法国和美国占领控制的柬埔寨、越南、老挝于 1975 年重获解放。1979 年阿富汗人民反对苏军入侵的斗争取得了胜利。在非洲，葡属殖民地安哥拉、几内亚（比绍）、莫桑比克等国家于 1974 年先后获得独立。津巴布韦人民也于 1980 年获得独立。非洲独立国家已达 50 个。纳米比亚人民争取独立的斗争及南非人民反对种族主义统治的斗争也如火如荼。在拉丁美洲，巴哈马、格林纳达、多米尼克、圣卢尼亚、圣文森特和格林纳丁斯、安提瓜和巴布达、圣其茨和尼维斯等 7 个英属殖民地，从 1973 年到 1983 年先后获得独立，使拉美地区的独立国家达 33 个。同时，巴拿马人民为收回运河主权而进行的反美斗争以及拉美人民为保卫 200 海里领海权的斗争也不断高涨。

总之，从 1945 年"二战"结束到 1983 年加勒比 7 国独立，亚非拉新独立国家约 86 个，加上战前已独立的 30 多个国家，亚非拉独立国家共有近 120 个，世界帝国主义殖民体系已土崩瓦解。

二　世界民族解放运动的性质

20世纪50—70年代的世界民族解放运动，是战前世界民族解放运动的继续，从性质上讲，是反帝、反殖的民族民主革命，从革命的范畴上讲，是属于无产阶级世界革命的一部分，是无产阶级社会主义革命的同盟军。

（一）反帝、反殖的民族民主革命

"二战"后卷入民族解放运动的亚非拉国家，大都是殖民地半殖民地国家，或依附于某大国的小国，尽管各国的历史和国情不同，革命的主要任务有所区别，有的属于反对帝国主义侵略，在反帝救国运动中完成国家的独立和统一，如朝鲜、越南等；有的属于推翻殖民统治，完成国家独立的任务，这一类占独立国家的大多数，像非洲国家"二战"前只有2个名义上独立的国家，其余都是殖民国家，推翻殖民统治就成为头号任务；有的把反对新殖民主义和反对独裁统治结合起来，在完成这两项任务的基础上实现国家独立，如古巴和许多拉美国家。但是，从总体上说，这些国家的民族解放运动都是直接或间接打击帝国主义及其支柱封建主义，因而都是属于民族民主革命。从运动的主要领导力量来说，除少数国家是由无产阶级通过共产党领导人民取得革命胜利或获得独立外，大多数国家都是在资产阶级和小资产阶级民族主义政党领导下获得独立的，有的甚至是在国王、王公贵族和部落酋长领导下取得独立，从这个角度看，也是属于民族民主革命。

（二）无产阶级世界革命的一部分

战后世界民族解放运动尽管从性质上说，是反帝反殖的民族民主革命，而且大多数国家的民族解放运动是由资产阶级民族主义政党领导的，但从时代特征看，它属于无产阶级世界革命的一部分，是无产阶级社会主义革命的同盟军。因为俄国十月革命的胜利，开始了无产阶级革命的时代，无产阶级成了时代的中心，决定了时代的主要内容和方向。无产阶级的总任务是摧毁帝国主义的世界统治，而殖民地半殖民地人民反帝、反殖的民族解放运动，打击的对象就是国际资产阶级，在这方面两者是一致的，有着共同的利益。所以，从这个角度说，民族解放运动在十月革命以后已经属于新的范畴，即世界无产阶级革命的一部分。对此，无论是列宁还是毛泽东都有著名的论述。列宁认为，帝国主义对世界领土的瓜分，使世界被分为少数帝国主义宗主国和广大被压迫的殖民地半殖民地两极世界，世界民族也被划分为压迫民族和被压迫民族，资本主义的发展已超出了民族国家的范围。这种情况下，"民主运动的个别要求，包括自决在内，并不是什么绝对的东西，而是世界一般民主主义（现在是一般社会主义）运动中的一小部分"，①"社会主义革命不会仅仅是或主要是每一个国家的革命无产者反对本国资产阶级的斗争。不会的，这个革命将是受帝国主义压迫的一切殖民地和国家、一切附属国反对国际帝国主义的斗争。"② 列宁指出，帝国主义时代的世界革命，只能在各先进国家的无产阶级为反对资产阶级而进行的国内战争已经同不发达的、落后的被压迫民族所掀起的一系列民主革命运动联合起来的时代中进行。所以，列宁呼吁"全世界无产者和被压迫民族联合起来"。毛泽东在《新民主主义论》中更加明确地指出："有两种世界革命，第一种是属于资产阶级和资本主义范畴的世界革命。这种世界革命的时期早已过去了，还在一九一四年第一次帝国主义世界大战爆发之时，尤其是在一九一七年俄国十月革命之时，就告终结了。从此以后，开始了第二种世界革命，即无产阶级的社会主义的世界革命。这种革命，以资本主义国家的无产阶级为主力军，以殖民地半殖民地的被压迫民族为同盟军。不管被压迫民族中间参加革命的阶级、党派或个人，是何种的阶级、党派或个人，又不管他们意识着这一点与否，他们主观上了解了这一点与否，只要他们反对帝国主义，他们的革命，就成了无产阶级社会主义世界革命的一部分，他们就成了无产阶级社会主义世界革命的同盟军。"③ 毛泽东后来进一步指出："如果说，十月革命给全世界工人阶级和被压迫民族的解放事业开辟了广大的可能性和现实的道路，那么，反法西斯的第二次世界大战的胜利，就是给全世界工人阶级和被压迫民族的解放事业开辟了更加广大的可能性和更加现实的道路。"④

由此可见，列宁和毛泽东的有关论述都强调，在帝国主义时代，无产

---

① 《列宁选集》第 2 卷，人民出版社 1972 年版，第 863 页。
② 《列宁选集》第 4 卷，人民出版社 1995 年版，第 77 页。
③ 《毛泽东选集》第 2 卷，人民出版社 1991 年版，第 671 页。
④ 《毛泽东选集》，第 4 卷，人民出版社 1991 年版，第 1357～1358 页。

阶级世界革命的总目标和总任务是要打倒帝国主义,因此,亚非拉及世界各地的殖民地半殖民地国家人民,无论是无产阶级领导的新民主主义革命,还是资产阶级、小资产阶级乃至爱国的封建王公或部落酋长领导的反帝国主义的革命,只要反对帝国主义,就是无产阶级世界革命的一部分。从实践上来看,殖民地半殖民地国家的民族解放运动同无产阶级革命相互支持相互配合,摧毁了帝国主义世界殖民体系,沉重打击了世界资本主义,世界社会主义运动进入了一个新的发展阶段。

三 世界民族解放运动的主要特点

20世纪50—70年代的世界民族解放运动无论是广度还是深度上,都超过了过去历次民族解放运动。有如下几个主要特点:

一是战后的世界民族解放运动呈现出"从东到西,由北向南"的发展规律,涉及的面非常广,获得独立的国家非常多。从世界范围来说,战后民族解放运动是"从东到西"逐步展开的。战火首先从亚洲的东亚、东南亚和南亚燃起,许多国家走上了争取民族解放斗争的道路,亚洲成了世界民族解放运动的中心,以后蔓延到非洲、拉丁美洲,特别是20世纪60年代民族解放运动的中心由亚洲转移到了非洲,在非洲大陆上到处燃烧起了民族解放运动的熊熊烈火,随后拉丁美洲也掀起了反对新殖民主义和独裁统治的民族解放运动。从非洲民族解放运动的发展来看,是从北非开始,逐步向南部扩展的,被称为"由北向南"现象。与以往历次世界民族解放运动相比,战后世界民族解放运动的成功率非常高,获得的成就最大。1945年以后,亚洲从1945—1967年新独立的国家共有23个。1971年以后也门、孟加拉、巴林、卡塔尔等国又相继独立,亚洲完成了民族独立国家体系。在非洲,1951—1958年,只有6个新兴独立国家,在1960—1968年新独立国家30多个。1973—1977年有8个。在拉丁美洲,1962—1966年有4个独立国家,1973—1979年有5个独立国家,1981—1983年有3个独立国家。这样,战后有80多个亚非拉国家获得了独立。

二是战后大多数国家的民族解放运动是由资产阶级或小资产阶级民族主义政党领导的。战后亚非拉民族解放运动,除亚洲少数国家是由无产阶级政党领导之外,其他国家都是由资产阶级民族主义政党所领导。从亚非拉国家资产阶级的状况看,在一定意义上说,他们是新生的生产方式的代表，是一个新兴的阶级，他们也受到帝国主义、殖民主义压迫，具有较强的反帝、反殖的革命要求。从亚非拉独立国家的资产阶级民族主义政党自身来看，有的是早就有影响的政治组织，如印度的国大党，在两次世界大战之间就领导了两次不合作运动，在国内很有号召力；有的是为适应民族独立运动的需要而产生，无论政党的纲领还是组织形式都具有广泛的群众性，例如，到1961年非洲共有147个大大小小的民族主义政党，其中只有8个成立于战前。这些政党组织大都冠以"大会"、"阵线"、"联盟"等名称，以将更多的阶级、阶层和广大民众团结在自己的周围。从这些民族主义政党的领导人来看，大都来自资产阶级、小资产阶级、牧师、地主阶级、封建王公贵族和部落酋长的家庭，只有少数出身于普通平民家庭，大都受过良好的教育，具有极强的民族主义思想，在民众中具有极高的声望，如印度的尼赫鲁、印度尼西亚的苏加诺、埃及的纳赛尔、加纳的恩克鲁玛、坦桑尼亚的尼雷尔、塞内加尔的桑戈尔等，他们成为这些国家民族解放运动的旗帜。从这些资产阶级民族主义政党提出的纲领和政策来看，也符合广大人民群众的需要，他们在举起反帝反殖和民族独立的大旗的同时，还把争取民族独立的斗争同各地人民为解决具体问题进行的斗争结合起来，同要求归还被殖民主义者夺取的土地、减轻捐税、提高工资和农产品收购价格、反对种族歧视和强迫迁移等斗争结合起来，同工人运动、农民运动、合作社运动、宗教活动等结合起来，得到了广大人民群众的支持和拥护。由此可见，战后大多数国家争取民族解放和独立的担子就落在了民族资产阶级及其政党的肩上。这是战后世界民族解放运动的一个鲜明特点。

三是独立国家的团结协作、联合斗争成为战后世界民族解放运动的一大亮点。与以往民族解放运动不同的是，战后世界民族解放运动中的民族国家表现出了空前的团结精神和合作愿望，在反帝反殖、争取民族独立的过程中相互支持、相互帮助。新独立的国家为了维护自己的民族利益，陆续建立了一系列联合组织，即地区的、宗教的、泛民族的或多民族的联盟，对世界格局产生了越来越大的影响。自1955年亚非会议起，主要由亚非拉国家发起成立的不结盟运动、七十七国集团、非洲统一组织、伊斯兰会议组织、阿拉伯国家联盟、东南亚国家联盟、石油输出国组织、南方共同市场等联合形式就呈不断发展的态势。

四是战后世界民族解放运动的斗争方式多样化，通过和平的、非暴力手段取得独立的国家占绝大多数。武装斗争一直是民族运动的主要方式，是争取独立与解放的最有效武器。但在战后的世界民族解放运动中使用这种方式的国家只占少数，而大多数国家是通过和平的、非暴力的斗争方式取得独立的。在亚洲，只有朝鲜、越南等少数国家运用武装斗争的方式赶走了殖民者，取得国家独立的。而像印度尼西亚、印度、巴基斯坦、缅甸、马来亚（现为马来西亚）、菲律宾等国，虽然独立是人民群众长期斗争的结果，但在获得独立这一环节上，都是通过和帝国主义国家谈判、签订条约、发表独立宣言的方式来实现的。在非洲，只有阿尔及利亚、突尼斯、莫桑比克、安哥拉、摩洛哥、几内亚比绍、津巴布韦等11个国家和地区是通过武装斗争方式实现独立的，而以加纳为代表的30多个国家和地区是采用和平的、非暴力方式获得了独立的。这些国家是以群众性的示威游行作为反帝反殖运动的基础，通过资产阶级上层经过与殖民者谈判，完成政权移交，只达成民族的阶段性目标，在之后的很长时间内实现完全的独立和主权完整。在拉丁美洲，古巴等少数国家是通过武装斗争的方式取得反对新殖民主义者和独裁统治的革命的胜利的，而加勒比地区的新独立的大多数国家，如巴哈马、格林纳达、多米尼克、圣卢西亚等国，大都是通过与殖民统治者进行谈判，先实行"内部自治"，取得一定的主权，然后过渡到完全的独立。

此外，独立后的大多数国家打起社会主义旗帜，走"民族社会主义"道路，也是战后世界民族解放运动的一大特点。对此将在本章第三节专门探讨。

第二节 独立国家的不同类型

战后亚非拉独立国家的民族解放运动，从斗争方式上可分为暴力革命与非暴力革命两种类型；从领导力量和领导权方面看，可分为无产阶级领导的民族民主革命运动、资产阶级领导的民族民主革命运动、小资产阶级领导的民族民主革命运动和爱国的国王、王公贵族、宗教领袖等领导的民族解放运动等四种类型；从独立后选择的发展道路上看，可分为社会主义发展道路、资本主义发展道路、非资本主义发展道路即"民族社会主义"

三种类型。关于独立国家的斗争方式，在上面的世界民族解放运动的主要特点中已经分析过，而独立国家的发展道路将在第三节专门探讨，所以，这里从民族解放运动领导权的角度，介绍和分析独立国家的不同类型。

一 无产阶级领导的民族民主革命运动

这一类型的民族民主革命运动，主要发生在无产阶级力量比较强大，受马克思主义和俄国十月革命影响比较深，无产阶级政党比较成熟的国家。这些国家的共产党和社会主义团体，以马克思列宁主义为指导，长期从事革命活动，在群众中的威信和影响非常大，积极参加和领导了民族民主革命运动。这些国家的民族资产阶级、小资产阶级、农民阶级参加了共产党领导的革命统一战线，在共产党团结和领导下成为无产阶级的同盟军和民族民主革命的动力。朝鲜、越南等国家的民族民主革命是这一类型的典型代表。无产阶级领导的民族民主革命运动，在革命取得胜利以后，一般都逐步过渡到了社会主义革命和社会主义建设的道路上。

二 资产阶级领导的民族民主革命运动

这一类型的民族民主革命运动是亚非拉民族民主革命运动的主体。第二次世界大战以后，亚非拉国家的民族民主革命运动，大多数是在资产阶级民族主义指导下，由民族资产阶级及其知识分子为主要领导的政党或统一战线政治组织领导下进行的。这些国家经济落后，处在现代化大企业中的固定和有组织的产业工人为数不多，工人的工厂劳动带有季节性和极大的流动性，工人阶级难以结成牢固的阶级组织，更没有发展成为自为的阶级，马克思主义还没有广泛传播并被接受，无产阶级在政治上还不成熟。即使少数地区出现了共产党组织，共产党人为本国的民族解放作出过贡献，但由于共产党组织基础比较差，力量相对薄弱，也难以承担领导民族独立运动的重担。所以，民族资产阶级就成为革命的领导力量，它以民族主义为旗帜，以民族解放、国家独立为目标，以民族统一战线为组织形式，以和平的、非暴力斗争为主要手段，领导全国广大民众积极进行反帝反殖斗争。这些国家的民族民主解放运动大致上又有三个层次，即建立民族国家、反对种族歧视和宪政改革。战后资产阶级领导的亚非拉民族解放运动，在不同的国家，有着不同的情况和特点。在印度，崇尚非暴力、不合作的甘地主义和集民族资产阶级、小资产阶级、地主阶级、农民阶级和工人阶级于旗下的印度国大党起着主导作用。在巴基斯坦，以"清真之国"为旗帜，主张建立一个伊斯兰国家的真纳及其领导的穆斯林联盟，为巴基斯坦的独立做出了巨大贡献。在印度尼西亚，苏加诺的"信仰神道、人道主义、民族主义、民主和社会公正"建国原则和以"民族主义、宗教、共产主义"为核心的"纳沙贡"思想，成为印度尼西亚民族资产阶级的政治行动指南。在非洲的民族民主解放运动中，大多数的民族资产阶级都崇尚泛非主义和非资本主义。在加纳，提倡泛非主义和以非暴力方式实现黄金海岸独立和非洲统一的恩克鲁玛思想成为民族独立的旗帜，1957年独立后提出和推行了"非洲社会主义"理论和政策。在塞内加尔，桑戈尔提出了民主社会主义思想。在坦桑尼亚，主张通过非暴力方式分阶段实现独立的尼雷尔领导着民族独立运动，并将坦桑尼亚引导到"村社社会主义"发展的道路。

三 小资产阶级领导的民族民主革命运动

这一类型的民族民主革命运动主要以古巴等拉美国家为典型。这些国家的小资产阶级及其知识分子，在民族主义思想的指导下，站在民族民主运动的前列，提出比资产阶级更能够反映劳动者阶级和广大民众愿望和要求的政治纲领，成为民族民主革命的宣传者、组织者和领导者。由于小资产阶级不是剥削阶级，是劳动者阶级，所以，这种类型的革命有可能转变为无产阶级领导的新民主主义革命，他们的某些领袖有可能转变为共产主义者。例如，古巴1953年开始的革命，不是由工人阶级政党领导的，而是由卡斯特罗领导的"7·26"运动组织和发动的。这是一个代表着工人阶级、农民阶级、小资产阶级中的进步的和革命的力量的多阶级的革命组织，进行的是一场民族民主革命，目标并不是要实现社会主义和共产主义，而是反对美国的新殖民主义和巴蒂斯塔的独裁统治。革命中何塞·马蒂的民族主义思想和反帝立场，成为卡斯特罗号召人民、组织人民的有力武器。何塞·马蒂（1853—1895年）是18世纪后半叶涌现出的古巴民族英雄，领导了古巴1895年的独立战争，其主要思想和理论有四点：一是"宇宙和谐论"，反对所谓的拉丁美洲存在"文明与野蛮"差距的论调，反对种族歧视，主张尊崇自然和谐，保护社会和谐，实现社会的自由与独立；二是"人论"，以压迫和被压迫作为区分好人和坏人的基本标准，把关心"全人类利益"还是关心自己的利益作为优等人和劣等人的标志，颂扬和保护印第安人、穷人、劳动者，把他们看作祖国的主人；三是"责任观"，强调古巴人的责任，这就是爱他人、爱人民、爱祖国，舍得为公众的利益牺牲自己的一切；四是"我们的美洲论"，认为包含着美国的美洲不是自由的美洲，古巴人要爱古巴，爱拉丁美洲，争取和建设一个没有压迫和奴役的"新美洲"。[①] 马蒂思想具有鲜明的反帝立场和自我牺牲精神。古巴革命正是在马蒂民族主义思想指导下，在卡斯特罗及其小资产阶级政党——"7·26"运动的领导下取得了胜利，并且于1960年开始走上了社会主义革命和社会主义建设的道路。

阿根廷庇隆政府领导的民族民主改革运动、尼加拉瓜桑地诺民族解放阵线领导的反索摩查独裁统治的革命等都属于小资产阶级民族民主革命运动。当然，这些国家的革命并没有像古巴那样实现向社会主义革命的转变。

四 要求独立的国王、王公贵族、部落酋长等领导的民族民主改革运动

这一类型的民族民主运动一般发生在经济比较落后的国家和地区，有的处在封建主义阶段，既没有资产阶级，也没有无产阶级，有的处在游牧部落阶段，原始公社的残余很多。这些国家和地区，斗争规模小，自发性强，宗教色彩浓厚。在国家主权和民族独立受到严重威胁的关头，或者在有利于国家独立的大好形势出现之机，这些国家的封建国王、王公贵族或者部落酋长就会高举民族主义的旗帜，走到反帝反殖、争取国家独立斗争的前列，并掌握着革命的领导权，控制着运动的进程和发展方向。他们想结束外国的殖民统治，争取国家的政治独立，但并不想从根本上改变社会制度和阶级关系，一般会提出包含着实现国家独立、进行现代化改革、建立君主立宪的国家政权等内容的政治纲领。柬埔寨西哈努克亲王领导的民族独立运动、科威特萨巴赫家族领导的独立运动等都是典型代表。

---

① 参见欧阳康：《走近古巴人的精神家园》，《哲学研究》2002年第4期。

第三节 独立国家的发展道路

"二战"后,亚非拉独立国家在社会发展道路的选择上,表现出了多样性,有的国家选择了社会主义发展道路,有的国家选择了"非资本主义发展道路"即"民族社会主义",有的国家选择了资本主义发展道路。由于在上面的有关章节专门介绍了朝鲜、越南、老挝、古巴等独立国家的社会主义发展道路,所以,本节将专门分析和探讨独立国家的"非资本主义发展道路"和资本主义发展道路。

一 独立国家的"非资本主义发展道路"

(一) 独立国家走"非资本主义发展道路"的原因

独立后的亚非拉国家先后有50多个宣布走"非资本主义发展道路",即"民族社会主义"发展道路,主要原因有5点:

第一,对以殖民主义为特征的资本帝国主义的憎恨,使亚非拉独立国家在民族感情上选择了"非资本主义发展道路",举起民族社会主义的旗帜。亚非拉民族国家几百年来受尽了西方殖民主义统治之苦,目睹了西方资本帝国主义带来的巨大灾难,人们憎恨殖民主义与殖民主义结为一体的资本帝国主义,他们奋起斗争,不但要求消灭殖民主义压迫,而且希望摈弃资本主义制度。亚非拉人民的这种民族感情和内心的愿望,对执政的民族主义政党产生了巨大的影响,独立后他们选择了一条"非资本主义发展道路",即"民族社会主义"。

第二,为了割断与国际资本的联系,避免重新沦为世界资本主义的附庸,维护政治经济独立,亚非拉独立国家选择了"非资本主义发展道路"。战后亚非拉独立国家虽然从过去的殖民地附属国变成了主权国家,但由于旧的不平等的国际经济秩序和国际分工格局没有发生根本变化,许多国家独立后仍受国际垄断资本的控制,其经济、政治独立和国家主权受到威胁和挑战。他们认为,如果独立后搞资本主义,就会使这种可能变成现实。如坦桑尼亚前总统尼雷尔曾讲过,当今世界上存在着社会主义和资本主义两种经济结构,如果依靠资本主义发展,则意味着我们将权力交给别人来决定我们的命运。几内亚前总统塞古·杜尔甚至说,宁肯在自由条件下忍受贫穷,也不愿意在被征服状态下享受繁荣。所以,为了防范国际资本的渗入,维护国家的政治经济独立,他们选择了"非资本主义发展道路",即"民族社会主义"。

第三,为了尽快地改变贫穷落后面貌,加速经济发展,亚非拉独立国家选择了"非资本主义发展道路",举起社会主义的旗帜。亚非拉新独立的国家,由于长期受殖民主义者的剥削和掠夺,生产力水平极低,经济文化十分落后,许多国家保持着前资本主义甚至原始社会末期的生产关系。这些国家独立后,面临的最迫切任务就是加速发展民族经济,尽快改变贫穷落后的面貌。但他们认为资本主义的方法太慢,远水解不了近渴。社会主义的方法是"捷径",能更迅速、更有效地解决经济和社会发展问题。印度的尼赫鲁就讲过,我深信解决世界问题和印度问题的唯一关键在于社会主义。而马里苏丹联盟曾认为,社会主义是加速经济发展、解决从殖民主义下产生的社会问题的唯一手段。

第四,走"非资本主义发展道路"是亚非拉独立国家执政的民族主义政党解决国内复杂矛盾的一种政治选择。亚非拉国家独立后,国内存在着复杂的矛盾,既有阶级矛盾、民族矛盾,又有氏族部落矛盾和宗教矛盾。在独立前这些矛盾还不十分突出,独立后开始尖锐。为了缓和社会矛盾,保持社会稳定,巩固自己的统治地位,一些民族主义政党公开打出了社会主义的旗帜,把社会主义解释为团结、公正、平等、施舍等大家共同追求的目标,以团结全社会。

第五,现实社会主义国家的影响和支持也是亚非拉独立国家选择"非资本主义发展道路"的一个重要因素。一方面,"二战"后共产党执政的社会主义国家,特别是苏联和中国,在国际上的影响日益加强,对亚非拉独立国家有很大的吸引力。如贝宁、刚果、莫桑比克、安哥拉等都是在苏联影响支持下宣布走社会主义的;而坦桑尼亚、印度国大党、印尼的苏加诺等都是在中国影响下宣布走社会主义的。另一方面,从当时的世界格局看,苏联为了同美国争霸,急需在亚非拉第三世界扩大自己的地盘,以社会主义国家的名义向第三世界输出革命,而亚非拉国家在争取独立的进程中迫切需要道义和军事上的援助,两者一拍即合,他们独立后自然选择"非资本主义发展道路",举起社会主义的大旗。

总之,独立后的亚非拉国家选择"非资本主义发展道路",进行各式各样的"民族社会主义"试验,既是"二战"后两大阵营尖锐对峙、世界政治格局大分化、大动荡、大改组的结果,也是民族独立国家内部矛盾发展的必然结果。

(二) 独立国家走"非资本主义发展道路"的进程

从"二战"后某些独立国家宣布走"非资本主义发展道路",出现各种各样的"民族社会主义"开始,到苏东剧变后大部分国家放弃"非资本主义发展道路","民族社会主义"发展跌入低谷为止,独立国家的"非资本主义发展道路"即"民族社会主义"经历了四个大的发展阶段。

1945—1955年为第一阶段。战后随着亚洲独立国家公开宣称走社会主义道路,拉开了"民族社会主义"发展的历史序幕。从1945年8月印度尼西亚独立后,苏加诺明确宣布要建设一个"印度尼西亚式的社会主义"到1954年底印度尼赫鲁正式提出要在印度建立一个"社会主义样式的社会",亚洲的民族社会主义得到了发展。

1955—1965年为第二阶段。这一时期除了亚洲的社会主义继续发展外,如斯里兰卡、新加坡、伊拉克等国的执政党都宣布要奉行社会主义。最大的特点就是随着非洲民族独立高潮的到来,非洲民族社会主义迅速崛起,从北非的埃及、突尼斯、阿尔及利亚到撒哈拉以南的加纳、几内亚、马里、塞内加尔、刚果、坦桑尼亚、赞比亚、马达加斯加等国相继宣布奉行"阿拉伯社会主义"或"非洲社会主义"。可以说,这一阶段是民族社会主义发展的高涨阶段。

1965—1981年为第三阶段。20世纪60年代中期以后,由于国内外阶级斗争形势的变化,民族社会主义在一些国家的发展遇到了严重的挫折,印度尼西亚、马里、埃及和乌干达等国改变了社会主义路线,由"非资本主义发展道路"走上了资本主义发展道路。这一时期民族社会主义在西亚、非洲地区出现了一批自称"科学社会主义"的国家,如贝宁、安哥拉、莫桑比克、津巴布韦、埃塞俄比亚、南也门、阿富汗等。同时,在拉丁美洲出现了各式各样的民族社会主义。

1981—2003年为第四阶段。随着缅甸、斯里兰卡、阿富汗、也门、阿尔及利亚、几内亚、赞比亚等许多国家宣布放弃或终止民族社会主义,民族社会主义发展跌入低谷。据统计,目前独立国家仍然搞民族社会主义的已由原来的50多个国家降到20几个国家。

(三) 独立国家"非资本主义发展道路"的类型

独立国家走"非资本主义发展道路"的结果，就是产生了各式各样的"民族社会主义"，人们从不同的角度把它划分为各种类型。从地区角度划分为"亚洲社会主义"、"阿拉伯社会主义"、"非洲社会主义、"拉丁美洲社会主义"等类型；从代表人物角度划分为"尼赫鲁的社会主义"、"苏加诺的社会主义"、"吴奈温的社会主义"、"贝·布托的社会主义"、"卡扎菲的社会主义"、"纳赛尔的社会主义"、"恩克鲁玛的社会主义"、"尼雷尔的社会主义"、"桑戈尔的社会主义"、"阿连德的社会主义"等类型；从性质上划分为"村社社会主义"、自称的"科学社会主义"、"民主社会主义"、"宗教社会主义"、"军事社会主义"等类型。在这里从社会主义性质的角度分析介绍几种类型：

1. 村社社会主义。这种类型的社会主义把原始社会遗留下来的农村村社制度理想化，把摆脱贫穷、落后、实现人与人之间平等关系的愿望，寄托在恢复古老的村社制度和发扬村社精神的基础上。这一类型的社会主义以坦桑尼亚前总统尼雷尔的社会主义以及所推行的"乌贾马运动"为典型代表。尼雷尔社会主义的主要观点有如下几点：（1）非洲传统的农村公社就是社会主义。他认为，在古老的村社中，谁也没有私有财产，一切人都可以享受公社财产，所以，没有人挨饿，也没有人践踏他人的尊严，这就是社会主义。（2）社会主义是一个没有阶级、没有剥削的社会。他指出，真正的社会主义国家是劳动者的国家，它消灭了资本家和贵族，取得了人类的平等。它消灭了人剥削人的现象，每个有劳动能力的人都必须参加劳动，并得到他应该得到的报酬。（3）只有建立社会主义信念，才能实现社会主义。他认为，社会主义是一种精神，不能强加于人，但这种信念也不会自己形成，需要靠信仰社会主义的人去建立，去宣传，去发挥模范表率作用。（4）没有民主就没有社会主义。他认为，社会主义必须实现真正的民主，政府机构必须由工人和农民通过选举产生。

为了实现这种社会主义，尼雷尔从1967年开始在坦桑尼亚推行了"乌贾马运动"，到1975年共建立起6944个乌贾马村。在这里，基本的生产资料和产品由全体成员所有；人人参加劳动，进行集体生产，按劳分配；每个成员的权利是平等的；等等。

2. 自称的"科学社会主义"。这种类型的社会主义与社会主义国家的关系比较密切，受苏联社会主义的影响比较深，在实践上大都照搬了苏联社会主义的某些政治、经济措施。这种类型的社会主义以贝宁、刚果、安哥拉、莫桑比克、埃塞俄比亚、津巴布韦等为典型。主要观点有：(1) 除了马克思主义的科学社会主义之外，没有其他社会主义。认为，马克思主义是唯一的指导思想，科学社会主义是唯一的社会主义，不能有什么"欧洲的社会主义"、"非洲的社会主义"之分，也不能有发达国家的社会主义和发展中国家的社会主义之分。(2) 只有社会主义才能使非洲各国摆脱贫穷落后，才能保证非洲各国的国家独立和社会进步。(3) 只有建立先锋党，结成阶级联盟，才能实现社会主义。(4) 阶级斗争和革命专政是实现社会主义的强大武器，要以红色的、革命恐怖反对反动阶级的恐怖。

为了实现这种社会主义，这些国家在实践上，大都照搬苏联模式，建立起一党制的政治制度，实行国有化、集体化、计划化和集权化。

3. 宗教社会主义。这种类型的社会主义是以宗教教义为灵魂，以社会主义口号为外壳，把社会主义看作是没有神职人员的宗教。这种类型的社会主义又分"伊斯兰教社会主义"、"基督教社会主义"和"佛教社会主义"。例如，阿拉伯社会主义，尽管各国有着许多不同，但从总体上都属于"伊斯兰教社会主义"的范畴，都以伊斯兰教为基础，认为伊斯兰教是彻底的社会主义，社会主义的种子产生在伊斯兰教的教义之中；都以阿拉伯民族主义为中心，重视阿拉伯的统一和复兴，把社会主义看作是复兴阿拉伯的一种手段；都在实践上推行生产资料的国有化和土地改革两项重大措施；等等。"佛教社会主义"主要盛行于东南亚国家，"基督教社会主义"主要盛行于拉丁美洲国家。

4. 民主社会主义。这种类型的社会主义是在西方改良主义的影响下，在亚非拉部分生产力比较发展的国家兴起的一种社会主义，它与社会党国际的理论和政策有许多相似之处。这种社会主义以新加坡和塞内加尔的社会主义为典型。新加坡人民行动党认为，民主社会主义是亚非拉民族独立国家的最佳选择，但应根据自己的生活环境走自己的道路，不能模仿西方国家的做法；资本主义和社会主义应当相互补充、相互完善，两者是完全可以融通的；要实行东方式的议会民主制；既要加强国家对经济的干预与控制，又要倡导公共部门与私人企业的公平竞争；要发展生产力，改善人民生活，实行社会公平分配；等等。塞内加尔桑戈尔的民主社会主义主要观点有：社会主义的基础是"黑人传统精神"，实行社会主义就是恢复"黑人传统精神"；社会主义的核心是民主，在"民主社会主义"这个词中，重要的是民主这个修饰语，而不是社会主义，而多党制是实现民主的根本保证；在非洲建设的社会主义就是生产力+社会主义+非洲特性；民主社会主义的最终目标就是实现人道主义，走向全球文明，达到全人类的团结一致；等等。由此可见，同是民主社会主义，都受西方社会民主党的影响，但新加坡带有浓厚的东方传统文化色彩，塞内加尔则带有浓厚的非洲传统文化的色彩。

5. 军事社会主义。这种类型的社会主义是在经济极度落后、政局动荡不稳、各种矛盾复杂尖锐的国家通过军事政变实现的，它实际上是执政的军人集团为实现其政治目的所采取的一种特殊的统治形式。这种类型的社会主义以秘鲁贝拉斯科的社会主义为典型。1968年通过军事政变上台的贝拉斯科宣布秘鲁实行军事社会主义，其主要观点有：（1）军事社会主义的目的是要建立一个"民族主义和人道主义的公正的社会制度"。（2）军事独裁要比民主制度更能解决国家和社会的问题，对人民更有利，这种制度更适合亚非拉国家。（3）军事独裁统治是实现社会主义的途径和手段。在实践上主要实行国有化，确立国有经济在国民经济中的主导地位；建立"社会所有制"企业，以实现社会平等；进行土地改革建立农业生产合作社；等等。

由此可见，走"非资本主义发展道路"的独立国家实行的"民族社会主义"具有复杂性、多样性、民族性和浓厚的宗教色彩等特点，尽管它是由资产阶级民族主义政党所领导，但具有一定的历史进步性。当然，它也有着巨大的历史局限性和非科学性，后来随着国内外形势的变化，这些国家大都走上了资本主义发展的道路。

二 独立国家的资本主义发展道路

除了走"非资本主义发展道路"、搞了各式各样"民族社会主义"的独立国家之外，其他大多数独立国家都选择了资本主义的发展道路，在亚洲有韩国、泰国、菲律宾、孟加拉国、尼泊尔、马来西亚、沙特阿拉伯、科威特、阿拉伯联合酋长国、黎巴嫩等国；在非洲有摩洛哥、莱索托、科特迪瓦、加蓬、利比里亚、塞拉里昂、尼日尔、马拉维、尼日利亚、博茨瓦纳、喀麦隆等国；在拉丁美洲主要有巴西、墨西哥、秘鲁、尼加拉瓜、哥伦比亚和加勒比地区的多数国家等。

(一) 独立国家选择资本主义发展道路的原因

大多数独立国家选择资本主义发展道路，是由这些国家政治、经济、文化、历史和所处的国际环境等因素决定的，具体说有如下几点原因：

第一，走资本主义发展道路是由这些独立国家的历史条件决定的，符合这些国家的国情。这些国家独立前是殖民地半殖民地，其经济、政治、文化虽然属于资本主义体系，有些国家的资本主义也有了一定程度的发展，但从总体上看，这些国家经济基础相当落后，前资本主义生产关系占统治地位，非洲的一些地方还有原始社会和奴隶制的残余。这些国家的工业也十分落后，独立前经济命脉被国外垄断资本所控制，民族资本和民族工业在殖民主义和前资本主义生产关系双重压力下很难发展。这些国家独立后所面临的重要任务是瓦解前资本主义经济成分，反对外国垄断资本，以资本主义生产关系代替前资本主义生产关系。所以，独立后选择资本主义发展道路是由这些国家的经济发展水平和国情决定的，也有一定的历史进步性。

第二，民族资产阶级是独立运动的领导者，走资本主义道路是其必然选择。多数亚非拉国家在殖民统治时期，工人阶级人数不多，组织不强，缺乏革命的政治觉悟和思想准备，没有形成独立的政治力量；广大农民和其他劳动人民更是处于分散和闭塞状态，没有组织和发动起来。而民族资产阶级无论在数量上、文化水平上、组织能力和社会联系上都居于优势，他们掌握了民族解放运动的领导权，在国家独立后，很自然地处于执政地位，并制定和执行有利于发展民族资本主义的方针政策，从而推动这些国家沿着资本主义的道路发展。

第三，在原宗主国的鼓励引诱下选择了资本主义发展道路。在民族解放运动不断高涨的形势下，特别是在武力镇压失去效果的情况下，殖民当局改变了策略，由武力镇压为主变为推行"宪法改革"和扩大"共同体"等办法，对殖民地实行半自治、自治、直到独立的办法，培植了自己的代理人，保持了自己在这些国家的殖民利益和对这些国家政治、经济、文化的影响，鼓励引诱这些国家走资本主义发展道路，留在世界资本主义体系内。英国在拉丁美洲加勒比地区国家的独立运动中采取的是这种办法，法国在某些非洲国家的独立运动中采取的也是这种办法。美国"二战"后，为了加强世界资本主义的力量和影响，特别是与苏联争夺世界霸权，打着经济援助的幌子，不惜重金争取这些独立国家。这些援助不仅有助于这些贫穷国家度过独立后的困难时期，推动经济发展，而且对这些国家靠拢西方，走资本主义发展道路起了不少的诱导作用。

(二) 独立国家走资本主义发展道路的类型

从当时领导走资本主义道路的政治力量的角度可划分为三种类型：

一是民族资产阶级温和派执政的国家。如西非的科特迪瓦（象牙海岸），民族资产阶级的政治势力比较强大，著名政治家博瓦尼1946年9月将非洲农业工会改组为象牙海岸民主党，后来在领导反对法国殖民统治、争取国家独立的斗争中，就表现出了亲法立场，并提出建立资本主义自由化经济的口号。独立后，博瓦尼就任总统，他在国民议会阐述共和国的政治纲领时强调，象牙海岸坚持资本主义道路的方向。其他国家如加蓬、利比里亚、塞拉里昂、尼日尔等国也与科特迪瓦情况类似。这些国家独立后，由于民族资产阶级及其亲西方的民族主义领导人，大都采取温和的政治、经济政策，使这些国家走上了资本主义的发展道路。

二是民族资产阶级与传统部族势力联合执政的国家。如非洲的尼日利亚，该国是非洲的一个大国，北部地区人口众多，经济落后，信奉伊斯兰教，传统的部族势力占统治地位，形成了以部落酋长、大地主和宗教领袖为主的统治阶级，他们的政党组织是北方人民大会党。西部和东部沿海地区经济比较发展，民族资产阶级的力量相对强大，1944年成立的尼日利亚国民会议，是当时最著名和最有实力的政党。后来成立了以大企业家阿齐克韦为主席的公民全国会议。尼日利亚独立后，北方人民大会党与公民全国会议联合执政，把尼日利亚引上了资本主义的发展道路。

三是封建势力强大的国家。如摩洛哥，1960年5月穆罕默德五世在封建势力和保皇派的支持下，解散了资产阶级民主派掌握的内阁，成立以国王为首的政府，在封建君主制下发展资本主义。再如莱索托，独立后建立了君主立宪制，莫苏苏二世为国王，由拥护君主立宪制的巴苏陀兰国民党实行一党执政。随着民族经济的发展，以及西方私人资本的不断渗透，资本主义逐渐发展起来。

从后来资本主义发展的程度的角度可分为三类国家：

其一，比较发达的国家，如韩国等。这些国家资本主义生产关系已经有了较高的发展，在许多方面已接近发达资本主义国家，已经接近完成从传统的落后状态向发达的、现代化过渡。

其二，正在发展的国家，如泰国、马来西亚、科特迪瓦、摩洛哥、尼日利亚等国。这些国家前资本主义关系仍然存在，但城乡资本主义关系已有了相当程度的发展，工业化步伐在加快。当然，这类国家的发展状况也不完全一样，有的国家私人资本主义经营的范围多是农产品加工、轻工业、纺织业和木材加工业等，而有的国家不仅限于传统的部门，而且开始扩大到某些新技术部门如电子化工等。

其三，最不发达的国家，如孟加拉、尼泊尔、利比里亚、加纳等国。在这些国家中虽然资本主义有了一定的发展，但前资本主义生产方式很普遍，自然经济大量存在，商品生产不发达，仍属资本主义起步阶段。

总之，"二战"后新独立的民族国家根据不同的国情和历史条件，选择了社会主义、"民族社会主义"和资本主义三条不同的发展道路，从不同的方面和不同的程度影响着战后世界政治格局的走向，也在世界历史的发展中留下了不同的烙印。

综上所述，20世纪50—70年代的世界民族解放运动，不仅冲垮了世界帝国主义殖民体系，使一大批殖民地、半殖民地国家取得了独立，——正如斯塔夫里阿诺斯在《全球通史——1500年以后的世界》中所指出的：1944年至1970年间，总共有63个国家赢得了独立。这些国家拥有10亿多人，大约占世界总人口的1/3。欧洲人在海外取得那么多非凡的胜利和成就之后，到20世纪中叶似乎又退回到500年前他们曾从那里向外扩张的小小欧亚半岛上去——而且改变了世界政治与国际关系的基本格局，打破了资本主义一统天下的局面，随着一些民主国家走上社会主义发展道路，世界社会主义的力量大大增强，其他民族独立国家也拥有了社会发展道路的各种选择，第三世界更是成为国际政治舞台上一支举足轻重的政治力量。可以说，20世纪50—70年代的世界民族解放运动，改变了以往世界民族解放运动胜少败多的历史，使世界民族解放运动进入了一个全新的发展时期。

主要参考文献

1. 《马克思恩格斯全集》，人民出版社1956—1985年版。
2. 《马克思恩格斯选集》，人民出版社1995年版。
3. 《列宁全集》，人民出版社1984—1990年版。
4. 《列宁选集》，人民出版社1995年版。
5. 《毛泽东选集》（1—4卷），人民出版社1991年版。
6. 《毛泽东文集》（1—8卷），人民出版社1993年、1996年、1999年版。
7. 《建国以来毛泽东文稿》（1—13册），中央文献出版社1987—1998年版。
8. 《毛泽东著作选读》（上下），人民出版社1986年版。
9. 《邓小平文选》（1—3卷），人民出版社1993年、1994年版。
10. 《刘少奇选集》（上下卷），人民出版社1981年、1985年版。
11. 《周恩来选集》（上下卷），人民出版社1980年、1984年版。
12. 《毛泽东邓小平江泽民论思想政治工作》，学习出版社2000年版。
13. 《中国共产党主要领导人论民族问题》，民族出版社1994年版。
14. 《建国以来重要文献选编》（1—20册），中央文献出版社1992—1998年版。
15. 《三中全会以来重要文献选编》（上下），人民出版社1982年版。
16. 《〈关于建国以来党的若干历史问题的决议〉注释本》，人民出版社1983年版。
17. 《农业集体化重要文件汇编》（上下），中央党校出版社1981年版。

18.《中国共产党第十六次全国代表大会文件汇编》，人民出版社2002年版。

19.《张闻天选集》，人民出版社1985年版。

20. 董必武：《论社会主义民主和法制》，人民出版社1979年版。

21. 李维汉：《统一战线问题与民族问题》，人民出版社1982年版。

22. 薄一波：《若干重大决策与事件的回顾》（上下），中共中央党校出版社1991年、1993年版。

23. 周卫、张菁、郭灿希主编：《毛泽东思想概论》，北京工业大学出版社2003年版。

24. 全国干部学习读本《毛泽东思想基本问题》，人民出版社2002年版。

25. 黄宗良、林勋健主编：《共产党和社会党百年关系史》，北京大学出版社2002年版。

26. 赵明义主编：《当代社会主义》，山东大学出版社2002年版。

27. 赵明义、赵永宪主编：《科学社会主义中国化问题研究》，山东大学出版社2002年版。

28. 吕连仁等编著：《中国社会主义建设史》，山东大学出版社2002年版。

29. 郭桂英、吕连仁主编：《毛泽东对中国社会主义道路的探索》，山东大学出版社2002年版。

30. 祝文驰等：《拉丁美洲的共产主义运动》，当代世界出版社2002年版。

31. 孙其名：《中苏关系始末》，上海人民出版社2002年版。

32. 于向阳等：《法治论》，山东人民出版社2002年版。

33. 蒋锐：《东欧人民民主道路研究》，山东人民出版社2002年版。

34. 李慎明、王逸舟：《2001年：全球政治与安全报告》，社会科学文献出版社2001年版。

35. 姜琦、张月明：《悲剧悄悄来临——东欧政治大地震的征兆》，华东师范大学出版社2001年版。

36. 程大鹏、李连仲：《当代中国马克思主义的新发展》，中共中央党校出版社2001年版。

37. 樊瑞平、张乐岭主编：《毛泽东邓小平社会主义思想比较研究》，云南人民出版社2001年版。

38. 孙耀文：《共产党情报局——一个特殊的国际机构》，社会科学文献出版社2000年版。

39. 程又中：《苏联模式的兴衰》，湖北人民出版社2000年版。

40. 李安增等：《中国特色社会主义理论》，天津社会科学出版社2000年版。

41. 钟清清主编：《各国共产党总览》，当代世界出版社2000年版。

42. 谭献民主编：《毛泽东思想概论》，湖南师范大学出版社2000年版。

43. 高放主编：《科学社会主义的理论与实践》，中国人民大学出版社1999年版。

44. 刘作翔：《迈向民主和法治的国度》，山东人民出版社1999年版。

45. 罗正楷主编：《毛泽东思想概论》，武汉大学出版社1999年版。

46. 张文显：《法理论》，高等教育出版社1999年版。

47. 李景治：《当代世界经济与政治》，中国人民大学出版社1999年版。

48. 高放主编：《当代世界社会主义新论》，云南人民出版社1998年版。

49. 王人博等：《法治论》，山东人民出版社1998年版。

50. 龚学增主编：《当代中国民族宗教问题研究》，中共中央党校出版社1998年版。

51. 姜涌：《政治学概论》，山东大学出版社1998年版。

52. 廖盖隆等：《中共党史镜鉴》，红旗出版社1997年版。

53. 李君如：《毛泽东与近代中国》，福建人民出版社1997年版。

54. 龚学增：《宗教问题概论》，四川人民出版社1997年版。

55. 亓成章等：《当代国际政治理论与热点问题》，中共中央党校出版社1997年版。

56. 戴舟：《社会主义精神文明建设的几个重要问题》，中共中央党校出版社1996年版。

57. 樊瑞平、张乐岭主编：《当代中国的科学社会主义——毛泽东到邓小平》，山东大学出版社 1996 年版。

58. 蒋建农：《世纪伟人毛泽东》，红旗出版社 1996 年版。

59. 金炳镐：《民族理论政策概论》，中央民族大学出版社 1994 年版。

60. 沙建孙：《中国新民主主义概论》，山东人民出版社 1993 年版。

61. 王立胜：《晚年毛泽东的艰苦探索》，陕西人民出版社 1993 年版。

62. 要兴磊等编著：《新年国之路》，山东人民出版社 1993 年版。

63. 徐创凤、景存壁：《政治经济学社会主义部分》，甘肃人民出版社 1992 年版。

64. 胡绳主编：《中国共产党的七十年》，中共党史出版社 1991 年版。

65. 廖盖隆主编：《中国共产党的光辉七十年》，新华出版社 1991 年版。

66. 中央党校党史教研室编：《中国共产党七十年的历程和经验》，中共中央党校出版社 1991 年版。

67. 卢烈英：《中国社会主义建设》，陕西人民出版社 1991 年版。

68. 高放、张泽森、曹德成主编：《当代世界社会主义文献选编》，中国人民大学出版社 1990 年版。

69. 高放主编：《当代世界社会主义概论》，中国人民大学出版社 1990 年版。

70. 罗竹风：《中国社会主义时期的宗教问题》，上海社会科学院出版社 1990 年版。

71. 石仲泉著：《毛泽东的艰辛开拓》，中共党史资料出版社 1990 年版。

72. 李传华等：《中国思想政治工作全书》（下），中国人民大学出版社 1990 年版。

73. 《1990 年中国法律年鉴》，中国法律年鉴社 1990 年版。

74. 帅能应：《发达资本主义国家共产党的历史与现状》，中国人民大学出版社 1990 年版。

75. 郑德荣等主编：《毛泽东思想发展史》，吉林大学出版社 1990 年版。

76. 刘锷、何润：《民族理论和民族政策纲要》，中央民族学院出版社 1989 年版。

77.《民族理论和民族政策》，广西民族出版社1988年版。

78. 邓介曾、苟昌斌主编：《当代国际共产主义运动史新编（1945—1987）》，西南交通大学出版社1988年版。

79. 蒋学模：《政治经济学教材》，上海人民出版社1988年版。

80. 贾蔚昌：《毛泽东思想概论》，陕西人民出版社1988年版。

81. 谷书堂、宋则行：《政治经济学》，陕西人民出版社1987年版。

82. 王兴斌主编：《战后世界共产主义运动（1945—1985）》，广西人民出版社1987年版。

83. 廖盖隆：《社会主义在中国的胜利》，天津人民出版社1987年版。

84. 冯更新：《中国社会主义建设教程》，经济科学出版社1987年版。

85. 王忠兴：《当代国外社会主义》，辽宁大学出版社1987年版。

86. 张德修：《东欧经济概论》，北京大学出版社1986年版。

87. 姜琦、张月明：《东欧三十五年》，华东师范大学出版社1986年版。

88. 万福义主编：《党建》，山东人民出版社1986年版。

89. 密加凡：《我国经济体制改革的理论探讨》，湖北人民出版社1983年版。

90. 张友渔：《关于社会主义法制的若干问题》，法律出版社1982年版。

91. 蓝全普：《三十年来我国法规沿革概况》，群众出版社1980年版。

后 记

《毛泽东思想、中国社会主义制度的确立和社会主义在多国胜利时期的世界社会主义运动》是四卷本《科学社会主义通论》的第三卷。本卷依照《科学社会主义通论》总体设计的要求，循着"学说—制度—运动"三位一体的思路，以毛泽东的社会主义思想和中国社会主义制度的理论与实践探索为中心，对社会主义在多国胜利时期的世界社会主义运动进行了比较系统全面的论述。鉴于《科学社会主义通论》在框架结构和论述方式上具有的开创性和尝试性，本卷的研究和撰写力图比较圆满地达到设计要求，因此在诸多方面也同样有着探索的特征。在这里必须说明的是，尽管已经付出了相当大的努力，因研究条件和作者水平所限，本卷仍然难免存在这样那样的问题，诚望方家予以指正。

本卷撰稿人（以章节先后为序）：王晓明：导论，第八、第九章；尹利平：第一章；张亚：第二章；徐东礼：第三、第十四、第十七章；杨岭华：第四章；李爱菊、吕连仁：第五、第六章；吕连仁：第七章；杨金卫：第十、第十一章；纪政文：第十二、第十九章；袁红英：第十三章；李海峰、高巧玲：第十五章；涂可国：第十六章；张凤莲：第十八章；杨萍：第二十章；崔桂田：第二十一、第二十四章；宋衍涛：第二十二、第二十三章。

本卷由宋士昌总体设计、拟定编写提纲，王晓明、徐东礼主持撰写和书稿初审，林辉基、李述森、李爱华、李荣海、韩民青协助宋士昌定稿。